決定版

いちばんよくわかる

手相

純正運命学会会長 田口二州 著

Gakken

はじめに

手相を見ると何がわかる？

手相にはあなたのすべてが現れる

どんな人の手のひらにも、線が刻まれています。この線が「手相」。顔や体つきが人によって異なるように、手相も千差万別で一人ひとり異なる線が刻まれています。。

手相には、その人の性格や能力、健康状態や運勢の良し悪しなどが素直に現れます。洋の東西を問わず４０００年以上にわたる膨大な研究とデータの積み重ねから、手相を見ることでその人の生まれ持った性質や未来など、さまざまなことがわかり学術としての地位を確立しています。

生きていく中で、不安や心配を抱く場面は数多くあります。そんなとき、手相から「よりよく生きるヒント」を読み取り、幸せな人生を送るために役立てましょう。

意識の持ち方で手相は変わる

手相の線のうち、三大線（➡8ページ）は生まれつきのもので、大きく変わることはありません。しかし、3本の線から出る支線やその他の細い線などは、つねに変化しています。手相はその人の運勢の変化とともに変わるのです。

　もし、よくない手相が現れたら？　がっかりしてしまうかもしれませんね。でも、よくない手相は、いわば「危険信号」。危機に向けて備えたり、物事を前向きに考えて行動することで、運が切り開かれ、手相も変わっていきます。反対に、手に幸運のサインが現れることもあります。そんなときは、チャンスを逃さず開運に結びつけましょう。

　現在の手相だけで、人生のすべてが決まるわけではありません。自分自身の努力によって、手相はよい方向にも悪い方向にも変化することを、まずは知っておきましょう。

翠《すい》麗《れい》山荘にて

純正運命学会会長　田口二州

手相の基本を知ろう

左右どちらの手を見るのか、さまざまな線にどのような意味があるのか……
手相を見ていく前に、まずは知っておきたい知識について紹介します！

左手は先天的、右手は後天的な情報

右手と左手を見比べると、たいていの人は線の様子が微妙に異なっています。

原則として、左手には「持って生まれた先天的なもの」「幼少期の環境から受けた影響」「無意識の領域」が現れます。

右手には「これまでの成長の中で身につけた後天的なもの」「物質的な発展」「意識的な領域」が現れます。

このように、左右の手が示すことは違うため、手相は両手を見て判断することが基本です。

どちらの手を見る？

手相は両手を見て判断する

手相を見るときは、両手を見て総合的に判断します。たとえば、左の手相がよくて右が悪い場合、よい環境のもとに育ったのに生活力がなく、大人になって苦労するでしょう。左より右のほうがよい場合は、家庭環境の悪さを克服し、自ら運勢を切り開いていきます。とはいえ、これはあくまでも基本。左右の手に現れる手相はさまざまな要因が複雑に絡み合い、単純に区別するのは難しいのです。

また、利き手は皮膚が厚く、実際にあるはずの線が見えづらい場合もあります。

いずれにせよ、**手相はきちんと両方の手を見比べて、総合的に判断することが大切**です。

両手を見るときの基本的な考え方

左右で大きく違う
性格に矛盾した部分を持つ。そこが魅力にも、欠点にもなることが。

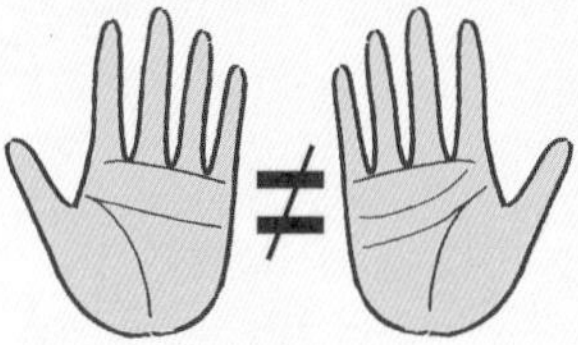

左右同じ
意志が強くて、しっかりとした性格。信念を持って前進できる。

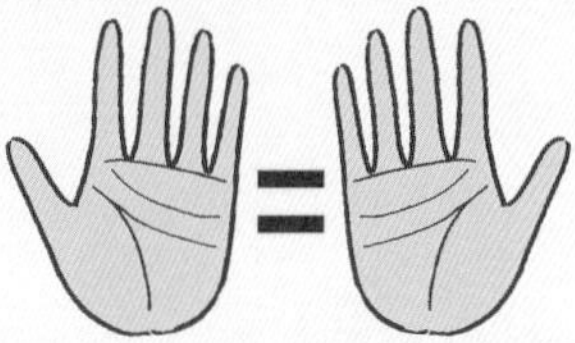

右が悪く、左がよい
能力や環境に恵まれながらも、生活力に欠けるので苦労をする。

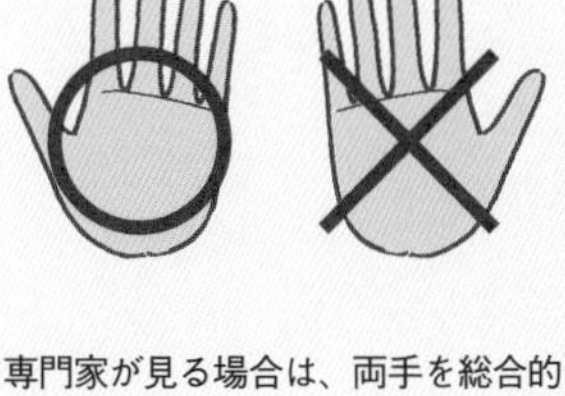

右がよく、左が悪い
苦労や経済的な逆境を乗り越えて、自分の運勢を切り開くタイプ。

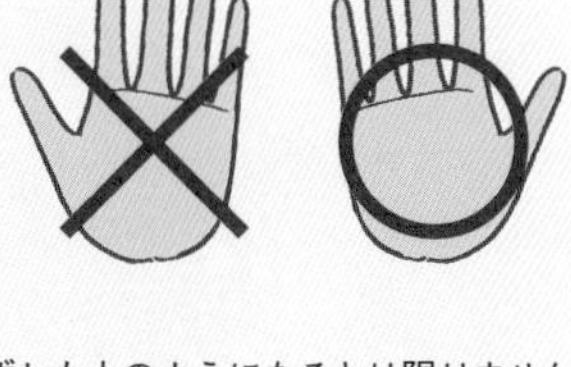

※専門家が見る場合は、両手を総合的に判断するため、必ずしも上のようになるとは限りません。いずれも基本的な考え方として、参考にしてください。

手相占いの実例

左右の手相の違いを読み解こう

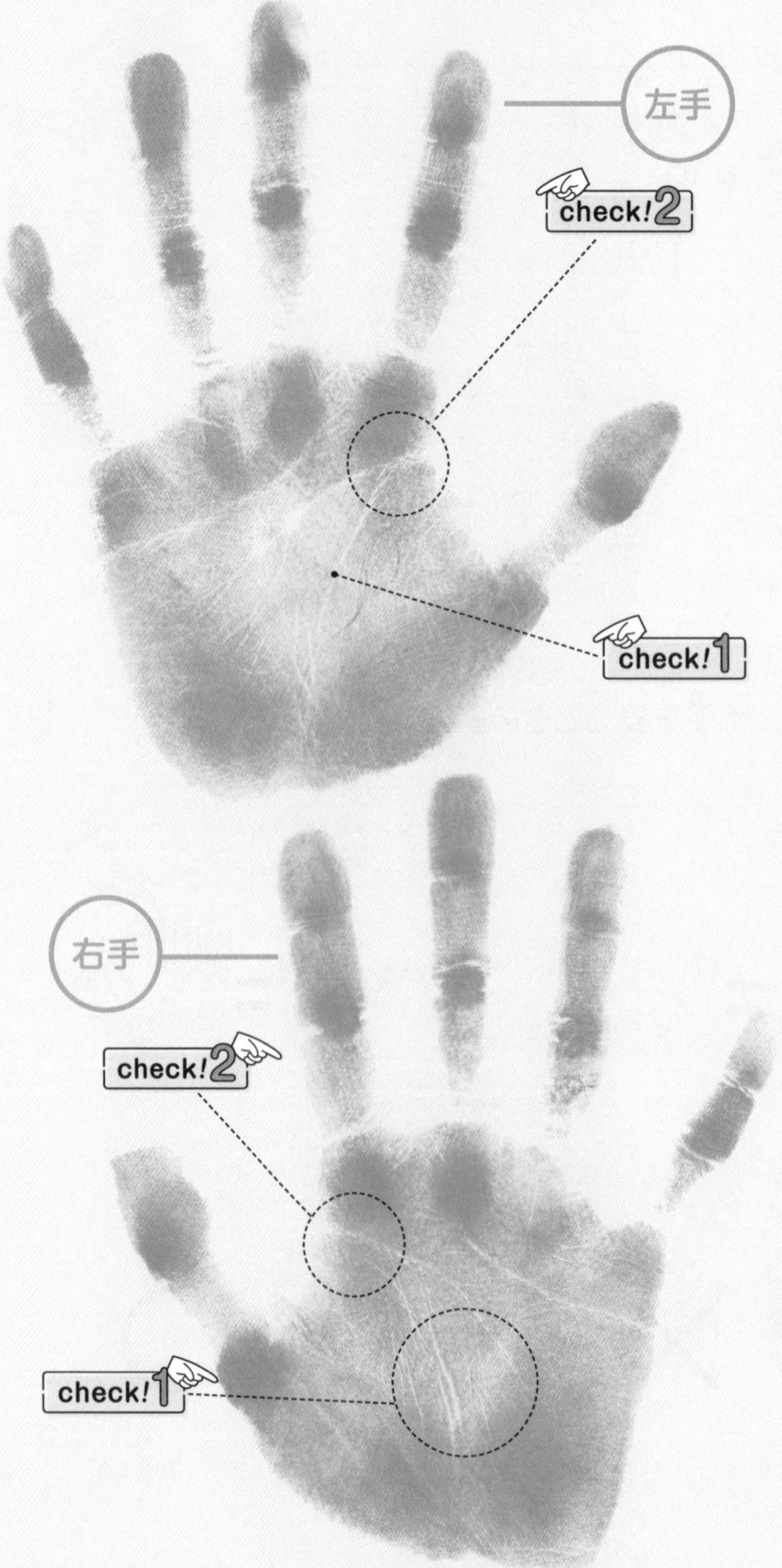

●プロフィール

性別 女性　年齢 30歳　職業 会社員

●手相の特徴

check!1

生命線の形が左右で違う

左手はしっかり刻まれ、右手は途切れるが姉妹線が補う

check!2

知能線の起点が左右で違う

左手は起点がくっついていて、右手は離れている

右手の生命線の弱さを左手や姉妹線が補う手相

生命線の形が左右違うのがわかります。左手の生命線は途中までしっかり刻まれていますが、右手は途中で細くなり途切れています。

生命線の切れ目は病気やケガに見舞われるサインです。トラブルの時期は流年法（➡16ページ）で34歳前後に当たりますが、**左手の生命線がしっかりしていることと、右手も切れ目に並行して姉妹線が刻まれているため、運気を補ってくれます。**今のうちから健康管理に気をつければ心配ありません。ちなみに、生命線が両方同じ位置で途切れていると、事故や大病での生命の危機が心配されます。

また、知能線と生命線の起点が左右の手で異なります。手形ではかすれていますが、左手は起点がくっついていて、右手は離れています。これは長女の相です。この手相が現れている場合は「真面目でしっかり者」の長女の役をする人です。

ポイント1

手相がわかる！ 5つのポイント

線の種類を知る

だれにでもある「三大線」と、「その他の重要な線」がある

手相の基本となり、最も重要なのが、生命線・知能線・感情線。これを三大線といいます。これらの線はだれにでも刻まれていますが、線のカーブの具合や長さなど、状態は人それぞれです。

10ページで紹介するその他の重要な線は、人によって、あったりなかったり。線が出ていれば必ずしもよいというわけではなく、状態や記号も見て判断します。

三大線もその他の重要な線も、Ｐａｒｔ１で線の種類別に詳しく解説しています。

三大線はこの3つ

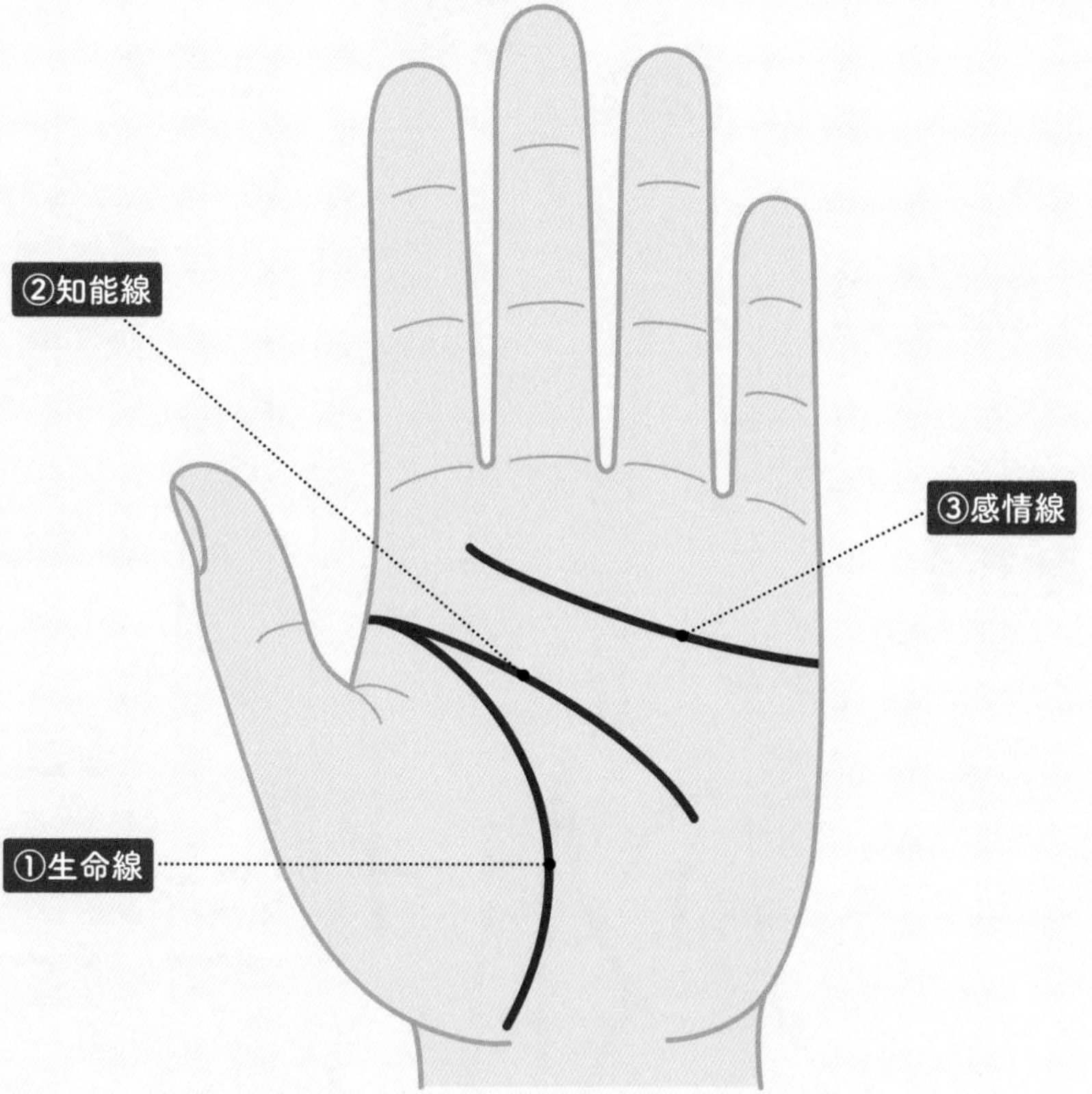

● 三大線の位置と意味

線の名前	線の位置	線からわかること	参照ページ
①生命線	人差し指と親指の中間あたりを起点として、金星丘（➡30ページ）を囲むように下に伸びる線	健康状態、体力、寿命を表す	46ページ～
②知能線	人差し指と親指の中間あたりを起点として、手のひらの中央または斜め下に伸びる線	能力や生活力を示す。手相鑑定の中心となる重要な線	70ページ～
③感情線	小指下側から人差し指に向かって伸びる線	情の深さや喜怒哀楽など、感情全般を表す	94ページ～

その他の重要な線

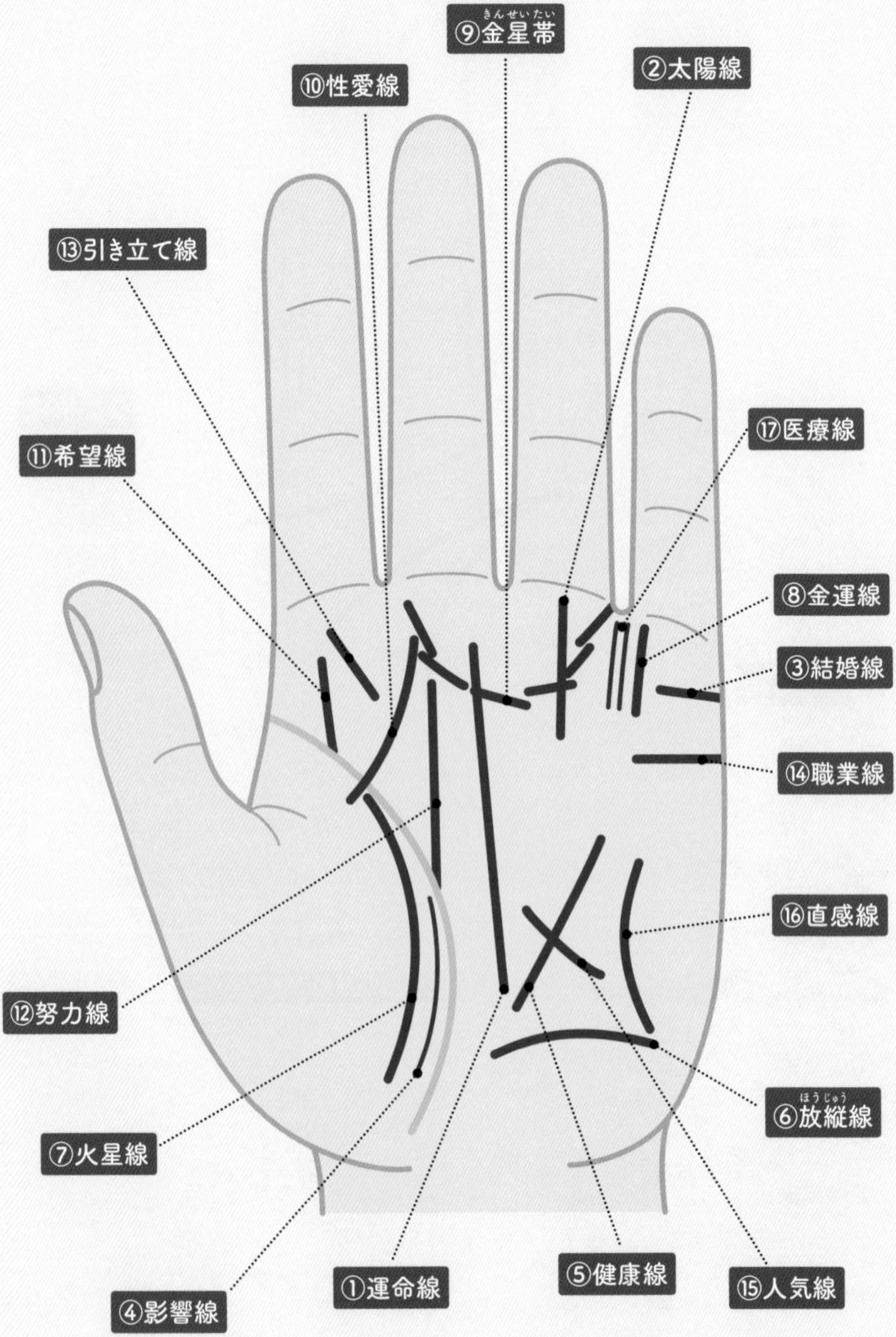
⑨金星帯《きんせいたい》
②太陽線
⑩性愛線
⑬引き立て線
⑪希望線
⑰医療線
⑧金運線
③結婚線
⑭職業線
⑫努力線
⑯直感線
⑥放縦《ほうじゅう》線
⑦火星線
④影響線
①運命線
⑤健康線
⑮人気線

●その他の重要な線の位置と意味

線の名前	線の位置	線からわかること	参照ページ
①運命線	手のひら中央で中指に向かって伸びる線。起点や向きはさまざま	社会生活での活動や、生涯にわたる運勢を表す	116ページ〜
②太陽線	長短や起点に関係なく、薬指のつけ根に向かう線	他人からの評価を表す	144ページ〜
③結婚線	小指のつけ根に刻まれる横線	結婚や恋愛の運勢を表す	156ページ〜
④影響線	生命線の内側5ミリ以内に細く刻まれる線	親しい人との関係を表す	172ページ〜
⑤健康線	手のひらの中央下部から小指に向かって伸びる線	現在の健康状態を表す	180ページ〜
⑥放縦線	手のひらの小指側の下のほうに、弓形に刻まれる線	不健康な生活による心身の衰えを表す	186ページ〜
⑦火星線	生命線の内側で親指のつけ根から手首に向かって伸びる線	精力や活動力などエネルギーを表す	189ページ〜
⑧金運線	小指のつけ根に刻まれる3センチ以内の短い線	金運全般を表す	192ページ〜
⑨金星帯	中指と薬指の根元を半円形に囲む線。長短さまざまな線から成り立つ	異性への本能的な情の深さを表す	195ページ〜
⑩性愛線	中指のつけ根から親指のつけ根に向かって下に弓形に伸びる線	性生活の乱れとダメージを表す	198ページ〜
⑪希望線	生命線のつけ根あたりから人差し指に向かって伸びる線	その人の向上心の程度や、希望がかなうかを表す	201ページ〜
⑫努力線	生命線の中間あたりから中指に向かって伸びる縦線	努力家かどうかを表す	204ページ
⑬引き立て線	人差し指のつけ根、希望線のやや上に刻まれる斜めの線	目上の人からの援助の有無を表す	205ページ
⑭職業線	感情線の下で、感情線と並行する横線	仕事への熱意を表す	206ページ
⑮人気線	手のひら小指側下から中央に向けて伸びる短い斜めの線	他人からの人気を集める性格かを表す	207ページ
⑯直感線	手のひら小指側下から、小指のつけ根に向けて伸びる弓形の線	この線が現れていれば、直感力や第六感が鋭いことを表す	208ページ
⑰医療線	小指と薬指のつけ根に、2本並行に刻まれる短い縦線	この線が出ている人は医師や看護師に向いている	209ページ

ポイント2

手相がわかる！ 5つのポイント

線の状態と記号を見る

線の状態や記号を見るとより深く手相が読み取れる

手のひらに刻まれた線は、三大線もその他の重要な線も、いずれも枝分かれしたり切れたり、さまざまな状態で現れます。また、線の上や線のそばには、運勢の変化を示す記号が刻まれることもあります。

これらの線や記号を見ることで、その線が持つ意味をより深く理解することができます。さまざまな手相の線を鑑定するときに応用できるので、ぜひ覚えておきましょう。

線の状態

たいていの手相は、1本の線がはっきり刻まれているわけではなく、線が変形しています。線の状態からは、その線の持つ意味が強まったり弱まったりしていることが読み取れます。最初は見分けるのが難しいかもしれませんが、1本だけでなく、ほかの線と見比べることで判断しやすくなるでしょう。

支線

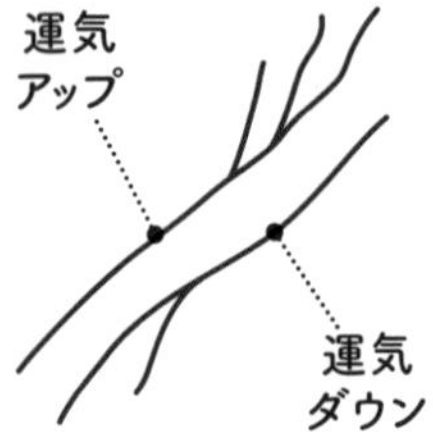

主な線から枝分かれした線。運命が変化するときに現れ、上向きは運気アップ、下向きはダウン。

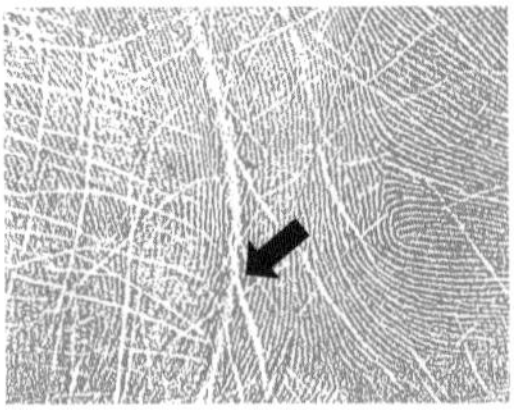

鎖状《くさりじょう》線

短く不規則な線が絡み合ったり、鎖のように小さな輪が連なる形。その線の意味を弱めます。

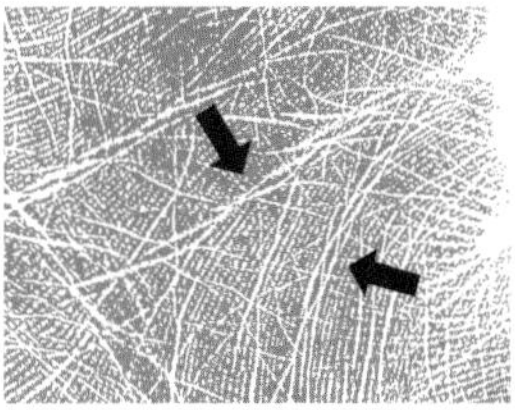

切れ切れ線

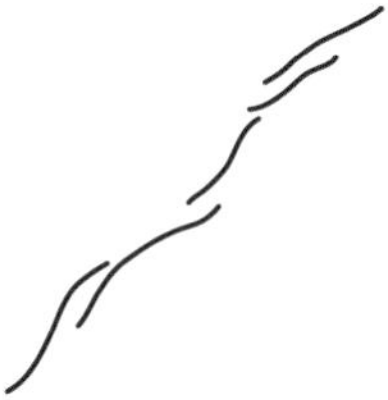

不規則な短い線が連なり、途切れ途切れで全体的に弱々しい線。その線が持つ意味を弱めます。

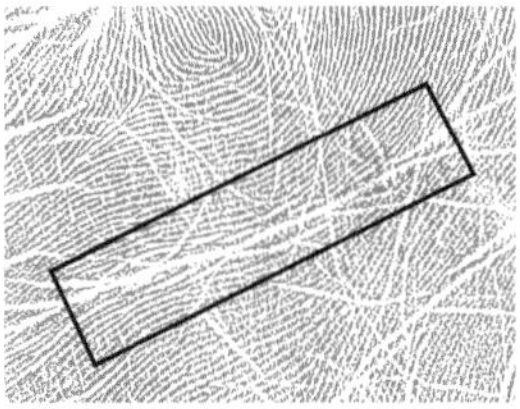

二股《ふたまた》線

1本線の先端がY字状に半々に分かれます。運がよくなるサイン。三股線ならよりGOOD。

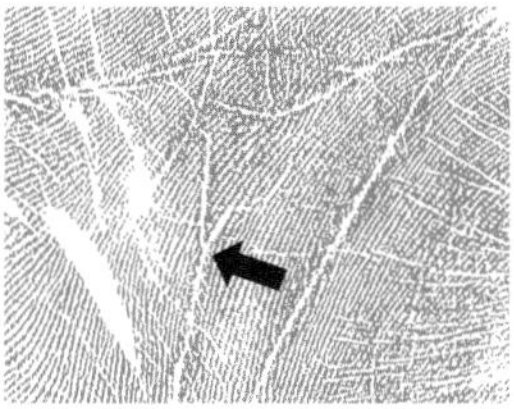

波状線

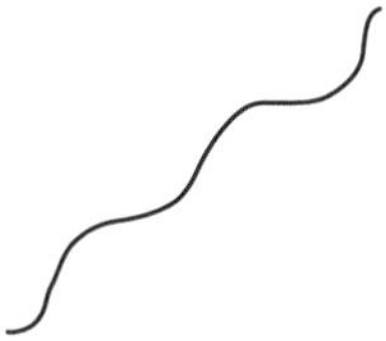

大きく、くねくねと波のようにうねりを描く線。運気が安定しないことを表します。

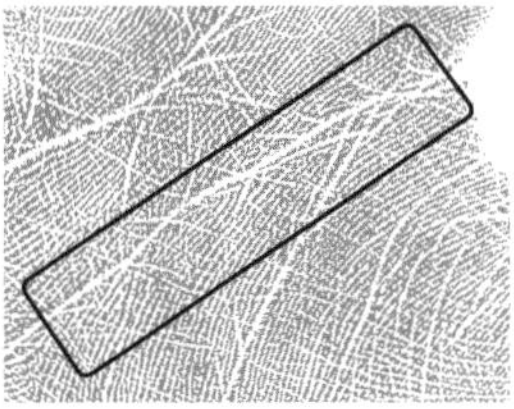

房状《ぼうじょう》線

線の先端が細かく枝分かれしている線。線の意味を弱め、心身の疲れや衰えを表します。

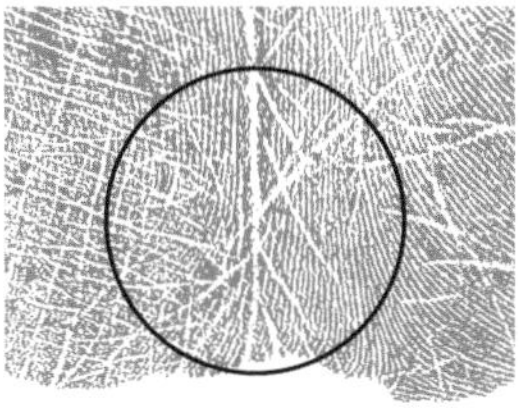

合流線

2本の線が1本に合流。起点が2カ所なのが、二股線との区別のコツ。線の意味を強めます。

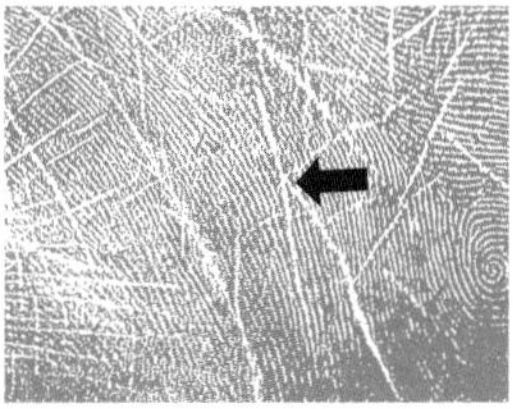

島（目形）

線が割れて川の中州のように見える状態。一時的に出ることが多く、線の意味を弱めます。

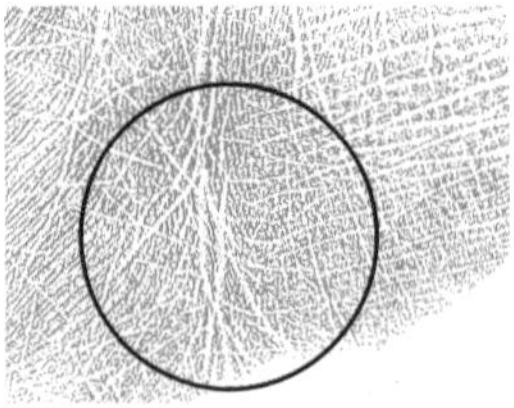

記号

手のひらには、線のほかにさまざまな記号が現れ、予測される「近い将来の出来事」を教えてくれます。もしトラブルなどの悪いサインでも落ち込まず、警告として受け止めて前向きな努力を心がければ、自然と消えていくものです。記号は、突然現れて短期間のうちに消えるケースが多く見られます。

姉妹線

主な線のすぐそばに、並行して出ます。複数出る場合も。主な線の持つ意味を強めます。

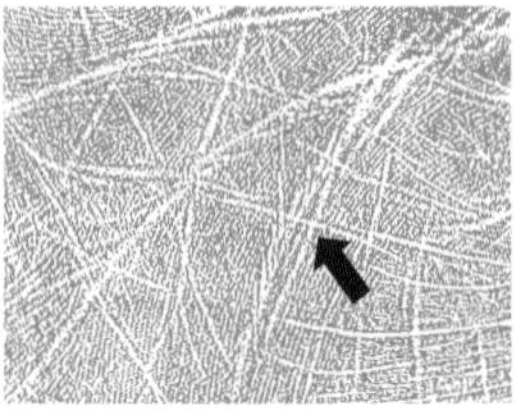

三角

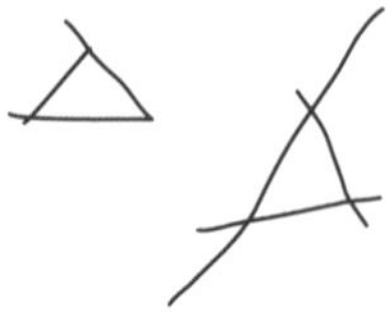

支線などの小さな線が集まり三角状に。線上にできた場合、線が持つ運気が停滞しているサイン。

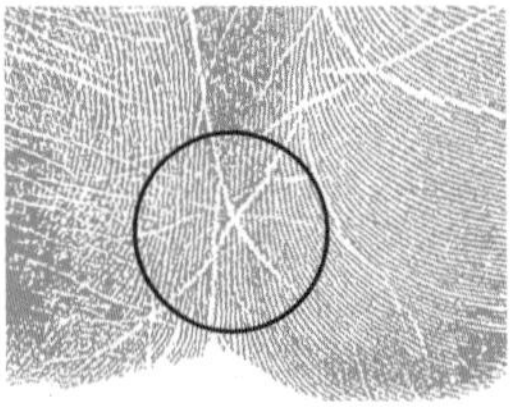

中断線

線が途中で大きく切れているのは、悪い変化のサイン。切れ目が大きいほどダメージも大。

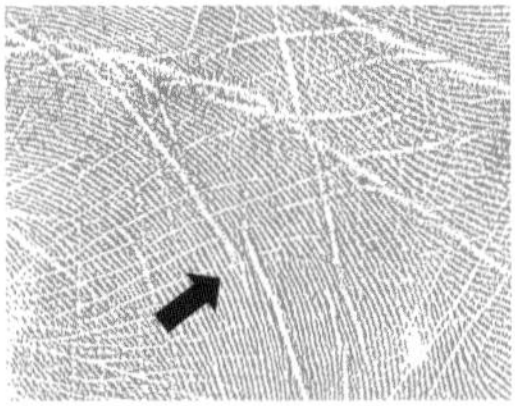

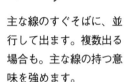

格子《こうし》

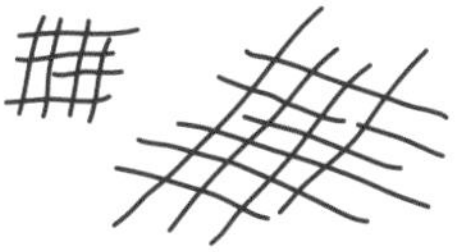

長短不規則なたくさんの縦線と横線が交わって、格子のような状態になっているものです。この記号は主に運気の停滞、またはゆるやかな衰退を表しますが、記号が現れた場所によって意味は異なります。

星

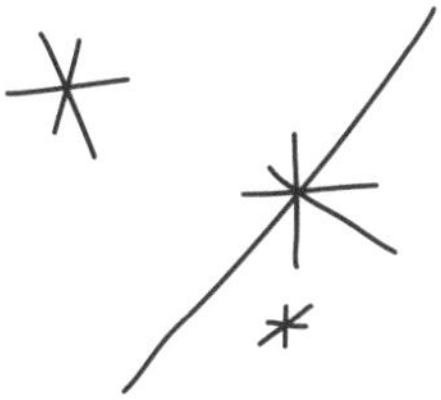

3本以上の複数の線が交差して1点で交わり、星のような形になります。この記号はよくも悪くも、突然の変化を表します。その変化が幸運なものか不運なものかは、星が現れた場所によって見分けます。

四角

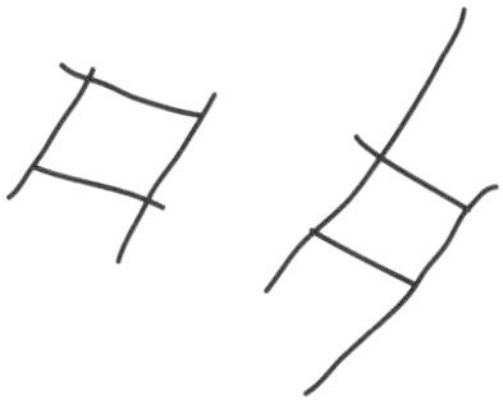

小さな線が集まって四角を形作ります。マッチ棒の軸の断面くらい小さい記号です。四角の形は、正方形や長方形、ひし形など、さまざまです。手に現れた場合、大きな災難から回避できることを示します。

斑点《はんてん》

赤や青黒い点で、大きさは鉛筆の先端くらいのものから米粒大までさまざまです。手のひらのあらゆるところに現れます。できた場所や色によって意味が異なりますが、主に何らかのトラブルを意味します。

やり

線の先端に、フォークのように並行して複数の線がある状態です。1本の線が三股に分かれたものとは違います。この記号は運気アップのサインで、とくに太陽線の先端に現れた場合は大きな幸運を意味します。

十字

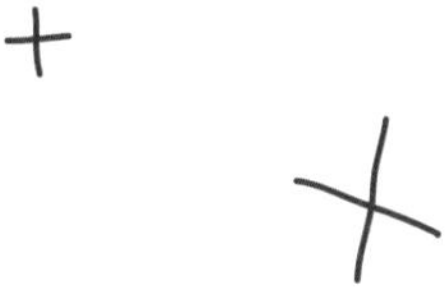

2本の線が交差して、十字を描きます。きれいな十字になっていたり、形が崩れていたりしますが、大きさは1センチ以内。突然のトラブルを示しますが、人差し指のつけ根にできた場合だけ、幸運を意味します。

ポイント3

手相がわかる！ 5つのポイント

流《りゅう》年《ねん》を取る

流年とは、線の長さを人生に見立てて占う方法

手相の線上から年齢を割り出すのが「流年」です。流年を取り、その年齢に当たる部分の線の状態や記号を読み取ることで、**その時期に起こることがわかります。**線のどの地点を何歳と読むかは難しいところですが、目安として起点を0歳、先端のあたりをだいたい90歳と考えると判断しやすいでしょう。

流年で幸運期や停滞期を事前に知ることで、幸運を最大限に生かしたり、不運を最小限にとどめることができます。

生命線の流年の見方

生命線全体を「一生」と考えます。親指と人差し指の間の起点が0歳、手首側の先端が人生の終わりと見て、生命線をほぼ等間隔で10年ごとに刻み、目安にしましょう。心身の成長期である10代から30代は、間隔が少し大きくなります。

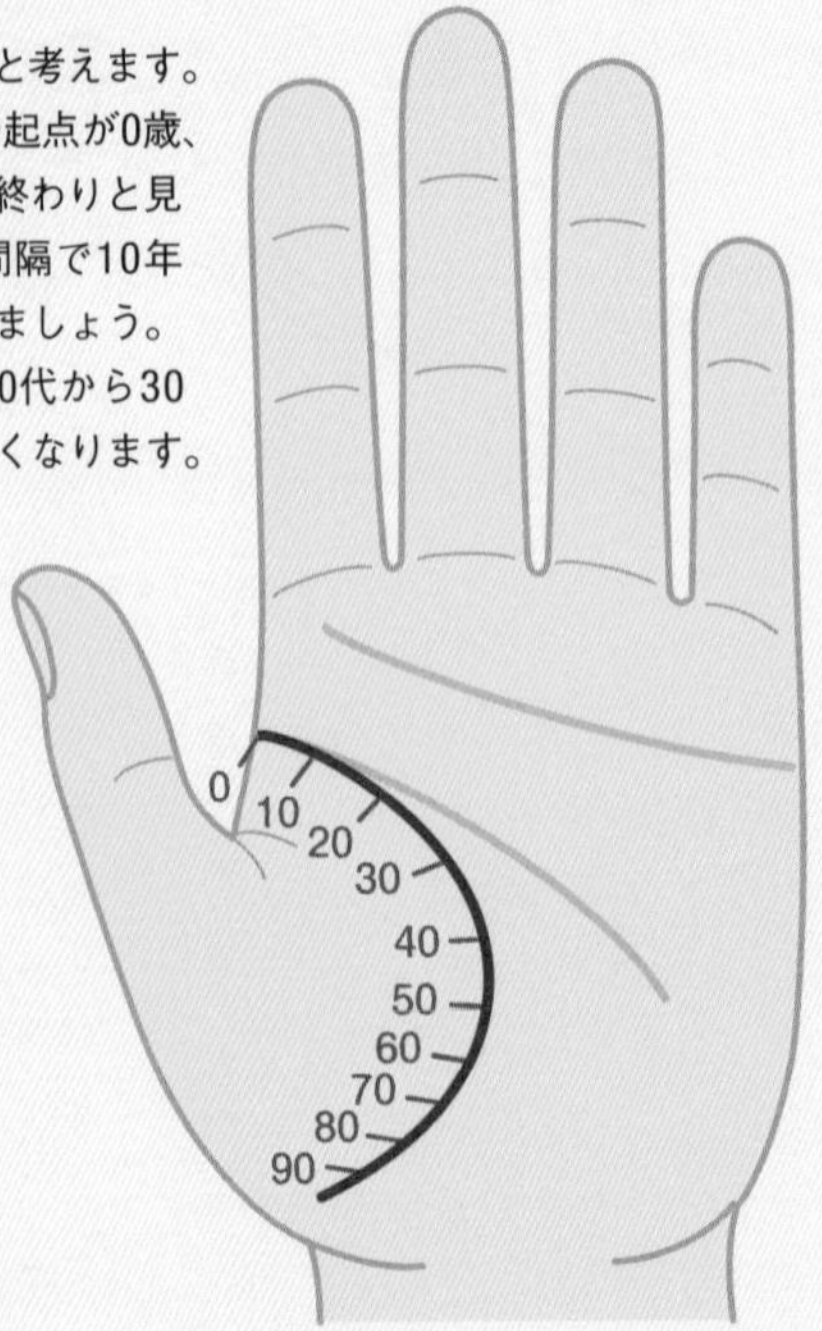

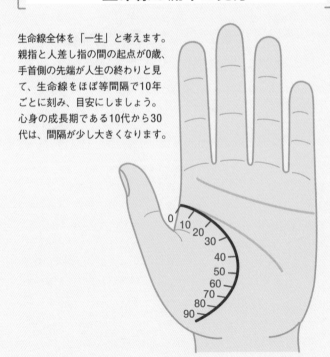

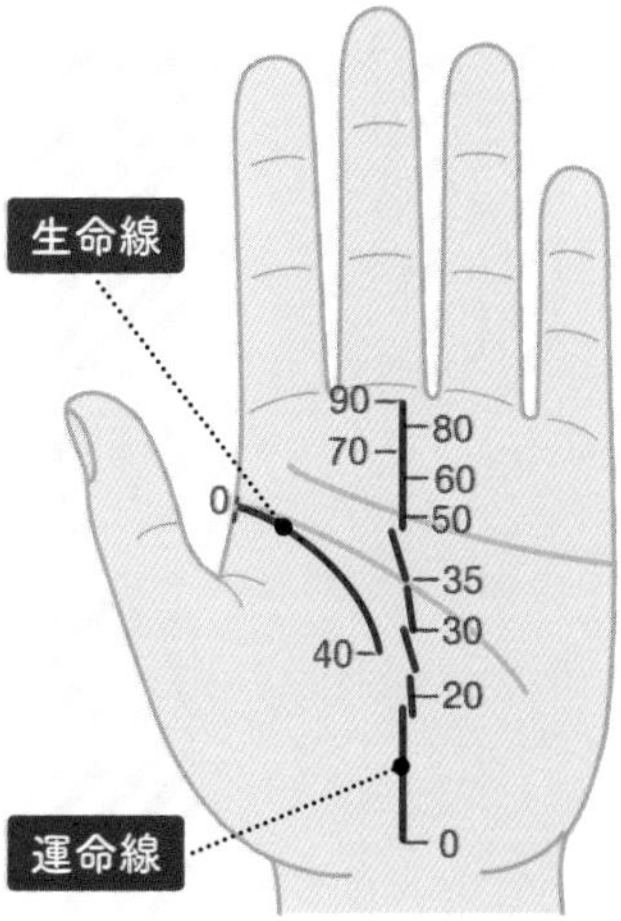

短い生命線や切れ切れの運命線は？

短い生命線は、起点を0歳、先端の年齢は、線が長い場合を基準に割り出します。また、切れ切れの運命線は、少しずつ線ができていく過程。この場合は、線が1本につながっていると見て、流年を取ることができます。

運命線の流年の見方

運命線がはっきりしているなら、この線で流年を取ることができます。年齢は、標準的な知能線とぶつかる点が35歳、感情線とぶつかる点が50歳を表すことを覚えておくと便利。中指のつけ根側の先端が、90歳です。

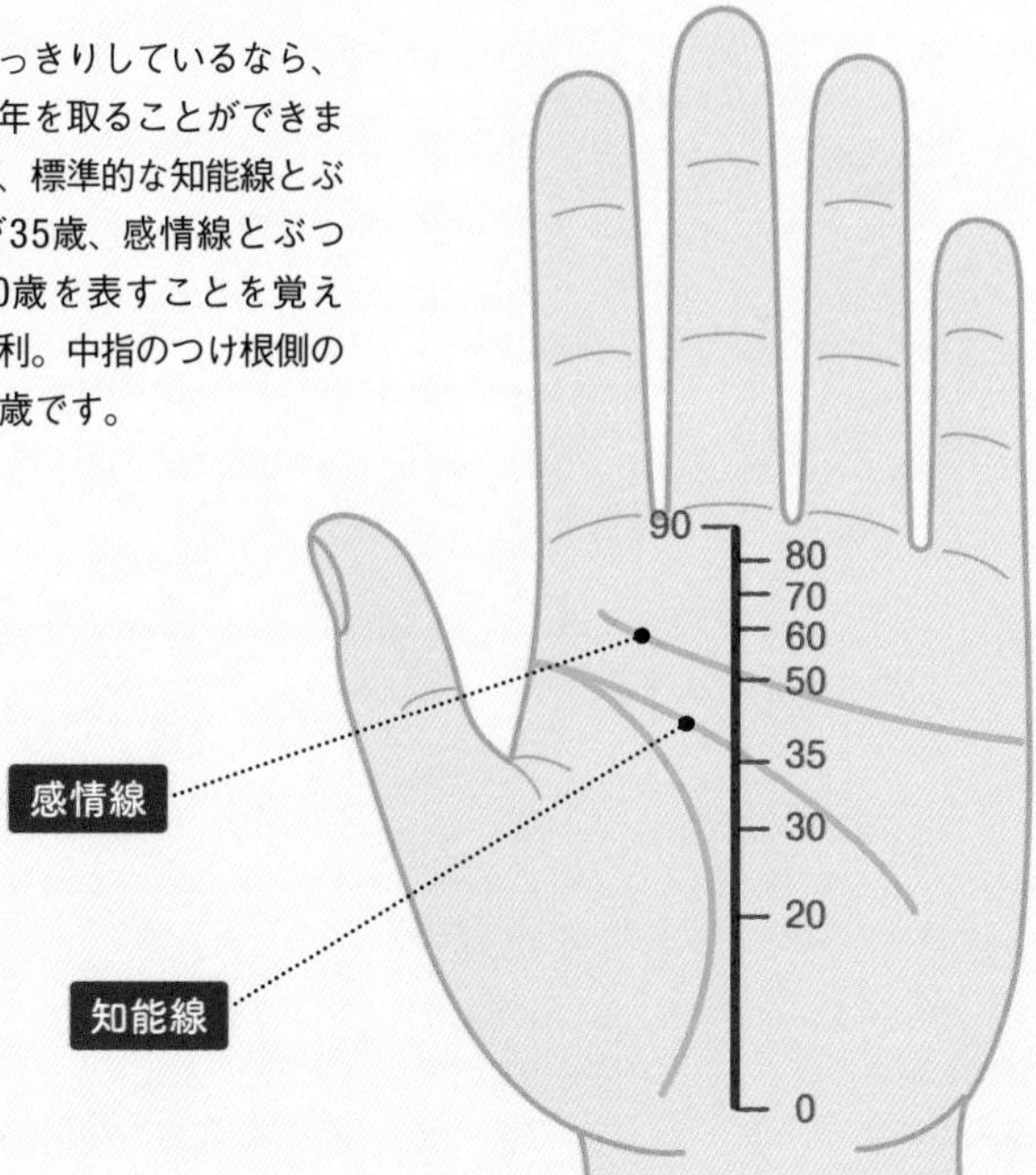

ポイント4

手相がわかる！ 5つのポイント

手指の形や状態を見る

手相は線だけでなく手や指・爪も見る

手相というと、手のひらの線だけを見るものと思っている人も多いかもしれません。しかし、手相は手の大きさや幅、肉づき、さらに指の形や爪の状態も見て、総合的に判断することが大切です。

手の形や状態からは、その人の性格や健康状態などがわかります。自分のことはもちろん、握手をするときなどに相手の手の出し方や反り方を見て、相手の性格をチェックすることもできるので、ぜひ覚えておきましょう。

手の出し方

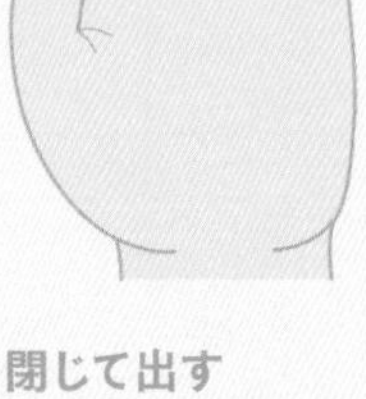

指を閉じて出す

内気で几帳面。消極的ですが、何事も慎重に計画的に進める人です。金銭的に大きな失敗はない反面、大もうけもしないタイプ。

大きく開く

5本の指を大きく広げて出す人は、積極的で明るく、社交的。困難にめげないパワーの持ち主です。大ざっぱな一面も。

手の反り方

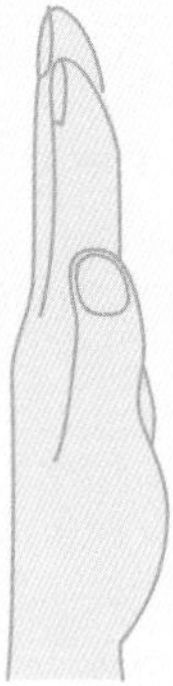

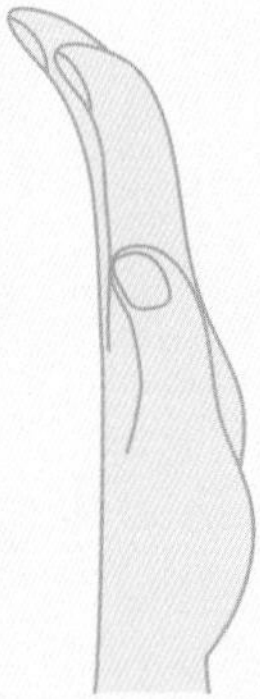

指が反らない

真面目で誠実な性格。ちょっぴり人見知りで恋愛も苦手。反面、コツコツと努力を重ねるのは得意なタイプです。

指が反る

指が反る人は、どんな環境にもなじめる、順応性の高いタイプ。明るく社交性があり、初対面の人とでもすぐに打ち解けます。

手の大きさ

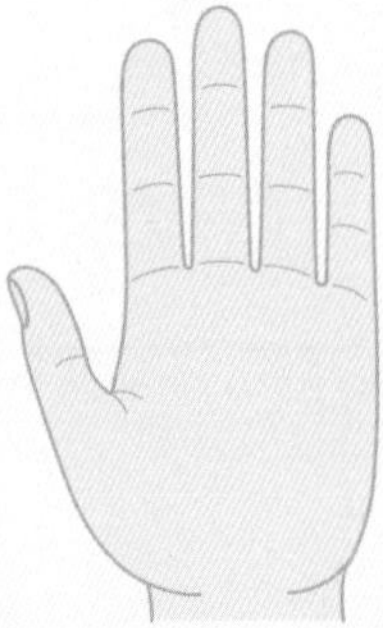

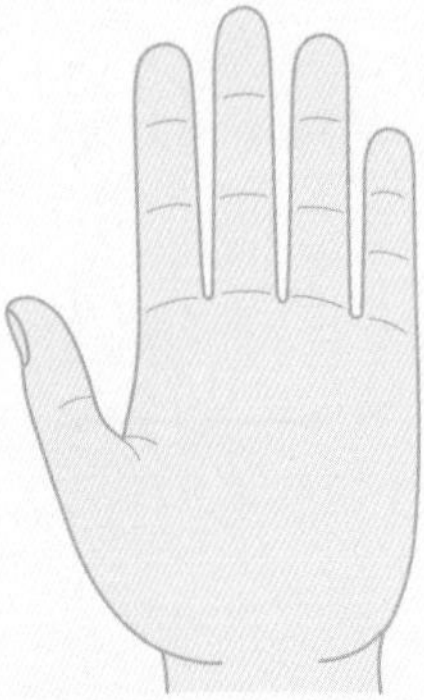

小さな手

細かいことにこだわらず、大胆さを武器に事業に成功する人も多く見られます。極端に小さい人は、血の気が多く向こう見ずな性格。

大きな手

体格のわりに大きな手を持つ人は、気配りができる人。計画的に、根気よく物事を進めます。貯蓄も得意です。

手の肉づき

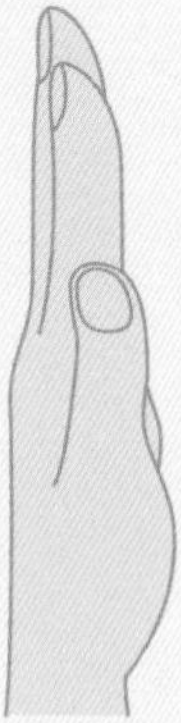

肉が薄い

手のひらの起伏が少なく肉づきが薄いのは、頭脳が発達している人。積極性に欠け、人づき合いが苦手ですが、気配り上手です。

肉が厚い

手が肉厚で、ゴムのように弾力がある人は、好奇心旺盛で若々しく、体力があります。肉厚でも弾力がない場合はおおらかなタイプ。

手のひらの幅

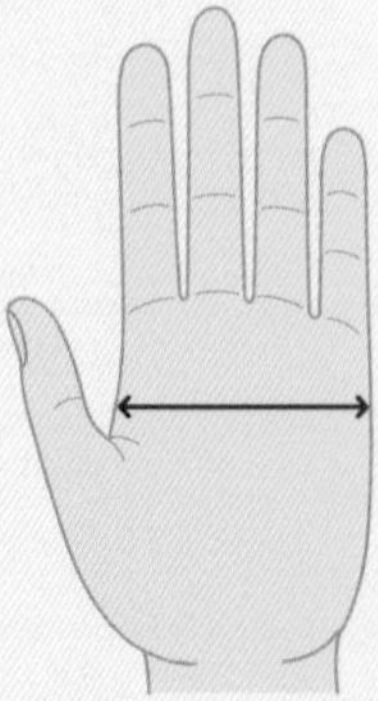

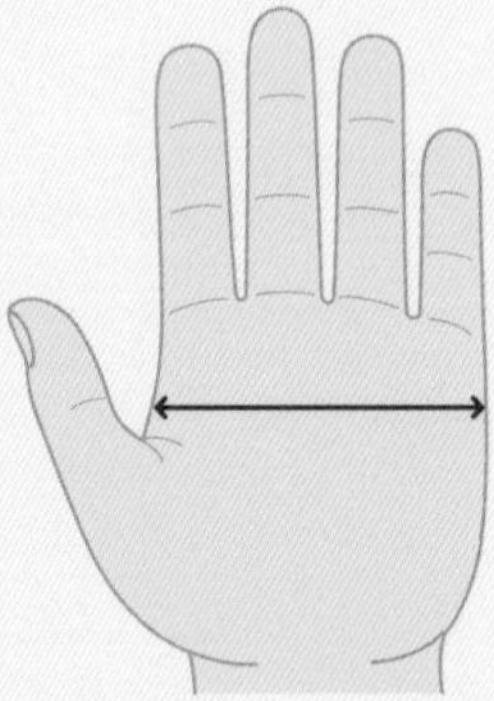

手の幅が狭い

脳や神経の働きがすぐれ、芸術や教育の分野が向きます。女性の場合、内気で繊細な一面も。体力には恵まれない人が多いようです。

手の幅が広い

体力的にすぐれ、疲れ知らず。手の幅が広く肉づきも厚い人はとくにエネルギッシュで、事業やスポーツなどに強い関心を寄せます。

手の甲の色

手の甲が白い

手の甲の色が白い人は、音楽や美術、文学の分野で才能を発揮します。勘も鋭く、流行にも敏感。まわりにクールな印象を与えます。

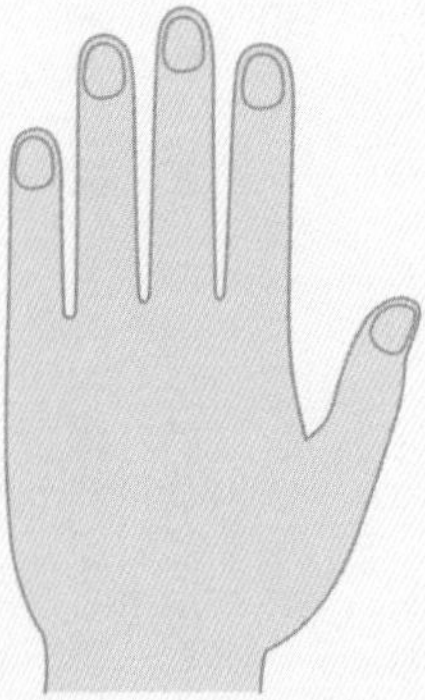

手の甲が黒い

粘り強く、堅実。体力に恵まれ、大変な仕事も難なくこなすので、長期の努力で成果を得る職業が向きます。誠実で温かい心の持ち主。

COLUMN

手のひらの傷やホクロに要注意！

手のひらのホクロは斑点《はんてん》と同じ意味を持ち、現れた位置によってその意味が異なります。たとえば、生命線上のホクロは病気やケガを暗示。運命線上のホクロは、トラブルや環境の変化を示します。不運の前触れなので、流年《りゅうねん》法（⬇16ページ）で時期を確認して、備えを万全にしてください。

そのほか、線の近くや丘《きゅう》（⬇26ページ）にホクロがある場合も、健康運や恋愛運など、線や丘の示す意味にマイナスの影響を与えることが多くなります。

また、手のひらの傷が手相の線をさえぎっている場合、障害線（⬇63ページ上）と同じ意味を持ちます。

指の長さや爪の状態から性格や健康状態がわかる

指の形や長さからは、その人の性格がわかります。5本指の中でも親指の形はとくに表情豊か。その人の運勢や性格を表します。長さについては、中指を基準に判断します。中指の長さは、手首から中指のつけ根までの長さの75パーセントくらいが標準的な長さです。これを基準に、指が長い人は理論派、短い人は感情重視の傾向があります。

また、5本の指は、それぞれ異なる意味を持ちます。そこで、中指を基準として1本1本の指の長さを比べる鑑定法もあります。

爪には、性格に加え、ここ3カ月程度の心身の健康状態が現れます。

親指の形を見る

先が内側に曲がっている

頑固で強情な性格。お金への執着が強い面があります。

円筒形ですっきりした形

社交的でだれからも好かれ、幸せな人生を送ります。

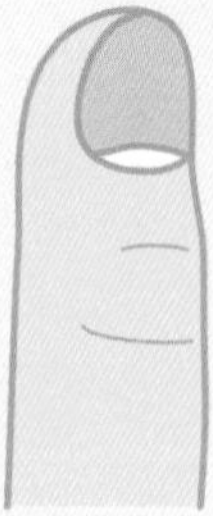

先端が極端に太い

荒っぽく一本気。家族との縁が薄い傾向が。

弓のように反る

頭がよく要領もいいが、飽きっぽい一面もあります。

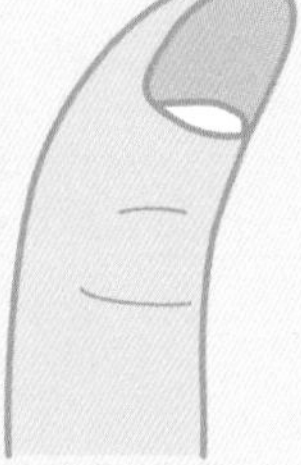

中指の長さを見る

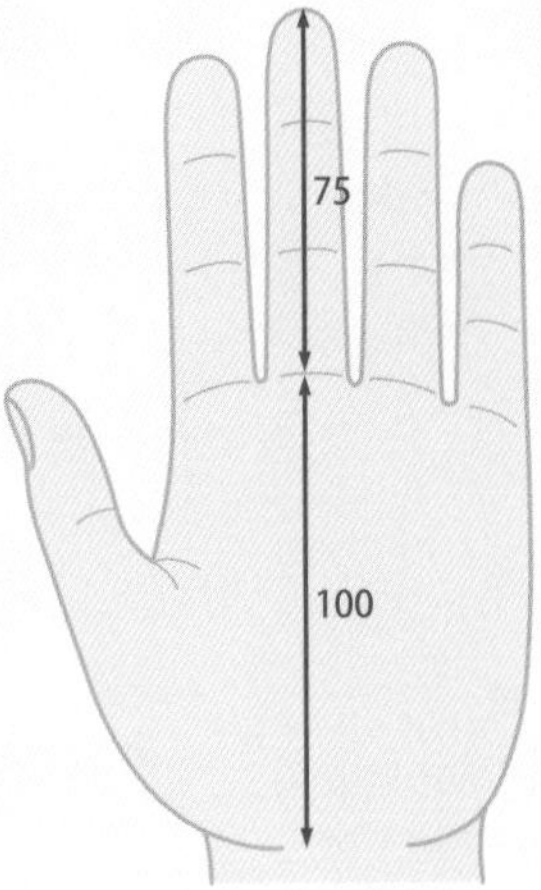

⬅標準的な長さ

手のひらを100とすると、中指は75パーセントが標準です。

60パーセント未満の、とくに短い指

理性が本能に負けてしまい、能力を発揮できない傾向があります。

78〜80パーセントの長い指

分析や批判が得意な一方、体力やバイタリティに欠けます。

80パーセントを越える、とくに長い指

苦労を避け、社会への順応も苦手なタイプです。

中指とほかの指を比べて見る

中指

標準的な長さ
手のひらの長さの75パーセント
長い➡繊細で自分の世界にこもりがち
短い➡楽観的で行き当たりばったり

人差し指

標準的な長さ
中指の第1指節の真ん中
長い➡リーダーシップがある
短い➡内向的でおとなしい

薬指

標準的な長さ
中指の第1指節の上から3分の1
長い➡見栄っ張りの野心家
短い➡おおざっぱで責任感に欠ける

親指

標準的な長さ
人差し指の第3指節の真ん中
長い➡頭の回転が早い
短い➡子どもっぽく、愛情表現が苦手

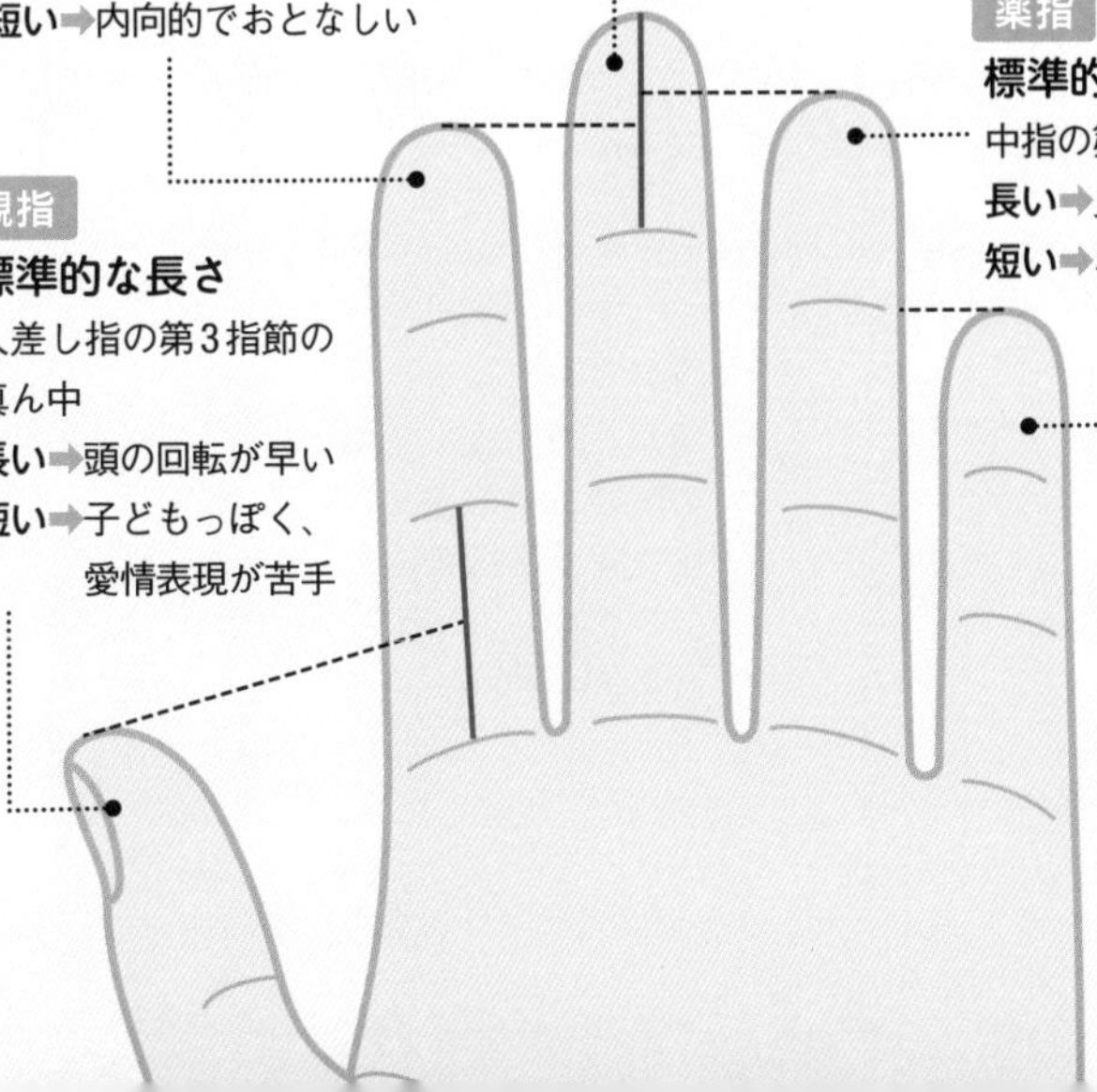

小指

標準的な長さ
薬指の第1指節の下のラインまで
長い➡表現力が豊かな人気者
短い➡要領が悪く世渡りが下手

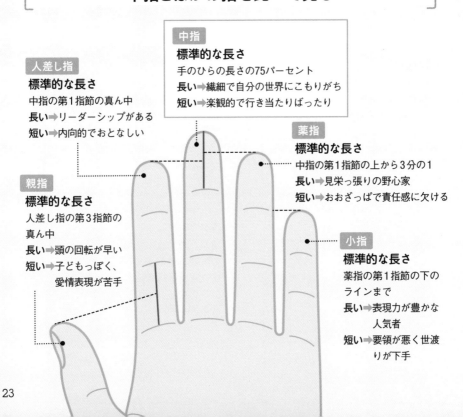

爪の形を見る

横に広い爪

手先が器用な人と、勉強好きの2タイプがあります。根気強いが、短気です。

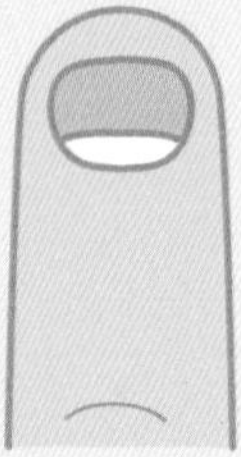

縦に長い爪

温和で、宗教や神秘的なものなど、情緒的なものにひかれます。

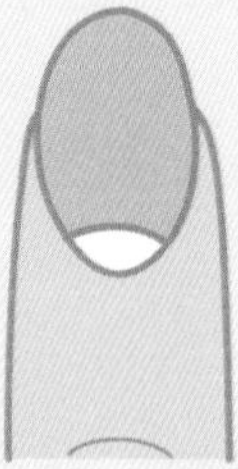

卵形の爪

華やかで派手な性格。浪費家の傾向があり、家事や勉強は苦手です。

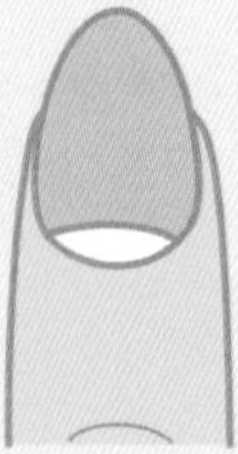

四角い爪

真面目で常識がある人。何事も着実に成し遂げるタイプです。

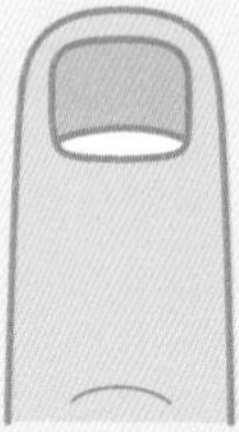

幅の狭い爪

極端な体力の低下を表します。爪の両側が肉に食い込んで幅が狭い場合、脊髄の病気が心配です。

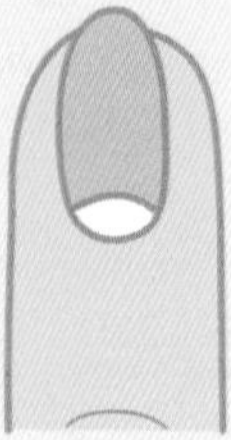

逆三角形の爪

脳や脊髄《せきずい》の障害などに注意。気がかりは早めに受診することをおすすめします。

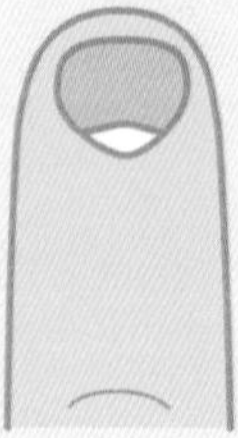

スプーン形の爪

脊髄の病気やリューマチにかかりやすくなっていることを表します。

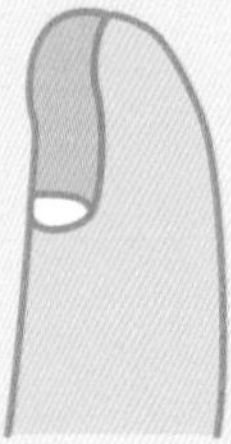

反った爪

疲れやすい状態。心臓の病気の恐れもあるので、ゆっくり休養を取りましょう。気がかりなときは受診を。

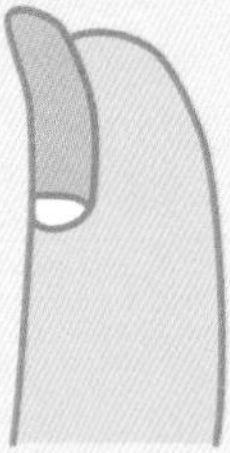

爪の筋や斑《はん》点《てん》を見る

黒い縦筋がある

身内やごく親しい人との別れを意味します。

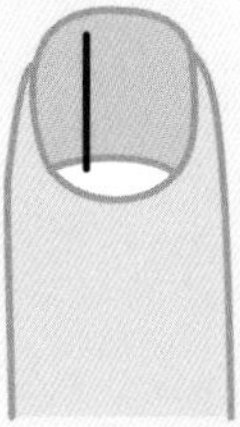

爪に縦筋がある

パワーが低下気味。神経の衰弱や、呼吸器や消耗性の病気が心配。

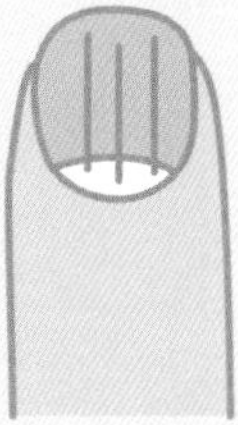

黒く汚れた斑点

身内やごく親しい人の身に、不幸が起こる暗示です。

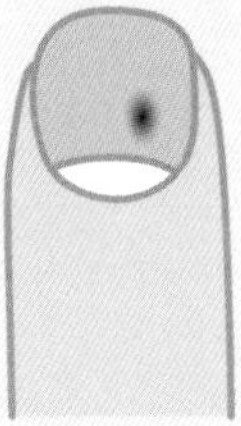

爪にある横段

精神的なショックや、出産や病気による栄養の不足を表します。

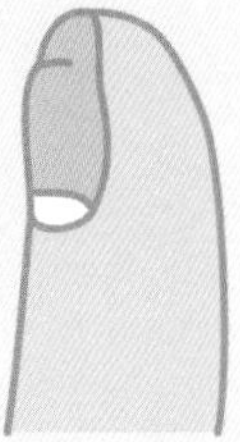

丸くて白く、形が鮮明な斑点

金運や恋愛運に恵まれるラッキーサインです。

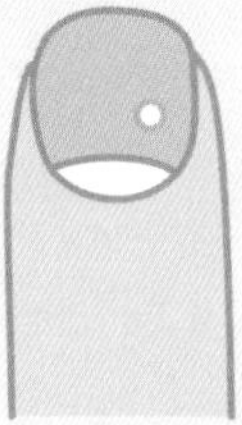

形がくずれた白い斑点

幸運が過ぎ去り、失望を経験する前触れです。

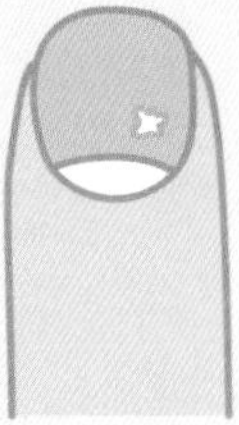

爪の硬さや小爪もチェック！

爪を見るときは、形や筋、斑点だけでなく、小爪（爪の下の白い部分）もチェックしましょう。健康状態がわかります。
（➡229ページ）

ポイント5

手相がわかる！ 5つのポイント

手のひらの丘《きゅう》を見る

「丘」のふくらみ方で性格がわかる

手のひらは、よく見ると中央がやや低く、その周辺が高くなっています。手相では、この中央のくぼみを「火星原《かせいげん》」「方庭《ほうてい》」、周辺の盛り上がりを「丘」といいます。丘は全部で9つあります。

それぞれの丘やくぼみは、その人の性格や運勢を表しています。丘やくぼみの良し悪しは肉づきで判断します。肉づきがよい（丘を押したときにゴムのような弾力がある）場合は、その丘の持つ意味が強調されます。

丘のバランスを見る

- **どの丘の肉づきも、バランスがよい**

精神のバランスが取れた常識的な人。

- **特定の丘が極端にふくらんでいる**

偏った性格の持ち主。たいていの人は2～3の丘が同時に盛り上がっています。なかには互いに矛盾する意味を持つ場合もありますが、反対の性質が共存することで、性格が極端にならないようにバランスを取っているのです。

9つの丘と火星原・方庭

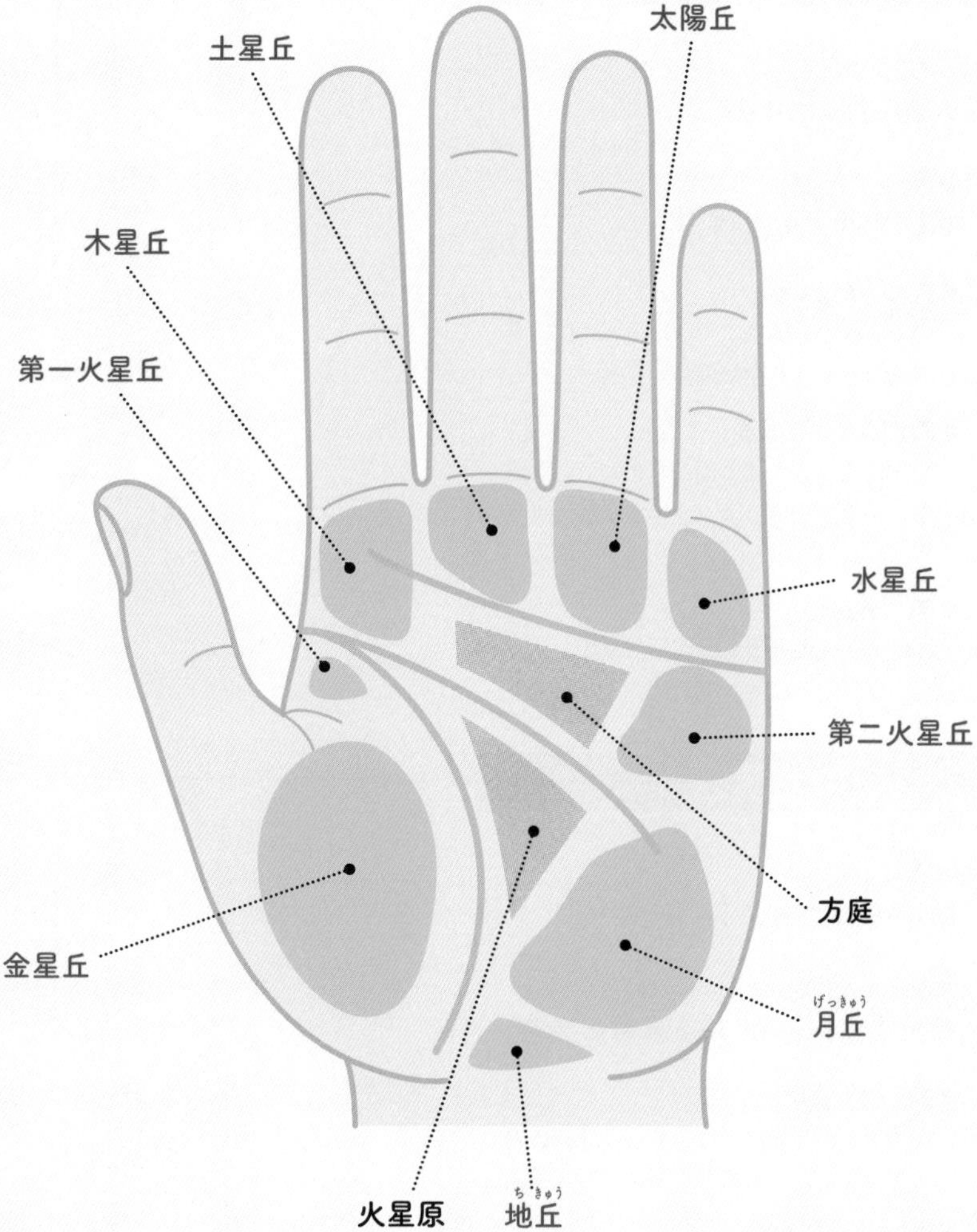

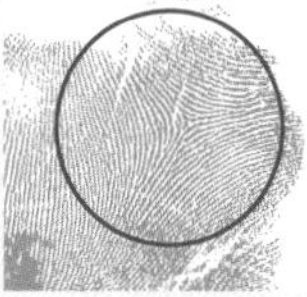

丘の頂点

木星丘、土星丘、太陽丘、水星丘には、「頂点」があります（左図参照）。頂点が丘の中心に近いほど、その意味が強まります。

それぞれの丘《きゅう》の意味

木星丘

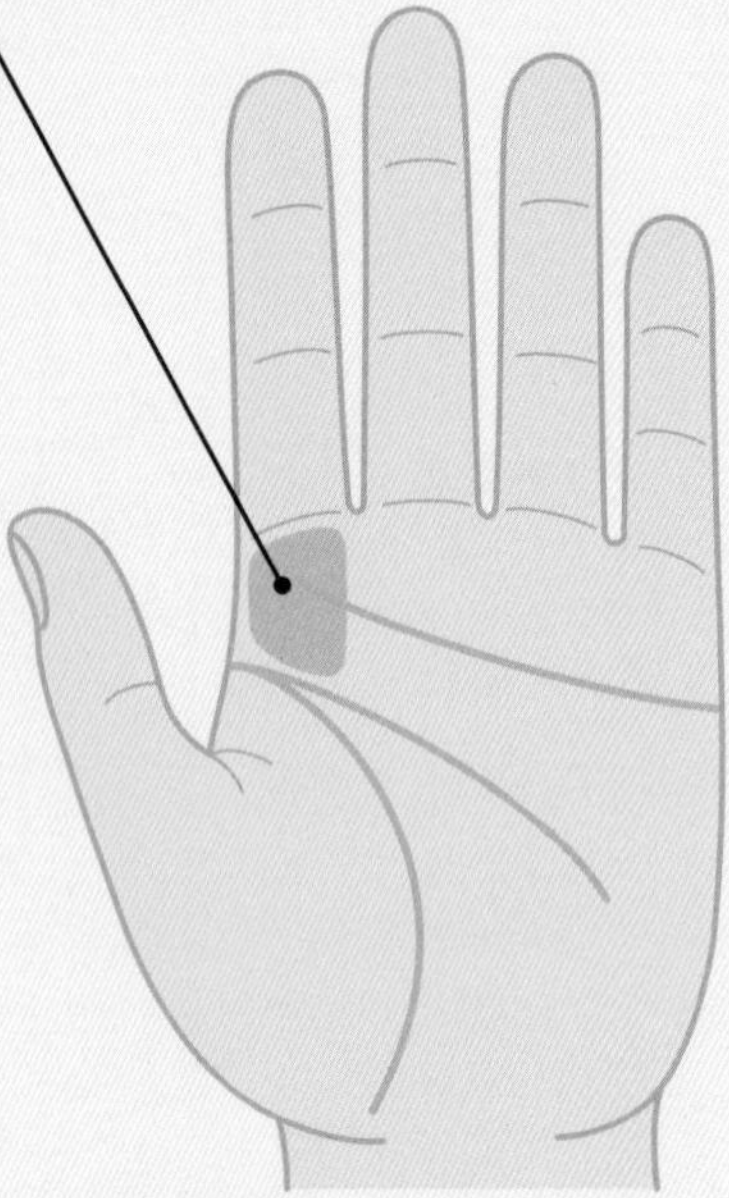

位置

人差し指のつけ根の下

意味

意欲や向上心を表す

●肉づきがよい
肉づきがよく頂点が中心にあるのは、意欲に満ちあふれた勉強熱心な人。

●肉づきがよすぎる
極端に肉づきがよく頂点がずれている場合は、エゴイストでうぬぼれが強いようです。

●肉づきが薄い
消極的で人に頼る傾向があります。

土星丘

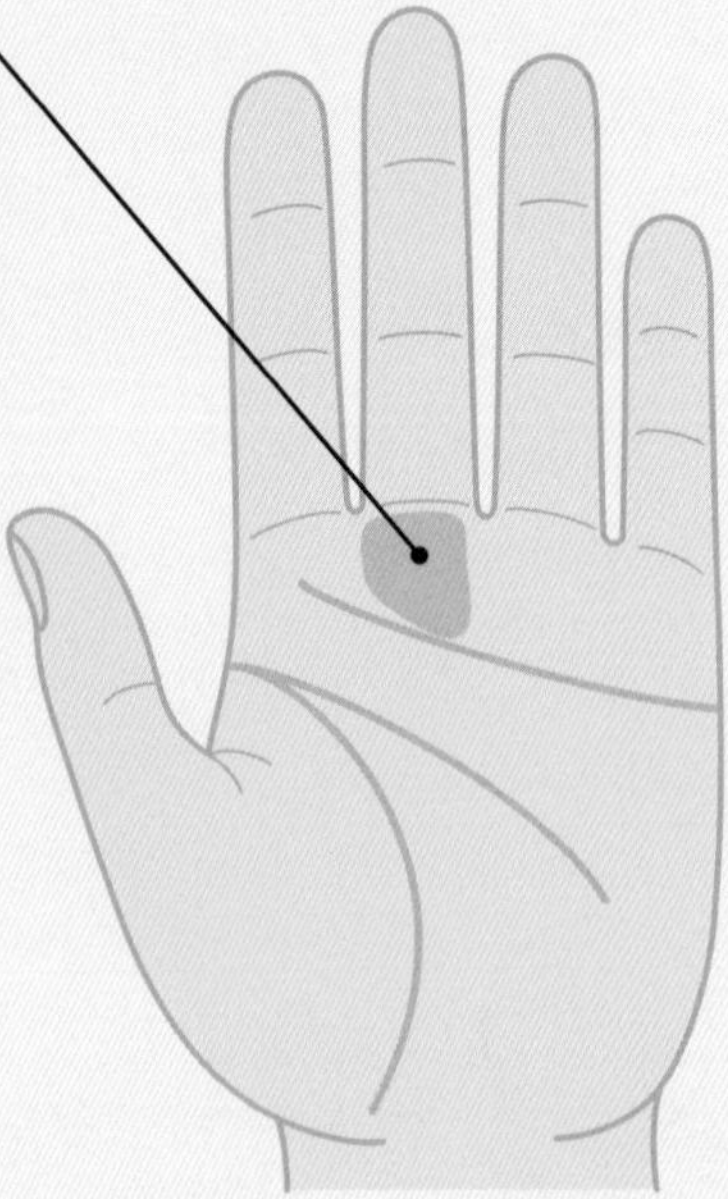

位置

中指のつけ根の下

意味

自分をコントロールする力を表す

●肉づきがよい
肉づきがよく頂点が中心なら、物事に対して慎重で、きめ細かい対処が行える人。

●肉づきがよすぎる
自制心が弱く、目先の欲求にとらわれやすい。また、深刻に考えすぎる傾向があります。

●肉づきが薄い
優柔不断で、ダラダラとした生活を送りがち。

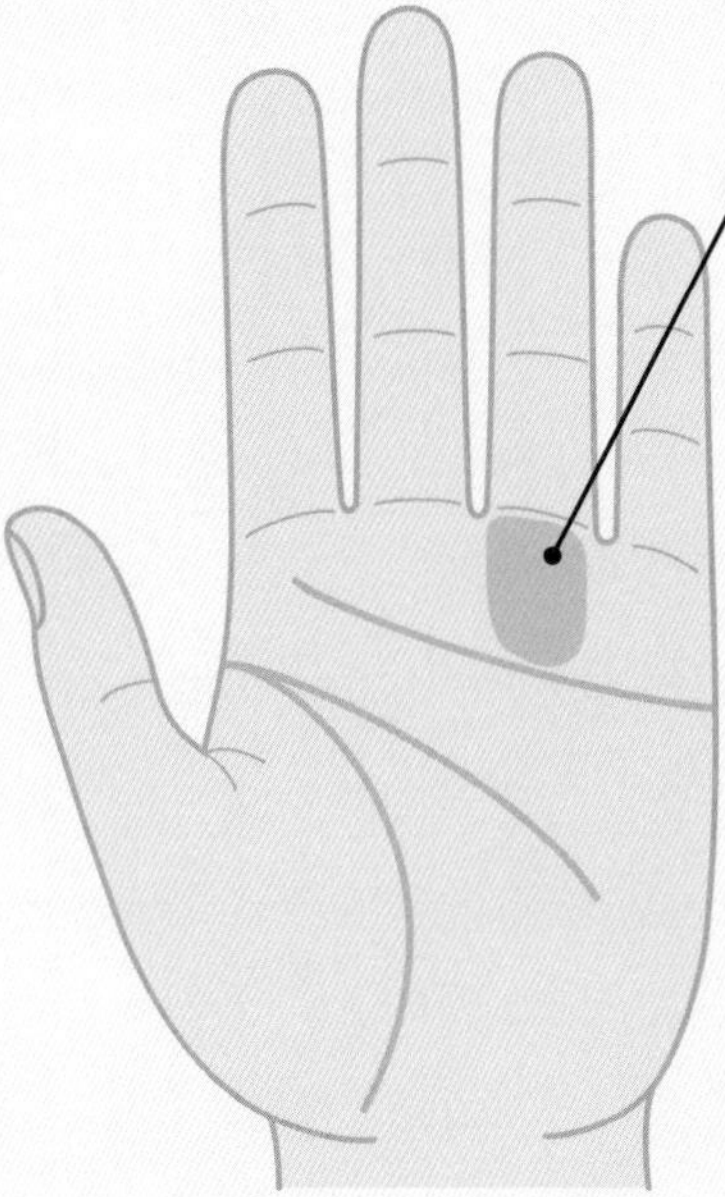

太陽丘

位置

薬指のつけ根の下

意味

明るさや人気、社交性を表す

●肉づきがよい
肉づきがよく頂点が中心の人は、魅力たっぷり。だれからも好かれます。

●肉づきがよすぎる
虚栄心が強く、見栄っ張りになりがち。

●肉づきが薄い
人見知りで人の輪にうまく入ることができず、なかなかまわりから好感を持たれないタイプ。

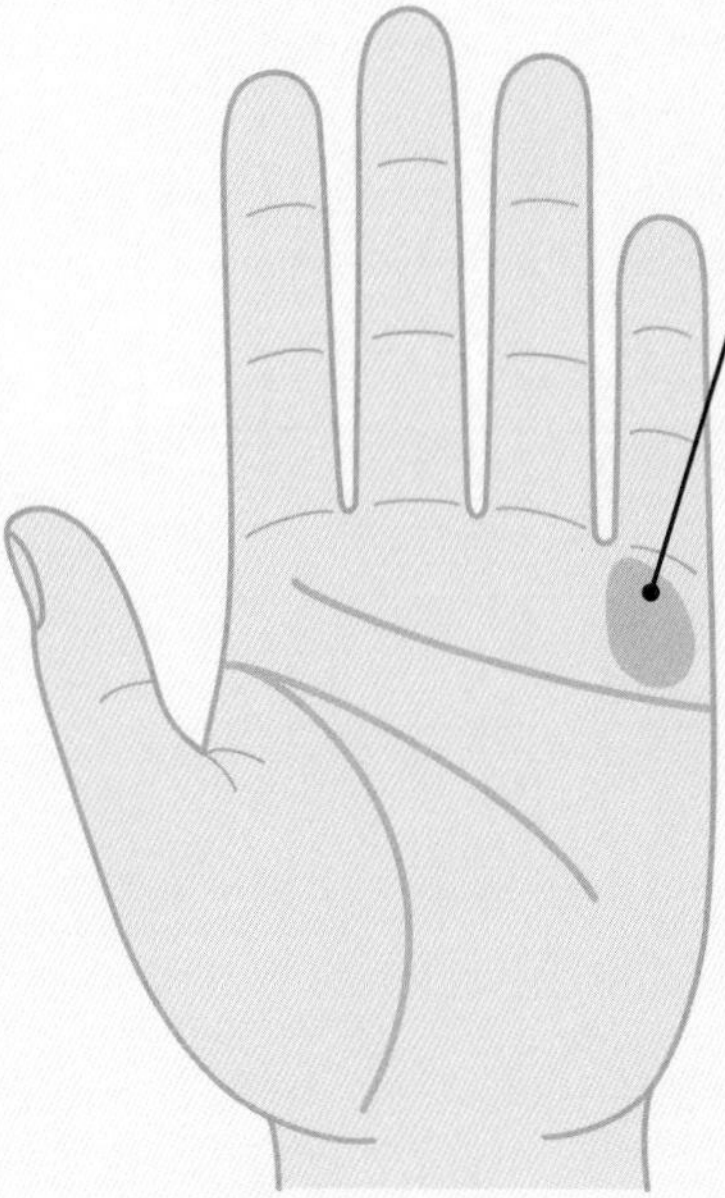

水星丘

位置

小指のつけ根の下

意味

勘の鋭さを表す

●肉づきがよい
肉づきがよく頂点が中心なら、頭の回転も早く商才にすぐれている証拠。

●肉づきがよすぎる
悪知恵を働かせてしまいます。

●肉づきが薄い
経済観念にとぼしく、お金のことで失敗しがちです。

金星丘

位置

親指のつけ根部分に広がる部分

意味

体力や性的能力を表す

●肉づきがよい
健康状態がよく、セクシーな魅力を持ち合わせています。

●肉づきがよすぎる
面積が広すぎたり、肉づきがよすぎる場合は、性欲が過剰気味。

●肉づきが薄い
体力に不安があり、恋愛にも消極的な傾向が。

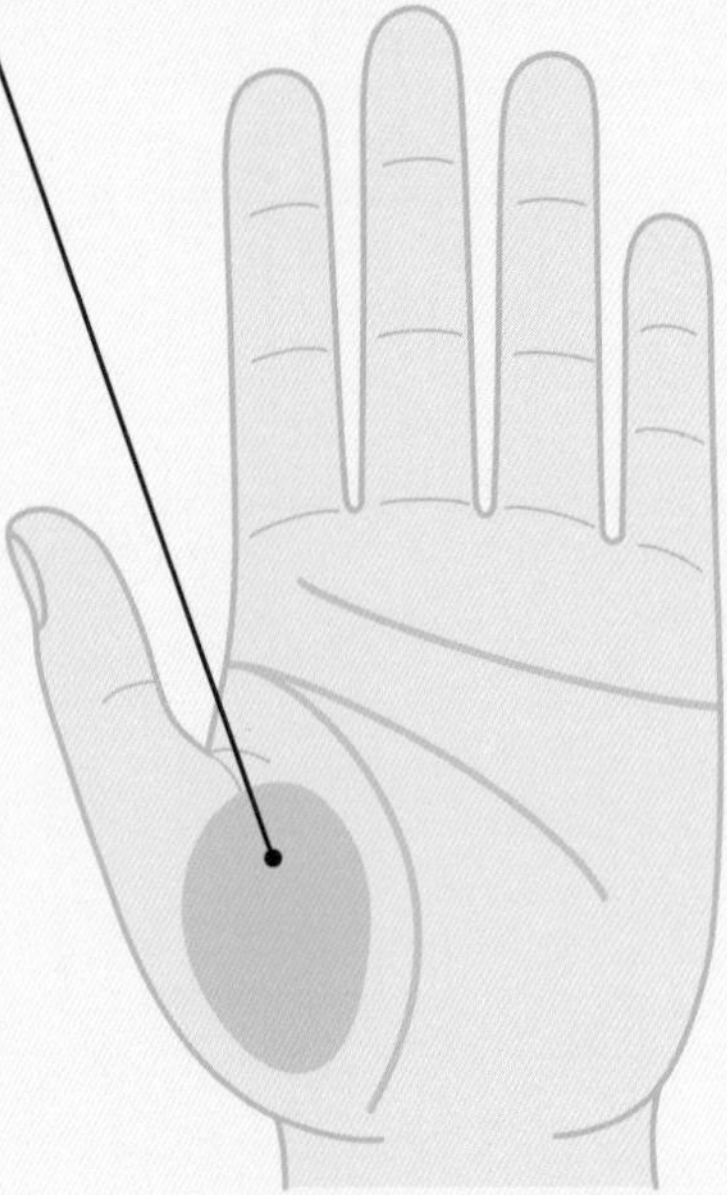

第一火星丘

位置

木星丘と金星丘の間、
親指のつけ根からやや上の部分

意味

行動力や競争心を表す

●肉づきがよい
肉体的にも精神的にも充実していて、積極的に行動します。

●肉づきがよすぎる
暴力的で破壊的な一面があります。

●肉づきが薄い
薄かったり雑線がある場合は、消極的で臆病になる傾向が見られます。

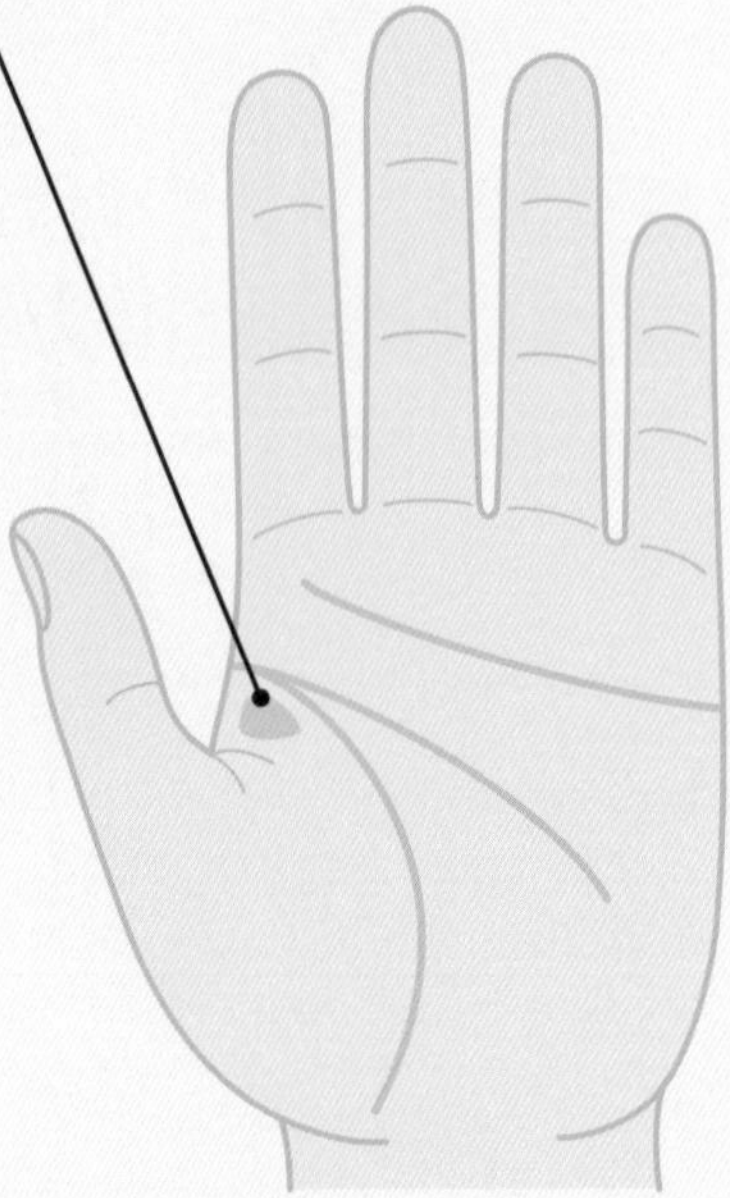

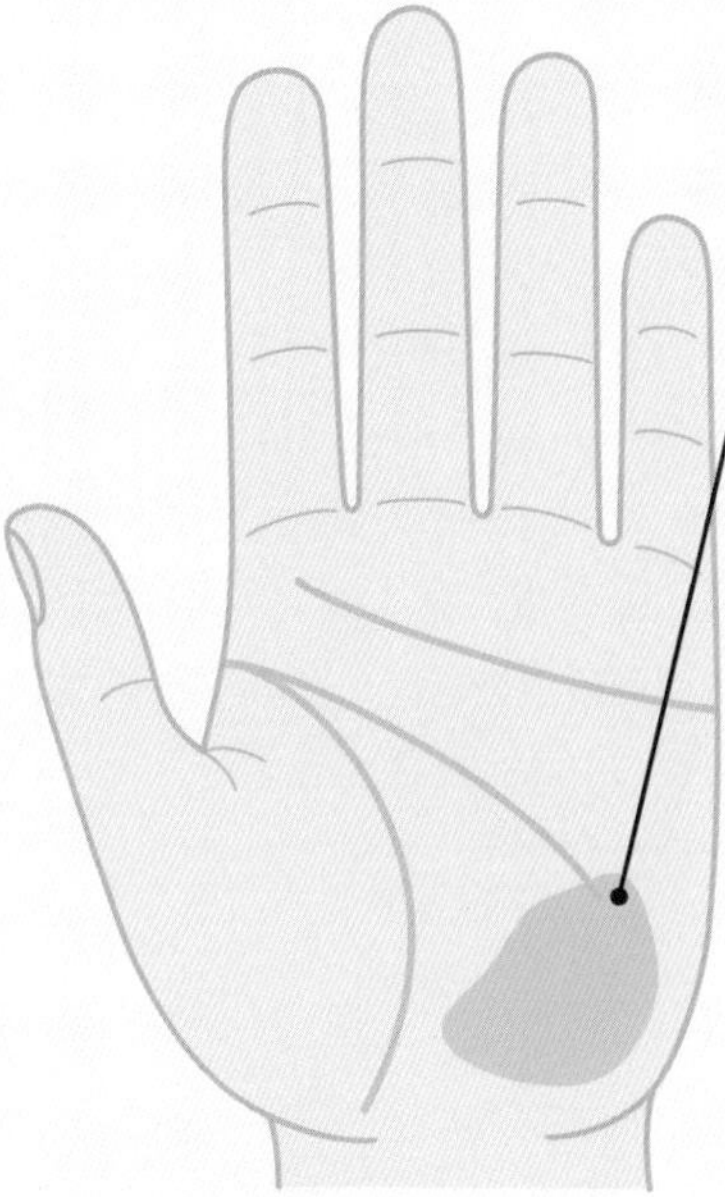

月丘

位置

手を握ったときに小指が触れる部分から下の広い部分

意味

創造性や美に対する感覚を表す

●肉づきがよい
想像力があり発想も豊か。美術や音楽などの分野でセンスを発揮します。

●肉づきがよすぎる
現実離れした妄想やオカルトにはまることが。

●肉づきが薄い
これといった趣味を持たず、楽しみが少ない人生を送りがちです。

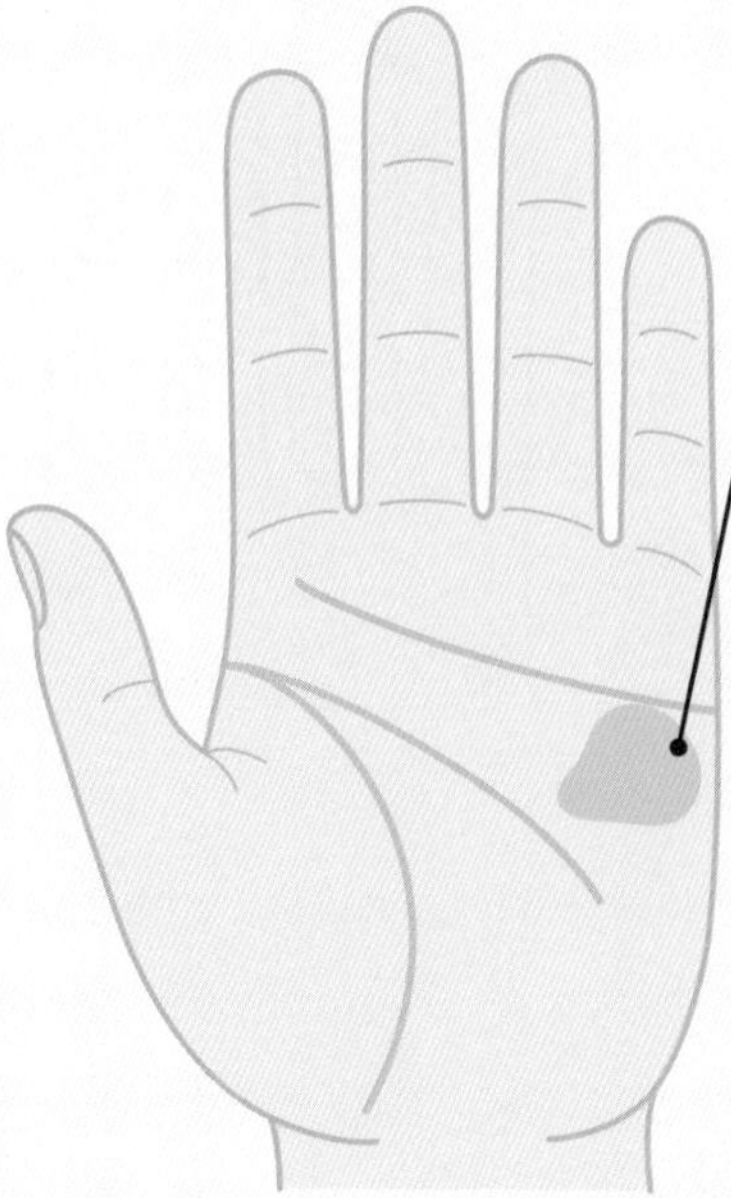

第二火星丘

位置

水星丘と月丘の間の部分

意味

意志の強さや抵抗力を表す

●肉づきがよい
我慢強く、誘惑に負けない強さでトラブルや災難を避けられます。

●肉づきがよすぎる
頑固すぎる性格となり、敵をつくりやすい傾向があります。

●肉づきが薄い
物事を継続する意志が弱く、ストレスにも負けやすくなります。

地丘《ちきゅう》

位置

手のひらの最も手首寄りの部分

意味

精力や、根気などの気力を表す

●肉づきがよい

肉づきがよく、雑線も少ないのは、気力や体力に恵まれている人です。自信に満ち、魅力もあるので、異性からの人気が高いです。

●肉づきが薄い

雑線が多く、シワっぽい印象であれば、体力に自信がなくセクシーさにも欠ける印象。

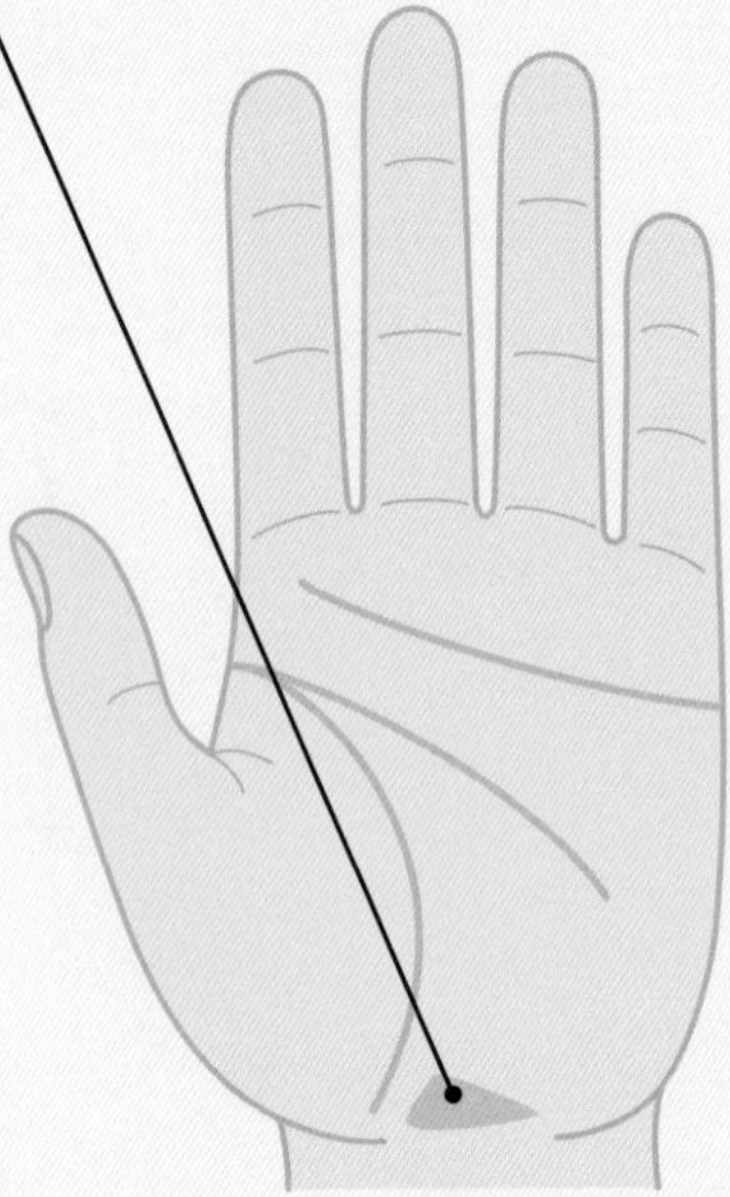

方庭《ほうてい》・火星原《かせいげん》

位置

方庭：感情線と知能線の間のくぼみ

火星原：手のひら中央のくぼみ

意味

困難に打ち勝てるかどうかを表す

●肉づきがよい

体力や気力が充実して、生活力もバッチリ。困難にも立ち向かっていくことができます。

●肉づきが薄い

引っ込み思案な性格。困難や競争に勝とうとする「やる気」があまりないタイプです。

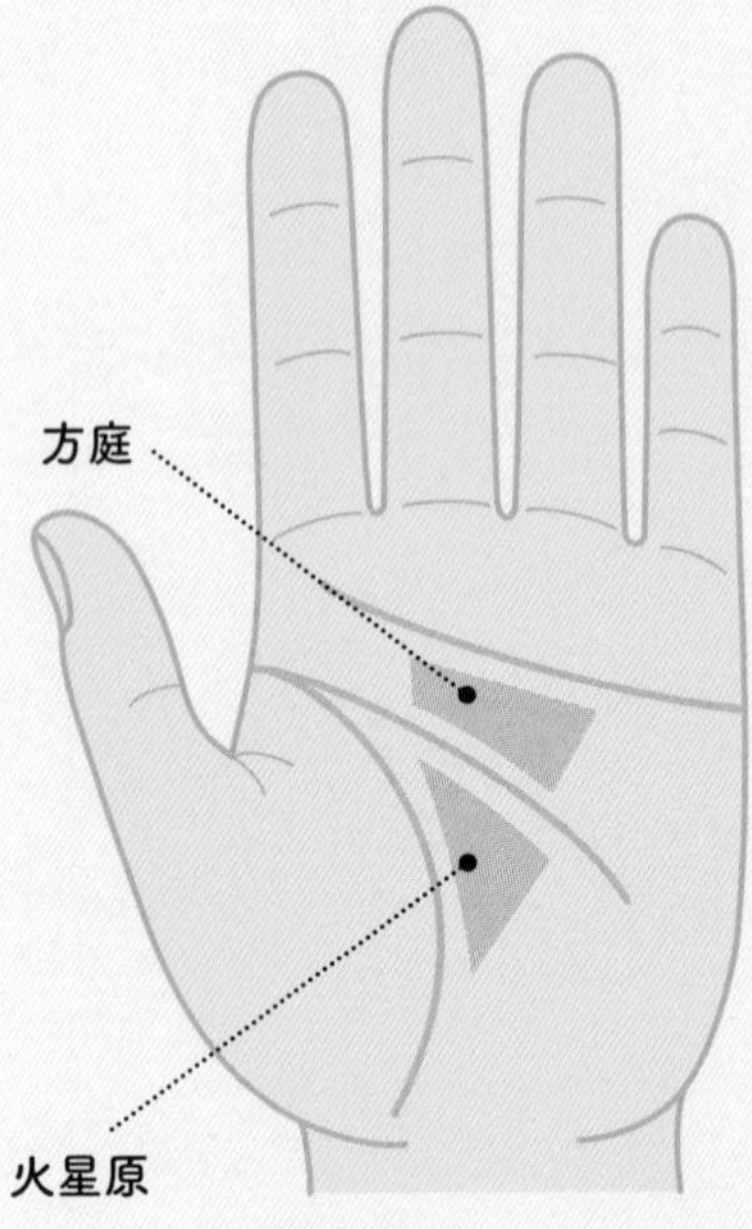

もくじ

ポイント4

手相がわかる！ 5つのポイント 手指の形や状態を見る

ポイント5

手相がわかる！ 5つのポイント 手のひらの丘を見る

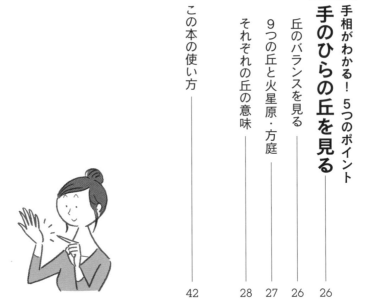

Part1 あなたの手相が見つかる！線の探し方と意味

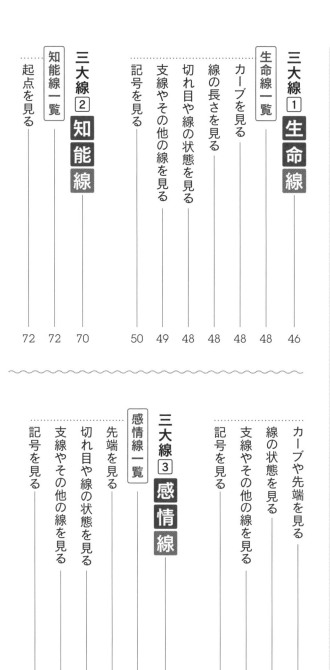

Part2

手相を知って幸せになろう！ 目的別診断

人間関係を知りたいときはここをチェック！

その他の幸運の手相＆トラブルの手相

COLUMN

この本の使い方

この本の特徴

Part2では「金運」「恋愛運」などテーマごとに手相が分類されているため、興味のあるテーマから探すことができます。

Part1では「三大線」をはじめとする主要な線が紹介されており、自分に近い手相を探すことができます。

巻頭ページでは手相を見るために必要な知識を基礎から解説しています。

巻頭 4～32ページ 手相の基本を知ろう

まずは手相の基本的な用語や知識に目を通しましょう。

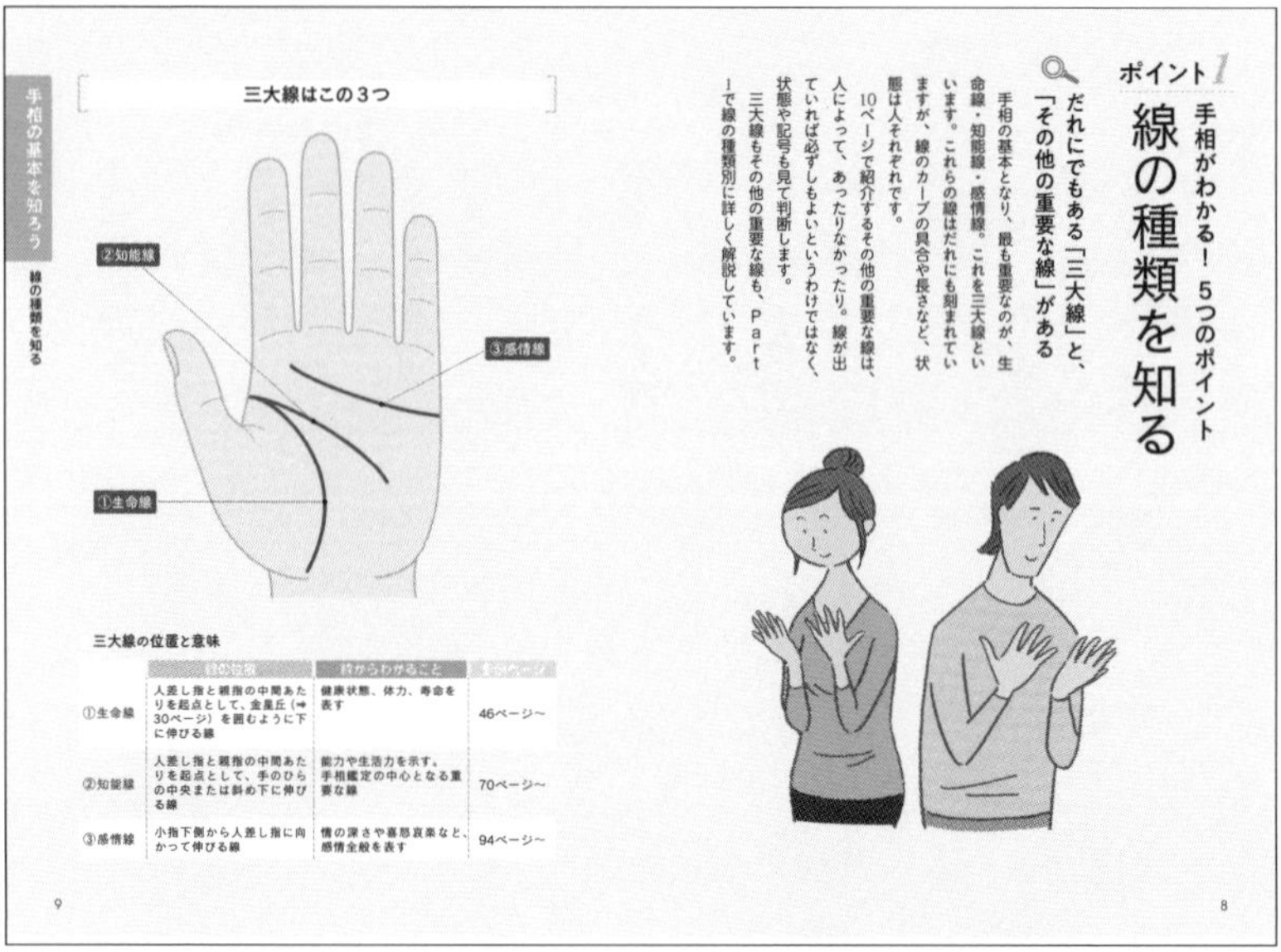

ポイント1

手相がわかる！ 5つのポイント

線の種類を知る

だれにでもある「三大線」と、「その他の重要な線」がある

手相の基本となり、最も重要なのが、生命線・知能線・感情線。これを三大線といいます。これらの線はだれにでも刻まれていますが、線のカーブの具合や長さなど、状態は人それぞれです。

10ページで紹介するその他の重要な線は、人によって、あったりなかったり。線が出ていれば必ずしもよいというわけではなく、状態や記号も見て判断します。

三大線もその他の重要な線も、Part1で線の種類別に詳しく解説しています。

手相の基本を知ろう

線の種類を知る

三大線はこの3つ

三大線の位置と意味

①生命線	人差し指と親指の中間あたりを起点として、金星丘（➡30ページ）を囲むように下に伸びる線	健康状態、体力、寿命を表す	46ページ～
②知能線	人差し指と親指の中間あたりを起点として、手のひらの中央または斜め下に伸びる線	能力や生活力を示す。手相鑑定の中心となる重要な線	70ページ～
③感情線	小指下側から人差し指に向かって伸びる線	情の深さや喜怒哀楽など、感情全般を表す	94ページ～

9

8

線の種類や手指の形など、５つのポイントで手相の見方がわかります。

Part1 45～210ページ それぞれの線を見て占う

誰にでもある「三大線」と、人によってあったりなかったりする「その他の重要な線」について、線ごとに解説しています。自分自身の生まれ持った性質、運勢をじっくり読み解くことができます。

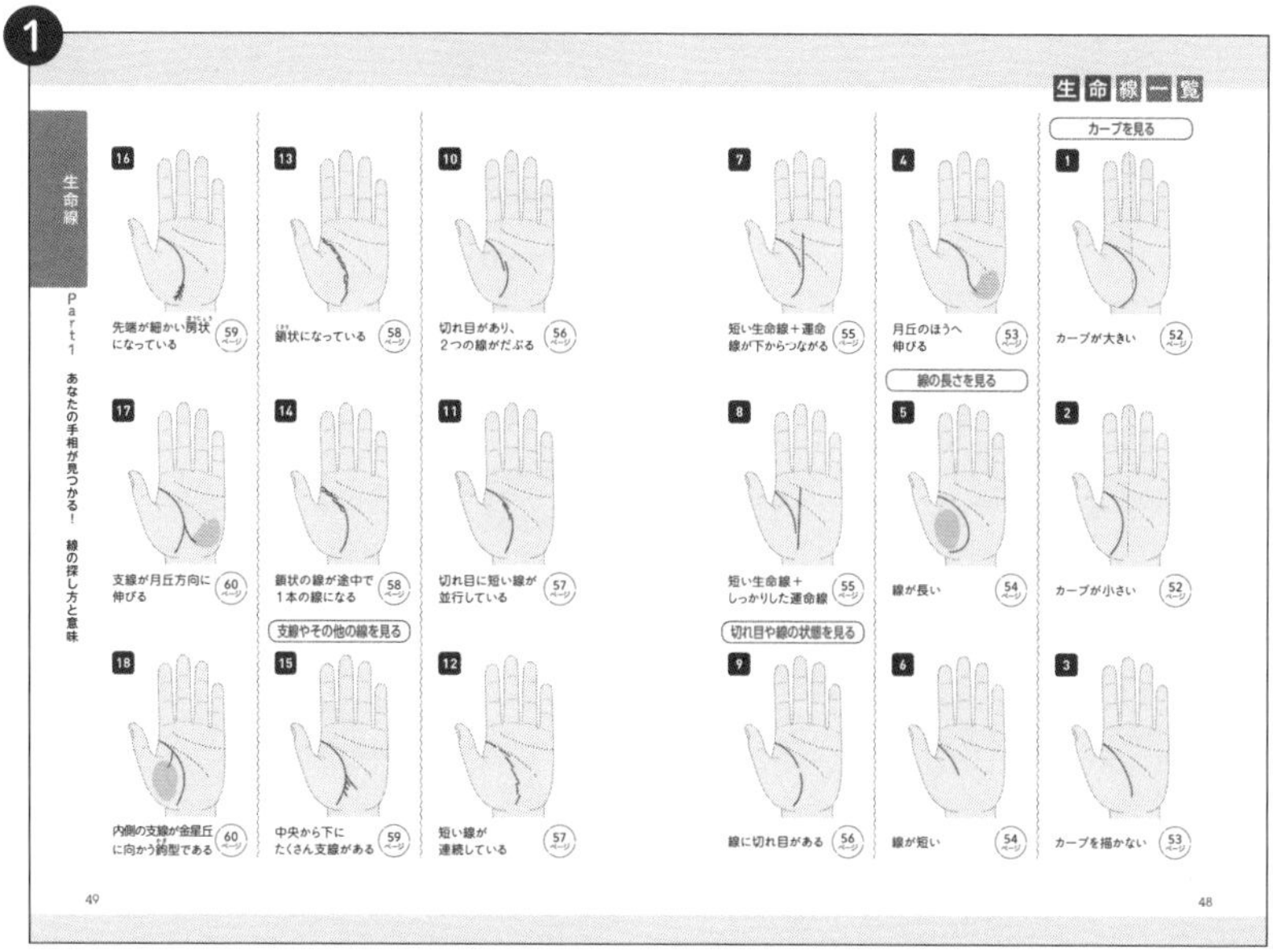

一覧を見て、自分の手の線に近いものを探します。線の長短で見ると「長い」、線の状態で見ると「鎖《くさり》状」など、ひとつだけではなく当てはまるものはすべてチェックしましょう。

線の通し番号です。一覧の番号と対応しています。

手相を判断するときのポイントを記しています。

それぞれの手相の解説です。

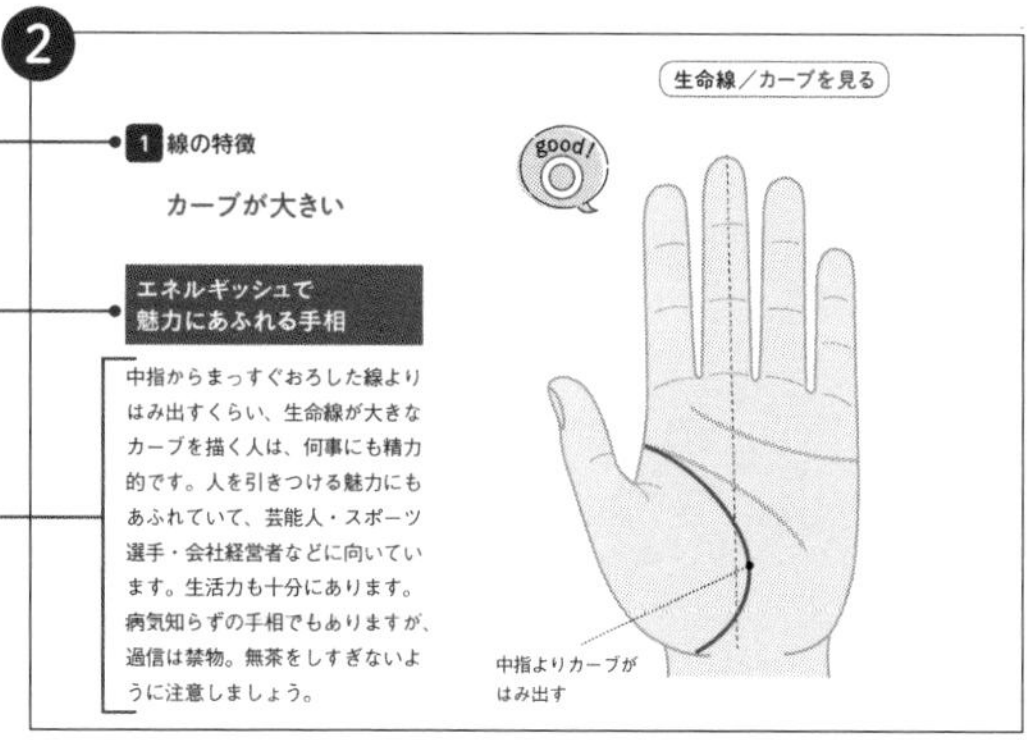

❶でチェックした、それぞれの手相の解説を見ます。

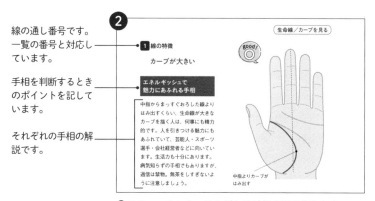

Part2 211〜273ページ 占いたい目的から探す

占いたい目的別に手相を紹介しています。当てはまる手相を探してチェックしてみましょう。また、この本で紹介した手相についてまとめた274〜283ページの「テーマ別さくいん」もご活用ください。

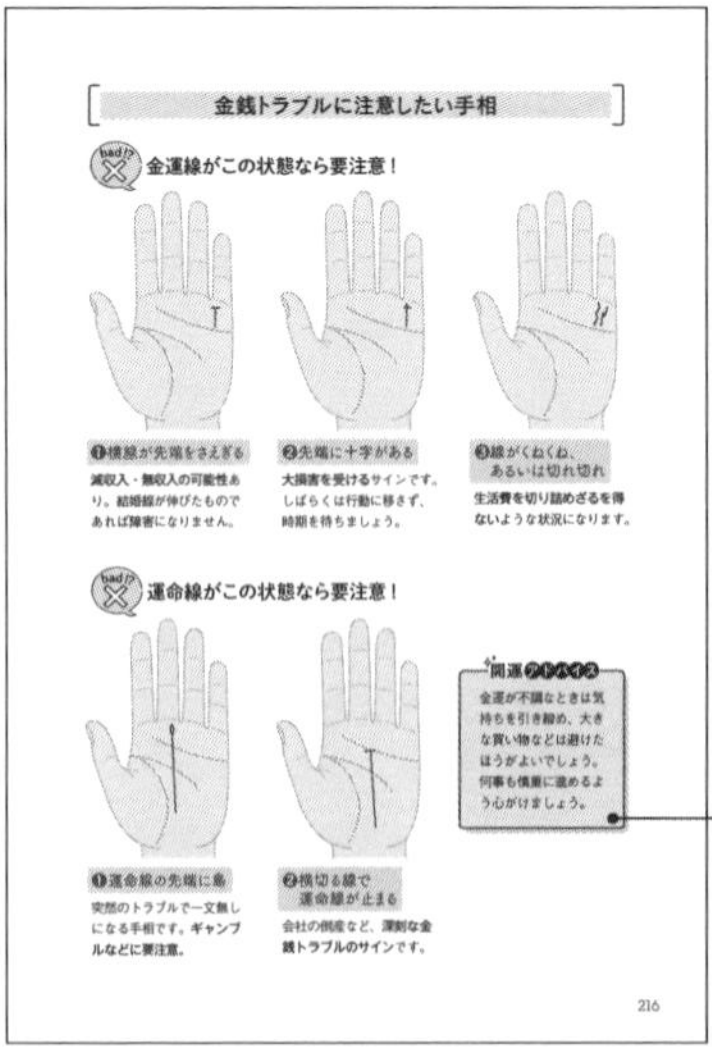
[金銭トラブルに注意したい手相]

bad!? 金運線がこの状態なら要注意！

❶横線が先端をさえぎる
減収入・無収入の可能性あり。結婚線が伸びたものであれば障害になりません。

❷先端に十字がある
大損害を受けるサインです。しばらくは行動に移さず、時期を待ちましょう。

❸線がくねくね、あるいは切れ切れ
生活費を切り詰めざるを得ないような状況になります。

bad!? 運命線がこの状態なら要注意！

❶運命線の先端に島
突然のトラブルで一文無しになる手相です。ギャンブルなどに要注意。

❷横切る線で運命線が止まる
会社の倒産など、深刻な金銭トラブルのサインです。

開運アドバイス
金運が不調なときは気持ちを引き締め、大きな買い物などは避けたほうがよいでしょう。何事も慎重に進めるよう心がけましょう。

216

運勢の不調を表す手相には、不調を乗り切るための開運アドバイスを紹介しています。

アイコンの見方

幸運のサイン、よい手相。持って生まれた長所やチャンスを逃さず、幸運をつかみましょう。

運勢の不調を表すサイン。体調管理や日頃の言動を見直すきっかけにしましょう。本人の勉強や努力次第で手相は変わります。

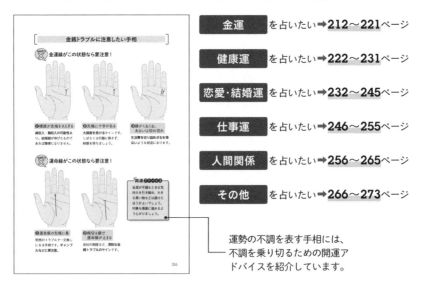

Part 1

あなたの手相が見つかる！線の探し方と意味

三大線

その他の重要な線

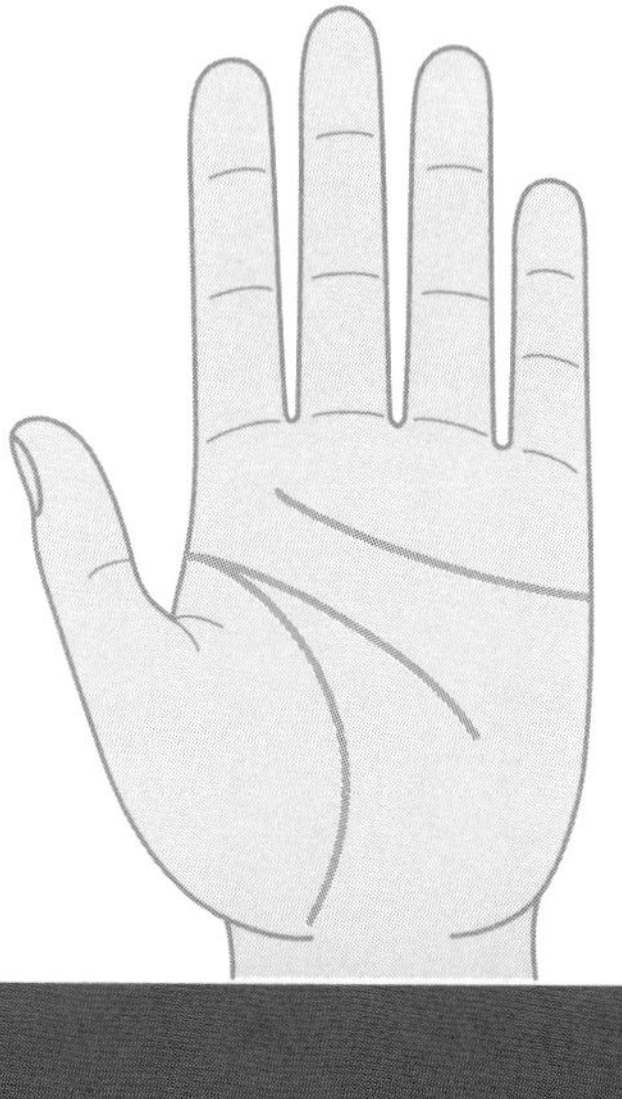

三大線 1

生命線

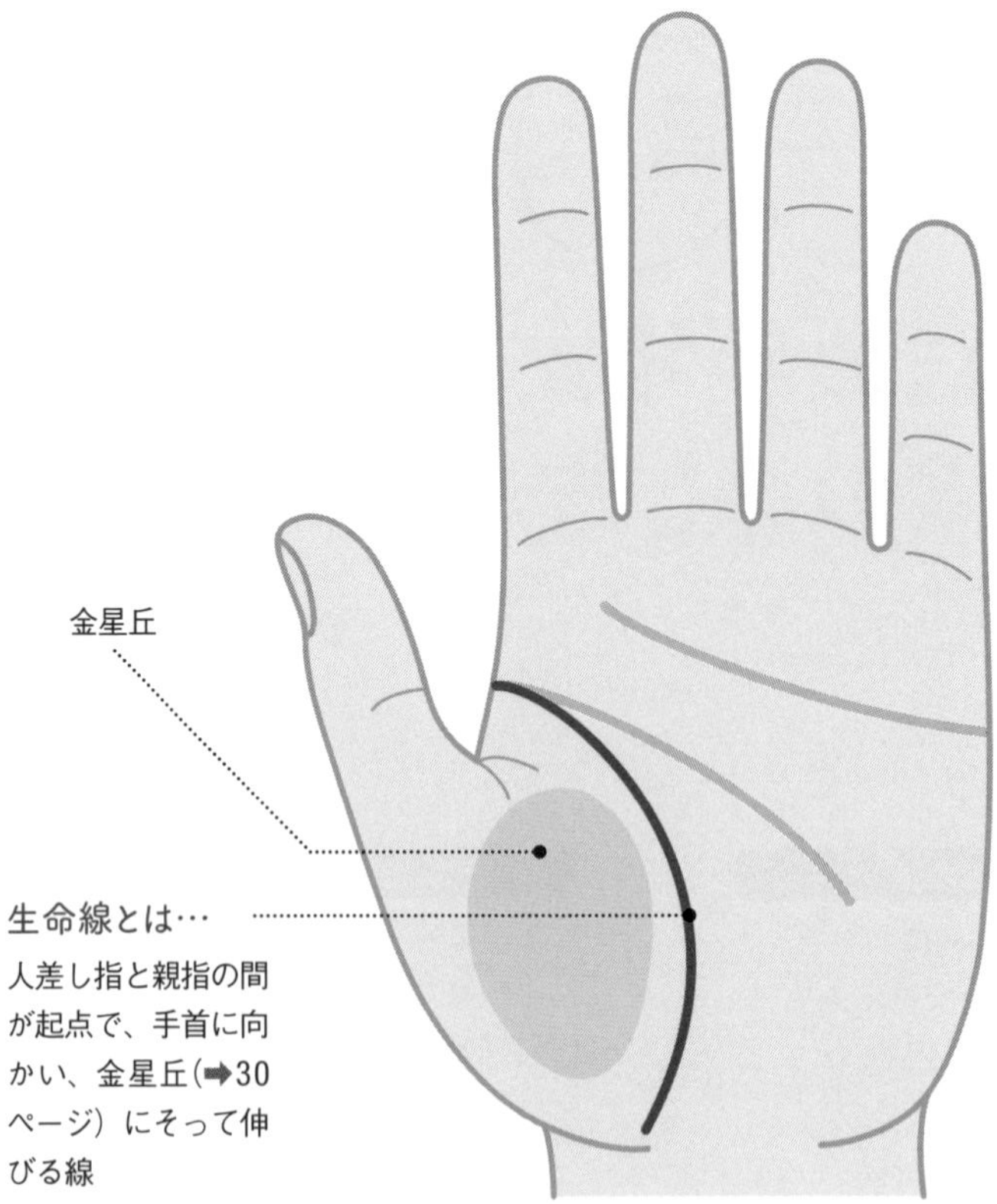

金星丘
生命線とは…
人差し指と親指の間が起点で、手首に向かい、金星丘（➡30ページ）にそってのびる線

健康状態や体力を表す重要な線

生命線はだれの手にも必ず刻まれている三大線のひとつ。生まれつきの体の強さや健康状態、寿命などを示します。

生命線は、**線が太く長いほど**、**生命力が強い**ことを意味します。また、**大きくカーブを描くほどエネルギッシュ**であることを表します。

ちなみに、手首まで長く伸びるほど体力があると考えますが、「生命線が長い＝寿命が長い」というのは間違った俗説です（⬇224ページ）。

そのほか、生命線の支線や記号には、命にかかわる病気や事故のサインが現れることがあります。普段から注意して見るようにしましょう。

● 生命線を見るコツ

なにを見る？	なにがわかる？
カーブ	バイタリティやエネルギーの強さを表します。カーブが大きいほどエネルギーにあふれ、小さいほど消極的です。
線の長さ	生命力を表し、線が手首まで長く伸びるほど体力や生命力に恵まれます。
切れ目や線の状態	健康状態を表します。切れ目や乱れた線は、疲れていたり体力が低下していることを示します。
支線やその他の線	現在と将来の健康状態がわかります。
島や十字など記号	健康にかかわるトラブルや変化を表すもの。とくに病気やケガの前触れを暗示します。

生命線の長さや太さ、形は千差万別

生命線は、起点から手首近くの先端まで1カ所も切れ目がなく、深く鮮やかな線が刻まれ、色は淡いピンク色なのが理想的です。

とはいえ、起点から手首近くまで1本の線がきれいなカーブを描く生命線の持ち主は少数派。人によって長さはまちまちですし、線がジグザグしたり、先端が枝分かれしたりと、線の刻まれ方にもいろいろなパターンがあります。

とくに先端は、ギザギザだったり数本に分かれていたり、線が崩れていることがほとんど。生命線は、先端に行くほど老年の状態を表すため、線が乱れるのもある意味自然なことなのです。

カーブを見る

1

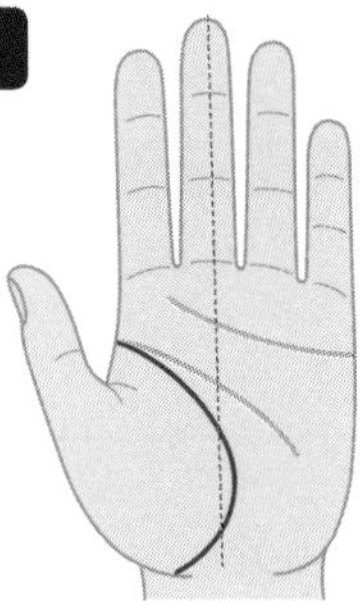

カーブが大きい 52ページ

2

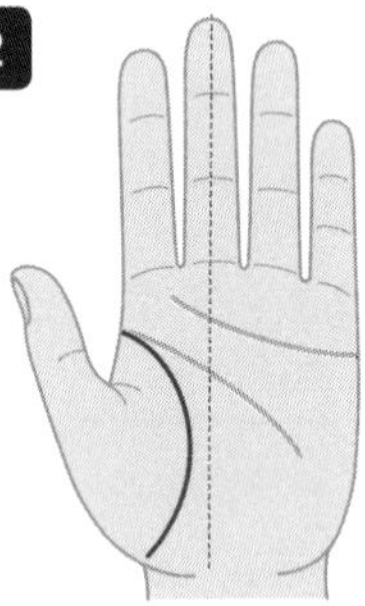

カーブが小さい 52ページ

3

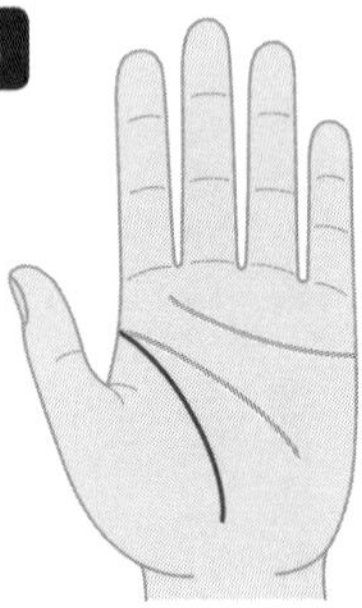

カーブを描かない 53ページ

4

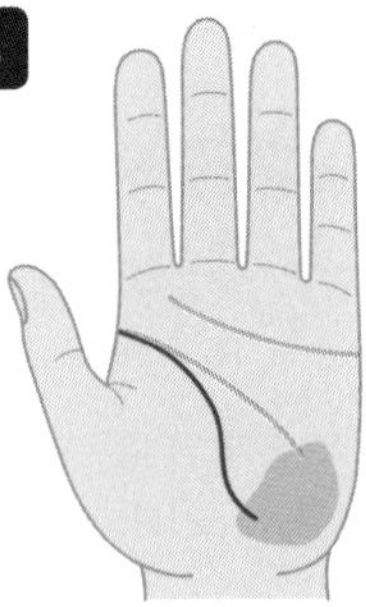

月丘のほうへ
伸びる 53ページ

線の長さを見る

5

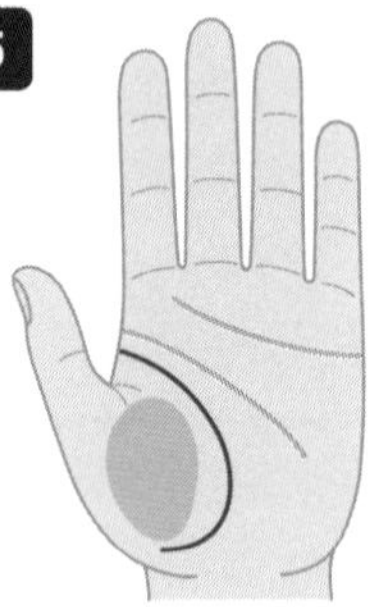

線が長い 54ページ

6

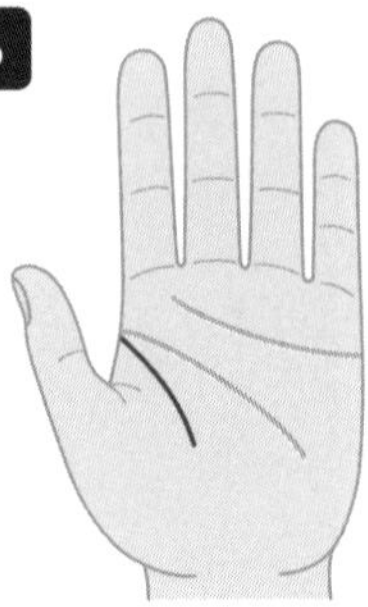

線が短い 54ページ

7

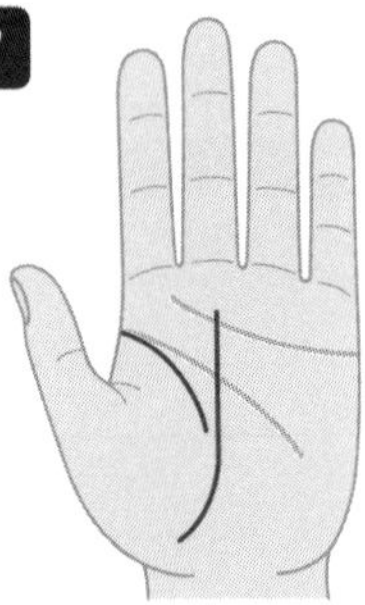

短い生命線＋運命
線が下からつながる 55ページ

8

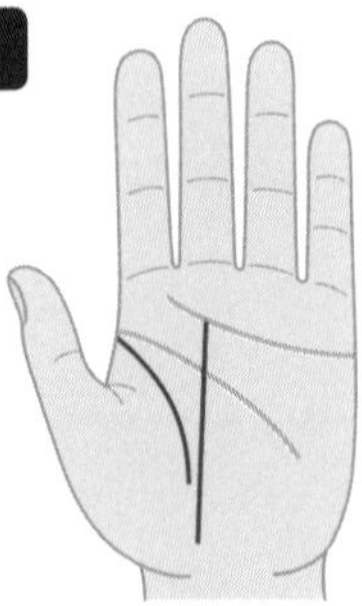

短い生命線＋
しっかりした運命線 55ページ

切れ目や線の状態を見る

9

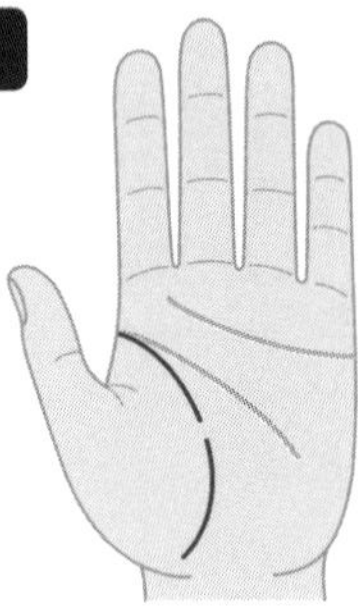

線に切れ目がある 56ページ

10

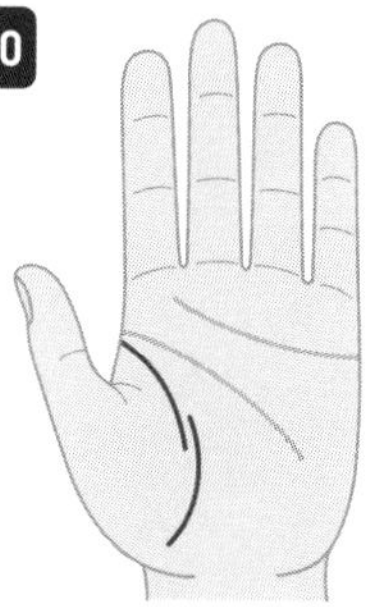

切れ目があり、
２つの線がだぶる

56ページ

11

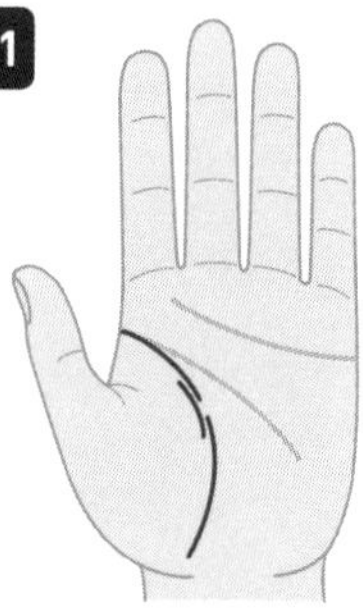

切れ目に短い線が
並行している

57ページ

12

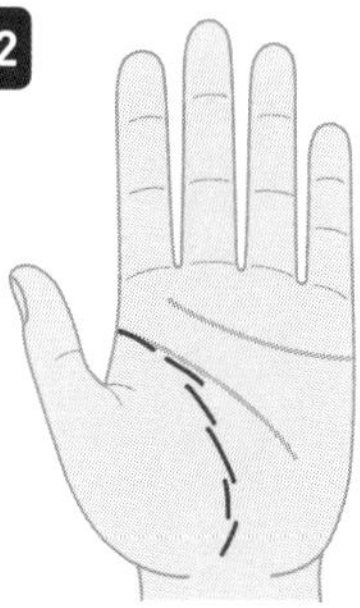

短い線が
連続している

57ページ

13

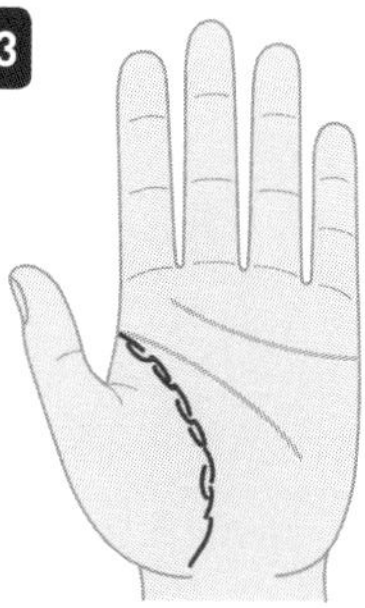

鎖《くさり》状になっている

58ページ

14

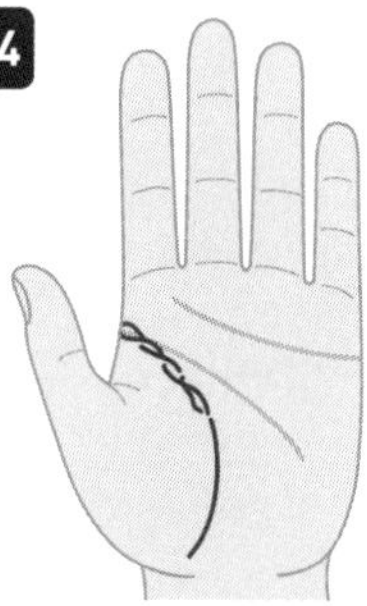

鎖状の線が途中で
１本の線になる

58ページ

支線やその他の線を見る

15

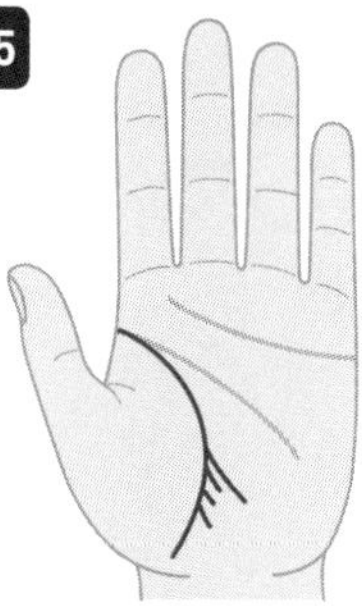

中央から下に
たくさん支線がある

59ページ

16

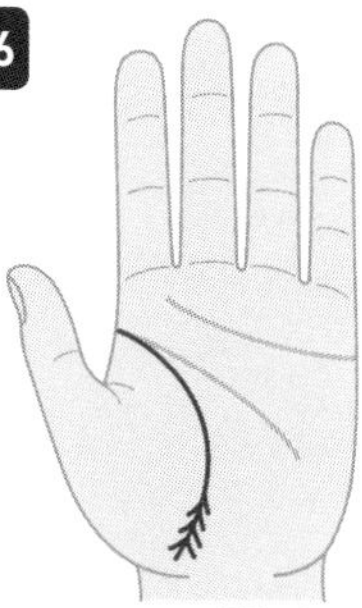

先端が細かい房状《ぼうじょう》
になっている

59ページ

17

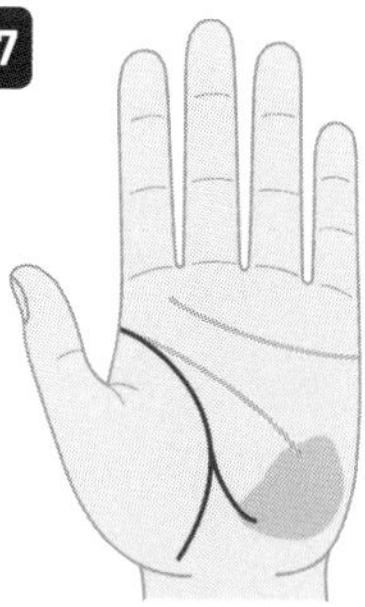

支線が月丘方向に
伸びる

60ページ

18

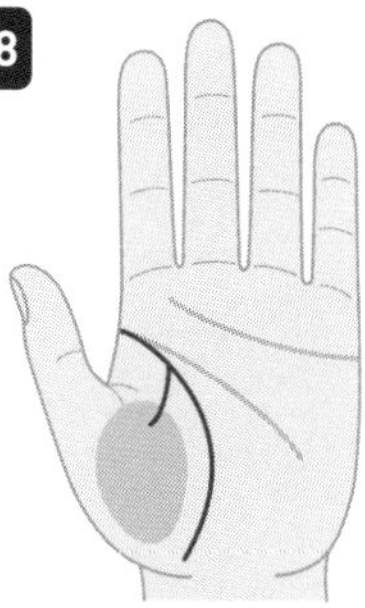

内側の支線が金星丘
に向かう鉤《かぎ》型である

60ページ

19

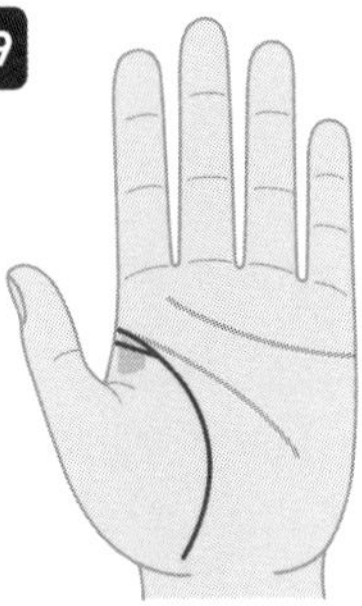

起点の下に
短い横線がある
61ページ

20

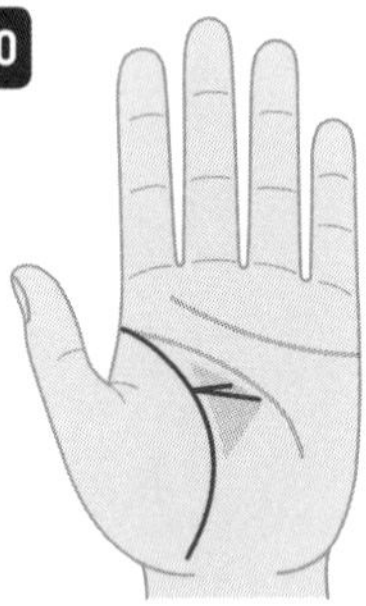

手のひら中央に向け
2本の細い支線
62ページ

21

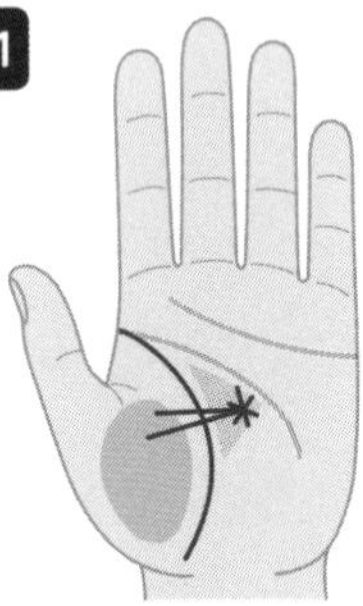

横切る2本の線が
火星原の星で合流
62ページ

22

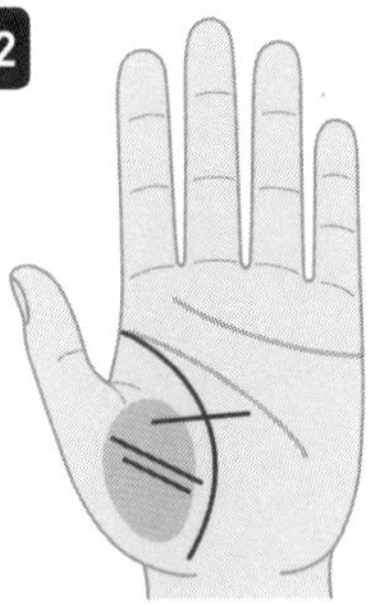

金星丘の横線と
生命線を横切る線
63ページ

23

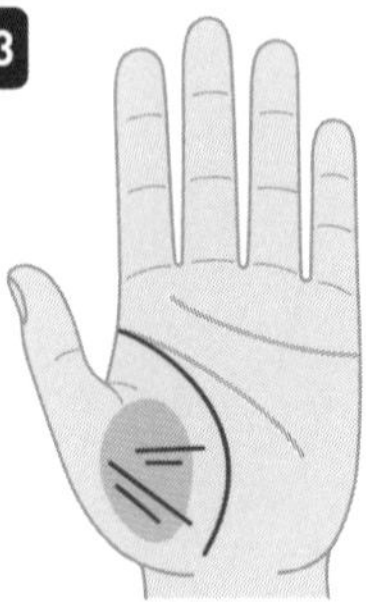

金星丘に
放射状の線
63ページ

記号を見る

24

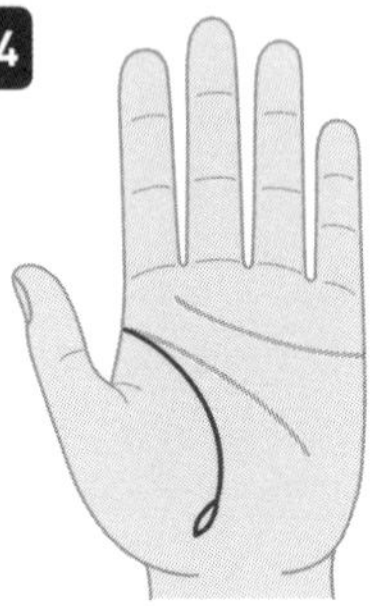

先端に島がある
64ページ

25

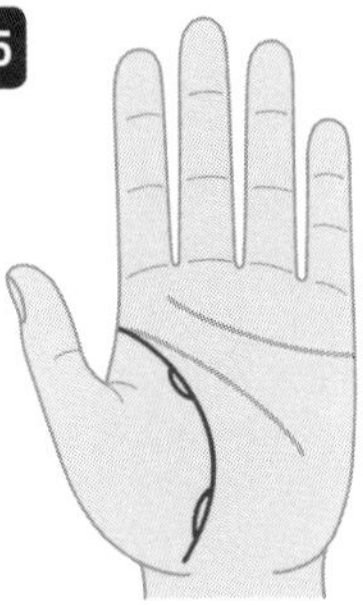

線の途中に
島がある
64ページ

26

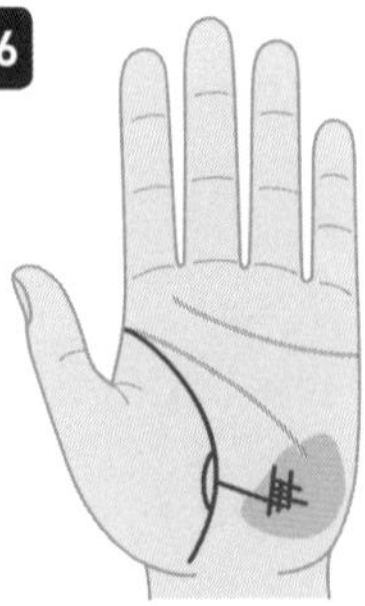

島から出ている線が
月丘の格《こう》子《し》と合流
65ページ

27

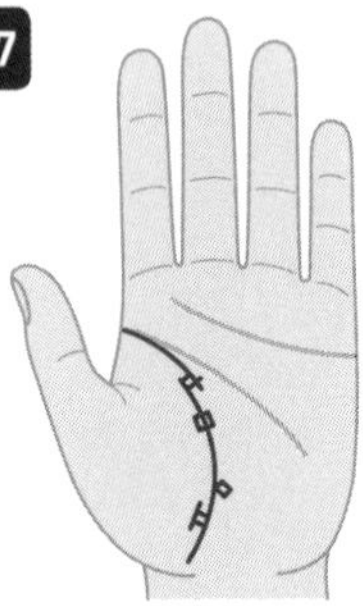

線に四角がある
65ページ

28

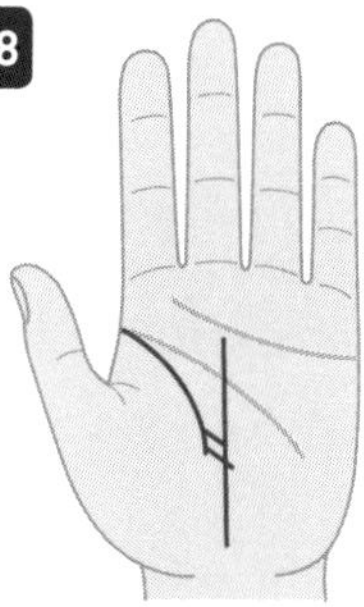

生命線から出た線が運命線とひし形に 66ページ

29

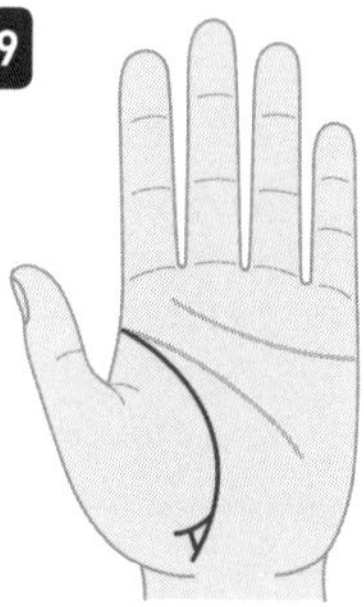

先端に三角がある 66ページ

30

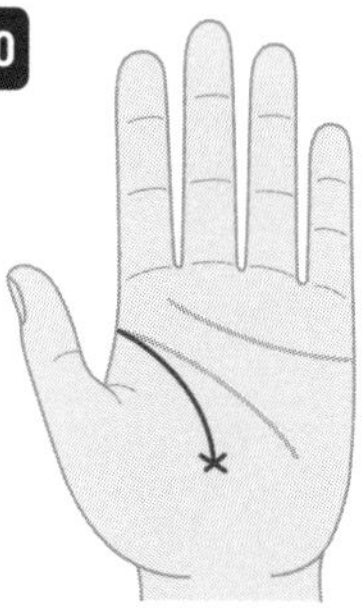

短い生命線の先端に十字がある 67ページ

31

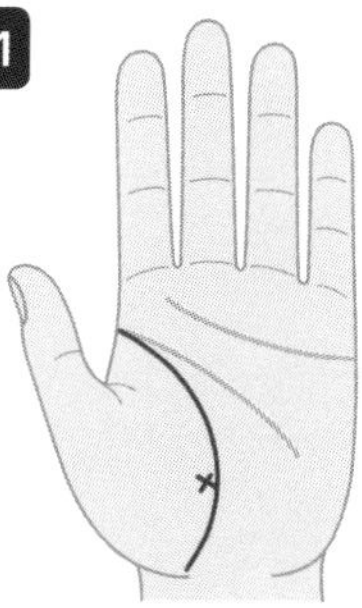

十字が生命線に接している 67ページ

32

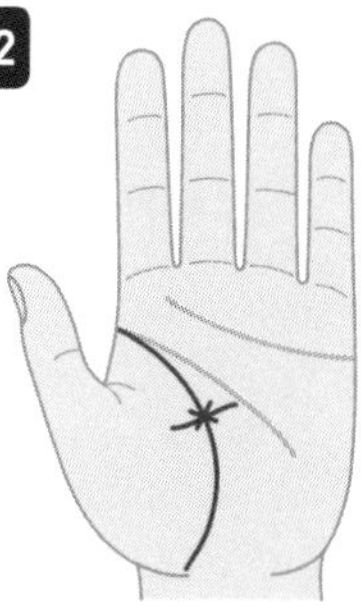

線上に星がある 68ページ

33

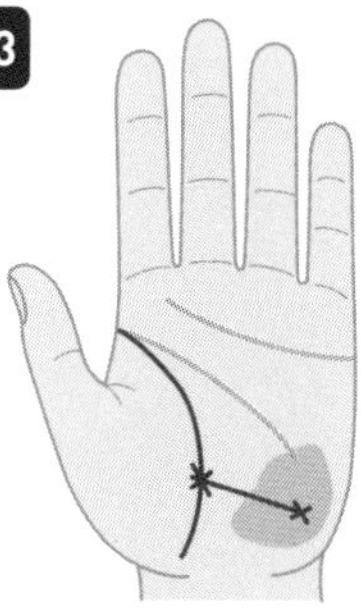

線上の星と月丘の十字がつながる 68ページ

34

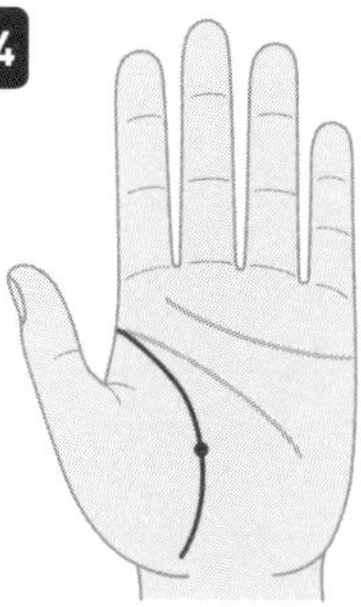

線上に斑《はん》点《てん》が出る 69ページ

35

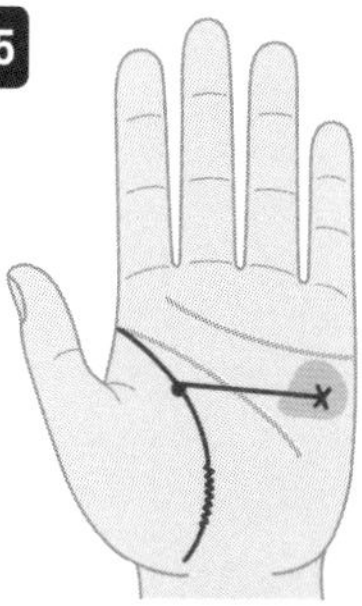

くぼみと十字が結合。線の一部がギザギザ 69ページ

1 線の特徴

カーブが大きい

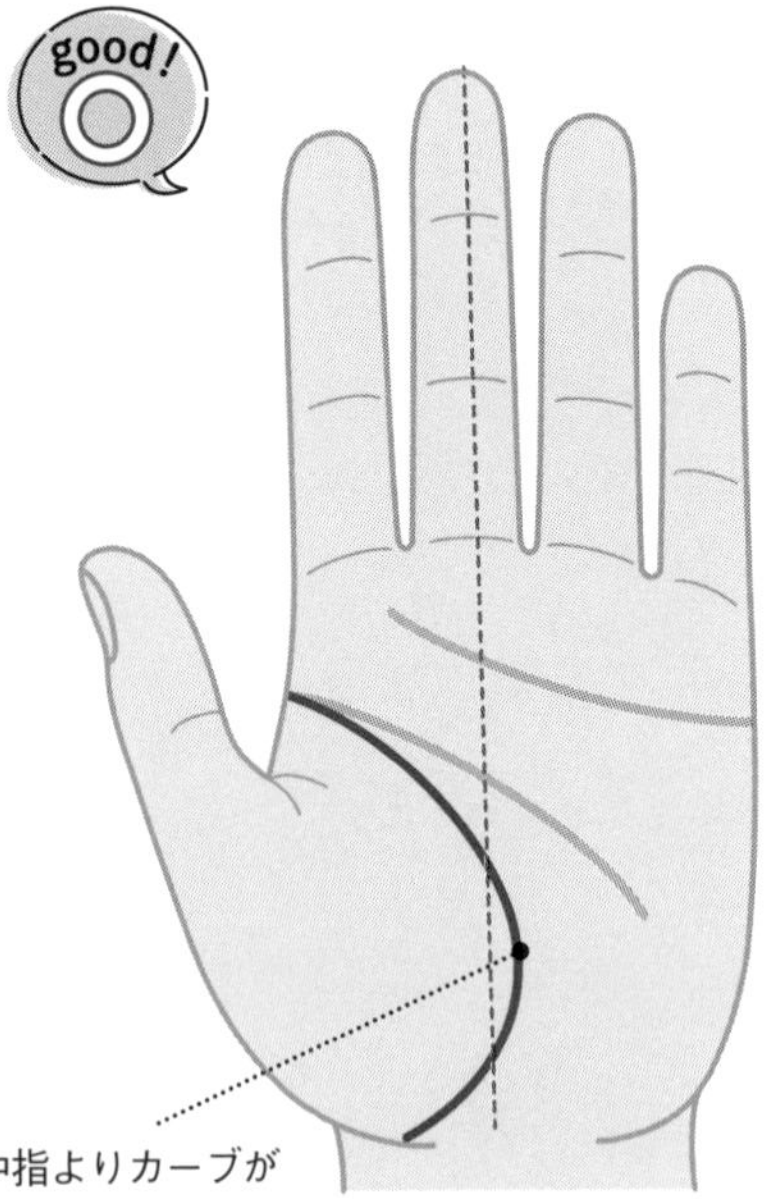

**エネルギッシュで
魅力にあふれる手相**

中指からまっすぐおろした線よりはみ出すくらい、生命線が大きなカーブを描く人は、何事にも精力的です。人を引きつける魅力にもあふれていて、芸能人・スポーツ選手・会社経営者などに向いています。生活力も十分にあります。病気知らずの手相でもありますが、過信は禁物。無茶をしすぎないように注意しましょう。

2 線の特徴

カーブが小さい

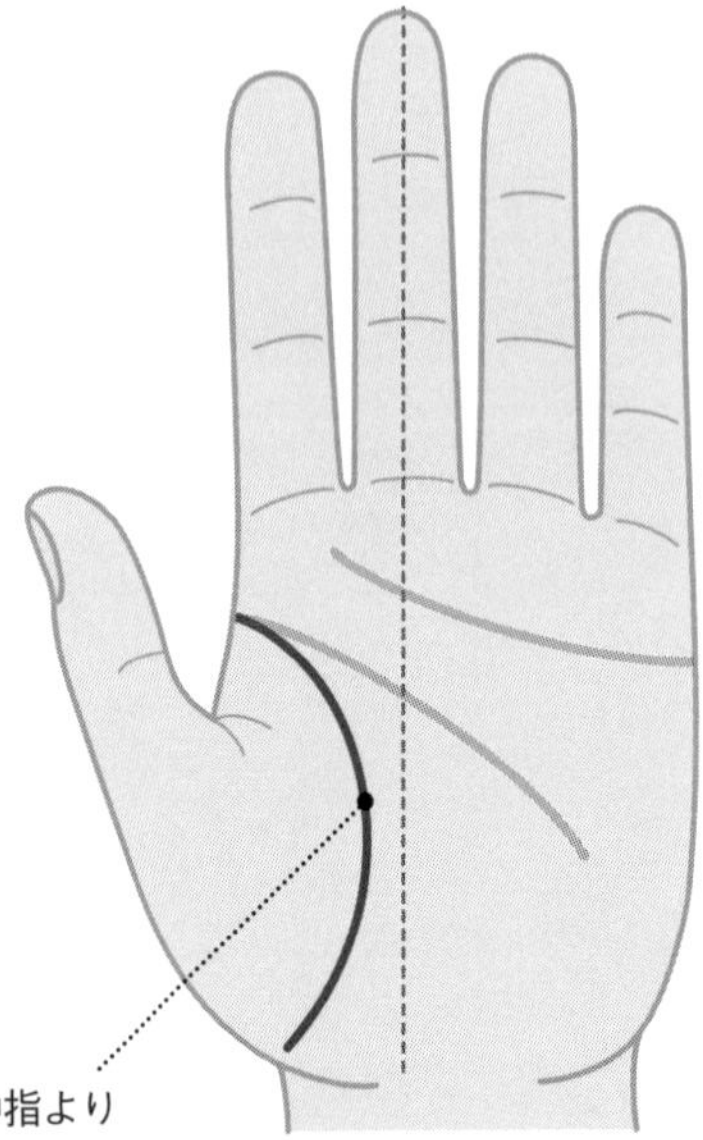

**控えめで何事にも
淡白な性格の手相**

生命線の描くカーブが中指からおろした線より内側の人は、何事にも淡白で消極的。性格は控えめで、おとなしいタイプです。ホルモンの分泌が悪い場合があり、女性の場合は冷え症や不妊症で悩む人も多いでしょう。ウォーキングやヨガなど無理なくできる運動と規則正しい生活を習慣にして、体力・気力を充実させましょう。

3 線の特徴

カーブを描かない

病弱だが老年までの生命力はある手相

生命線がカーブを描いておらず、手首の真ん中あたりで線が終わっている人は、疲れやすく病気がちです。無理がきかないので仕事に打ち込めず、生活力に不安があることも。しかし、老年までの生命力は備えていて、生命力が弱いわけではありません。規則正しい生活習慣を守り、健康管理に気をつければ十分に長生きできます。

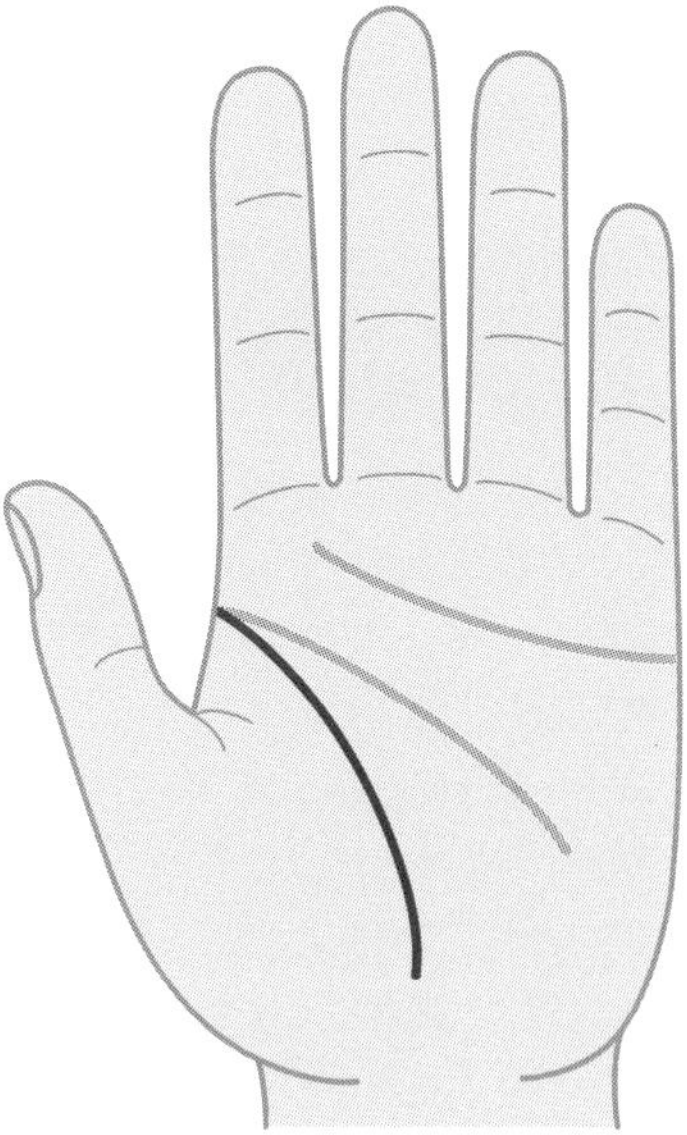

---

4 線の特徴

月丘のほうへ伸びる

変化を求め、転居や転職をくり返す手相

生命線は金星丘にそってカーブすることが多いのですが、月丘のほうに伸びている人は、落ち着きのない性格です。変化を好み、1カ所にじっとしているのを嫌うため、転職や転居をくり返します。単調な仕事だとすぐ飽きてしまい、長続きしないので、変化に富んだ仕事や、多くの人に接する仕事を選びましょう。

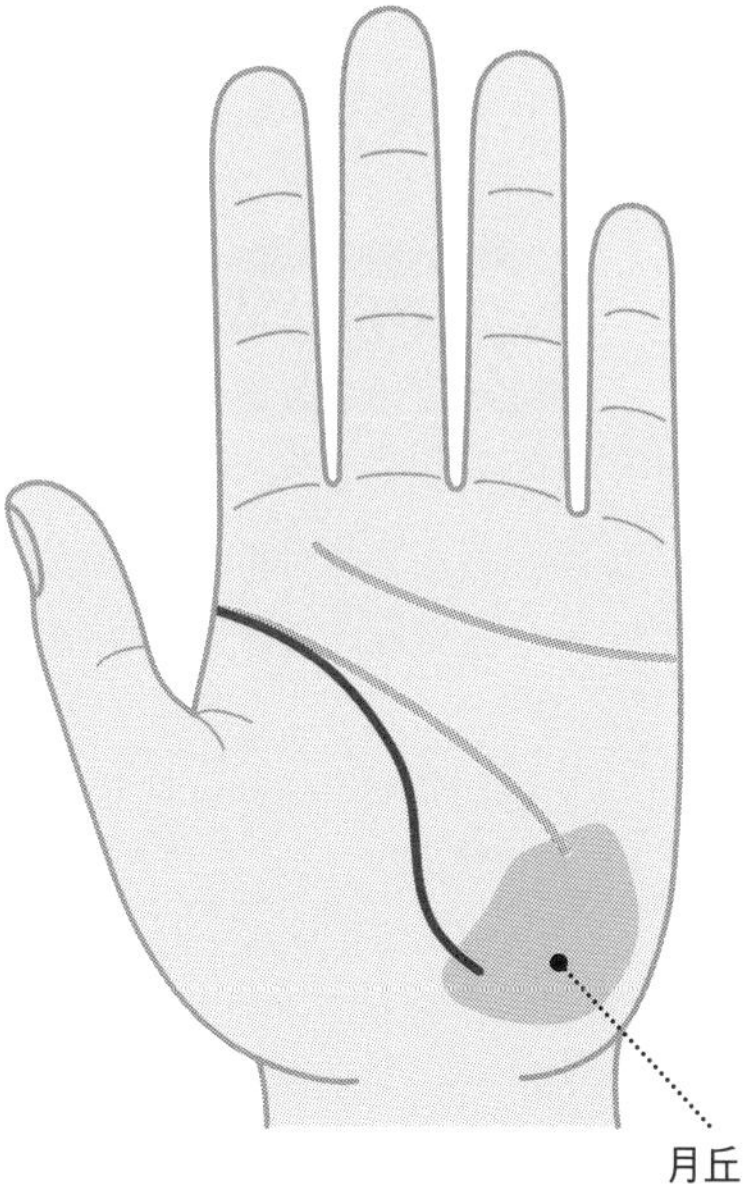

5 線の特徴

線が長い

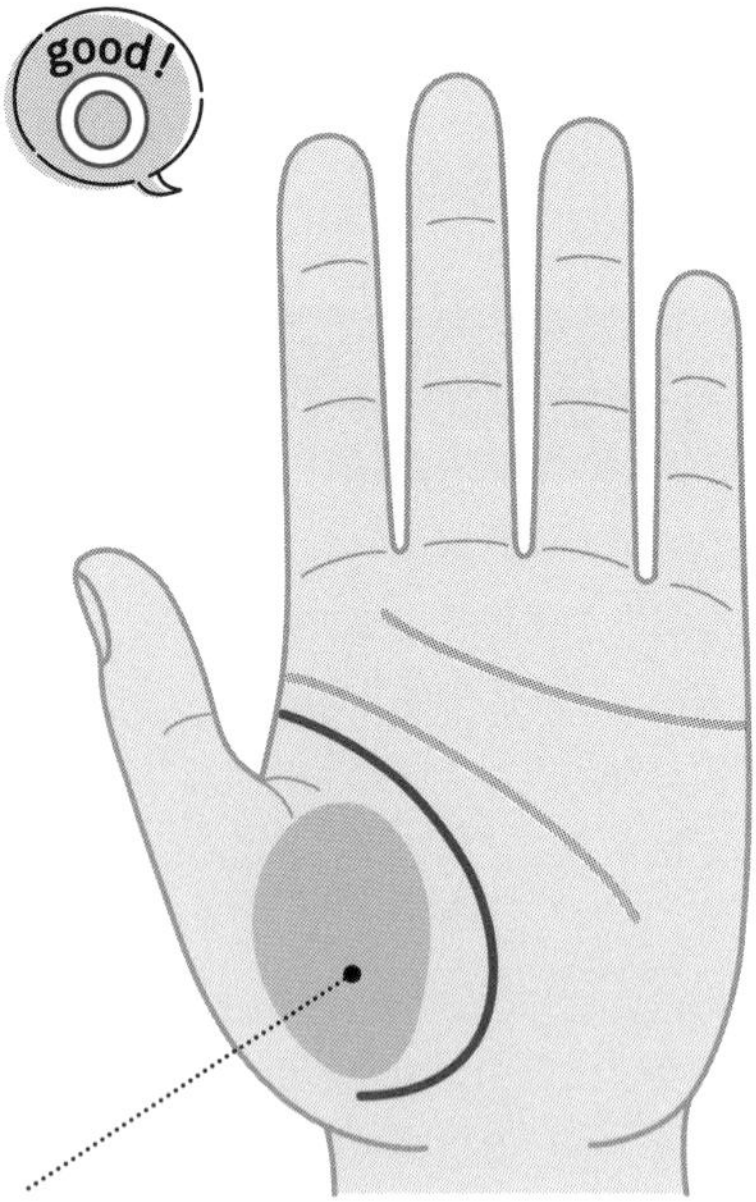

生命力が強く、病気を寄せつけない手相

生命線がはっきりとした線を刻んでいて、金星丘の底まで長いカーブを描いている人は、生命力が強く、病気知らずの手相です。遺伝的に長寿体質を受け継いでいるので、親族にも長生きの人が思い当たるでしょう。ただし、生命線12や15のように、線が長くても切れ切れだったり、支線が入っている場合は、健康に注意が必要です。

6 線の特徴

線が短い

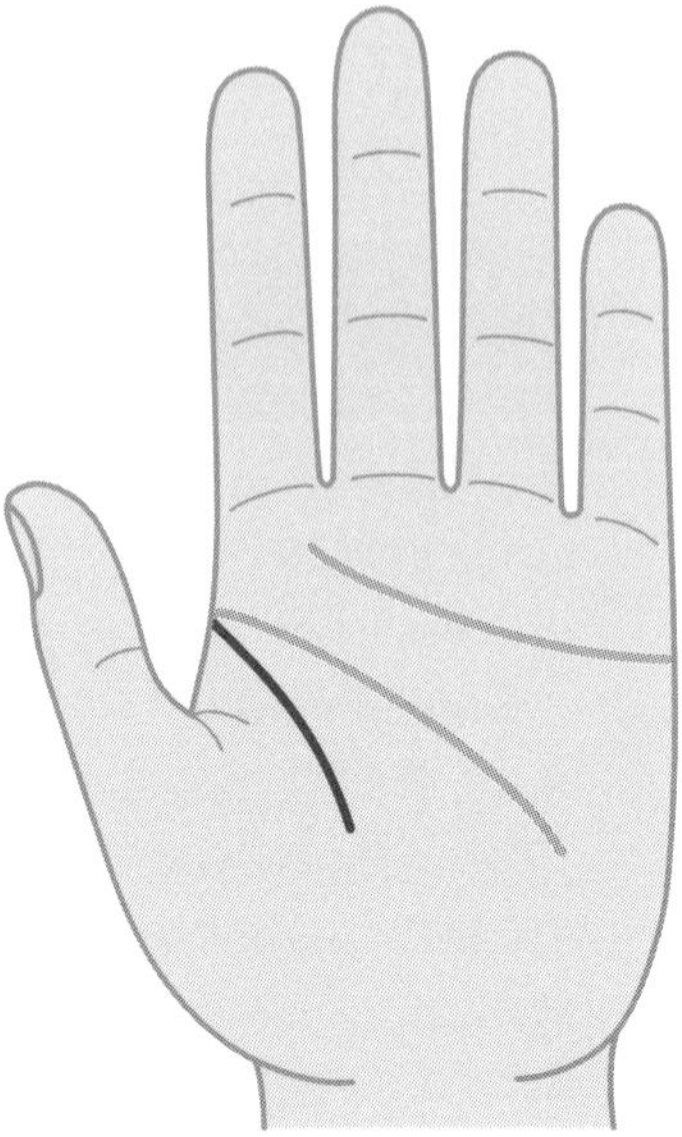

生命力が弱く、体力に不安がある手相

手のひらの真ん中あたりで切れている生命線は、生命力が弱いことを示します。これは体力やバイタリティが低いという意味で、寿命が短いわけではありません。知能線（➡70ページ）や火星線（➡189ページ）がはっきり出ているなど、ほかの線がよければ体の弱さをカバーできますし、健康に気をつければ線が伸びることも。

7 線の特徴 短い生命線＋運命線が下からつながる

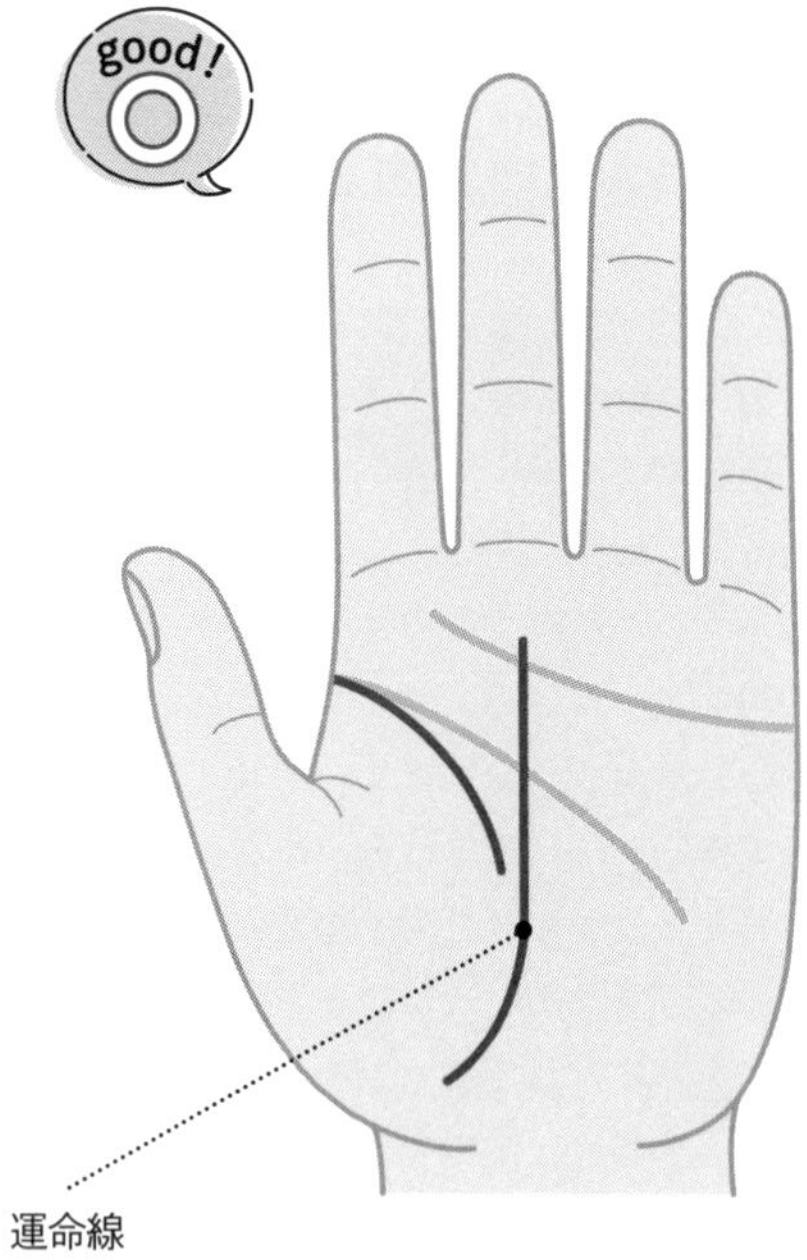

運命線が運気を補い、長生きできる手相

生命線自体は手のひらの真ん中あたりで終わっているので、本来なら生命力が弱いのですが、手首のほうから出ている生命線らしき運命線とつながることで、生命線が非常に長いのと同じ意味になります。生命力が強く、健康で長生きできる人が多いでしょう。農業、漁業など手を使う仕事で手の皮が厚い人によく見られます。

8 線の特徴 短い生命線＋しっかりした運命線

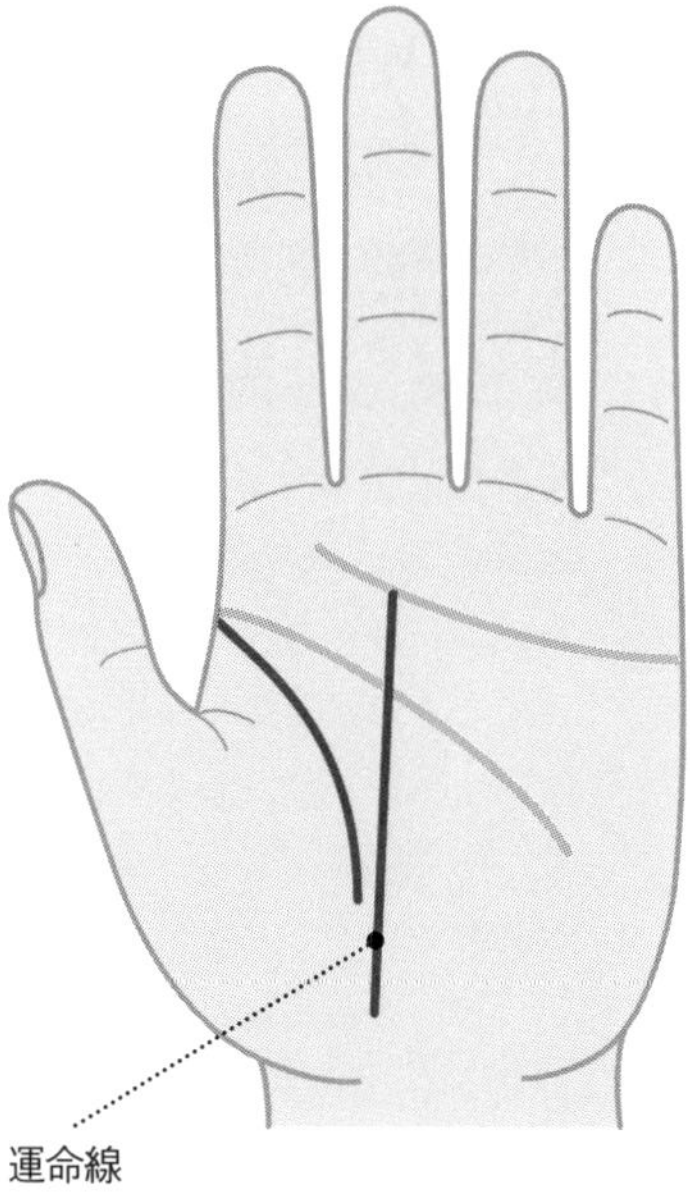

強情で自信家のため敵を作りやすい手相

生命線が手のひらの真ん中あたりで終わっていて、その近くに運命線がしっかり刻まれている場合は、運命線が生命線をカバーしている手相です。この手相の人は頑固で自信家。意志を曲げないので、うまくいけば力を存分に発揮できますが、敵を作りやすいタイプです。ときには「引く」ことも覚えましょう。

9 線の特徴

線に切れ目がある

病気やケガなどの前触れを表す手相

生命線の切れ目は病気、ケガなど体にトラブルが起こることを暗示し、切れ目が大きいほどトラブルの度合いが大きくなります。切れ目が1.5ミリ以上になると、かなり大きなトラブルが心配。また、両手の同じ位置に切れ目がある場合は、命にかかわることも考えられます。定期的に健康診断を受けるなど、日ごろから注意を。

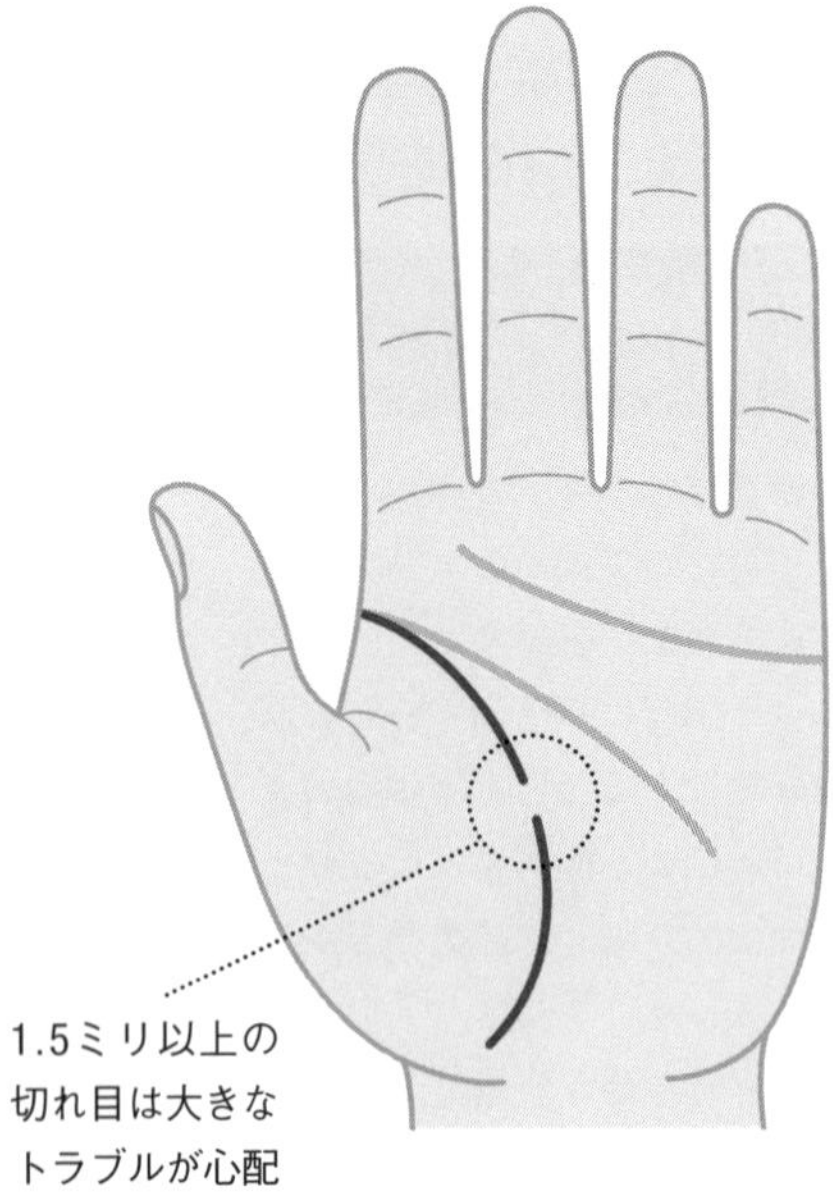
1.5ミリ以上の
切れ目は大きな
トラブルが心配

10 線の特徴

切れ目があり、2つの線がだぶる

病気やケガが軽くすむ手相

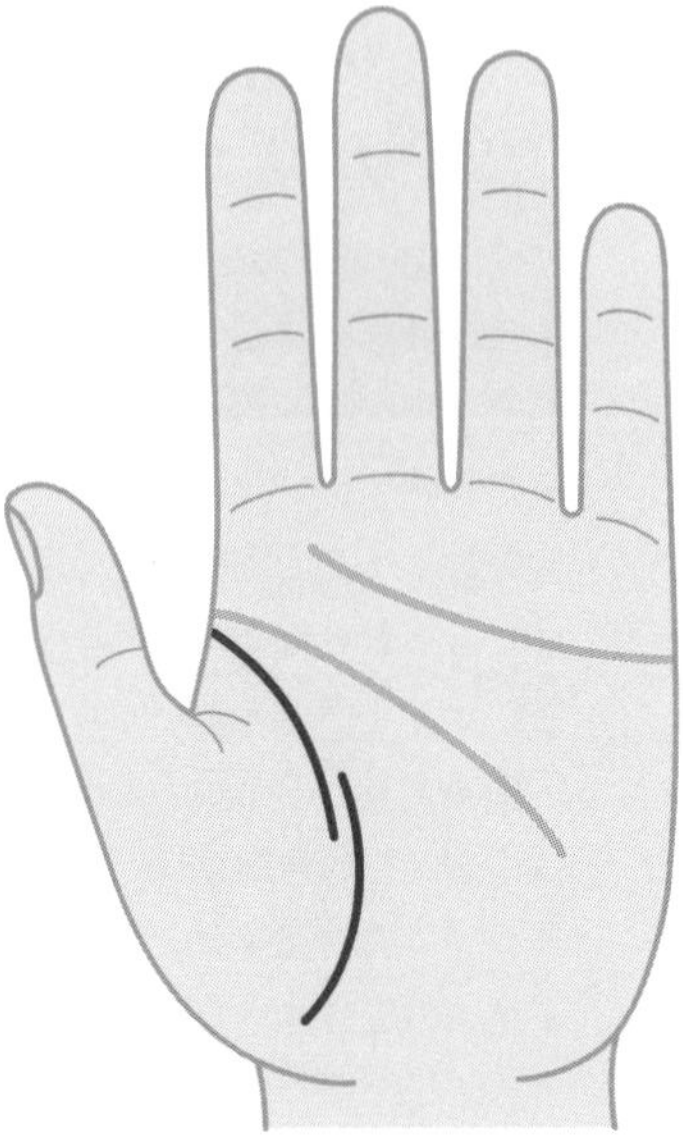

生命線に切れ目があっても2本の線がだぶっている場合は、お互いを補い合うため、病気やケガになってもそれほど重くなかったり、回復が早かったりします。とはいえ、生命線の切れ目が健康を損なう前触れであることに変わりはないので、不《ふ》摂生《せっせい》は避け、体調で気になることがある場合は、早めに病院で診てもらいましょう。

11 線の特徴

切れ目に短い線が並行している

病気やケガをしても早く回復する手相

生命線の切れ目にそって平行に刻まれる短い線を「姉妹線」といいます。生命線に切れ目があっても姉妹線があれば、この線が生命線の切れ目を補ってくれるので、健康トラブルを避けることができます。生命線10と同様に、重い病気にかかっても予想より早く回復したり、ケガをしても軽症ですむでしょう。

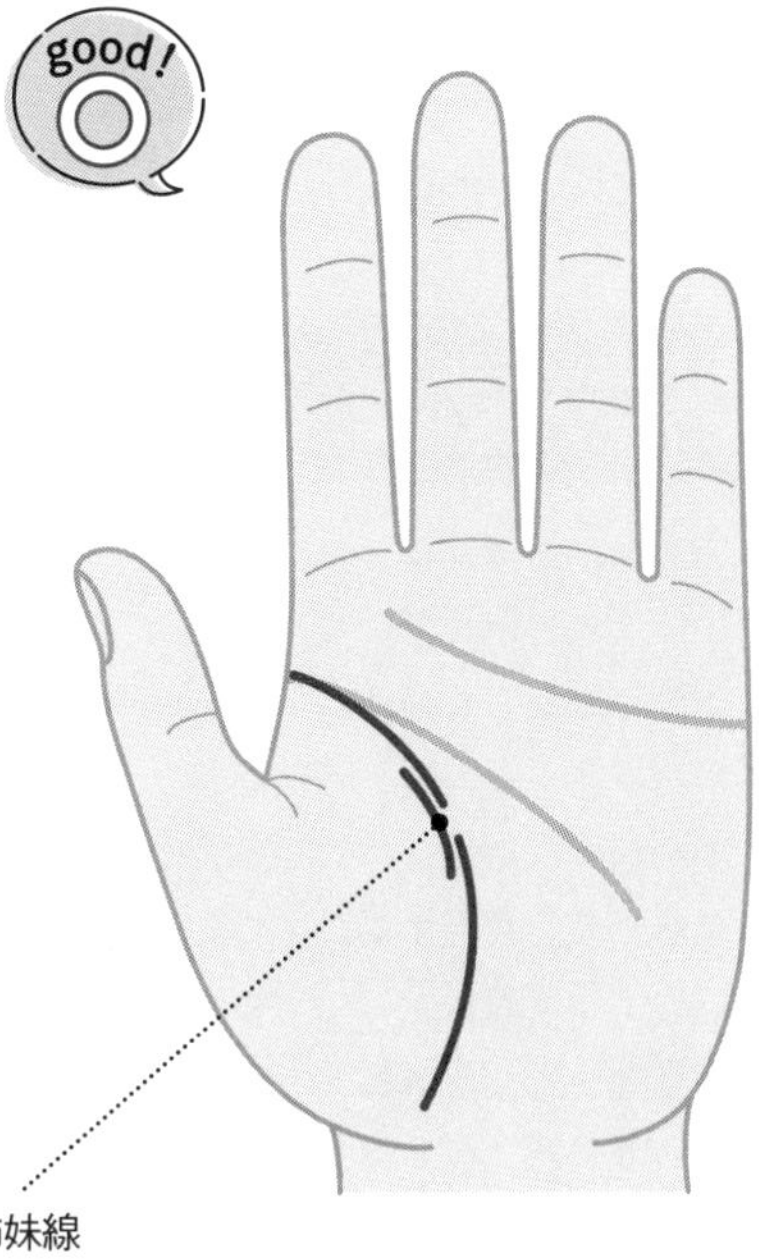

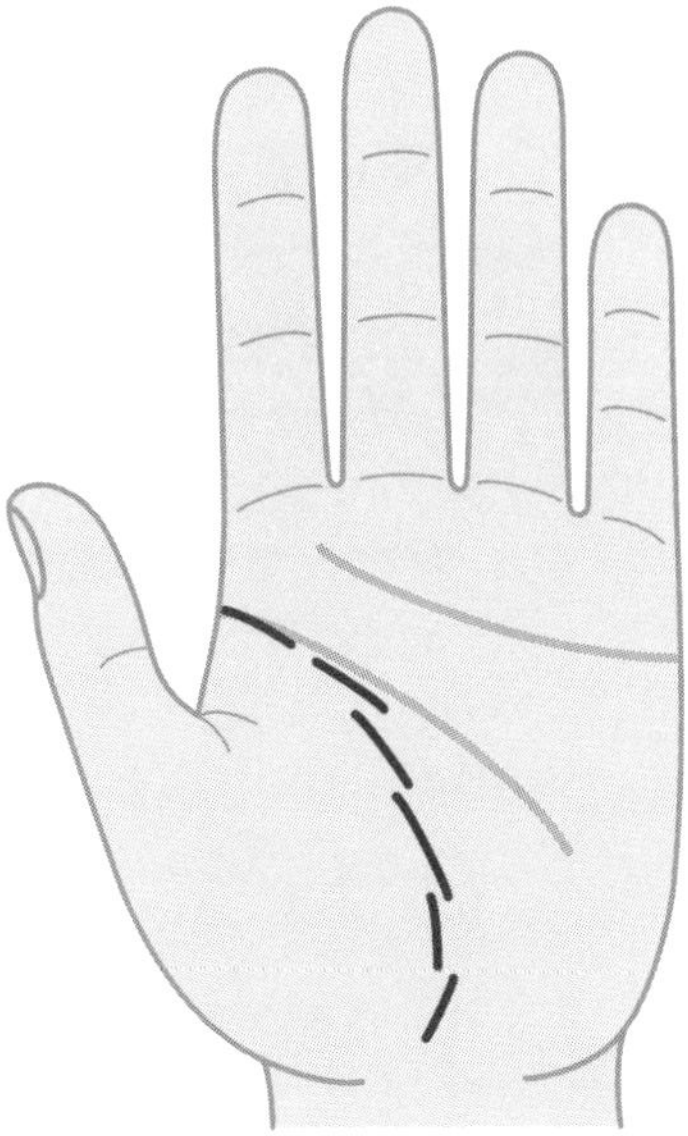

12 線の特徴

短い線が連続している

病弱。とくに呼吸器と生殖器が弱い手相

短い線が切れ切れに続く生命線は、病気になりやすいことを示しています。とくに呼吸器と生殖器の病気に注意が必要です。なお、1本の線が途中から切れ切れになるのは、加齢とともに病弱になることを表し、切れ切れだった線が途中から1本のはっきりした線になるのは、年とともに健康になることを表します。

13 線の特徴

鎖《くさり》状になっている

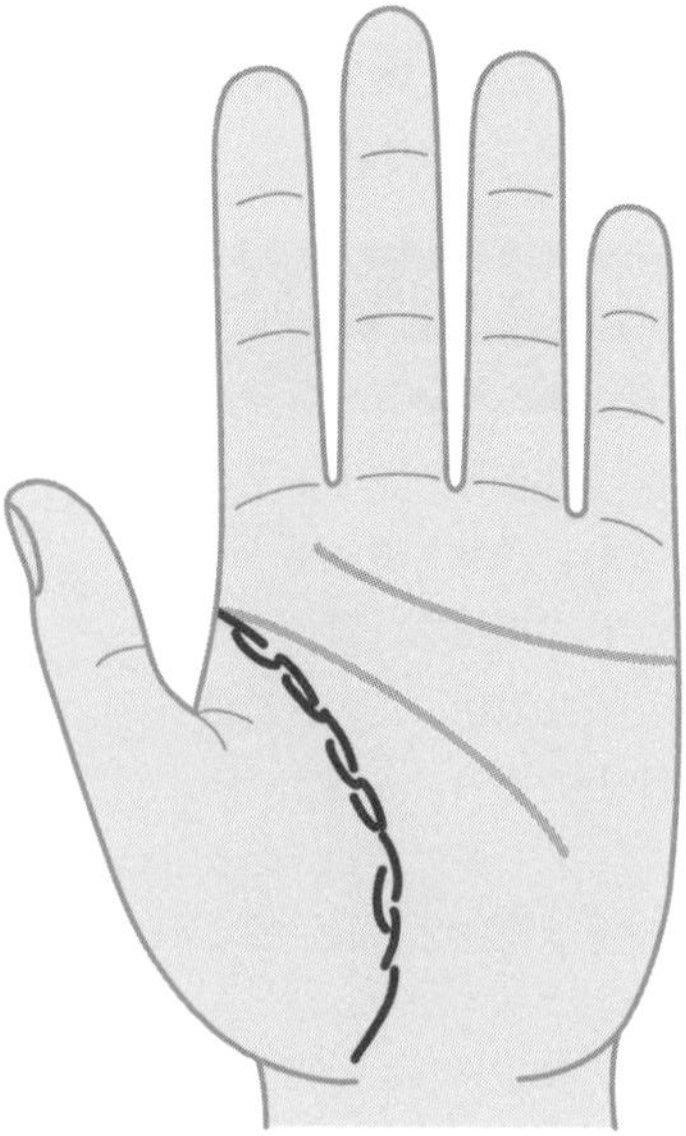

体力が弱いため、
精神的にも弱る手相

鎖状になった生命線は、体力が弱っていることを示しています。また、体調が思わしくなく、自分に自信が持てなくなることで、精神的にも不健康な状態になることが多くあります。この手相の人は、体を酷使する仕事は避けてください。無理をしたり頑張りすぎず、ゆったりとした気持ちで毎日を過ごしましょう。

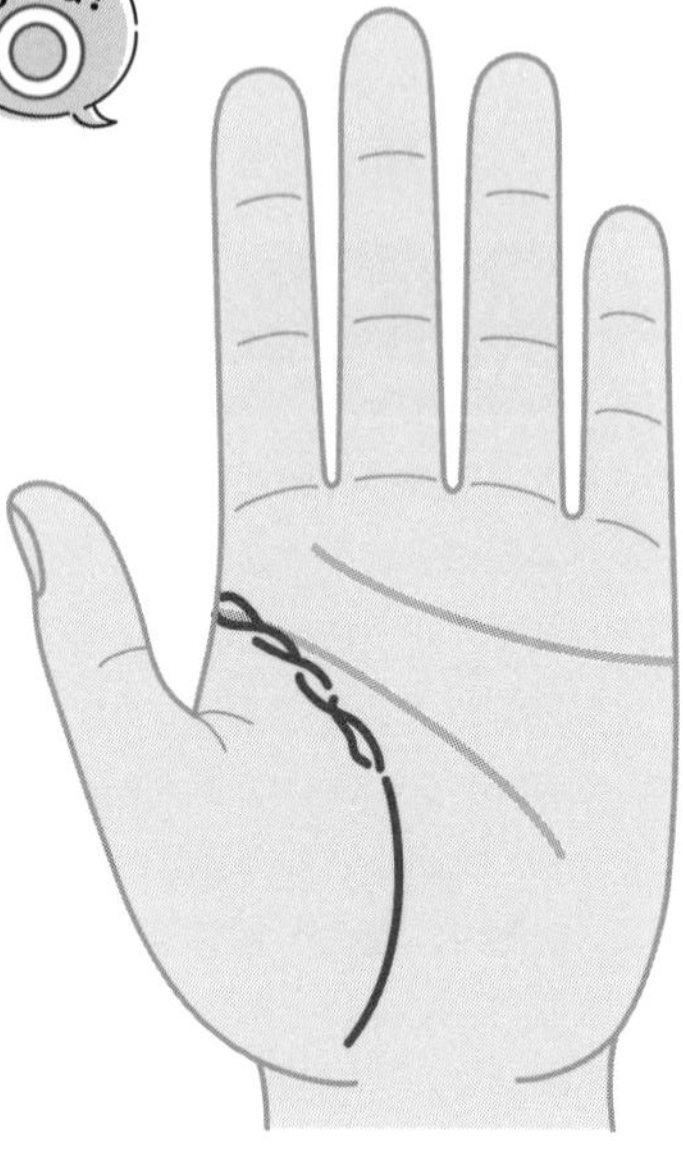

14 線の特徴

鎖状の線が途中で
1本の線になる

中年以降は、健康で
人生を楽しめる手相

起点から途中までは鎖状で、そのあと1本のはっきりした線になる人は、子ども時代から若いころまでは病気に悩まされますが、中年以降は健康になり、人生を楽しむことができるようになります。今は病弱で思い通りの生き方ができなくても、悲観せず、病気の回復に努めながら、そのときが来るのを待ちましょう。

15 線の特徴

中央から下にたくさん支線がある

体の疲れやストレスを抱えている手相

生命線の中央から下のほうに出ている不規則な長さの支線は、体が疲れやすくなっている状態を示している「疲労線」です。寝込むほどではなくても、なんとなく不調で、仕事にも身が入りません。神経も敏感になっています。ゆっくり過ごしたり、軽い運動をしたりして体力が回復すれば、疲労線は自然と消えます。

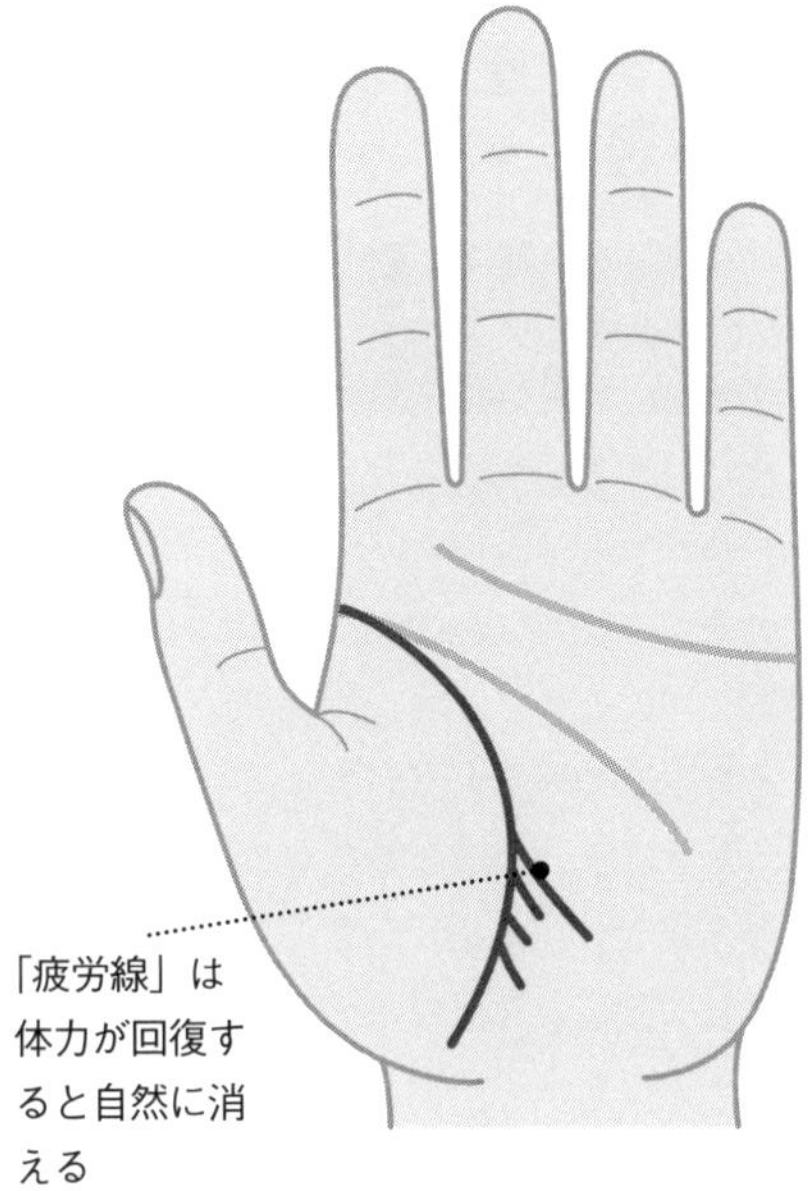
「疲労線」は体力が回復すると自然に消える

16 線の特徴

先端が細かい房《ぼう》状《じょう》になっている

晩年になってガクッと老け込む手相

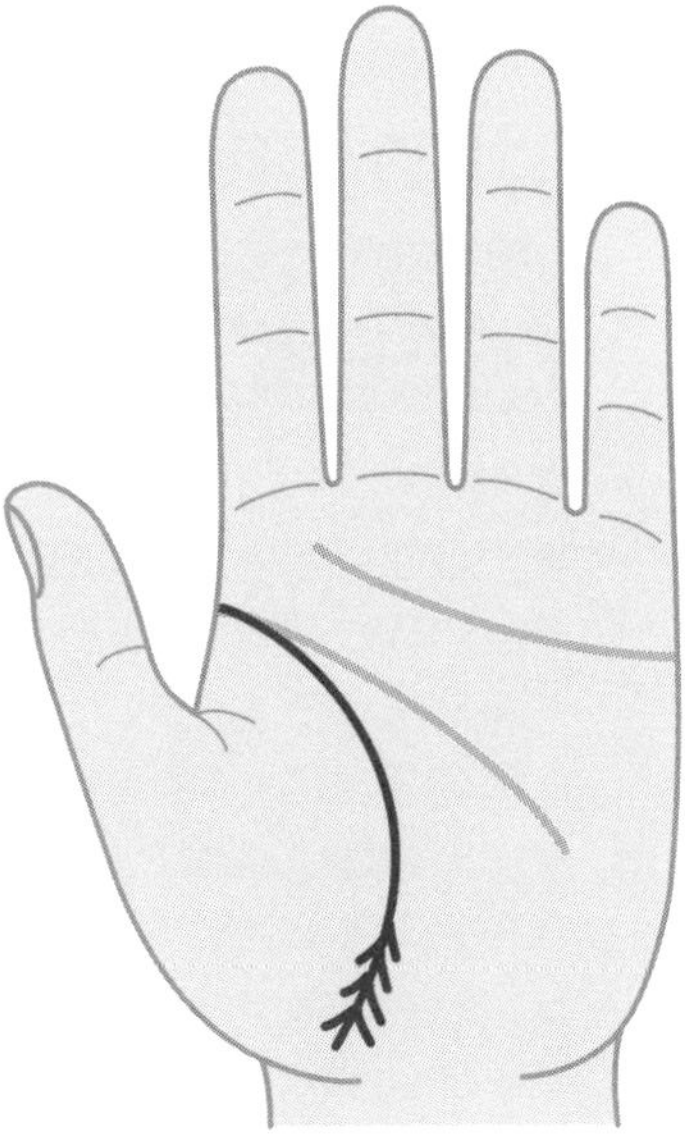

生命線の先端が2～3本に枝分かれしているのはごく普通のことですが、細かい線に分かれて房状になっているのは、老化が早い手相です。若いときの不《ふ》摂生《せっせい》や無理がたたり、晩年に急に衰えがやってきます。普段から健康に注意してください。また、老いを感じてもネガティブにならず、明るい気持ちで過ごしましょう。

17 線の特徴

支線が月丘方向に伸びる

中年期に大病を患う恐れがある手相

1本だった生命線が3分の2くらいの位置で2本に分かれ、支線が月丘のほうへ伸びているのは、中年期に大病にかかりやすい手相です。その影響で生活が乱れやすくなり、とくにアルコール依存症に注意が必要です。また、飽きっぽく、ひとつのことを続けるのが苦手なタイプでもあるので、転職や転居をくり返します。

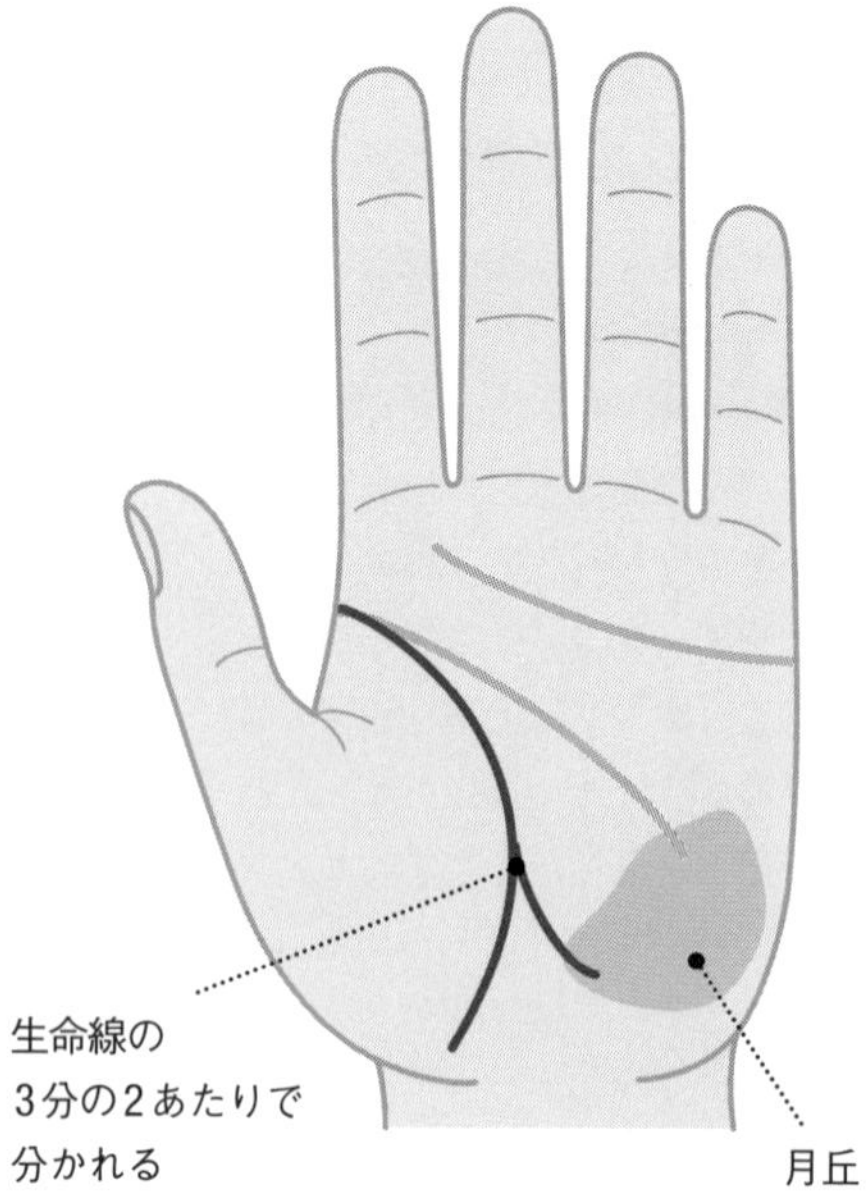

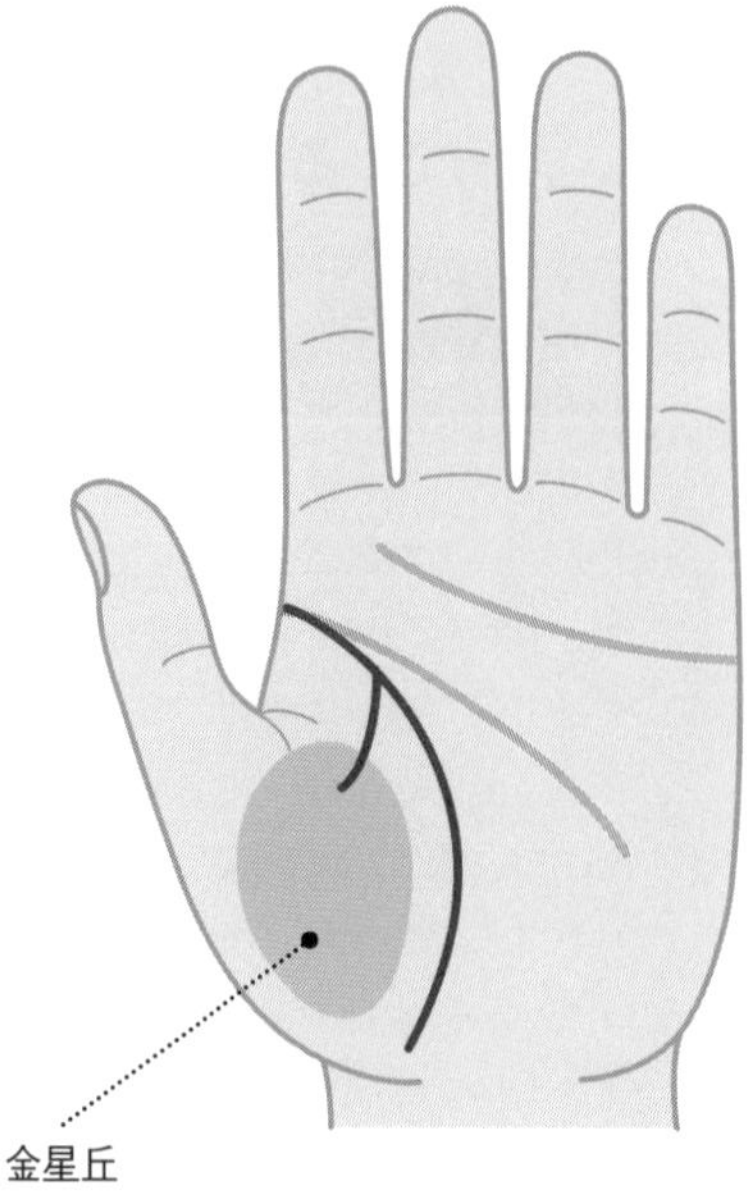

18 線の特徴

内側の支線が金星丘に向かう鉤《かぎ》型である

自覚症状のない大病をしている手相

生命線の内側に出ている支線が金星丘に向かって大きな鉤型を描いているのは、深刻な健康トラブルが潜んでいるサインです。命にかかわることも考えられます。知らないうちに病気が進行している暗示なので、自覚症状がなくても病院で健康診断を受けたほうがよいでしょう。早期発見を心がけることが大切です。

19 線の特徴

起点の下に短い横線がある

小心で感情が高ぶりやすい手相

生命線の起点の下、第一火星丘に短い横線が出ている人は気が小さく、細かいことが必要以上に気になったり、こだわったりします。突然、感情的になることも。とくに自分に関する他人の評価には過剰に反応します。リーダーシップを取るのは苦手ですが、几帳面なので、事務処理やコツコツ仕上げる手仕事などは得意です。

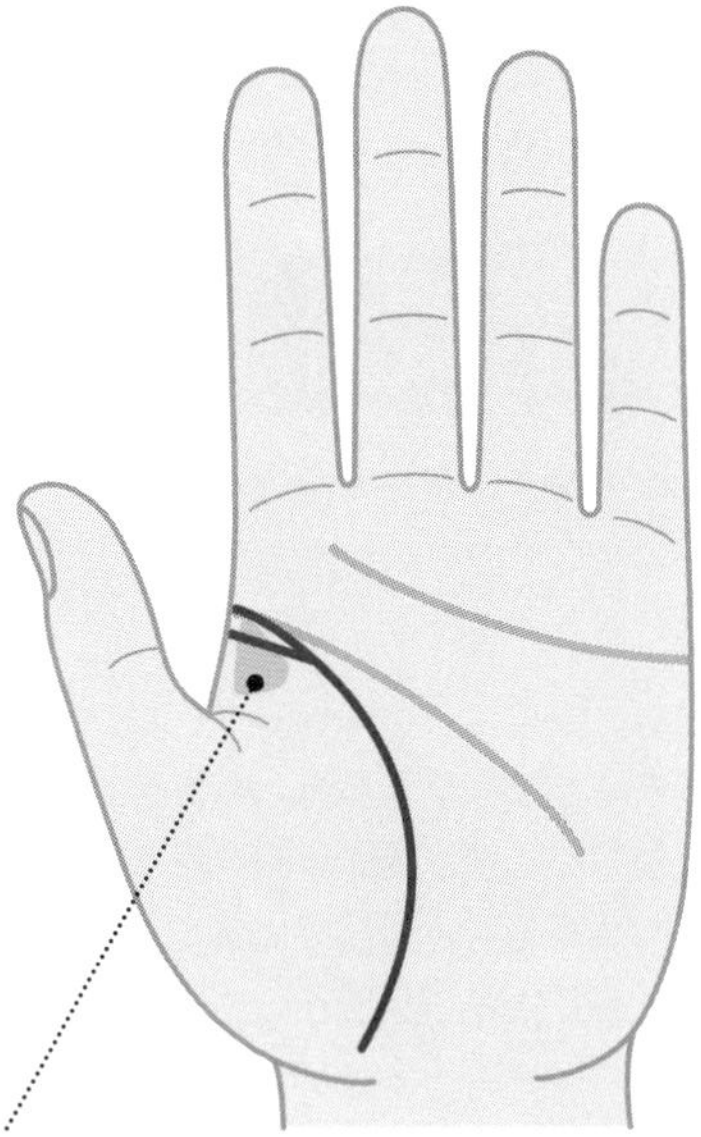

第一火星丘

COLUMN

手相の疑問 1

流《りゅう》年《ねん》を取るときの注意点は？

流年法（⬇16ページ）で、ある線のどの部分を何歳と考えるかはさまざまな考え方があり、定規で測って「何センチだからここは何歳」といえるものではありません。ただ、手相の線の「1年」の幅は年齢を重ねるにつれて短めになります。20〜30歳の10年間と50〜60歳の10年間では、かなり長さが違います。これは、青年期は心身の発達と変化が著しく、中年以降は穏やかになるからです。

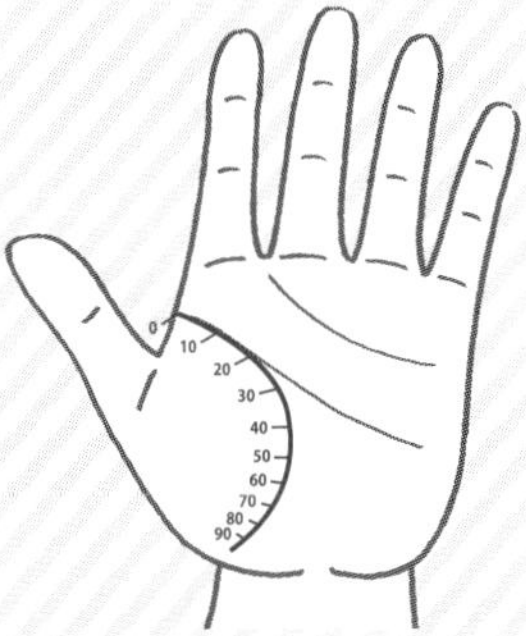

20 線の特徴

手のひら中央に向け
２本の細い支線

２人の異性から
同時に愛される手相

生命線の中央あたりから火星原に向かって2本の支線がある人は、同時に2人の異性から愛されます。告白やプロポーズを受けたり、支援者が2人現れることも。モテモテの手相ですが、優柔不断な態度はトラブルのもと。自分の気持ちをはっきり伝え、誠実な対応を。支援者の場合もよく考えてから支援を受けるほうがよいでしょう。

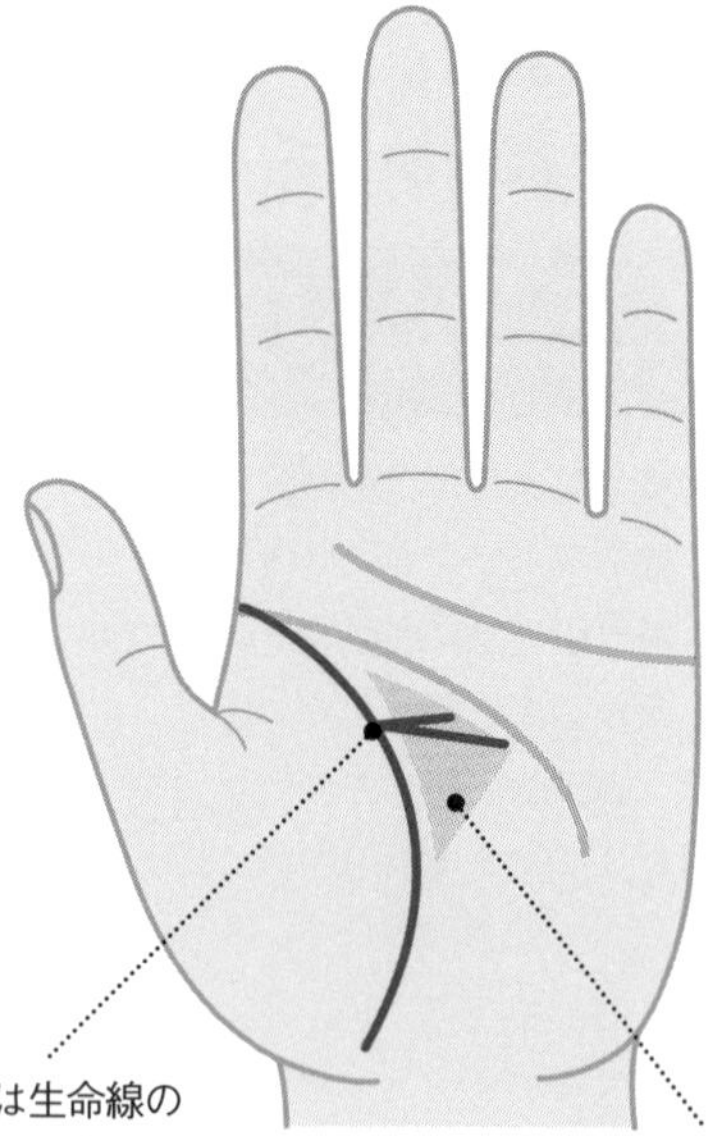

21 線の特徴

横切る２本の線が
火星原の星で合流

２人を好きになり
両方に振られる手相

金星丘から出て生命線を横切る2本の線が、火星原にある星で合流するのは、同時に2人の人を好きになるけれど、どちらともハッピーエンドにならないことを表します。恋人がいるのに別に好きな人ができ、両方に振られてしまうような状況です。一時の気の迷いに振り回されないよう、自分の気持ちをしっかり見つめましょう。

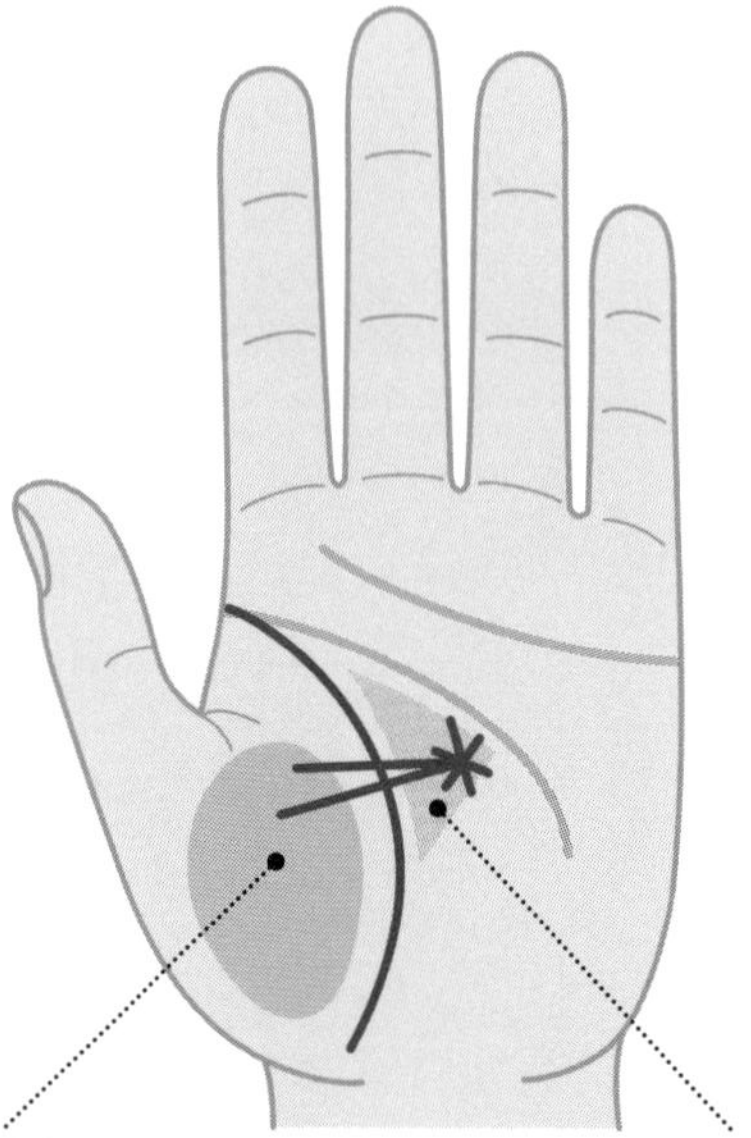

22 線の特徴

金星丘の横線と生命線を横切る線

深い悲しみの過去と失敗を表す手相

金星丘に刻まれた太い線は「悲哀線」と呼ばれ、大切な人と死別した経験がある人に現れます。また、金星丘から生命線を横切って伸びる太い線は「障害線」と呼ばれ、失敗、失意、離別などを意味しています。この線が結婚線につながっていると結婚の失敗、運命線を横切ると仕事や生活上のトラブルの前触れです。

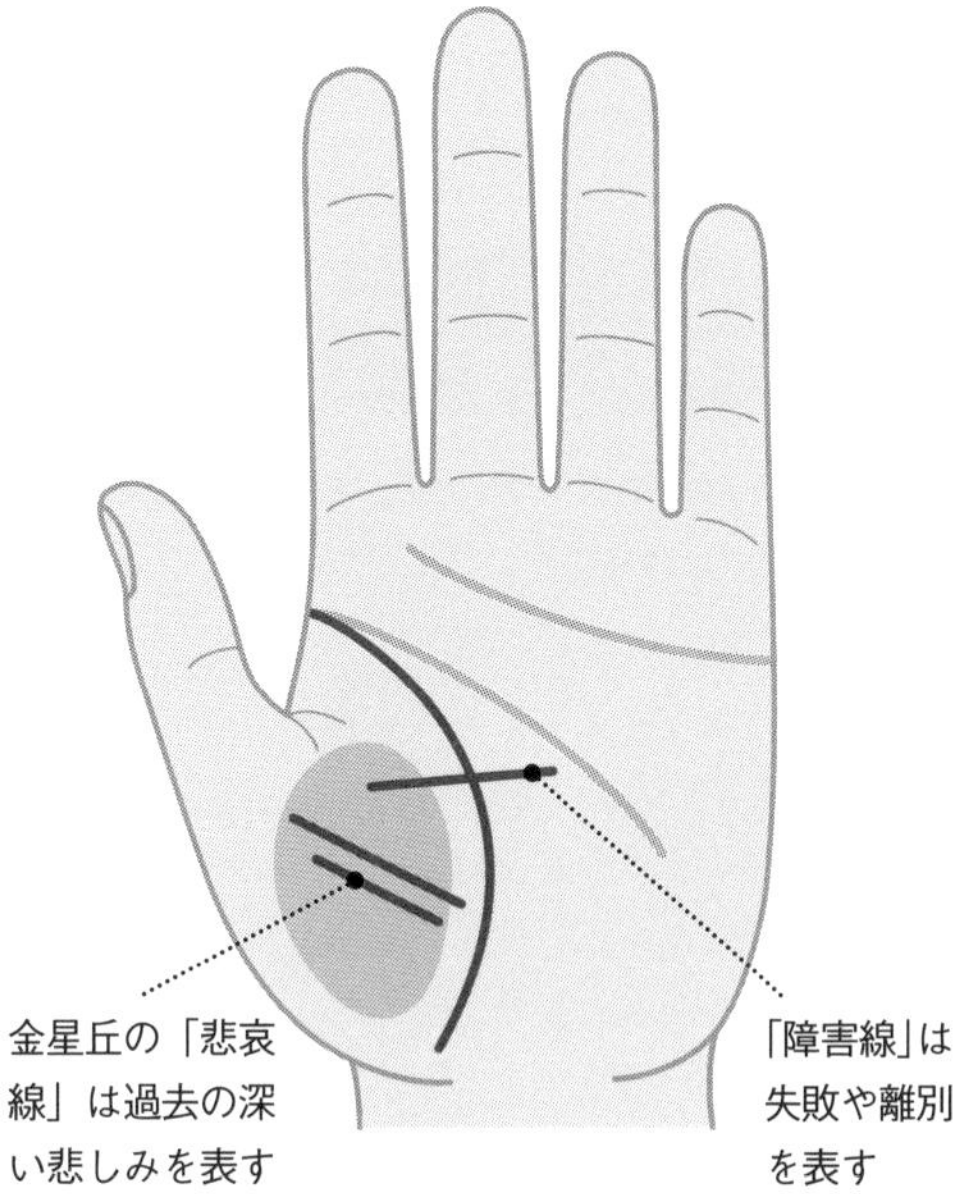
金星丘の「悲哀線」は過去の深い悲しみを表す
「障害線」は失敗や離別を表す

23 線の特徴

金星丘に放射状の線

家庭や仕事などで苦労の多い手相

金星丘に、親指のつけ根から手のひらに向けて放射状に出ている細い線は「心労線」と呼ばれ、苦労が多いことを示しています。心労線が生命線の内側にとどまっていたら家庭内での苦労、生命線を越えたら社会的な苦労や仕事での苦労を意味します。運がよくなり苦労がなくなれば、心労線は徐々に消えていきます。

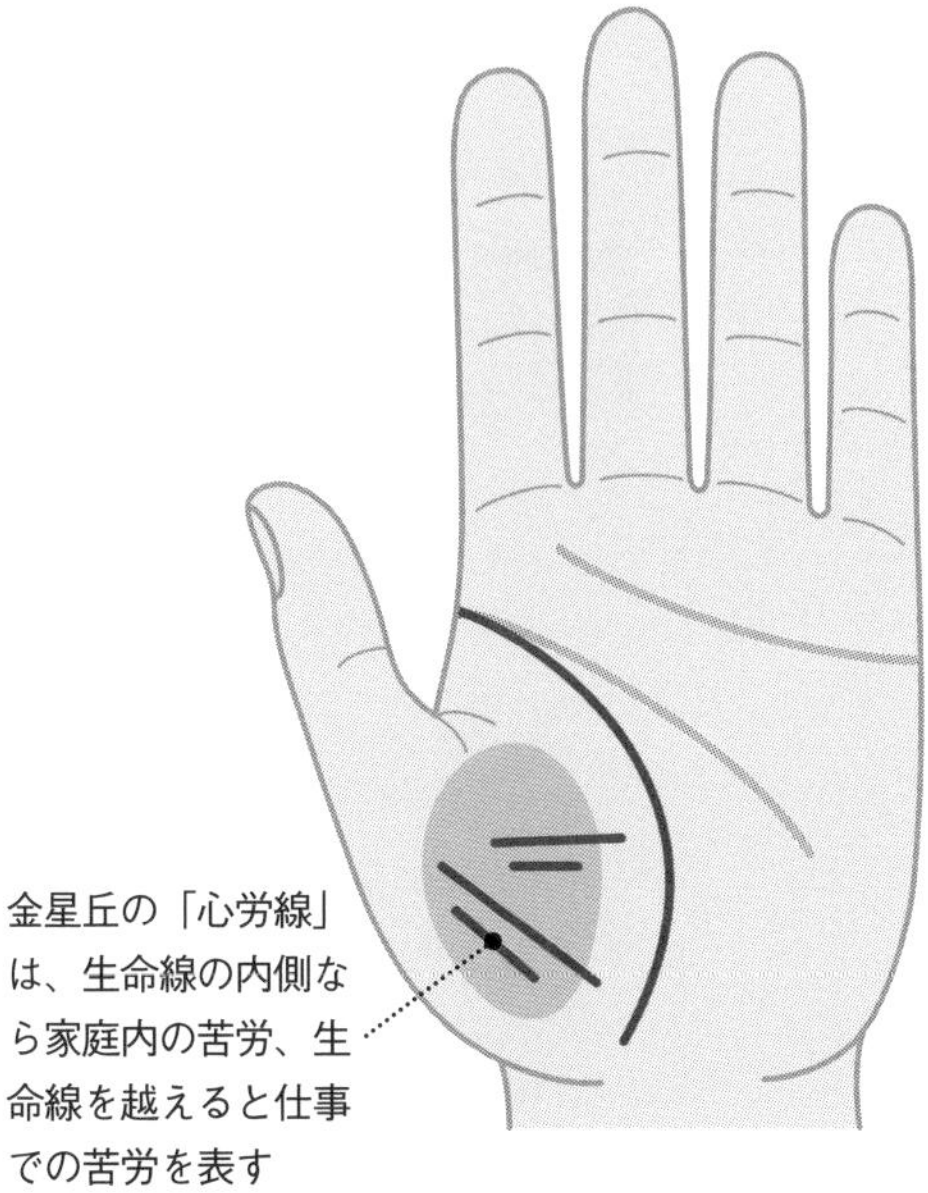
金星丘の「心労線」は、生命線の内側なら家庭内の苦労、生命線を越えると仕事での苦労を表す

24 線の特徴

先端に島がある

体力・気力が衰え
実力が出せない手相

生命線の先端に島があるのは、やる気はあるのに体力がついてこない状態を表しています。体力・気力ともに弱っていて思うように力を発揮できないため、悔しい思いをしたり、イライラしたりすることが多くなります。感情を抑えられなくなることも。あせらずリラックスし、まずは体調をととのえることに専念しましょう。

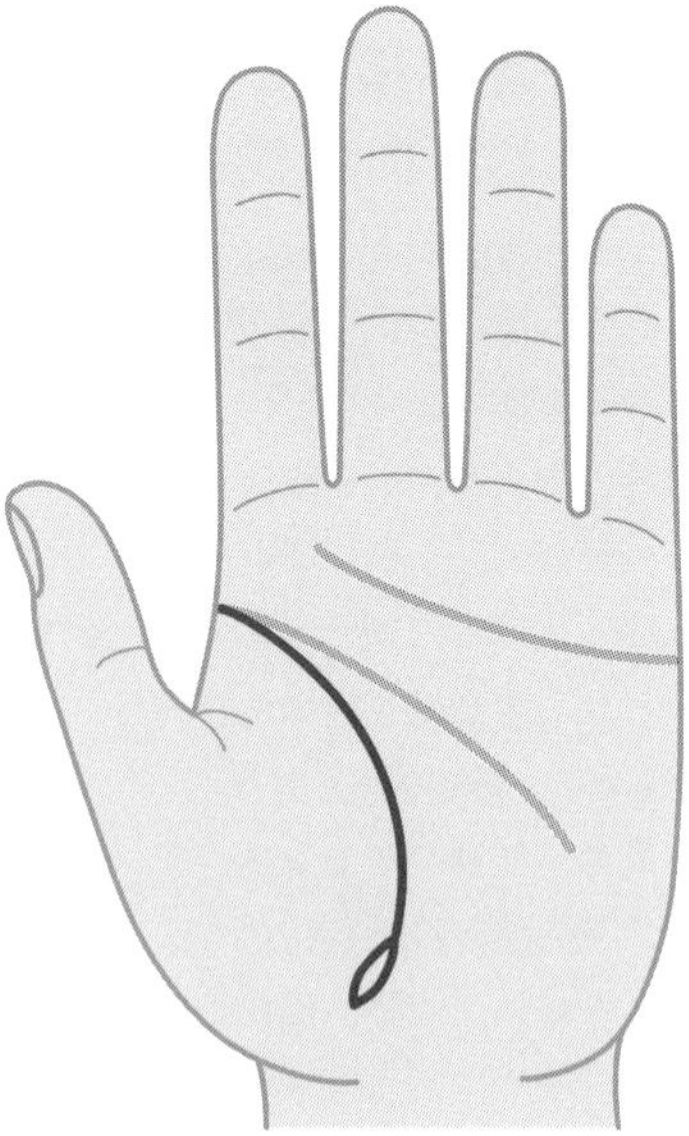

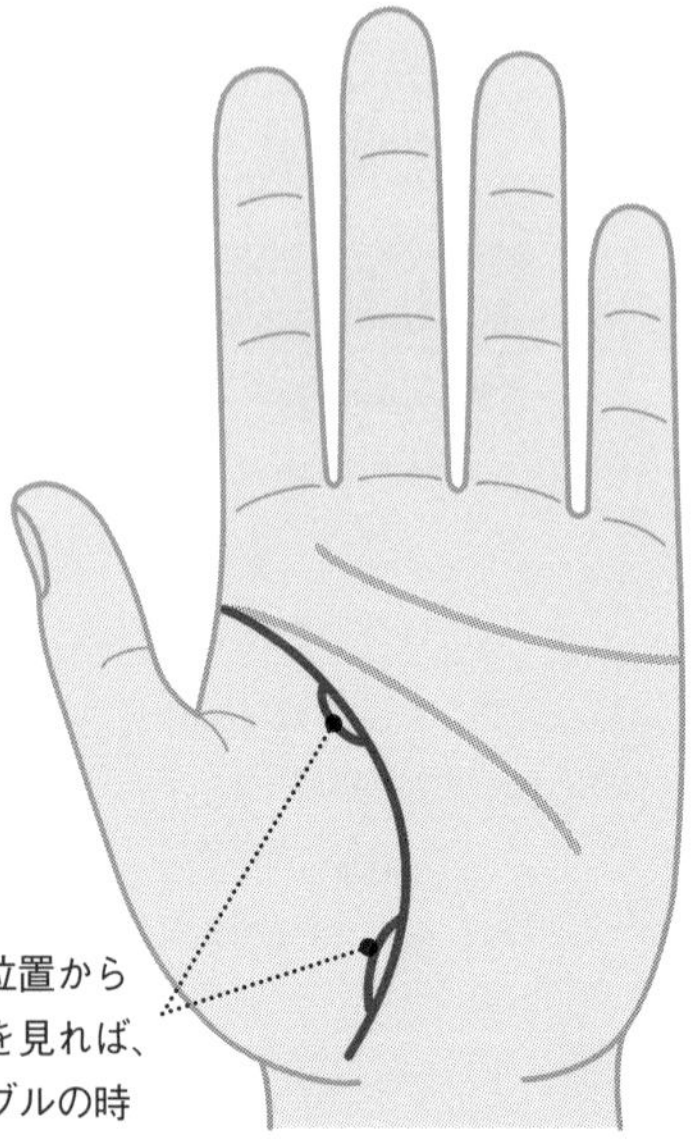

島の位置から流年を見れば、トラブルの時期がわかる

25 線の特徴

線の途中に島がある

慢性の健康トラブルに
悩む手相

生命線の上にある島は、大病ではないものの、慢性的な健康トラブルが起きることを暗示しています。その影響で、仕事や生活に影響が出ることもあります。島の位置から、流年《りゅうねん》法で時期を知ることが可能です（➡228ページ）。なるべく休養をたくさん取り、バランスの取れた食事と規則正しい生活を送るように心がけましょう。

26 線の特徴

島から出ている線が月丘の格子《こうし》と合流

婦人科系の病気になりやすい手相

女性の手相で、生命線の島から線が出て、月丘にある格子につながっている場合は、婦人科系の病気にかかりやすいことを意味しています。頭痛、肩こり、冷え性などにも慢性的に悩まされます。つねになんとなく体調が悪いため、夫や恋人とうまくいかないことも。気になる症状があれば、早めに病院で診てもらいましょう。

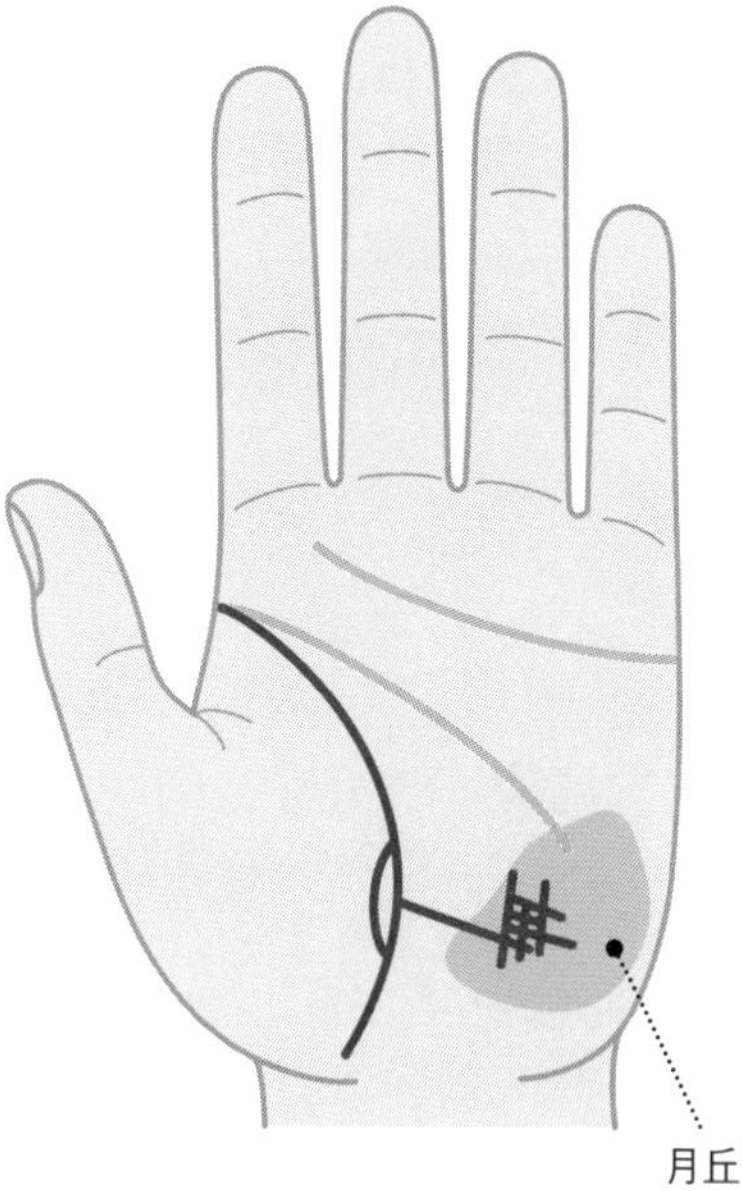

27 線の特徴

線に四角がある

事故・災害から九死に一生を得る手相

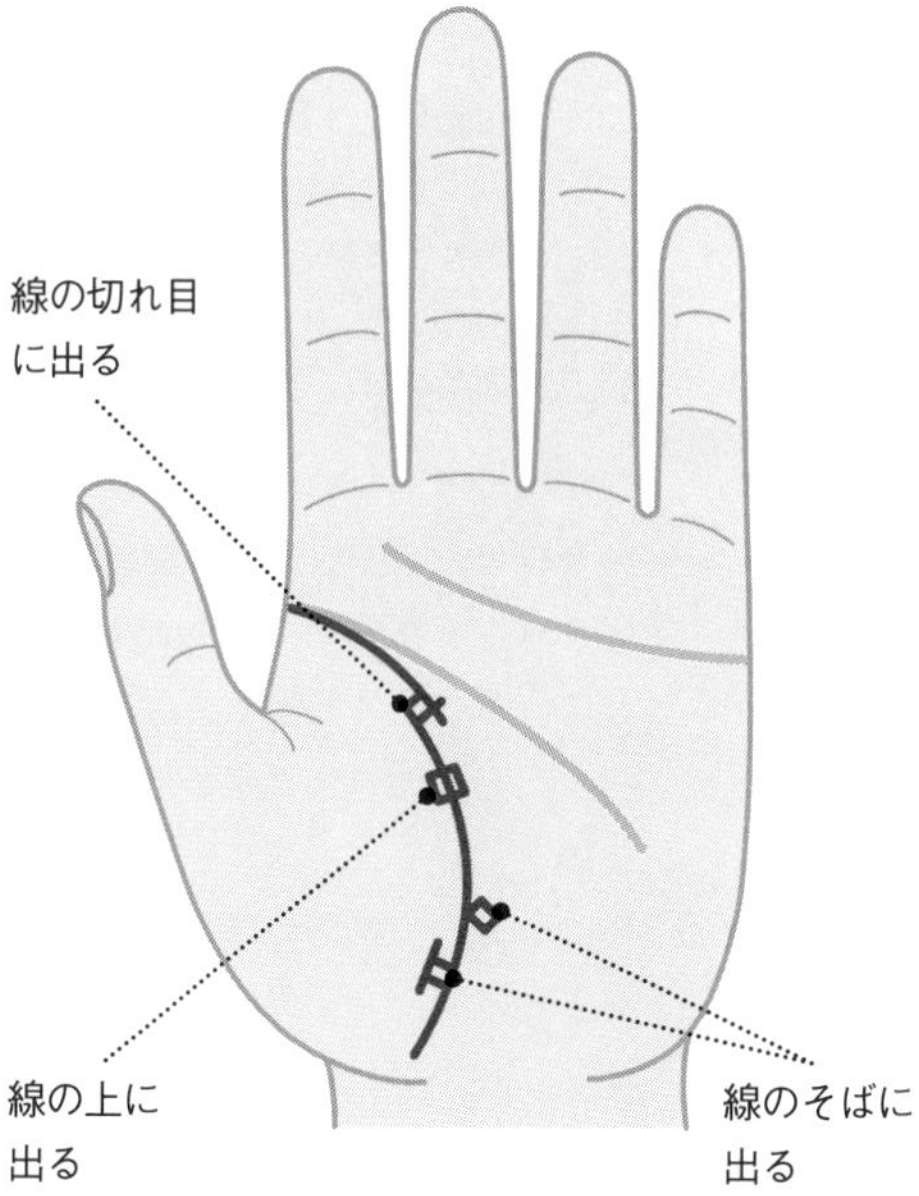

生命線に現れる四角は、事故や災難などのトラブルに巻き込まれるものの、最悪の事態は免れる手相です。四角の現れ方は、線の切れ目に出る、線の上に出る、線のそばに出るという3つのパターンがあり、いずれも同じ意味です。四角は見落としやすいものですが、これから事故や災難にあうサインです。普段からじっくり観察を。

28 線の特徴

生命線から出た線が運命線とひし形に

命の危機を免れる運の強い手相

生命線は短いのですが、生命線から手のひらの中央に向けて2〜3本線が出ていて、運命線との間にひし形を作っている場合は、ひし形が生命線の短さを補っているため、運が強い手相となります。生命線**27**と同様に、大病をしたり大きな事故にあうなど命にかかわるような事態になっても、一命をとりとめることができます。

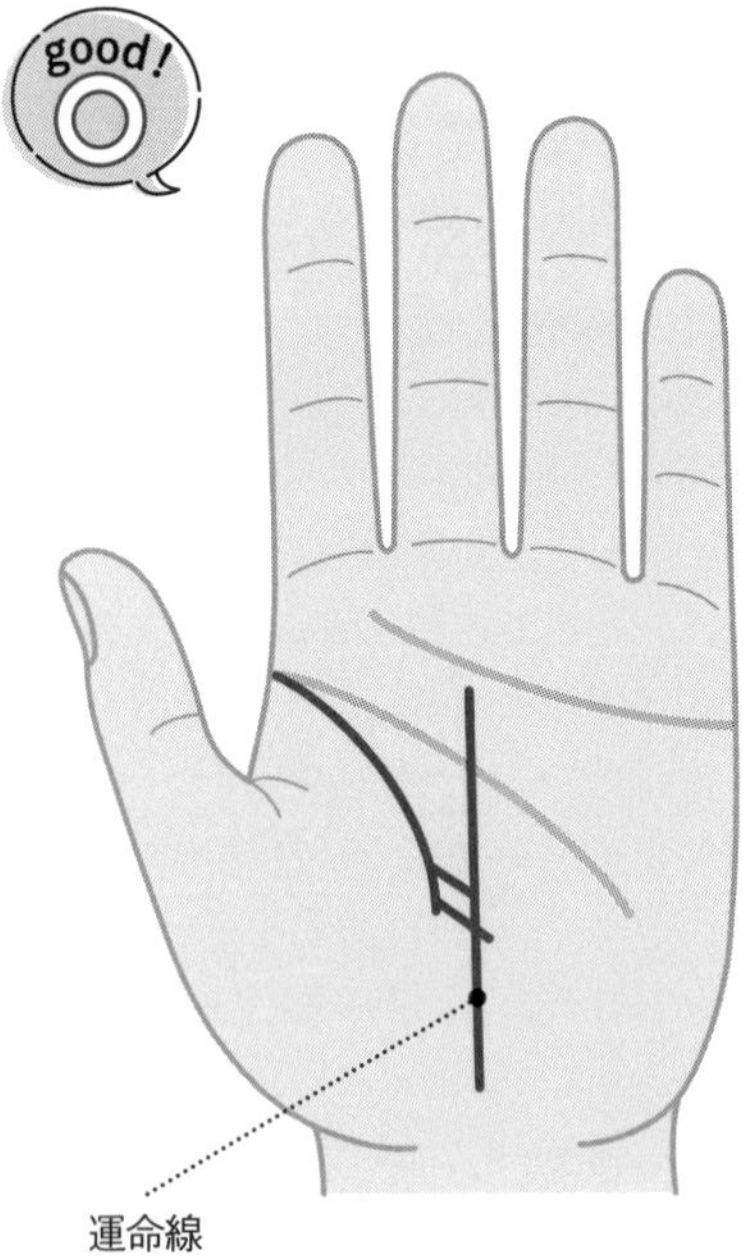

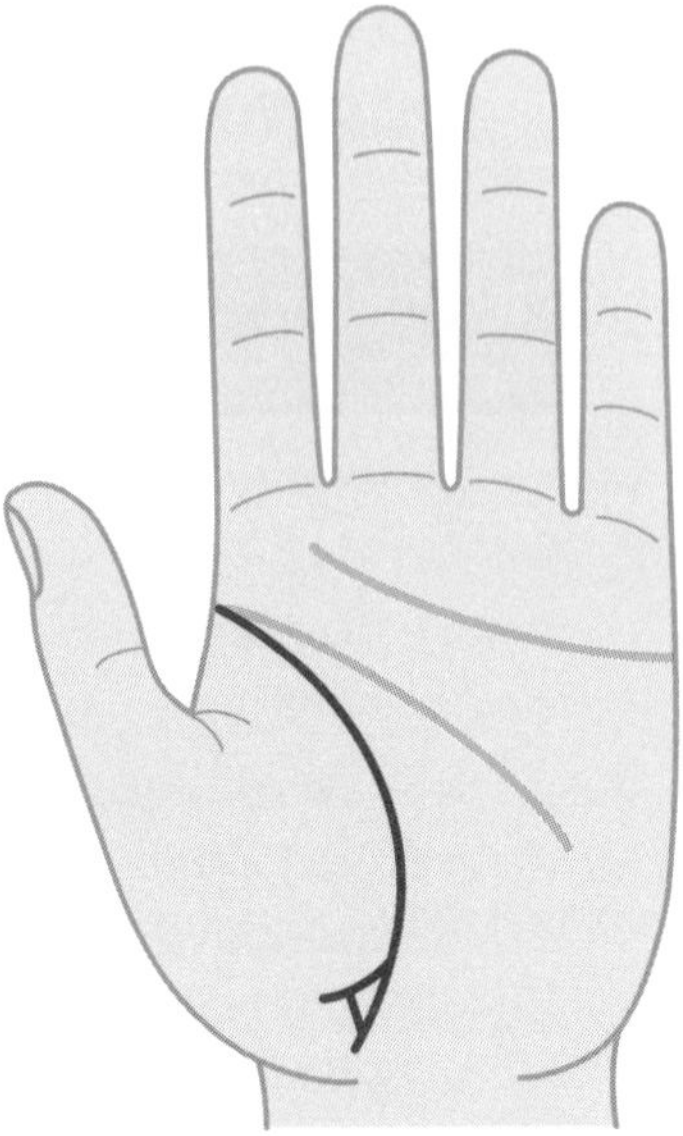

29 線の特徴

先端に三角がある

2人に同時に愛され三角関係に悩む手相

生命線の先端が枝分かれして三角形を作る手相は、2人の異性から愛され、三角関係に悩むことを示しています。生命線の先端部分は線が入り組むことが多いので、比較的よく見られます。三角関係がもつれると、恨みを買うなどして大きなトラブルになることもあります。慎重な言動と、誠実な対応を心がけましょう。

30 線の特徴

短い生命線の先端に十字がある

事故や病気で急死の恐れがある手相

生命線が短くその先端に十字がある場合は、重大な危険が迫っています。不慮の事故、突然の病気、あるいは激務による過労などで、急死する可能性があります。心臓が弱い人はとくに注意し、体に異常を感じたらすぐ病院に行きましょう。十字が少しでも生命線から離れている場合は、命の危機までは至りません。

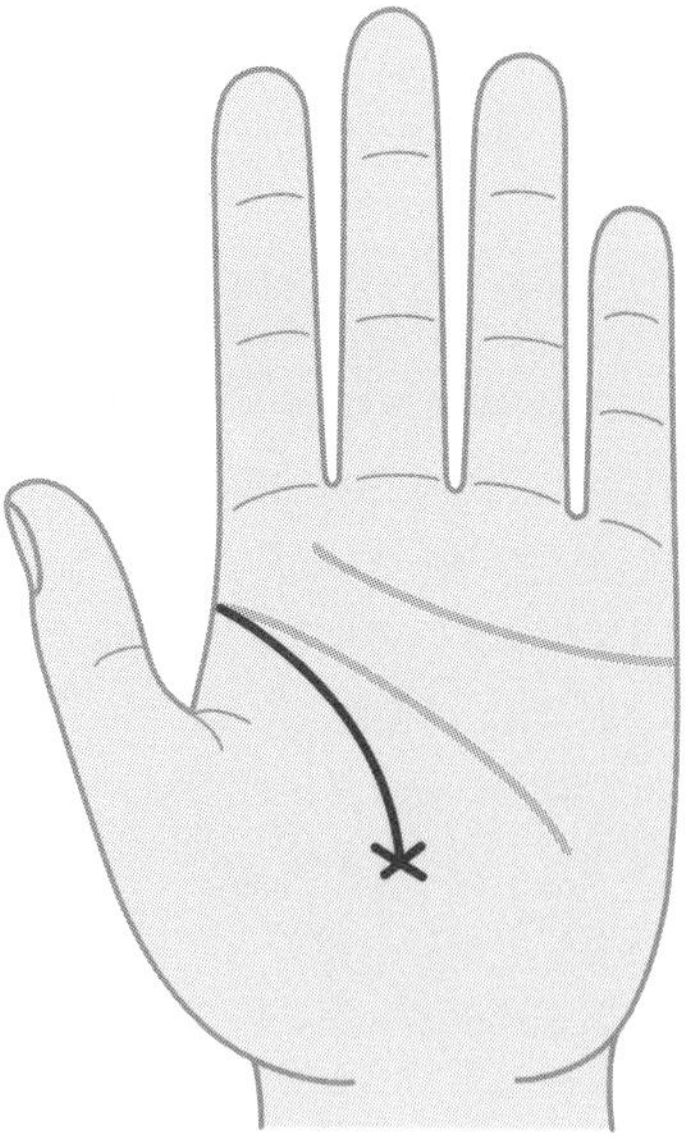

31 線の特徴

十字が生命線に接している

突然、大きなトラブルにあう手相

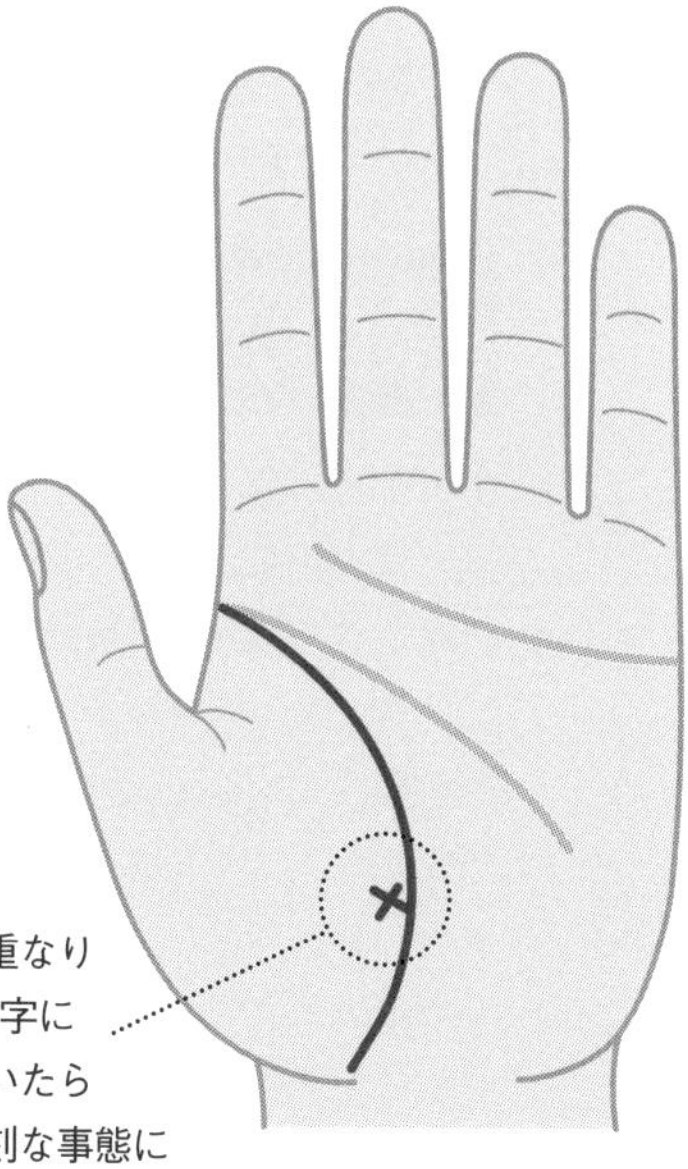

十字が重なり
「キ」の字に
なっていたら
より深刻な事態に

生命線に十字が接している手相は思いがけない病気やケガ、災難などにあうことを示しています。十字が重なって「キ」の字になっていたら、より一層深刻な事態が予想されます。この記号が現れたら、ささいなことも見逃さない細心の注意が必要。十字が少しでも生命線から離れていたら、災難は軽くすみます。

32 線の特徴

線上に星がある

命にかかわるような出来事が起こる手相

生命線の上の2～3本の短い線が交差して星を作っていたら、十字よりもショッキングなことが起こるサインです。たとえば、思いもよらない事故に巻き込まれて大ケガをする、心筋梗塞《しんきんこうそく》や脳溢血《のういっけつ》など急性で命にかかわる病気になるなどです。健康診断を受けたり、慎重に行動するなど、注意深く過ごしましょう。

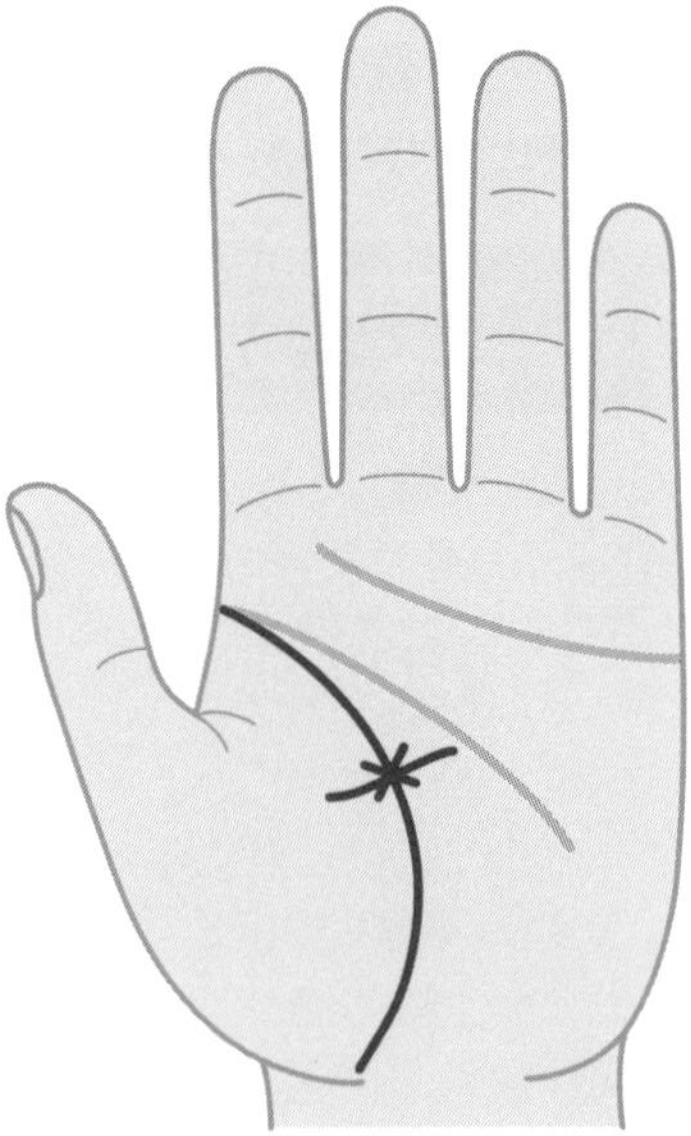

33 線の特徴

線上の星と月丘の十字がつながる

水の事故や泌尿器系の病気を示す手相

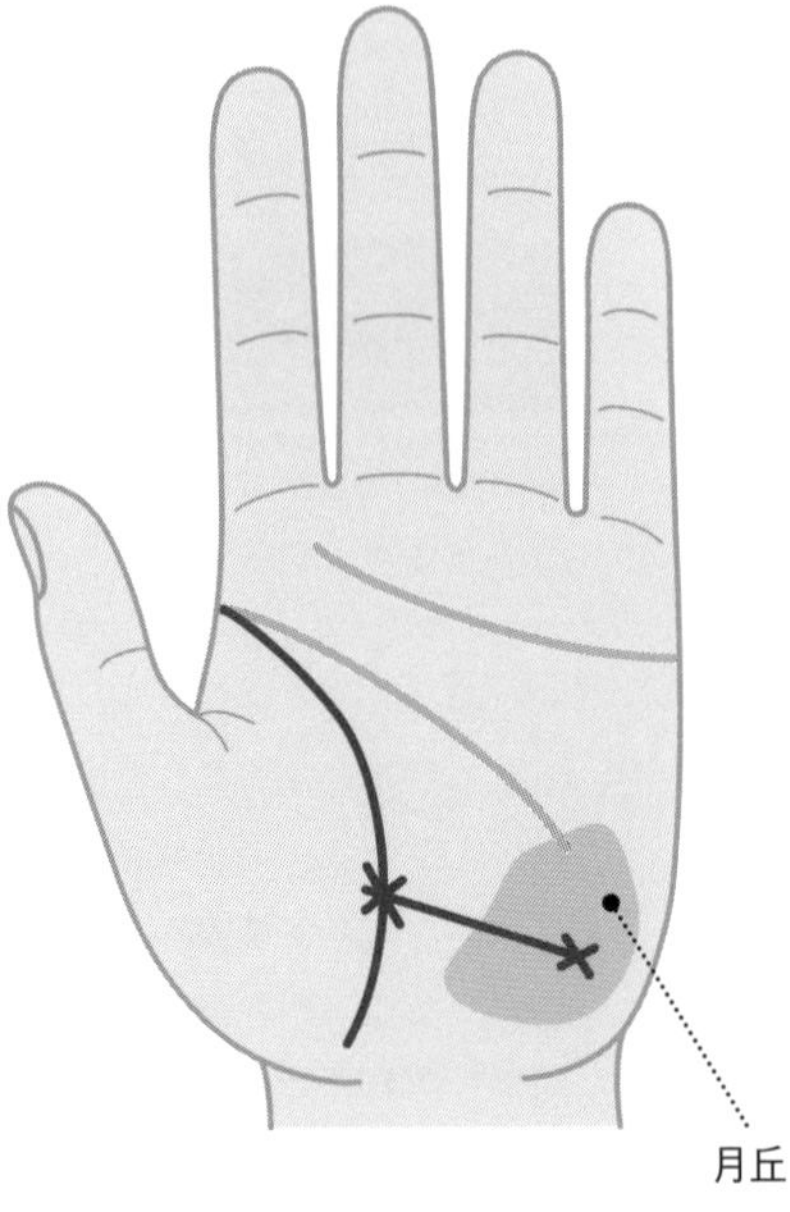

生命線上の星から伸びた線が、月丘にある十字とつながっている手相は、水の事故にあうことを示しています。プールや海に行かない、船に乗らないなど、なるべく水に近づかないようにしてください。また、泌尿器系の病気を意味する場合もあります。もし思い当たる症状がある人は、早めに受診したほうがよいでしょう。

34 線の特徴

線上に斑点《はんてん》が出る

近々に起こる病気やケガを予告する手相

生命線の上に突然現れる斑点は、病気やケガを知らせていて、斑点の色によって、トラブルの内容がわかります。青黒い場合はケガ、茶褐色の場合は病気のサイン。そして最も注意したい薄黒い斑点は大病や大ケガを警告しています。色が示すトラブルに注意して行動すれば、災難から逃れることも可能です。

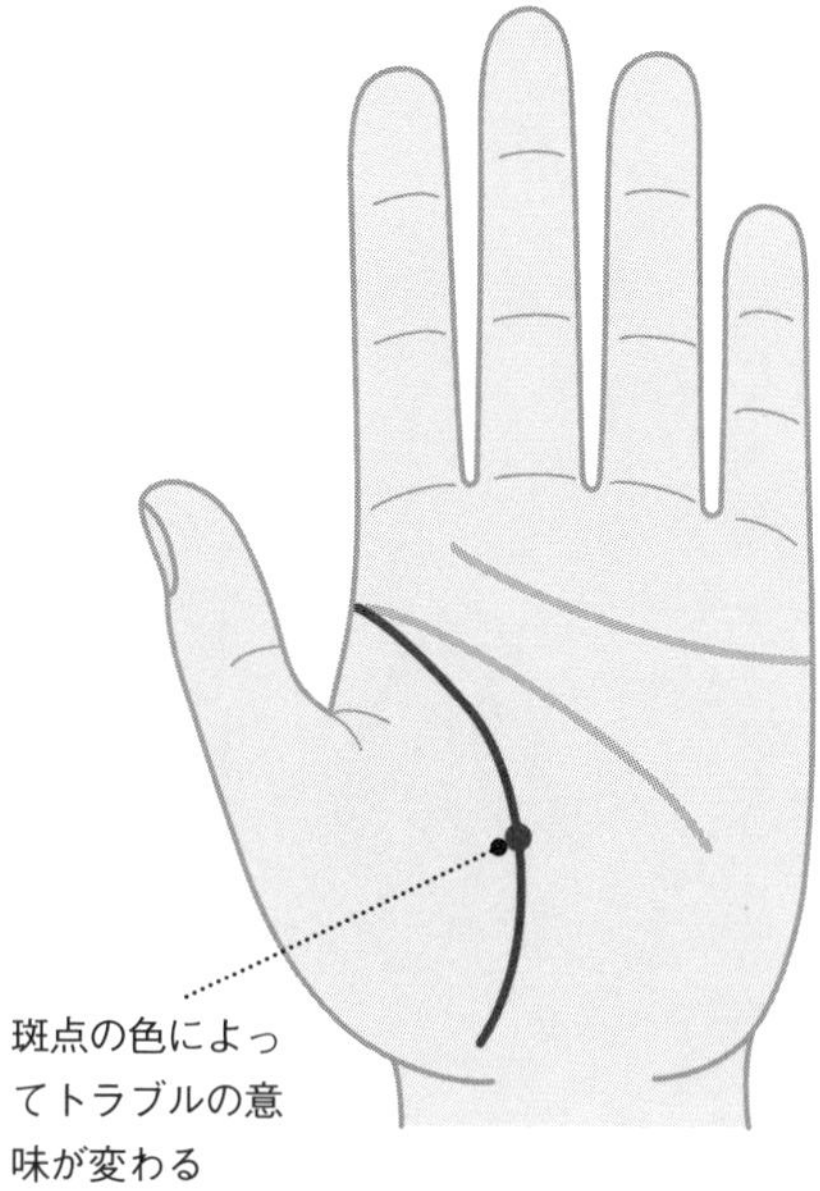
斑点の色によってトラブルの意味が変わる

35 線の特徴

くぼみと十字が結合。線の一部がギザギザ

精力減退で災難が心配な手相

生命線上のくぼみは精力減退を表しています。くぼみが第二火星丘の十字と線でつながっている場合は、精力減退が原因のケガなど、災難が心配です。ちなみに、生命線の一部がノコギリの歯のようにギザギザになっているときも、精力減退を表します。無理のない程度の運動を習慣にして、体力の低下を防ぎましょう。

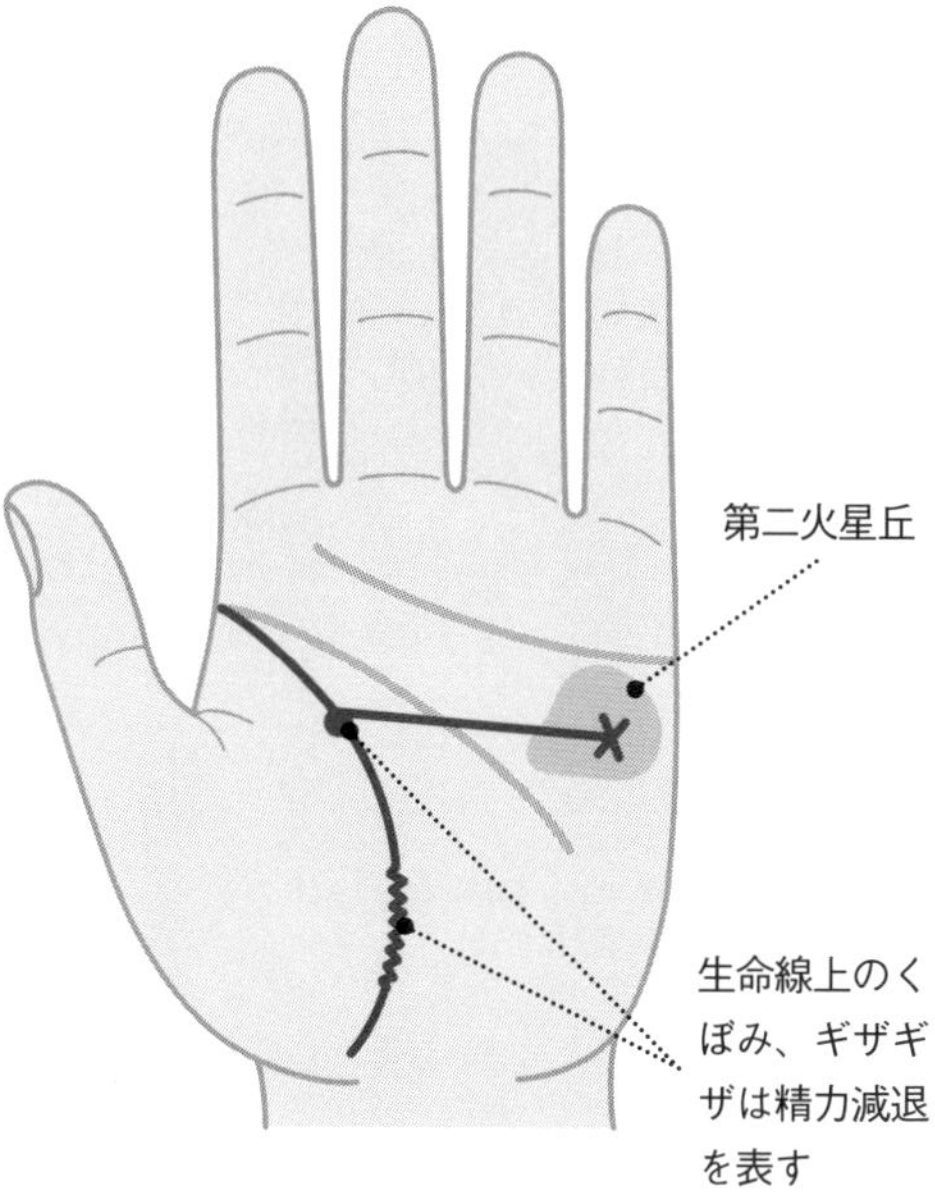
第二火星丘
生命線上のくぼみ、ギザギザは精力減退を表す

三大線 2

知能線

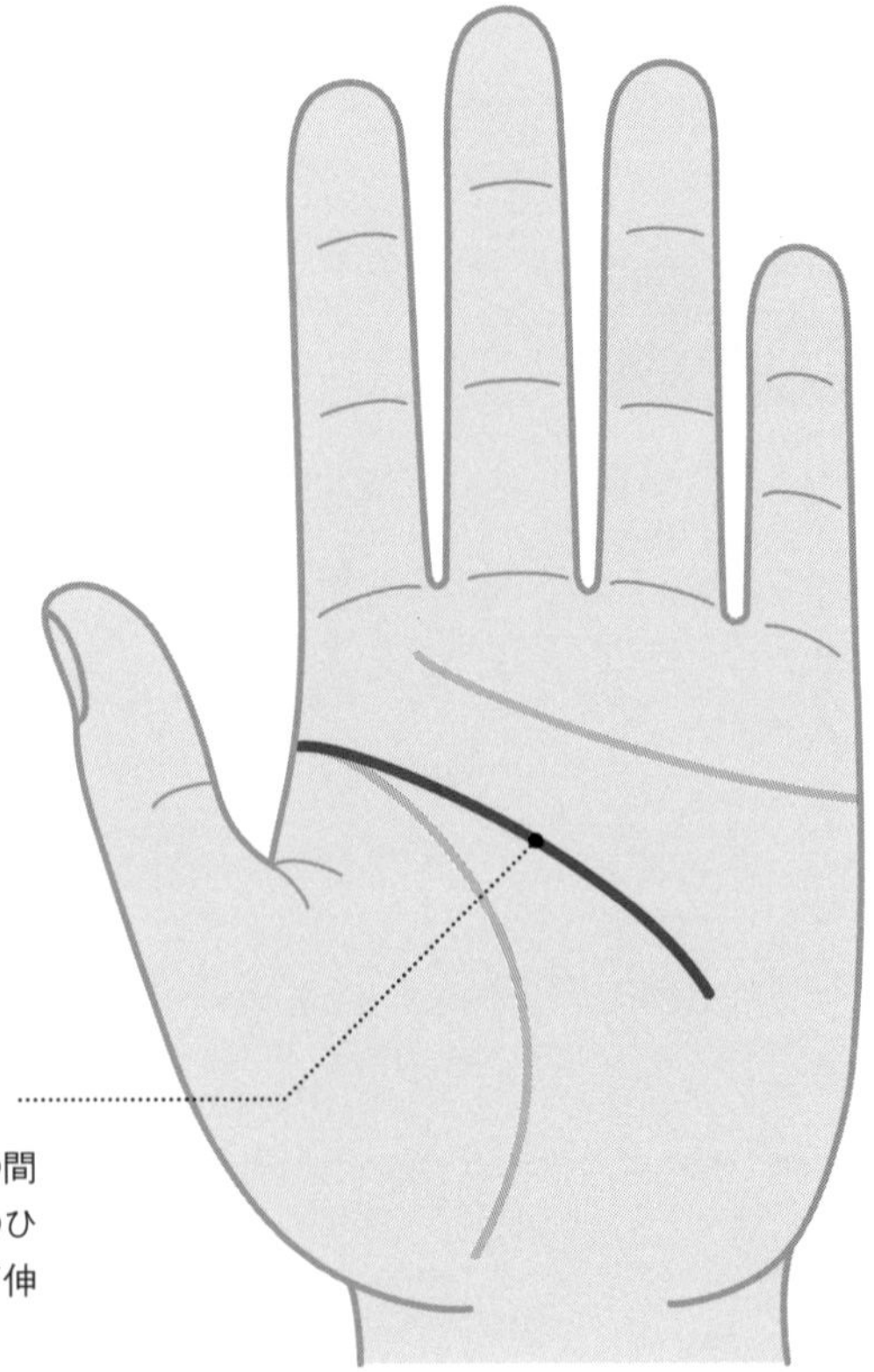

知能線とは…

人差し指と親指の間を起点として手のひら中央に向かって伸びる線

能力や生活力を示す手相の中心となる重要な線

知能線はだれの手にも必ず刻まれている三大線のひとつ。人差し指と親指のつけ根の間から始まり、手のひらの中央を横あるいは斜めに伸びる線です。知恵や判断力、直観力など頭脳の働きを表します。また、生活力や今後の運命の浮き沈みまで示します。

知能線は線がはっきりしているほどよい手相となりますが、線の向きやカーブなどを総合的に見て判断します。

知能線は手相を見る際、すべての線の中心となる、とても大切な線です。知能線がよければほかの線が悪くてもカバーでき、反対にほかの線がよくても、知能線の状態が悪いと運は開けません。

● 知能線を見るコツ

なにを見る？	なにがわかる？
起点の位置	起点の位置は基本的な性格を示し、生命線と同じ位置なら慎重派、離れるほど積極的で大胆な性格となります。
線の向き	線の向きが思考のパターンに。真横や上向きは現実主義、下向きは理想主義の傾向にあり。
線の状態	まっすぐな線は頭脳明晰。乱れた線は精神の乱れ、集中力・持続力の欠如を意味します。
支線やその他の線	性格、積極性、パートナー運、金銭感覚などがわかります。
島や十字など記号	心身の疲労度を表し、脳の病気の危険性についても暗示します。

線の勢いが鑑定ポイント。伸びる方向で性格がわかる

知能線を見るときは、線の長短は重視しません。重要なのは長さよりも勢いで、短くてもぼんやりしないで一直線に勢い**よく刻まれているのはよい知能線です。**

また、知能線は、人によって伸びる方向がさまざま。その方向によって、現実的・物質的なものを求めるか、感覚的・理想的なものを求めるか、その人の傾向がわかります。知能線**7**と**10**で詳しく紹介していますが、生命線の起点から月丘と火星原の中間に線を引き、知能線の先端が中間線より上に向かう人ほど現実主義でクールなタイプ、中間線より下に向かうほど感覚重視のクリエイティブなタイプとなります（⬇79・80ページ）。

起点を見る

1

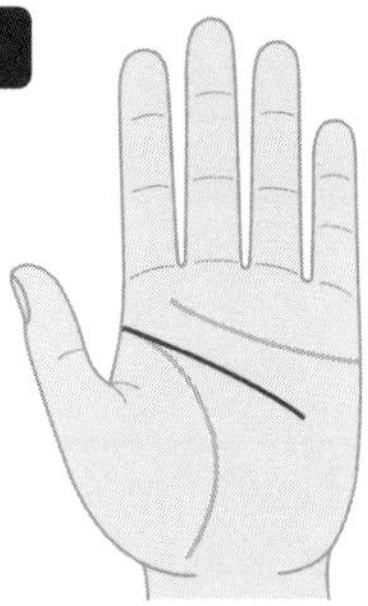

人差し指の下で
生命線から分かれる
76ページ

2

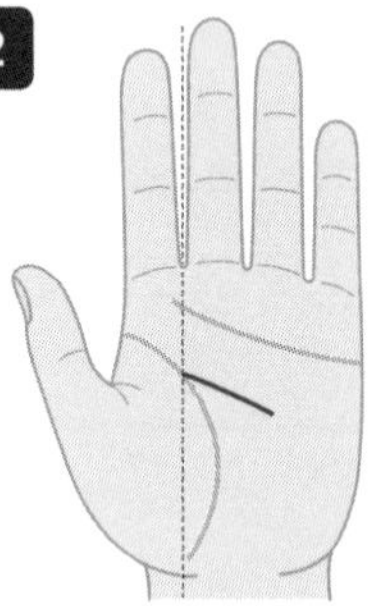

人差し指と中指の間
で生命線と分かれる
76ページ

3

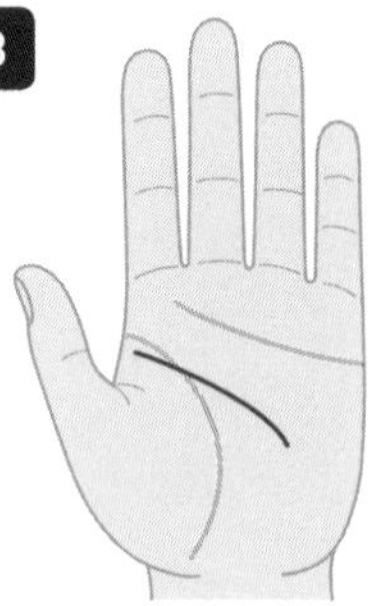

起点が
生命線の内側から
77ページ

4

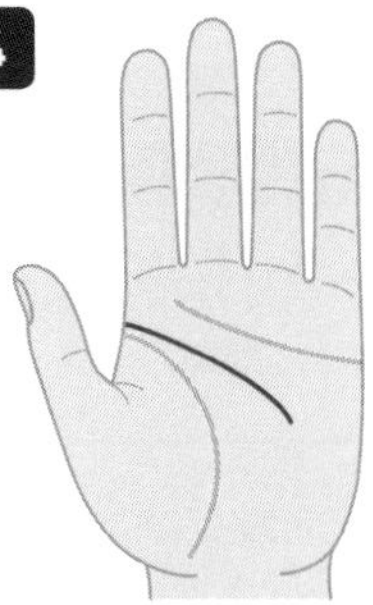

起点が生命線から
1～2ミリ離れる
77ページ

5

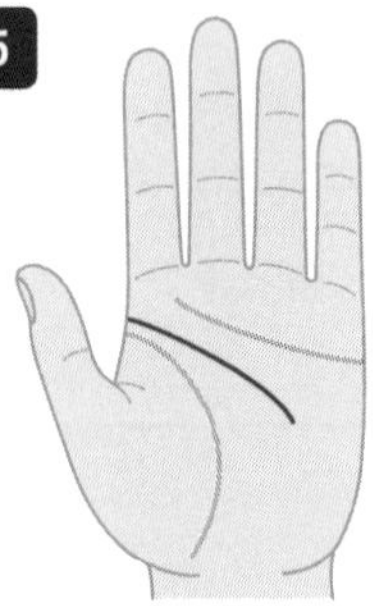

起点が生命線から
3～4ミリ離れる
78ページ

6

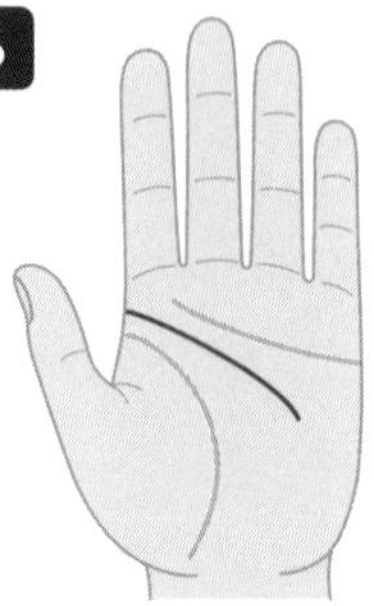

起点が生命線から
7ミリ以上離れる
78ページ

カーブや先端を見る

7

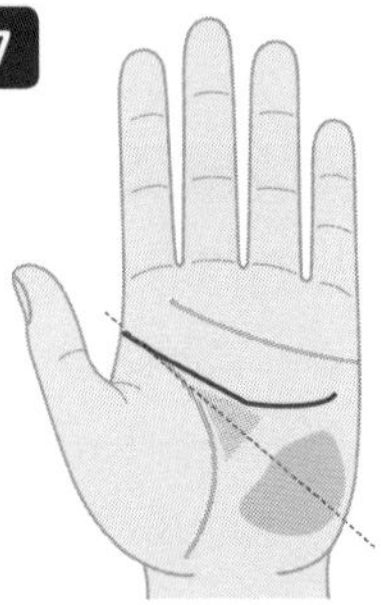

線の中ほどから線の
先が上向きになる
79ページ

8

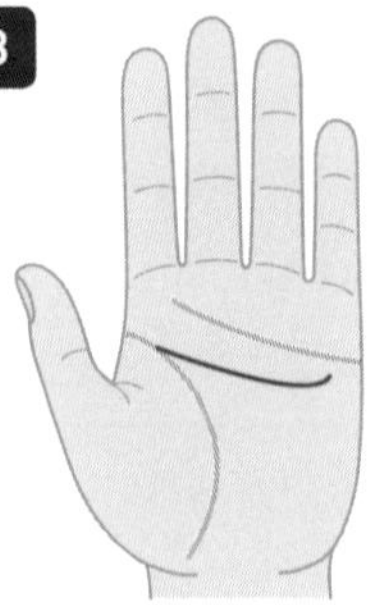

横に伸びて
先端がはね上がる
79ページ

9

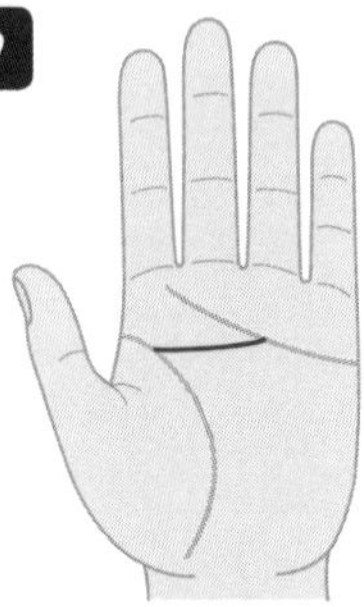

やや上向きで薬指の
下で感情線と接する
80ページ

10

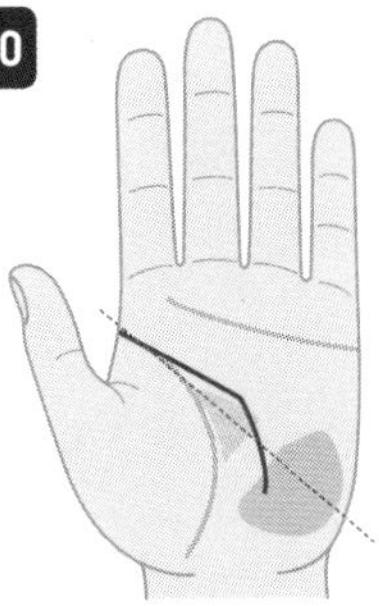

線の中ほどから
線が下向きになる

80ページ

11

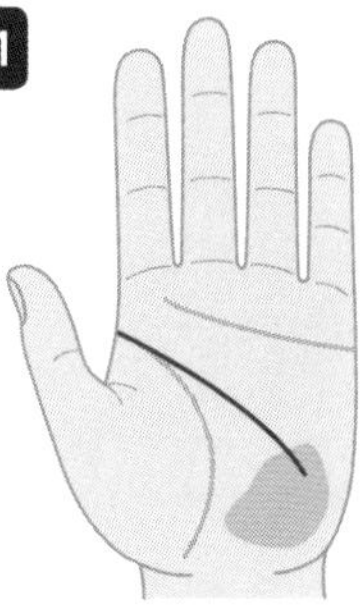

ゆるいカーブを描く

81ページ

12

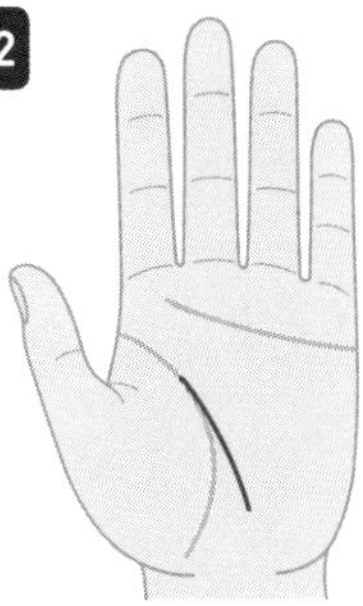

生命線に並行し
急カーブを描く

81ページ

13

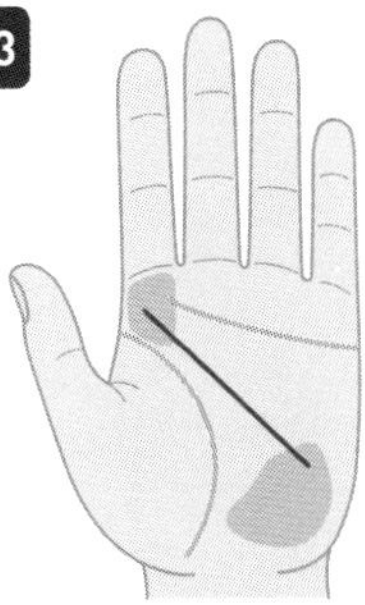

木星丘から月丘まで
まっすぐ伸びる

82ページ

14

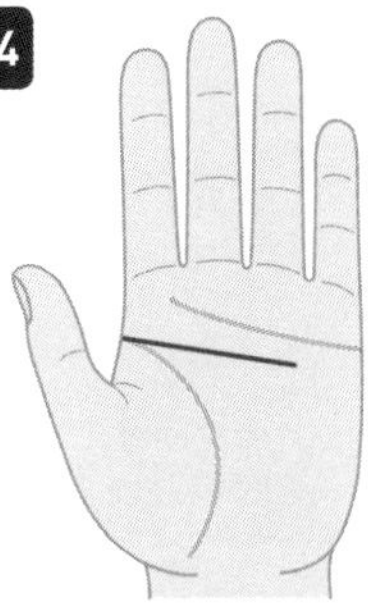

ほぼ水平で一直線

82ページ

15

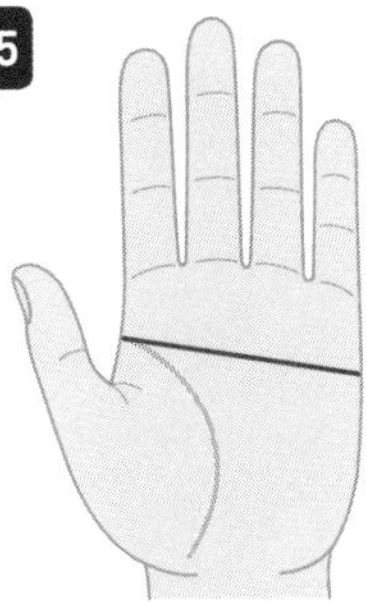

感情線と重なり
真横に一直線

83ページ

16

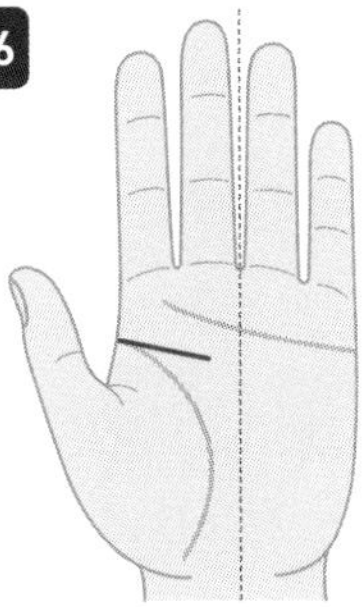

短いが勢いの
ある線

83ページ

17

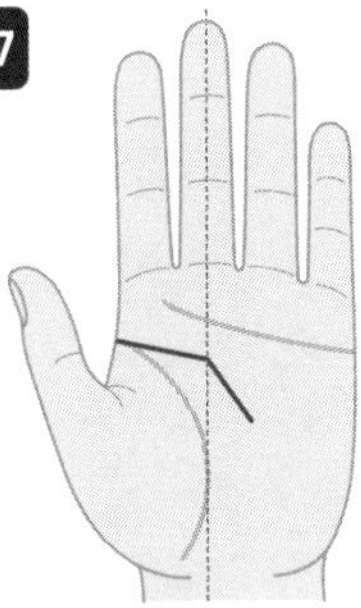

中指の下で
斜め下に折れる

84ページ

線の状態を見る

18

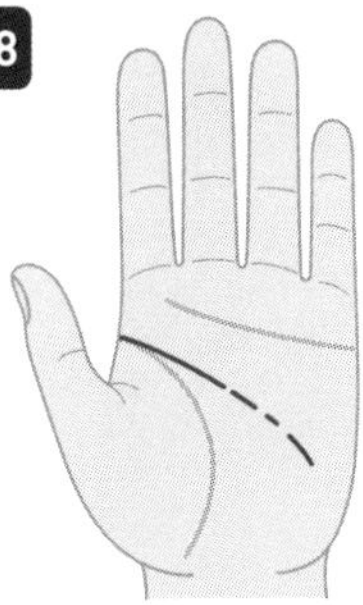

中央あたりから
線が薄くなる

85ページ

19

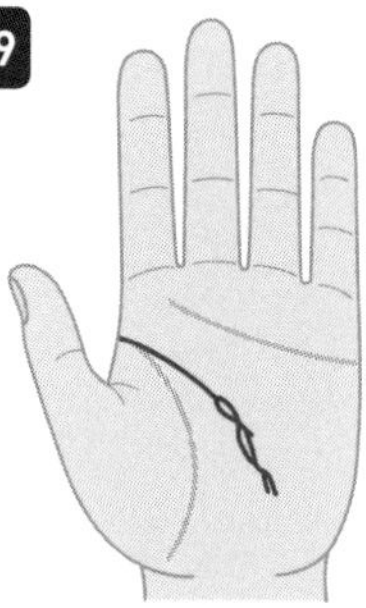

線の途中から鎖《くさり》状、
または垂れ下がる

85ページ

20

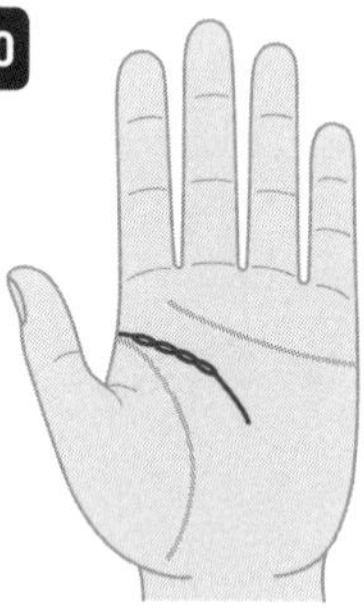

線の起点から半分
までが鎖状である

86ページ

21

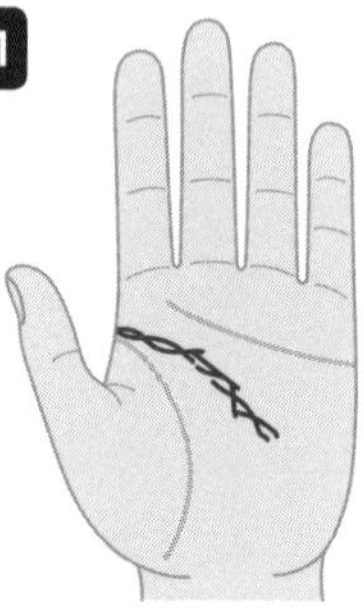

線全体が鎖状に
なっている

86ページ

22

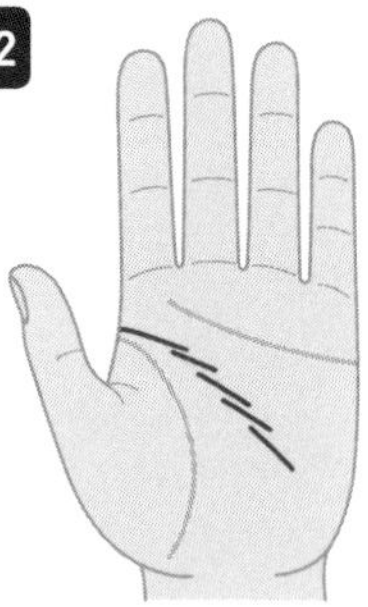

切れ切れな線が続き
段々になる

87ページ

23

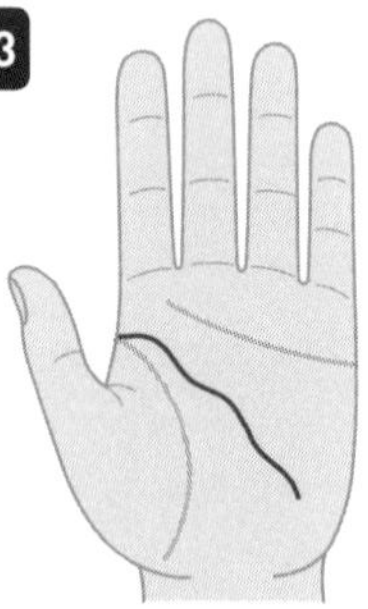

線全体が波のように
うねっている

87ページ

支線やその他の線を見る

24

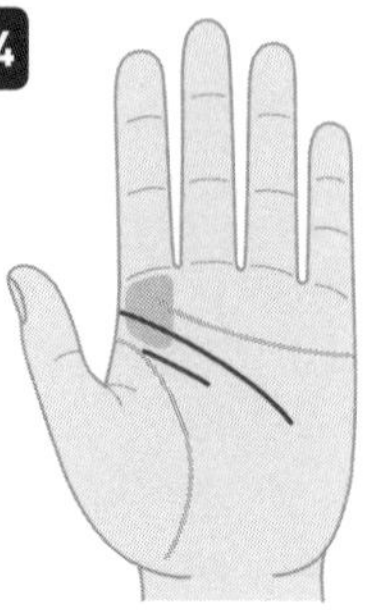

生命線と木星丘から
2本の線が出ている

88ページ

25

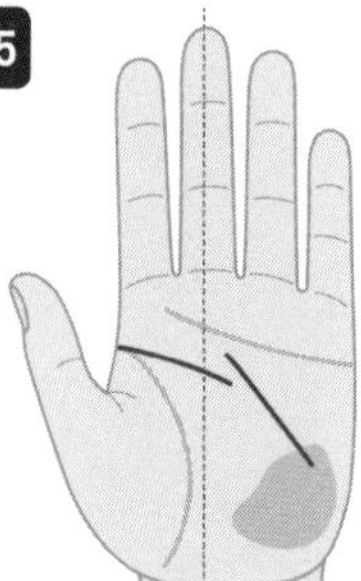

中指下で終わる線の
先に月丘へ伸びる線

88ページ

26

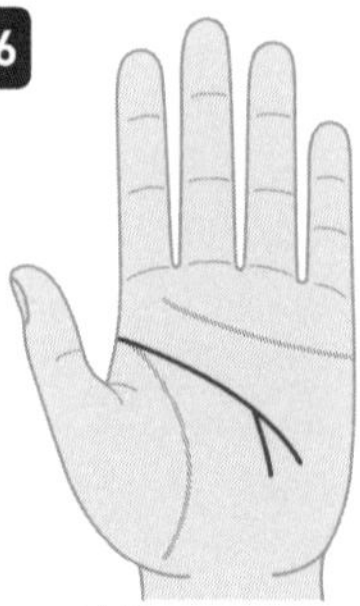

先端が二股《ふたまた》に分かれ
線に勢いがない

89ページ

27

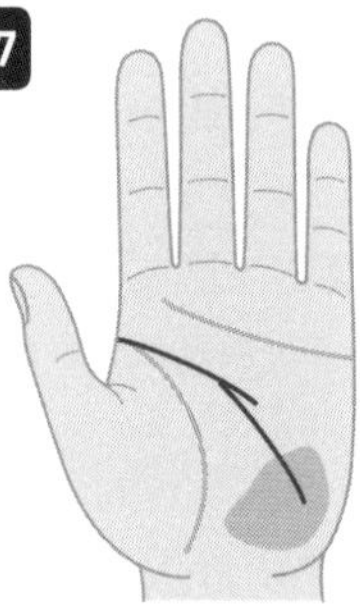

二股の上線は短く
下線は月丘に伸びる

89ページ

28

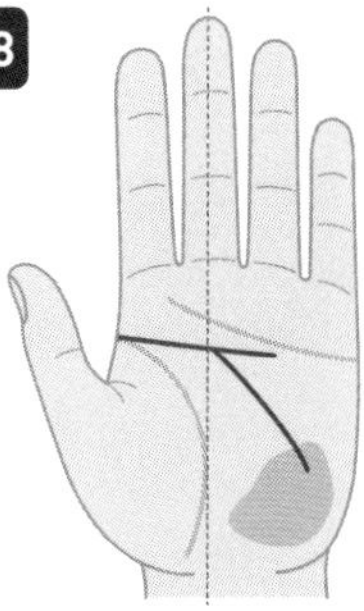

中指下で1本は横に、1本は月丘に伸びる 90 ページ

29

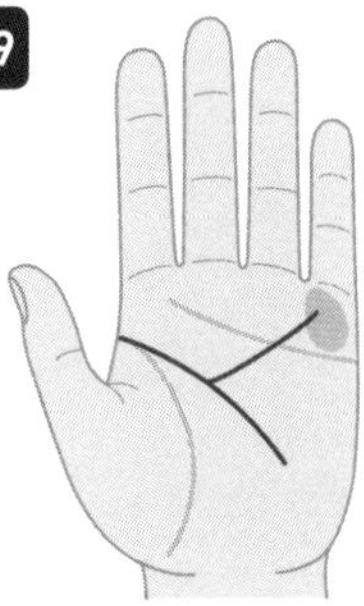

上に出た支線が水星丘に伸びる 90 ページ

30

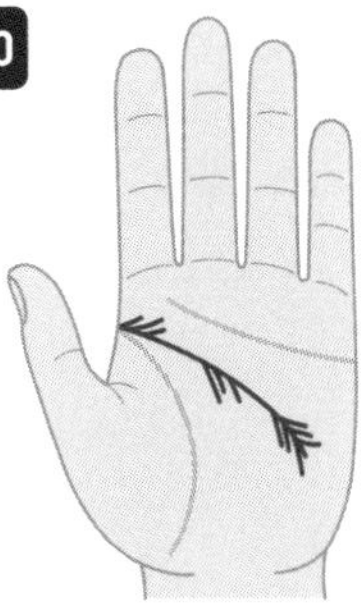

上向きの細かい線が数本出ている 91 ページ

31

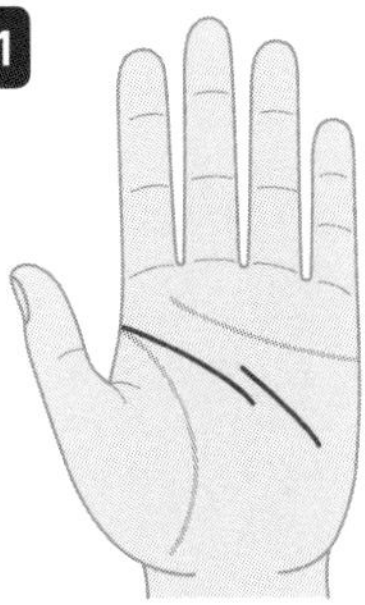

知能線と感情線の間に斜線がある 91 ページ

記号を見る

32

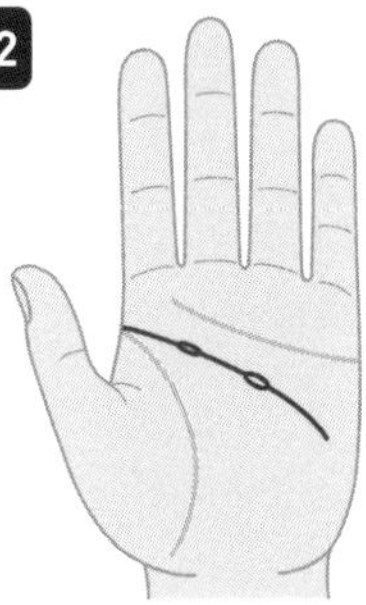

線上に島がある 92 ページ

33

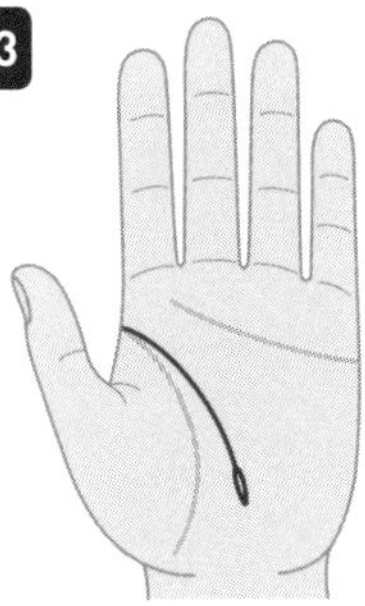

線が垂れ下がり、先端に島がある 92 ページ

34

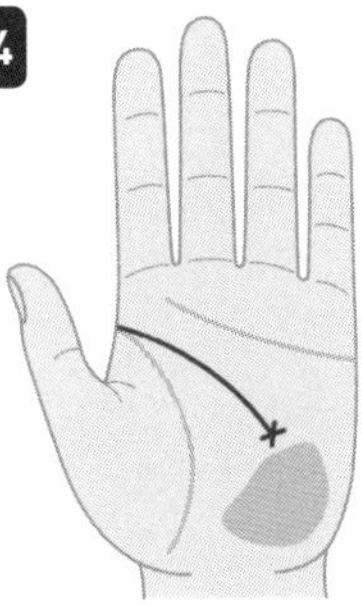

先端に十字がある 93 ページ

35

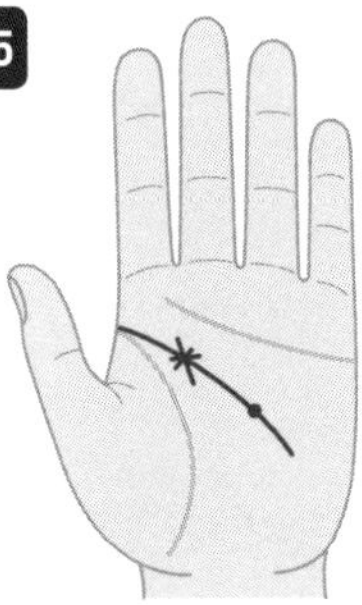

線の途中に星や斑点《はんてん》がある 93 ページ

1 線の特徴

人差し指の下で生命線から分かれる

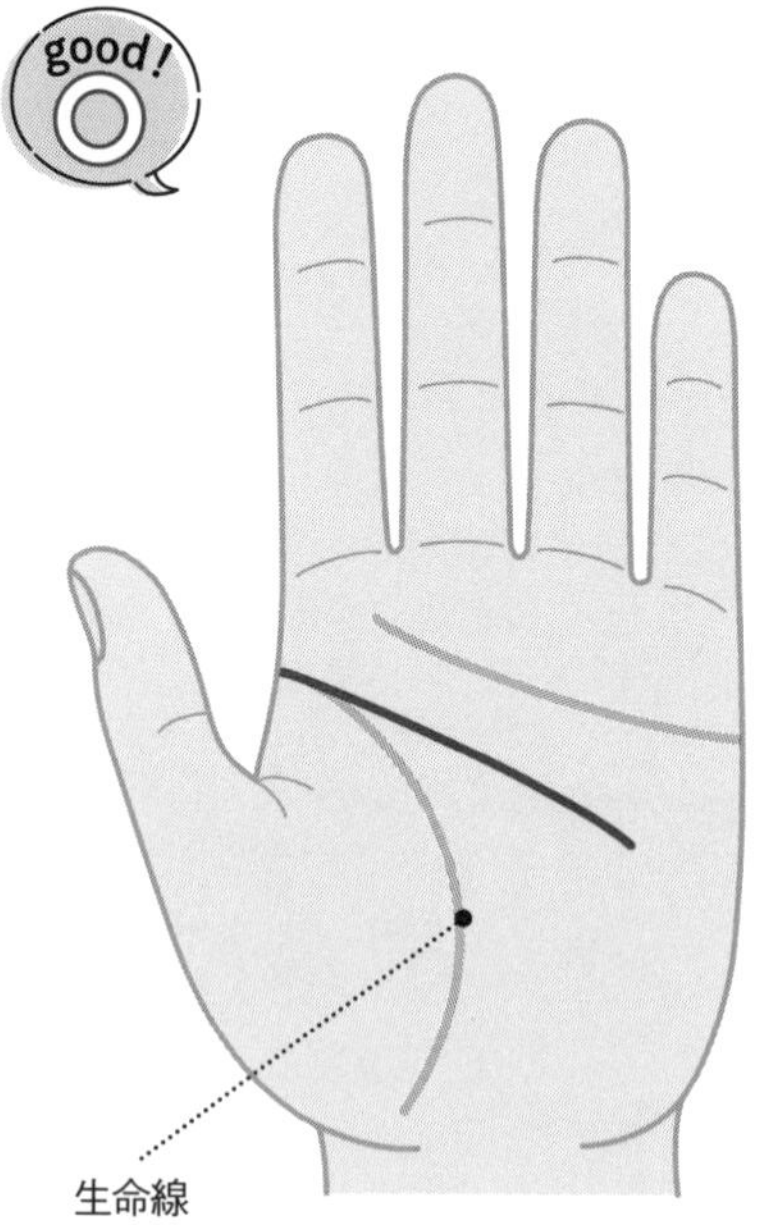

常識的な判断ができ、失敗が少ない手相

知能線の起点は生命線と重なる場合が多く、人差し指の下あたりから2つの線が分かれるものが最も多いタイプ。この手相は、良識があって、現実に見合った堅実な判断、大人の対応ができることを表します。無茶をしないので、失敗も少ないでしょう。この知能線で手が小さい人は大胆、手が大きい人は気が小さい傾向があります。

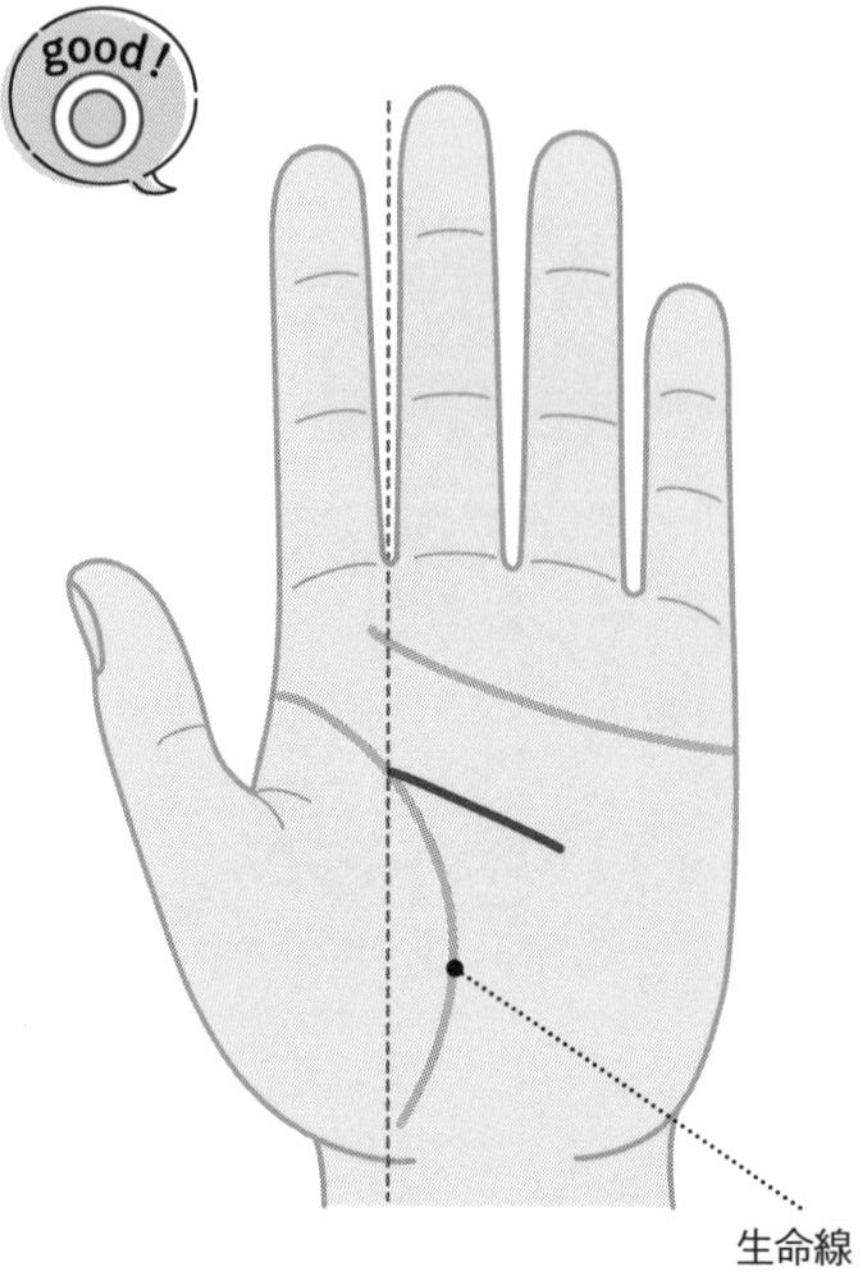

2 線の特徴

人差し指と中指の間で生命線と分かれる

気配りができて、人から好かれる手相

人差し指と中指の間から伸ばした線上、あるいは中指の下あたりの生命線上に起点があるのは、相手の気持ちを推し量り、気配りができる人。そのためだれからも好かれます。さらに、線に勢いがある場合は機転がきき、物事を効率よくこなせます。人前で派手に活躍するのは苦手ですが、コツコツ仕上げる仕事が得意です。

3 線の特徴

起点が生命線の内側から

神経質で、細かいことを気にする手相

知能線の起点が生命線の内側にある人は神経質。小さなことでやきもきしたり、他人のちょっとした発言に疑心暗鬼になったりします。この手相で、手がやわらかい人はささいなことへのこだわりが強く、手の固い人は短気で怒りっぽい性格です。どちらも大らかな性格の人をパートナーに選べば、欠点を補えます。

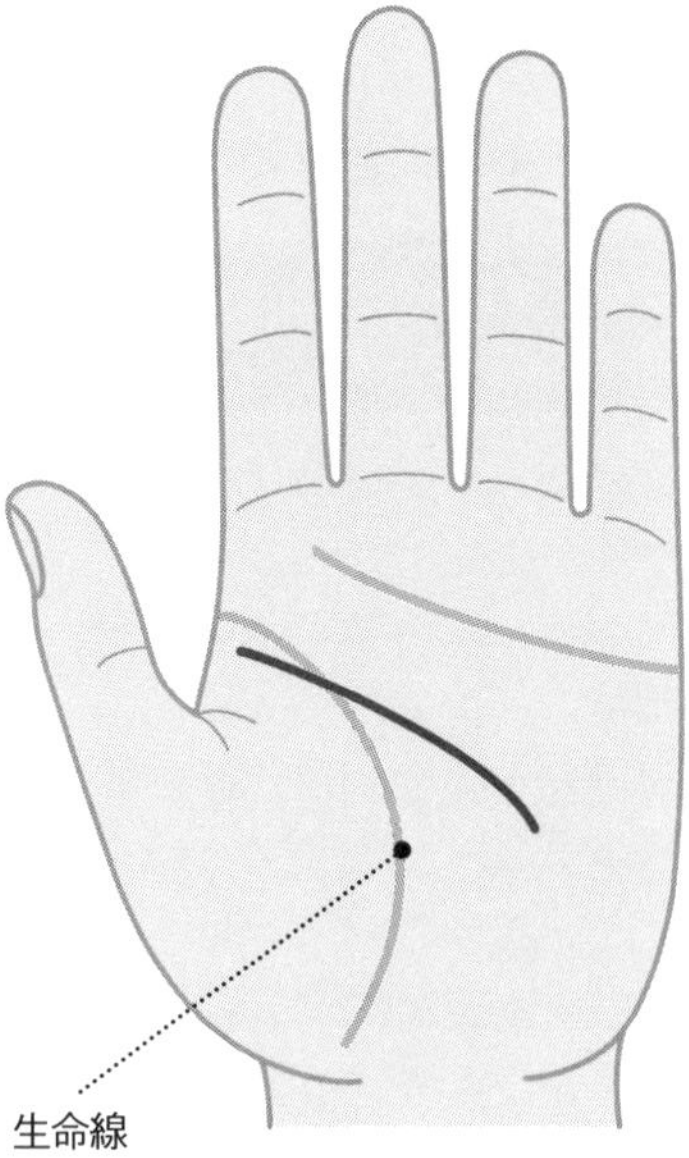

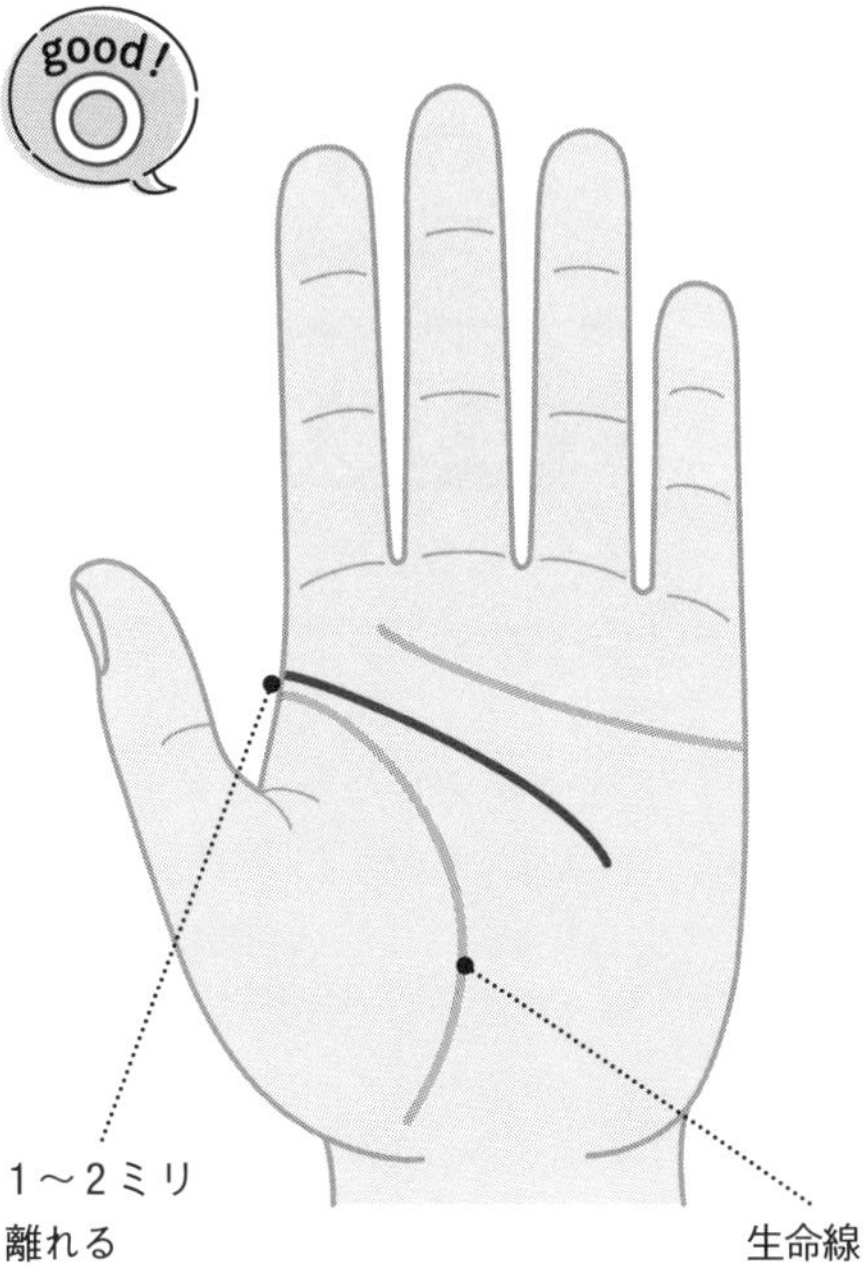

4 線の特徴

起点が生命線から1～2ミリ離れる

人の気持ちや流行に敏感な手相

知能線の起点が生命線から1～2ミリ離れ、生命線にそうようにカーブを描く人は、明るい性格です。手が極端に大きくなければ、人の気持ちやその場の空気を素早くキャッチして行動するため、だれからも好感を持たれます。流行にも敏感なため、お笑いタレント、CMプランナー、ベンチャー企業の経営者などに向いています。

5 線の特徴

起点が生命線から 3～4ミリ離れる

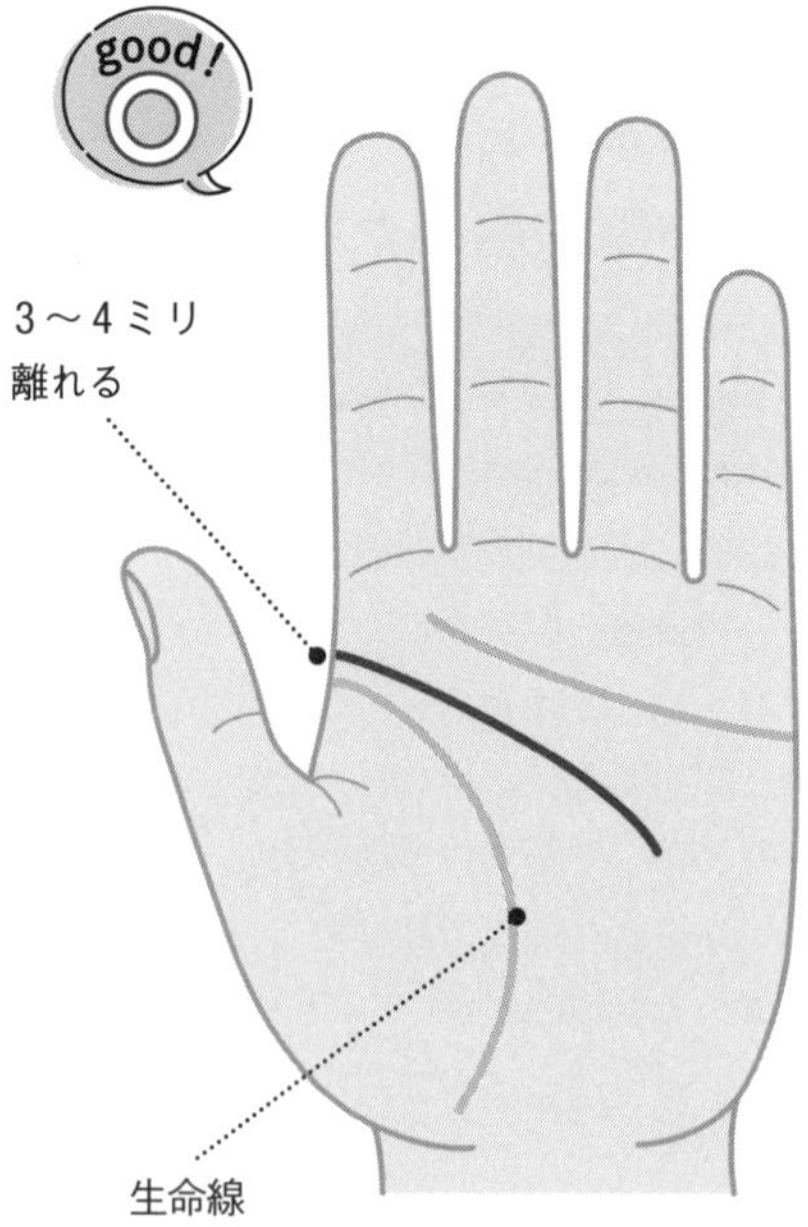

アクティブに行動し、変化を求める手相

知能線の起点が生命線から3～4ミリ離れ、生命線にそうようにカーブを描く人は、何事にも前向きで行動派。だれにでもひるまずに自分の意見を言えますが、意見を相手に押しつけてしまうことも。また、じっとしているのが嫌いで、変化のある生活を求める傾向にあります。接客業やイベントプランナーなどが適職です。

6 線の特徴

起点が生命線から 7ミリ以上離れる

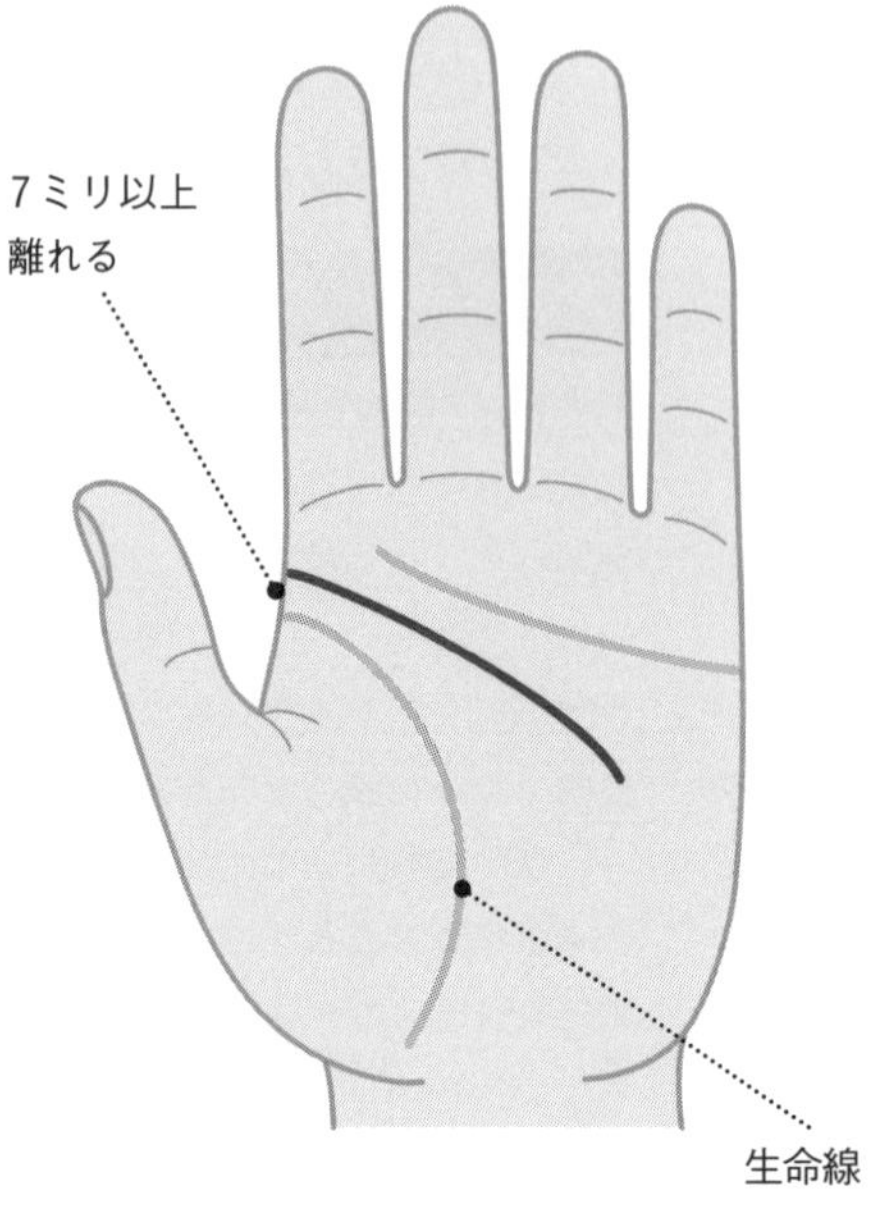

直感重視の行動派だが軽率な手相

起点が生命線から7ミリ以上離れている人はひらめき重視の性格。男女ともにエネルギッシュで、仕事をバリバリこなしますが、深く考えずに行動したり思ったことをそのまま発言して、周囲のひんしゅくを買うことがあります。また、思い込みが強く、忠告が耳に入りません。大成功の可能性も、大失敗の可能性も秘めています。

7 線の特徴

線の中ほどから線の先が上向きになる

金銭感覚に優れるが温かみに欠ける手相

知能線の起点から月丘と火星原の中間に斜線を引いて、知能線の先がその線より上に向かっている人は、金銭欲、物欲が強く、打算的な性格です。金銭感覚が鋭いため販売や金融関係の仕事に向いていて、資産を築くことができます。しかし、人づき合いも合理性を重視するあまり、温かみに欠ける態度を取りがちです。

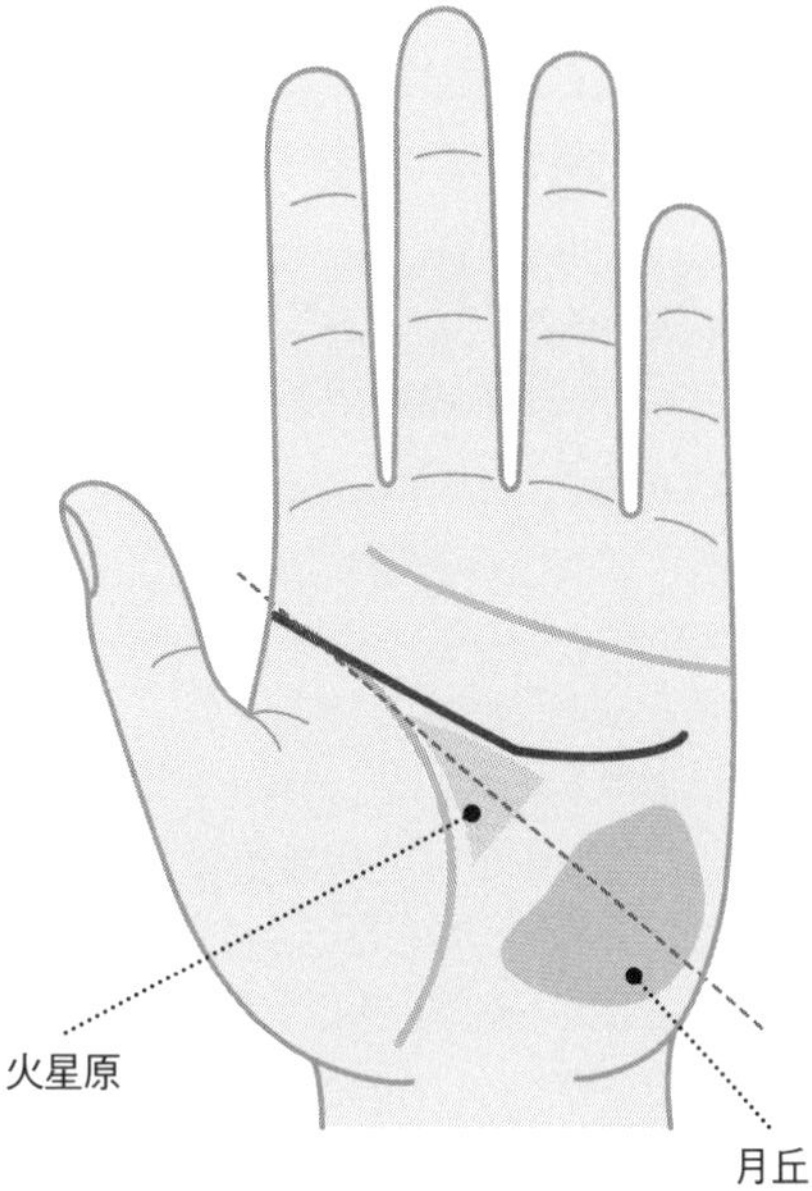

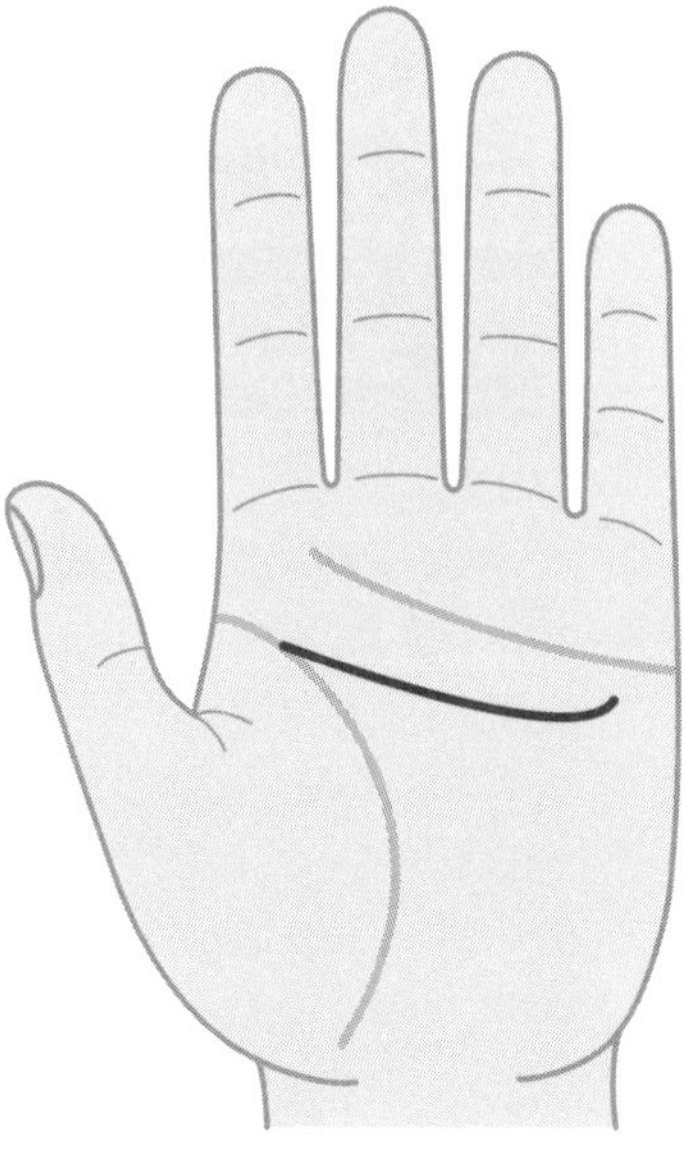

8 線の特徴

横に伸びて先端がはね上がる

損得勘定が得意で理屈っぽい手相

横向きに伸びた知能線の先端が、薬指か小指に向かってはね上がるのは、かなり打算的で、金銭に細かい性格を表しています。几帳面で損得勘定は得意なので、お金を扱う職業に向いています。反対に、センスを問われる仕事は不向きです。自分の意見を理屈で通そうとする面があり、恋人や夫・妻との関係にひびが入ることも。

9 線の特徴

やや上向きで薬指の下で感情線と接する

お金がいちばん大切で、打算で結婚する手相

知能線がやや上に向かって伸び、薬指の下あたりで感情線に接しているのは、お金に対する強い執着心を示します。お金のためならたいていのことはできるというタイプで、もうかるなら周囲の迷惑を気にしないため、敵をたくさん作ります。また、男女ともに、愛情よりもお金のために打算的な結婚を選ぶ人が多い傾向があります。

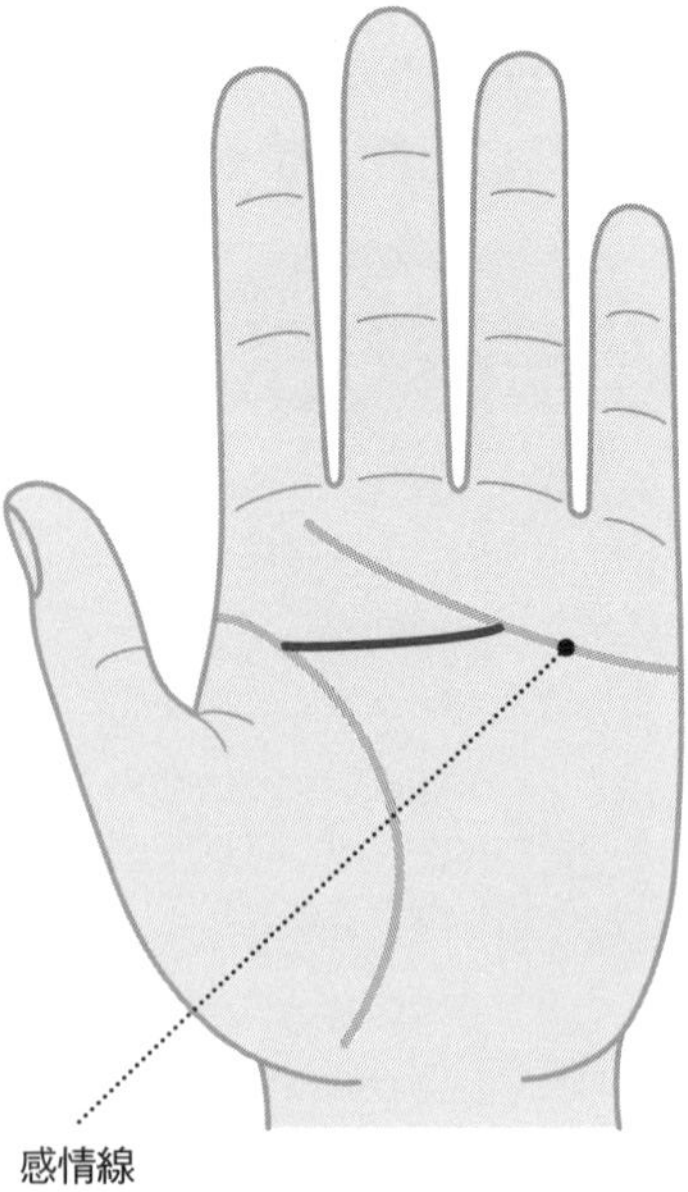

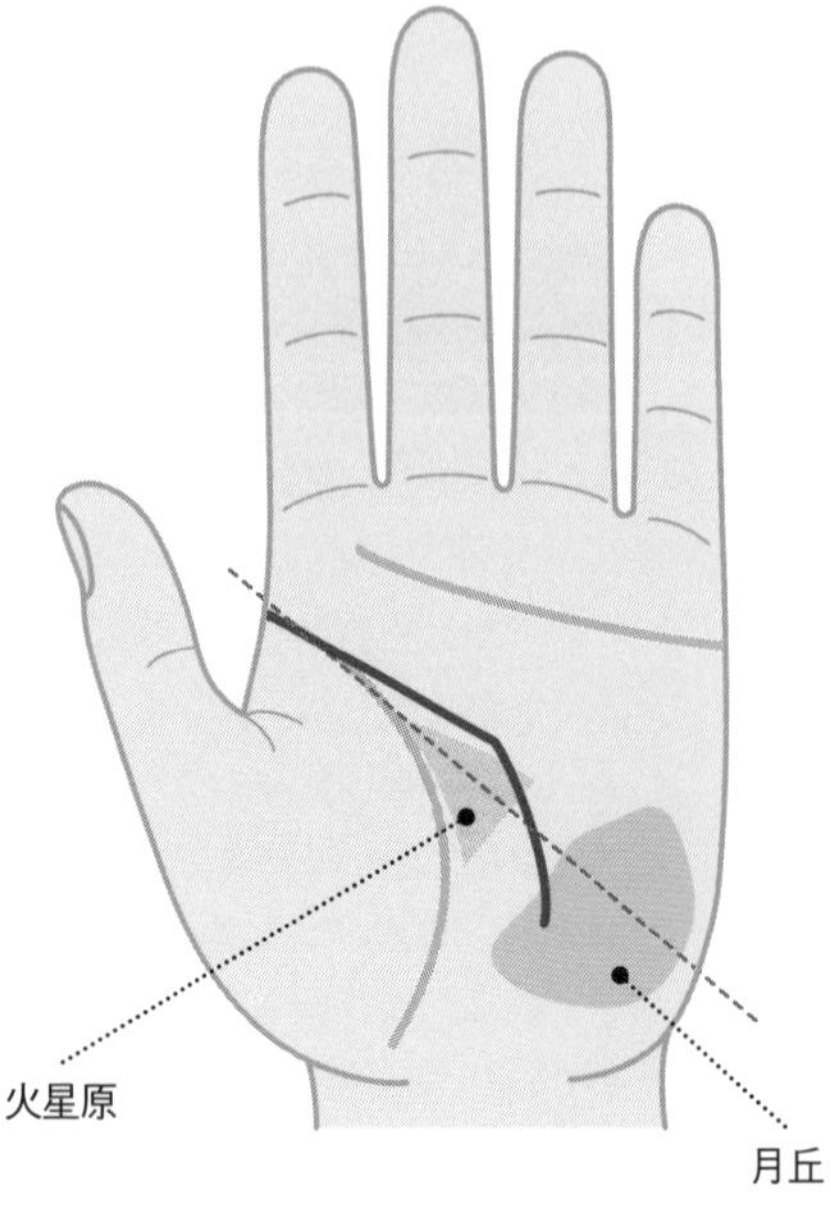

10 線の特徴

線の中ほどから線が下向きになる

芸術的センスがあるロマンチストの手相

知能線の起点から、月丘と火星原の中間に斜線を引き、知能線の先端が斜線よりも下に向かう人は、物欲よりも精神的なものや神秘的なものにひかれるロマンチスト。理想や空想を追い求めすぎて合理性に欠け、浮世離れしてしまうことが。音楽、美術、文学などの芸術的センスに恵まれるため、それを生かすとよいでしょう。

11 線の特徴

ゆるいカーブを描く

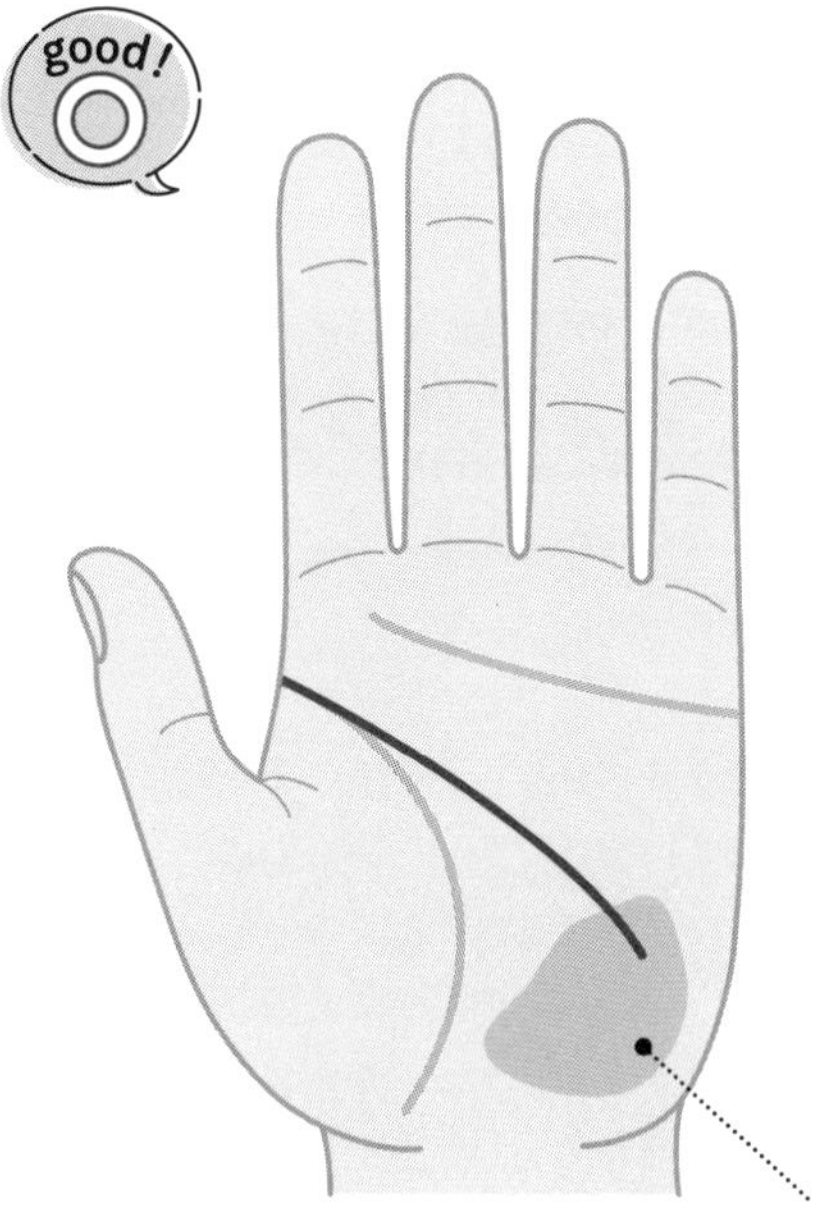

クリエイティブな仕事が向く人の手相

標準的な知能線よりやや下の位置にあり、ゆるやかなカーブを描いて月丘に入り込むのは、明るく穏やかな性格です。感受性が豊かなので、クリエイティブな仕事が向いています。人生を楽しむタイプですが、ムードに流されやすいのが欠点。また、苦難や逆境に立ち向かう力が弱く、ちょっとしたことですぐへこたれます。

12 線の特徴

生命線に並行し急カーブを描く

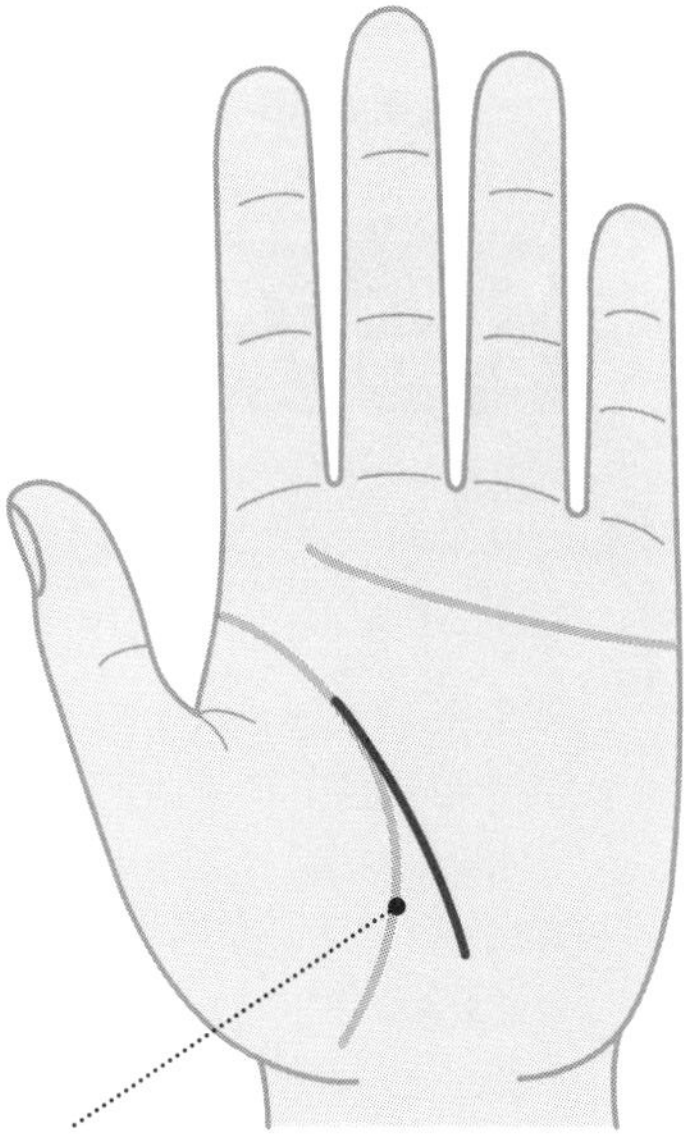

現実逃避をして、殻に閉じこもる手相

知能線が生命線に並行するように急カーブを描いている手相は、周囲や社会に目を向けようとしないことを表します。常識やルールを無視するマイペース型です。自分だけの殻に閉じこもって非現実的な夢ばかり見ているようなタイプで、肉親からの援助に頼りがちな傾向も。まれに詩人や名工など、天才と呼ばれる人もいます。

13 線の特徴

木星丘から月丘まで まっすぐ伸びる

どの世界でもトップに なれる人の手相

木星丘から月丘に向かって一直線に伸びる知能線は、抜群の行動力とリーダーシップで、何をやってもトップになれることを示します。知能線が月丘に向かっているのはセンスがいいことの表れでもあります。とくに芸能や服飾関係の仕事で成功するでしょう。ただ、恋人より仕事を優先しがちで、恋愛は成就しにくい傾向があります。

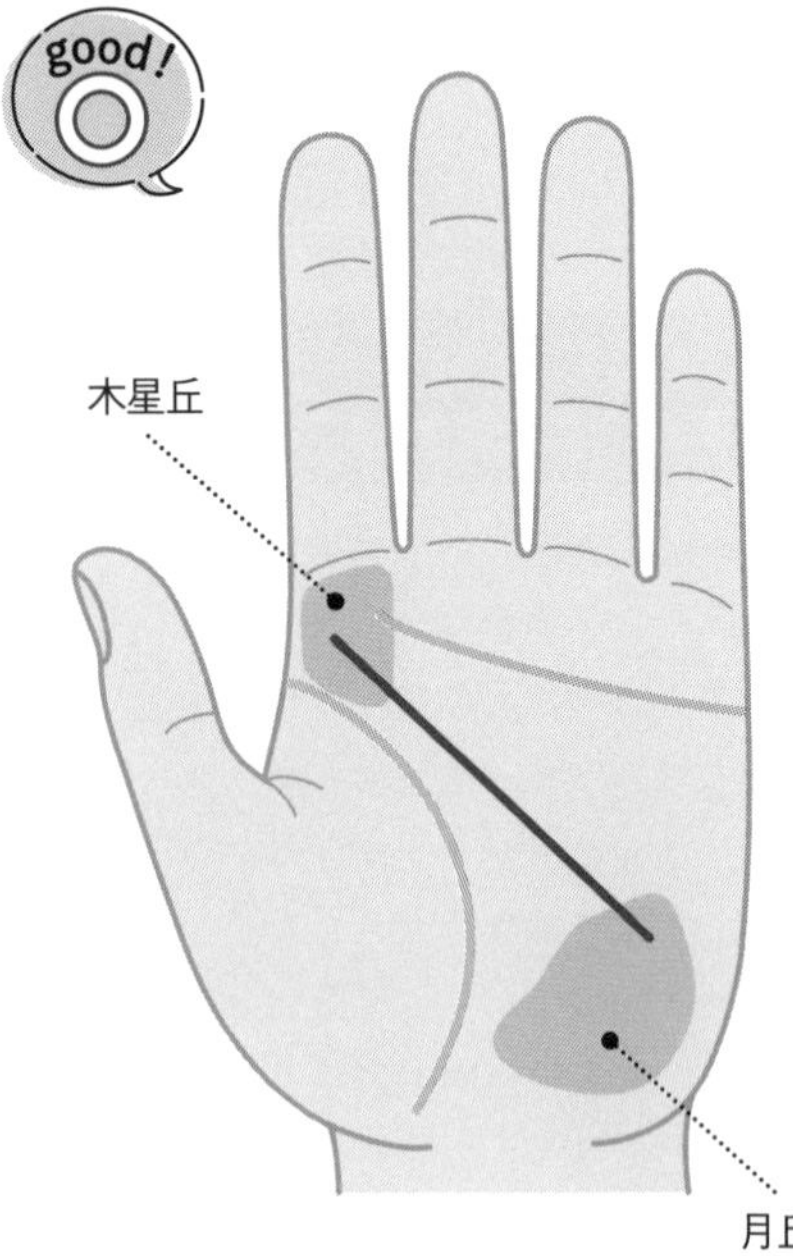

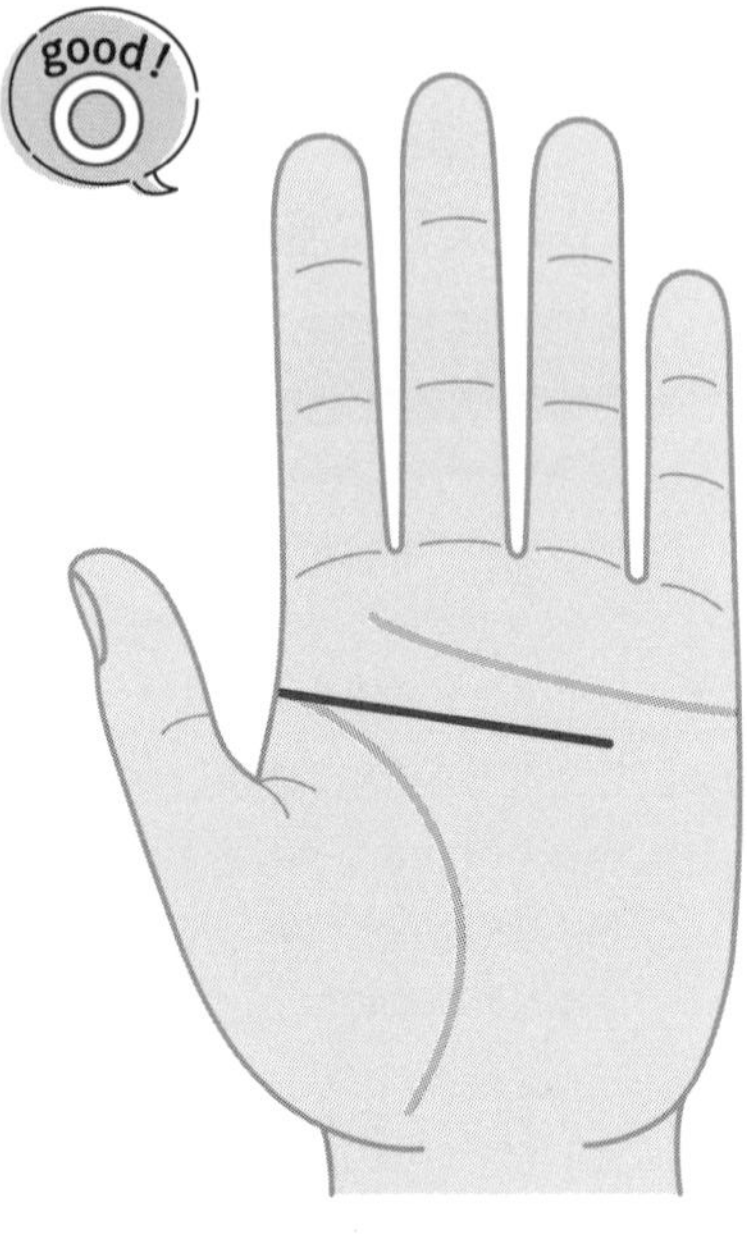

14 線の特徴

ほぼ水平で一直線

徹底的なリアリストで 理屈重視の手相

知能線がほぼ水平でまっすぐに伸びている人は、感情より理屈を重視するドライなタイプ。仕事ができる有能な人です。冷静に実利を追求するため、商売上手でもあります。しかし、リアリストすぎて人情味に欠け、細かい気遣いができません。知らないうちに人を傷つけたり、怒らせていることがあるので注意しましょう。

15 線の特徴
感情線と重なり 真横に一直線

大成功の可能性を 秘めた幸運な手相

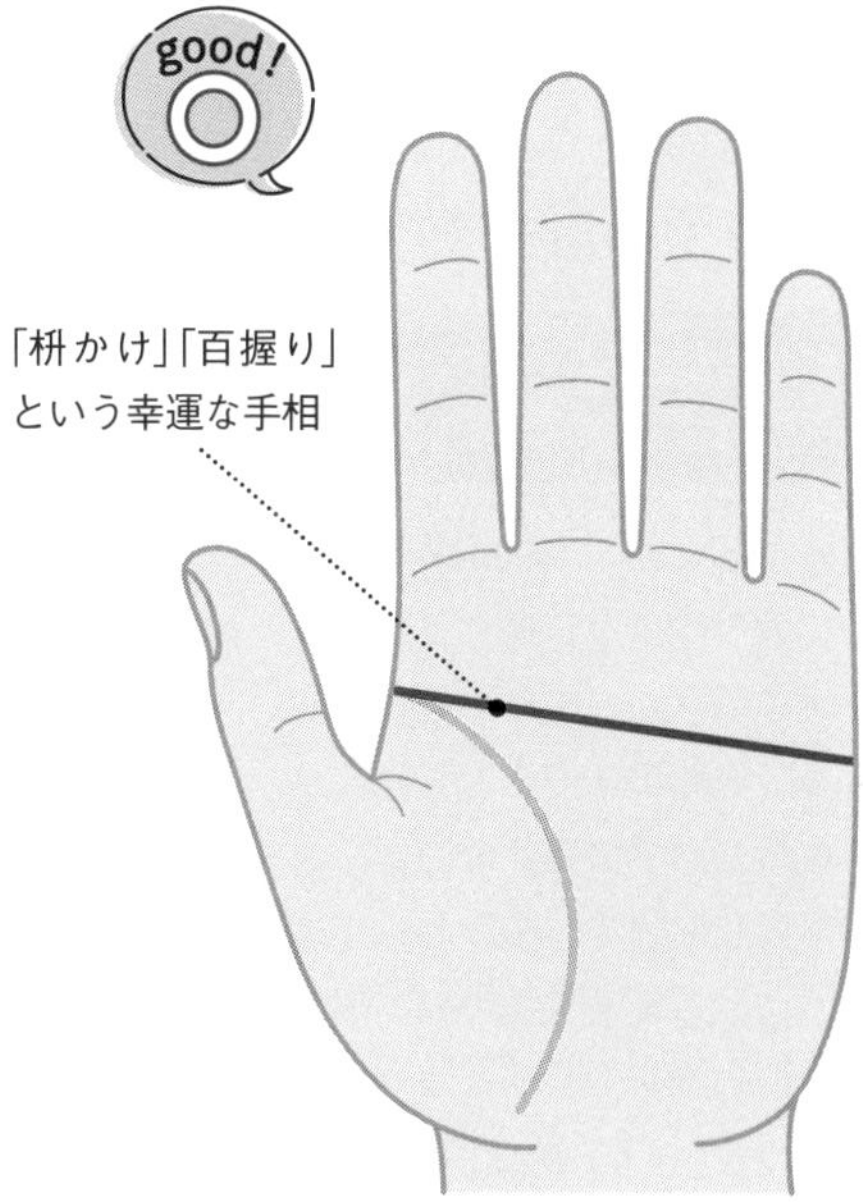
good!
「枡かけ」「百握り」
という幸運な手相

知能線と感情線がいっしょになって手のひらを一直線に横切る手相は「枡《ます》かけ」「百握《ひゃくにぎ》り」といい、物質運に恵まれた強運の人に現れます。男女とも仕事をバリバリこなします。また、平穏な人生には面白みを感じません。リスクがあっても挑戦し、失敗しても立ち直る強さを持つため、大成功を収める可能性を秘めています。

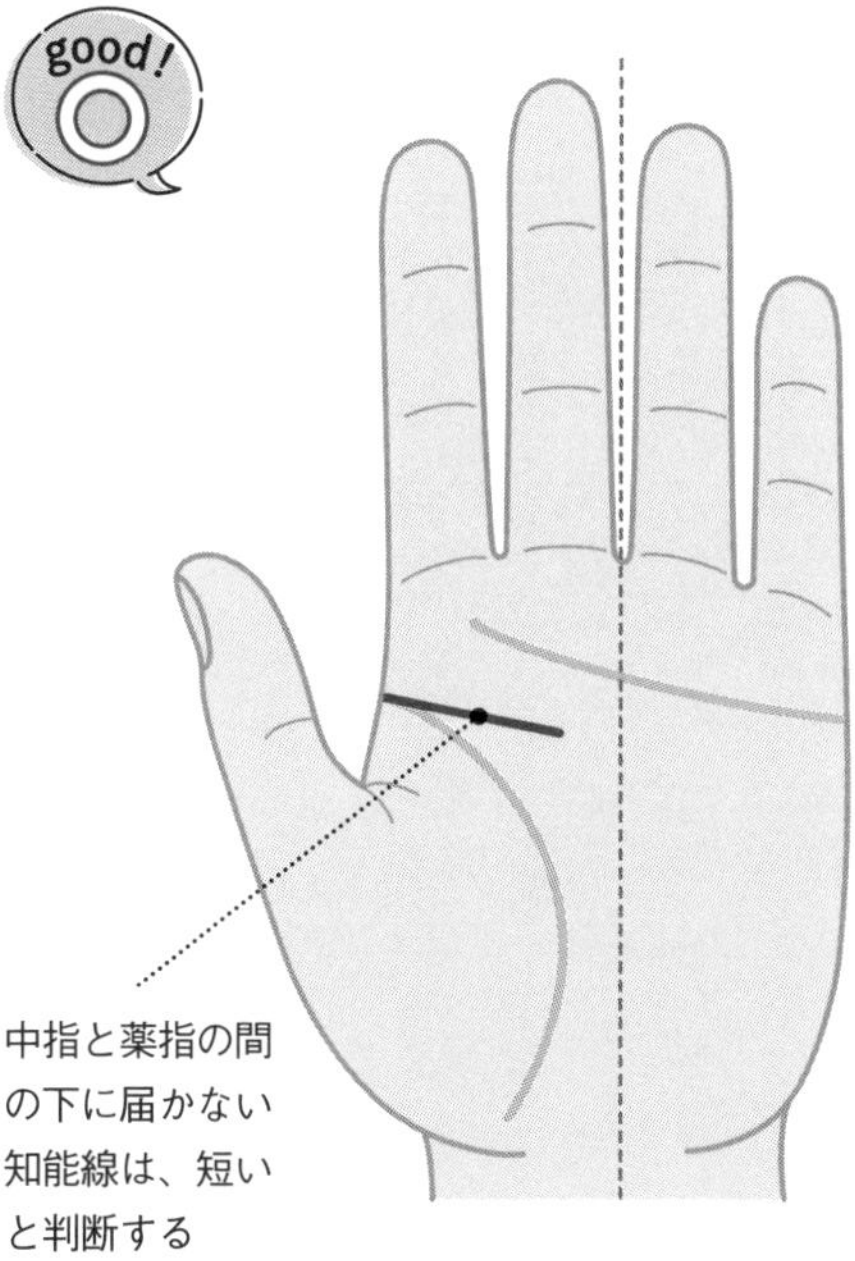
good!
中指と薬指の間
の下に届かない
知能線は、短い
と判断する

16 線の特徴
短いが 勢いのある線

精密な作業が得意で 気がきく人の手相

知能線が中指と薬指の間の下あたりまで伸びていない場合は、線が短いと判断します。短くて勢いのある知能線の人は几帳面で、緻密な作業や計算が得意。手先の器用さを求められる技術職や、研究職で活躍します。また、細かいことによく気がつくため、周囲から信頼されます。サービス業にも向いています。

17 線の特徴

中指の下で 斜め下に折れる

なまけて頭のよさを ムダにしている手相

横に走る知能線が、中指の下あたりで斜め下のほうに折れている人は、落ち着きがなくなまけ者です。いつまでも親のすねをかじったり、男性の場合は妻の実家の財産をあてにしたりします。しかし、本来は頭がよく才能もあるので、何かのきっかけで努力をするようになれば、かなりの成果と名声を得ることができます。

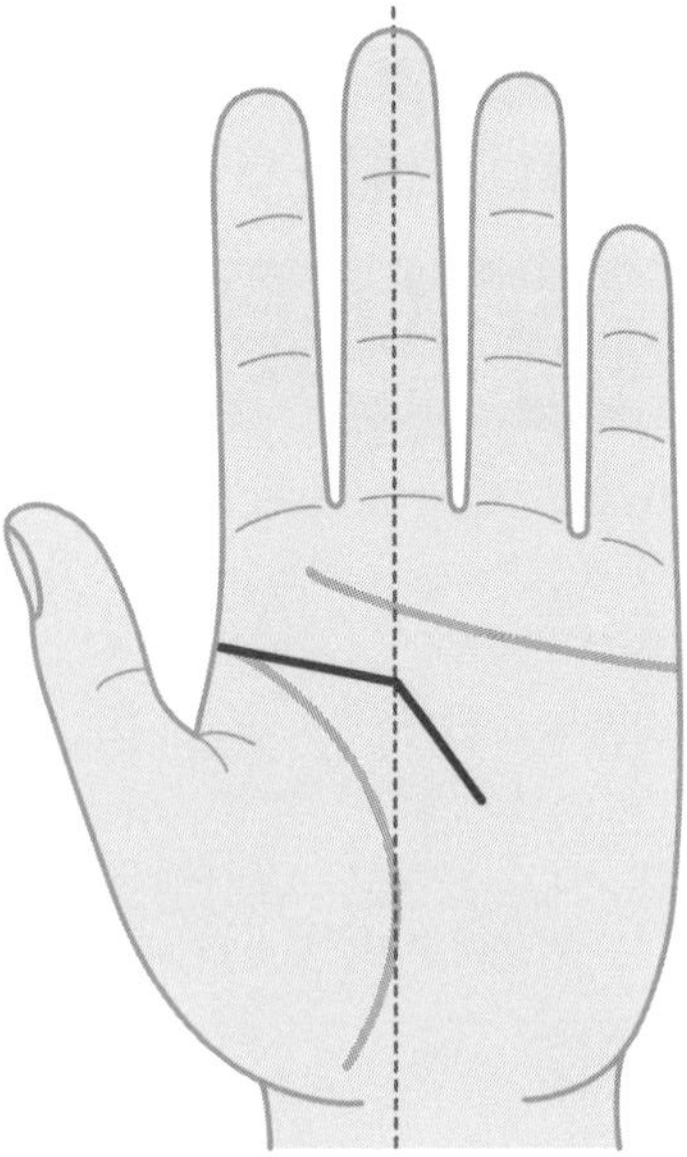

COLUMN

有名人の手相①

ヒトラー

アドルフ・ヒトラーの知能線は、先端が島に似たひし形で終わるという、とても珍しい手相をしています。これは、脳の神経が極端に疲労しているなどのときに見られるもの。また、ひし形の先端が剣先形になっているのも特徴で、これは知能が鋭いことを表しています。

ドイツ総統としての非人道的な政策と公共事業の推進という、ヒトラーの二面性を、手相から読み解くことができます。

18 線の特徴 中央あたりから線が薄くなる

精神的に弱く、優柔不断な人の手相

知能線が手のひらの中央で終わったり、線が薄くぼんやりしているのは、精神的な弱さを表しています。決断力に欠け、粘り強さもないため、何事も途中で投げ出してしまうことが多いでしょう。責任のある立場になると、自分も周囲の人も大変なので、公私ともにだれかにリードしてもらうほうがうまくいきます。

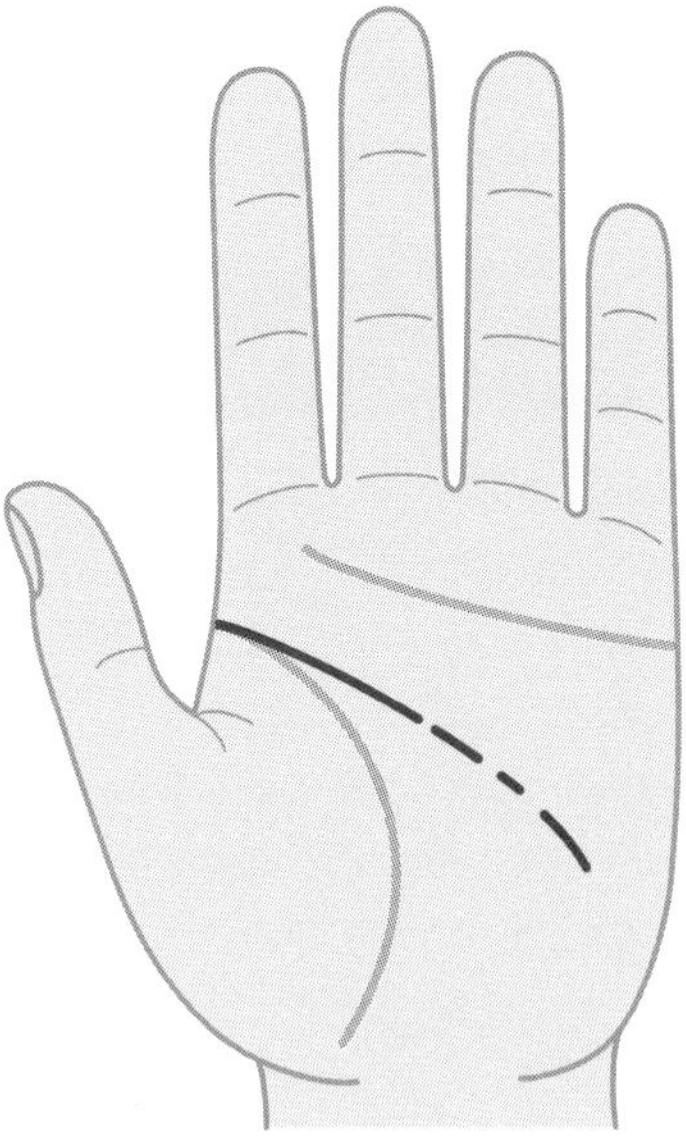

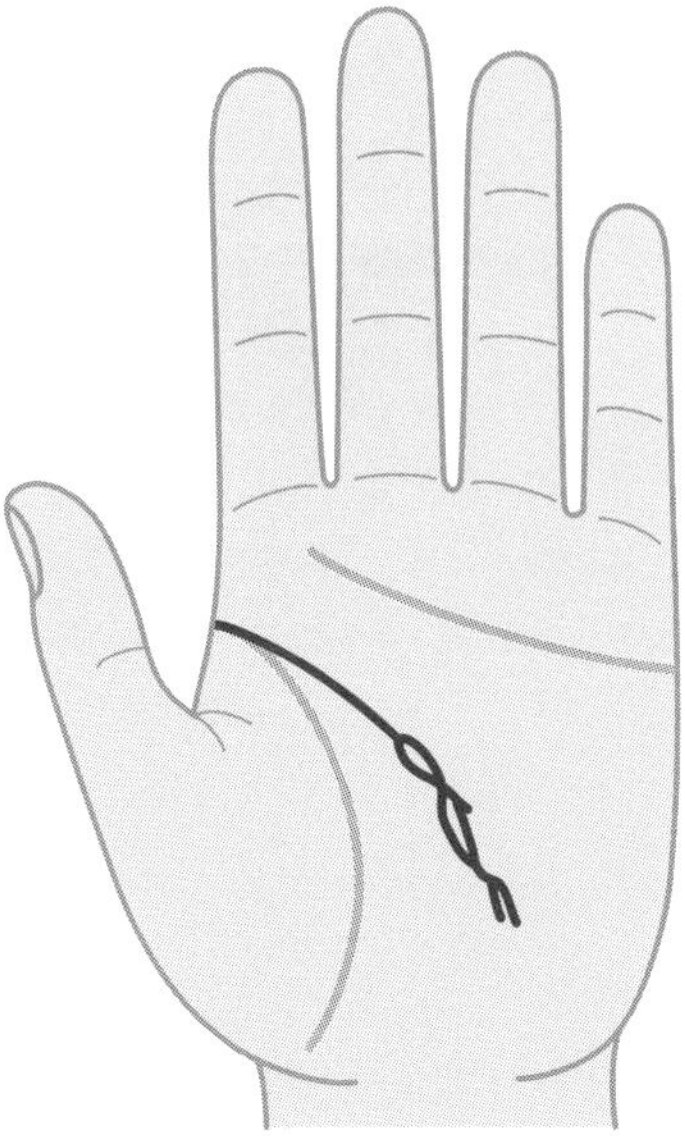

19 線の特徴 線の途中から鎖《くさり》状、または垂れ下がる

よく考えず、目先の快楽になびく手相

知能線が途中から鎖状（または切れ切れ）になったり、垂れ下がっている人は勉強が嫌いで、記憶力も低めです。物事を深く追求するのも苦手なので、込み入った事態になると、よく考えず楽なほうを選んだりします。また、短気で反抗心が強いのもこの手相の特徴。周囲との協調を大事にすると、運の悪さを補うことができます。

20 線の特徴

線の起点から半分までが鎖《くさり》状である

すぐに動揺するあわて者の手相

知能線が起点から半分くらいまで鎖状の人は、ちょっとしたことで動揺しがち。おっちょこちょいでもあるので、勘違いから大騒ぎし、恥ずかしい思いをすることもあるでしょう。物忘れや聞き間違えも多い傾向があります。そのせいで周囲に迷惑をかけることもあるので、何事もきちんと確認してから行動するよう心がけて。

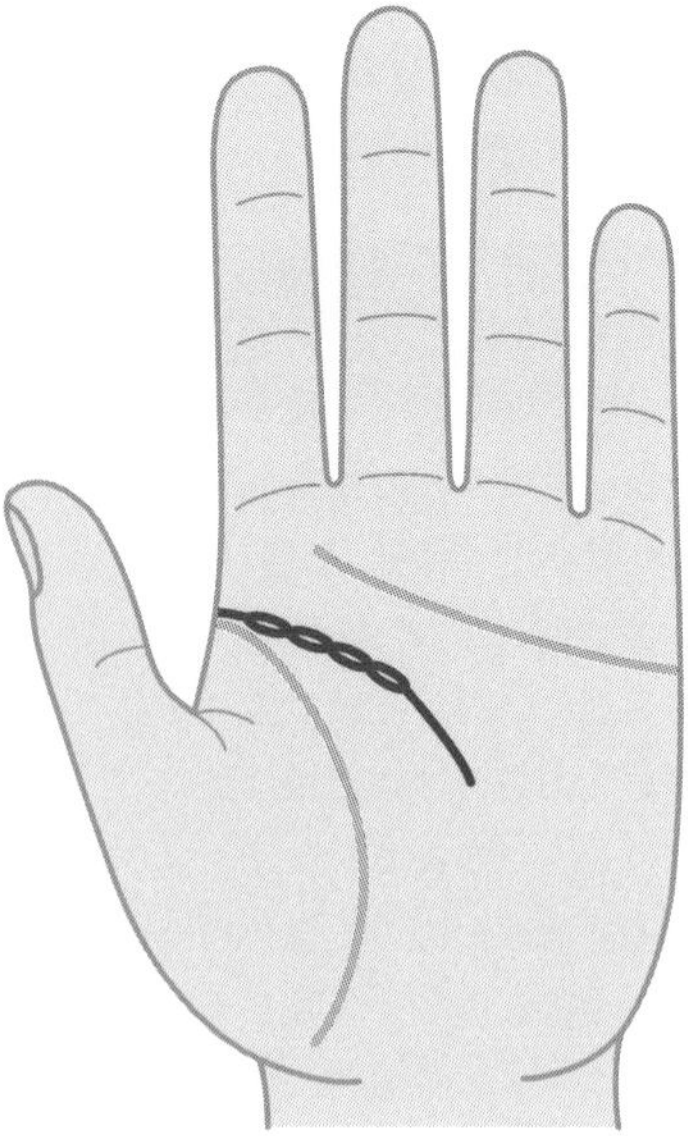

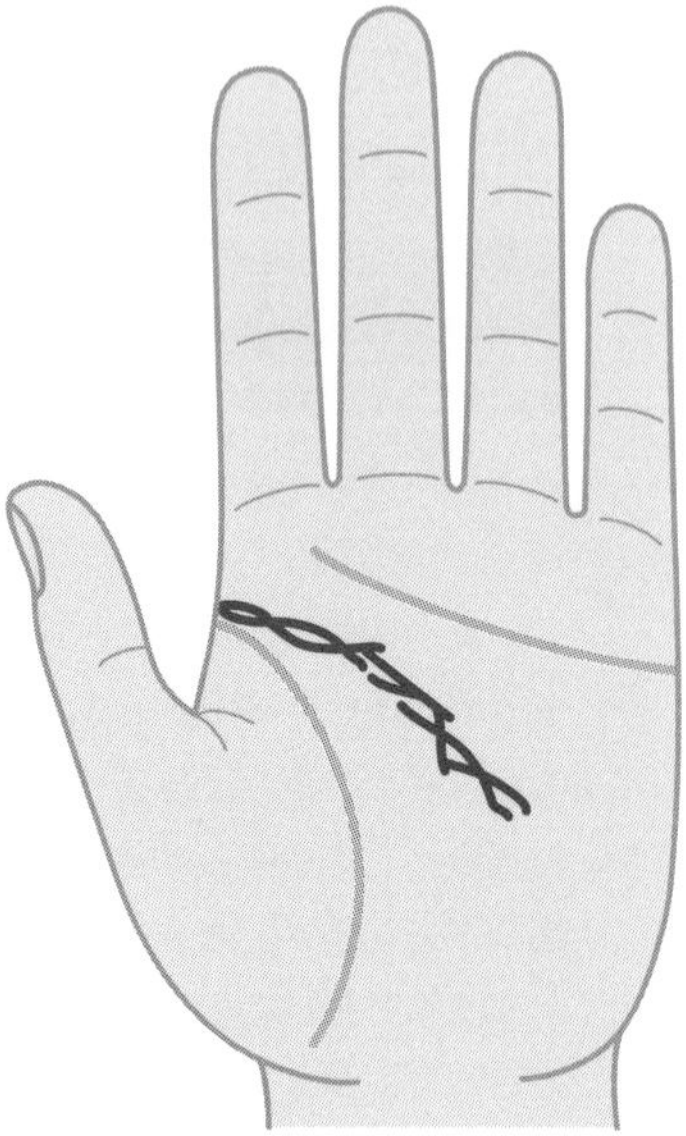

21 線の特徴

線全体が鎖状になっている

飽きっぽくて何事も長続きしない手相

知能線全体が鎖状なのは、記憶力が低く集中力に欠けることを意味します。そのため、仕事、勉強、趣味などすべてが中途半端。集中力や継続力を高める自分なりの工夫を探してみましょう。ちなみに、知能線と生命線の両方が鎖状だと体力が弱め、知能線と感情線がともに鎖状だと気まぐれで、誘惑に弱い性格となります。

22 線の特徴
切れ切れな線が続き段々になる

要領はいいが持続力に欠ける手相

知能線が切れ切れになっているのは、意欲がわかず注意力散漫になっている状態を示します。体力が低下し、生活力に不安も。また、右図のように切れ切れの線が重なって段々になっている場合は、仕事や勉強などを要領よくこなせるものの、継続する意欲に欠けるため、すぐに投げ出し、目先の快楽に走りやすい傾向にあります。

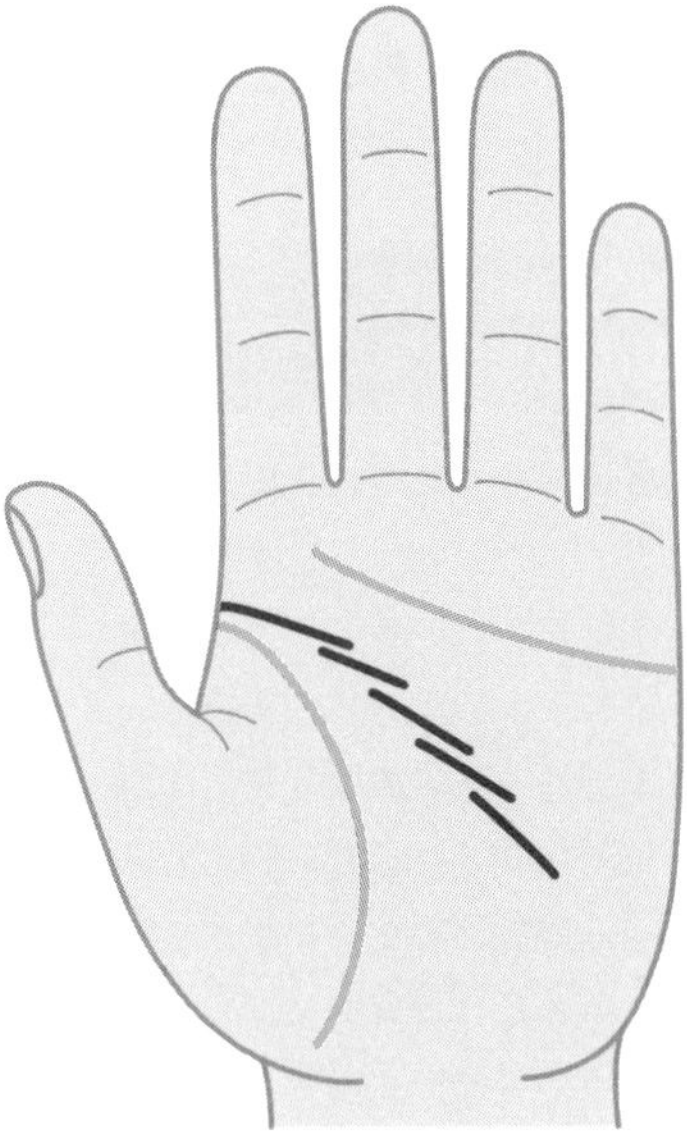

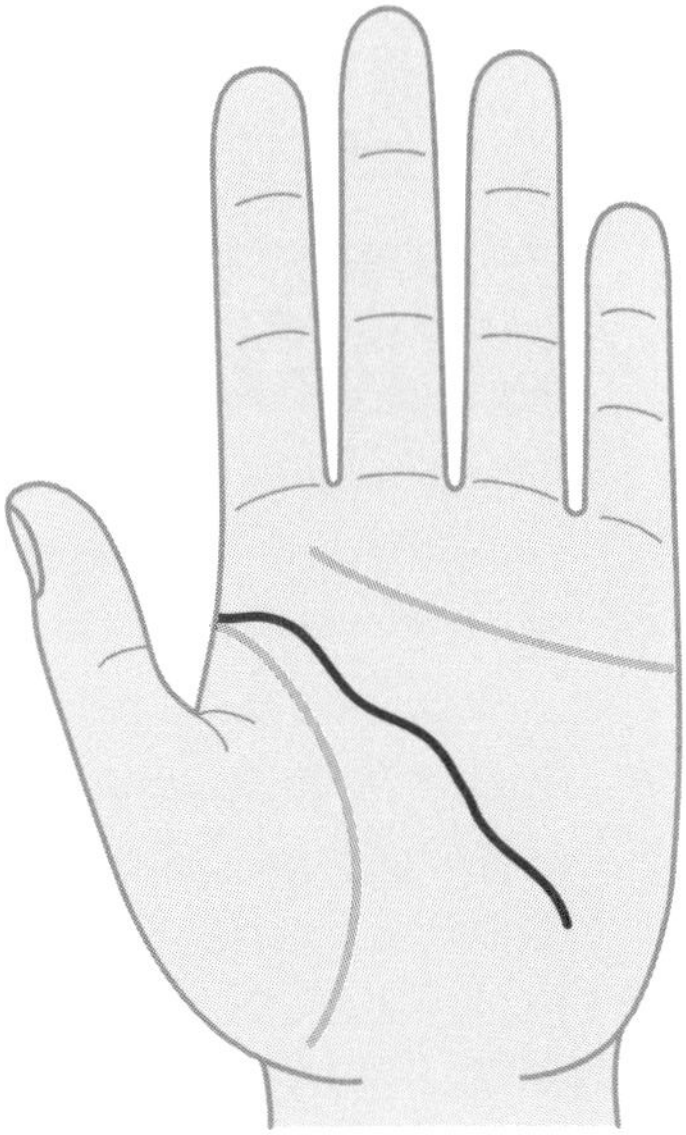

23 線の特徴
線全体が波のようにうねっている

地道な努力がいずれ実を結ぶ人の手相

知能線全体がうねうねと波打っている人は、おっとりした性格で、機敏に行動するのは苦手。鈍感で、世渡り下手の人が多いのも特徴です。しかし、コツコツと地道にひとつのことに取り組む辛抱強さは天下一品。いずれはその努力が評価され、次第に運がよくなる可能性があります。大器晩成型といえるでしょう。

24 線の特徴

生命線と木星丘から2本の線が出ている

頭脳明晰で若くして成功する手相

生命線から分かれて出る線と、木星丘から伸びる線の、2本の知能線（二重知能線）を持つ人がいます。上の線は独立心と物事全体を把握する力、下の線は注意力の高さと気配りができる力を表します。頭の回転が速いので、周囲から頼られる存在となります。慢心せず、謙虚な気持ちを持ち続ければ、若くして成功できるでしょう。

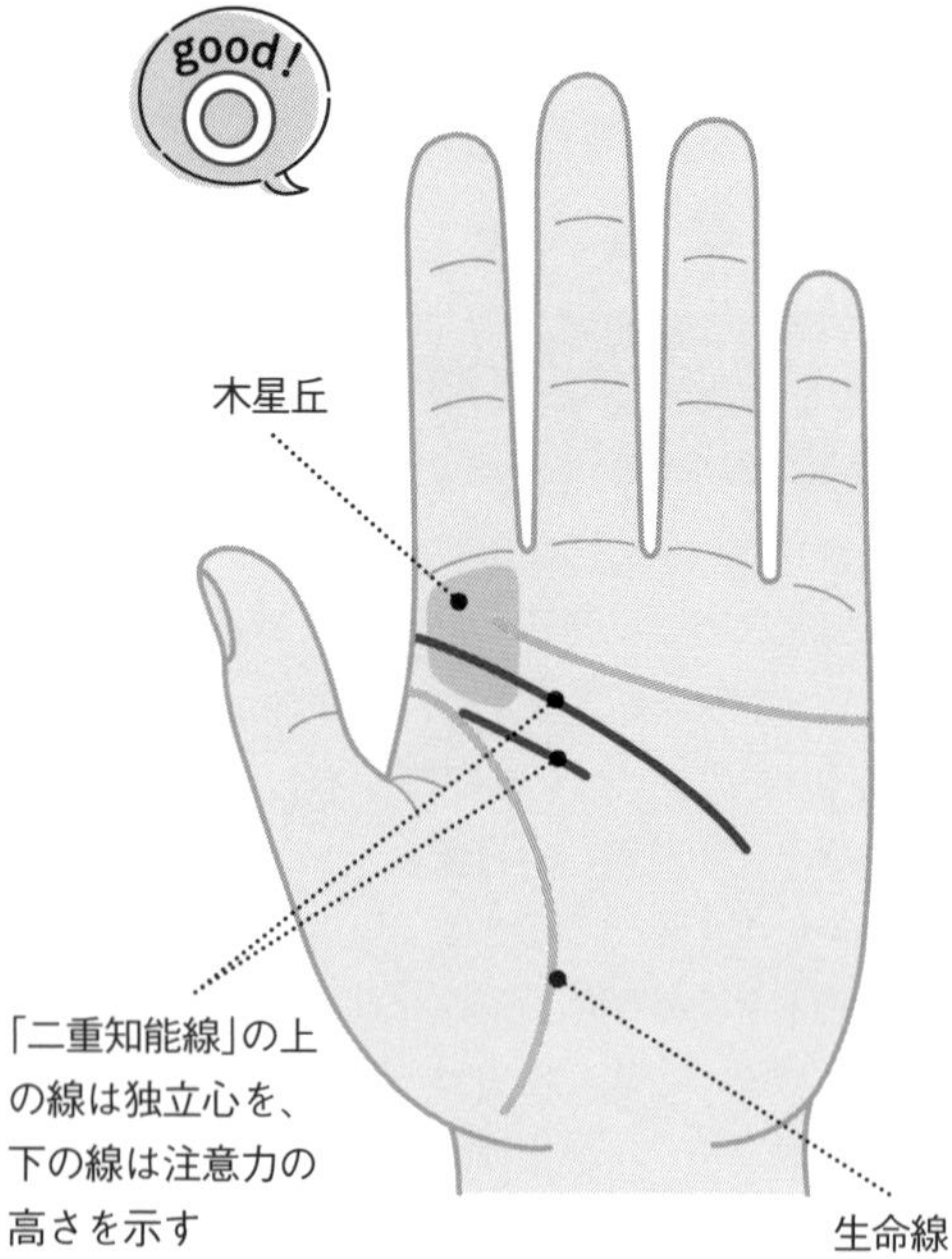
good!
◎
木星丘
「二重知能線」の上の線は独立心を、下の線は注意力の高さを示す
生命線

25 線の特徴

中指下で終わる線の先に月丘へ伸びる線

とても頭がいいが自信過剰な手相

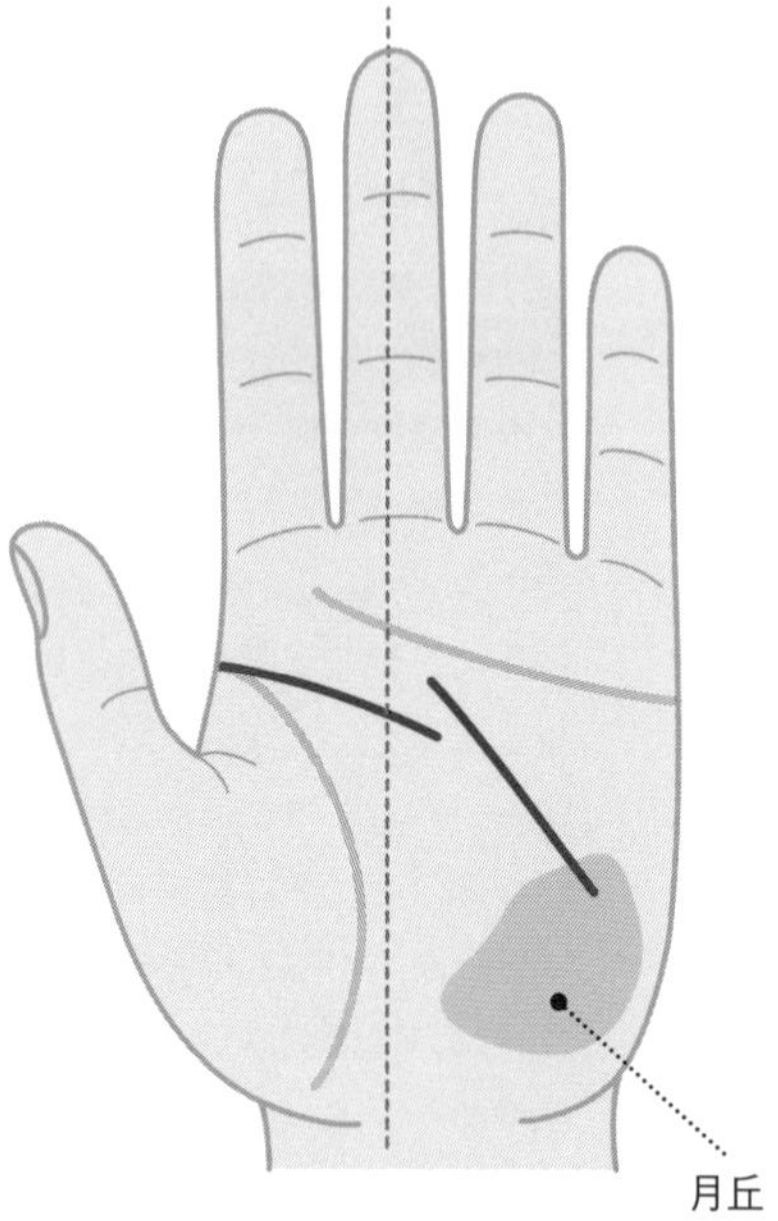
月丘

知能線が中指の下で一度切れ、その少し先に折れたような形の知能線が月丘に向かって伸びているのは、頭の回転が速く知的なことを示します。学術、芸術面に優れ、高い企画力も備えています。とても優秀ですが、他人を見下したり、理屈っぽく人情味に欠けるところがあるため、周囲の人から嫌がられることも。

26 線の特徴

先端が二股《ふたまた》に分かれ 線に勢いがない

決断するのが苦手で 迷いやすい人の手相

知能線の先端が二股に分かれていて線に勢いがない人は、決断力に欠け、何事も迷いやすい性格です。二者択一の場面ではあやふやな選択をして、後悔することも多いでしょう。それが周囲の迷惑になることもあります。一方、二股に分かれていても線に勢いがある場合は、発想力に富み、仕事ができるタイプとなります。

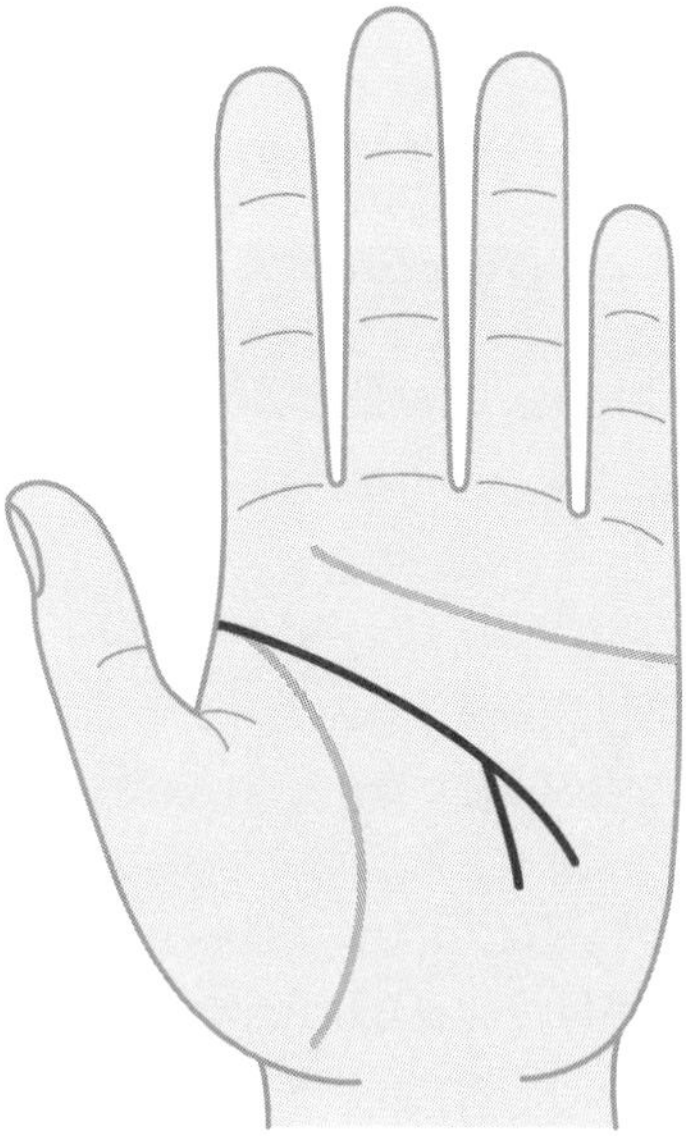

27 線の特徴

二股の上線は短く 下線は月丘に伸びる

言い訳が得意な 人の手相

知能線の先端が二股に分かれていて、上の線は短く、下の線が月丘に向かって長く伸びているのは、言い訳が上手なことを意味しています。まずい立場に追い込まれても、もっともらしい言い訳で相手を納得させ、その場を切り抜けます。しかし、その場しのぎで言い訳ばかりしていると信用を失うことに。誠実な対応を心がけて。

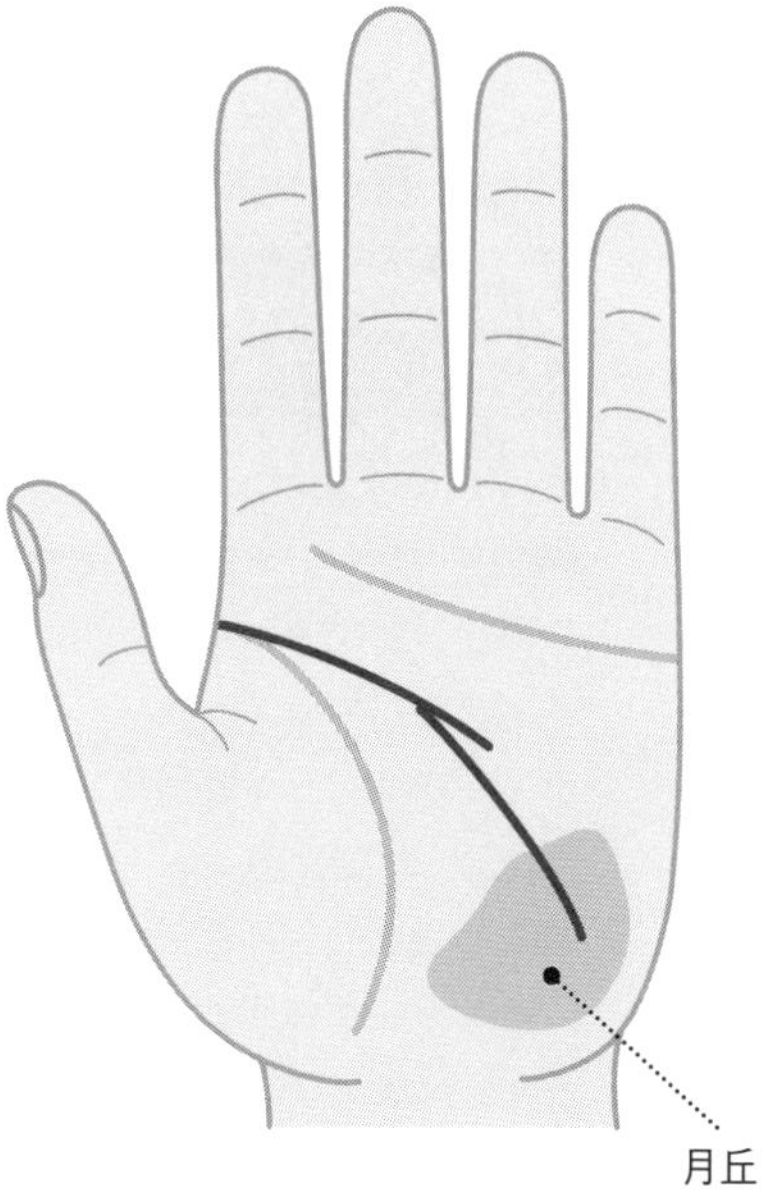

28 線の特徴

中指下で１本は横に、１本は月丘に伸びる

世渡り上手で商売が繁盛する手相

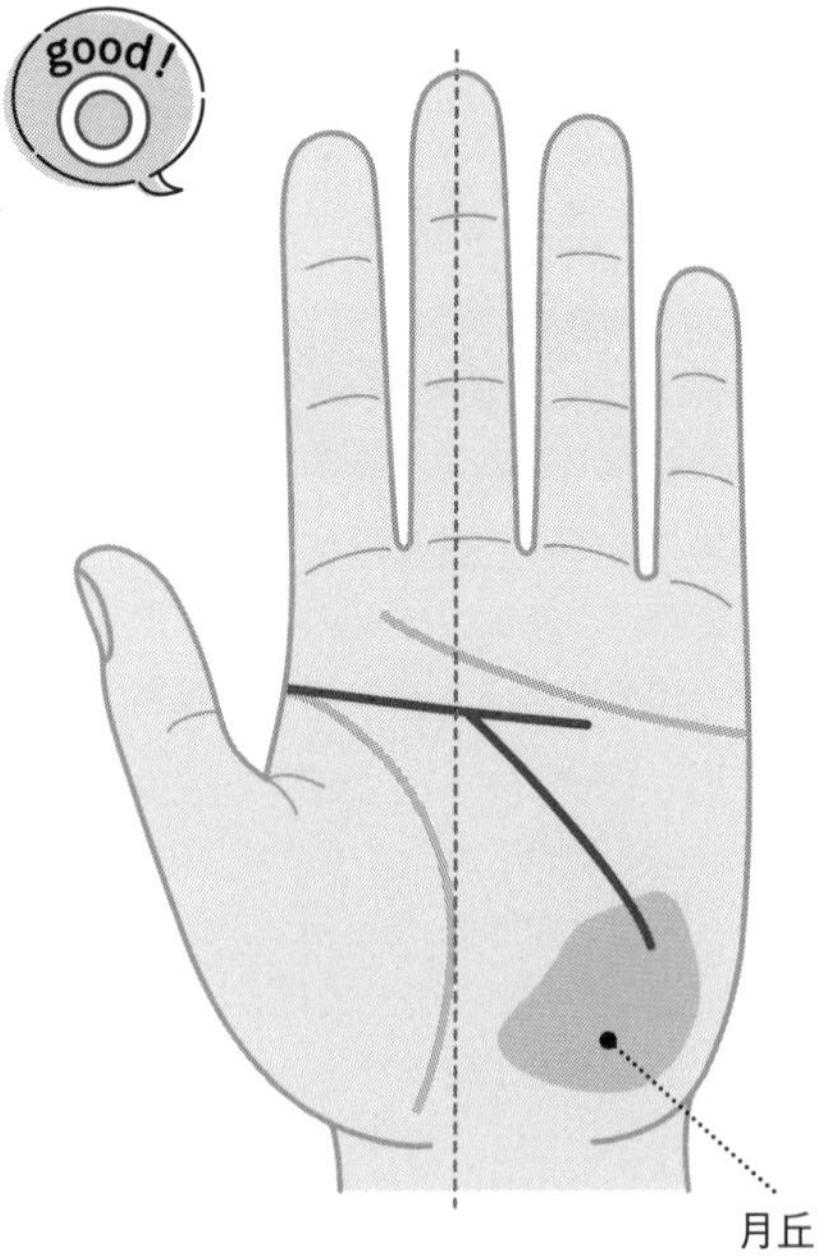

中指の下あたりで知能線が２本に分かれ、１本は横に走り、もう１本は月丘に伸びている場合、横線は損得勘定が得意で世渡り上手、月丘に伸びる線は豊かな感性と発想力を意味します。つまり、この手相の人には優れた商才があります。会社勤めより自分で事業を始めたほうが力を発揮でき、商売は繁盛するでしょう。

29 線の特徴

上に出た支線が水星丘に伸びる

損得勘定が得意で損をしない人の手相

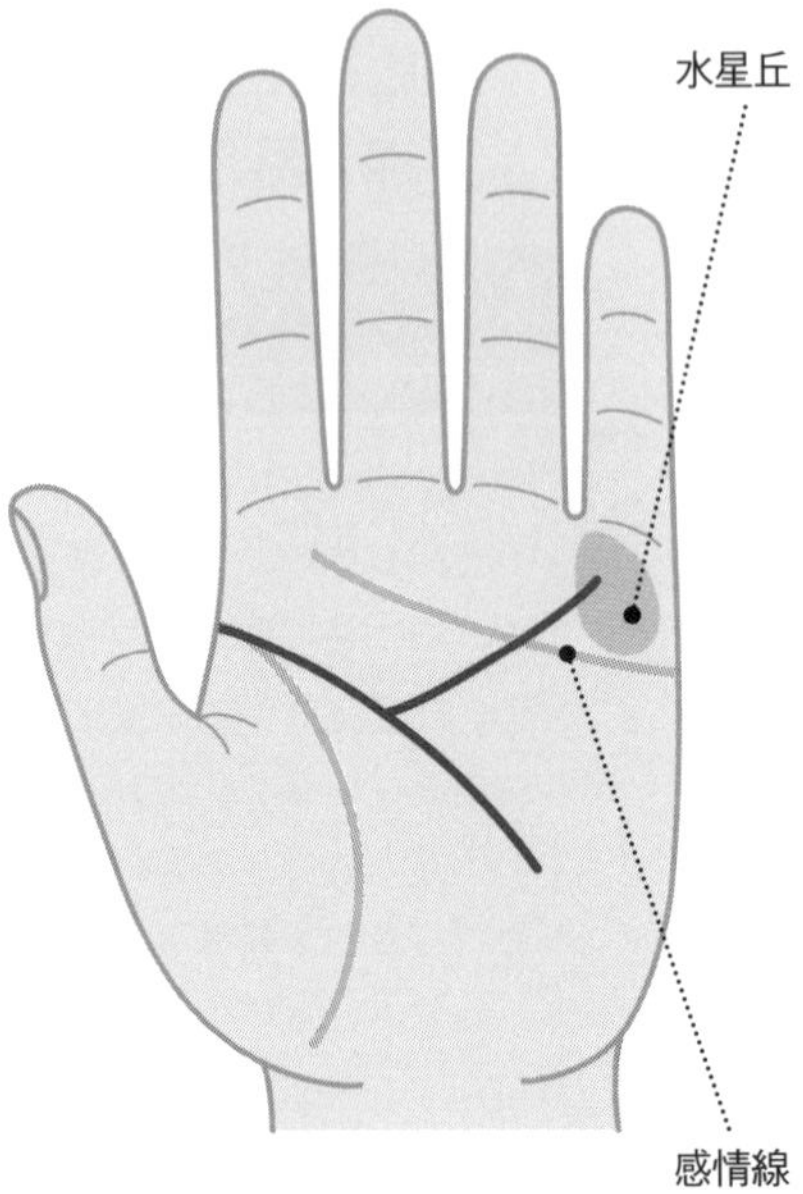

知能線から上に出ている支線が感情線を横切り、水星丘まで伸びている人は、そろばん勘定が得意で金銭感覚に優れています。お金にシビアなので、金融関係の仕事をしたり、自分で商売を始めるとうまくいきます。何事も自分は損しないように立ち回るちゃっかり者ですが、それで反感を買って、敵を作ることも多いので注意して。

30 線の特徴

上向きの細かい線が数本出ている

積極的に行動すると望みがかなう手相

知能線から上に向かって細かい線が数本出ているのは、気持ちが前向きになっていることの表れ。仕事や恋愛などあらゆることに積極的になっており、周囲の好感度も高まっている状態です。一方、細かい線が下向きだったり、線の先端が鳥の羽のようになっているのは、注意が必要な手相。脳神経機能の衰えが心配です。

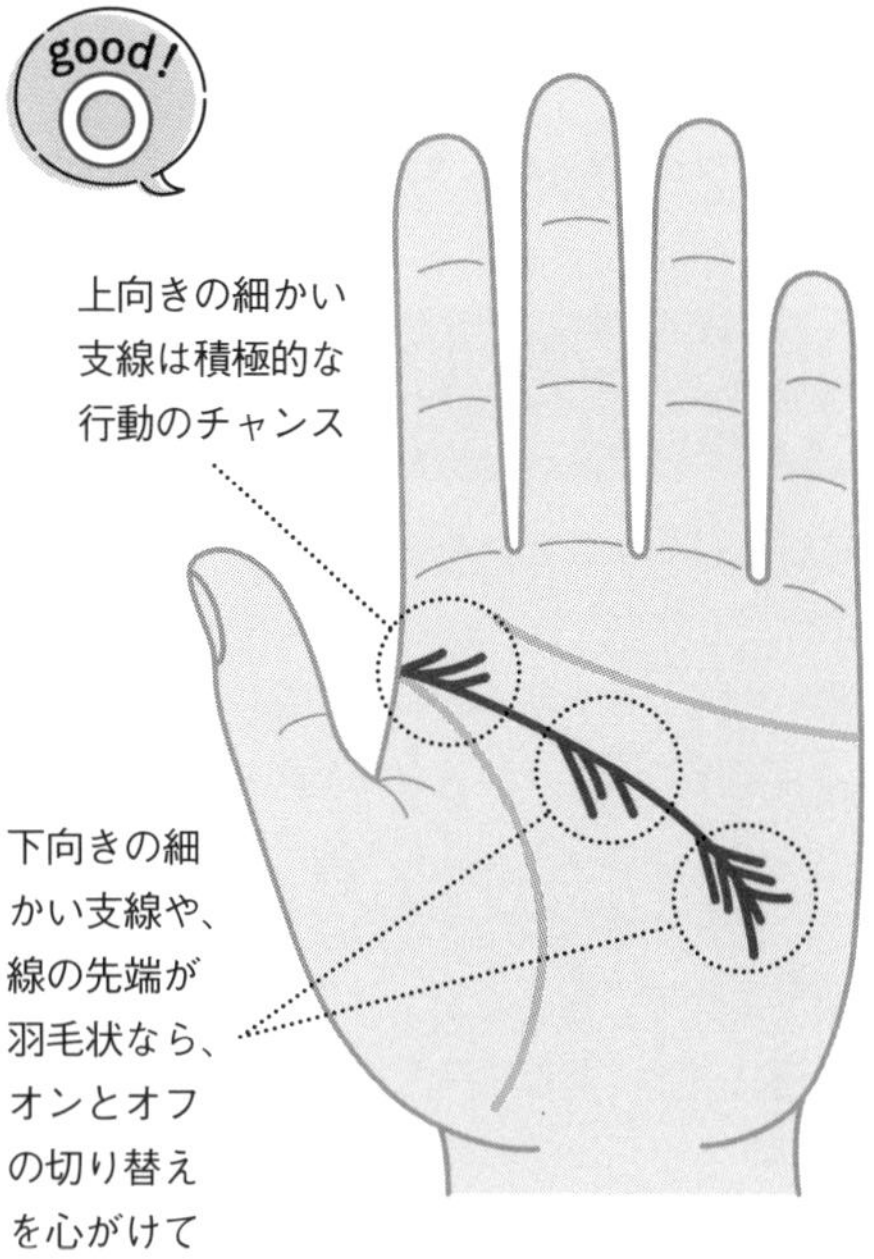
good!
上向きの細かい支線は積極的な行動のチャンス
下向きの細かい支線や、線の先端が羽毛状なら、オンとオフの切り替えを心がけて

31 線の特徴

知能線と感情線の間に斜線がある

初婚がうまくいかない人の手相

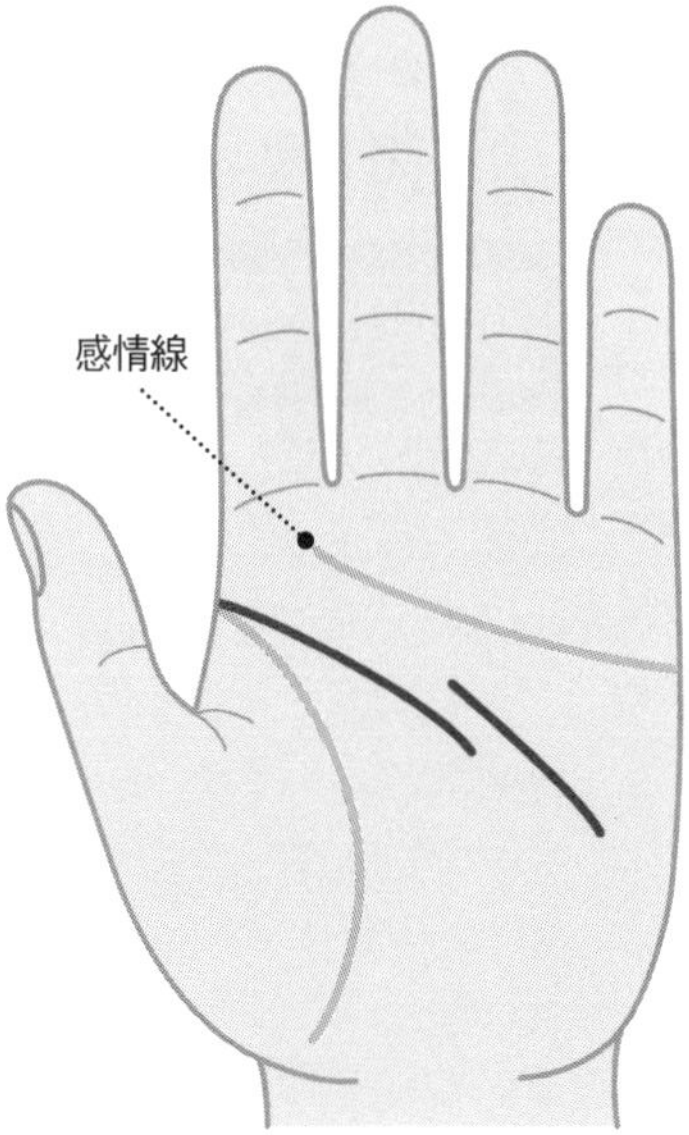
感情線

知能線と感情線の間にある斜線は、一部が知能線に接している場合もあり知能線の支線と間違えやすいのですが、知能線とは無関係です。二重知能線（➡88ページ上）とも違います。もしこの手相が女性に現れていれば、配偶者に恵まれないことを表します。死別か離別かは断言できませんが、最初の結婚は不幸な結果になります。

32 線の特徴

線上に島がある

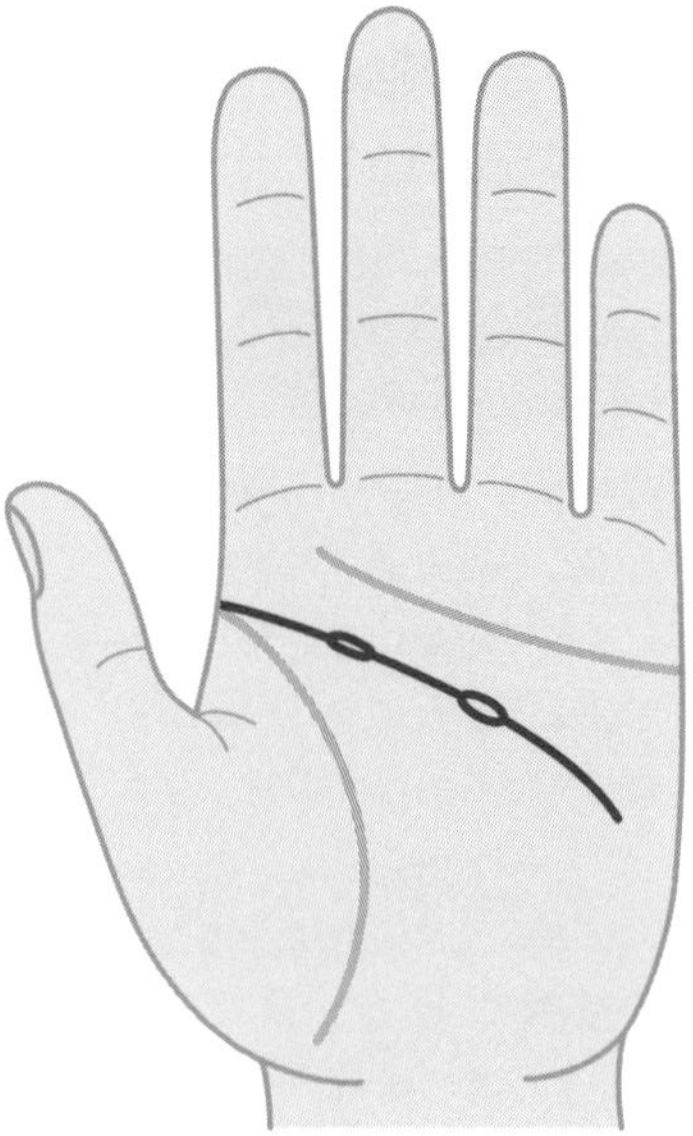

デリケートで 傷つきやすい手相

知能線の途中に島がある人は神経過敏でデリケート。ちょっとしたことでも傷つきやすく、ひどくなると自律神経のバランスが乱れたり、情緒不安定になることもあります。片頭痛や神経痛などの症状に悩まされる人もいるでしょう。半身浴、ヨガ、アロマテラピーなど、リラックスできる時間を持ち、神経を休ませてください。

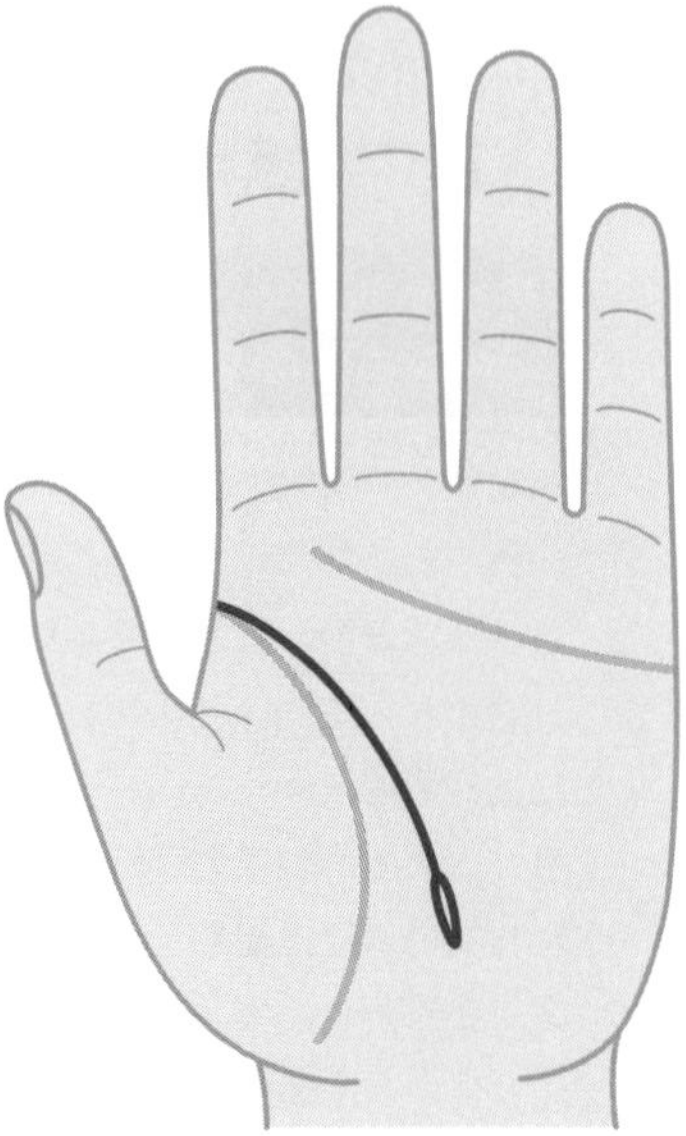

33 線の特徴

線が垂れ下がり、先端に島がある

極度の神経過敏で 気分の波が激しい手相

とても珍しい手相ですが、知能線が垂れ下がるように伸び、先端に島があるのは、非常に神経が過敏な手相。将来、神経症を患う可能性を暗示しています。妄想にとらわれたり、幻聴・幻覚が現れるようになったら、早めに病院で相談を。また、この手相の女性はミステリアスな雰囲気があるので、男性から魅力的に見られることも。

34 線の特徴

先端に十字がある

脳神経の疲労や障害を表す手相

知能線の先端に十字があるのは、脳神経が疲れていたり、過去に、脳に損傷を受けたことを示しています。右図のように月丘に向けて下がる知能線の先端に十字があるときは、脳が極端に疲れていることを示します。また、十字ではなく星の場合も疲労や障害の度合いがかなり大きめ。この手相が見つかったらストレスを避けましょう。

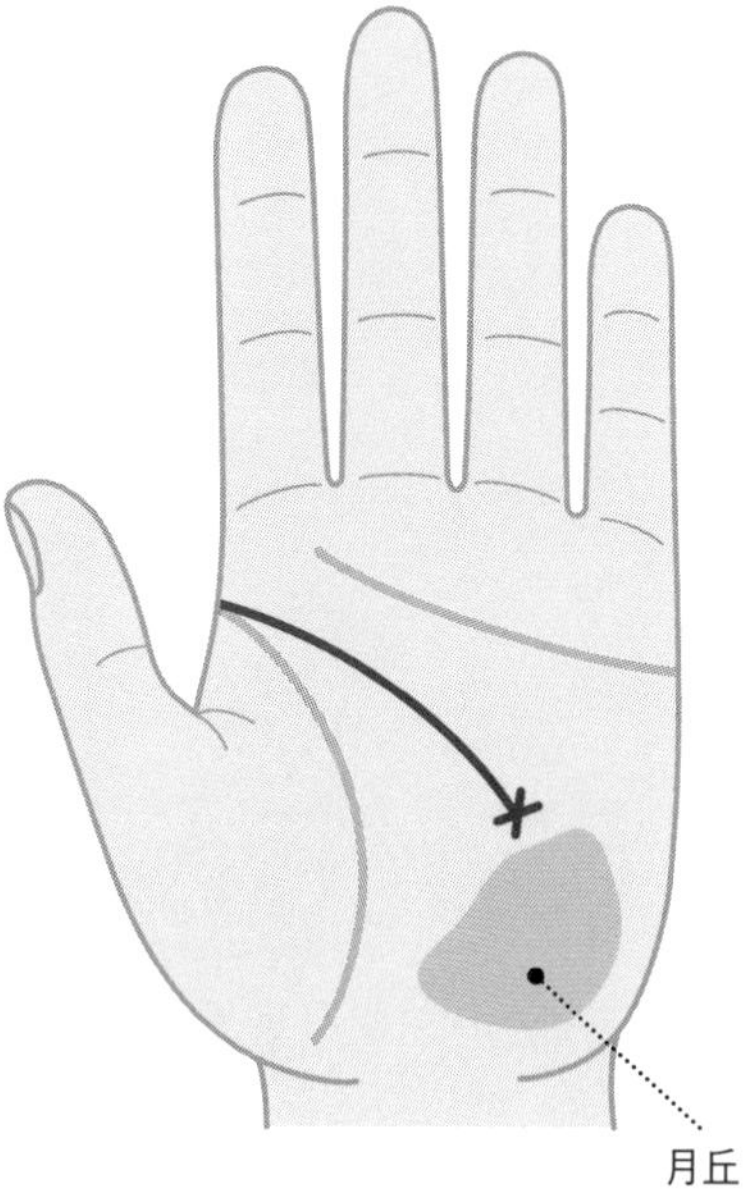
月丘

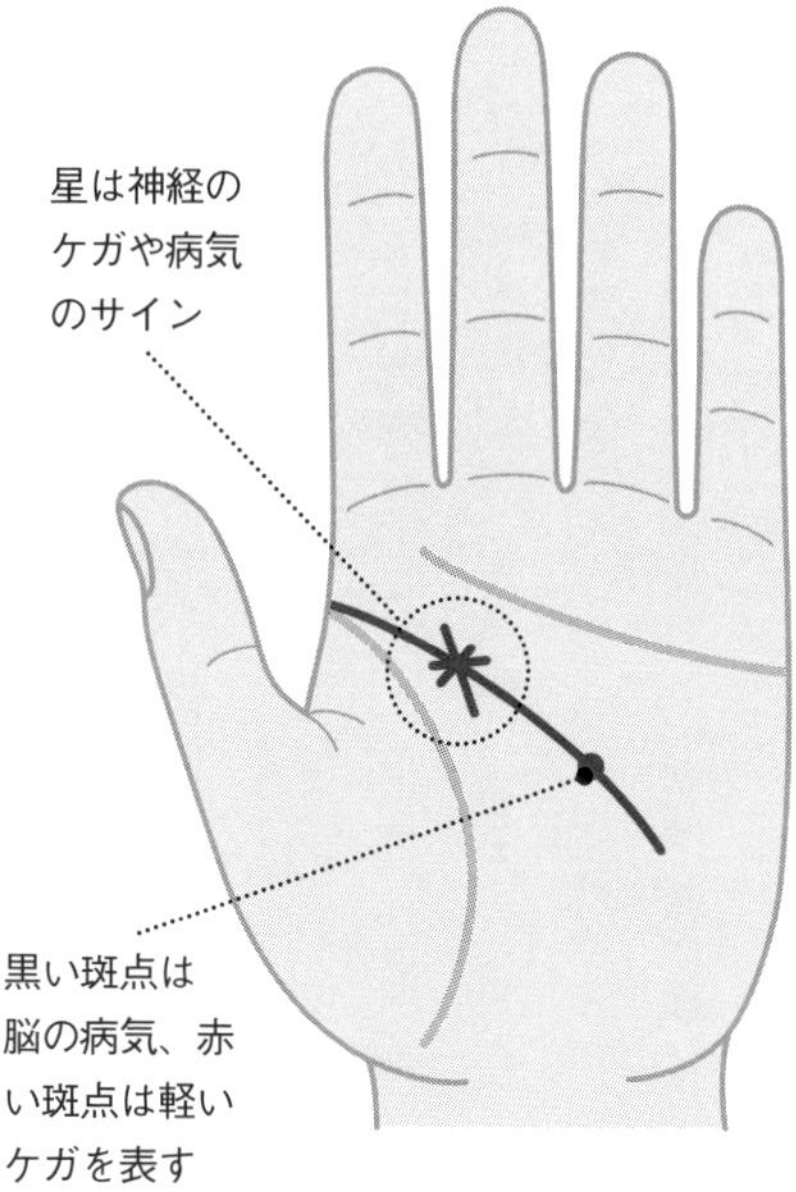
星は神経のケガや病気のサイン
黒い斑点は脳の病気、赤い斑点は軽いケガを表す

35 線の特徴

線の途中に星や斑点《はんてん》がある

神経障害を伴うケガ、病気が心配な手相

知能線の上にほかの線が交差し、星ができるのは、神経に損傷を受けるようなケガや病気のサイン。脳溢血《のういっけつ》などの危険があるので、自覚症状がなくても脳ドックなどを受けることをおすすめします。知能線上の黒い斑点も、同じく脳の病気を意味します。赤い斑点は争いごとによる軽いケガを表し、深刻な事態にはなりません。

三大線 3

感情線

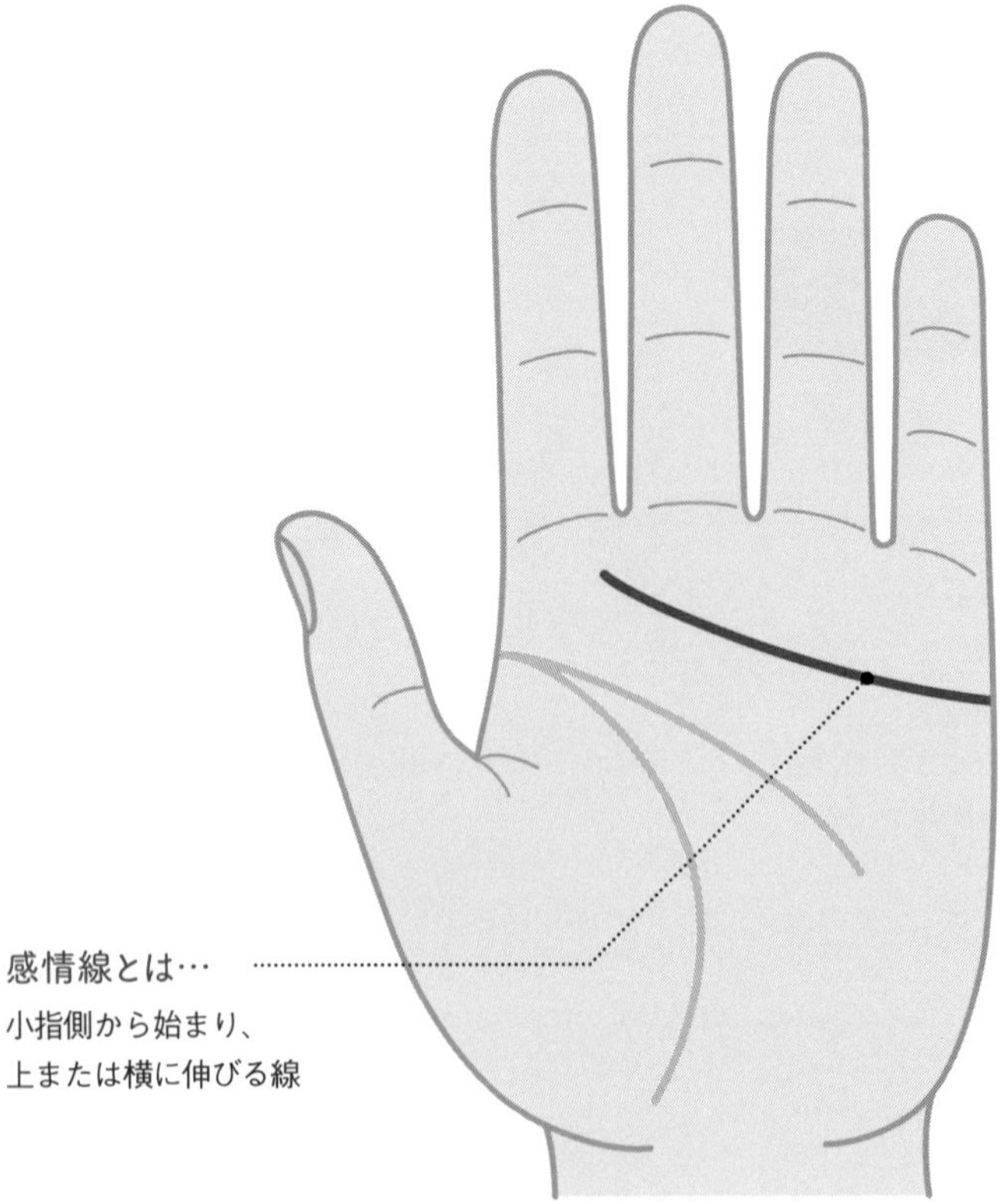
感情線とは…
小指側から始まり、
上または横に伸びる線

情の深さや喜怒哀楽など感情全般を表す線

感情線はだれの手にも必ず刻まれている三大線のひとつで、起点は小指側です。この線は〝愛情線〟ともいわれ、喜怒哀楽や思いやりの深さ、愛情や友情などあらゆる感情を表し、**感情線が長いほど、線が乱れるほど情が深くなります。**

感情線を見るときは、理性を表す知能線と組み合わせて判断してください。感情と理性という反対の性質を持つもののバランスを見ることで、手相が示すものをより正確に知ることができます。

ちなみに手相では、どの線もくっきりと勢いよく刻まれているのが吉相ですが、感情線に限り、多少乱れているほうが感情が豊かで人間味があります。

●感情線を見るコツ

なにを見る?	なにがわかる?
先端	人差し指の下で下向きにカーブするのは思いやりのある人、中指の下で下向きにカーブするのはロマンチスト。また、線は長いほど情が深く、短いほど冷静な傾向に。
切れ目や線の状態	線全体がすっきりしているほど情におぼれず、乱れているほど愛情深く情が豊か。先端が二股《ふたまた》だと硬派で真面目、房状《ぼうじょう》は恋愛に疲れた状態。
支線やその他の線	支線の位置や向きは、恋愛に対する積極性や恋愛の成り行きなどを示しています。
島や十字など記号	線上に現れる斑点《はんてん》、四角、星、十字はパートナーとの関係に大きな変化が起こるサインです。

恋愛関係に悩む人は記号や支線に注目!

感情線を読み解くときに注目したいのは、線の先端の位置。先端がどこにあるかで、示す内容が異なるからです。先端の位置が生命線の起点にある人はうぬぼれが強い、人差し指の下にある人は誠実といった具合です。

また、**恋愛がうまくいかずに悩んでいる人は、感情線に現れた記号をよく観察しましょう。**線の先端にある島や横線は恋人との別れの暗示、線上にある斑点、星、四角、十字は恋愛トラブルの暗示です。支線やその他の線によって、過去の恋愛経験もわかります。ちなみに、**上向きの細い支線は、新しい恋の始まりのサ**インになります。

先端を見る

1

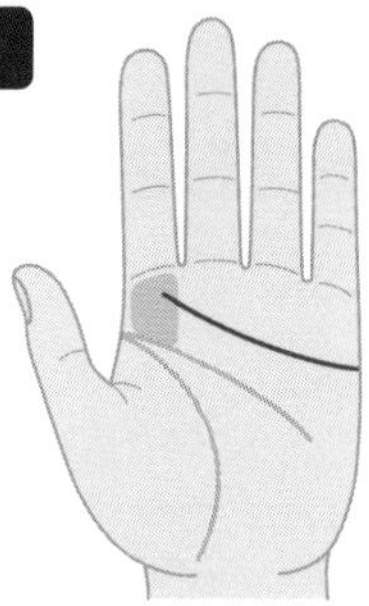

人差し指の下で
線が終わる

100ページ

2

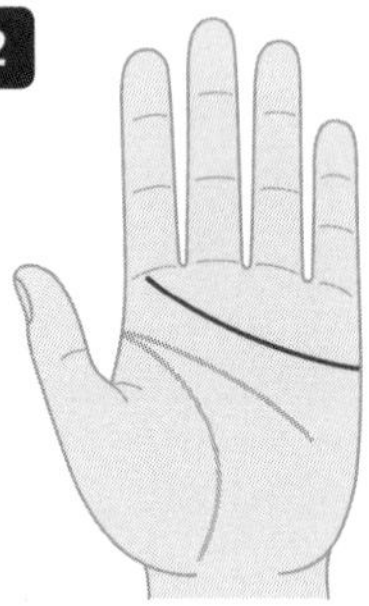

先端が人差し指の
つけ根に届く

100ページ

3

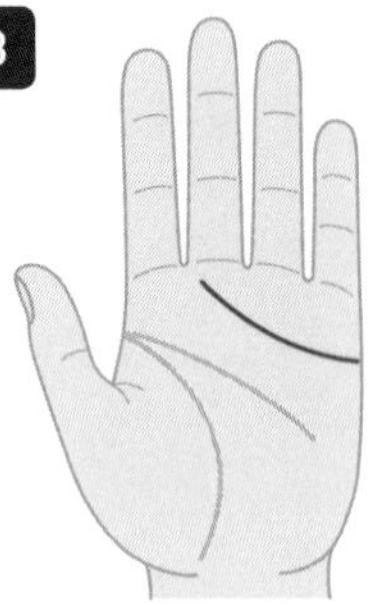

先端が人差し指と
中指の間

101ページ

4

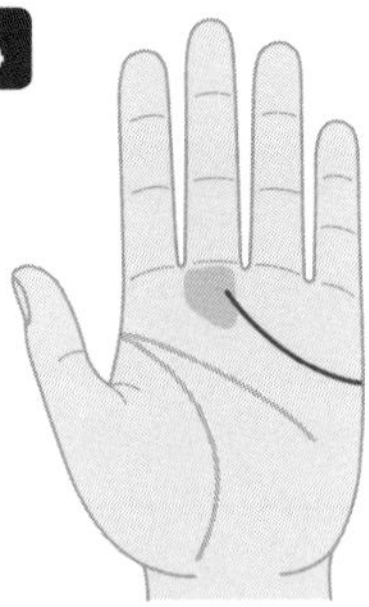

中指のつけ根で
線が終わる

101ページ

5

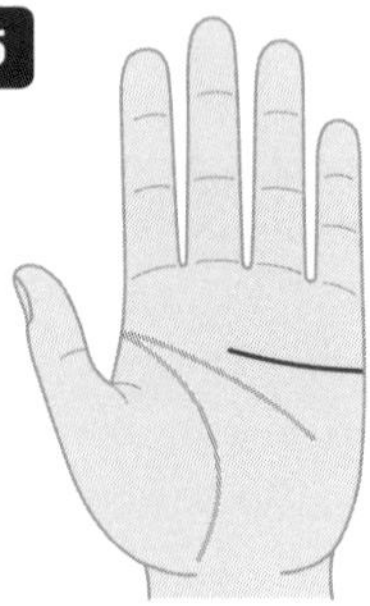

まっすぐな線で
先端が中指の下

102ページ

6

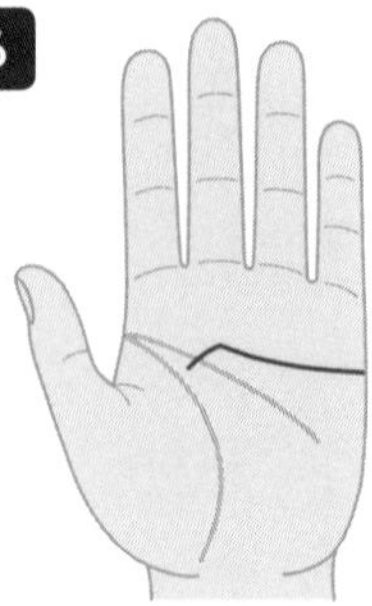

中指の下で
線が下に折れる

102ページ

7

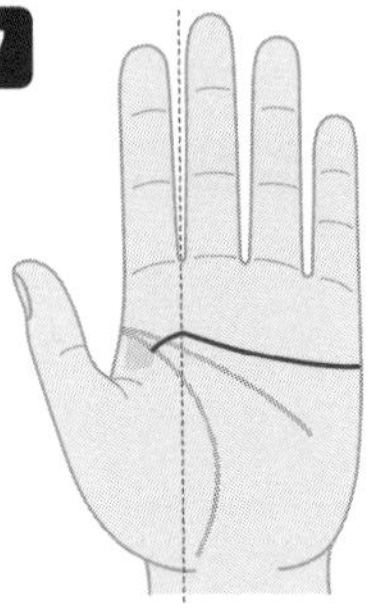

中指の先で曲がり
第一火星丘に届く

103ページ

8

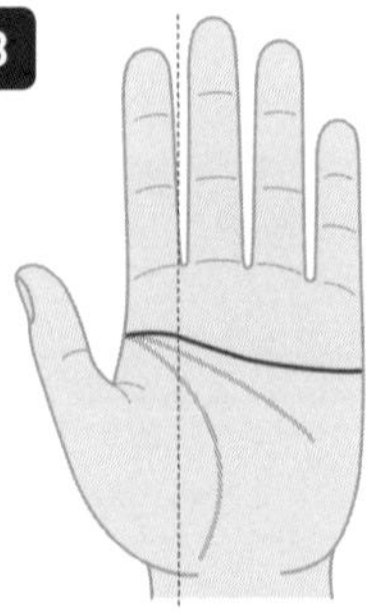

中指の下で曲がり
生命線の起点と合流

103ページ

9

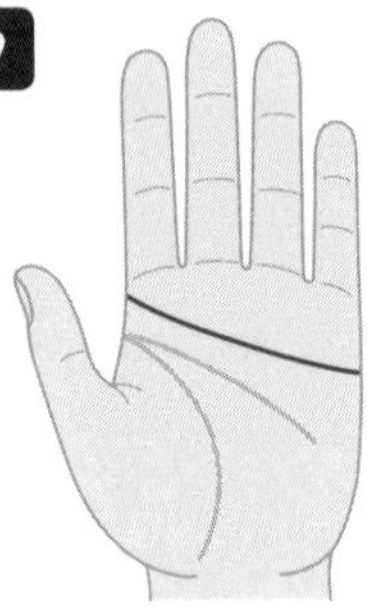

手のひらの端まで
伸びている

104ページ

10

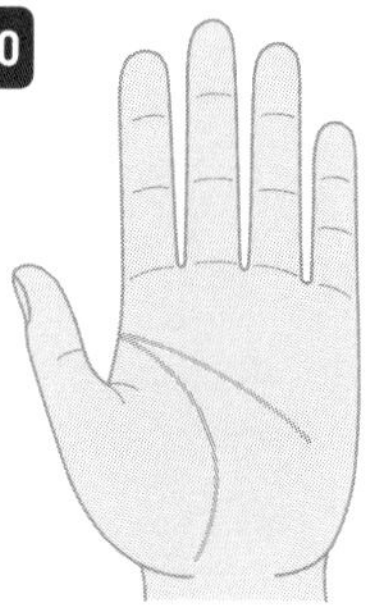

感情線がない　104ページ

切れ目や線の状態を見る

11

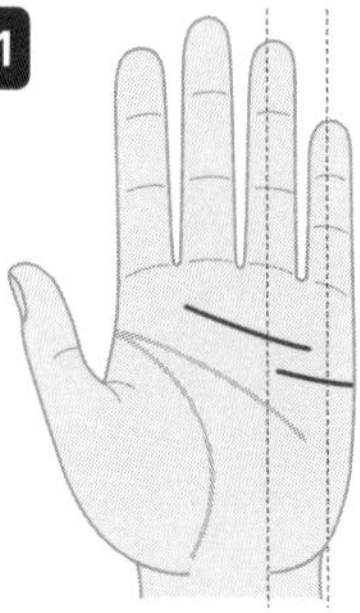

切れ目があり、2本の間隔が3ミリ以上　105ページ

12

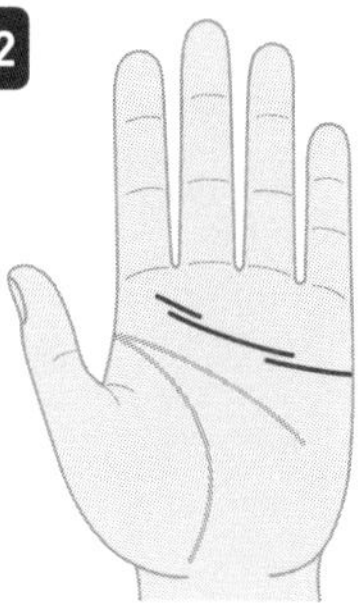

切れ目が数カ所ある　105ページ

13

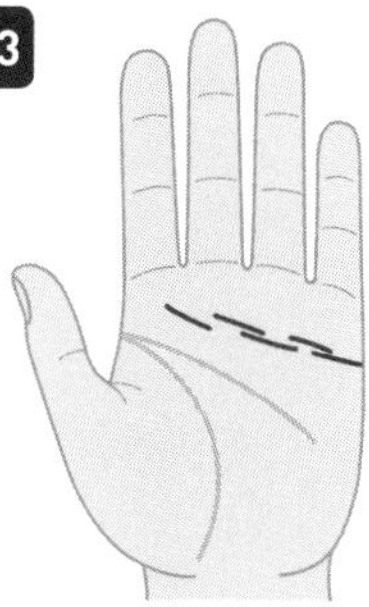

細かい線が切れ切れにつながる　106ページ

14

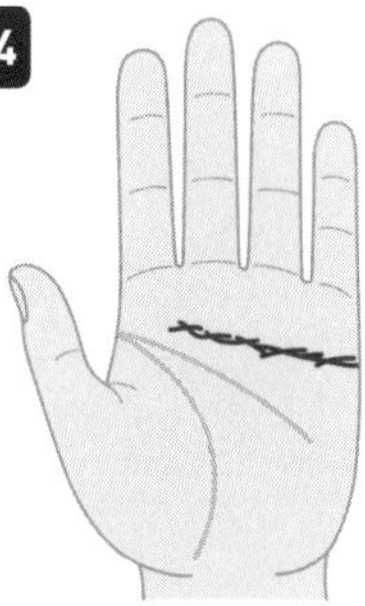

線全体が鎖《くさり》状　106ページ

15

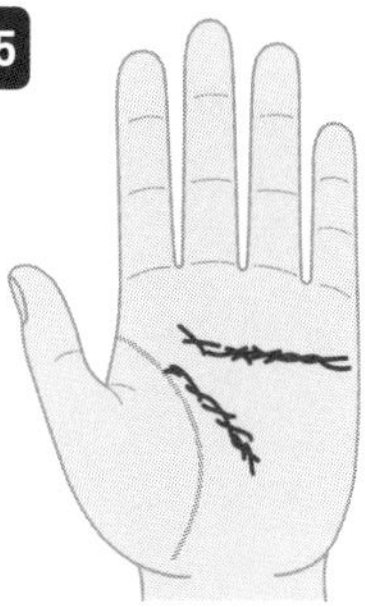

感情線と知能線の両方が鎖状　107ページ

16

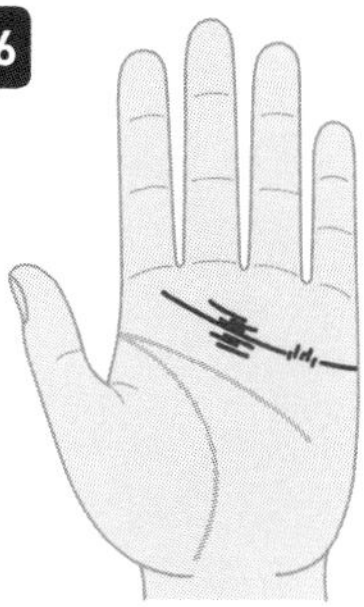

上下に短い線または線の一部がギザギザ　107ページ

17

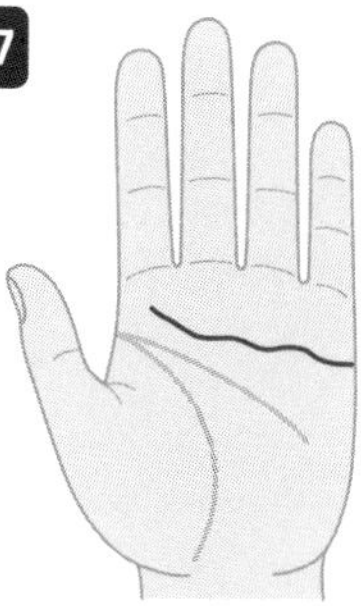

くねくねと波打つ　108ページ

支線やその他の線を見る

18

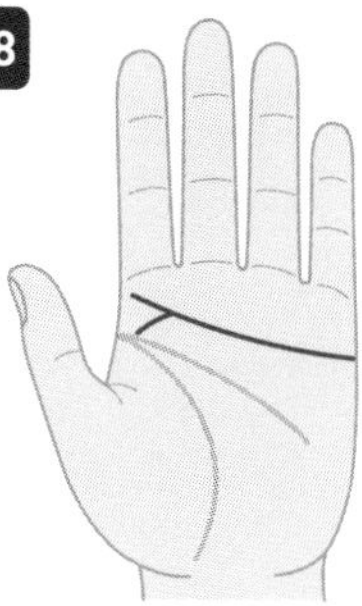

先端が二《ふた》股《また》になる　109ページ

19

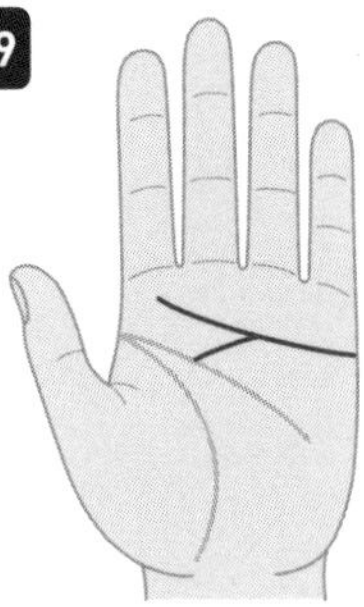

支線が
知能線に届く

109ページ

20

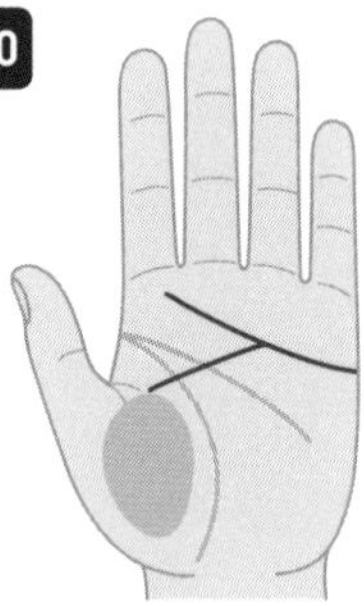

支線が金星丘まで
伸びる

110ページ

21

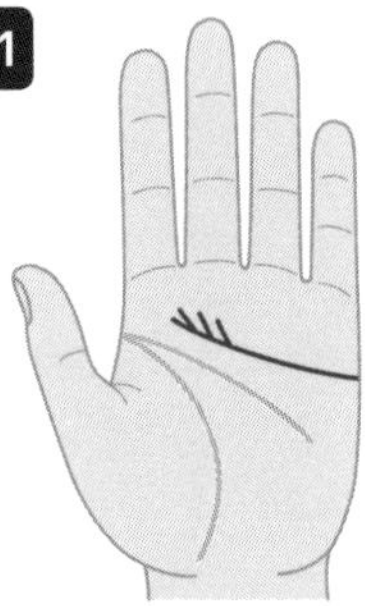

線の途中に上向きの
複数の支線がある

110ページ

22

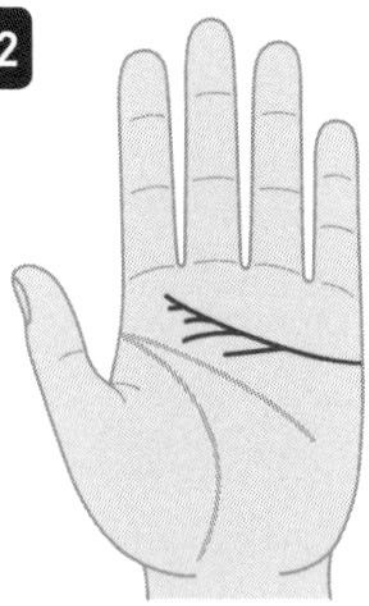

線の途中に下向きの
複数の支線がある

111ページ

23

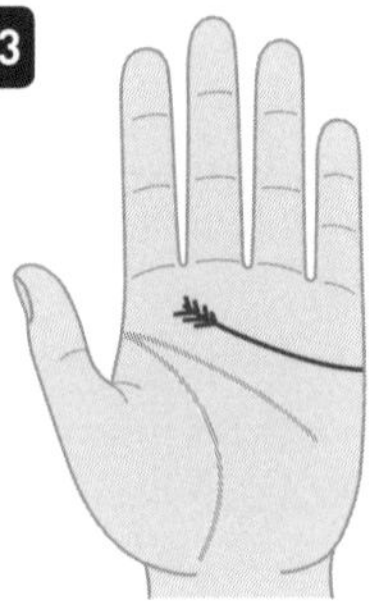

線の先端が
ボサボサした房状《ぼうじょう》

111ページ

24

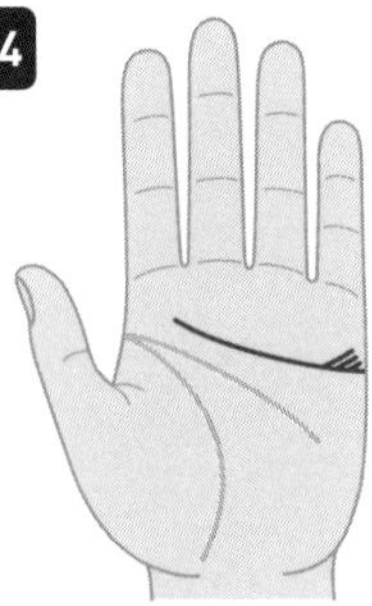

起点上部に2～3
本の上向きの支線

112ページ

25

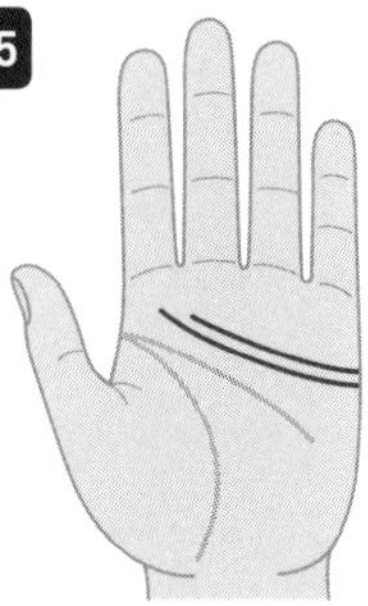

2本の線が
並行に伸びる

112ページ

記号を見る

26

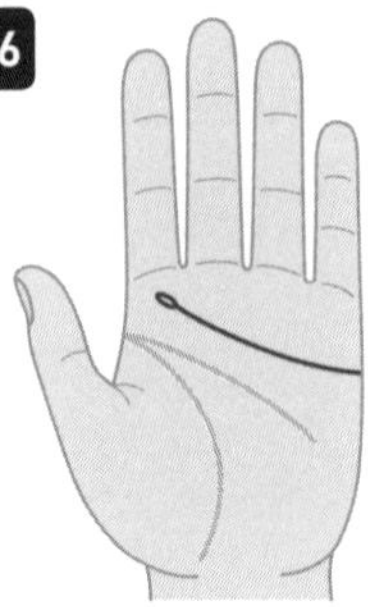

先端に島がある

113ページ

27

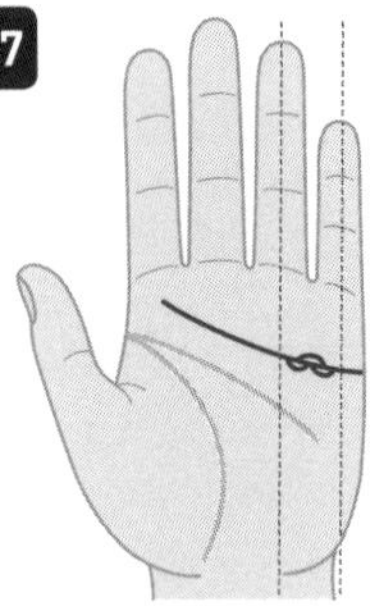

小指と薬指の間の
線上に3つの島

113ページ

28

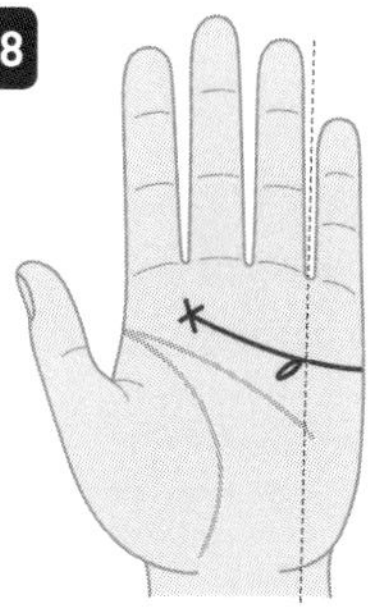

小指と薬指の下に島。
または先端に十字

114ページ

29

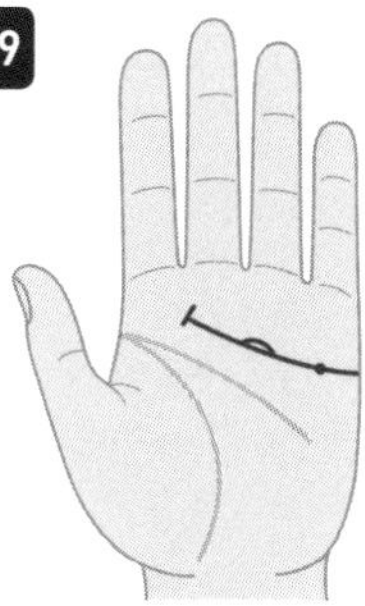

先端に短い横線か、
線上に島や赤い斑点《はんてん》

114ページ

30

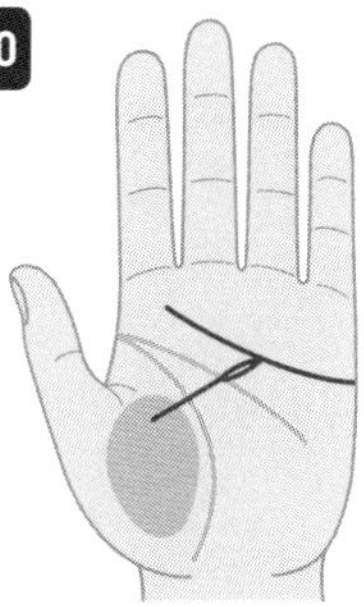

金星丘に伸びる
支線に島がある

115ページ

31

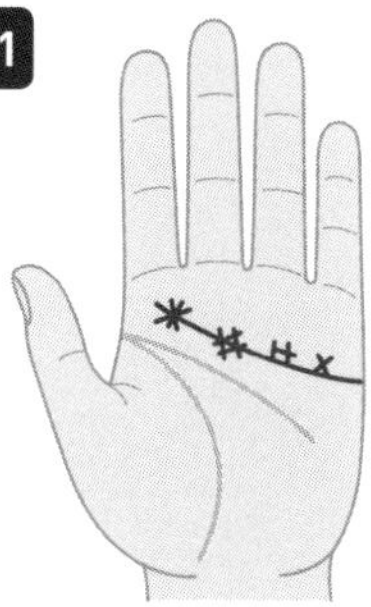

線上に星、四角、
十字のどれかがある

115ページ

1 線の特徴
人差し指の下で線が終わる

愛情深く、幸せな家庭を築ける手相

感情線が木星丘のあたりで終わる人は、思いやりにあふれています。異性に対しても誠実で、結婚したら浮気はしません。男性は妻思いのイクメン、女性は家庭をしっかり守る良妻賢母となり、幸せな生活を送るでしょう。また、プライドが高いところがあるので、下品なことや行儀の悪いことを嫌う傾向があります。

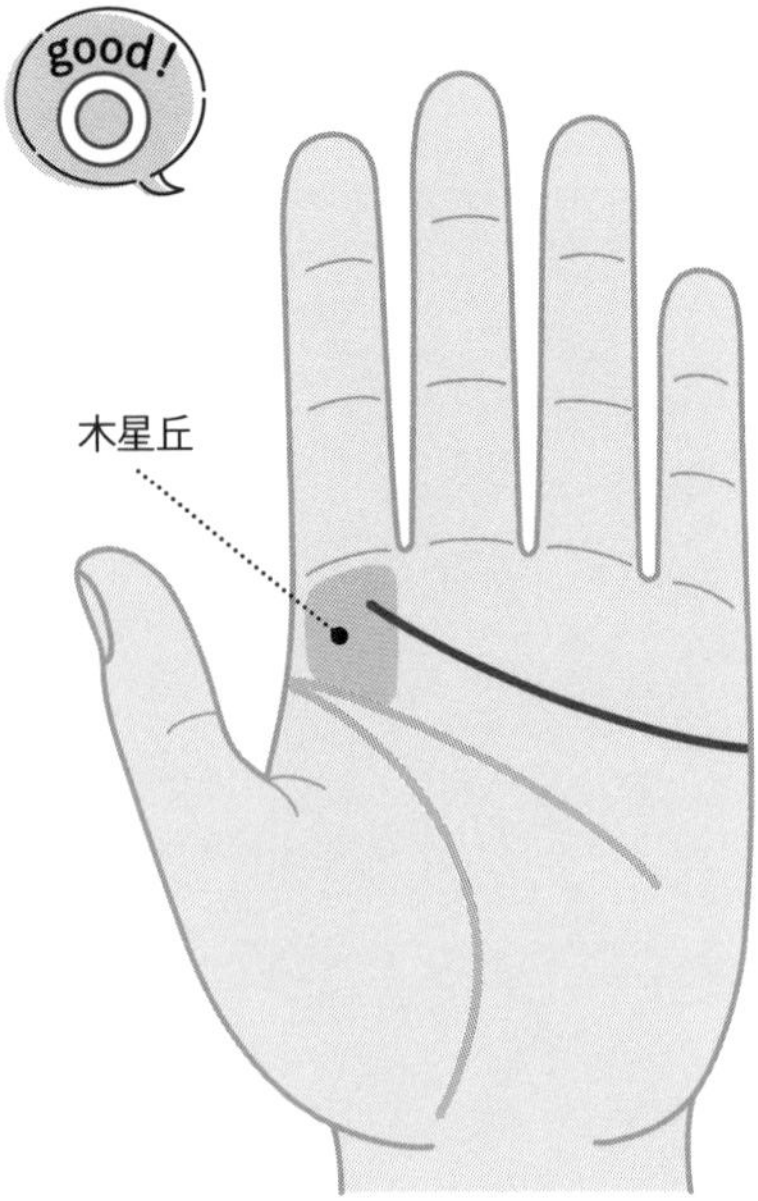

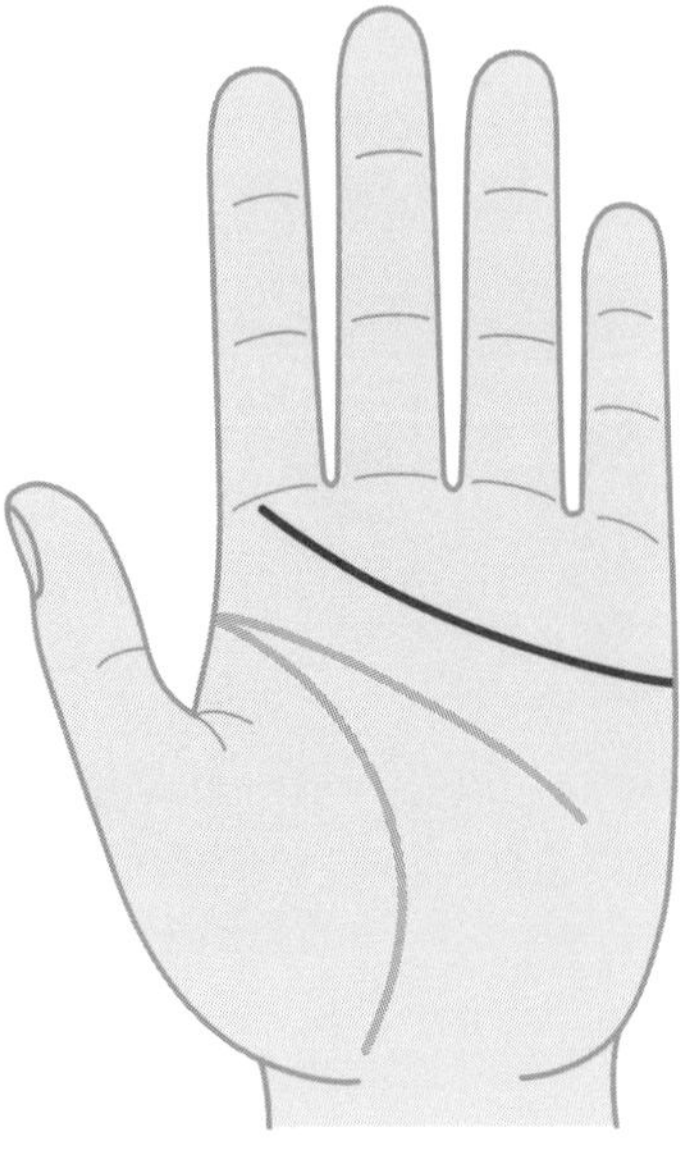

2 線の特徴
先端が人差し指のつけ根に届く

相手に徹底的に尽くすタイプの手相

感情線の先端が人差し指のつけ根まで伸びている人は、異性に献身的に尽くします。線全体が太かったり、線が多少鎖《くさり》状になっている人は、とくにその傾向が強くなります。男性なら相手を女王様のようにうやまい、女性は世界一素晴らしい男性だと思いつめ、金銭や高価なプレゼントを貢いでしまうことがあります。

3 線の特徴
先端が人差し指と中指の間

好き嫌いが激しく、態度が極端な手相

感情線の先端が人差し指と中指の間に入っていたり、入ろうとしているのは、人の好き嫌いが激しいことの表れ。それも相手のことをよく知る前に、直感的に好き嫌いを判断します。そして、好印象の人には尽くす一方、印象が悪い人とは口もきかないなど、極端な態度を取ります。また、自分に甘く、人に厳しい性格でもあります。

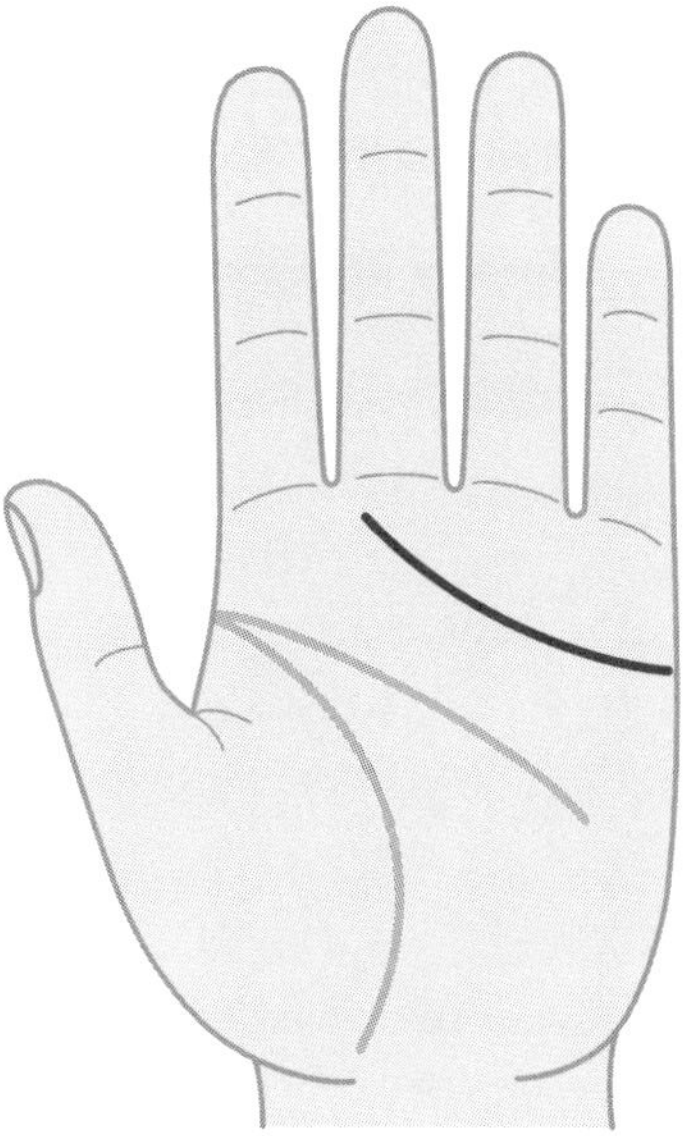

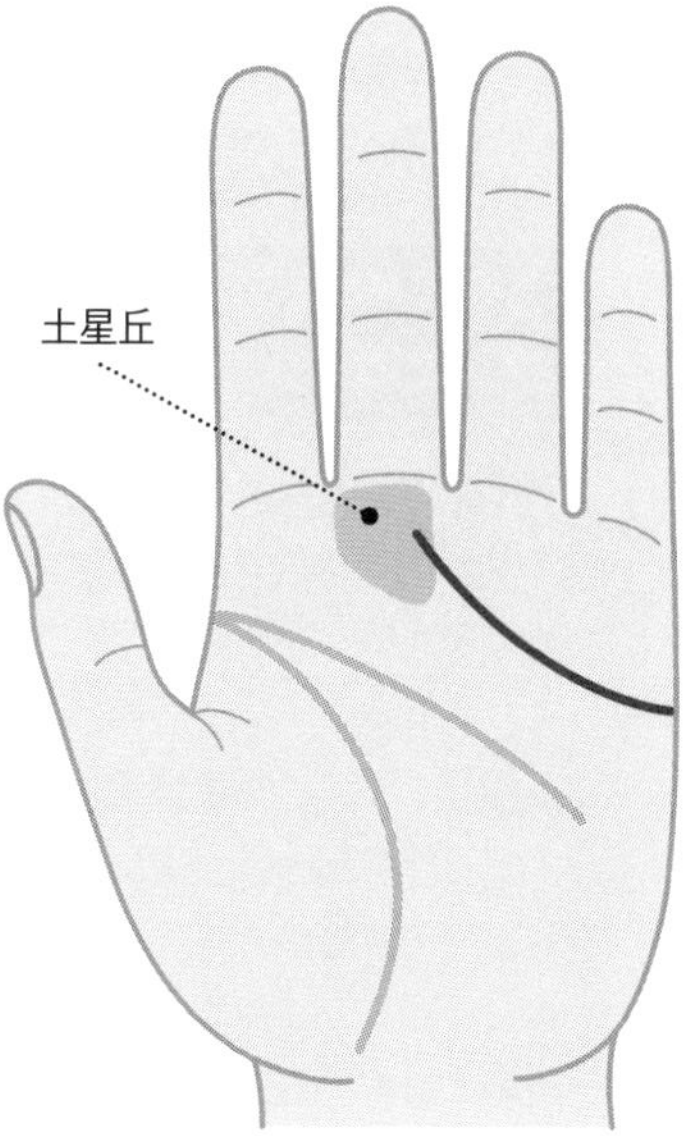

4 線の特徴
中指のつけ根で線が終わる

相手の感情は無視の自己中心的な手相

あまり多くない手相ですが、感情線の先端が土星丘に入り込んでいるのは自己中心的な人。自分さえよければ、相手がどう感じているかは気にしないタイプ。手がとくにやわらかく、幅の広い線がもつれてほどけた鎖のようになっていたら、いわゆる「肉食系」。しつこく相手を求めますが、目的を果たすと急に冷たくなる傾向が。

5 線の特徴

まっすぐな線で 先端が中指の下

恋愛に没頭しない クールな人の手相

感情線がまっすぐ伸び、中指の下で終わっている人は、異性に対して冷静で、恋愛にのめり込まないタイプです。薄い手や華奢《きゃしゃ》な手でこの手相の人は異性に対する情熱が薄く、肉厚な手の人はドライな関係を好む遊び上手です。また、この手相の女性は、恋愛よりも仕事に打ち込む人が多く、専業主婦には向きません。

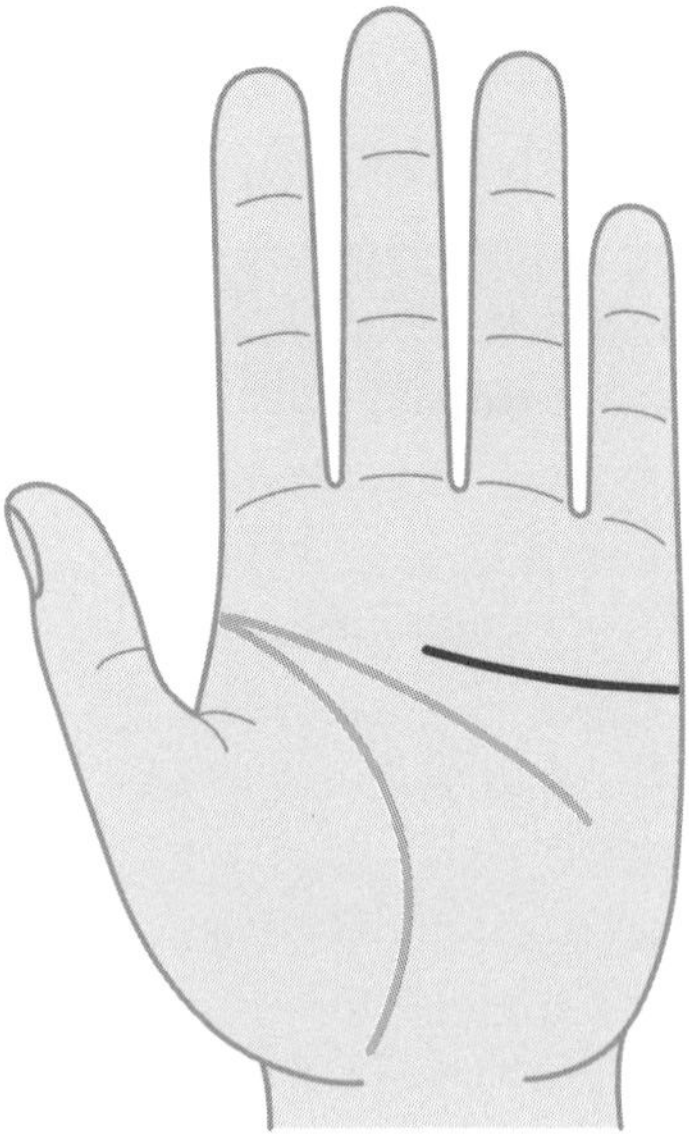

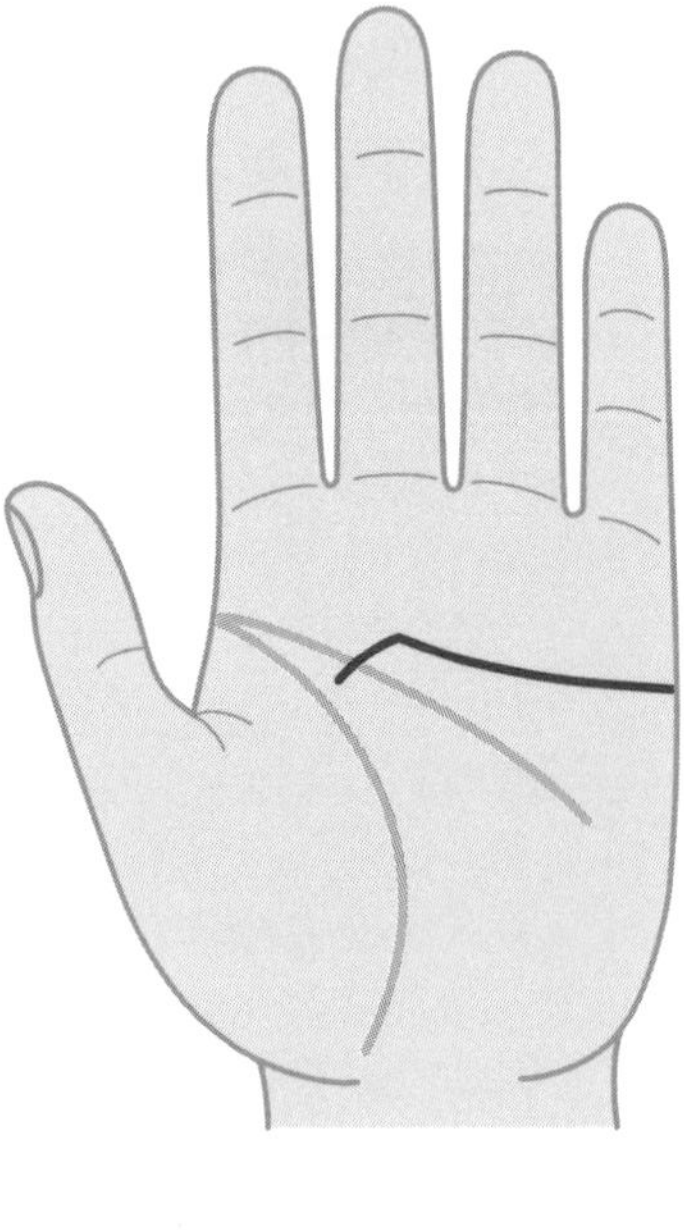

6 線の特徴

中指の下で 線が下に折れる

ロマンチストで 押しが弱い人の手相

中指の下あたりで感情線が下に折れている人は、かなりロマンチスト。現実的な話が苦手で、神経質なところがあります。異性に対する押しが弱く、相手がその気になってもその場のムードに満足してしまい、絶好のチャンスを逃してしまう傾向があります。もう少し現実に目を向ければ、チャンスを生かせるようになるでしょう。

7 線の特徴

中指の先で曲がり
第一火星丘に届く

過度の親切心が
アダになる人の手相

感情線が中指と人差し指の間で折れ曲がり、先端が第一火星丘に届く人は、思いやりがあり親切ですが、度を越しておせっかいになりがち。余計なことに口を出して、相手に嫌がられてしまいます。親しくなるほどおせっかいも増えるため、それが原因で失恋することも。口を出す前に、相手の立場や気持ちを考えましょう。

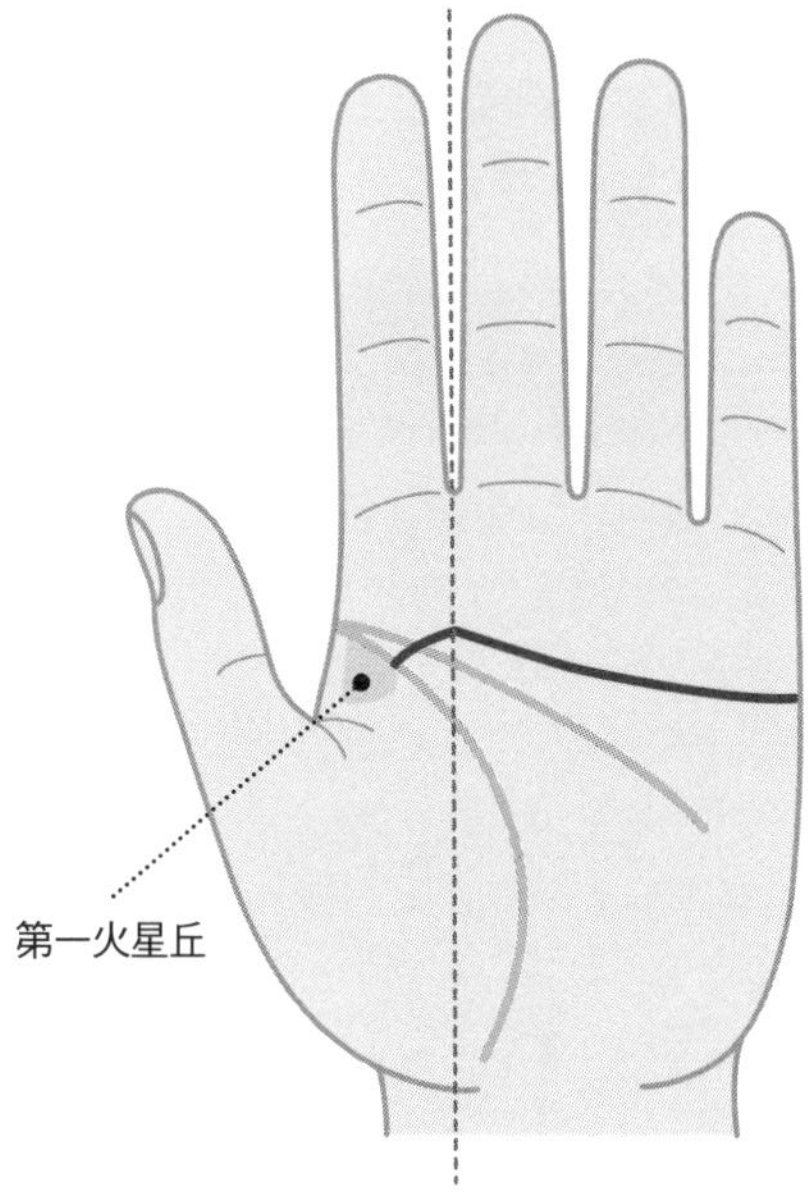

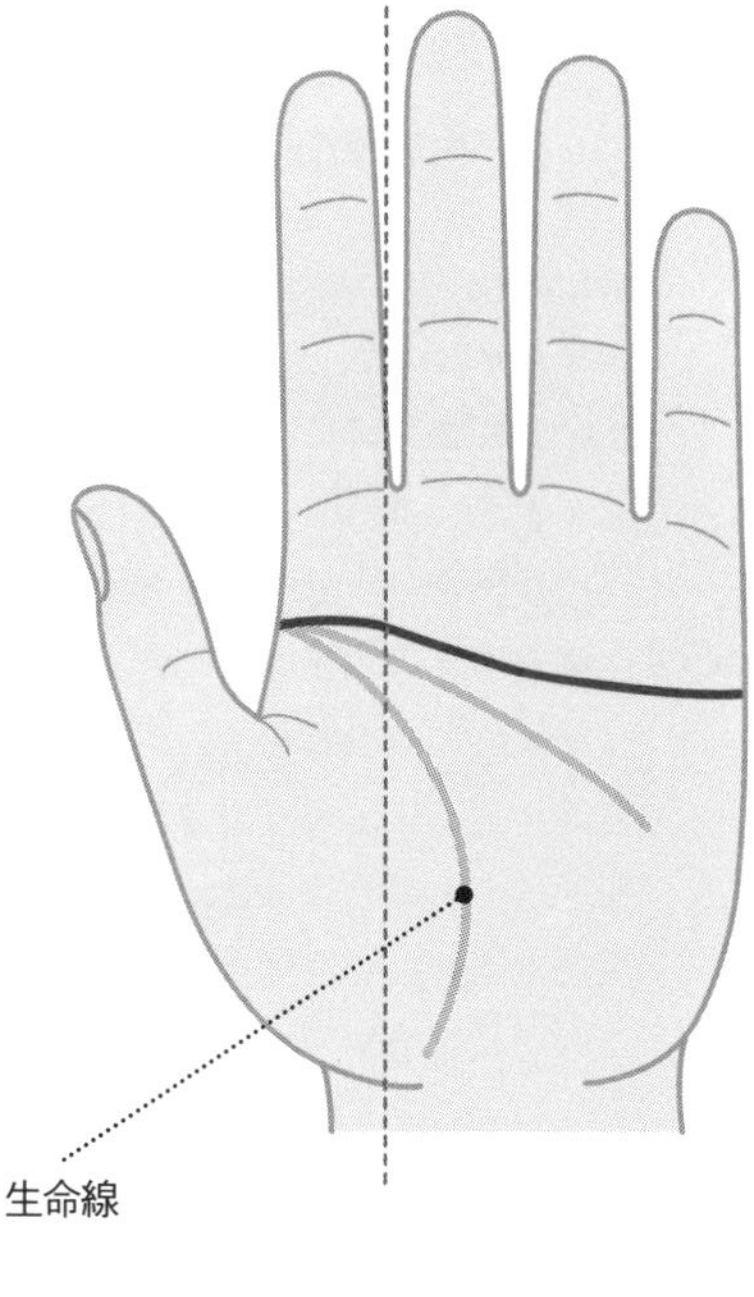

8 線の特徴

中指の下で曲がり
生命線の起点と合流

男性はうぬぼれ屋、
女性は控えめな手相

中指の下、もしくは中指と人差し指の中間の下で感情線が下向きになり、先端が生命線の起点と合流している手相は、男性ならうぬぼれ屋です。思い込みが激しく、周囲を振り回すこともよくあります。女性の場合は控えめなタイプですが感情が外に現れにくく、暗い人だと思われます。喜怒哀楽をもう少しはっきり表現してみましょう。

9 線の特徴

手のひらの端まで伸びている

情熱的なゆえに嫉妬《しっと》深くなる手相

感情線が長く、手のひらの端まで伸びている人は情熱的です。好きな人ができると深く愛するあまり独占欲が強くなり、ちょっとしたことで相手の愛情を疑ったり、ありもしないことを想像して嫉妬《しっと》したりします。失恋すると強いショックを受けて自暴自棄《じぼうじき》になりがちです。相手のことを恨んで極端な行動に走ることもあります。

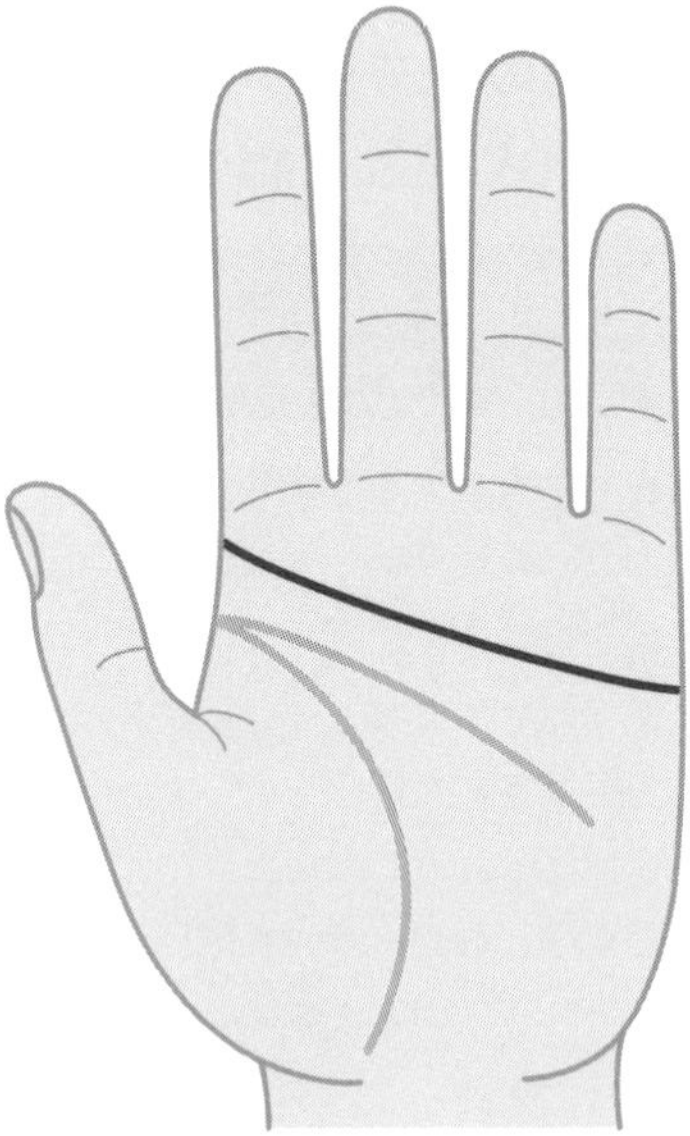

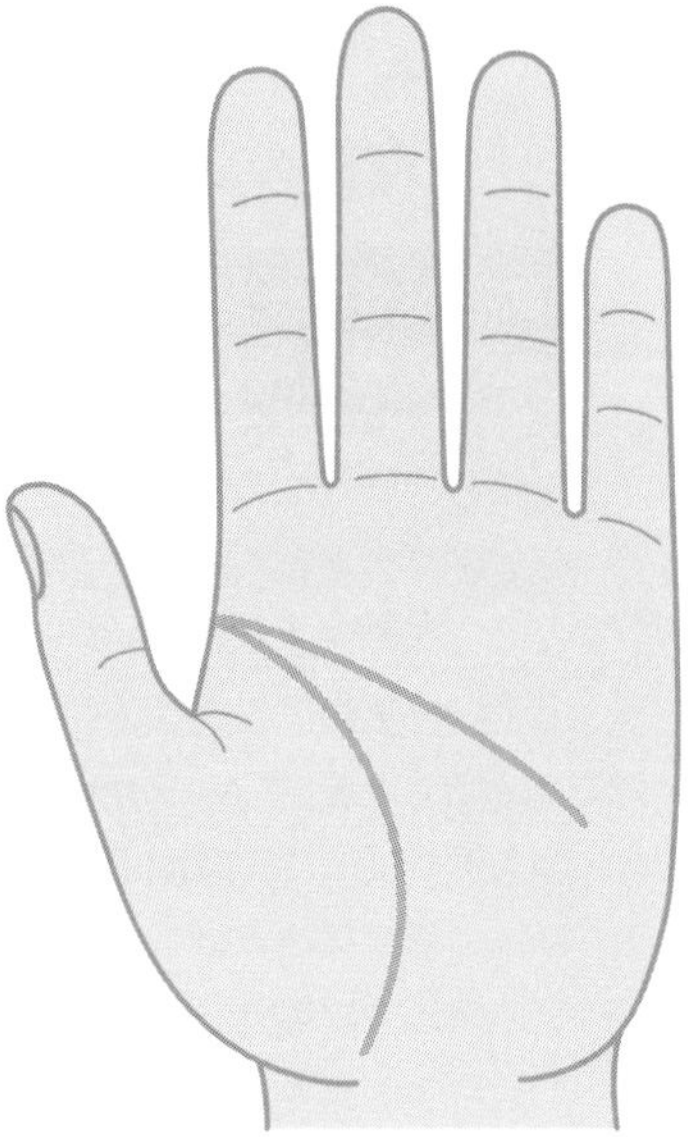

10 線の特徴

感情線がない

生涯を通して家族に恵まれない人の手相

まれなケースですが、感情線がない人がいます。幼少期から肉親との縁が薄く、結婚後は不妊に悩むなど家族に恵まれません。でも、友人を大切にしたりボランティアなどで人と触れ合えば、充実した人生を送ることができます。なお、この手相は感情線と知能線が重なって手のひらを横切る「枡《ます》かけ」（➡83ページ上）とは違います。

11 線の特徴

切れ目があり、2本の間隔が3ミリ以上

結婚生活につまずき バツイチになる手相

感情線が途中で上下に切れ、線と線の間隔が3ミリ以上離れている人は、最初の結婚がうまくいきません。小指と薬指の間で線が切れている人は、離婚の原因は自分のわがままですが、中指の下で切れている人は、愛し合っているのにどうにもならない事情で離婚せざるを得なくなります。運命的な離婚は親子で続くことも。

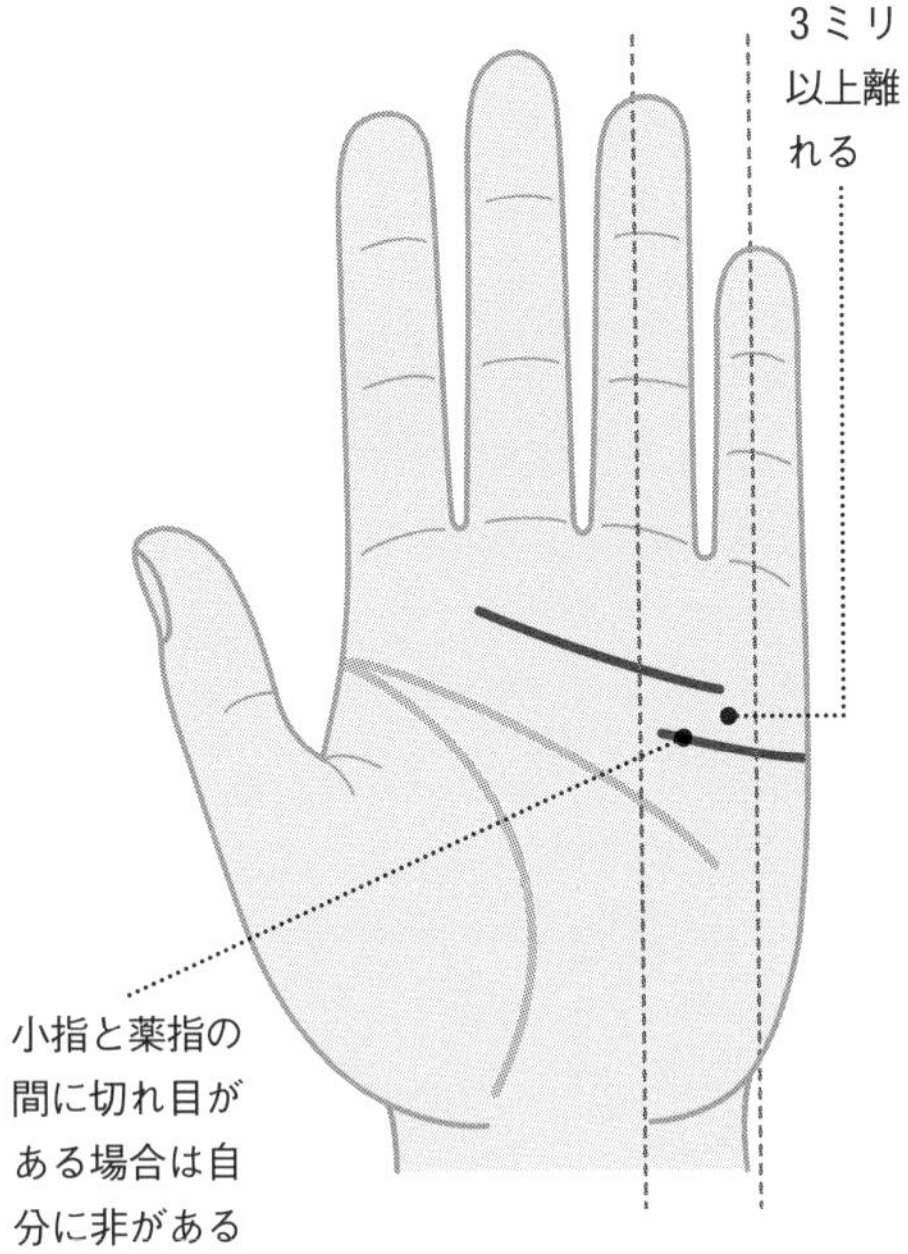
3ミリ以上離れる
小指と薬指の間に切れ目がある場合は自分に非がある

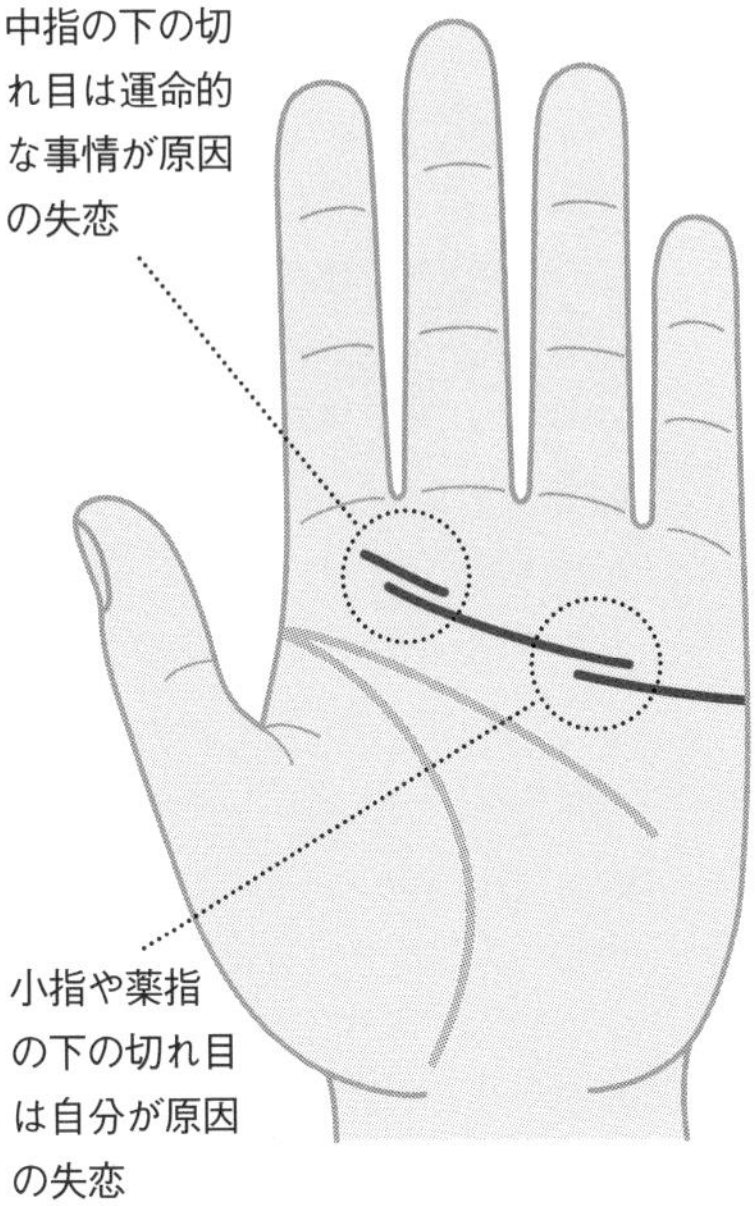
中指の下の切れ目は運命的な事情が原因の失恋
小指や薬指の下の切れ目は自分が原因の失恋

12 線の特徴

切れ目が数カ所ある

恋人との関係が壊れ、失恋する手相

細かく切れた感情線は、失恋を意味します。小指や薬指の下で切れているのは、自分のわがままが原因。一方、中指の下に切れ目がある場合は運命的な事情が原因なので、気持ち次第では関係の修復が可能です。なお、感情線が人差し指の下まで伸びていて、その先端近くで線に切れ目がある場合は、重大な意味はありません。

13 線の特徴
細かい線が切れ切れにつながる

気まぐれで、愛情も長続きしない手相

細かく短い感情線が連続している人は、気分にむらがあり、そのときの感情に左右されやすいので、恋人との関係が長続きしません。結婚生活もうまくいかないでしょう。さらに知能線も勢いがない、切れ切れなどの人は、気まぐれ度がいっそう強くなります。お天気屋の性格を変えるように努力すれば、少しずつ線が変わります。

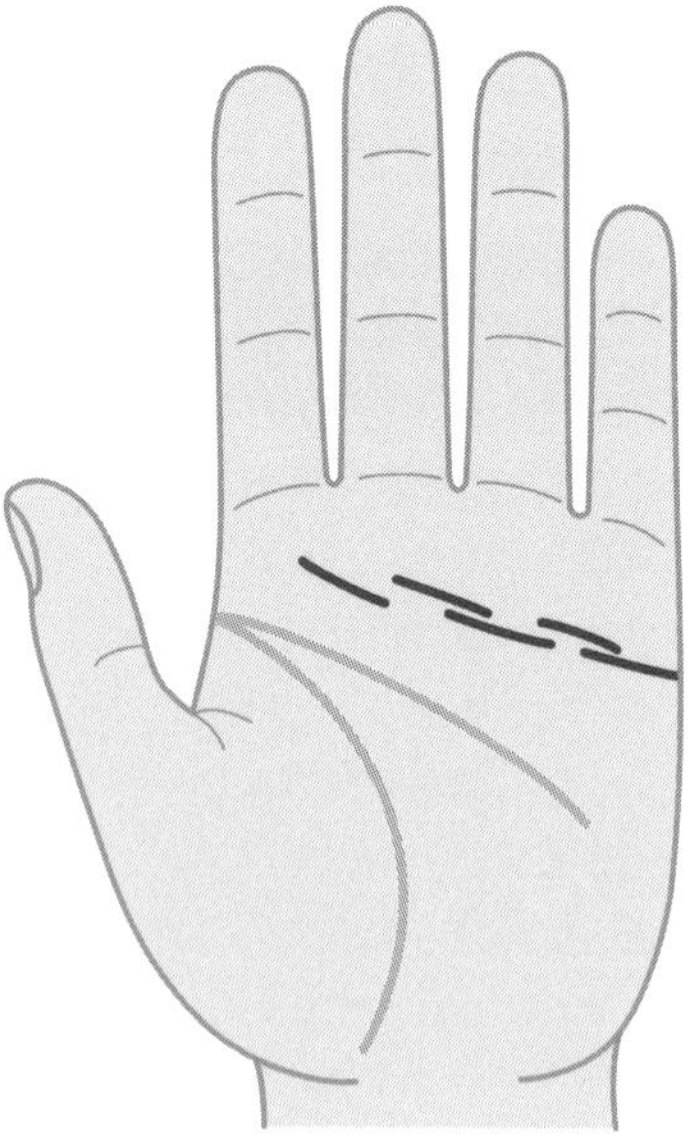

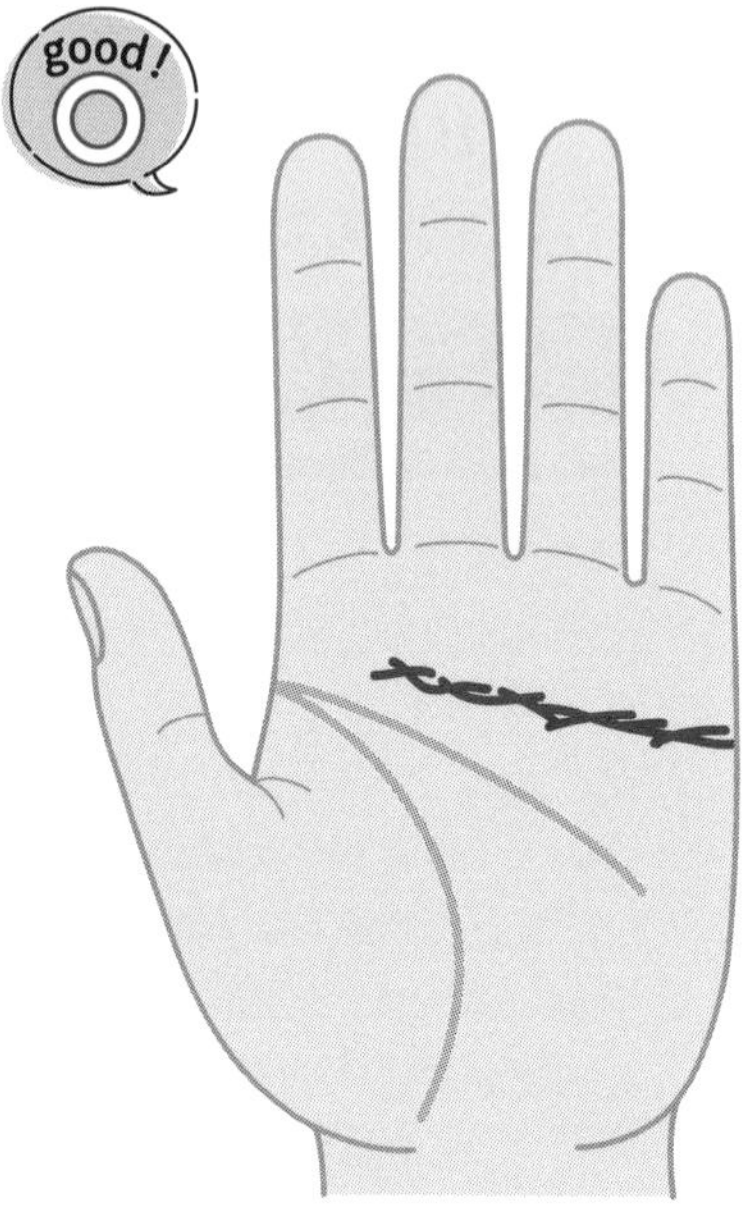

14 線の特徴
線全体が鎖《くさり》状

男心をくすぐる恋多き女性の手相

感情線が鎖状になっているのは、女性に多く見られる手相。男性にモテモテなうえ、ほれっぽい性格でもあるので、刺激を求めて次々と新しい男性に恋をします。悪い男にだまされないよう気をつけて。知能線がしっかりしている人は感性が非常に豊かなので、自らの経験を生かして創作活動をし、作家になることもできます。

15 線の特徴

感情線と知能線の両方が鎖状

異性への本能的な欲望が強い人の手相

感情線と知能線が鎖状になっているのは、異性に強い刺激を求め、本能的な欲望を抑えられないことを表します。そのため、セックスにおぼれてしまうことも。この手相の若い女性は、性への目覚めが早いでしょう。刺激を求める気持ちを創作意欲に向けることができれば、すぐれた芸術作品を生み出す可能性があります。

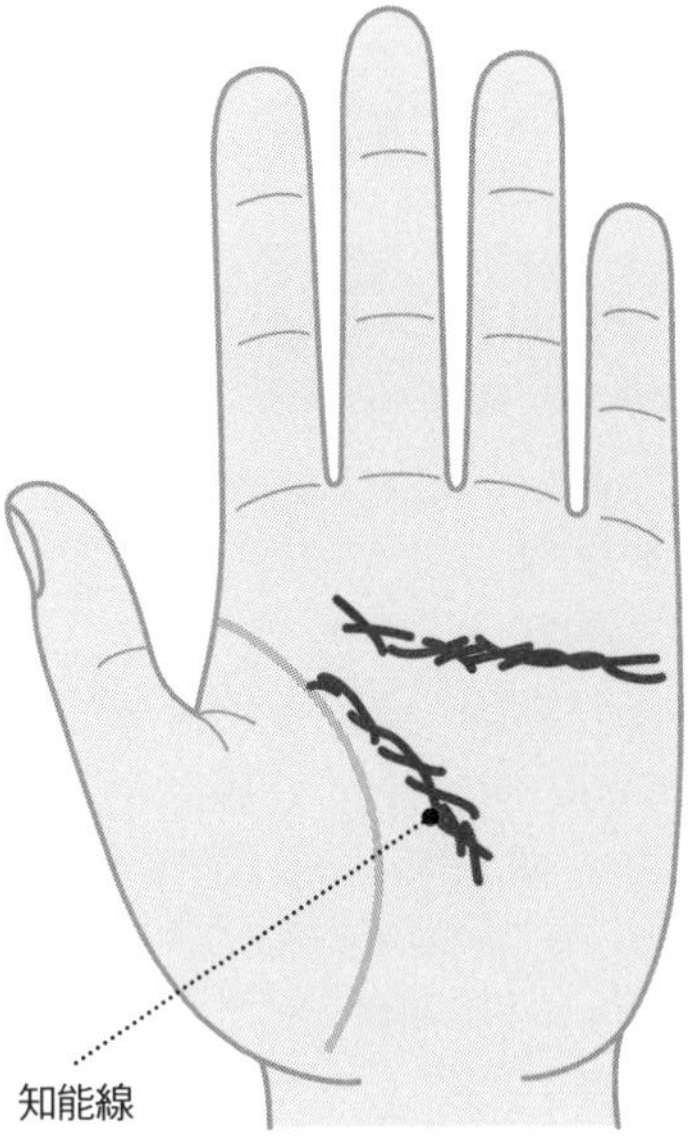

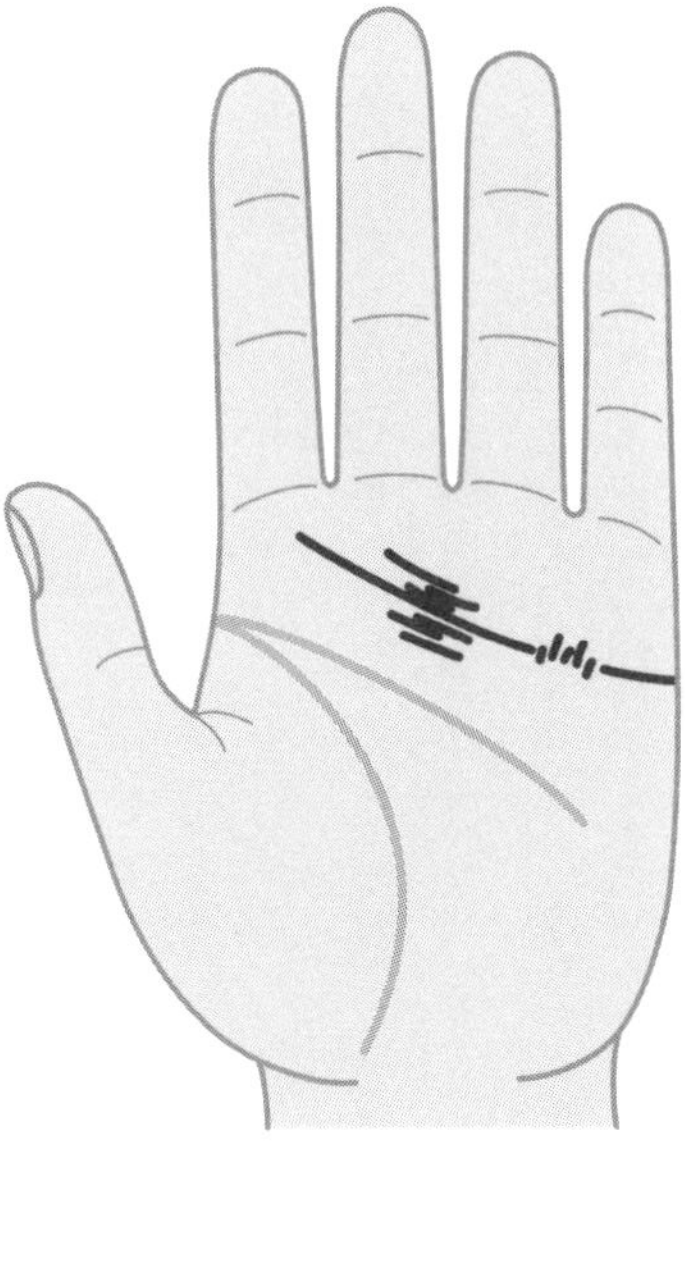

16 線の特徴

上下に短い線または線の一部がギザギザ

過労などで心臓が弱っている手相

感情線の上と下に不規則な短い線があったり、感情線の一部がノコギリの刃のようにギザギザしているのは、心臓が弱っていることを意味します。日ごろの不規則な生活や過労が原因です。ゆっくり休養する、食生活に気をつける、適度な運動を心がけるなど、生活習慣を見直しましょう。健康を取り戻せば、この線は消えます。

17 線の特徴

くねくねと波打つ

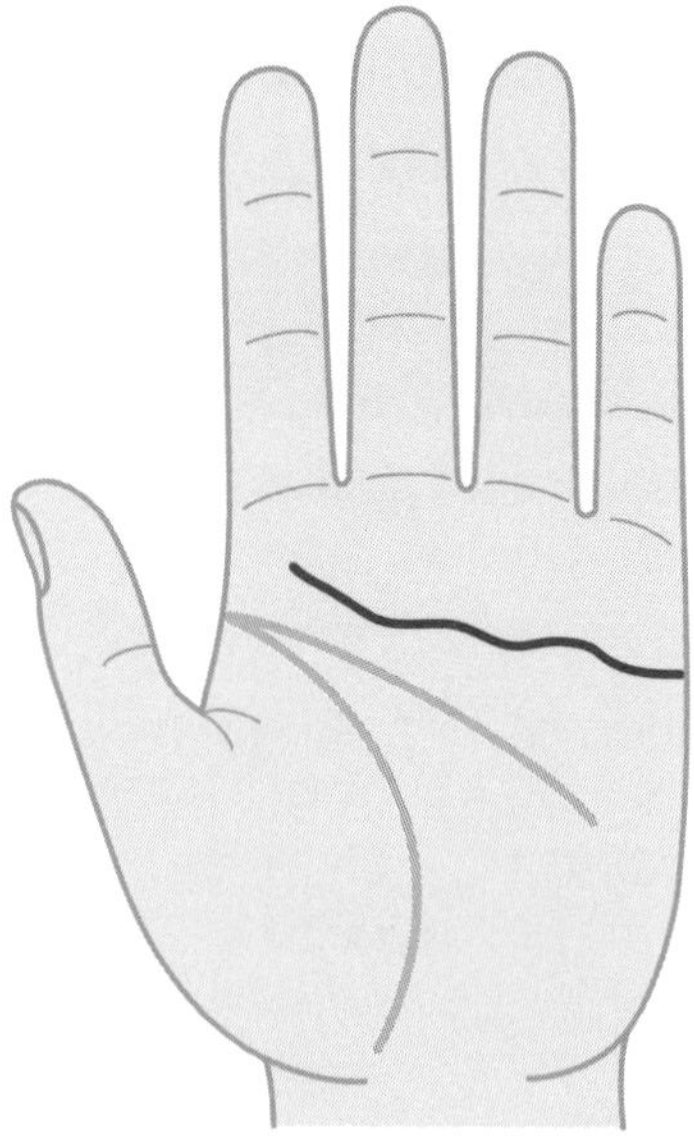

コミュニケーション下手で損をする手相

支線や乱れはなく、1本の感情線が曲がりくねっている人は、人の気持ちを推し量ったり、自分の気持ちを表現するのが苦手。静かでおとなしい性格ですが、コミュニケーションが下手なので、誤解されたり、冷たい印象を持たれることも。人と接する機会を増やし、少しずつコミュニケーション能力を高めていきましょう。

COLUMN

有名人の手相②

大仏様

各地にある大仏の多くが「枡《ます》かけ相」のようです。枡かけとは知能線と感情線がいっしょになり、手のひらを左右一直線に横切る太い線（⬇83ページ上）。この手相は別名「百握《ひゃくにぎ》り」ともいわれ、つかんだものは決して放さないという強運の持ち主で、目標に向かって全力で打ち込むタイプです。大仏を作った職人たちには枡かけ相が多かったため、自分の手を見ながら大仏を枡かけ相にしたのではないかと思われます。

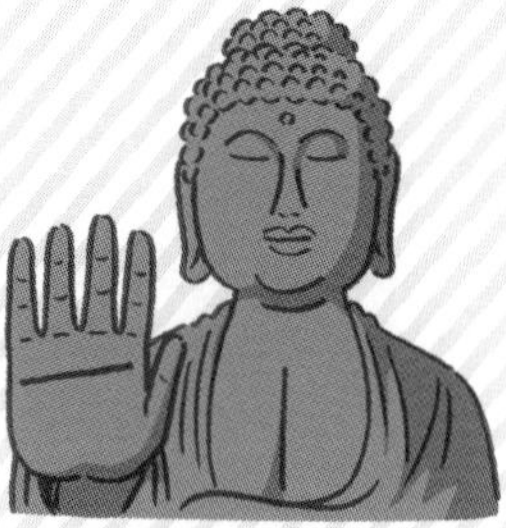

18 線の特徴

先端が二《ふた》股《また》になる

恋愛に真面目で、浮気をしない手相

感情線の先端が二股に分かれている人は責任感が強く、恋愛に関しても非常に真面目。先々のことまで考えてからでないとアプローチできず、異性とつき合うときはつねに結婚まで考えます。結婚後は決して浮気をしません。ただし、一度好きになると、悪い相手にも献身的に尽くしてしまうので、だまされないように注意しましょう。

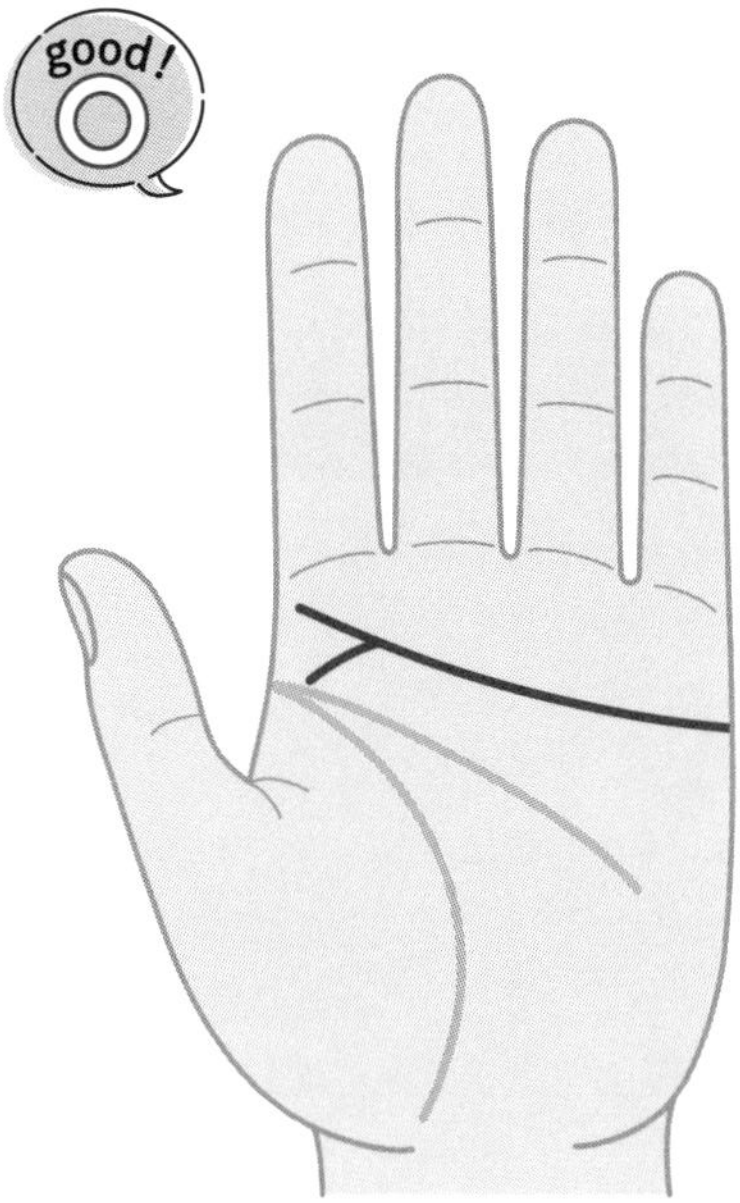

19 線の特徴

支線が知能線に届く

立ち直れないほどの失恋を経験する手相

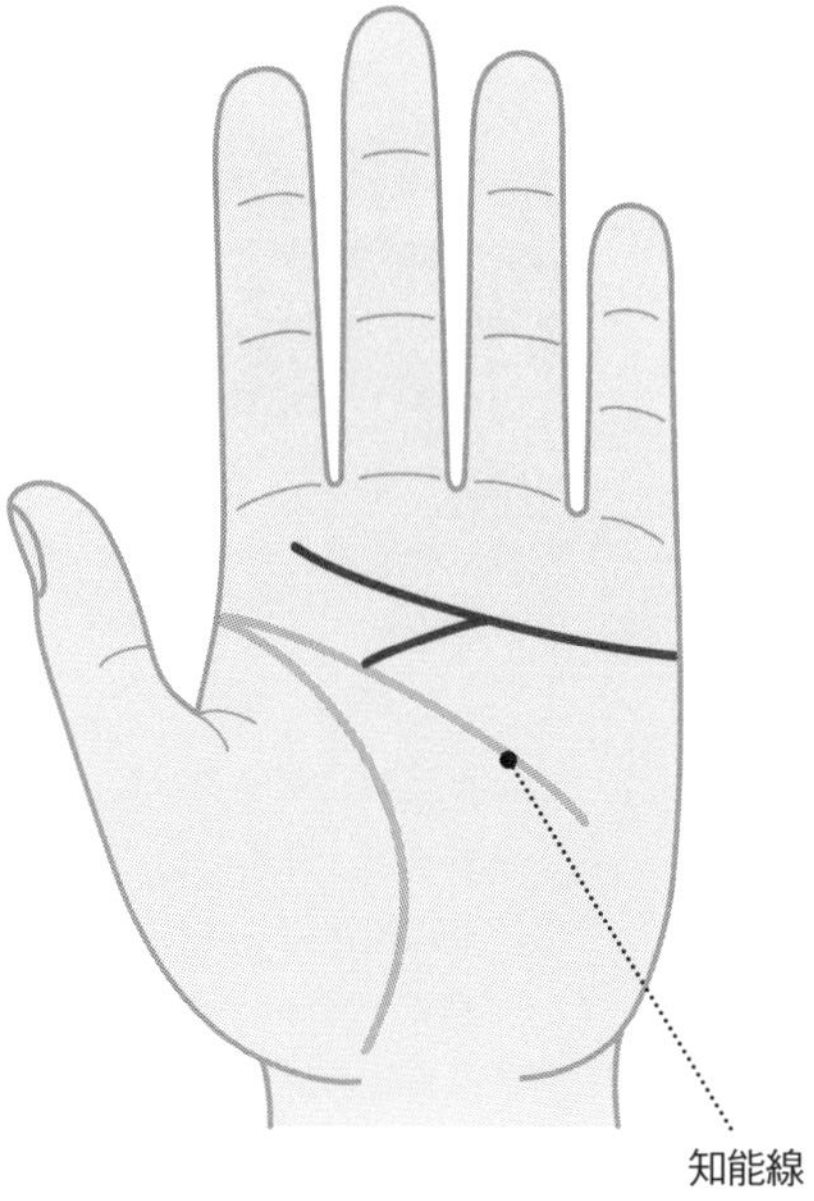

感情線から出た支線が知能線まで伸びている手相は、失恋で強いショックを受け、立ち直れない状態がしばらく続くことを暗示しています。あまりに痛手が強く、何もかも放り出してしまうこともあるでしょう。過去にこうした経験がある人は、今も引きずっているかも知れません。純情すぎる面もあるので、今後の相手選びは慎重に。

20 線の特徴
支線が金星丘まで伸びる

忘れられない大恋愛を経験した人の手相

感情線から出た支線が生命線を横切り、金星丘まで達しているのは、一生忘れられないような大恋愛を経験したことを表しています。しかし、その恋愛は成就していないことが多いでしょう。失った恋にとらわれていると、いつまでも新しい恋人はできません。過去の恋愛は整理して、前向きに生きていくことが大切です。

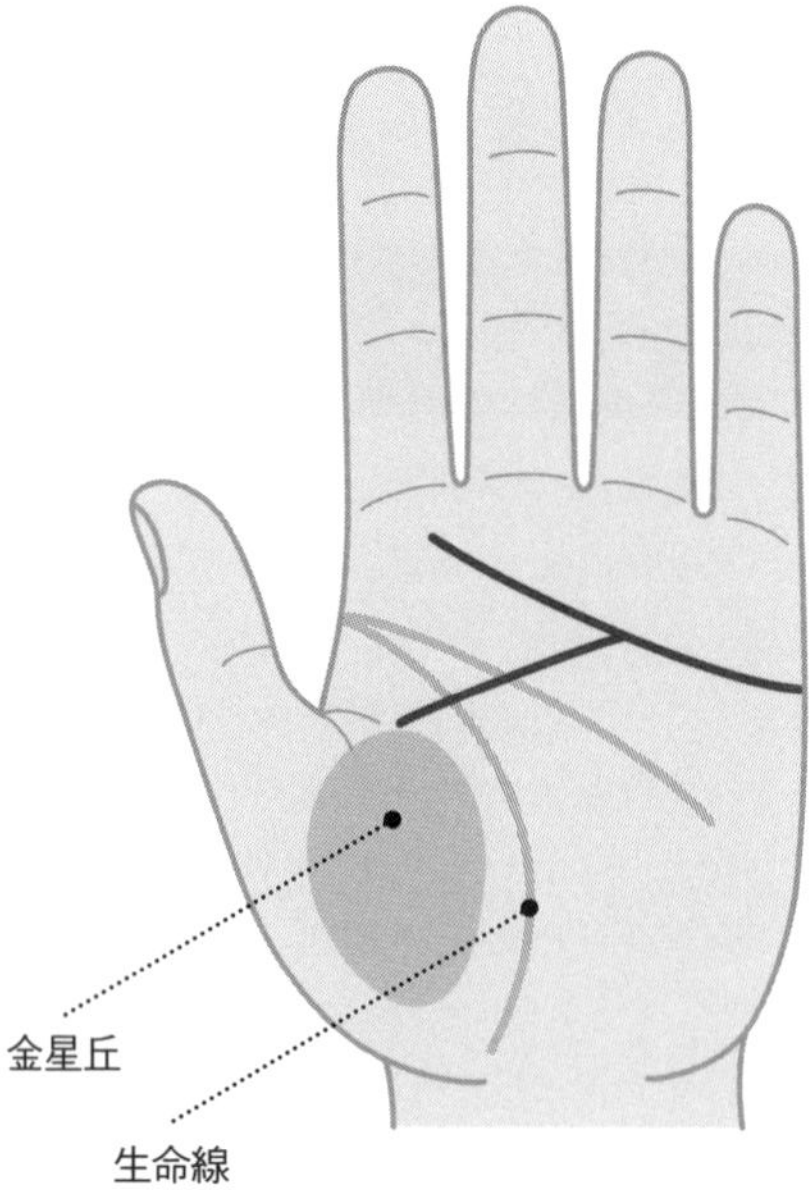

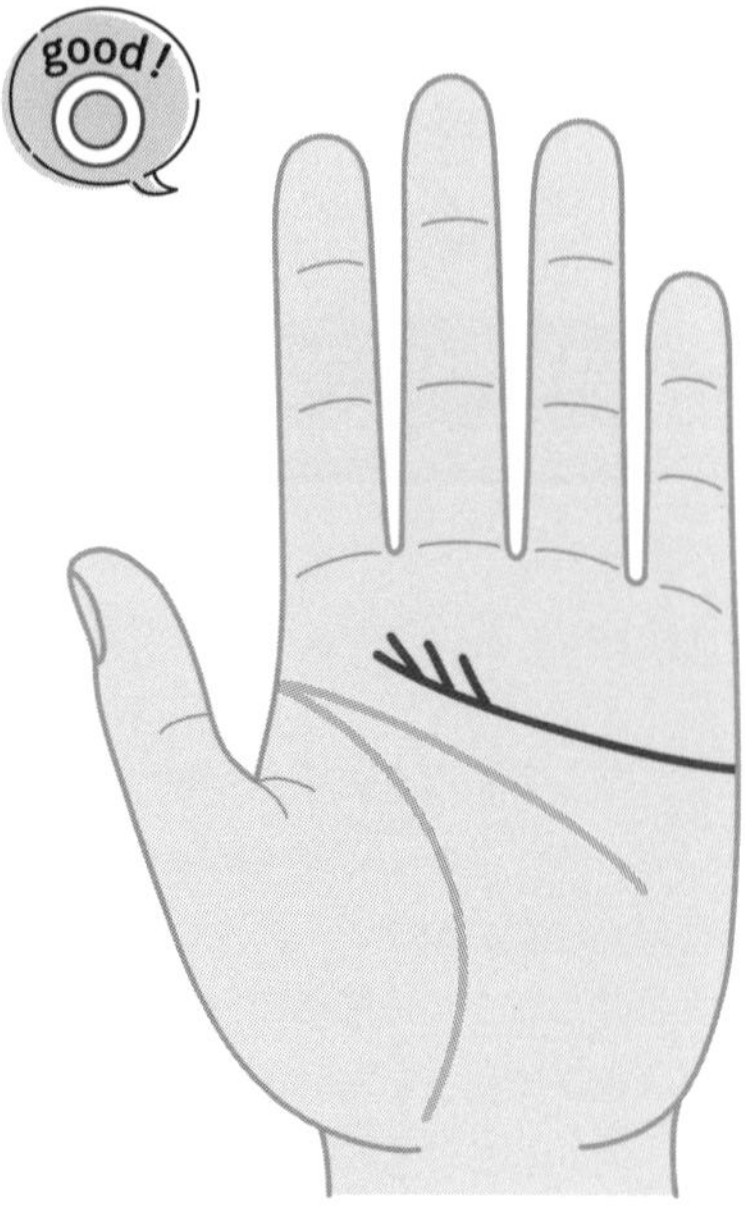

21 線の特徴
線の途中に上向きの複数の支線がある

新しい恋が芽生え、気分が高揚した手相

感情線の途中に、上向きの細かい支線が複数出ているのは、新しく好きな人ができたり、恋人ができることを意味しています。恋愛が始まる前のウキウキとした気分になりますが、先走りして失敗しないように慎重にしてください。また、「恋に恋する」状態でもこの手相は現れるので、思春期の子どもにもよく見られます。

22 線の特徴

線の途中に下向きの複数の支線がある

本気の恋愛をして失恋した人の手相

感情線の途中から下向きに細かい線が出ているのは、過去に失恋を経験した人。線が多いほど失恋の数が多く、線が太く長いほど失恋のショックが大きいことを表します。打算的な恋愛や遊びの恋愛でこの線が出ることはなく、本気の恋をしたときだけ現れます。気持ちの切り替えができれば、いずれは恋がかなう日が来るでしょう。

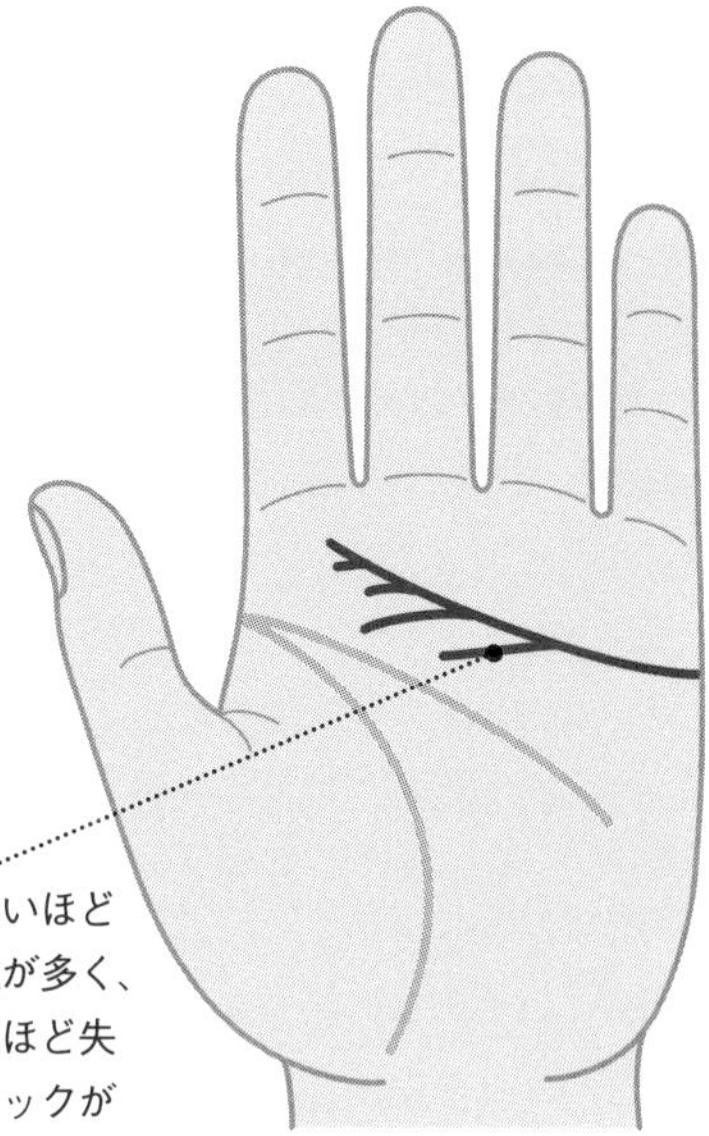

支線が多いほど失恋の数が多く、太く長いほど失恋のショックが大きい

23 線の特徴

線の先端がボサボサした房《ぼう》状《じょう》

つらい思いをして恋愛にこりた手相

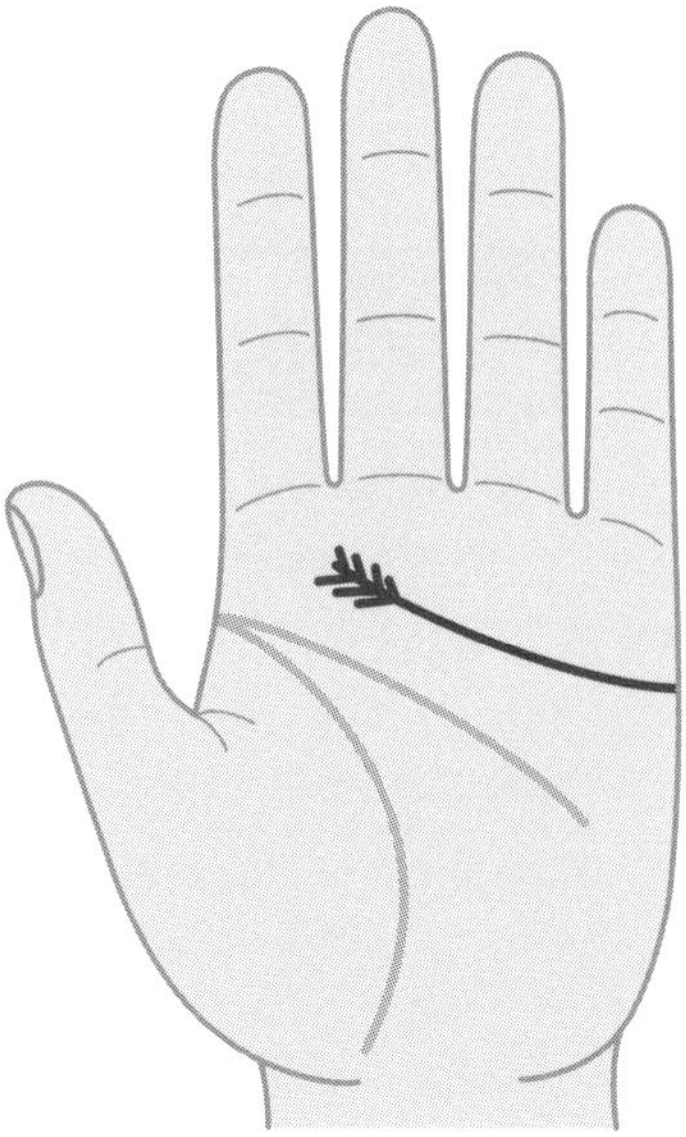

感情線の先端が何本も細かく分かれ、ボサボサした房状になっているのは、過去に恋愛で苦い経験した人の手相。地位や名誉を失ったり、利用されたあげくに捨てられるなど、かなりつらい思いをしているので、「もう恋なんてしたくない」という心境でしょう。しばらくは、新しい恋愛に踏み切るパワーがわいてきません。

24 線の特徴
起点上部に2～3本の上向きの支線

人づき合いが上手で人気者になる手相

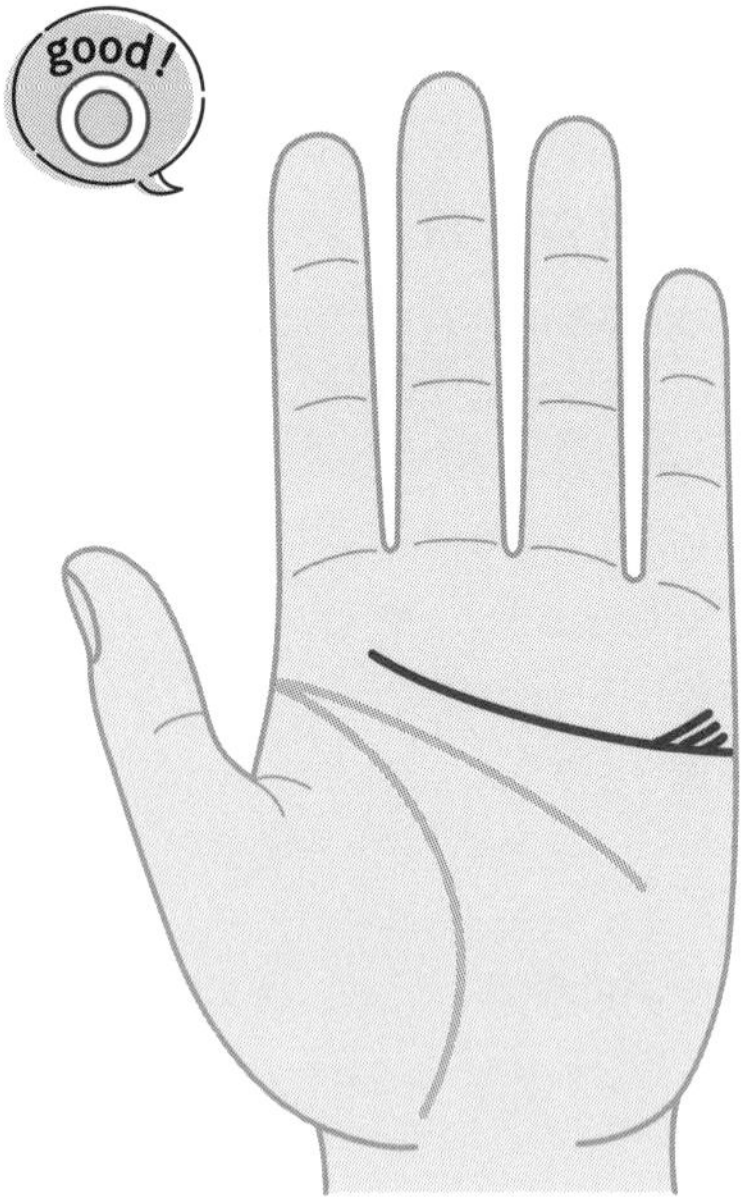

感情線の起点に2～3本の上向きの支線がある人は、社交的で人気者。話題が豊富でだれとでも親しくでき、ユーモアのセンスもあるので、周囲の人に好かれます。手がやわらかい人によく現れる手相です。手を使う職業で手が固くなっている人は、線が隠れて見えにくいことがあるので、じっくり観察してみてください。

25 線の特徴
2本の線が並行に伸びる

バイタリティがあり困難に負けない手相

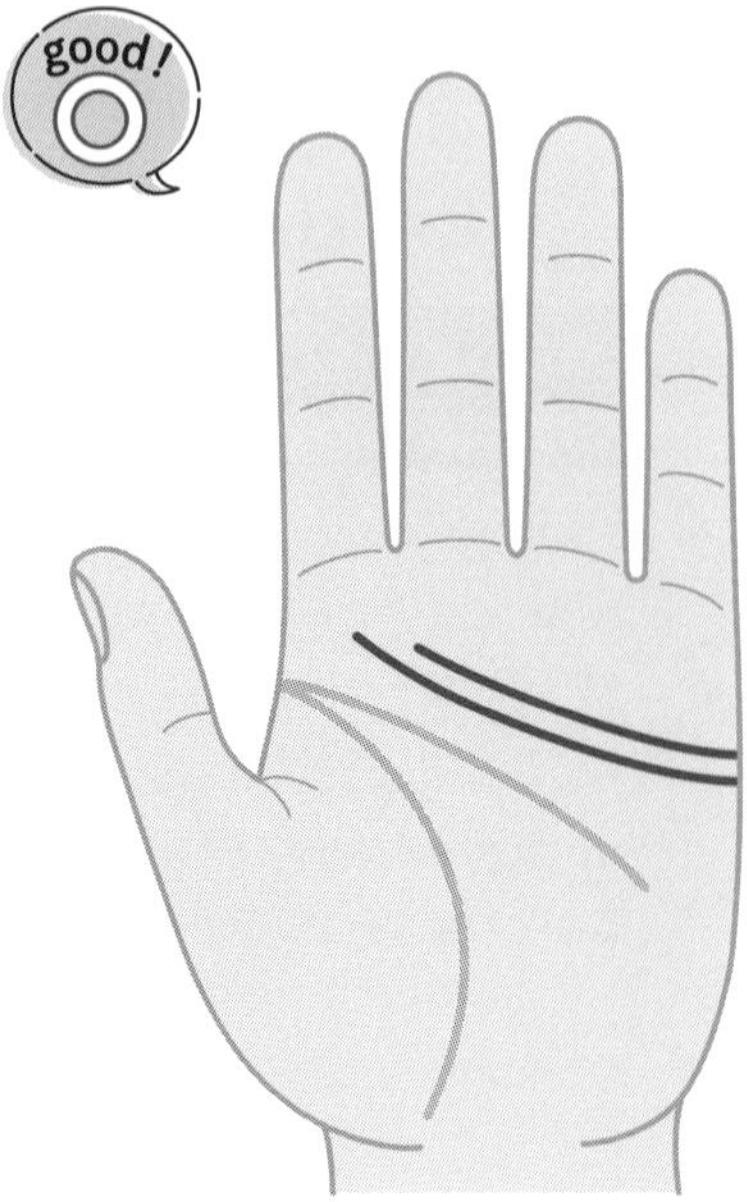

2本の感情線が並行に伸びる手相は「二重感情線」と呼ばれ、非常にエネルギッシュであることを意味しています。どんな困難にあってもくじけず立ち向かうバイタリティにあふれ、明るい性格でもあるので、客商売で成功する人が多いでしょう。また、異性に対しても積極的すぎる面があり、結婚をくり返す可能性があります。

26 線の特徴

先端に島がある

一度は最愛の人と別れる手相

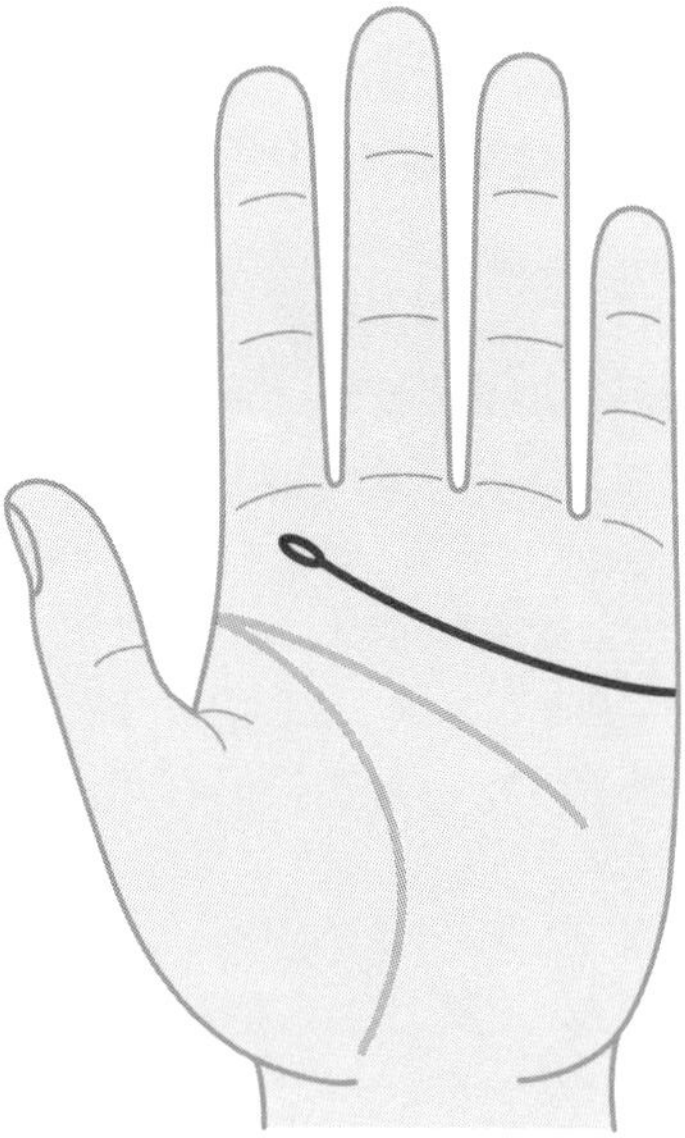

感情線の先端に島があるのは、ちょっとした行き違いなどで、最愛の人と一度別れることを意味します。原因はすれ違いや口げんかが多く、元のさやに収まることも多いので、あきらめずに話し合いの場を持ってみましょう。また、どちらかが長期に入院したり、海外赴任をするなど、距離的に離れるときにもこの手相は現れます。

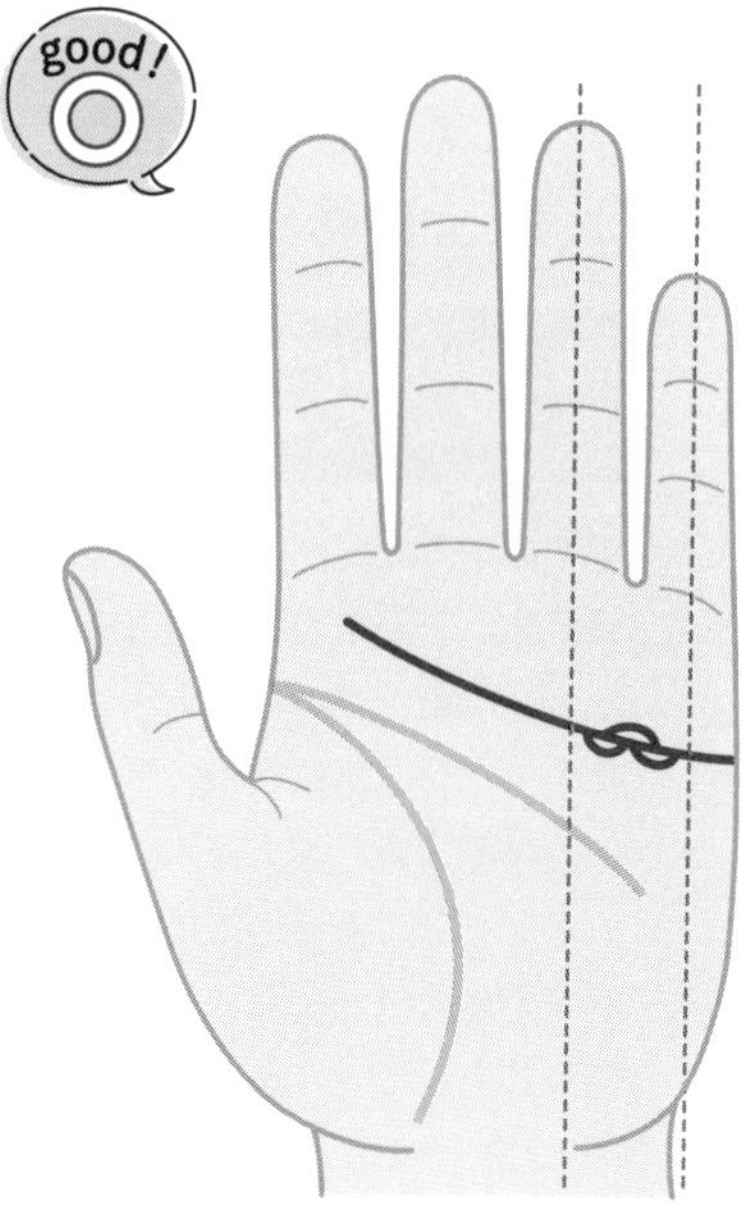

27 線の特徴

小指と薬指の間の線上に3つの島

機転がきき、接客業で成功する手相

感情線上の小指と薬指の下あたりに3つの島が重なるのは、頭の回転が速く機転がきく人。人の気持ちを素早く見抜いたり、その場の空気を読んで機敏に行動するのが得意なので、営業や客商売など、人と接する仕事に就くと成功します。一方、専業主婦（夫）になると、家族が明るく朗らかに過ごせる家庭を築くことができます。

28 線の特徴

小指と薬指の下に島。または先端に十字

幸せな結婚には縁遠い人の手相

感情線上の小指と薬指の間くらいの位置に、斜め下に向けて島があるのは、既婚者を好きになる、子どもに恵まれない、結婚相手が見つからないなど、結婚に関して恵まれないことを表します。一方、感情線の先端に十字がある場合は、最愛の人と別れることになり、その人と復縁ができないことを意味しています。

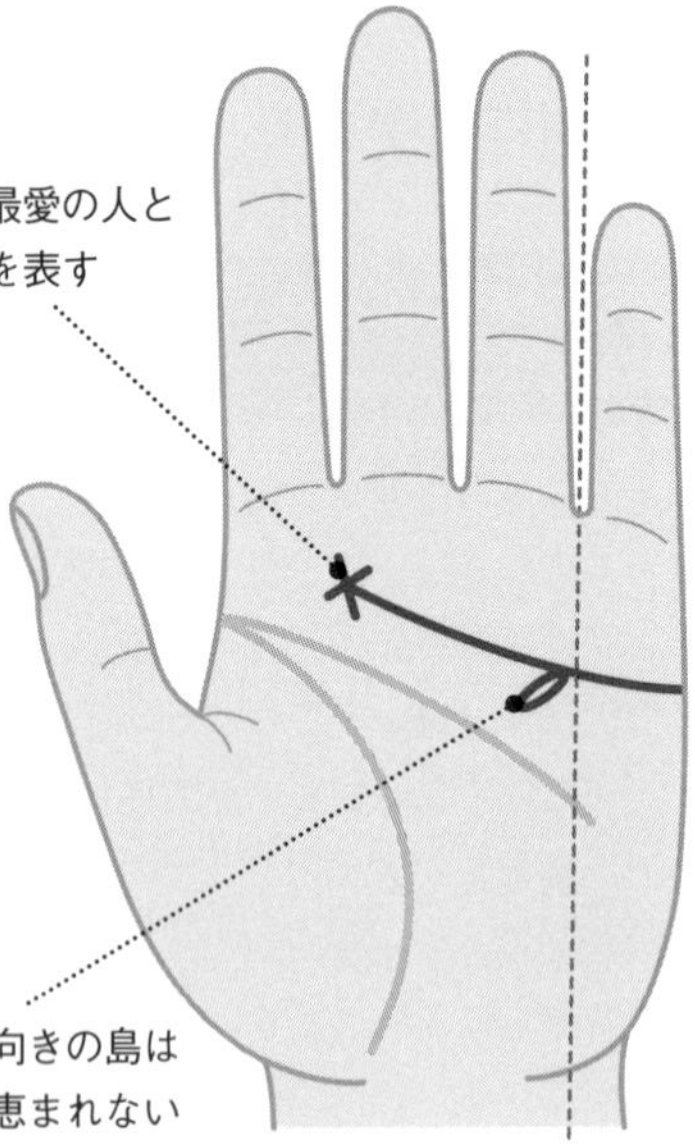

十字は最愛の人との別れを表す
斜め下向きの島は結婚に恵まれないことを表す

29 線の特徴

先端に短い横線か、線上に島や赤い斑点《はんてん》

愛する人との別れや悲恋を示す手相

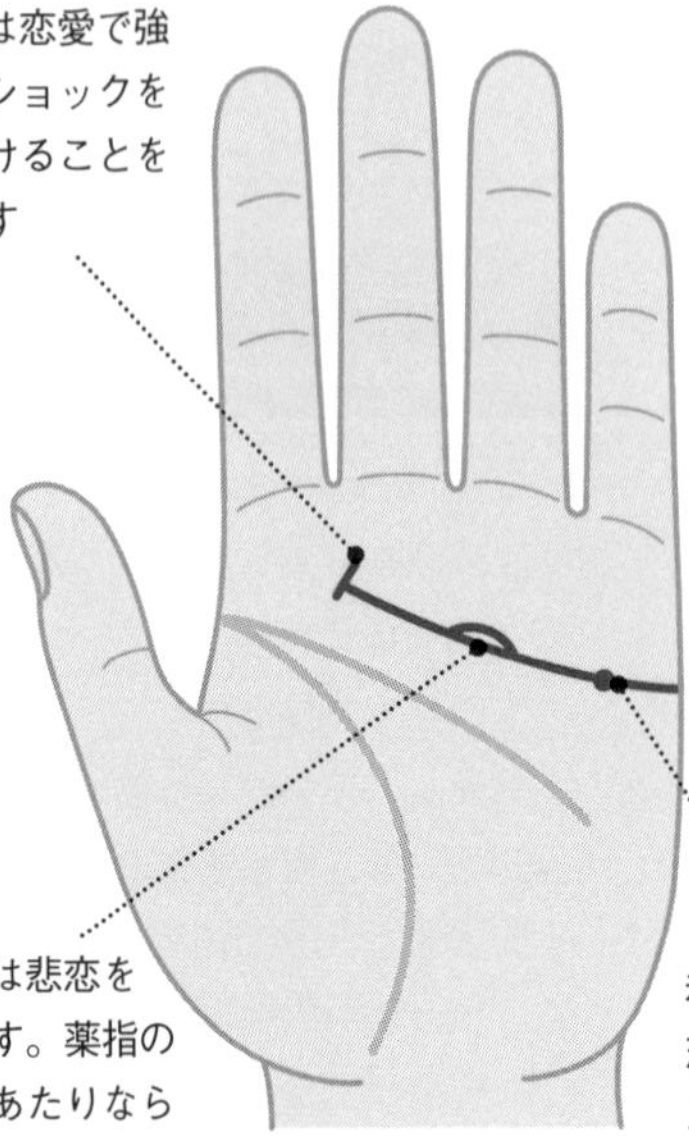

先端の短い横線は恋愛で強いショックを受けることを表す
島は悲恋を表す。薬指の下あたりなら視力低下を表す
赤い斑点は恋愛トラブルを表す

感情線が短い横線でさえぎられているのは、愛する人と別れて強いショックを受けることを示しています。また、感情線上に現れた島は悲恋を意味しますが、島が薬指の下あたりにあるときは、視力の低下を示すことになります。赤い斑点は近いうちに恋愛トラブルに巻き込まれることを表します。解決すると次第に消えていきます。

30 線の特徴

金星丘に伸びる支線に島がある

三角関係がこじれ泥沼状態になる手相

金星丘まで伸びた感情線の支線に島があるのは、三角関係におちいり、それがかなりこじれていることを表しています。まさに泥沼の状態で、そう簡単には解決しそうにありません。トラブルは避けられないので、感情的にならず慎重な対応を。当事者だけではどうにもならないときは、第三者に間に入ってもらうのもいいでしょう。

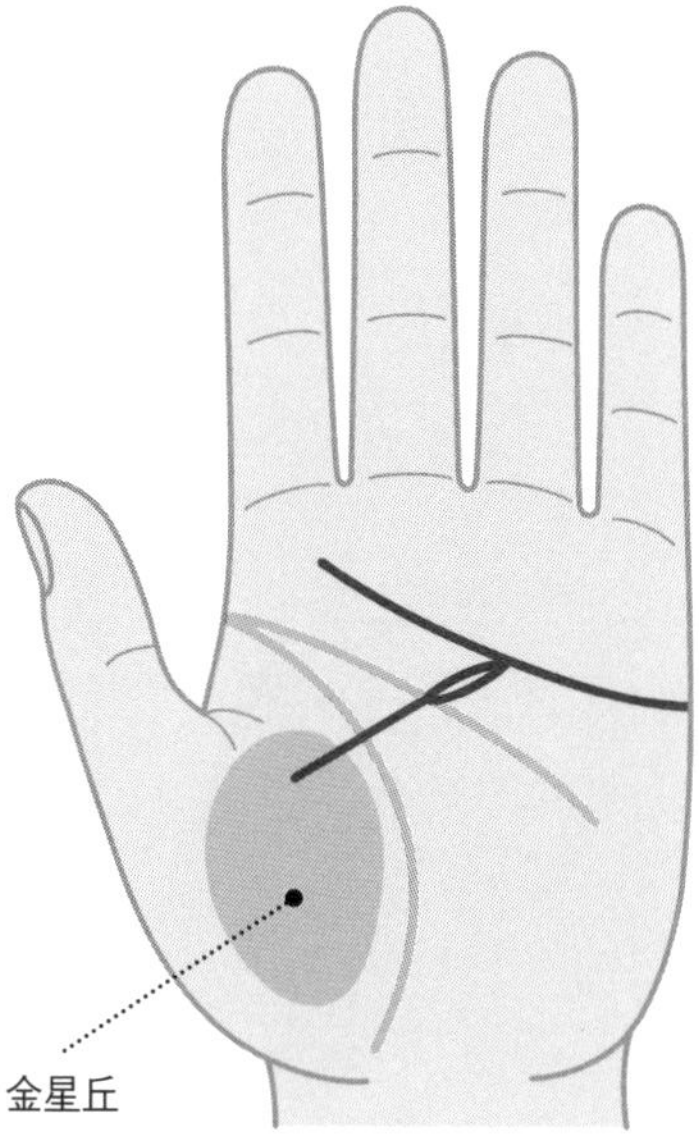
金星丘

31 線の特徴

線上に星、四角、十字のどれかがある

恋愛がらみの争いが起こる手相

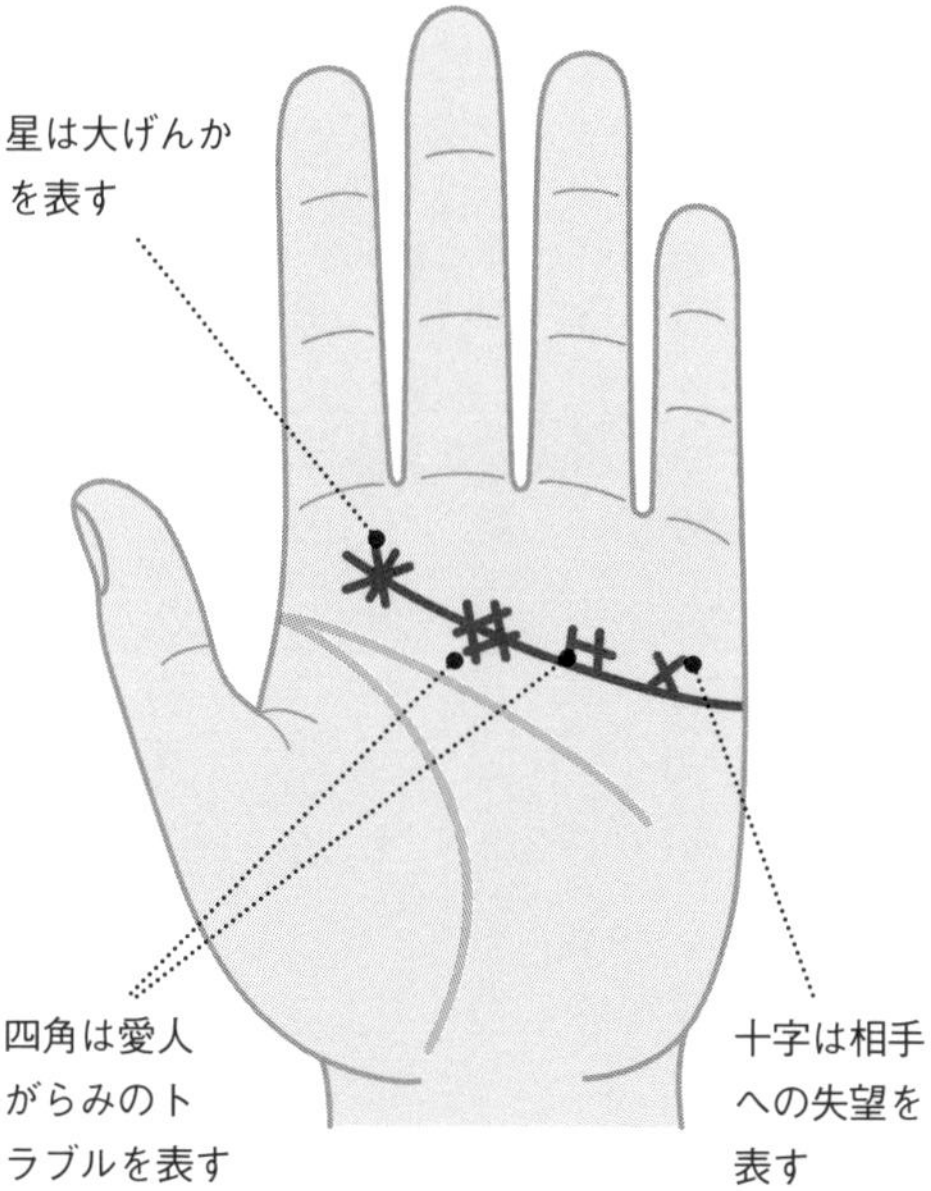
星は大げんかを表す
四角は愛人がらみのトラブルを表す
十字は相手への失望を表す

感情線の上に星、四角、十字のどれかが現れているのは、恋愛関連のトラブルが起きるサイン。星は憎しみ、嫉妬《しっと》、怒りなどが原因の大げんか、四角は愛人がらみのトラブル、十字は相手に失望することを意味しています。何らかのトラブルが起こっても最悪の事態を避けられるように、相手への信頼と愛情を再確認してください。

その他の重要な線 1

運命線

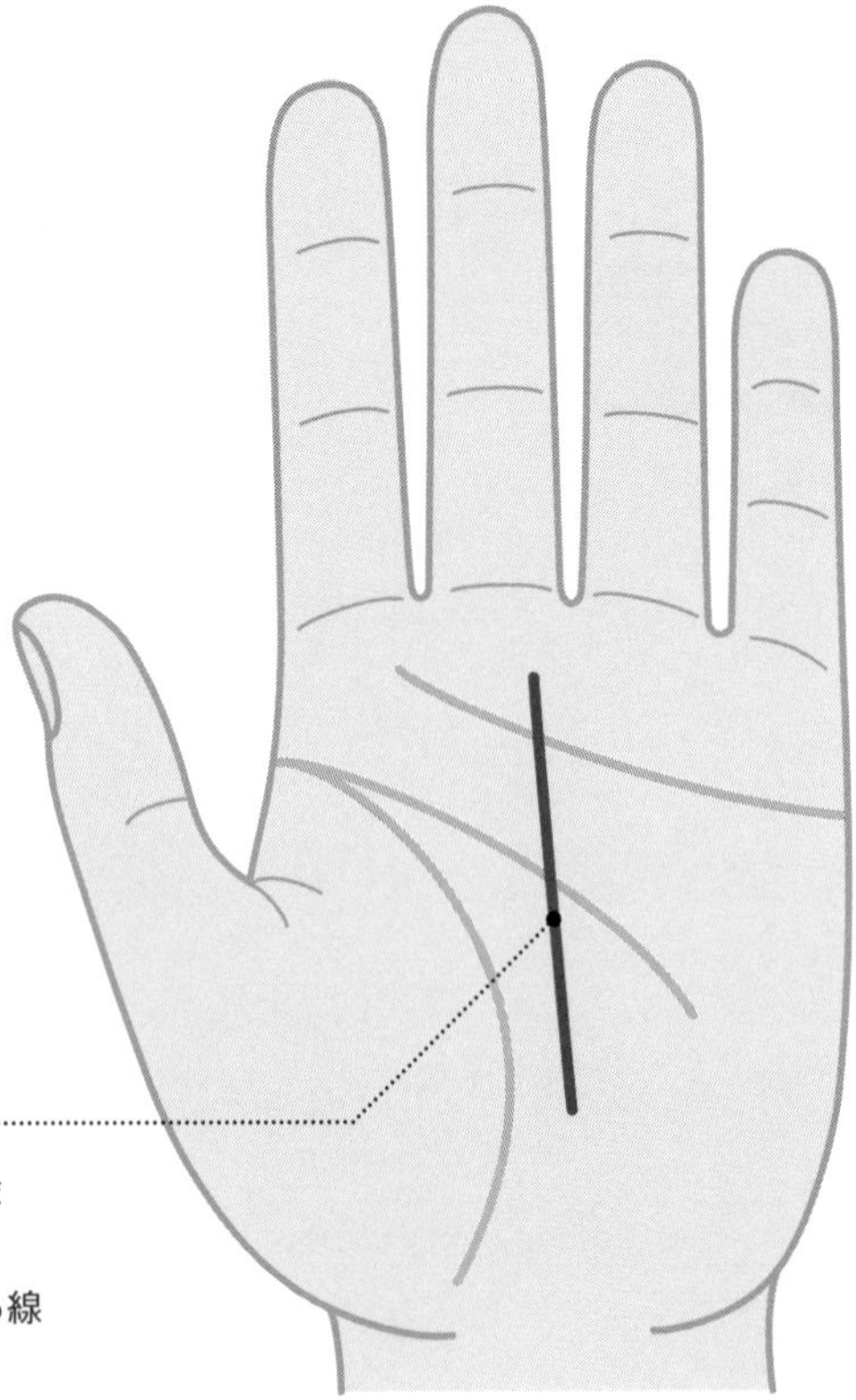
運命線とは…
手のひらのさまざまな場所を起点とし、中指の方向に伸びる線

社会生活での活動や生涯にわたる運勢を表す線

運命線の起点は、金星丘、月丘、生命線、手首中央など人によってさまざまですが、どれも中指方向に伸びます。

運命線はその人が社会でどのように活動していくか、生涯の運勢を表すものです。社会活動を行うには健康、知能、他人への思いやりなどが欠かせないため、**運命線を見るときは、知能線、感情線などほかの線の内容と照らし合わせ、総合的に判断します**（⬇118ページ）。

運命線はない人もいて、それは自分が責任のある社会的活動にたずさわっていないことを意味します。年齢が若いほど運命線がないことが多く、人生経験を積むにつれて運命線が現れてきます。

●運命線を見るコツ

なにを見る？	なにがわかる？
起点の位置	運の強さ、開運の方法、周囲からの援助の有無などがわかります。
先端と向き	性格や運勢がわかります。
線の状態	安定性や生活力を示します。うねっている線は不安定な人生、ノコギリ状の線は停滞期であることの表れです。
支線やその他の線	恋愛や結婚などについて示しており、運気を補強するよい意味を持つこともあります。
島や十字など記号	災難の予告。記号がはっきり現れるほど、災難のダメージが大きくなります。

判別するのが難しい線。例から似たものを探そう

先ほど紹介したように、運命線が始まる位置は、人によってかなり異なります。先端は中指方向にあるのが基本ですが、中には人差し指のほうに伸びる人もいます。そのため、運命線は判別するのが難しい線なのです。119～123ページの一覧にある手相と自分の手をじっくり見比べ、似ているものを探してください。

運命線は、線に勢いがあり、まっすぐ一直線に伸びるほどよい手相となります。反対に、弱々しい、湾曲《わんきょく》している、ギザギザ、切れ切れなどの線は運気の低迷を意味します。しかし、時間が経つと線の状態が変わることも多いため、ときどき手相を確認しましょう。

ほかの線と合わせて運勢を見てみよう

運命線はほかの線の内容と照らし合わせ、総合的に判断しましょう。

生命線 ＋ 運命線

運命線がよい状態でも生命線が短いことがあります。このような場合は、生命線の短さを運命線がカバーし、生命力を補ってくれます。ただ、生命線に支線があったり房状《ぼうじょう》だったりするなど、そのときの健康に問題があるときは、体力不足で思うように動けず、運を逃がしてしまうことがあります。

知能線 ＋ 運命線

目の前に立ちはだかる困難や障害に負けてしまったら、目標を達成したり、希望をかなえることはできません。困難や障害をてきぱき処理するための機転や手腕といった頭脳の働きは、知能線に現れます。つまり、目標や希望を実現するには、勢いのある運命線に加え、しっかり刻まれた知能線が欠かせないのです。

感情線 ＋ 運命線

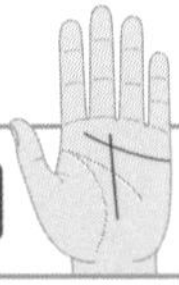

よほど冷淡で、喜怒哀楽に乏しい人でなければ、人の行動は感情に左右されるものです。たとえ同じ立場に置かれても、社会においてどのように活動するかは、その人の持つ情や心の内面の状態によって変わってしまうのです。そのため、運命線と感情線は、切っても切れない密接な関係にあります。

太陽線 ＋ 運命線

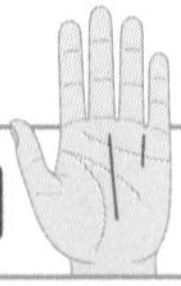

立派な運命線を持っていて社会で十分に活躍できる力を持っていても、太陽線（➡144ページ）が貧弱だと周囲に認めてもらうことは難しくなります。反対に、運命線の状態が多少悪くても、太陽線がよければ周囲の人に盛り立てられ、実力以上の評価を得られます。社会での活躍の度合いは太陽線の状況で一変します。

運命線一覧

起点を見る❶手首中央

1

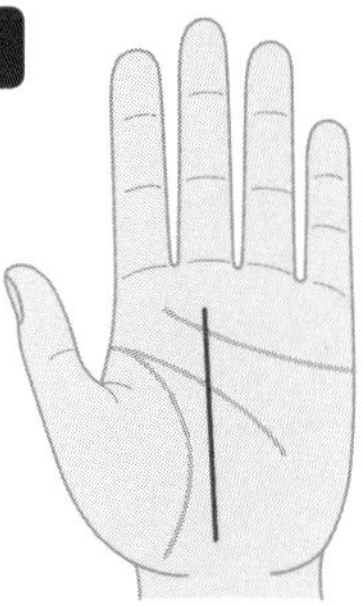

手首の中央から出て生命線に触れない

124ページ

2

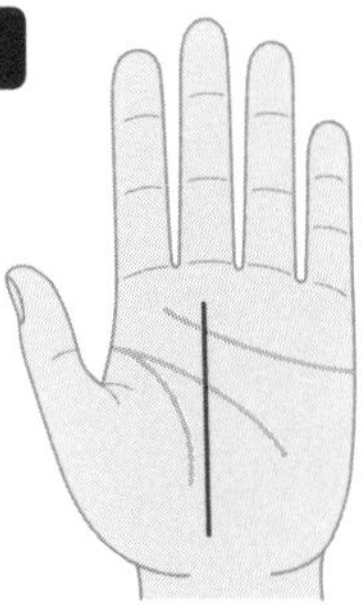

短い生命線＋手首の中央から出る運命線

124ページ

3

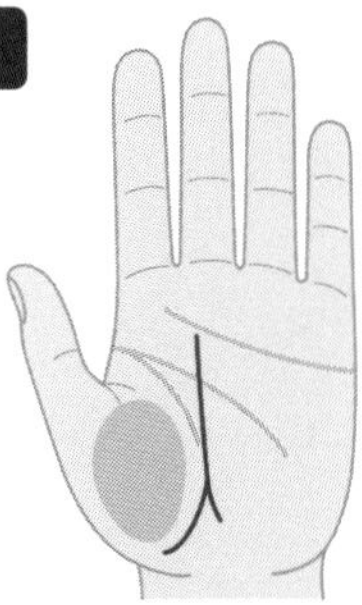

手首中央から始まり金星丘に支線がある

125ページ

4

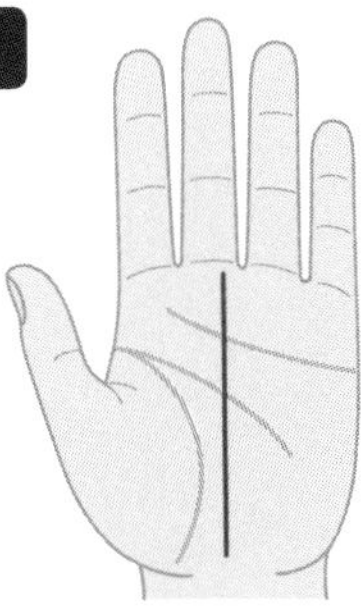

手首から中指のつけ根に一直線に伸びる

125ページ

起点を見る❷生命線付近

5

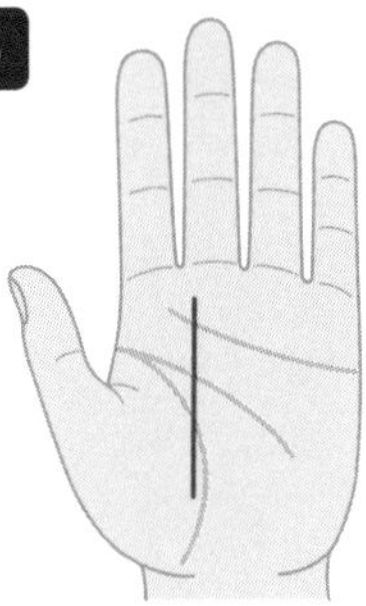

起点が生命線の内側にある

126ページ

6

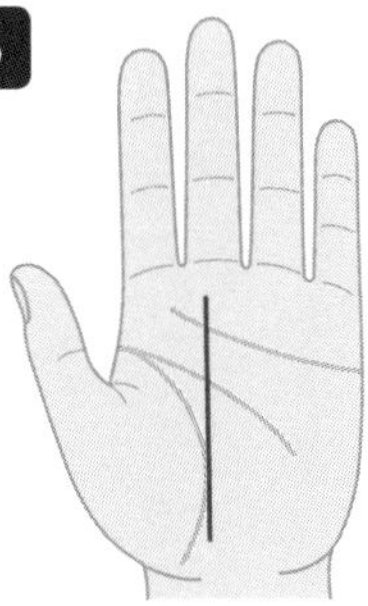

起点が生命線の下部にある

126ページ

7

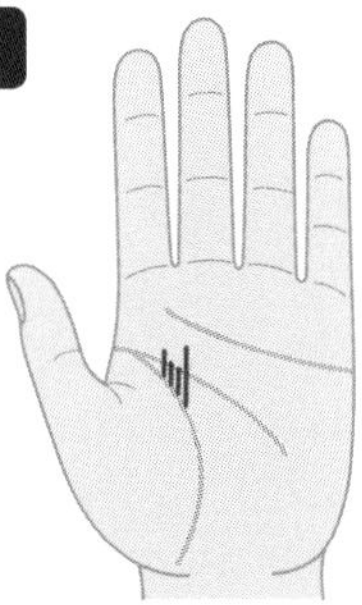

生命線中央から短い線が数本出ている

127ページ

起点を見る❸その他

8

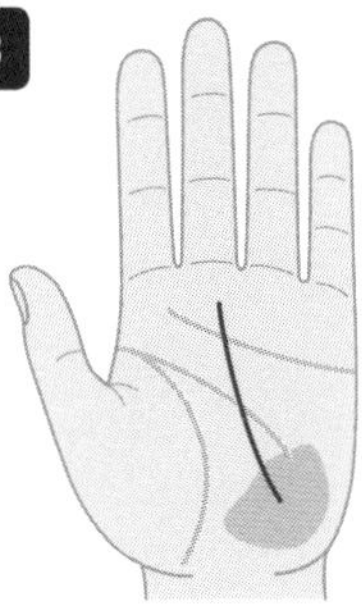

月丘から出ている

128ページ

9

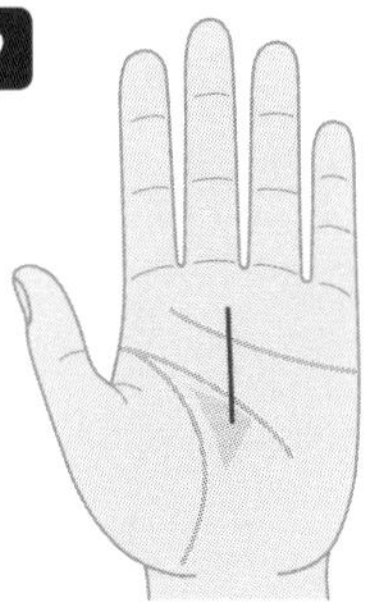

起点が手のひら中央、または方庭《ほうてい》にある

128ページ

10

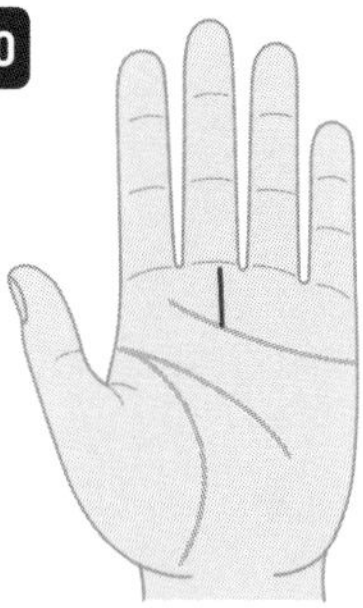

感情線の上部に
深く刻まれる

129 ページ

先端と向きを見る

11

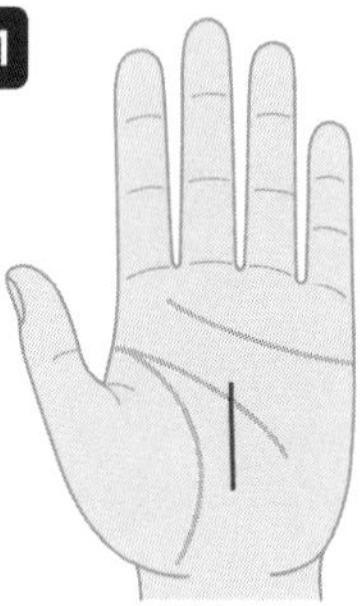

手のひらの途中で
線が終わる

130 ページ

12

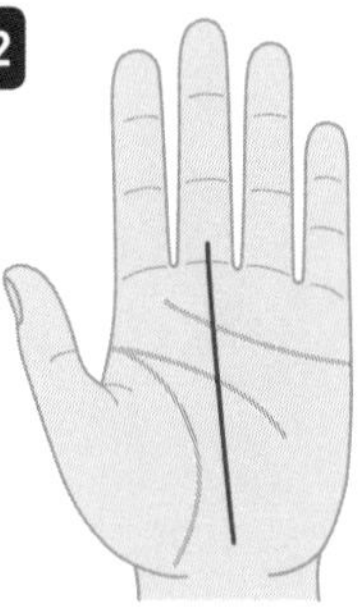

先端が中指の第三
指節まで伸びる

130 ページ

13

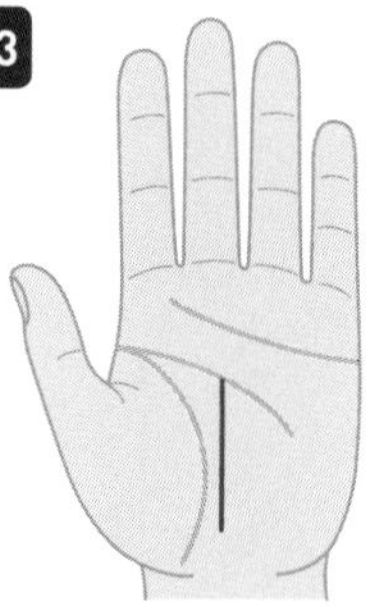

中指に向かい
知能線で止まる

131 ページ

14

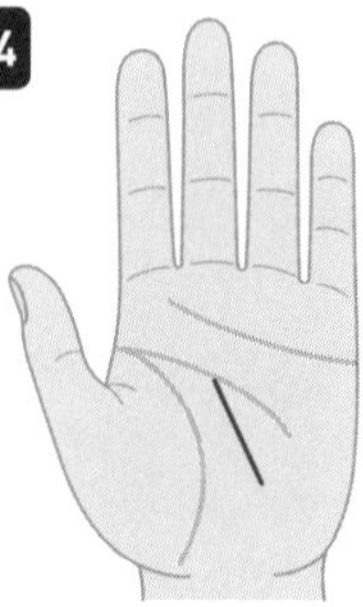

人差し指に向かい
知能線で止まる

131 ページ

15

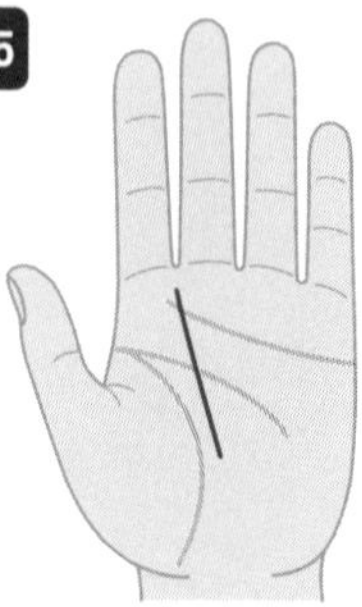

人差し指と中指の
間に向かう

132 ページ

16

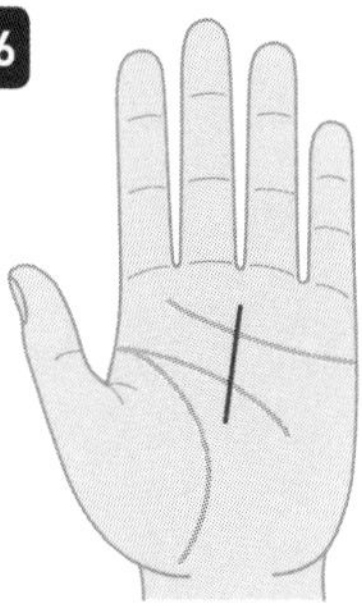

中指と薬指の
間に向かう

132 ページ

17

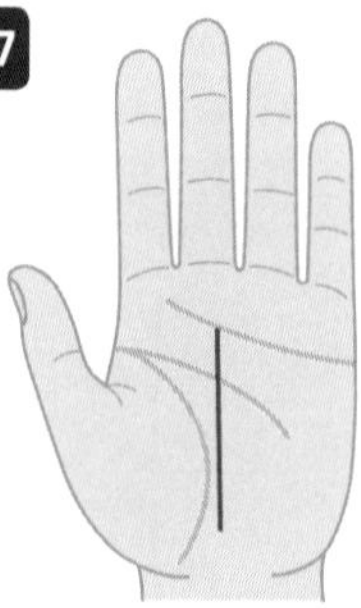

先端が
感情線で止まる

133 ページ

18

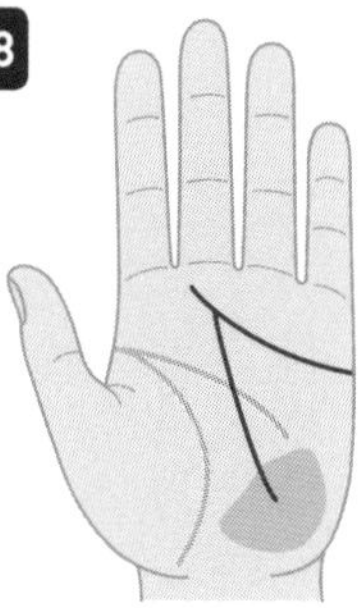

感情線と合流し
中指へ向かう

133 ページ

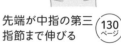

線の状態を見る

19

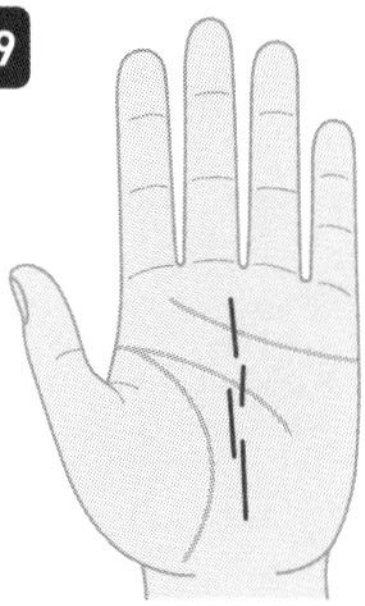

線が切れ切れになっている 134ページ

20

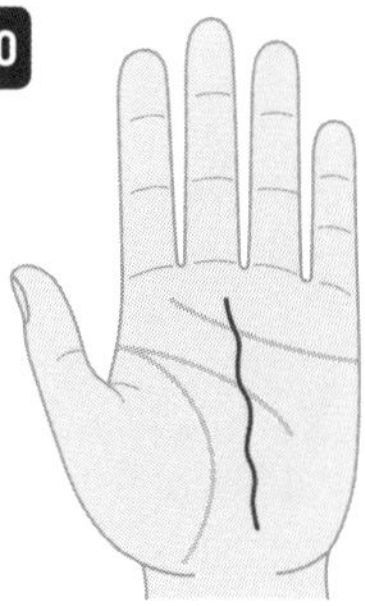

波形になっている 134ページ

21

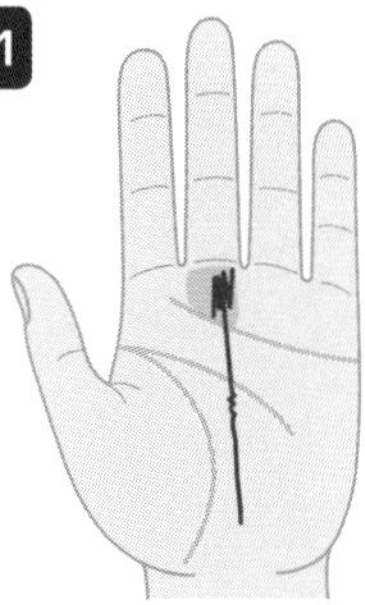

ギザギザで中指下に不規則な縦線 135ページ

22

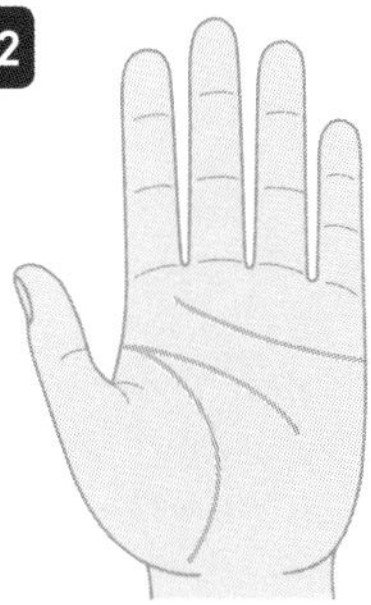

運命線がない 135ページ

支線やその他の線を見る

23

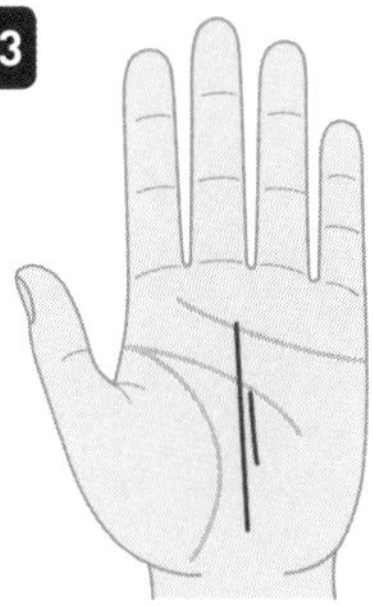

運命線の２～３ミリ横に並行する短い線 136ページ

24

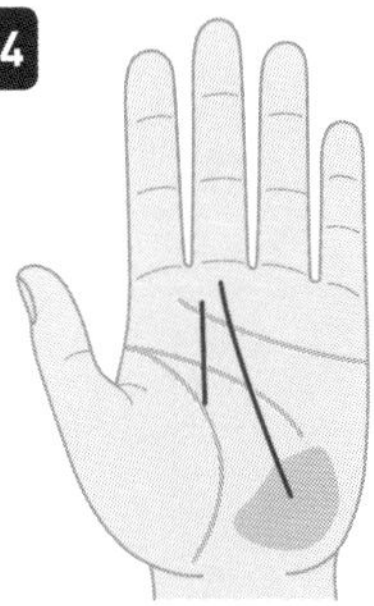

月丘と生命線の２カ所から伸びる 136ページ

25

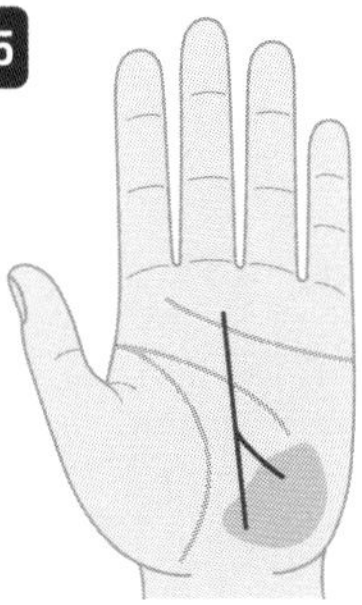

月丘から伸びた線と合流している 137ページ

26

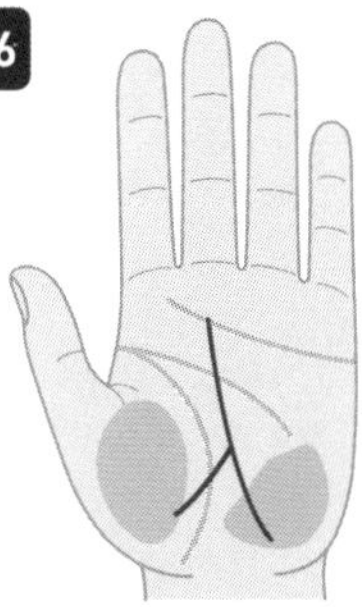

月丘と金星丘から伸びる線が合流 137ページ

27

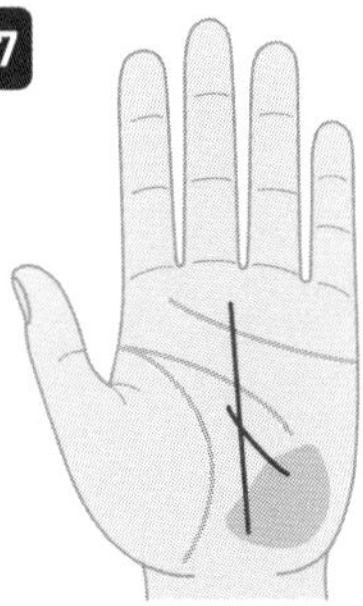

月丘から出た線が運命線を横切る 138ページ

28

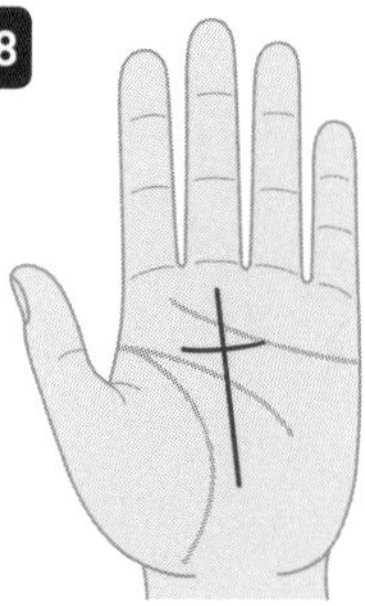

感情線の支線と
十字を作る

138 ページ

29

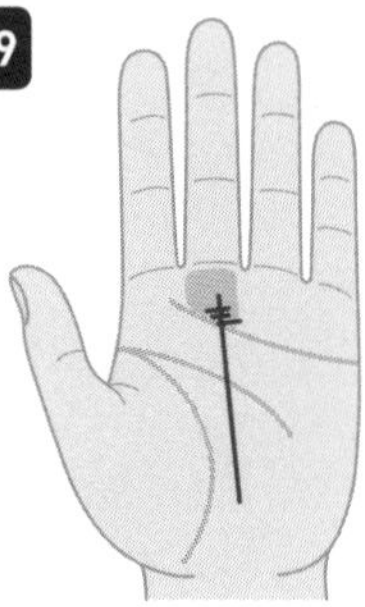

先端に細かい
横線が数本ある

139 ページ

30

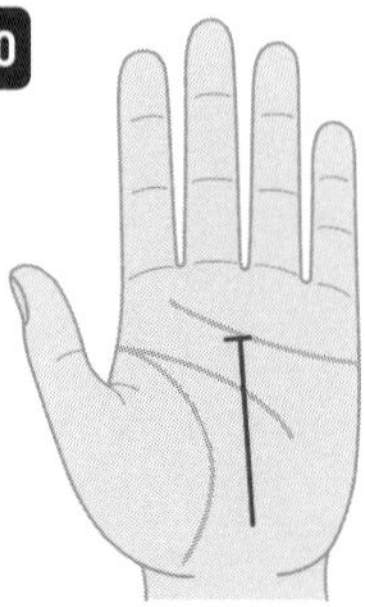

横切る線で止まる

139 ページ

31

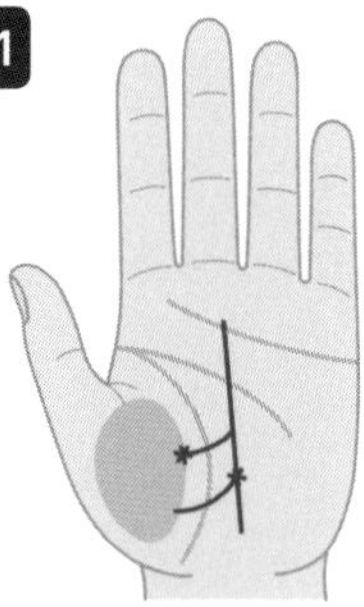

金星丘から伸びる
線と星でつながる

140 ページ

記号を見る

32

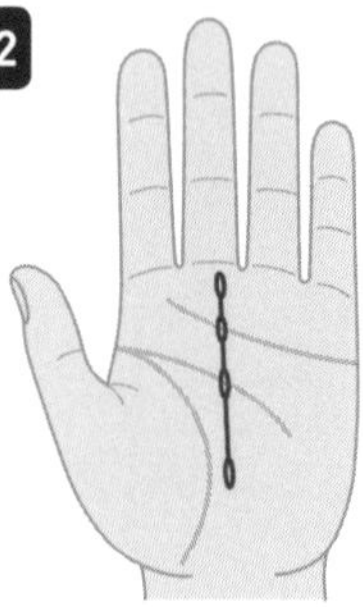

線上に島がある

140 ページ

33

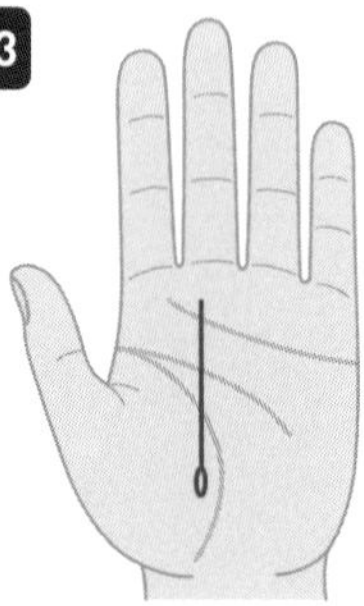

生命線の内側に起
点があり、下部に島

141 ページ

34

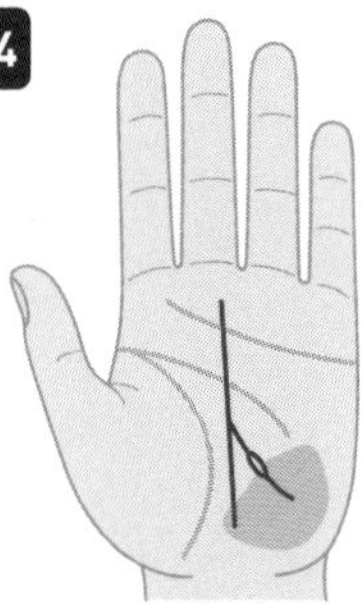

月丘から出て運命線
に合流する線に島

141 ページ

35

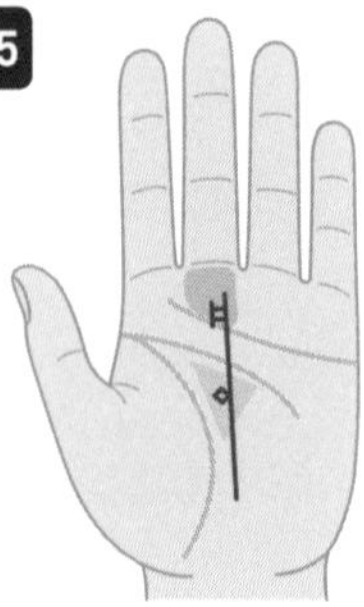

運命線に接する
四角がある

142 ページ

36

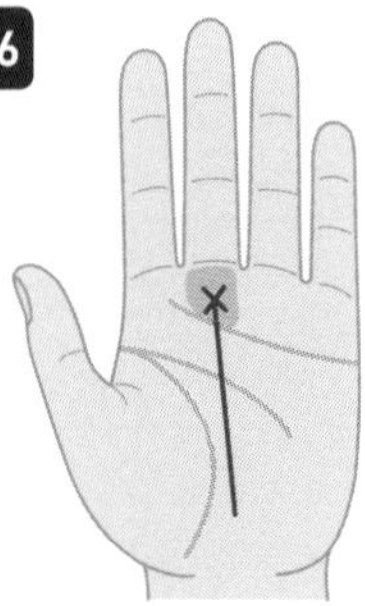

土星丘で終わり
先端が十字

142 ページ

37

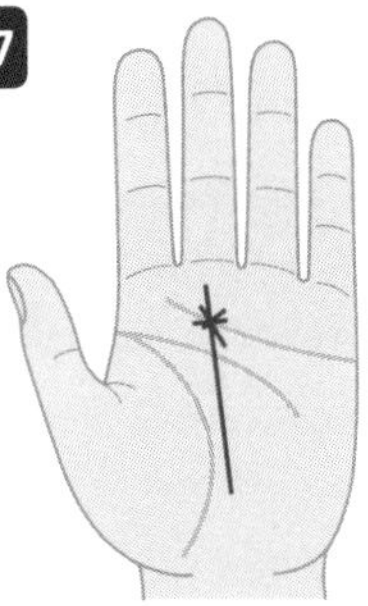

感情線と交差する部分に星

143ページ

38

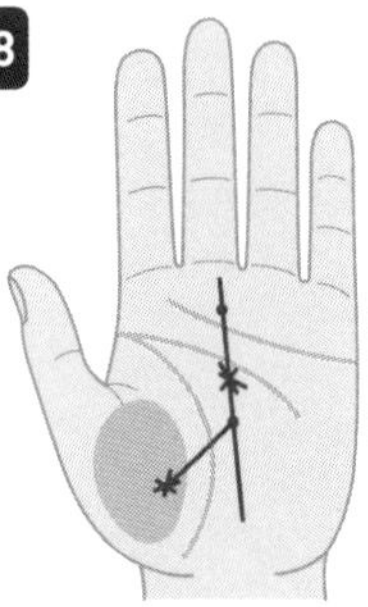

線上に青黒い斑点《はんてん》や星がある

143ページ

1 線の特徴
手首の中央から出て生命線に触れない

たっぷり愛されて育った人の手相

手首の中央からまっすぐ、生命線に触れずに伸びる運命線は、親に十分に愛され、恵まれた生活をしてきたことを意味します。この線が感情線を越えて中指の下まで達していれば、親の恩恵をもとに中年以降も順調に運に恵まれます。線が手のひら中央に達していない場合は、譲られた財産を失ったり恩恵が途絶えることを示します。

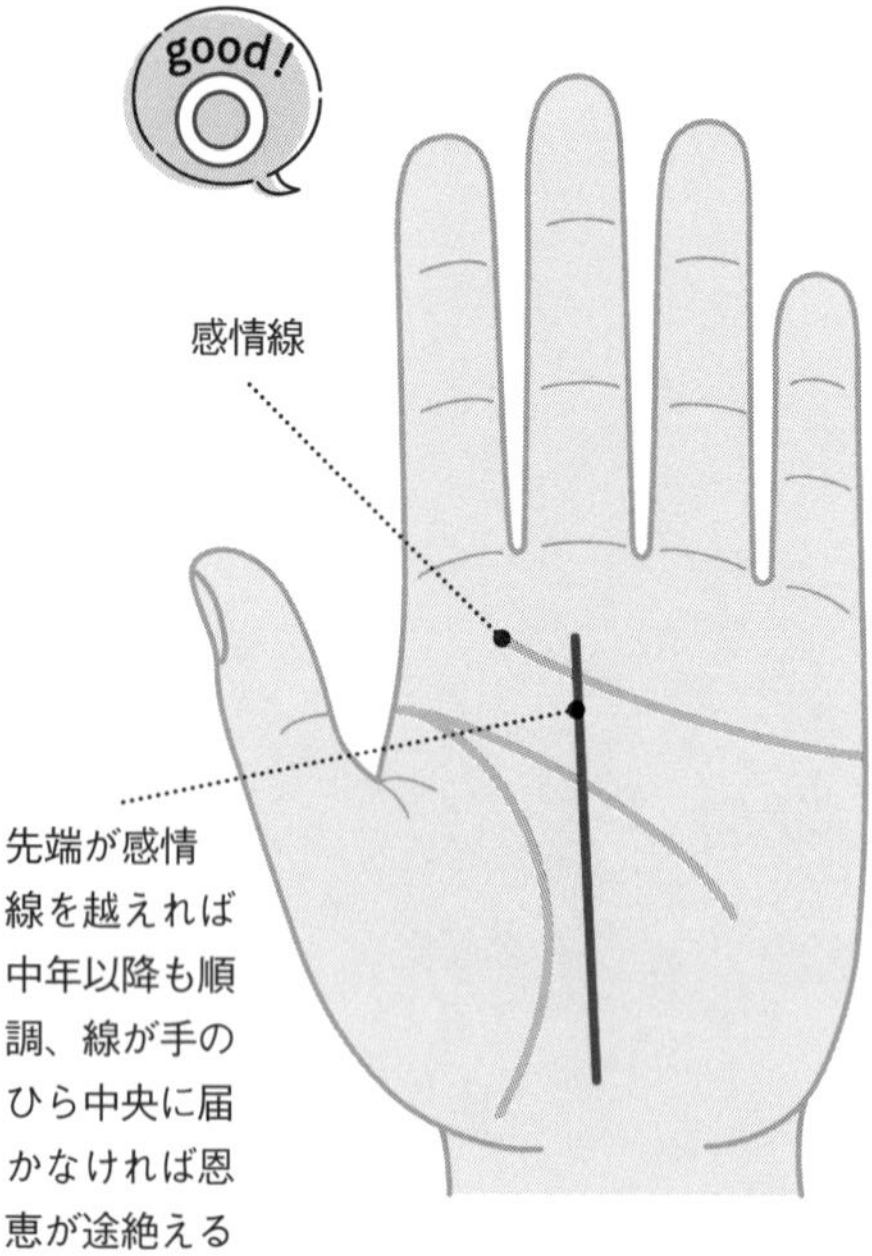
good!
感情線
先端が感情線を越えれば中年以降も順調、線が手のひら中央に届かなければ恩恵が途絶える

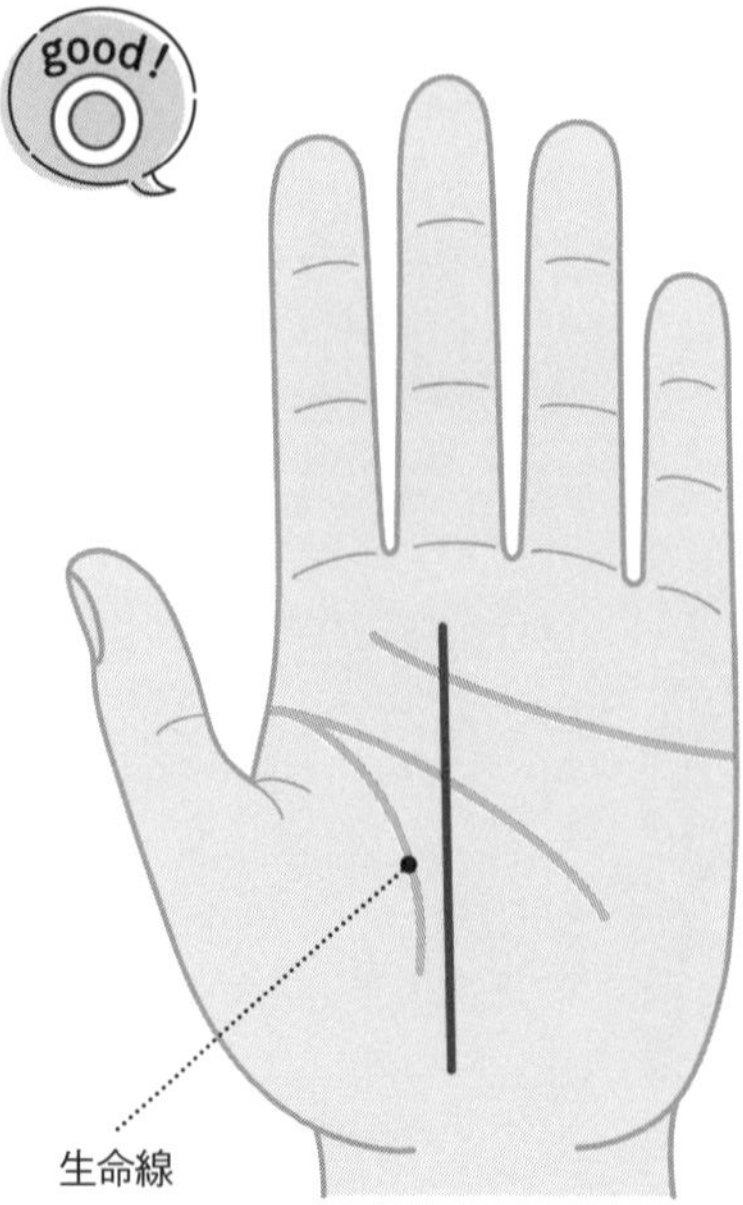
good!
生命線

2 線の特徴
短い生命線＋手首の中央から出る運命線

甘えない強さと気性の激しさを持つ手相

短い生命線だけを見ると生命力が弱いと判断しがちですが、手首の中央から伸びる運命線がそれを補うため、長生きの素質は十分です。この手相の人は親の恩恵を受けて育ちますが、それに甘えることなく努力して、いずれは自分の力を発揮する芯《しん》の強さを持っています。ただし、気性の激しさが欠点にもなります。

3 線の特徴

手首中央から始まり
金星丘に支線がある

親をあてにせず
自力で頑張る手相

運命線**2**同様、手首から伸びた運命線が短い生命線を補っています。また、金星丘から昇る運命線の支線が生命線の代理をし、長い生命線を形作っています。この手相の人は親の援助や七光りをあてにしません。困難にあってもできることから少しずつ努力を重ね、やがて自分の力を発揮して目標を達成するでしょう。

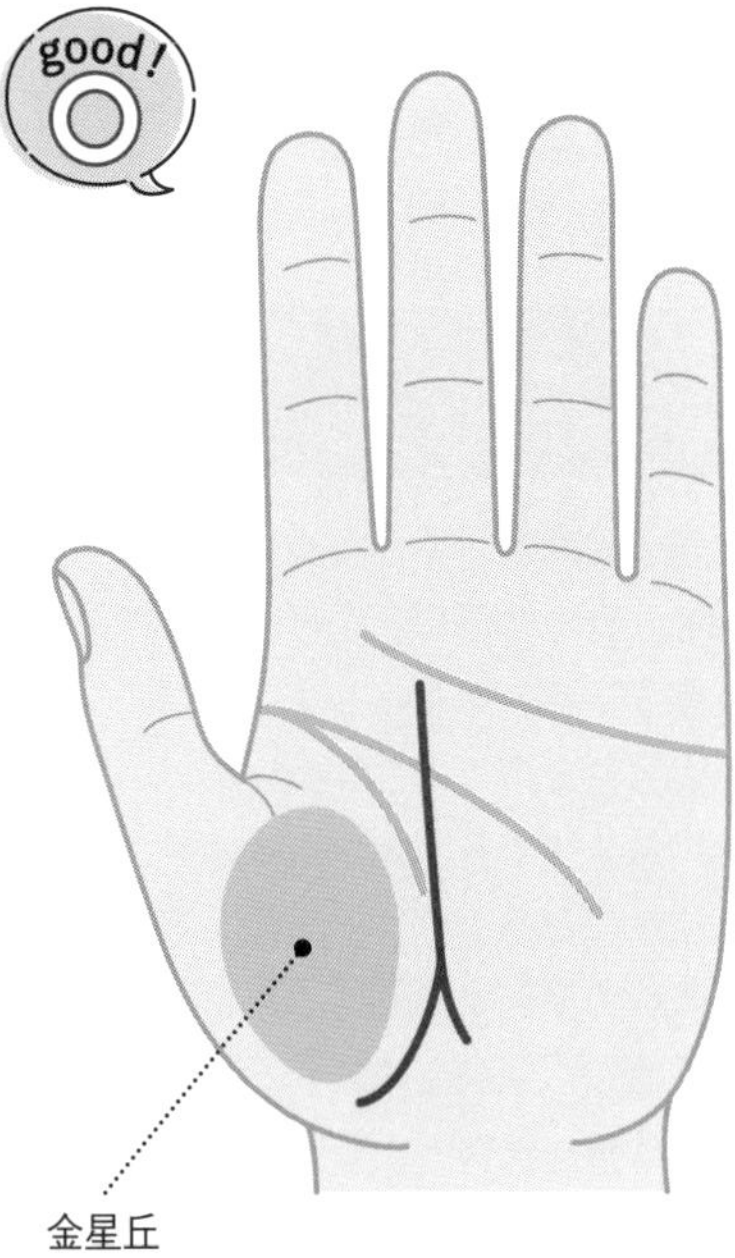

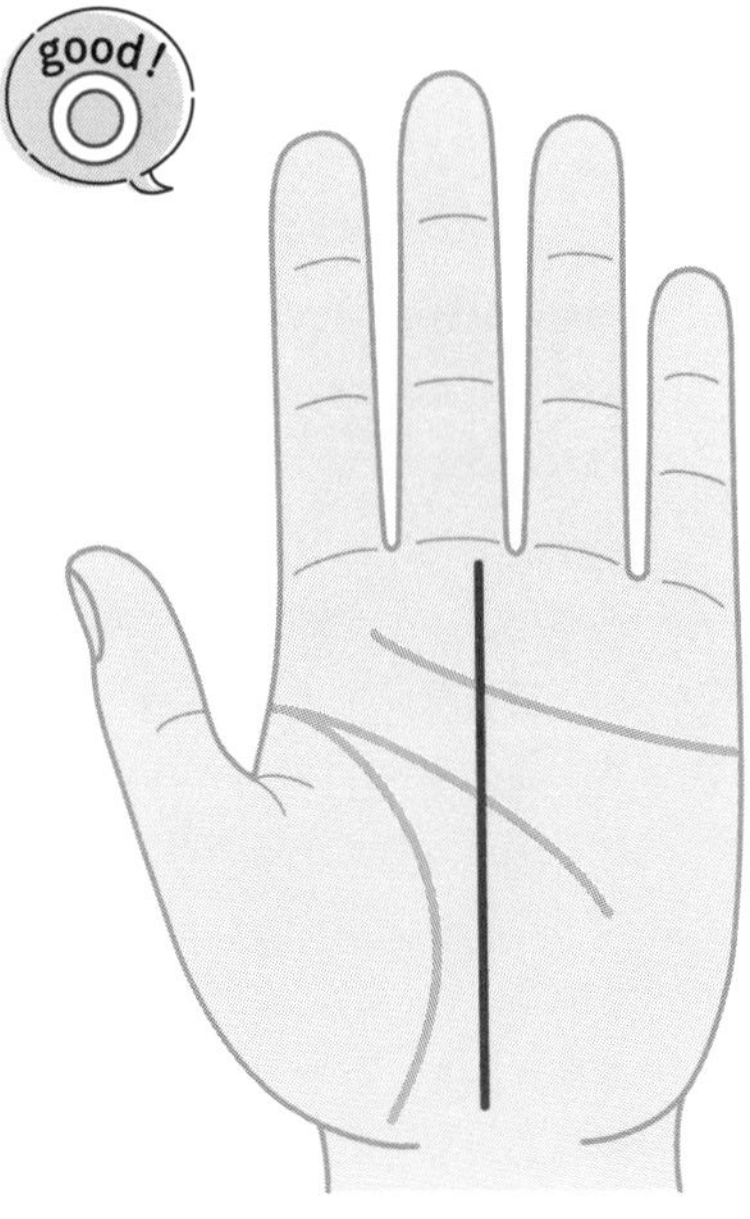

4 線の特徴

手首から中指のつけ
根に一直線に伸びる

運も性格も強く、
トップに立つ手相

手首を起点にした運命線が中指のつけ根まで一直線に伸びるのは、運も性格も強い、「天下筋」と呼ばれる手相です。この手相で太陽線（➡144ページ）も出ている人は、目標を強引に達成して出世街道を突き進みます。一方、太陽線がない場合は、努力家ではあるものの、上昇志向や気の強さが災いして、敵を作ることがあります。

5 線の特徴

起点が生命線の内側にある

身内のコネにより社会で活躍する手相

生命線の内側から運命線が伸びる手相は、身内の恩恵を受けて社会で活躍することを意味します。親の七光りや身内のコネクションでよい地位を得たり、大きな遺産を相続することもあります。運命線が生命線の下部を通過する場合は親の恩恵を、中央あたりを通過する場合は夫や妻などパートナーからの恩恵を受けます。

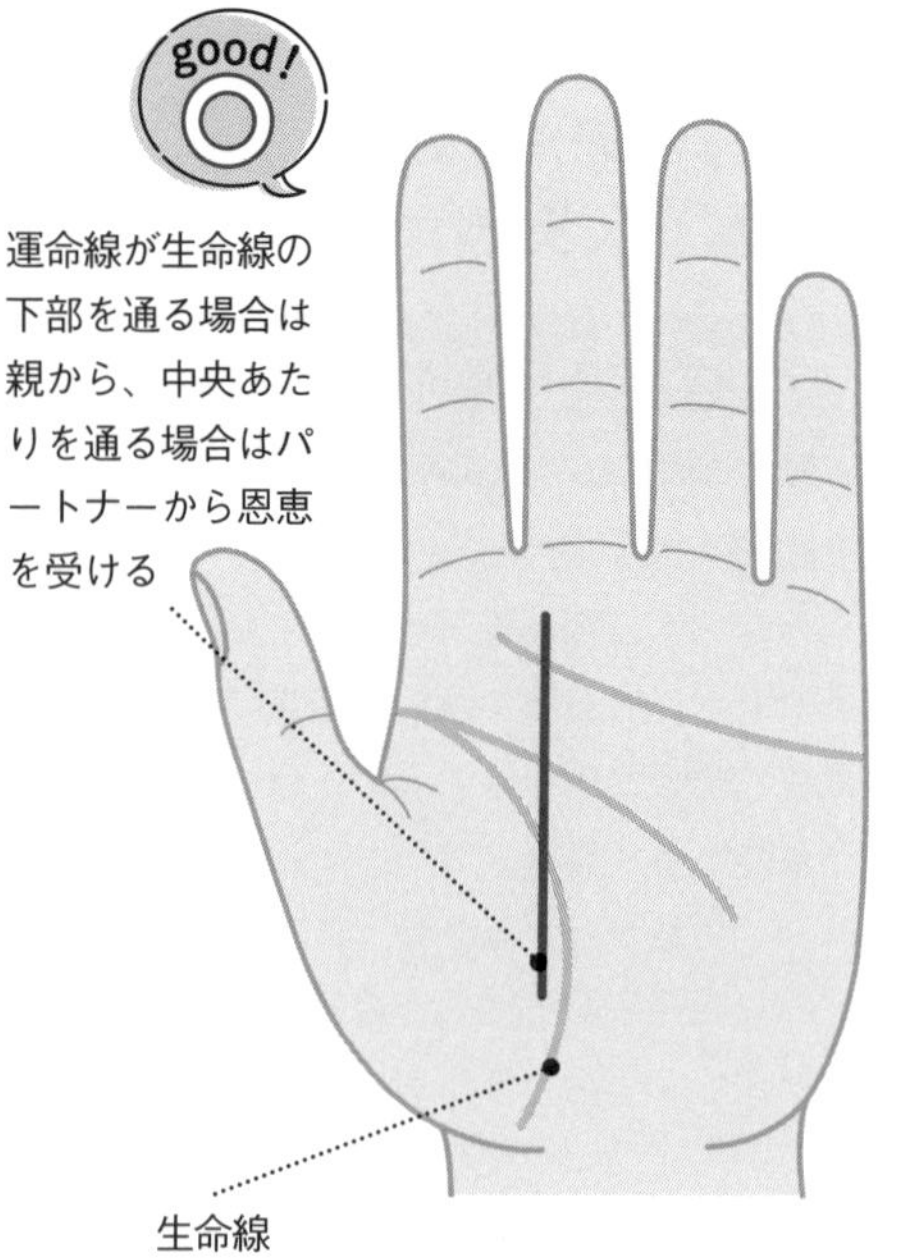
good!
運命線が生命線の下部を通る場合は親から、中央あたりを通る場合はパートナーから恩恵を受ける
生命線

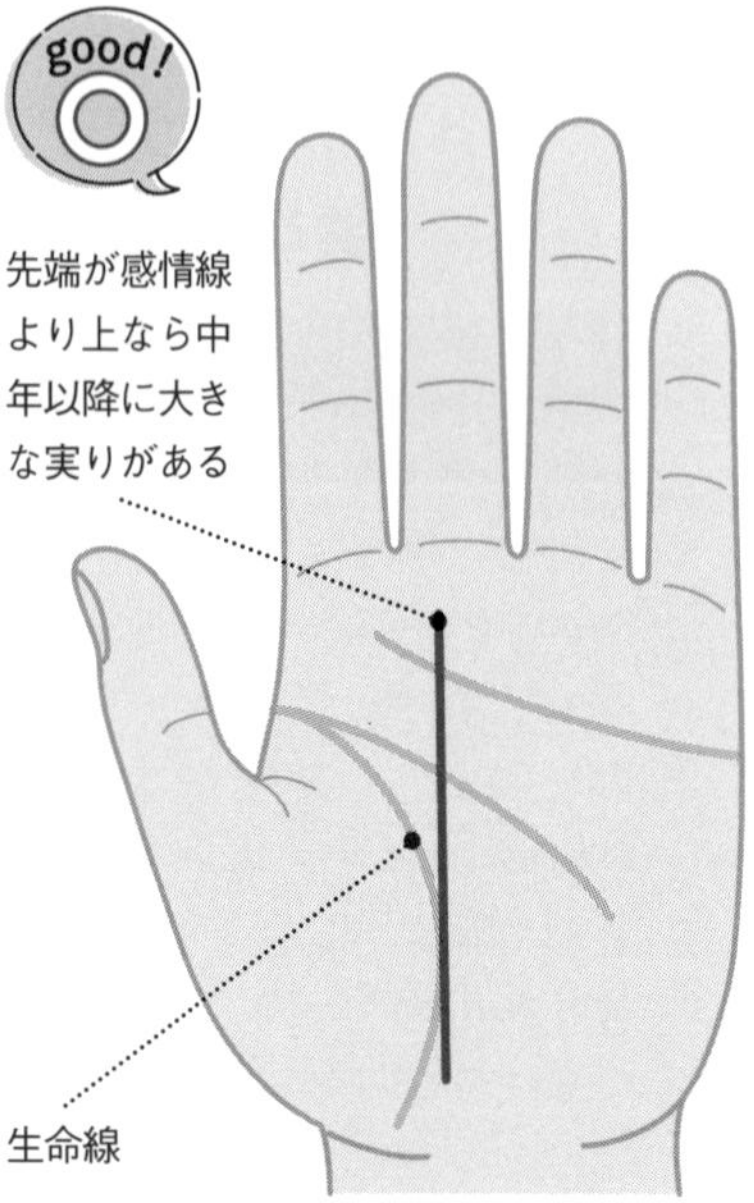
good!
先端が感情線より上なら中年以降に大きな実りがある
生命線

6 線の特徴

起点が生命線の下部にある

身内に頼らず自力で成功する人の手相

生命線の下のほうを起点とする運命線は、家族や親戚などに頼らずに、自力で成功することを示します。この手相は恵まれない幼少時代を過ごした人が多いのですが、その経験が成長するとプラスに働きます。自分の力で得た幸福は満足度も高くなるでしょう。先端が感情線より上に出ている場合は、中年以降に大きな実りがあります。

7 線の特徴

生命線中央から短い線が数本出ている

人生の目的や方針がコロコロ変わる手相

生命線の中央あたりから短い運命線が数本刻まれている手相は、若いころから境遇が変わりやすいことを表します。中年までに人生の目的や方針がコロコロと変わり、転職や転居をくり返します。女性の場合は小さなことでカッとなりやすい人も。投げやりにならずにコツコツと地道に進むことを心がけましょう。

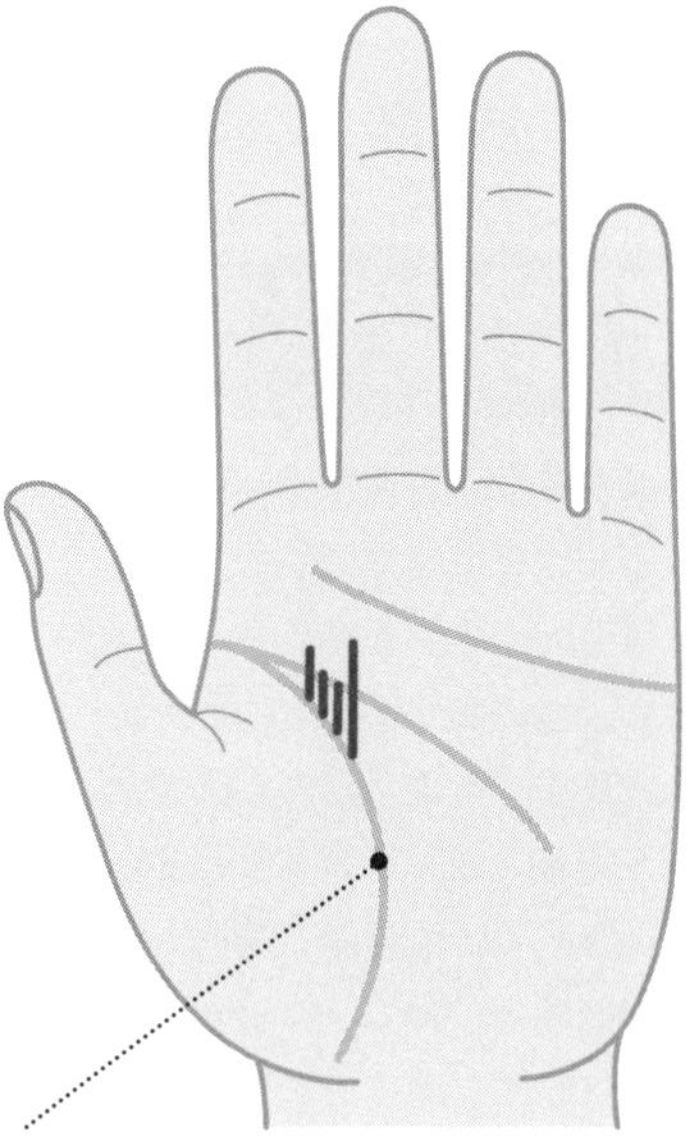

COLUMN

手相の疑問2

ペンで描く開運法は？

手のひらに、ペンで手相を描き入れる開運法があるようですが、実際に効果はあるのでしょうか？

長年の研究から見ると、それだけで「運勢が変わった！」という結果はありません。

手相は、その人の肉体や心の本質が現れたもの。単純に、手のひらに線を書き入れたりナイフで傷を刻んだりしても、表面を取りつくろうだけで、悪い運勢や性格などの欠点が変わることはありません。

もしペンで書くのであれば、意識を変え、努力を積み重ねる意志をしっかり持ったうえで、「自信をつけるためにおまじないのつもり」くらいに考えておくほうがよいでしょう。

8 線の特徴

月丘から出ている

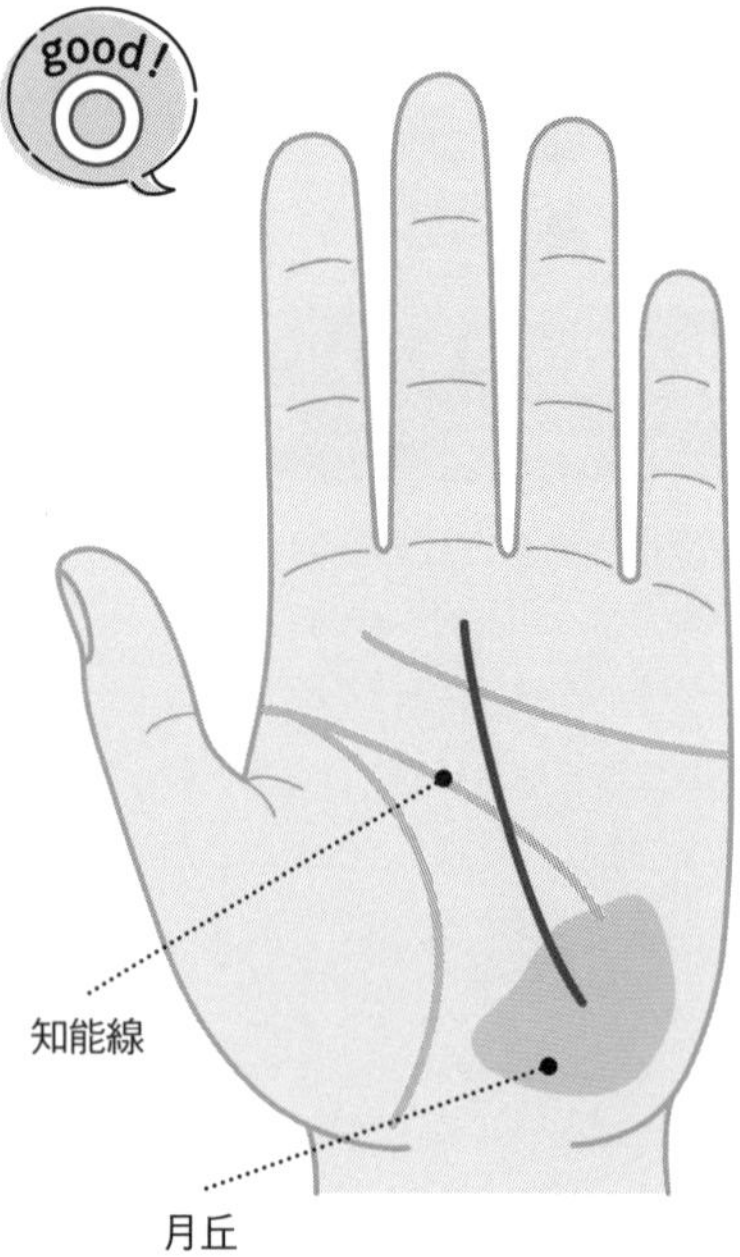

**周囲の人のおかげで
成功する手相**

運命線が月丘から伸びている手相は、周囲から協力や援助を受けたり、目上の人に引き立てられたり、人気によって幸せになることを表しています。この手相の人は芸能関係や営業、サービス業など多くの人と接する職業で道が開けます。線が知能線を越えている場合は、幼いころ幸福な環境で育ったことを意味しています。

---

9 線の特徴

起点が手のひら中央、または方《ほう》庭《てい》にある

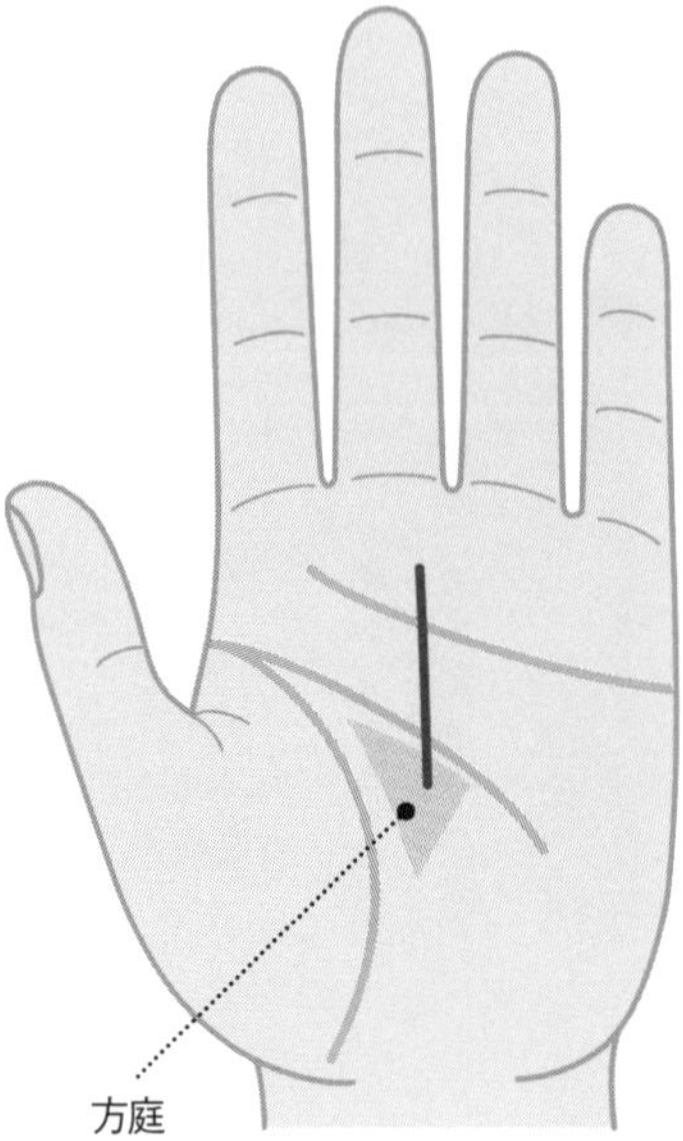

**予想外の出来事で
生活が急転する手相**

手のひらの中央あるいは方庭から運命線が伸びるのは、予想外の出来事によって生活が一変することを表しています。若いころの努力が報われて急に責任のある地位に就いたり、逆に会社が倒産して色を失ったりと、あわただしい変化がありそう。知能線や感情線によい手相が出ていれば、よい結果をもたらすでしょう。

10 線の特徴 感情線の上部に深く刻まれる

人生の後半から忙しくなる手相

運命線が出ている期間は、基本的に多忙であることを意味します。時期は流年《りゅうねん》（➡17ページ）を取ることでわかります。感情線よりも上に運命線が深く刻まれているのは、50歳くらいから、よくも悪くも忙しくなることを表します。リタイア後も働くなどです。健康管理をしっかりすれば、充実した生活を送ることができるでしょう。

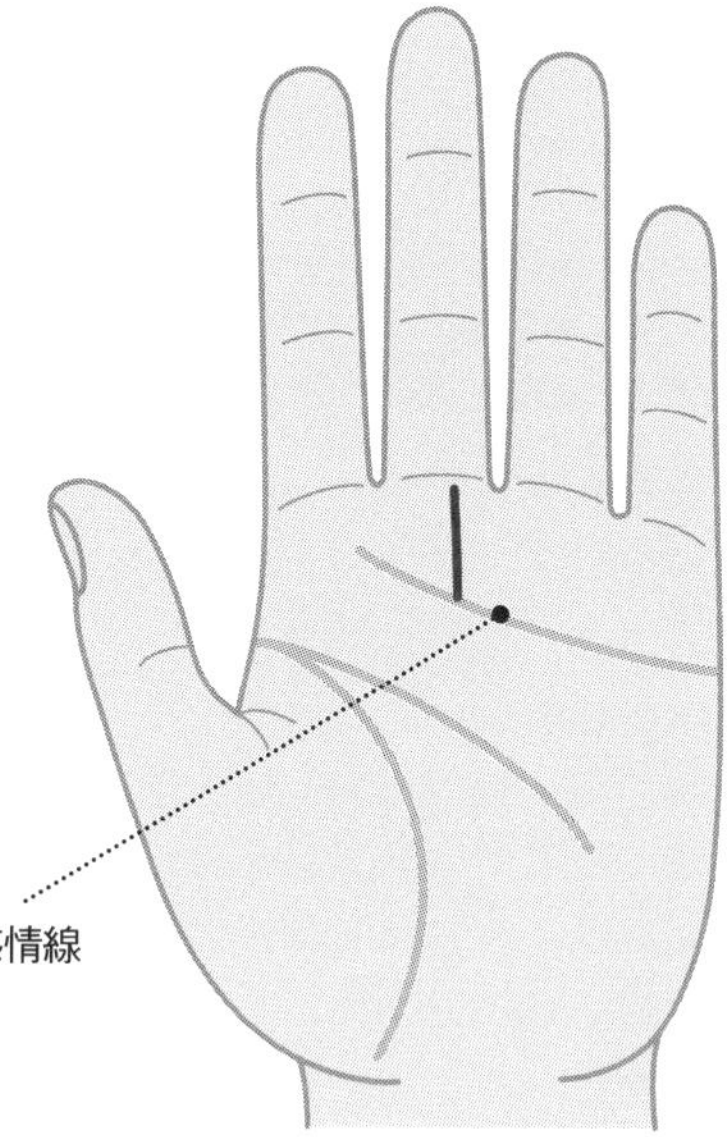

COLUMN

手相の疑問3 知能線？ 運命線？

手のひらの下のほうから知能線に接するように伸びる線がある場合、知能線の支線なのか運命線なのか迷うことがあります。そんなときはカーブの描き方に注目しましょう。知能線の支線だったら上向きにカーブし、運命線だったら逆に弧がふくらむようにカーブを描きます。

また、線の形を見て上に向かって先が細くなっていたら運命線、下向きに伸びていたら知能線の支線です。

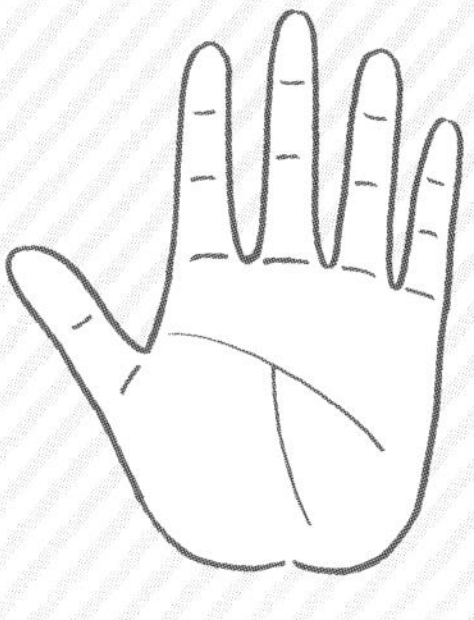

11 線の特徴

手のひらの途中で線が終わる

スランプにおちいることを表す手相

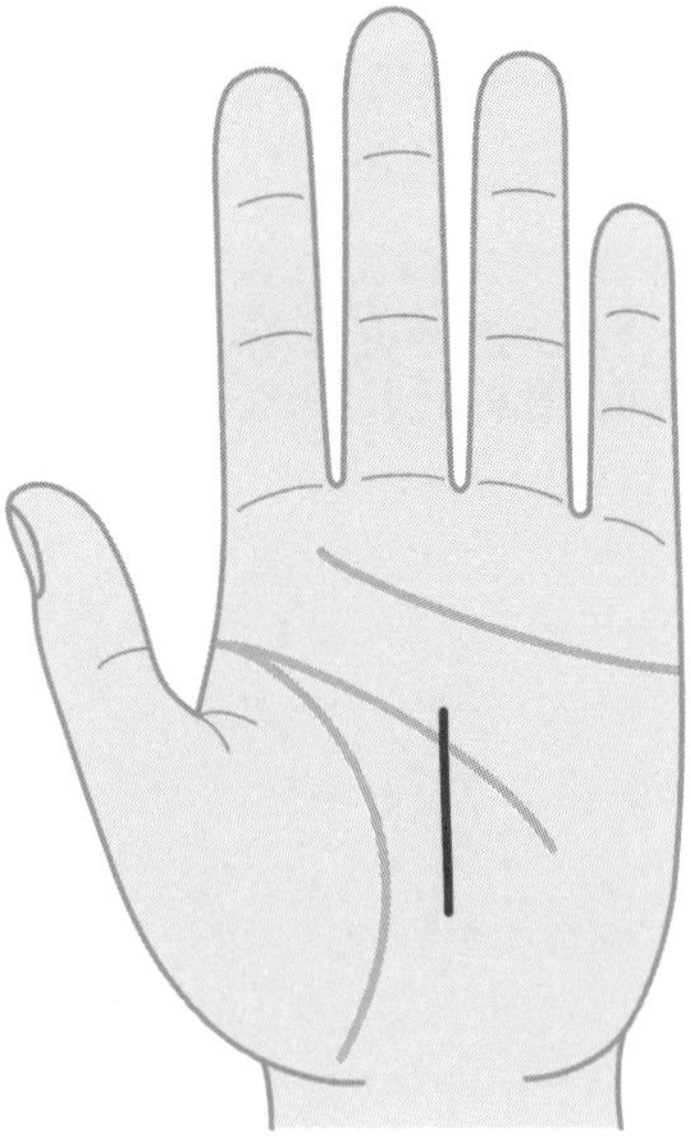

運命線が手のひらの途中で止まっている手相は、スランプにおちいることを表します。仕事や恋愛がうまくいかず出直しをせまられたり、人の世話になる生活を送ることもあります。しばらくは不調が続き活動がストップしますが、何事も積極的に取り組む意欲や、強い意志を持っていれば、運気は変わってきます。

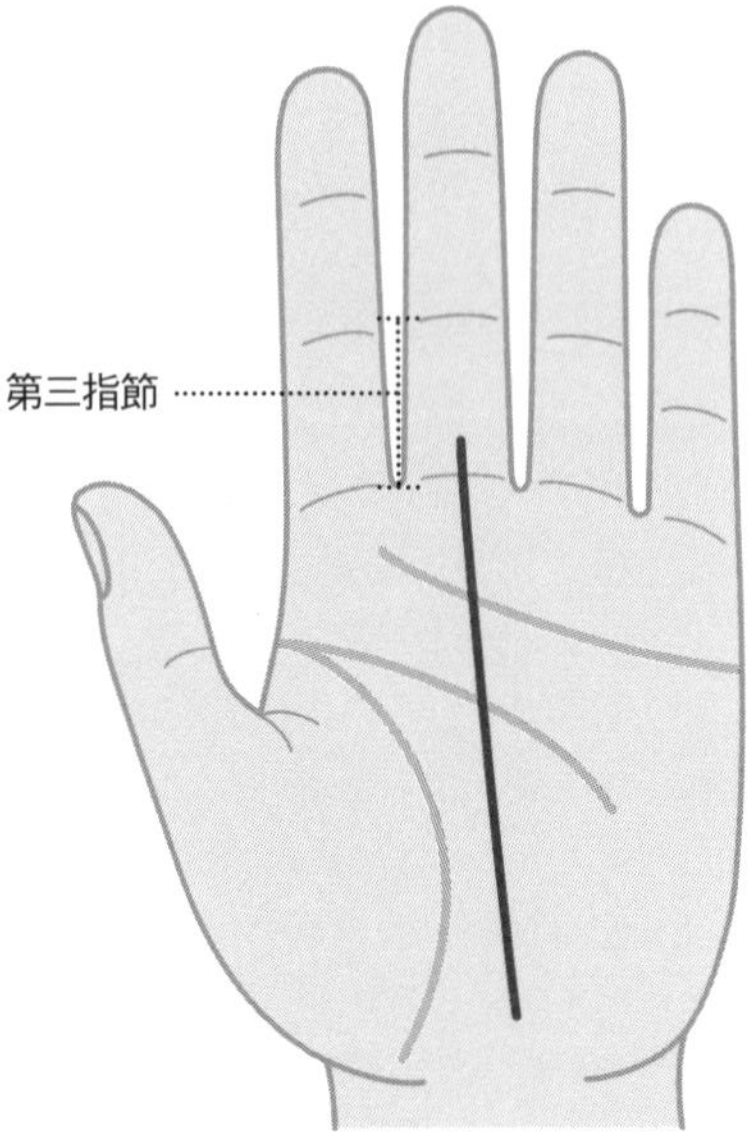

12 線の特徴

先端が中指の第三指節まで伸びる

波乱万丈な人生を送る人の手相

手首から運命線が勢いよく立ち上がり、先端が中指のつけ根を越えて第三指節まで入り込んでいるのは、めったに見られない珍しい手相です。よくも悪くも、浮き沈みの激しい波乱万丈な人生を送ります。気性が激しく情熱的な性格で、とくに女性は夫を従えるパターンが多いようです。その気性を生かす道を考えると運が開けます。

13 線の特徴
中指に向かい知能線で止まる

軽率な行動が原因でトラブルにあう手相

運命線が手首から中指に向かって伸び、知能線のところで止まっているのは、35歳前後で重大なミスを犯すことを表します。原因は見通しの甘さや恋愛トラブルなどさまざまですが、いずれにしても軽率な行動が大きな失敗をまねきます。目先の誘惑に負けず、謙虚さを忘れなければ、運命線は知能線を越えて伸びていきます。

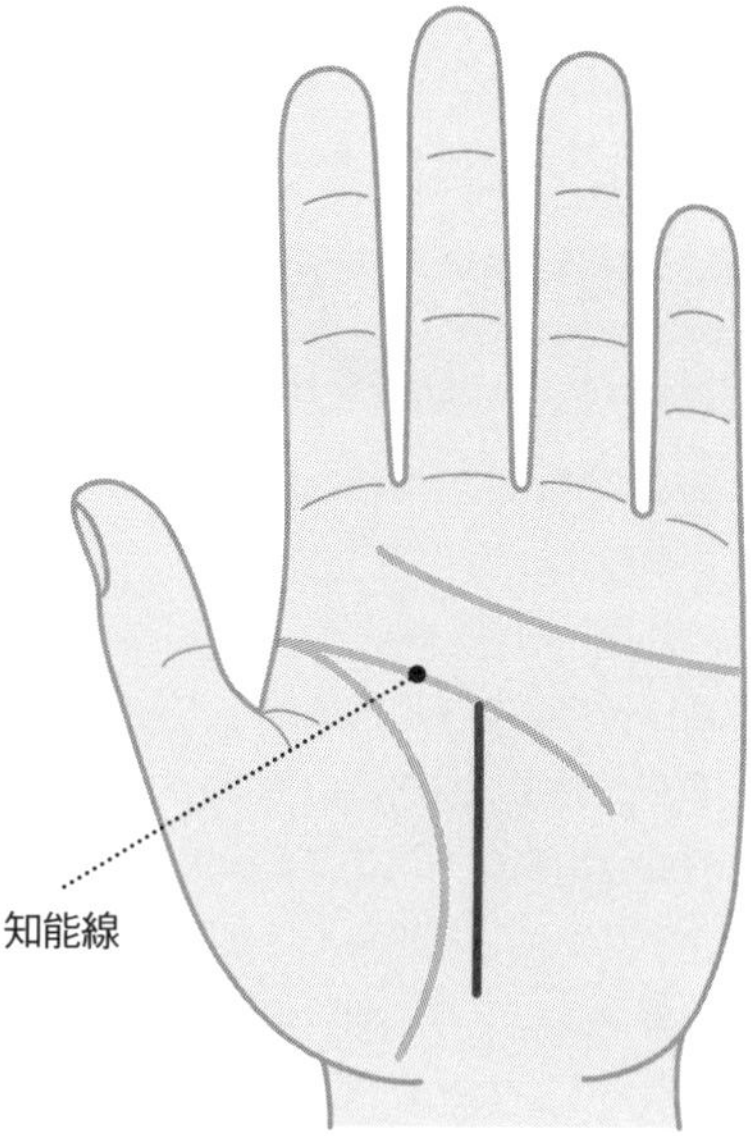

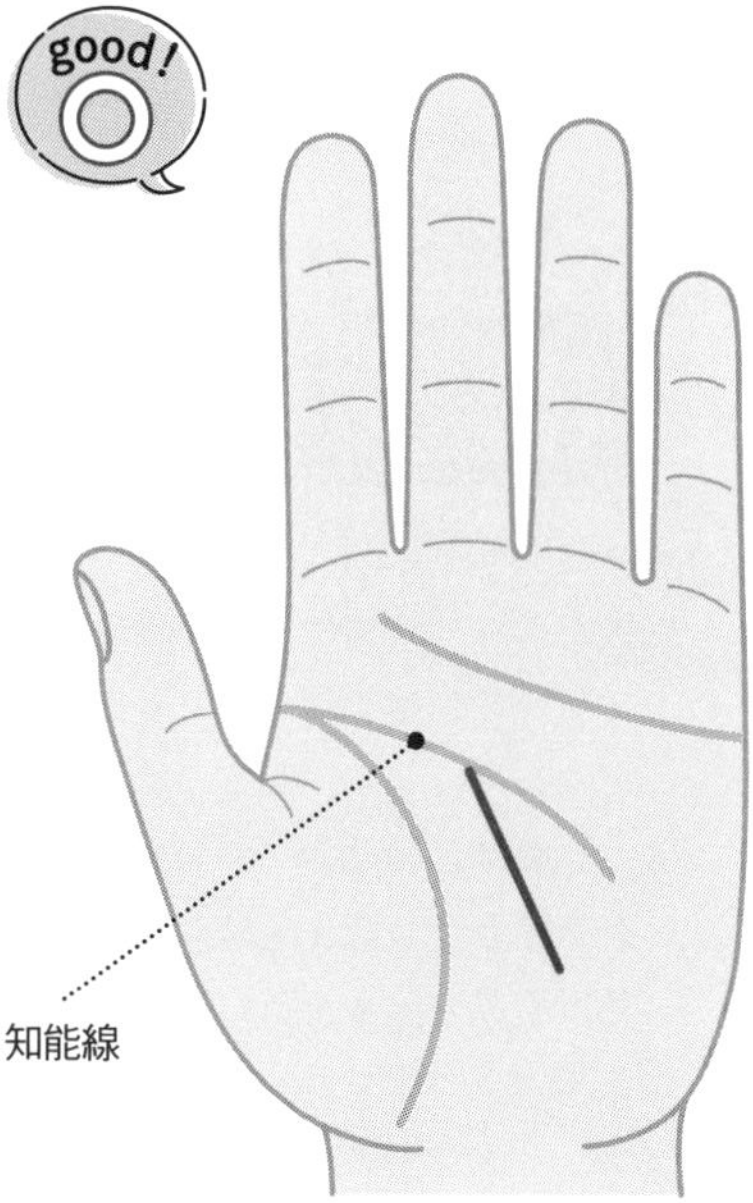

14 線の特徴
人差し指に向かい知能線で止まる

つねに100%の力で臨む強運の人の手相

運命線が知能線で止まる場合でも、先端が人差し指と中指の間に向かう場合は意味が異なります。この場合は強運の持ち主です。この手相の人は、どんな状況にあっても最善を尽くして頑張る、積極性や気の強さを持ち合わせているので、幅広く活躍できます。負けず嫌いな性格を、仕事でもプラスに生かしましょう。

15 線の特徴

人差し指と中指の間に向かう

地位や名誉を求める野心家の手相

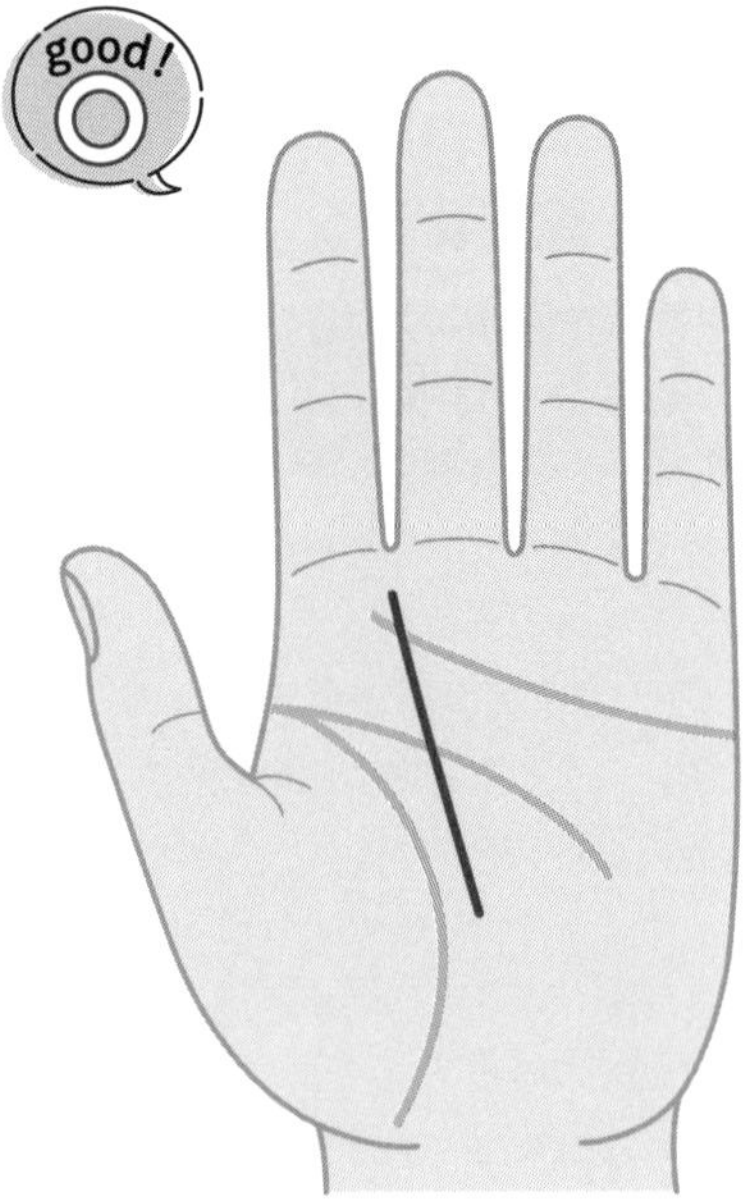

運命線が人差し指と中指の間に向かって伸びている人は、名誉や肩書きにこだわる野心家です。行動力があり仕事にも積極的に取り組みますが、お金が目的というより、社会的地位や名誉を得ることを追求します。女性は結婚後も仕事を続ける人が多いでしょう。あまりガツガツせず、たまにはリラックスを心がけましょう。

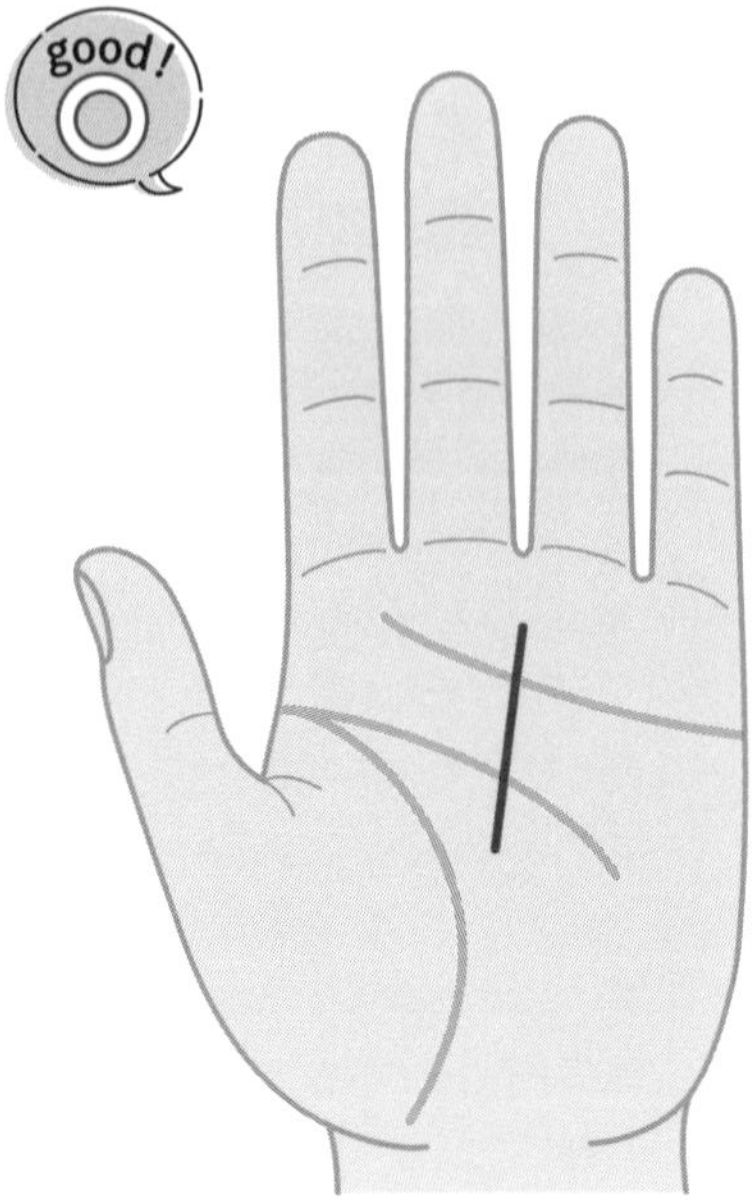

16 線の特徴

中指と薬指の間に向かう

才能を認められ、注目を浴びる手相

中指と薬指の間に向かって伸びる運命線は、努力や才能を認められて世間で注目を浴びることを示しています。また、明るくほがらかな性格で、周囲のだれからも好かれ、それが才能を発揮する助けにもなります。ただし、ハデ好きで出費が多くなりがちなのが玉にキズ。お金の使い方には十分に注意し、身の丈に合った生活を。

17 線の特徴
先端が感情線で止まる

人情に厚いが気が弱い人の手相

運命線の先端が感情線で止まっているのは、情にもろいことを表します。この手相の人は、人情に厚く、自分のことは二の次にしても他人に尽くします。しかし、気が弱いため自分が損をすることになりがちです。忙しく働いたわりには金銭的に報われないことも。やさしさや情の深さを生かせる、医療関係や福祉の仕事が適職です。

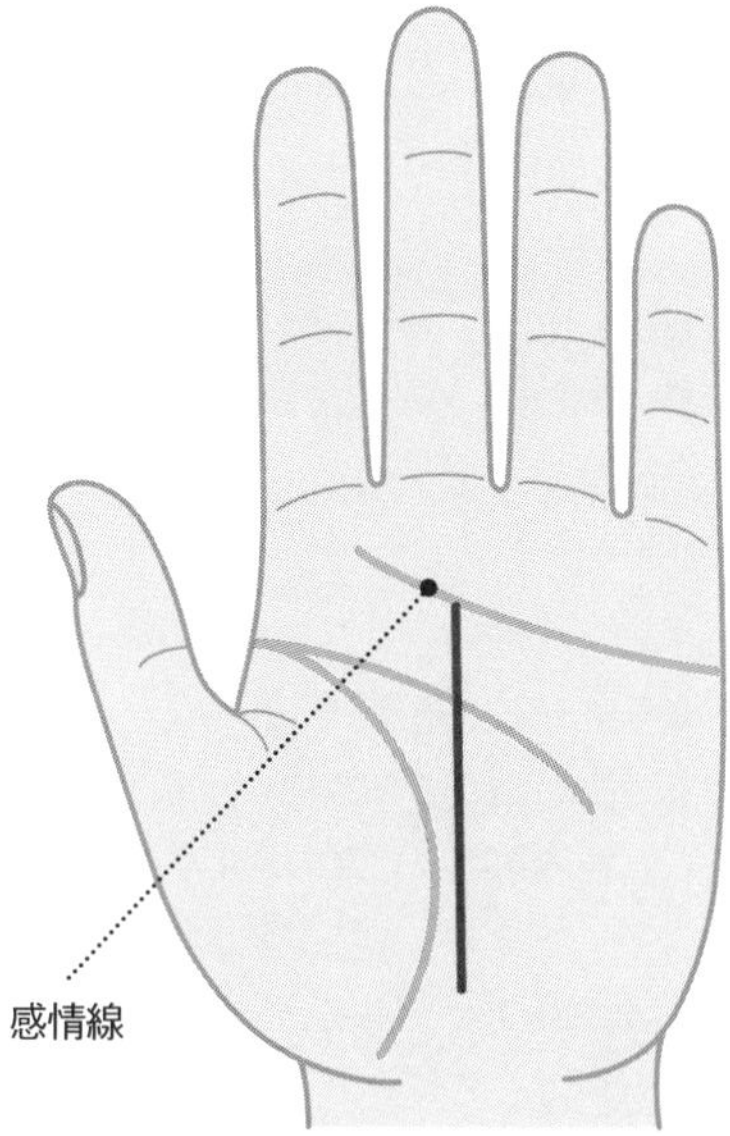

18 線の特徴
感情線と合流し中指へ向かう

いつも誰かに恋するほれっぽい人の手相

運命線の先端が感情線と合流して中指のほうに向かっているのは、つねに恋をしている人の手相。異性の美点を見つけることが上手なうえ、熱しやすく冷めやすいため、恋におぼれる生活が休む間もなく続くでしょう。とくに起点が月丘にある場合、その傾向が強くなります。結婚してからも、パートナー以外の人を好きになることも。

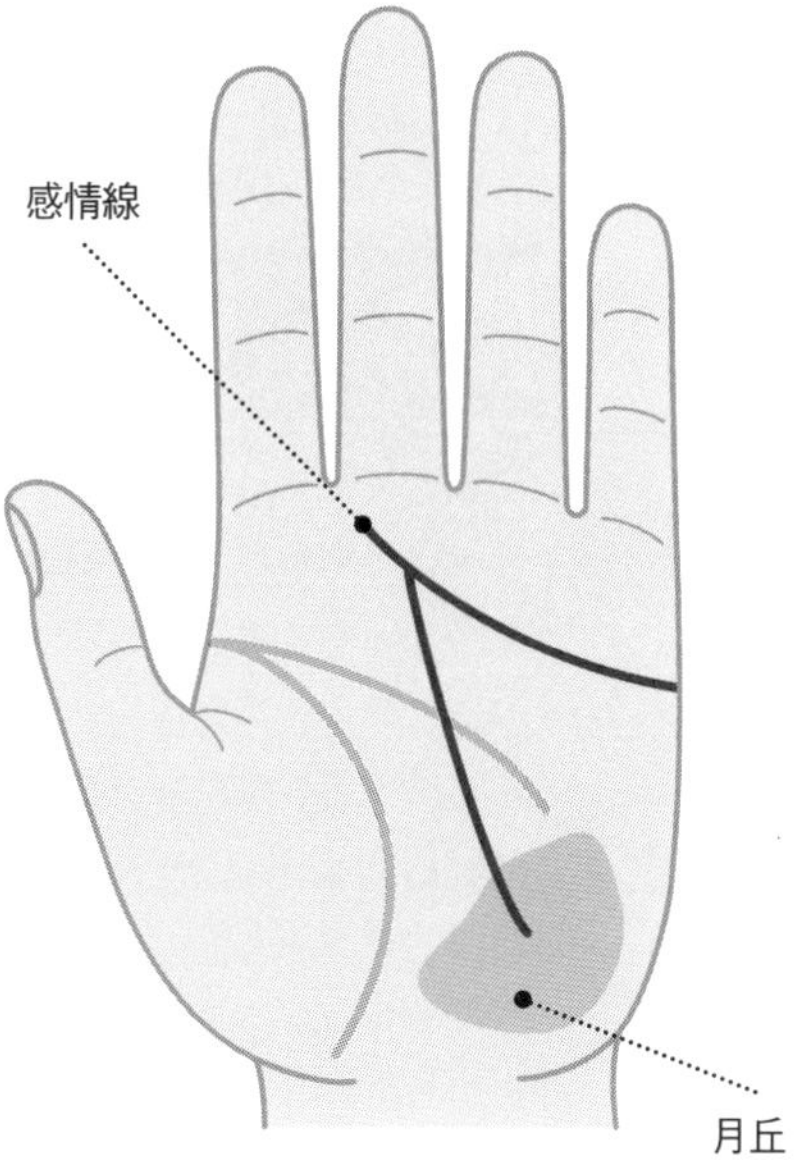

19 線の特徴

線が切れ切れになっている

何度も転機が訪れ、落ち着かない手相

運命線の切れ目は、転機を表します。切れ切れの運命線は、仕事や生活が変わりやすく落ち着かない暮らしを送ることを意味します。しかし、勢いのある知能線の持ち主なら、転機を次々に乗り切りステップアップできます。また太陽線（➡144ページ）がある人は、周囲の協力によって転機のたびに運勢がよくなるでしょう。

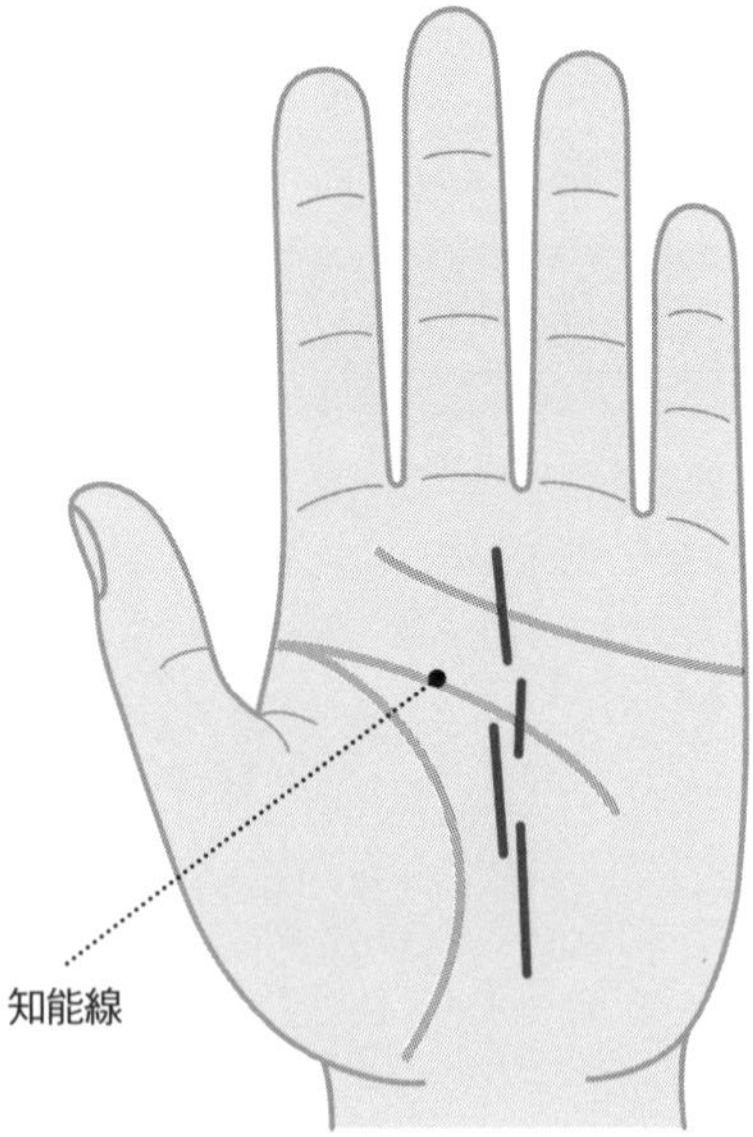

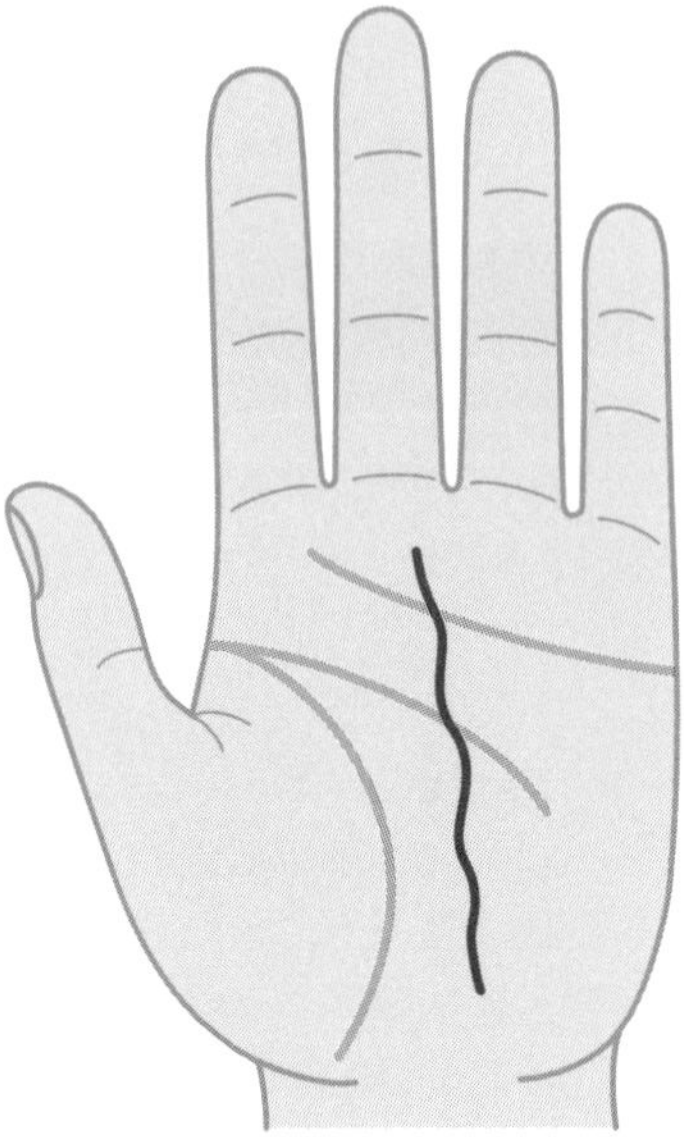

20 線の特徴

波形になっている

生活力が乏しく生活が不安定な手相

運命線が波形に細かくうねっている手相は、ふらふらと千鳥足で歩くような不安定な人生を示しています。この手相の人は生活力に乏しく、やる気や粘り強さに欠けるため、何をするにも中途半端になりがち。自分で商売をすると失敗を重ね、借金がかさんでしまうので、会社勤めなど安定した仕事に就き、地道に努力してください。

21 線の特徴

ギザギザで中指下に不規則な縦線

運気が停滞中のため、じっとガマンの手相

運命線の一部がノコギリの歯のようにギザギザになっている人は、運気が停滞中です。あせってもがいても、うまくいきません。大きな行動は控え、苦しくてもじっとガマンして運がよくなるのを待ちましょう。右図のように、土星丘に不規則な縦線が数本刻まれる場合は、運気がより不安定な状態を表します。

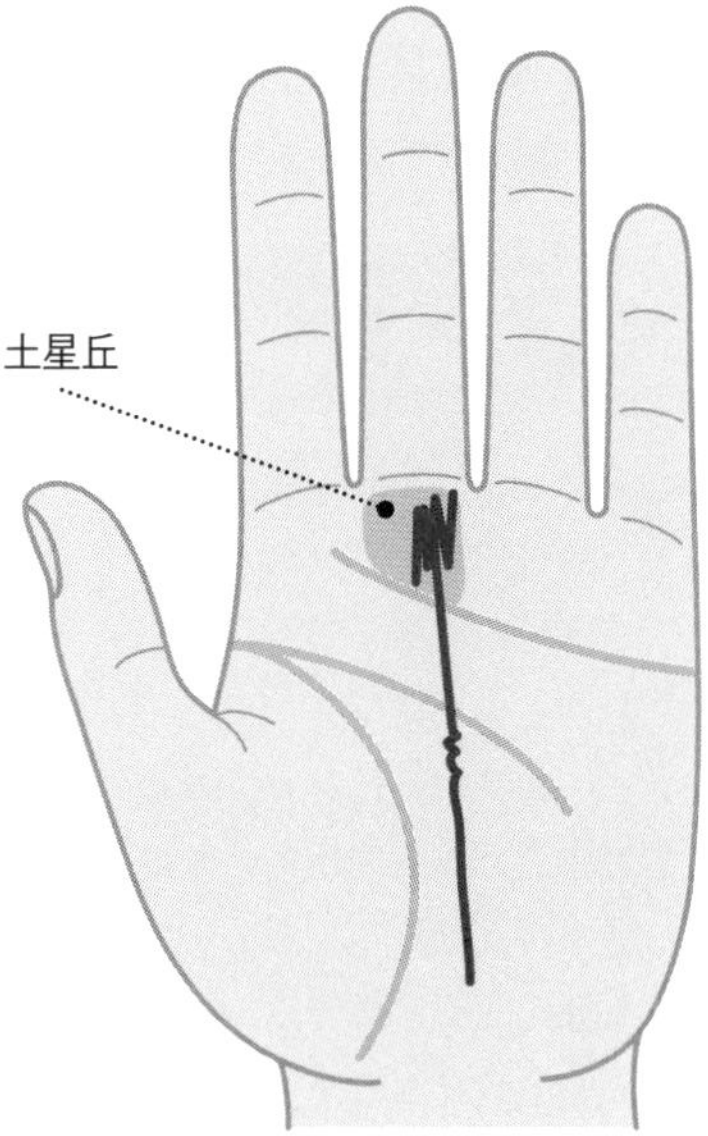

22 線の特徴

運命線がない

つねにマイペースで、どっしり構える手相

目先のことにこだわらないマイペースな性格の人です。神経過敏になったりせずに、どっしりと腰をすえてひとつのことに長く取り組む能力があります。ハデさはありませんが、着実に前進できるでしょう。運命線がないと幸運に恵まれないといわれることもありますが、生命線や知能線、感情線がしっかりしていれば大丈夫です。

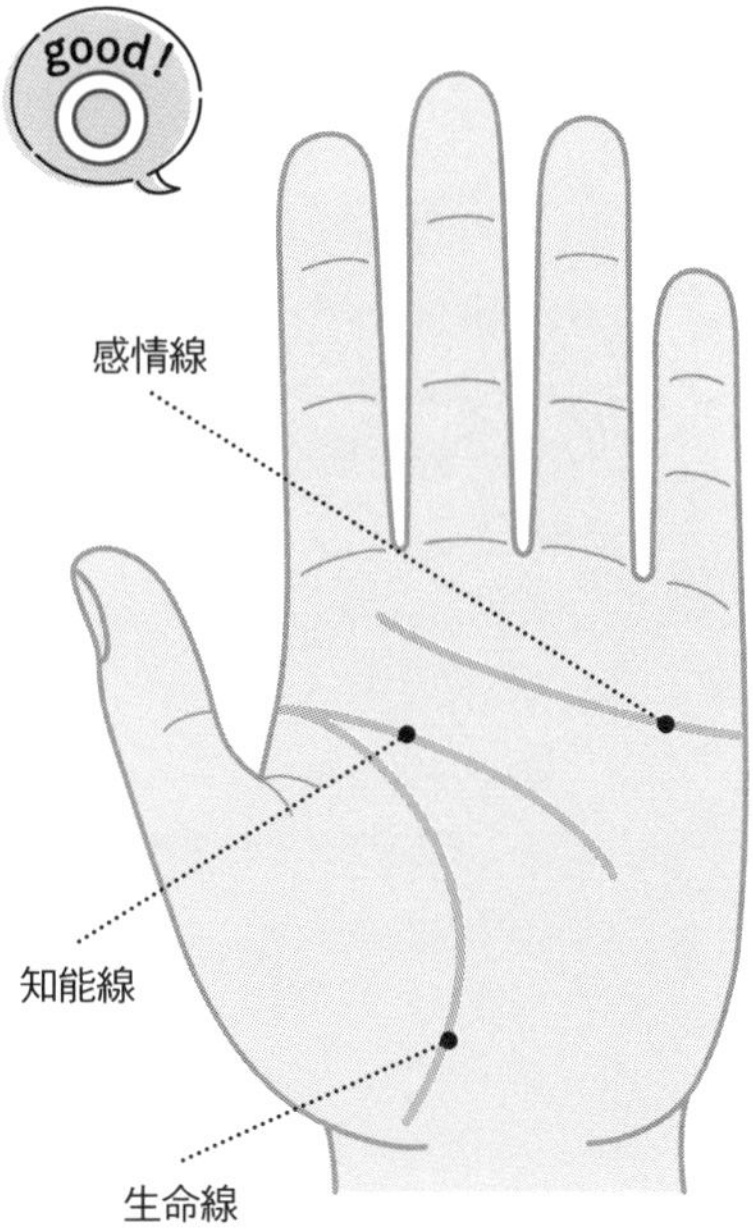

23 線の特徴

運命線の２～３ミリ横に並行する短い線

ピンチになっても助けてもらえる人の手相

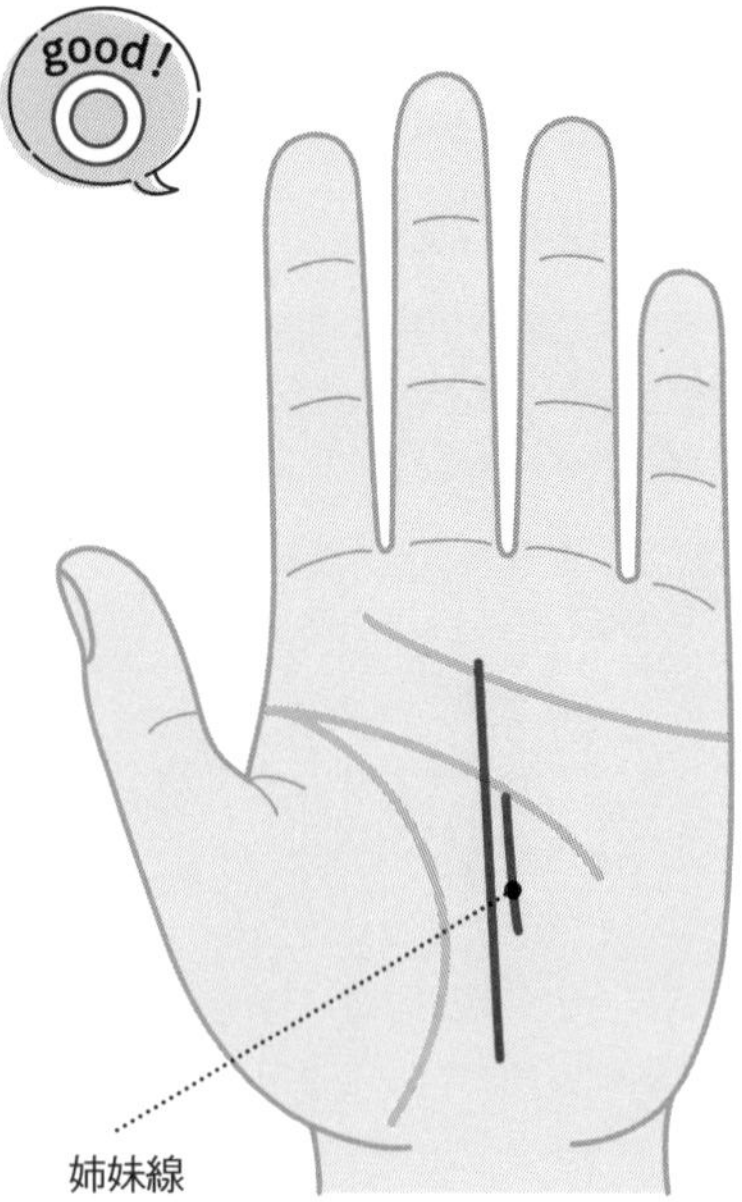

運命線の2～3ミリ横に並行して刻まれた短い線は「姉妹線」と呼ばれ、運命線の意味を補強するものです。たとえトラブルにあっても、タイミングよく助けてくれる人が現れ、ピンチを脱出できます。もとの運命線がまっすぐでしっかり刻まれている場合はさらに幸運で、金運や名誉などに恵まれるでしょう。

24 線の特徴

月丘と生命線の２カ所から伸びる

実力ではなばなしい人気を得る手相

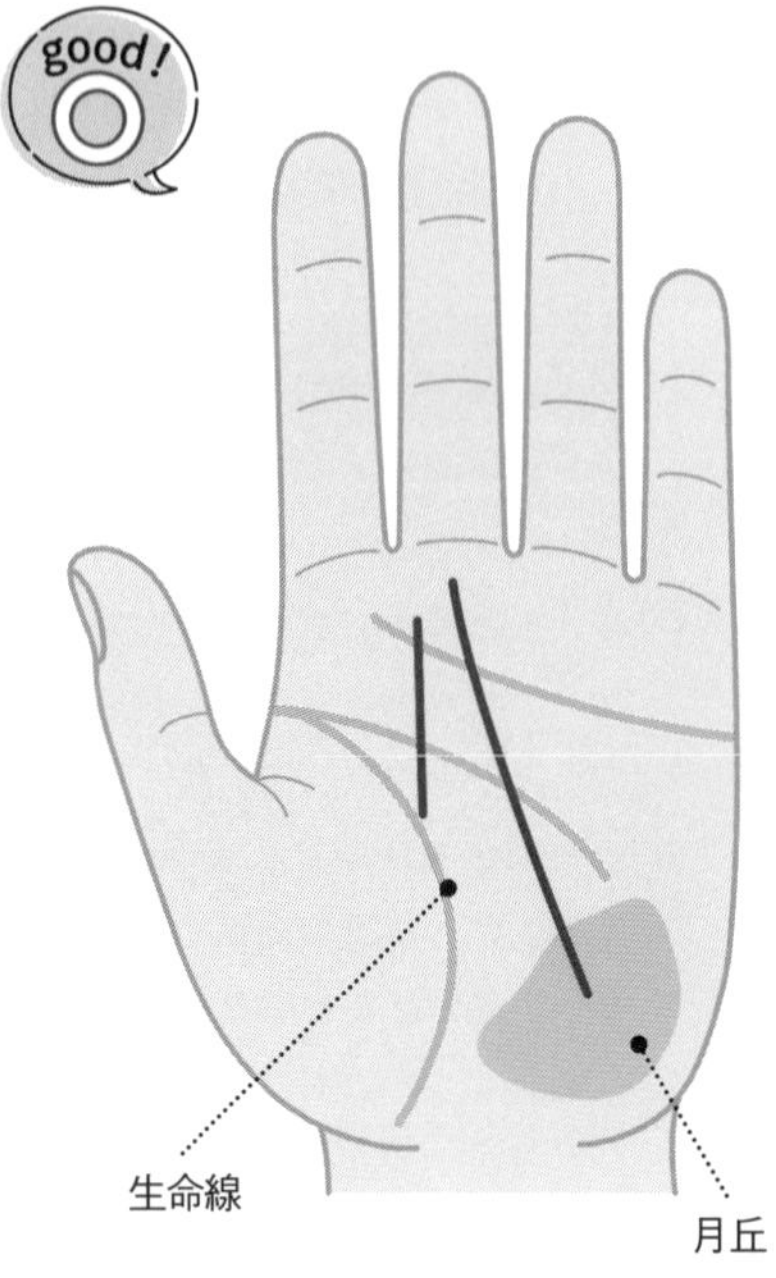

運命線は必ずしも1本だけとは限らず、2～3本刻まれていることがあります。たいていは起点や長さ、勢いがまちまちです。いちばん長くて勢いがある線を最も重要な運命線と考えます。その線が月丘から伸び、もう1本が生命線の中央から出ている人は、仕事や勉強に一生懸命。その実力で、はなやかな人気を勝ち取れる人です。

25 線の特徴

月丘から伸びた線と合流している

スポンサーが現れ運がよくなる手相

月丘から斜め上に伸びる線が運命線に合流するのは、有力な支援者が現れて運勢がよくなることを表します。流年《りゅうねん》法（➡17ページ）で、その時期を知ることができます。大きな資産を持つ人と結婚して玉の輿《こし》に乗ったり、仕事面で思いがけないスポンサーが現れたりして、金運に恵まれた人生を送ることができそうです。

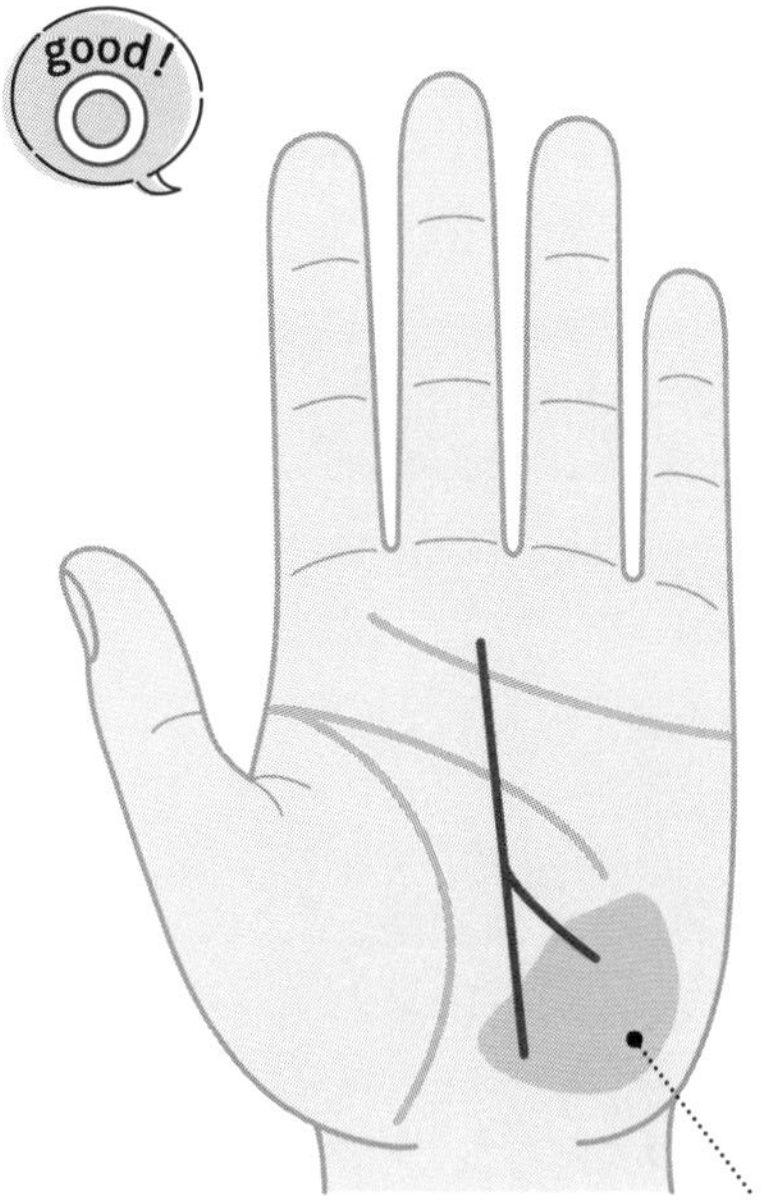

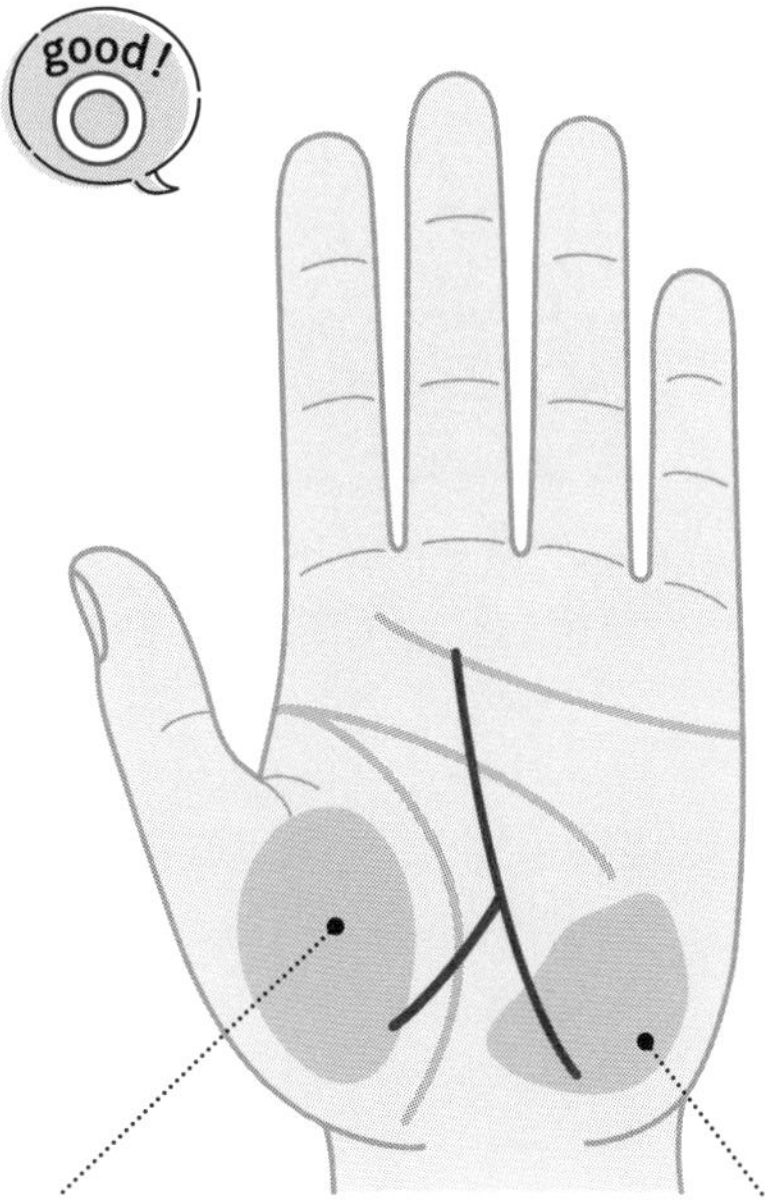

26 線の特徴

月丘と金星丘から伸びる線が合流

周囲にもてはやされ何かと得をする手相

月丘から伸びる運命線と金星丘から伸びる運命線が途中で合流しているのは、家族や恋人から大きな恩恵を得る手相です。さらに他人からも支持され、かわいがられます。金運もよく、贈与や相続などで大金を得たり、人気が出て高い収入を得たりするでしょう。自分に実力をつけるより、他人をあてにしがちなのが欠点です。

27 線の特徴

月丘から出た線が運命線を横切る

恋人や結婚相手の裏切りにあう手相

月丘から伸びる斜めの線が運命線を横切っているのは、異性に裏切られ、境遇がガラリと変わることを示します。浮気や二股《ふたまた》などパートナーの裏切りが発覚したり、結婚が間際になって破談になったり、たとえ結婚しても長続きしないことを意味しています。冷静に2人の関係を見直して、改善できるポイントを考えてみましょう。

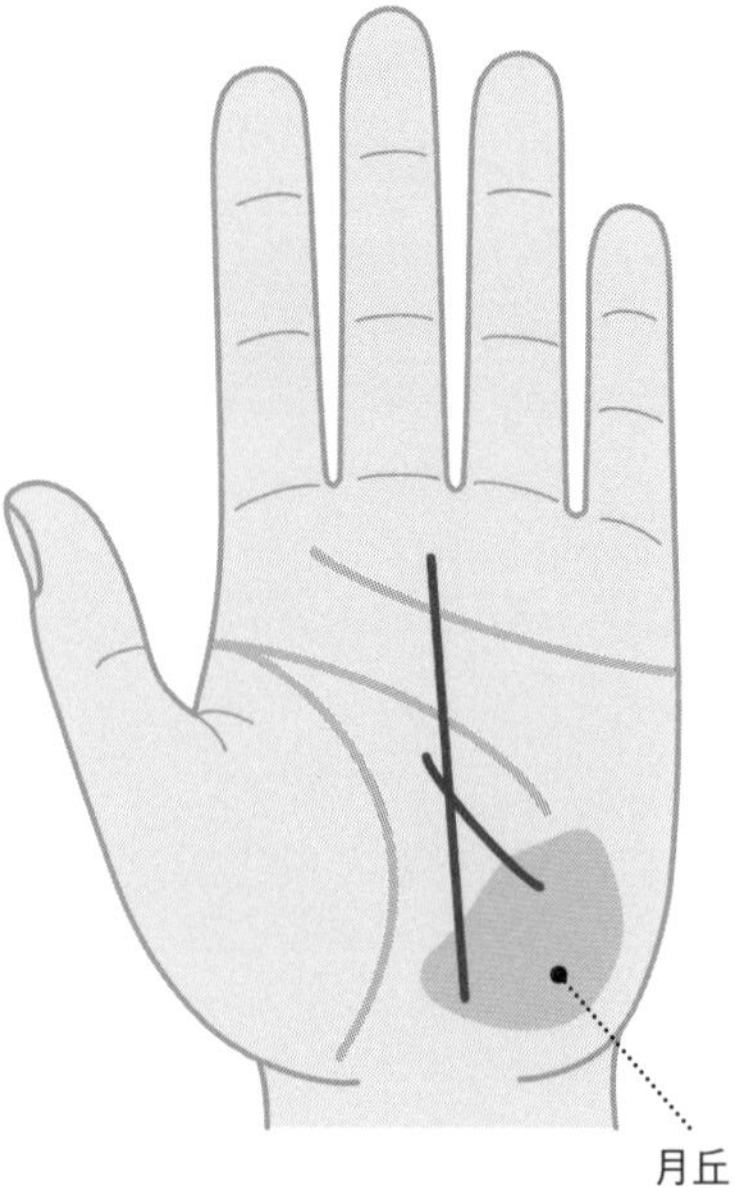
月丘

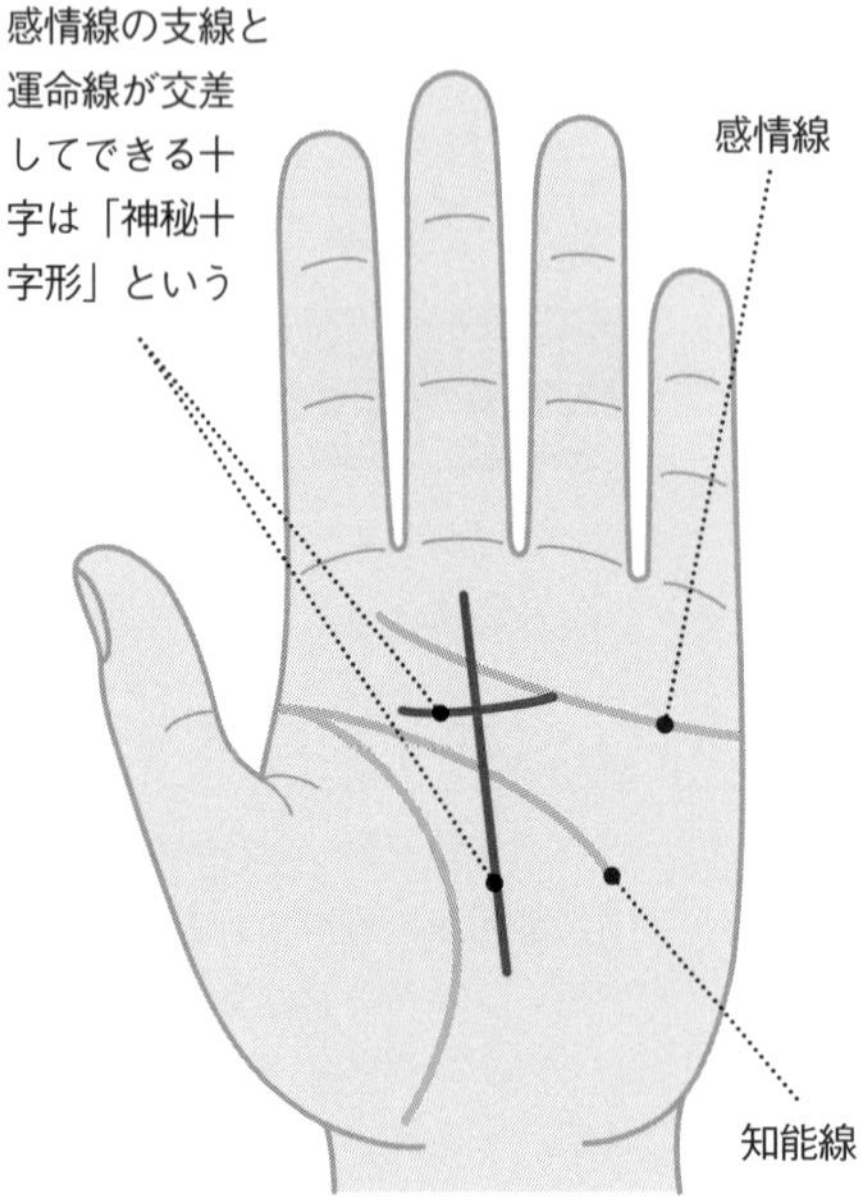
感情線の支線と運命線が交差してできる十字は「神秘十字形」という
感情線
知能線

28 線の特徴

感情線の支線と十字を作る

スピリチュアルなものにひかれる手相

感情線と知能線の間で、感情線の支線と運命線が交差してできる十字を「神秘十字形」と呼びます。この手相を持つ人は現実的なものより、スピリチュアルなものにひかれます。十字形が左手に出ていれば親の影響を受けて信心深く、両手に出ていれば宗教や神秘的なもの、あるいはミステリアスなものに強い関心を持つ人です。

29 線の特徴

先端に細かい横線が数本ある

運気が停滞し、物事が空回りする手相

運命線の先端あたり、土星丘に運命線をさえぎるような横線が数本あるのは、運気が停滞していることを意味しています。何をしてもうまくいかず、スランプを脱出しようとあれこれ試みても空回りしてしまいます。この横線が出ているうちはあせらず、充電期間と考えましょう。横線が消えれば、物事も順調に動き始めます。

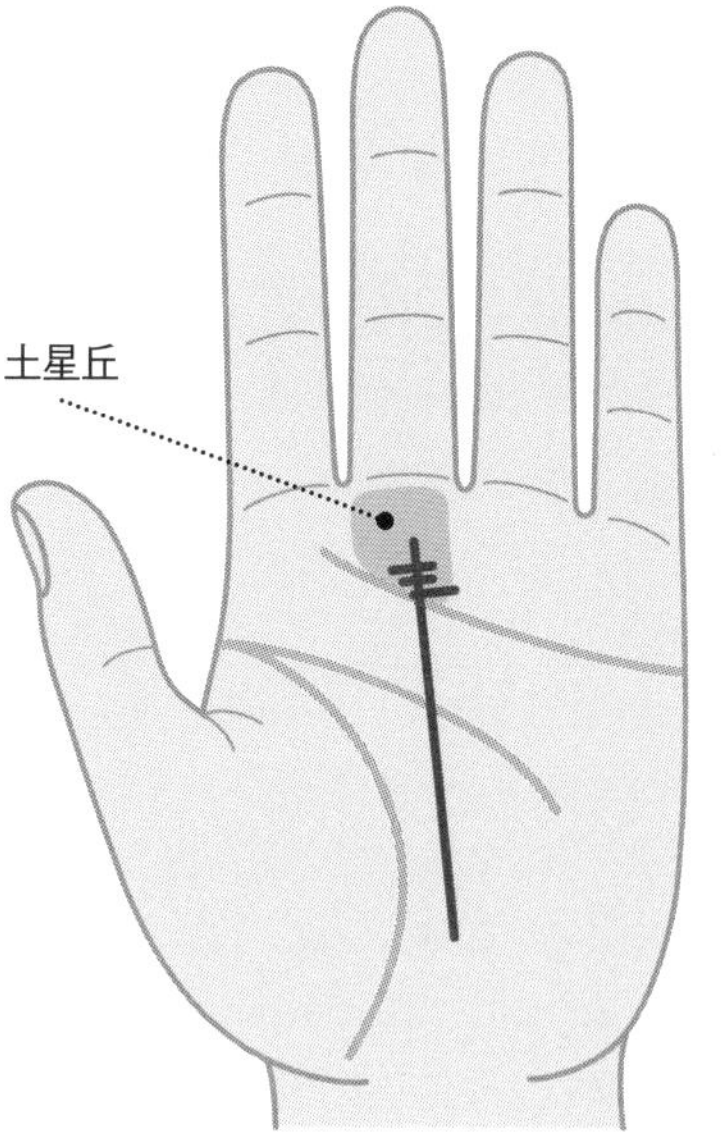
土星丘

30 線の特徴

横切る線で止まる

障害を受けることを暗示する手相

運命線を横切る線は「障害線」と呼ばれ、失敗や失脚、生活の破綻《はたん》など、さまざまな障害を表します。障害線が太いほど受ける打撃も大きくなります。運命線が障害線でさえぎられるように止まっているのは、天災や災難により、生活が根本的に変わってしまうほどのダメージを意味します。乗り越えられる精神力を養いましょう。

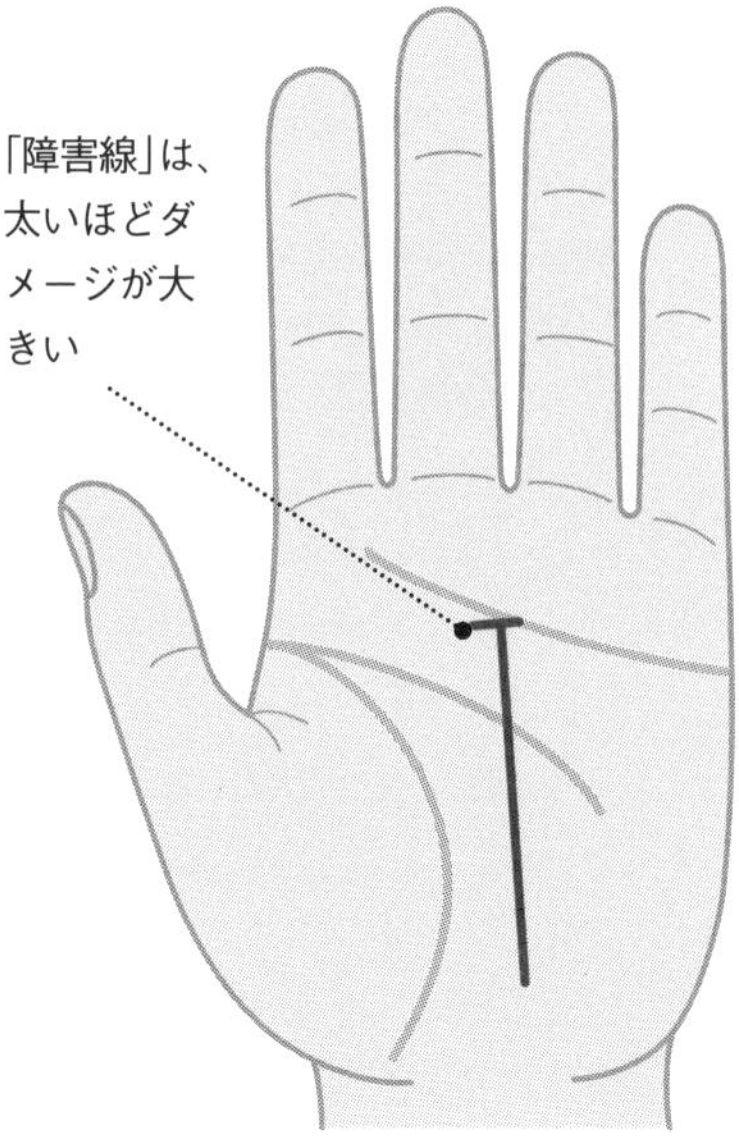
「障害線」は、太いほどダメージが大きい

31 線の特徴

金星丘から伸びる線と星でつながる

親の死によって遺産を受け継ぐ手相

金星丘に現れた星は親の死を意味します。ここから伸びた斜めの線が運命線に流れ込むのは親の遺産や仕事を受け継ぎ、生活が向上することを表しています。逆に、金星丘から出た斜めの線が運命線上にある星に流れ込むのは、親から遺産を受け継いだことがかえってアダになるなどよくない結果を招くことを意味しています。

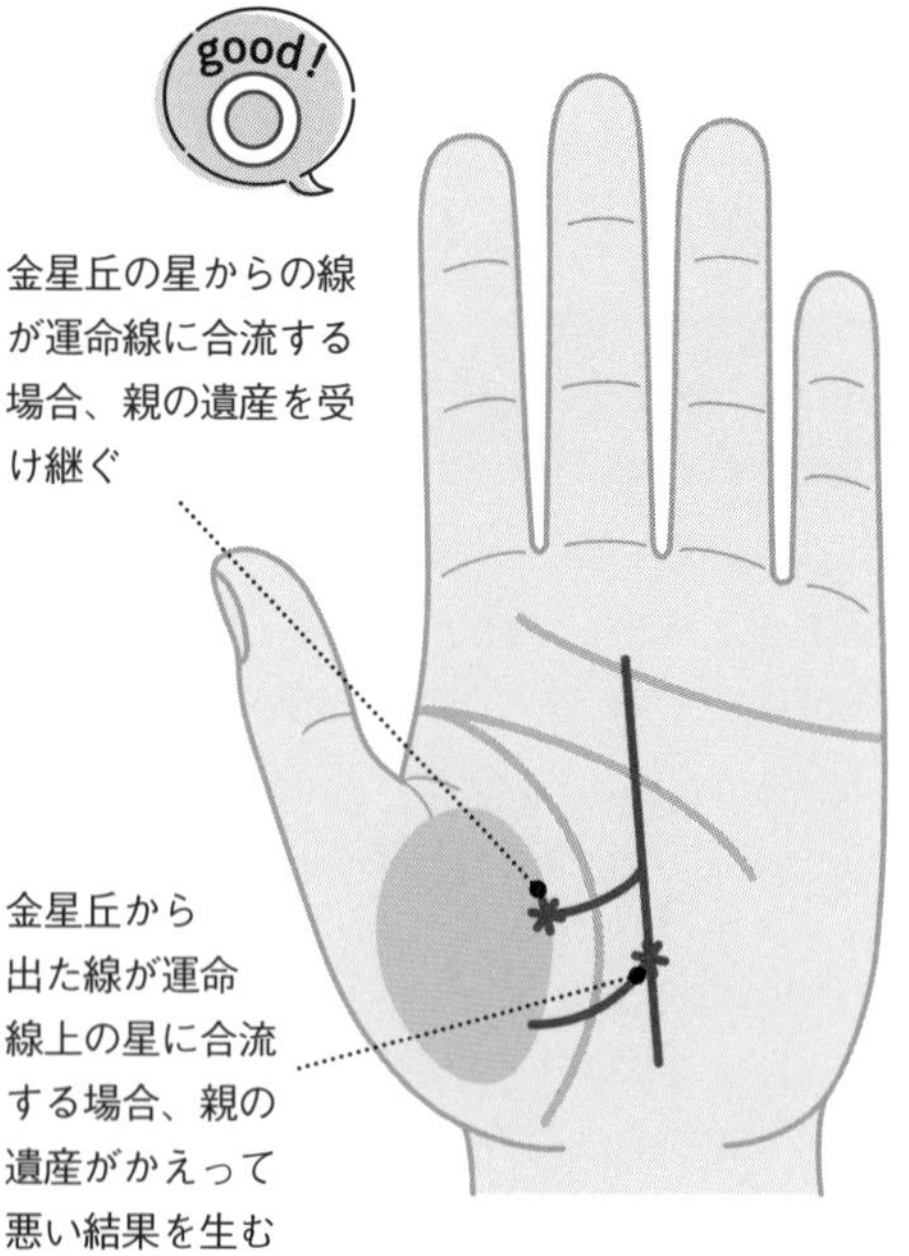
good!
金星丘の星からの線が運命線に合流する場合、親の遺産を受け継ぐ
金星丘から出た線が運命線上の星に合流する場合、親の遺産がかえって悪い結果を生む

32 線の特徴

線上に島がある

予期しない不運に見舞われる手相

運命線上に島があるのは、運勢が悪くなることを意味します。手首のほうにある島は幼いころ恵まれない環境で育ったことを示し、知能線に接する島は考え違いが原因のトラブル、感情線に接する島は恋愛のトラブル、そして線の先端にある島は、金銭的なピンチや裏切りなど、予期せぬ突然のトラブルにあうことを表しています。

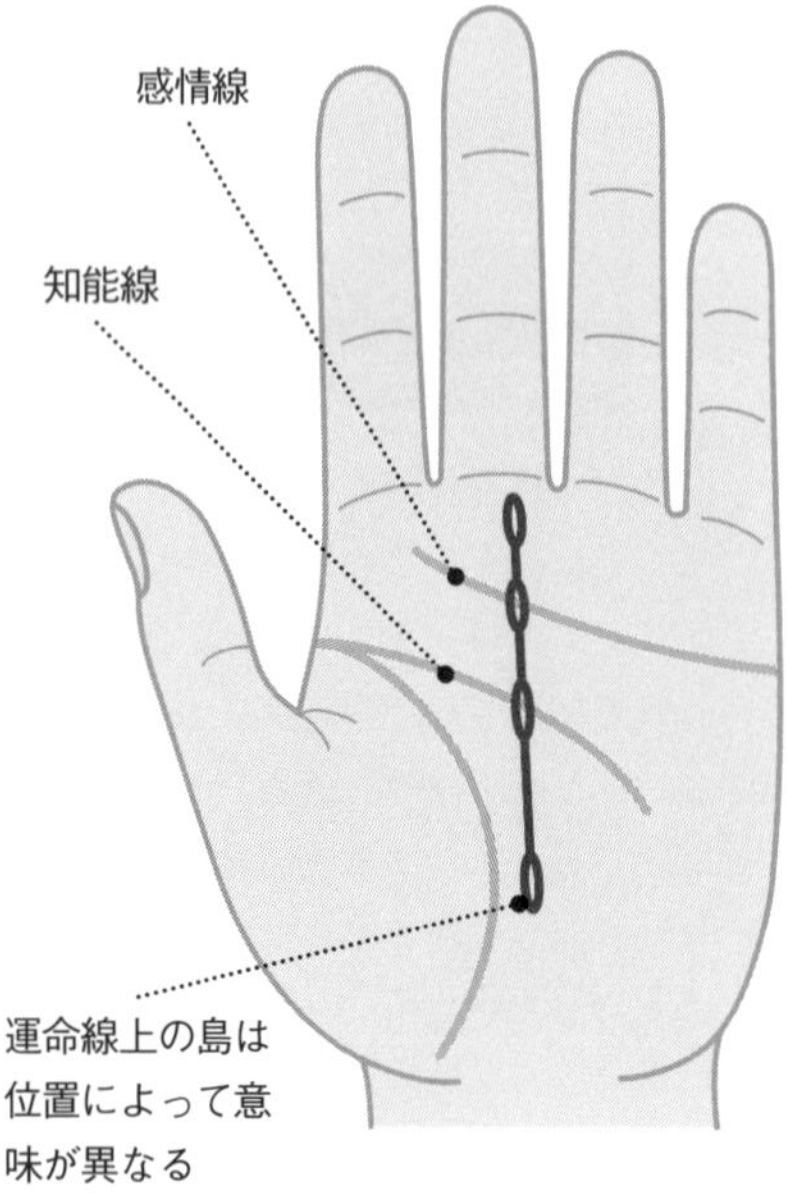
感情線
知能線
運命線上の島は位置によって意味が異なる

33 線の特徴

生命線の内側に起点があり、下部に島

資産家に気に入られ恩恵を受ける手相

運命線が生命線の内側から起こり、その下のほうに島がある手相は、自分より社会的地位が高い人や経済力のある人、または才能がある人に気に入られ、恩恵を受けることを表します。男女ともに魅力的で援助者といっしょに住んで物質的に恵まれた生活を送りますが、夫婦というより愛人関係のことが多いようです。

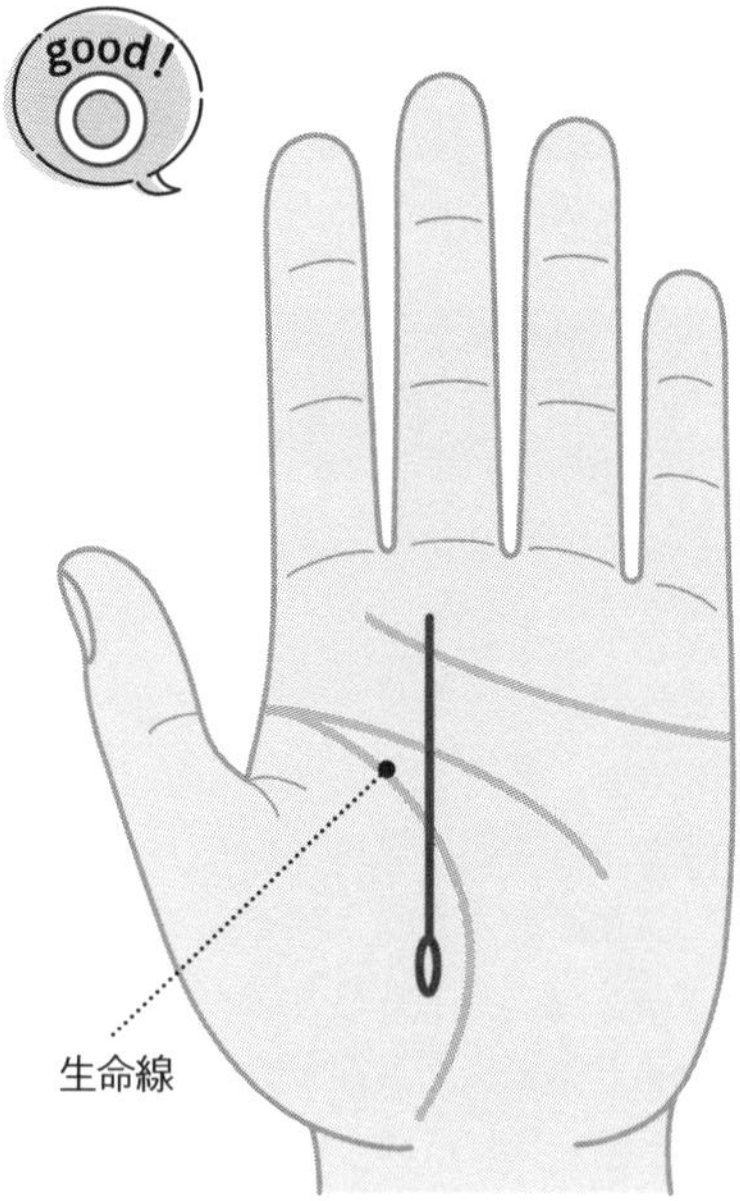

34 線の特徴

月丘から出て運命線に合流する線に島

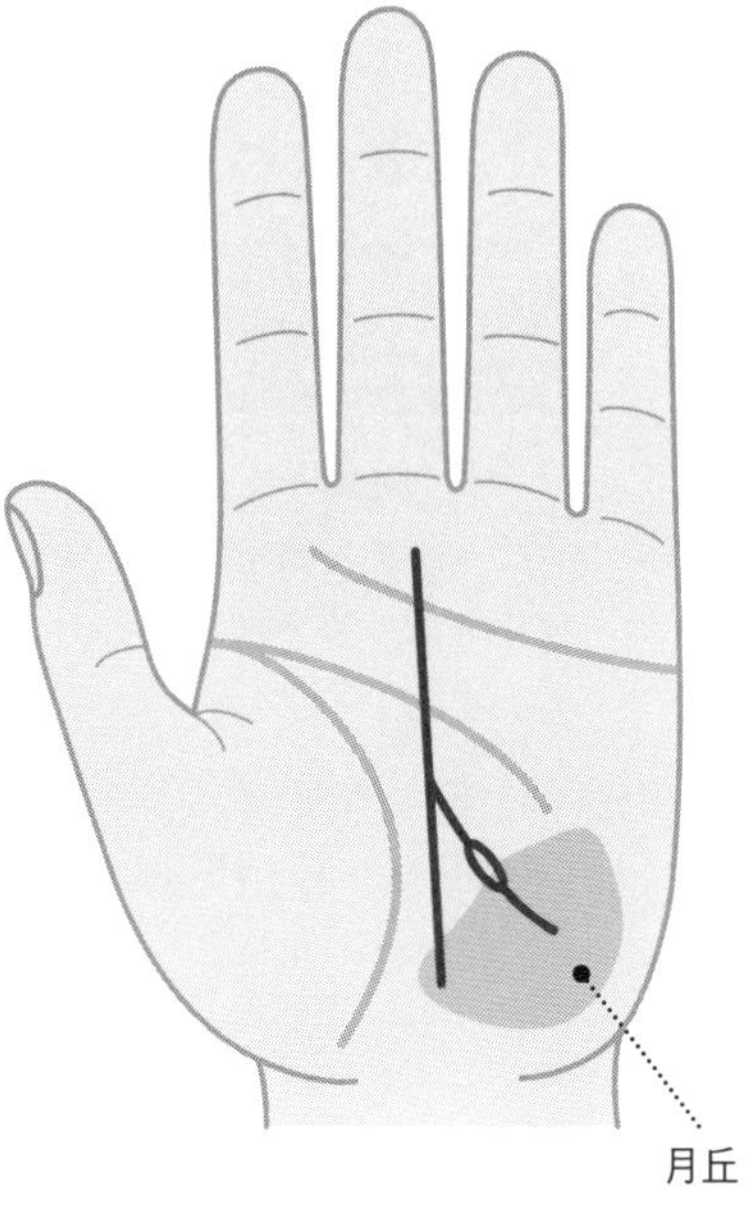

スキャンダラスな恋愛におちいる手相

月丘から斜めに出た線が運命線に流れ込むのは、有力な人に助けられる手相です。しかしその線に島がある場合は、恋愛上のトラブルで最終的には幸せになれません。この手相の人は、異性関係により、一度は大きなチャンスをつかみ急激に運がよくなりますが、不倫であるケースが多く、長続きせずに破綻《はたん》してしまうでしょう。

35 線の特徴

運命線に接する四角がある

危険な目にあうが奇跡的に助かる手相

運命線に現れた四角は、不運から救われることを表します。とくに土星丘に現れた四角が運命線に接していたら、非常に危険な目にあいますが、奇跡的に救われます。一方、火星原の生命線寄りにある四角が運命線に接する場合は、窮《きゅう》地《ち》におちいるような家庭内のトラブルを、最終的には回避できることを示します。

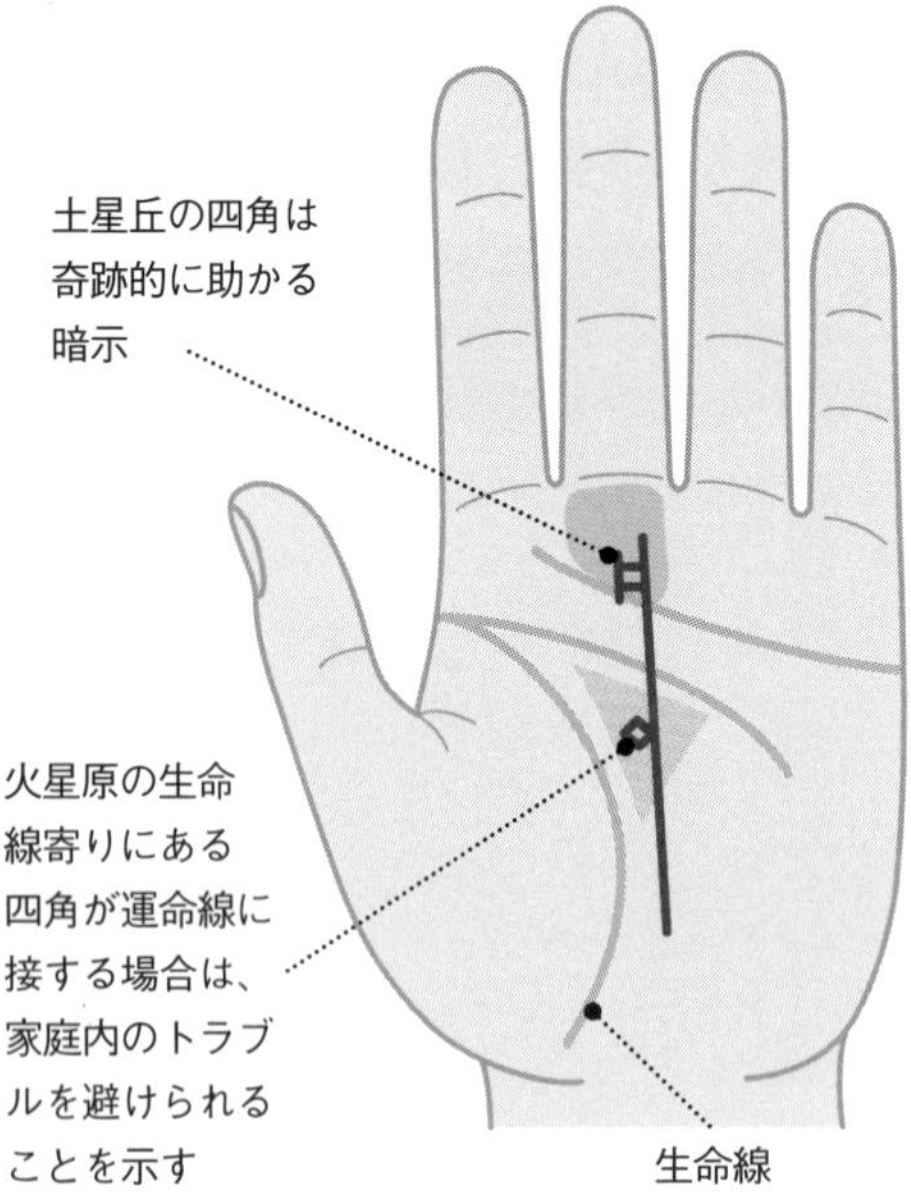
土星丘の四角は奇跡的に助かる暗示
火星原の生命線寄りにある四角が運命線に接する場合は、家庭内のトラブルを避けられることを示す
生命線

36 線の特徴

土星丘で終わり先端が十字

命にかかわる大事故にあう手相

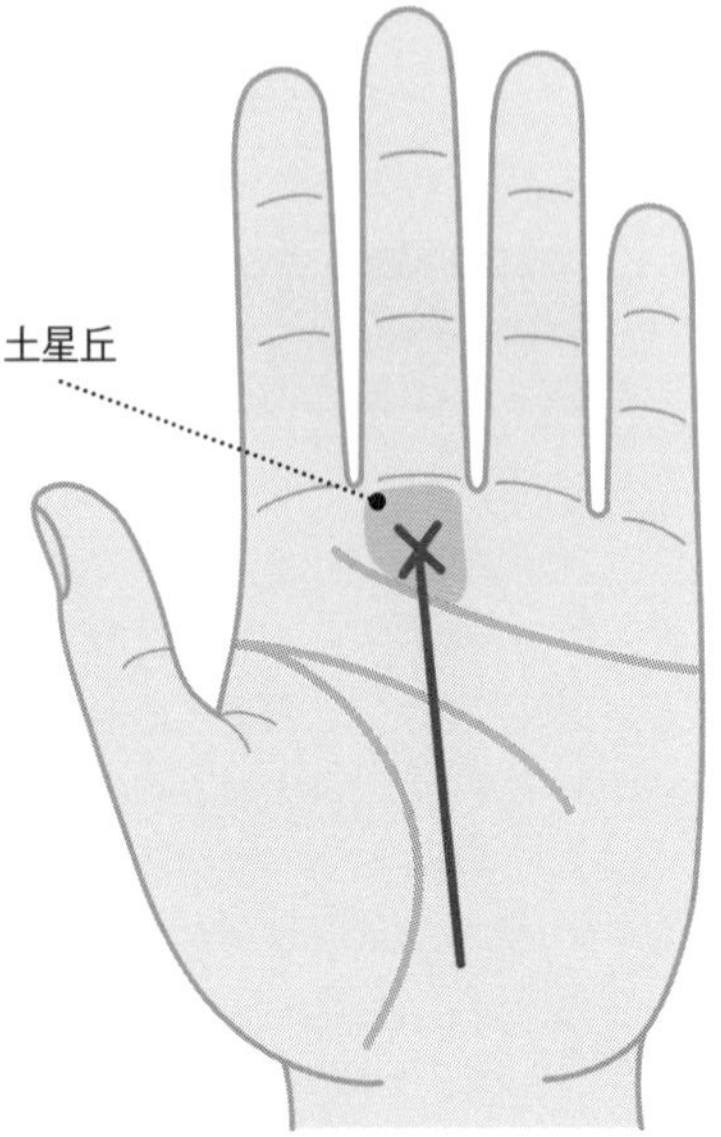
土星丘

運命線の先端が土星丘にあり、そこに十字がある手相は、命にかかわる事故にあう暗示です。交通事故など、「事故」と名のつくものすべてに、厳重な警戒が必要です。この記号が出ているうちは、飛行機や船に乗るのは避けたほうが無難。なお、先端が十字でも、土星丘から外れている場合は、この手相には該当しません。

37 線の特徴

感情線と交差する部分に星

恋人にだまされ、大金を失う人の手相

運命線と感情線の交差する部分に星が現れているのは、恋愛のトラブルで大金を失うことを示しています。女性に大金をつぎ込んで社会的信用を失ったり、悪い男に貢《みつ》いで貯金をすべて失ったり、最悪の場合はお金のために犯罪に手を染めることにもなりかねません。この手相が出ていたら、異性関係には用心深くなりましょう。

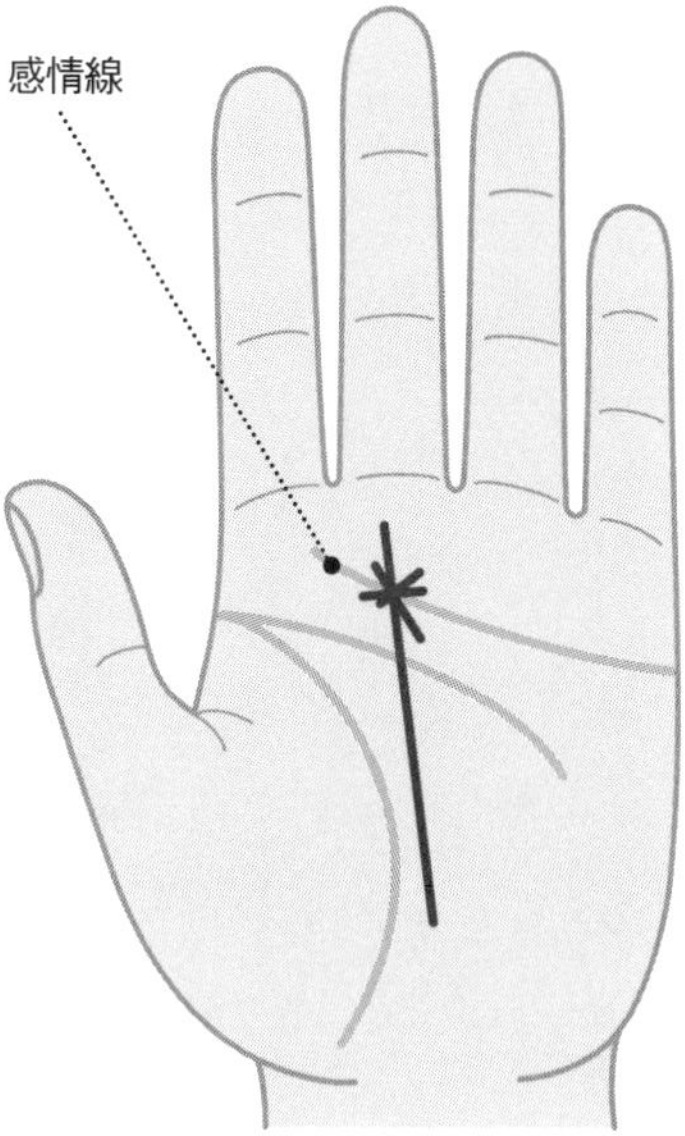
感情線

---

38 線の特徴

線上に青黒い斑点《はんてん》や星がある

大きな心配事を抱え苦労する人の手相

運命線上にある青黒い斑点は、心配事を表します。とくに金星丘の星から出た線がこの斑点につながっていたら、親しい人の死によって、生活に支障が出るほどの心配事が生まれることを示します。また、運命線上に星があるのは、思いがけない損失を示す手相。頼りにしていた人に裏切られ、金銭的なダメージを受けることも。

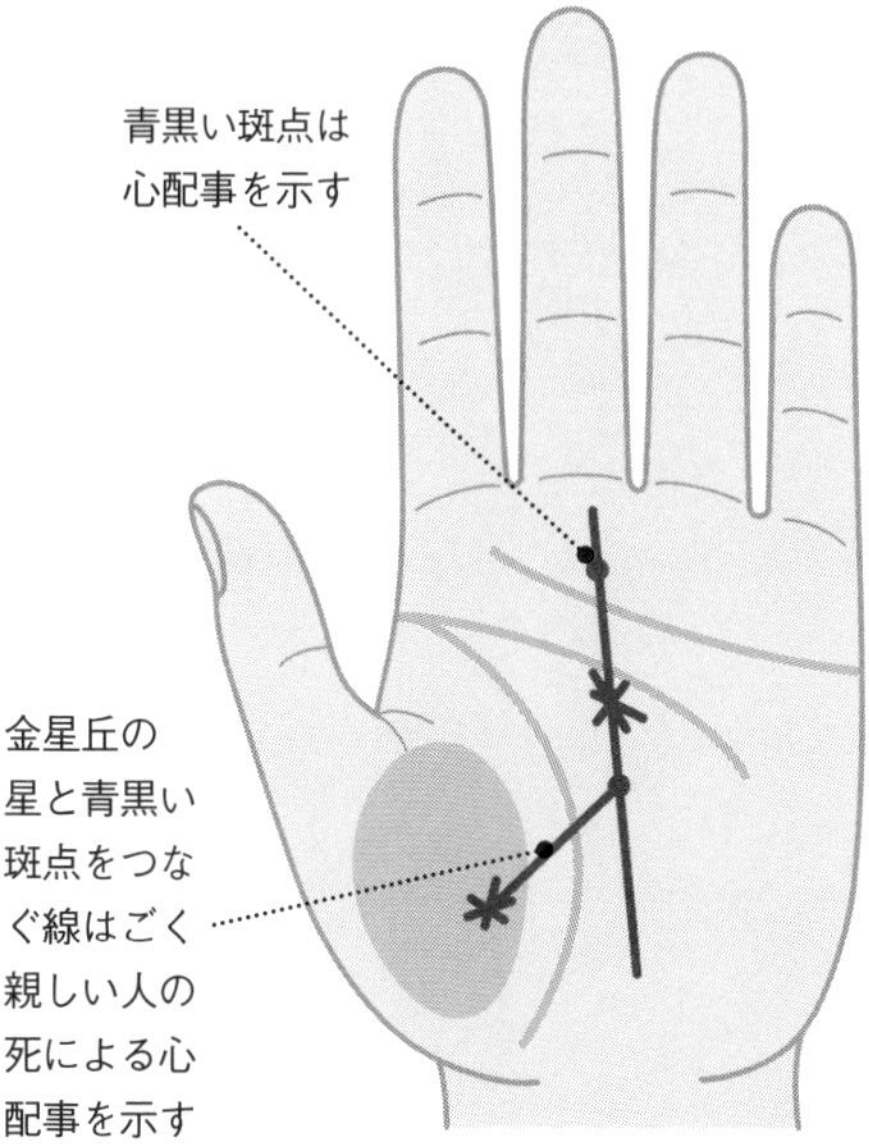
青黒い斑点は
心配事を示す
金星丘の
星と青黒い
斑点をつな
ぐ線はごく
親しい人の
死による心
配事を示す

その他の重要な線 2

太陽線

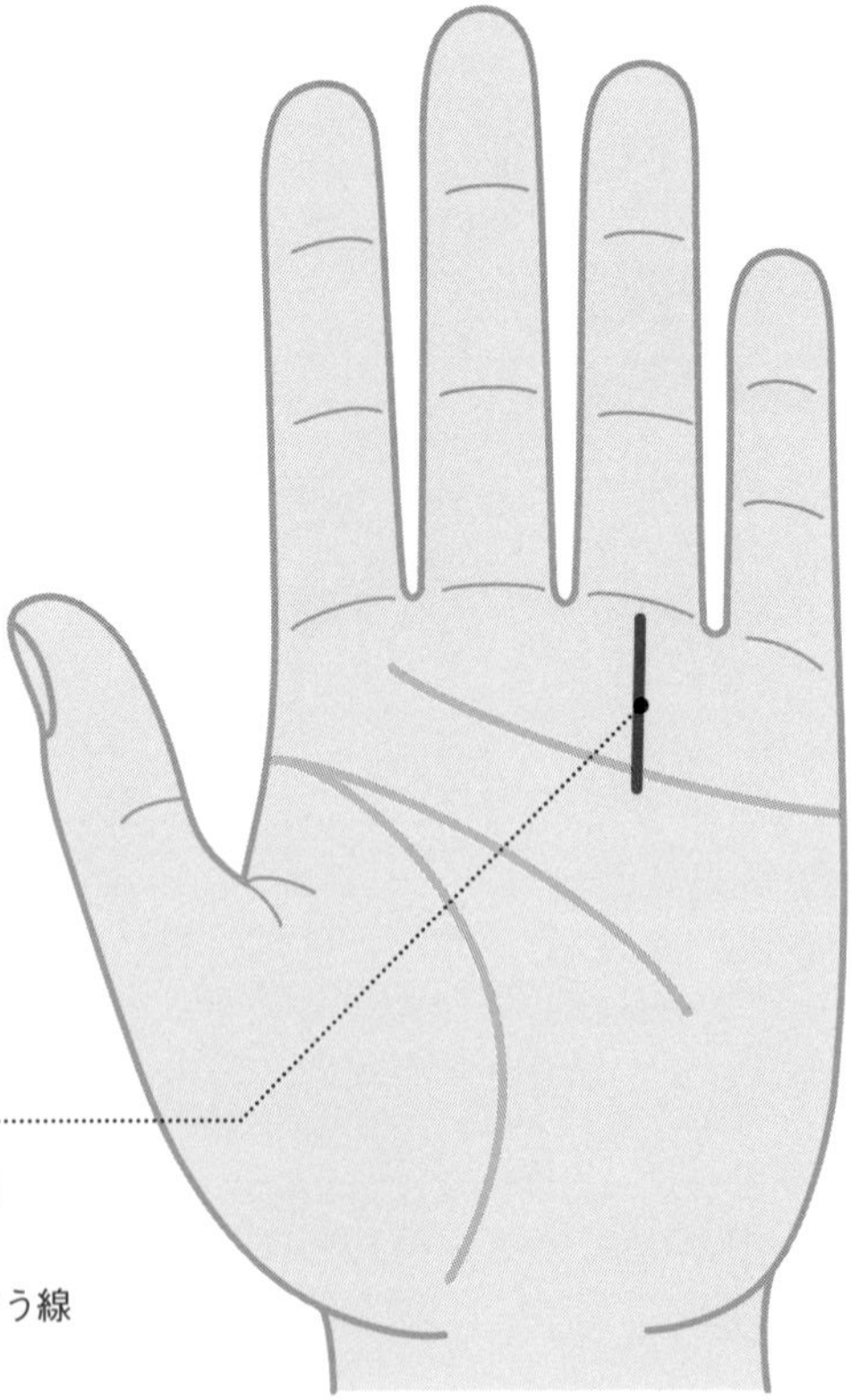

太陽線とは…
手のひらのさまざまな場所から始まり、薬指のつけ根に向かう線

他人からの評価を示し、そのときの運勢で形が変化

太陽線は周囲からの評価を表し、人気や地位、名声、他人からの支援などの状況がわかります。

起点はどこでもよく、薬指のつけ根に向かって伸びていれば、それが太陽線です。長さや本数も人によって異なるため、運命線以上に探しにくい線です。146〜147ページの一覧の中から自分の線に似たものを探しましょう。

長くて勢いのある線が理想的ですが、太陽線は勢いが最も重視されるので、短くても勢いがあればよい線といえます。逆に、長くても弱々しい線はあまりよくありません。太陽線はそのときの運勢によって、長さや形が変わるのも特徴です。

● 太陽線を見るコツ

なにを見る？	なにがわかる？
線の長さ・勢い	人気の度合いや運の強さがわかります。線に勢いがあるほど運気が安定します。
先端	先端は運勢を示しています。
線の状態	切れ切れになっていたり、曲がっているのは、運気が不安定な状態になっていることを意味します。先端がフォーク状に分かれていたら大成功を収める前触れです。
島や十字など記号	現れている記号の種類や位置によって、運気の上昇や停滞を表します。

太陽線と運命線や金運線との関係

運命線はその人の社会生活について表し、太陽線は社会生活における評価を示すため、**太陽線を見るときは、運命線の状態と合わせて判断します。**たとえば、運命線がよい運勢を表していても太陽線が貧弱だったら、実力は十分にあるのに、社会に認められず力が発揮できない状態となります。

　ところで、太陽線は地位や名声、他人からの援助など、その人にとって貴重なものについて表しますが、運勢のいい太陽線を持っていても、それが直接金運と結びつくとはいえません。周囲から評価され名声を得ても収入はとくに増えないというケースも考えられます。

太陽線一覧

先端を見る

1

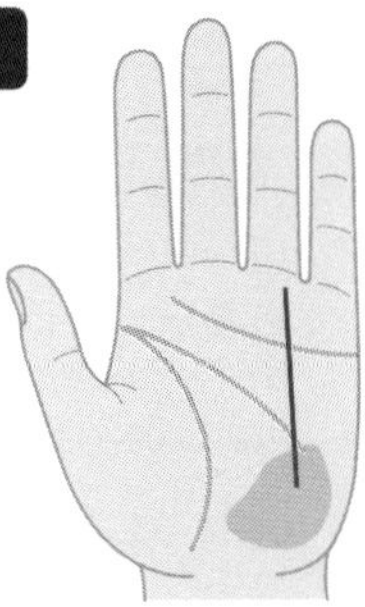

月丘から一直線に
薬指へ伸びる

148 ページ

2

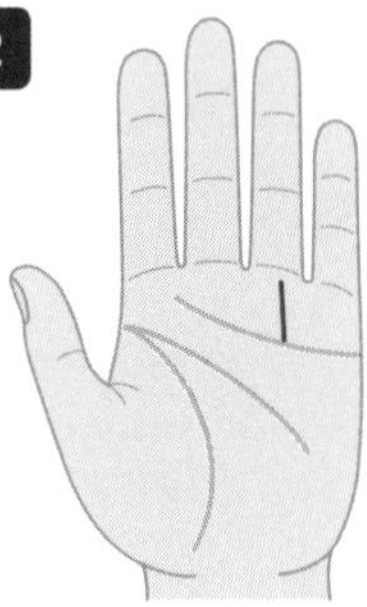

感情線上部に
短い線

148 ページ

3

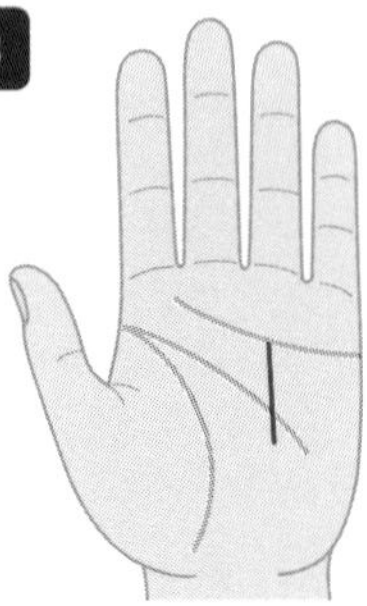

感情線に
ぶつかって止まる

149 ページ

4

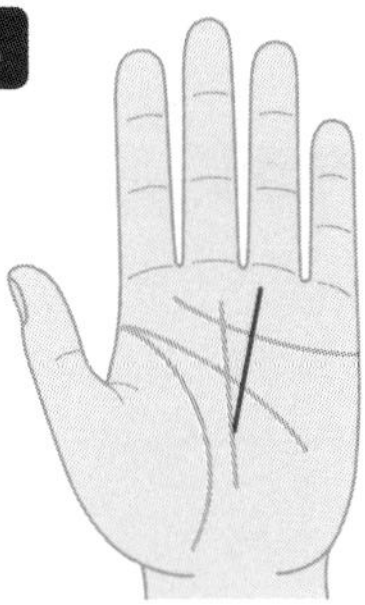

運命線から出て
薬指へ向かう

149 ページ

5

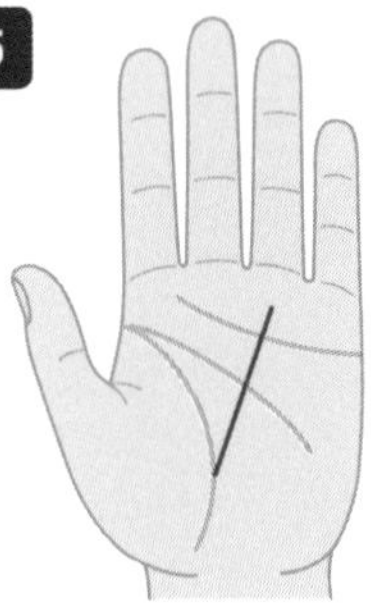

生命線から出て
薬指へ向かう

150 ページ

6

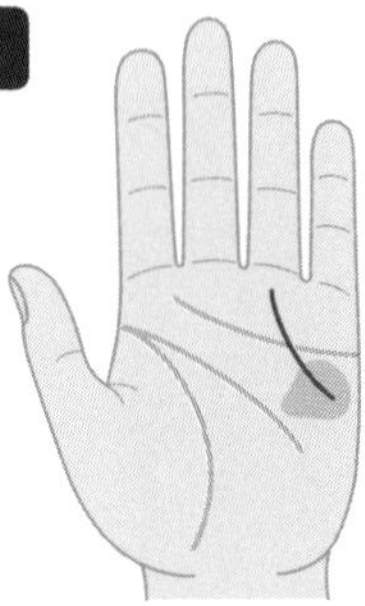

第二火星丘から出た
弓形の線が薬指へ

150 ページ

7

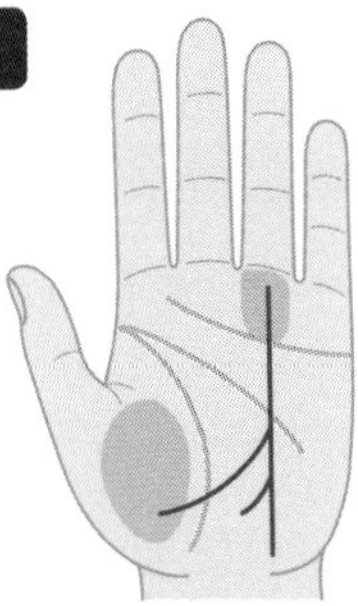

支線が下から斜め
上に伸びて合流

151 ページ

線の状態や記号を見る

8

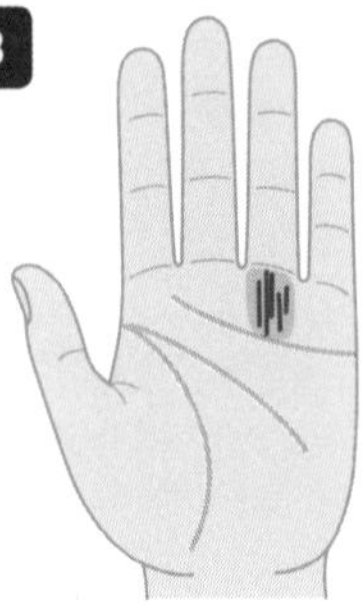

太陽丘に
短い線が複数ある

152 ページ

9

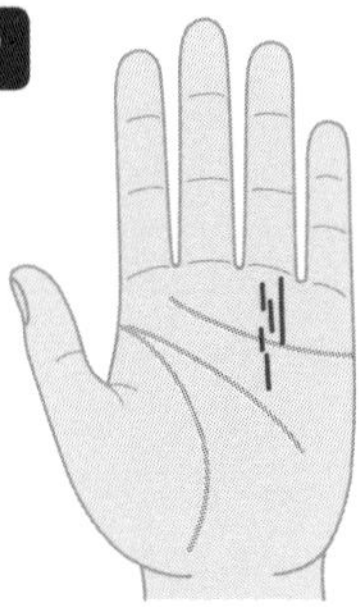

切れ切れ、あるいは
曲がっている

152 ページ

10

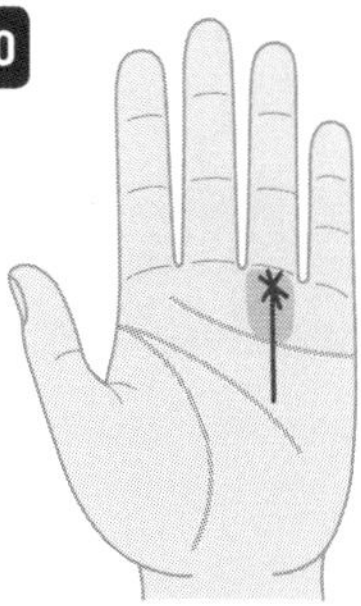

薬指の下で、線の先端に星がある

153 ページ

11

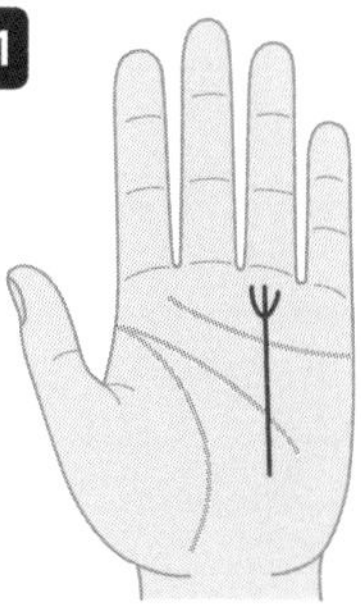

先端がフォーク状

153 ページ

12

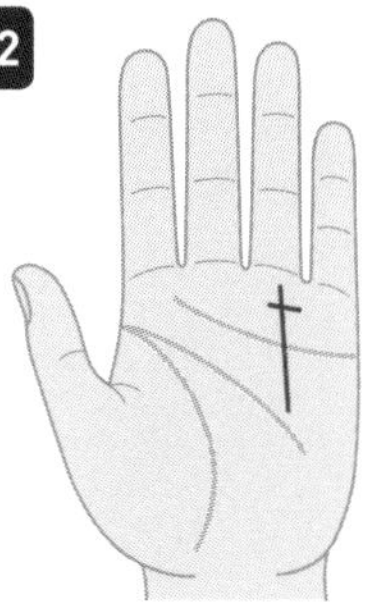

薬指の下で、先端に短い横線

154 ページ

13

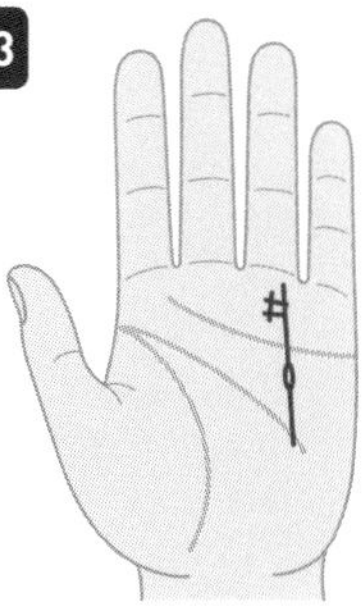

線上に島や四角

154 ページ

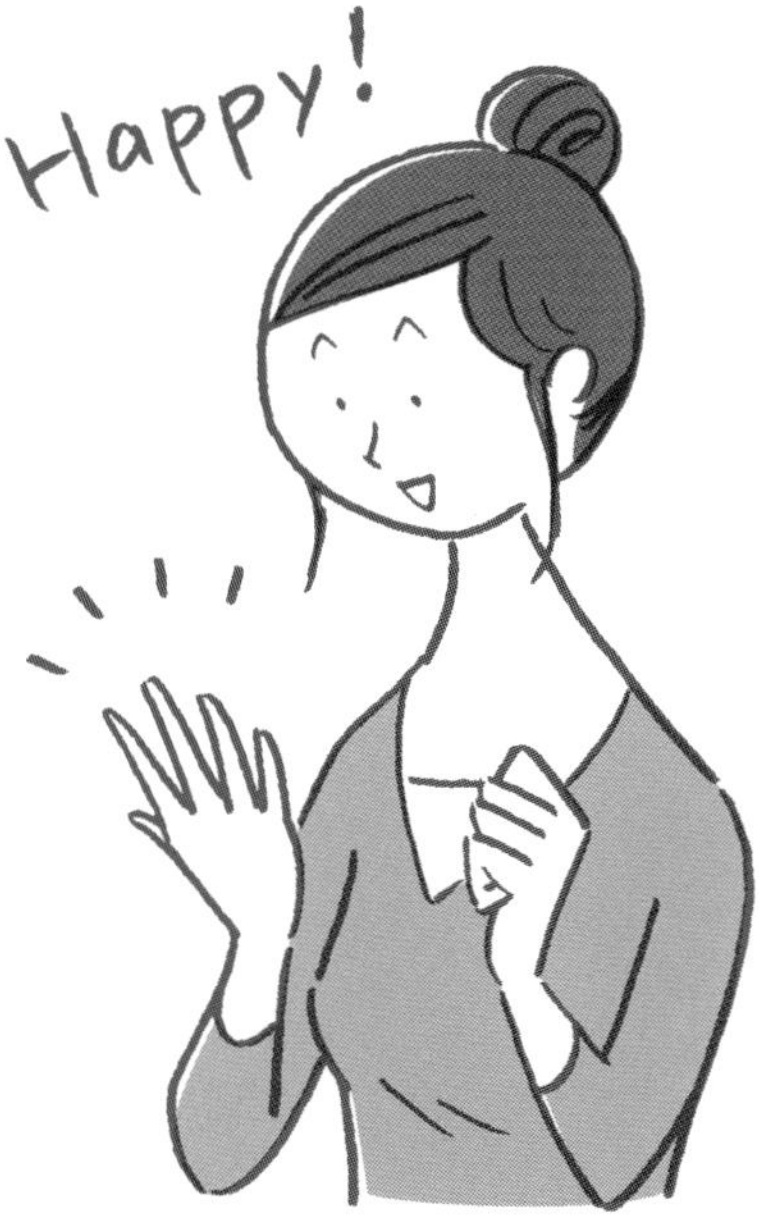

1 線の特徴

月丘から一直線に薬指へ伸びる

芸能人などははなやかに活躍できる人の手相

月丘から薬指のつけ根に向かって一直線に伸びるのは、理想的な太陽線。社会的な評価が高く、はなやかに活躍できるため、俳優やタレントなどに向いています。また、会社員なら早く出世でき、専業主婦なら明るい家庭を築きます。長くまっすぐ伸びる線なら、細くても、途中で多少切れ目があっても問題ありません。

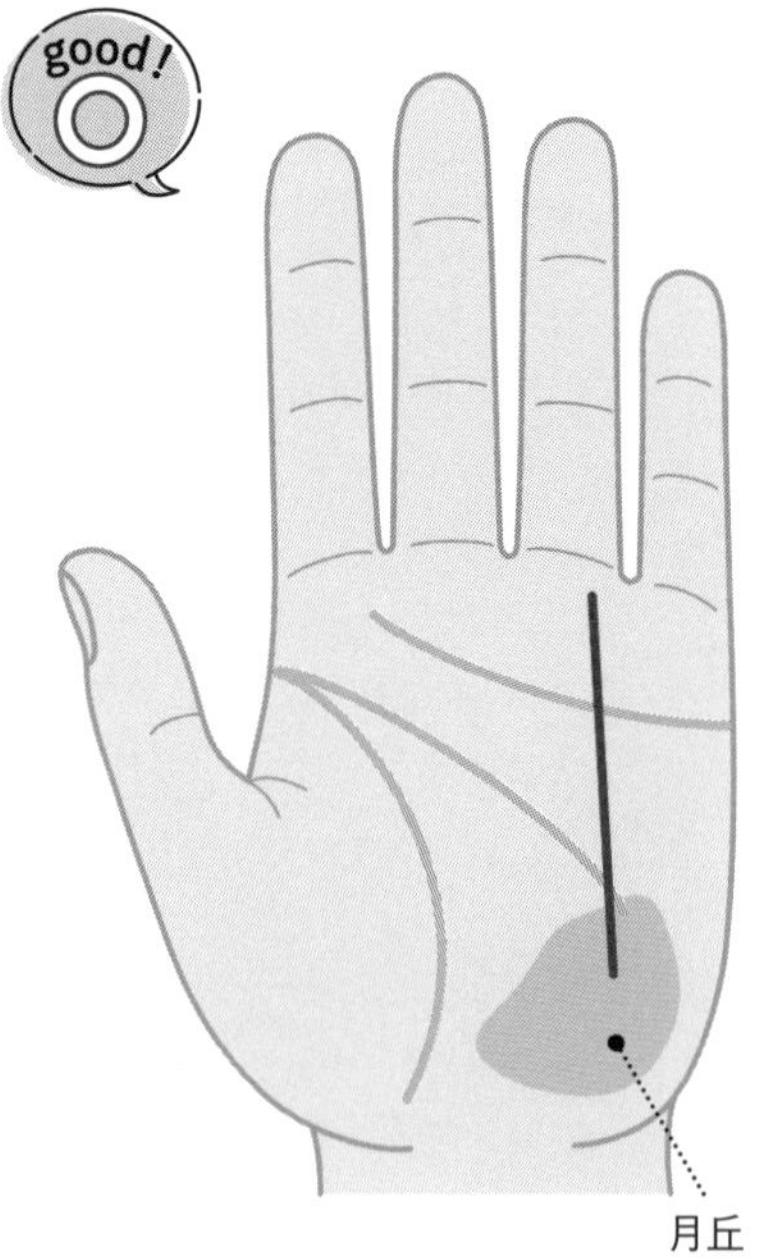

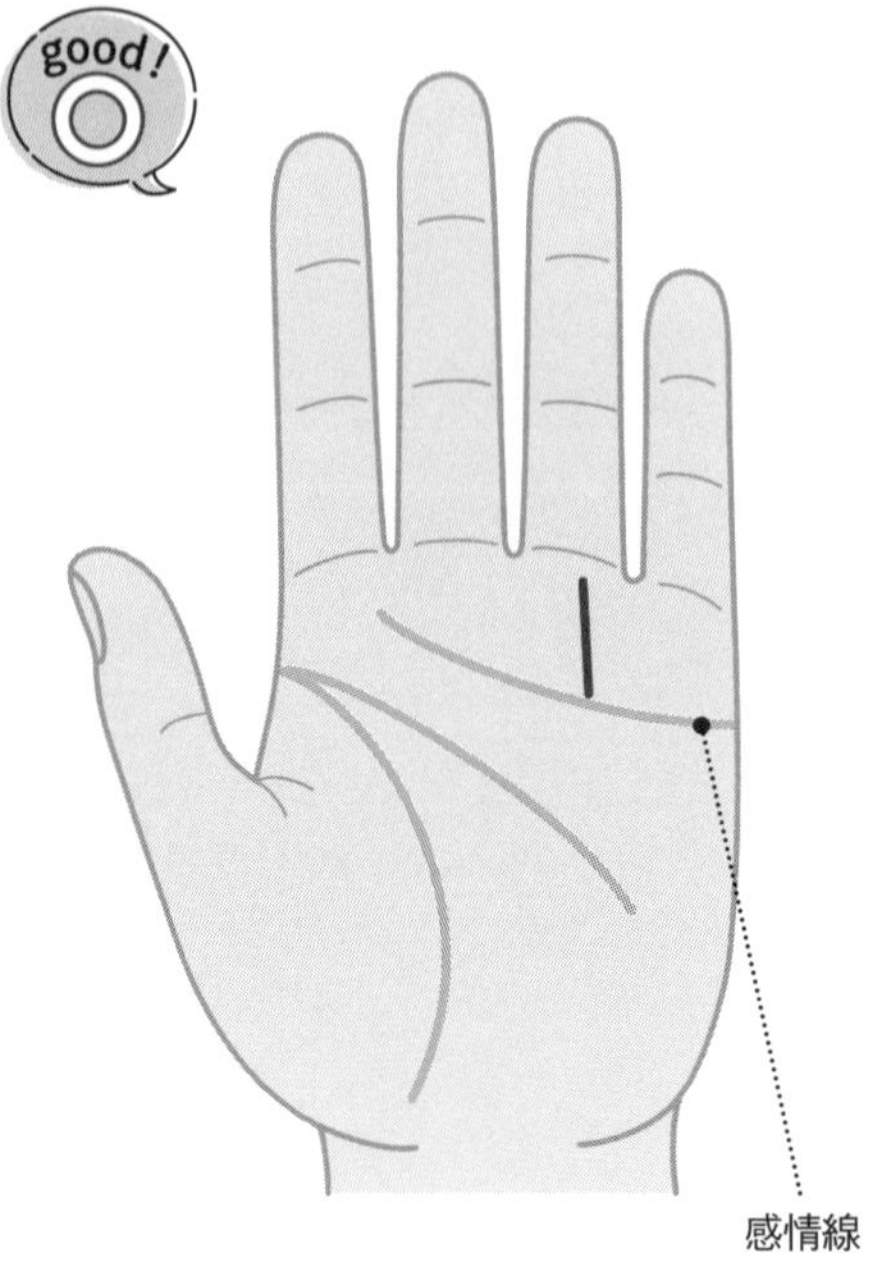

2 線の特徴

感情線上部に短い線

これから運勢がよくなる手相

感情線の上部に刻まれている短い太陽線は、地道な努力や技術などが認められることを表します。ハデさはないものの、今まで通りの努力をキープすれば、周囲から確実に評価されるでしょう。線が短くても、まっすぐで障害線（太陽線を横切る線）がなければ運気は上昇中です。下に長く伸びるほど、評価は高くなります。

3 線の特徴

感情線に ぶつかって止まる

立場が悪くなり、努力が裏目に出る手相

太陽線が感情線にぶつかるようにして止まっているのは、愛情問題のもつれなどによって立場が悪くなったり、人気を失ったりすることを示しています。努力も報われず、裏目に出ます。とくに右手にこの手相が出ているときは要注意。感情的になるとさらに状況が悪化するので、心を落ち着かせ、周囲との協調を大事にしましょう。

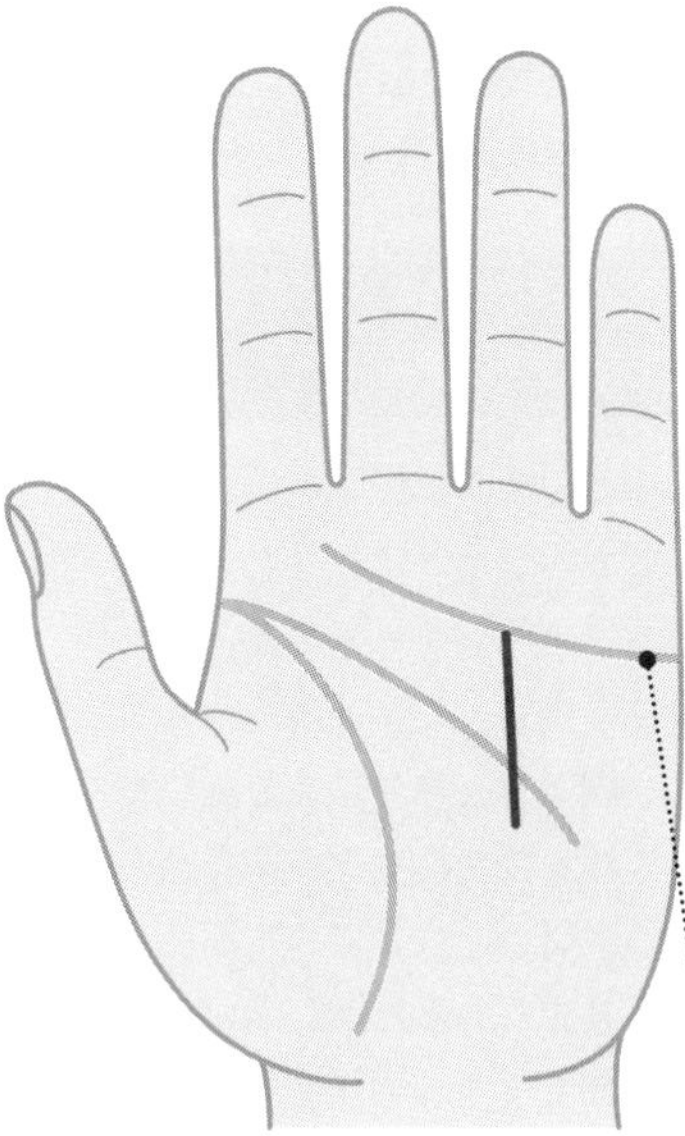

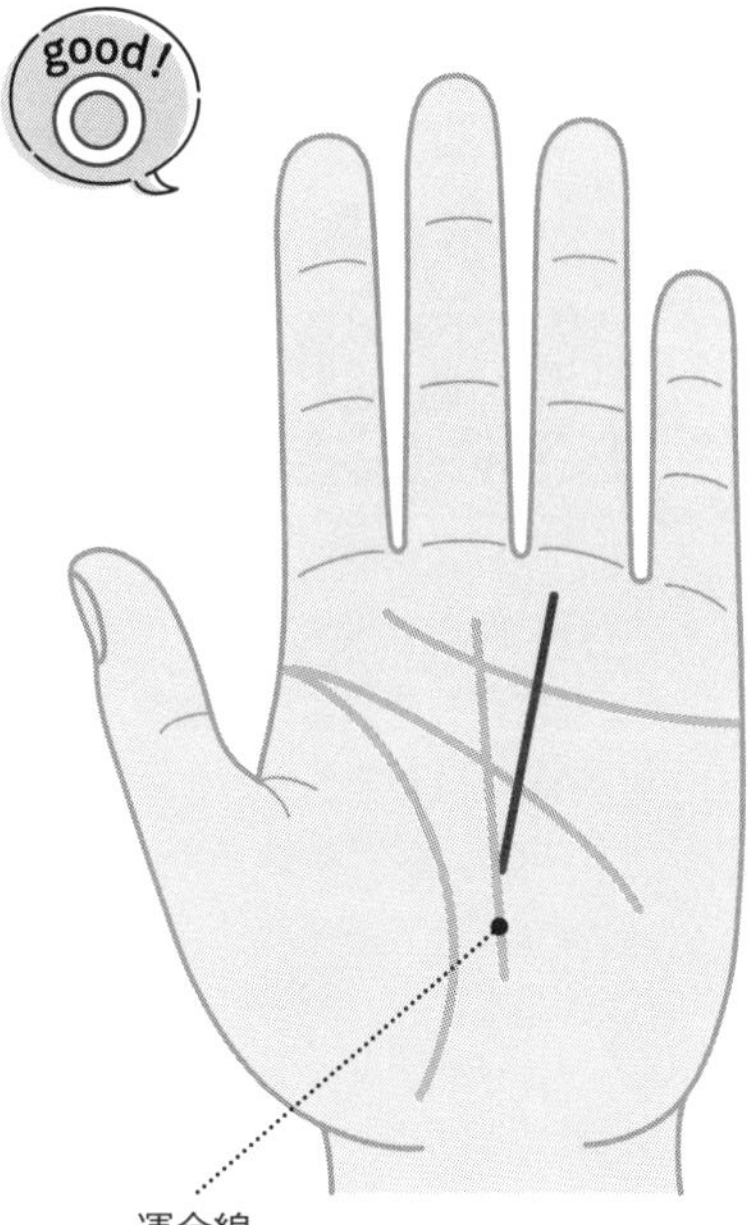

4 線の特徴

運命線から出て 薬指へ向かう

自分の努力と実力で認められる手相

運命線から分かれて薬指に向かっている太陽線は、親の恩恵や他人のバックアップに頼ることなく、自分の努力と実力で世間に認められ、成功することを表します。その時期は、太陽線の起点を運命線の流年《りゅうねん》に当てはめるとわかります(➡17ページ)。なお、太陽線が切れ切れだと、認められそうなのにチャンスに恵まれないことも。

5 線の特徴

生命線から出て薬指へ向かう

地道に続けてきたことが実を結ぶ手相

生命線から分かれて薬指に向かっている太陽線は、地道な努力の積み重ねで名声を手に入れることを示しています。この手相の人は、どんな困難でも乗り越える強い意志と目的意識を持っているため、長年コツコツと続けてきた研究が学会に認められるなど、若いときから続けてきた努力が、中年以降に実を結ぶでしょう。

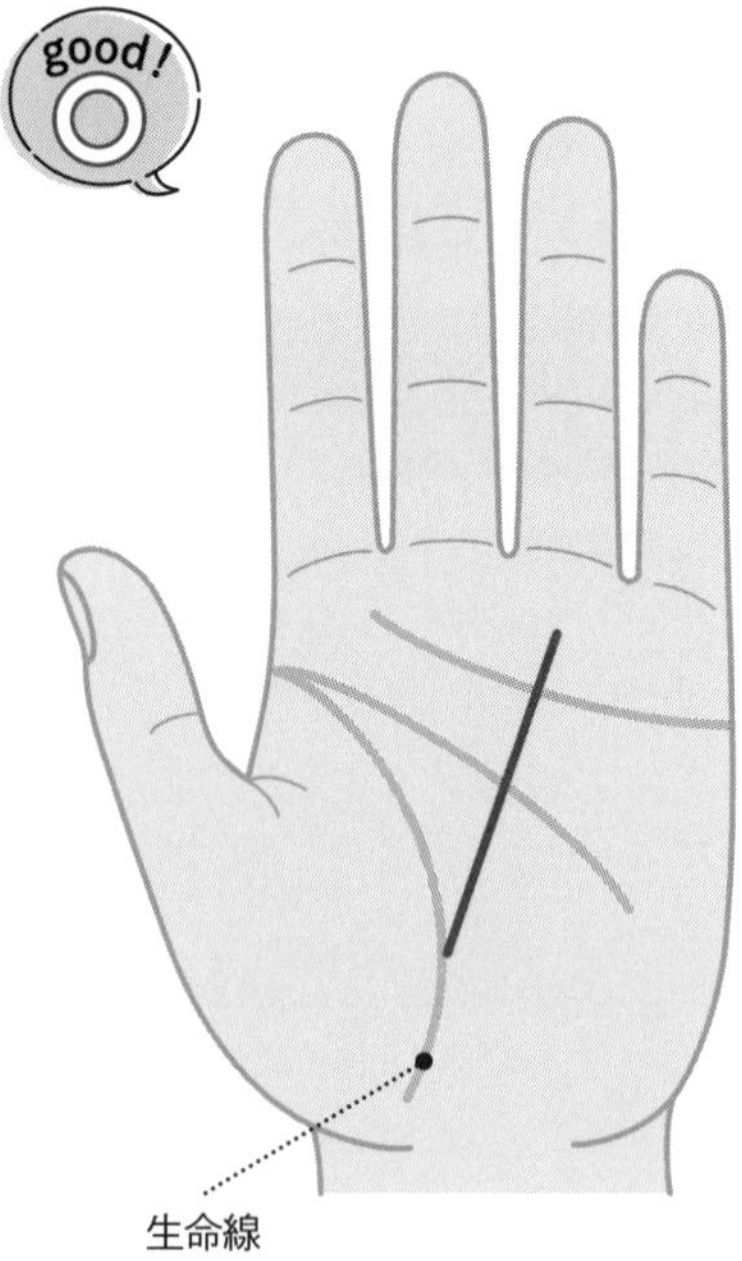

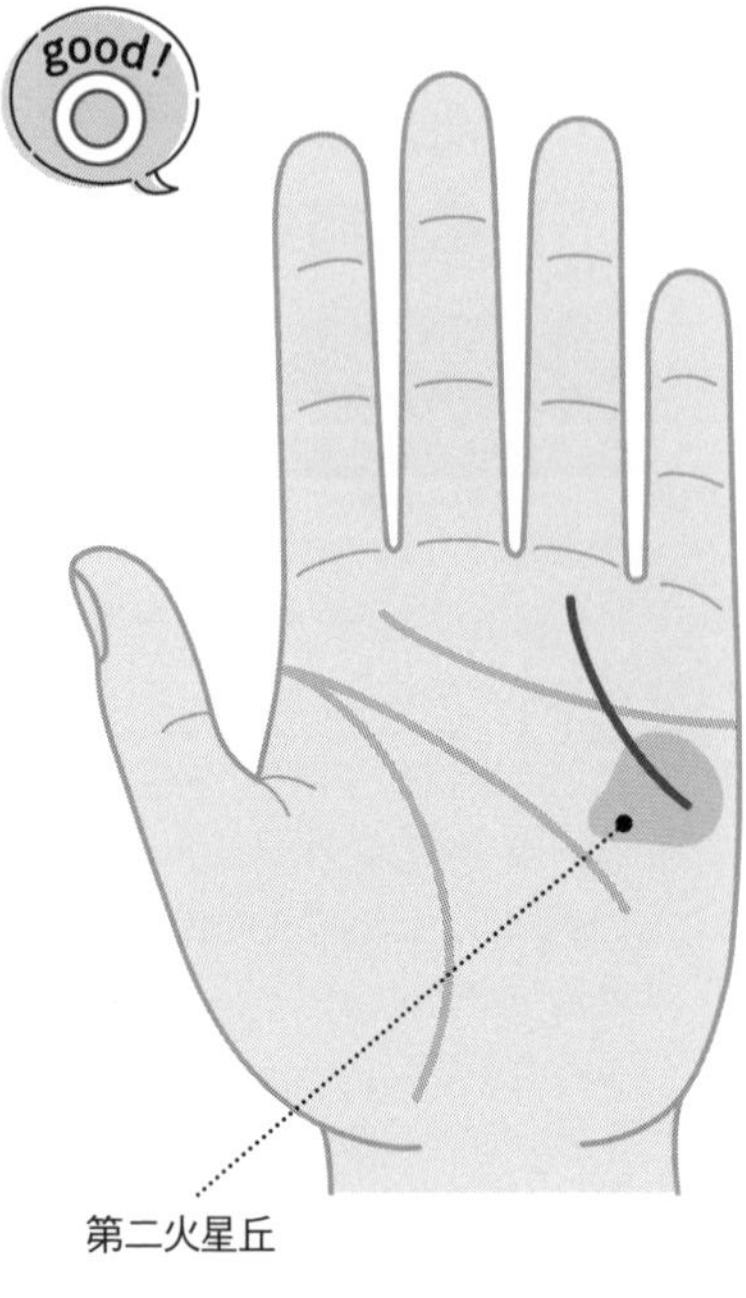

6 線の特徴

第二火星丘から出た弓形の線が薬指へ

コツコツ努力して確かな基盤を築く手相

第二火星丘から弓形にカーブして薬指に向かう太陽線は、苦労をいとわず粘り強く仕事に励む人です。技術的な仕事や生産業、販売業などに向き、地道な努力でしっかり基盤を固めて名声を得て、財産を築くでしょう。ハデで目立つような活躍はしませんが、長い間積み重ねた信用によって、周囲から頼られる存在になります。

7 線の特徴

支線が下から斜め上に伸びて合流

有力な後援者が現れ、前途洋々な人の手相

太陽線の支線が下のほうから斜め上に向かって合流するのは、たいへんよい手相です。力のある人がバックアップしてくれるため、前途洋々です。運のよさに加えて自らも努力を続ければ、さらに幸運になれるでしょう。金星丘を起点にした線が太陽丘に流れ込んでいれば、親や近親者の遺産を相続する可能性があります。

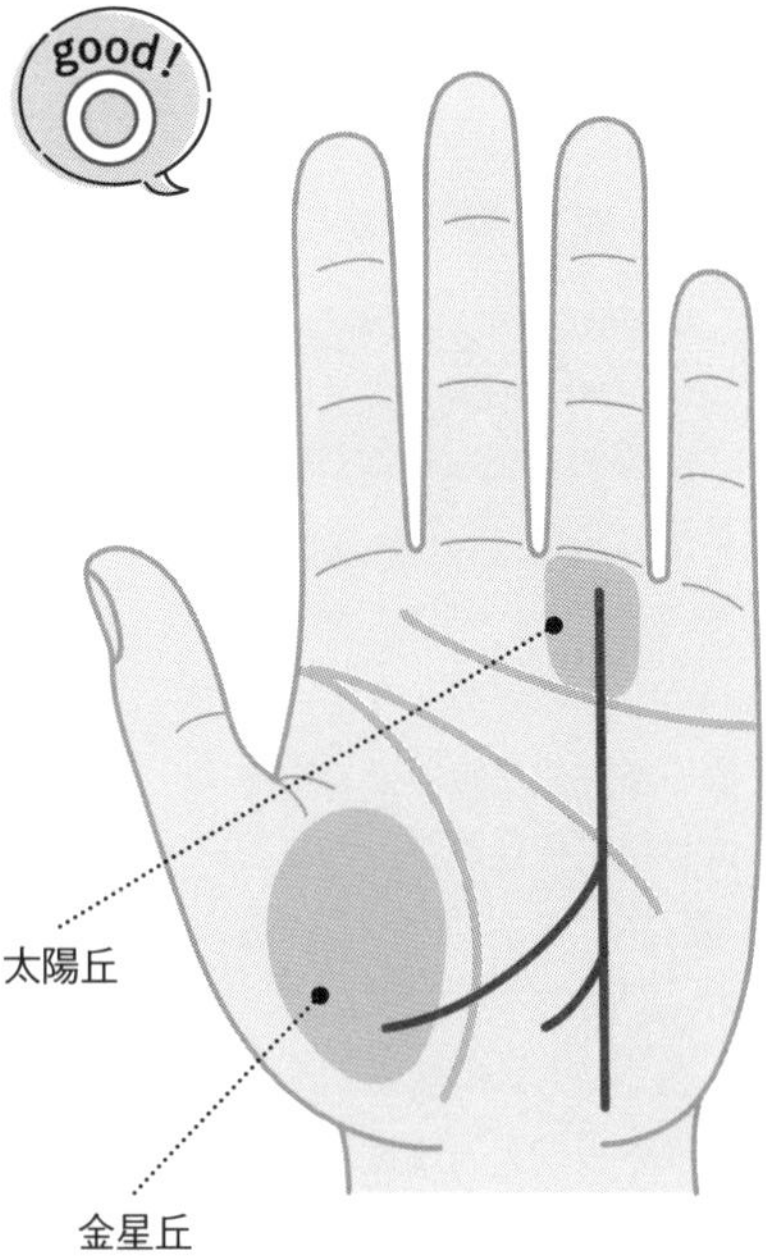

COLUMN

有名人の手相③ ナポレオン

フランス革命の英雄ナポレオン・ボナパルトの手は、人差し指が非常に長く、運命線と太陽線がくっきり刻まれているのが特徴です。生命線の中ほどから伸びた運命線は真面目で努力家なことを、長く鮮やかな太陽線は隆盛期に絶大な名声を得たことを表します。そして、人差し指が長い人は、人の上に立つ能力を備え、若いうちから頭角を現すことを示します。ナポレオンの性格と功績が手相に現れています。

8 線の特徴
太陽丘に短い線が複数ある

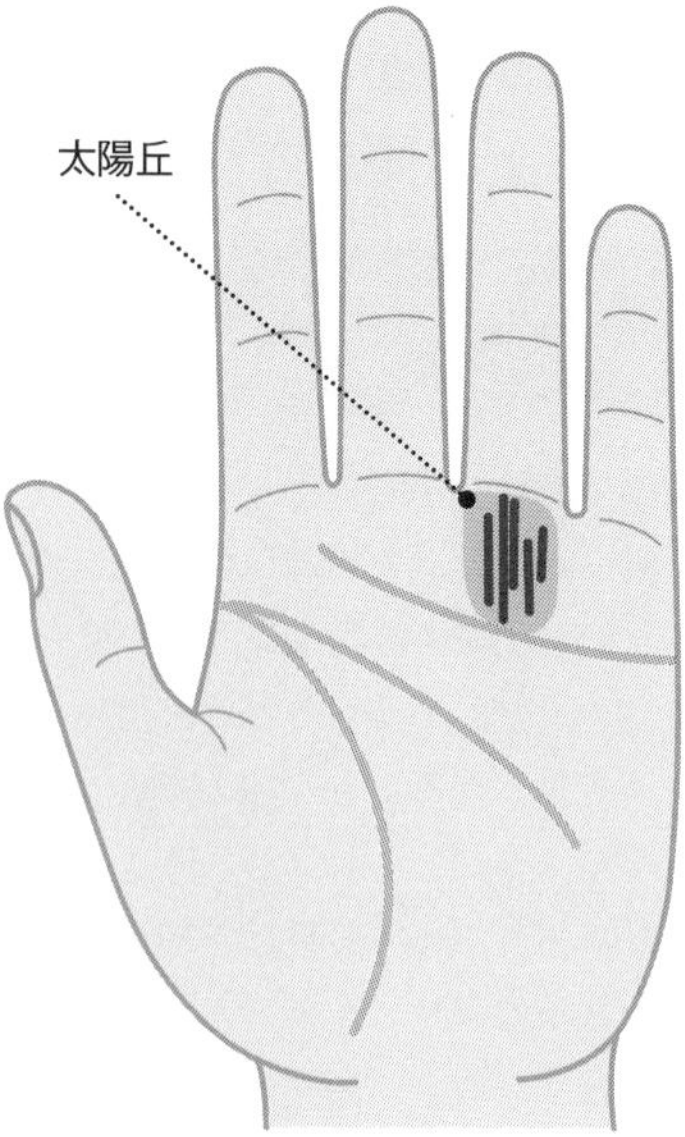

すべてが中途半端な器用貧乏の手相

太陽丘に短い太陽線が複数ある人は器用貧乏。広く浅くさまざまなことに心が動くため、ひとつのことに集中するのが苦手で、すべてが中途半端になりがち。これといった取り柄がなく、人から都合よく使われてしまう傾向があります。しかし多くの人に同時に気を配ることができるので、接客業などには向いています。

---

9 線の特徴
切れ切れ、あるいは曲がっている

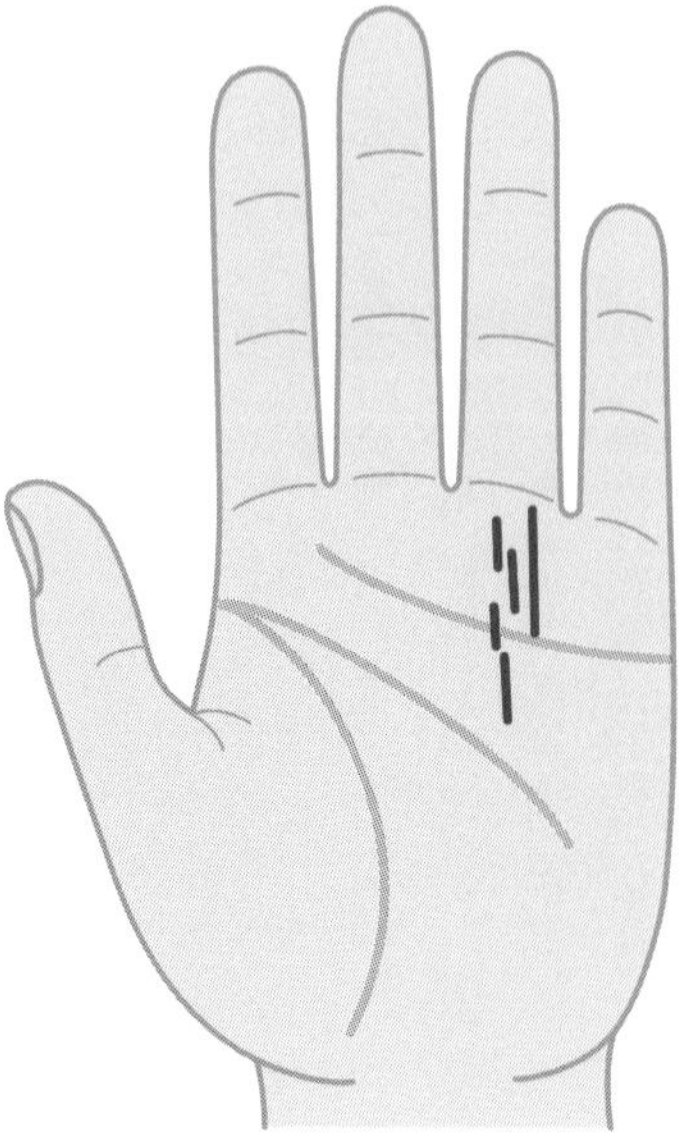

運気が不安定で落ち着かない手相

太陽線が切れ切れになったり、くねくねと曲がっているのはあまりよい手相といえず、運気が不安定な状態であることを表しています。転職や引っ越しなどをくり返し、なかなか生活が落ち着きません。しかし、太陽線はずっと同じ状態ではありません。運気がよくなるにしたがって、切れ目のないまっすぐな線に変わっていきます。

10 線の特徴

薬指の下で、線の先端に星がある

急に運がよくなり、幸せが訪れる手相

通常、星は運気が下がることを意味しますが、太陽丘にある太陽線の先端に現れる星は例外で、「幸運の星」と呼ばれます。この星が現れると急に人気が高まったり、思いがけない要職に就いたり、商売が繁盛したりと、運気が急上昇します。今までついていなかった人も、攻めの姿勢で上昇気流に乗ってみましょう。

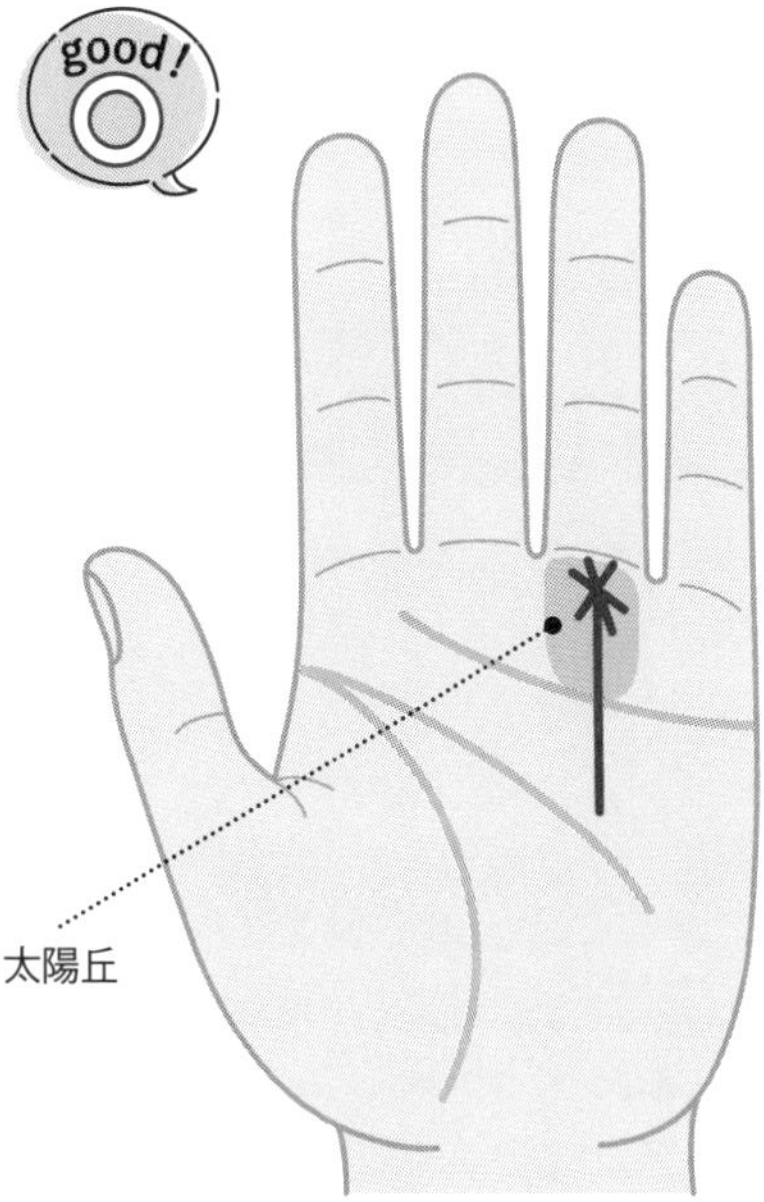

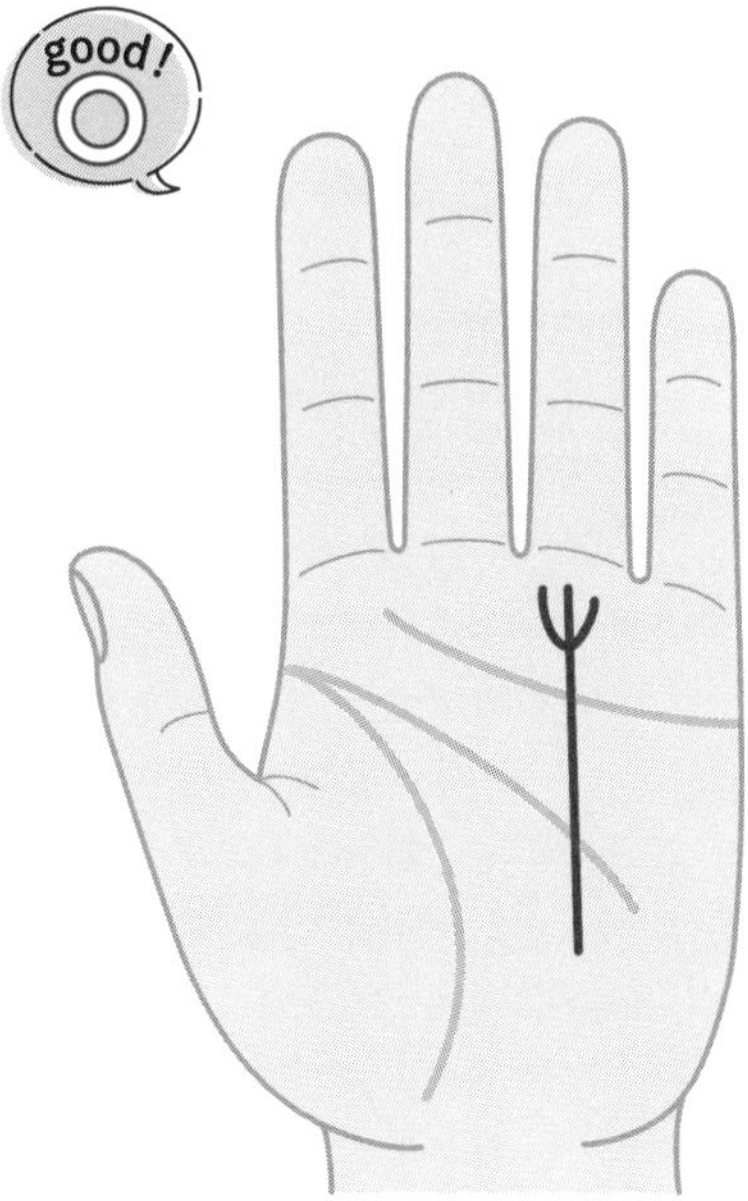

11 線の特徴

先端がフォーク状

近い将来成功して運がよくなる手相

太陽線から出る上向きの支線は、長さに関係なくこれから幸運に恵まれることを表しています。とくに、太陽線の先端がフォークのようになっている手相は、近い将来何かで成功して周囲に認められたり、地位や名誉を得る、または周囲に好感を持たれるなどで運がよくなることを表します。迷わず今の努力を続けましょう。

12 線の特徴

薬指の下で、先端に短い横線

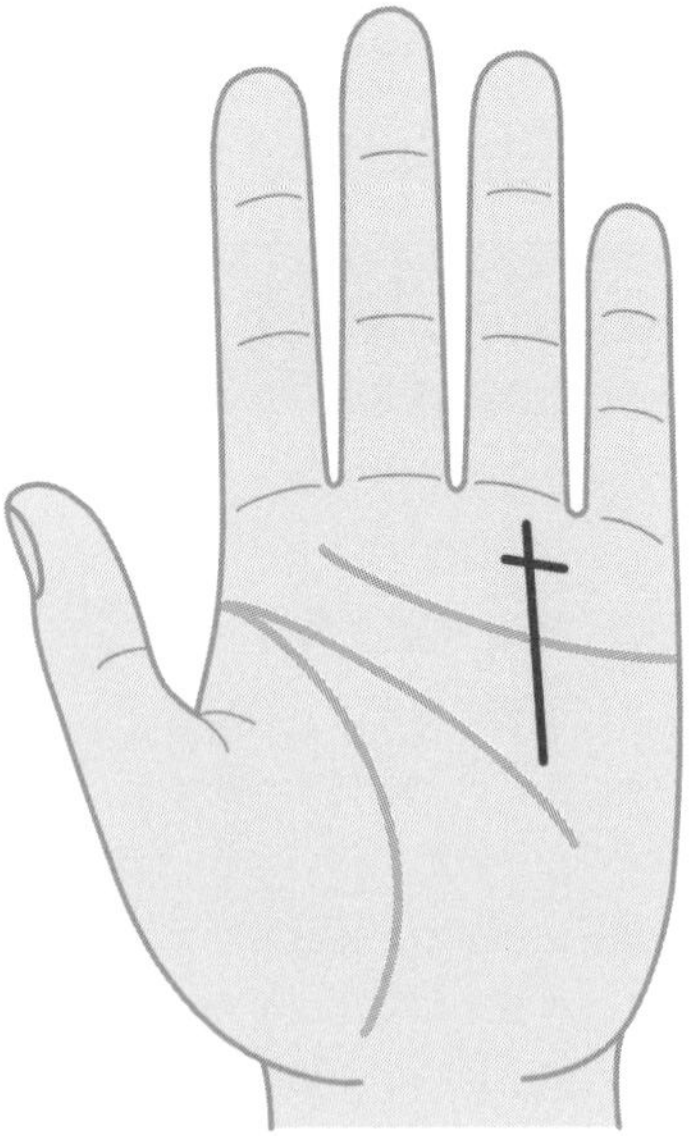

築いた地位や名誉が危うくなる手相

太陽線の先端を短い横線（障害線）が横切っているときは、現在の地位や立場がおびやかされることを意味します。横線が太陽線より太い場合は、大きなダメージが予想されますが、細ければ一時的な危機ですむはずです。この手相が出ている間は何事も慎重に行い、転職や引っ越しなどの大きな動きはしばらく控えたほうが無難です。

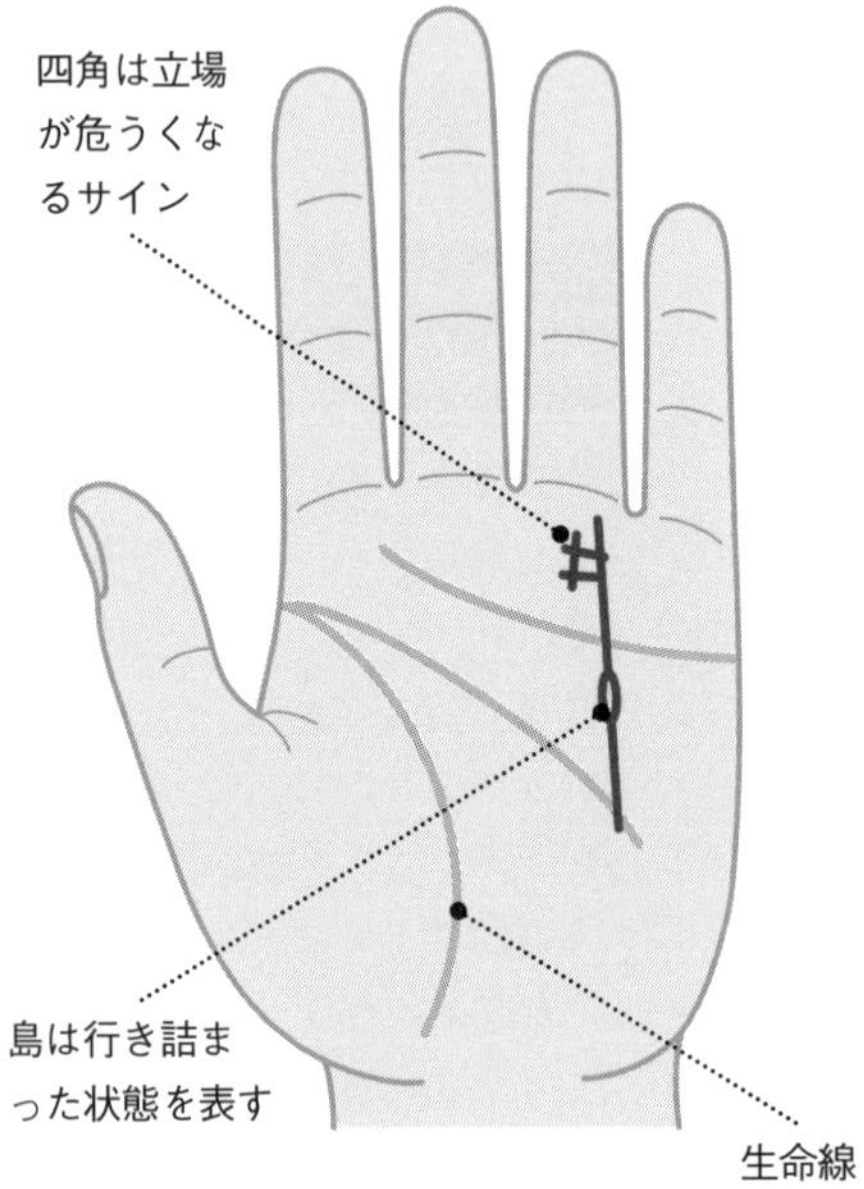
四角は立場が危うくなるサイン
島は行き詰まった状態を表す
生命線

13 線の特徴

線上に島や四角

行き詰まったり、追い込まれる手相

太陽線に島があるのは行き詰まった状態を表します。その原因はほかの線の状態で判断できます。たとえば、生命線の現在の流年《りゅうねん》に当たる部分に病気の手相が出ていたら、病気が原因と判断できます。線上に四角があるのは、非難を受けて地位や立場が危うくなるサイン。しかし最終的には大きな問題にはならずにすむでしょう。

COLUMN

有名人の手相④

戦国の三英傑

戦国時代の名将、織田信長、豊臣秀吉、徳川家康の手相を見てみましょう。

織田信長は小指が短いので人の心を動かすのが下手。頭脳明晰《ずのうめいせき》ながら、部下の明智光秀に裏切られたのもうなずけます。

豊臣秀吉は、運命線が中指のつけ根を越えて伸びる「天下筋」(⬇125ページ下)と呼ばれる手相の持ち主。困難を乗り越えトップに立ちますが、気性が荒くワンマンになりがちな手相です。ただし、この線は秀吉が自らの権力を誇示《こじ》するため、手形を取るときにひもで線を作ったものと思われます。

徳川家康は、大仏と同じ「枡《ます》かけ相」(⬇83ページ上)。さらに小指が長く、人の心をつかむのも上手。さすが、江戸時代を築いた人物の手相です。

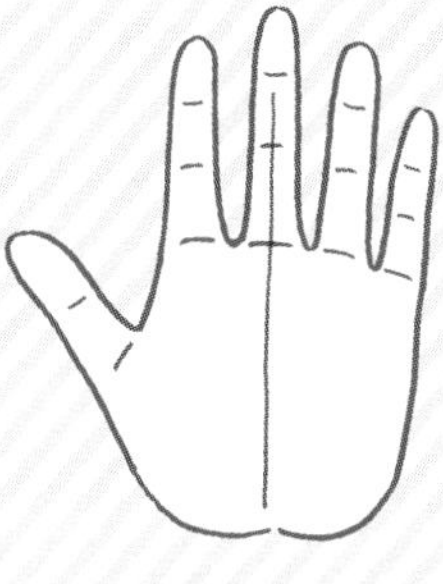

豊臣秀吉

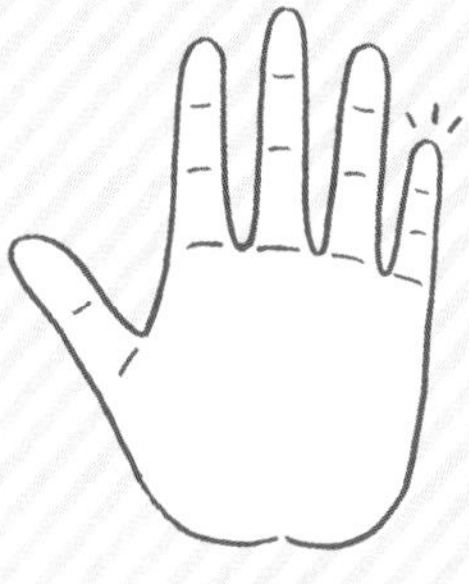

織田信長

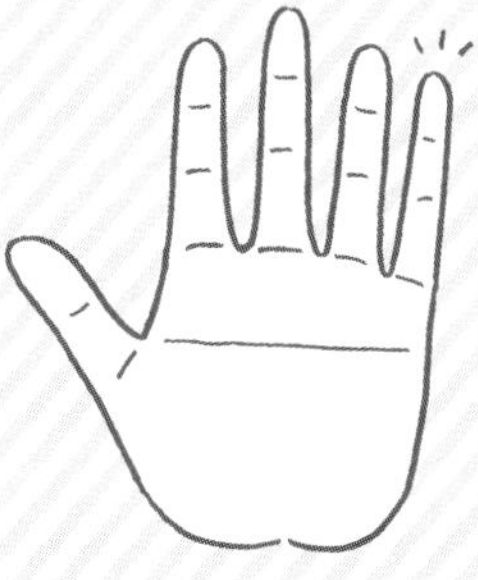

徳川家康

その他の重要な線 3

結婚線

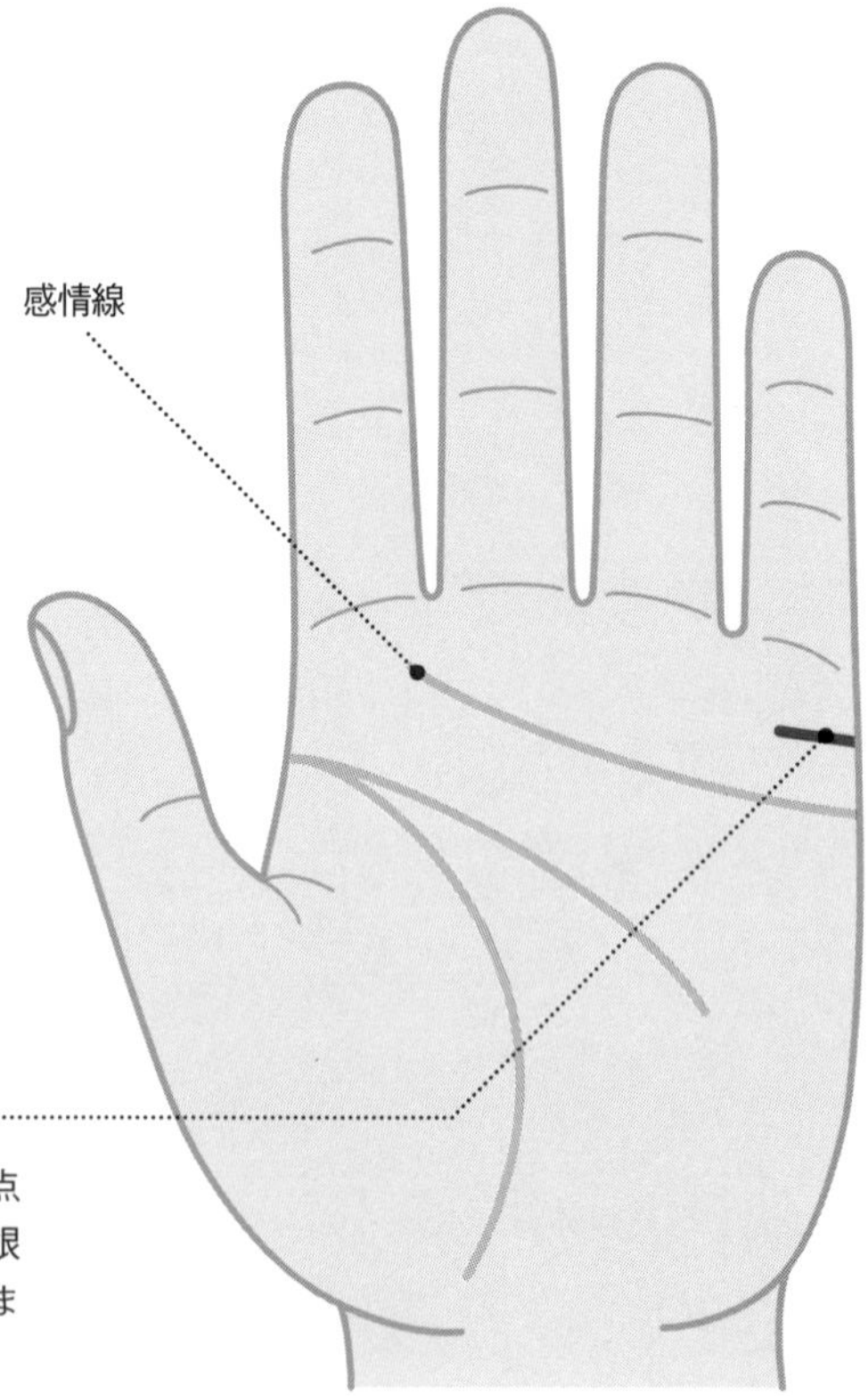

結婚線とは…

手の側面がわを起点とし、小指のつけ根と感情線の間に刻まれる短い横線

恋愛や愛情について、自分はもちろん相手のことも示す

結婚線を見るときは、手首をひねって手の側面から観察しましょう。起点は手の側面がわになります。小指のつけ根と感情線の中間あたりに位置し、小指の幅くらいの長さが標準的です。

結婚線という名称から、結婚に関する運勢を表す線だと思われがちですが、結婚をはじめ、恋愛運やあらゆる愛情に関する運勢を表します。また、自分の状況や気持ちだけでなく、パートナーの内面や将来性までも示してくれます。

くっきりと鮮やかに刻まれた勢いのある線がよい手相ですが、それ以外の線が出ていても、努力をすれば線の状態は変化していきます。

● 結婚線を見るコツ

なにを見る?	なにがわかる?
線の状態	くっきり刻まれ勢いがある線だと愛情運や結婚運がよく、薄く細い線だと結婚生活に縁遠くなります。
線の向き	カーブが下に向かうほど縁遠くなります。結婚に積極的で前向きな姿勢の人は、カーブが下がらずに勢いのある結婚線に変わってきます。
支線	支線やそれ以外の線の状態によって、現在の恋愛の行方や、パートナーの愛情、どのような結婚をするかがわかります。
島や十字など記号	結婚線をさえぎるように現れている記号は、結婚生活の破綻《はたん》や、良縁に恵まれないことを表しています。

結婚線の本数＝結婚の回数というのは間違い

結婚線の本数は結婚の回数を示しているという俗説が広まっていますが、本数と結婚回数は必ずしも一致しません。**短い結婚線がいくつも出ていたり、線が格《こう》子《し》になっているときは、結婚する時期ではない**ことを示しています。また、結婚線が不鮮明な場合は、相手への愛情が薄いことが原因で離婚しやすく、線の形が悪い場合は、結婚と離婚を何度かくり返すサインです。

ほかの線は運勢がいいのに、結婚線だけ悪い手相が出ているというケースはありません。結婚線が悪いときは、生命線、知能線、運命線、太陽線、健康線にもその原因が出ているはずです。

本数や線の状態を見る

1

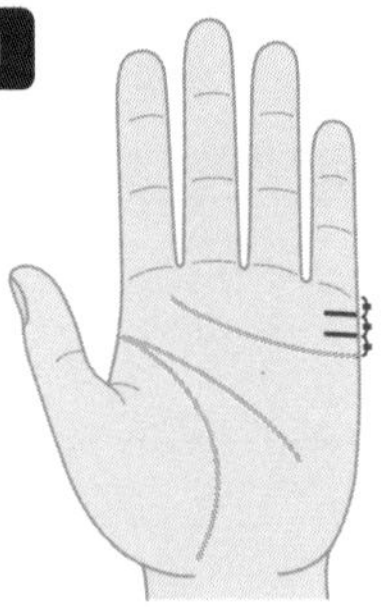

2本の線が
くっきり出ている

161ページ

2

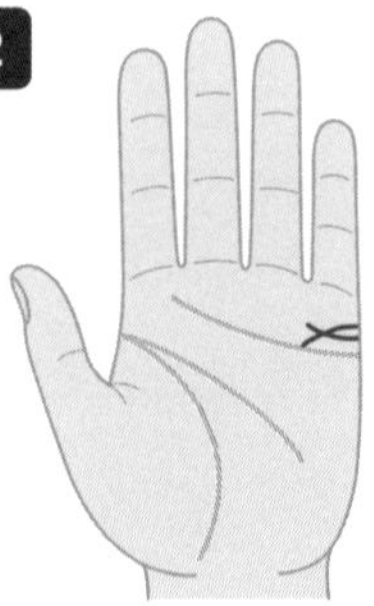

2本の線が交差

161ページ

3

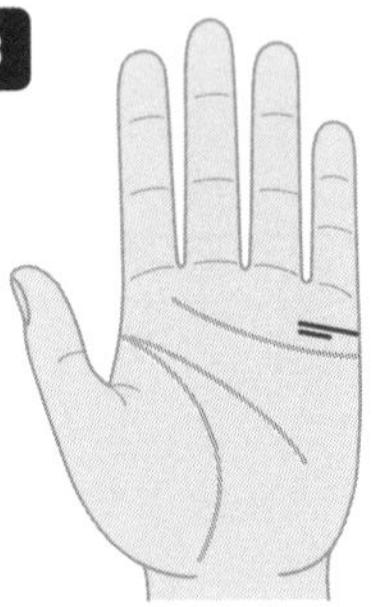

結婚線に並行して
細く短い線がある

162ページ

4

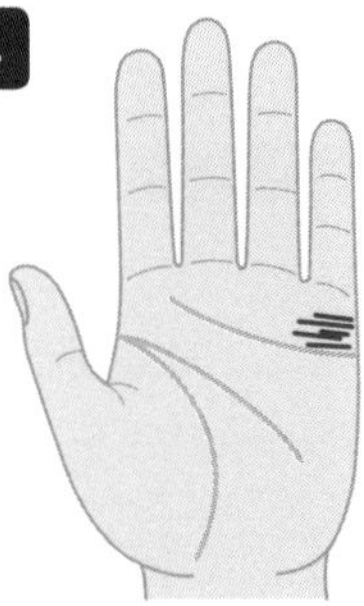

短い線が多数ある

162ページ

5

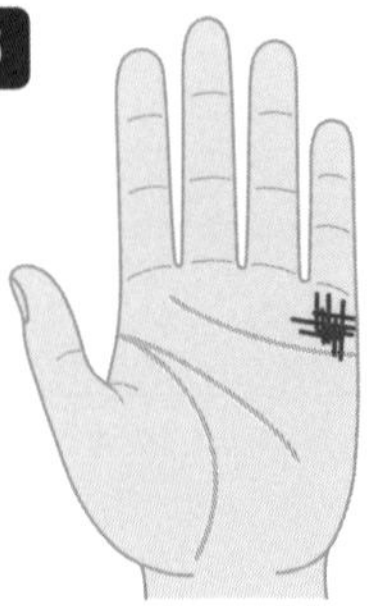

縦横の線が
格子《こうし》状になる

163ページ

6

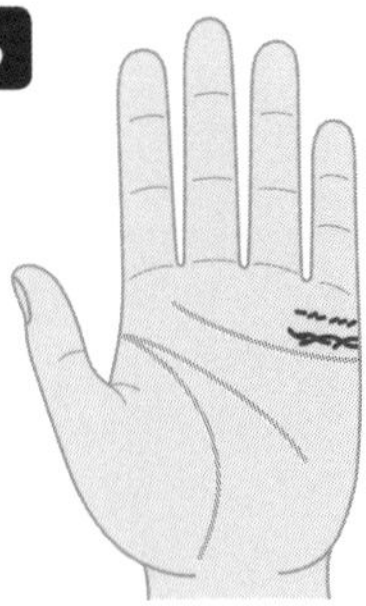

ギザギザまたは
鎖《くさり》状になる

163ページ

7

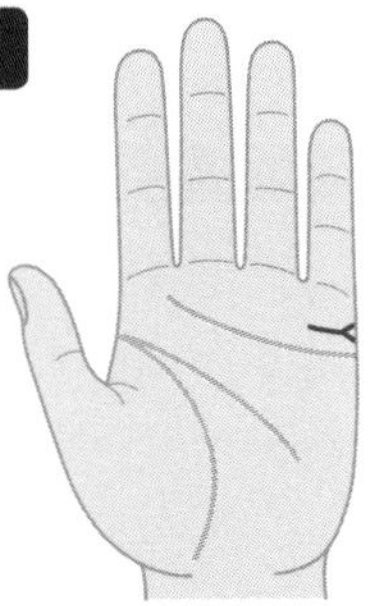

横向きのＹ字形

164ページ

向きを見る

8

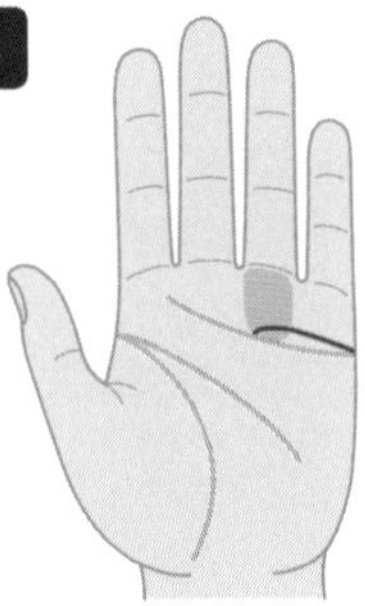

下にカーブし
太陽丘で終わる

165ページ

9

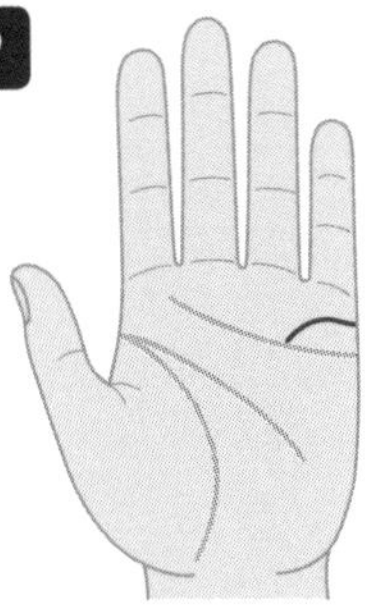

下にカーブし
感情線に接する

165ページ

10

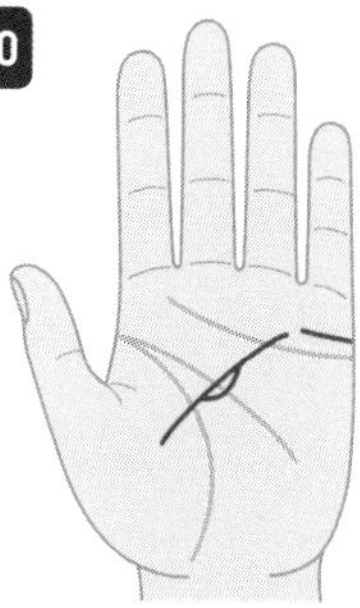

先端の線が生命線の内側へ。線上に島

166ページ

11

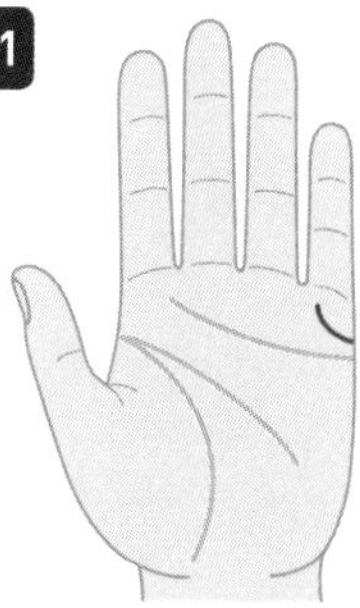

小指の下で急に上を向く

166ページ

12

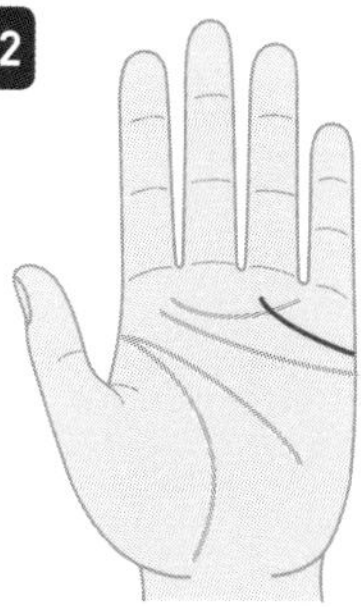

金星帯《きんせいたい》の内側に入り込む

167ページ

13

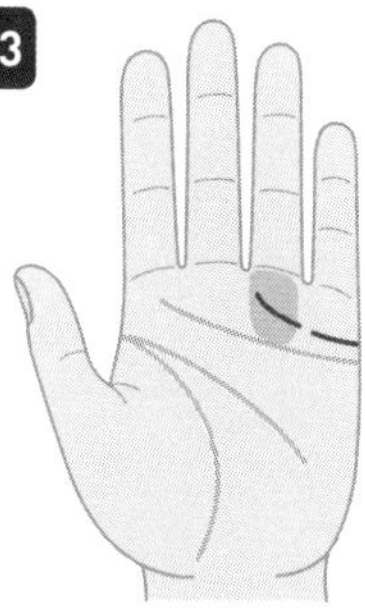

先端から出る細い線が太陽丘へ入る

167ページ

支線や記号を見る

14

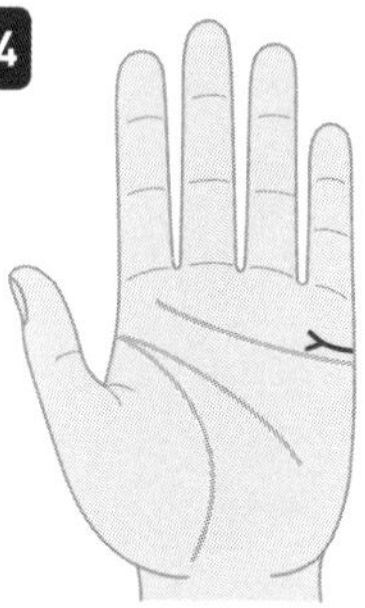

先端が二股《ふたまた》に分かれる

168ページ

15

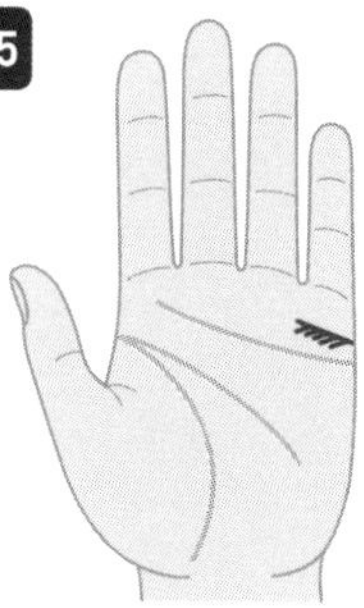

下向きに数本の細い線

168ページ

16

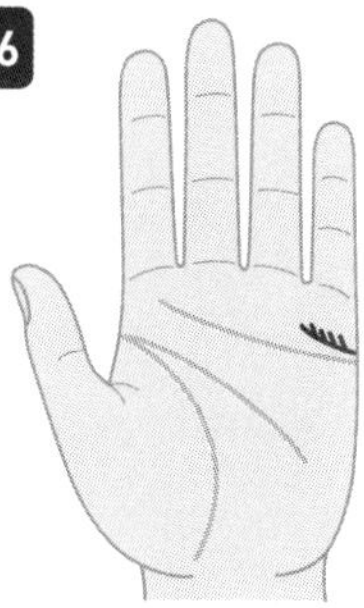

上向きに数本の細い線

169ページ

17

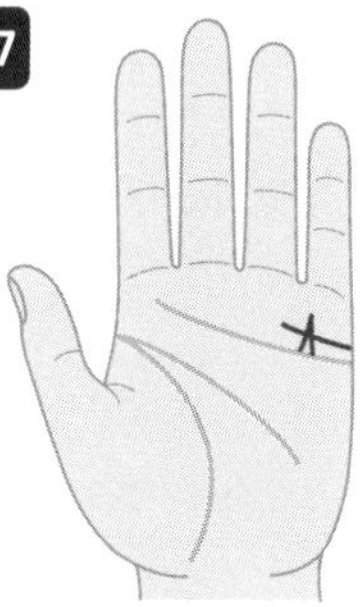

縦に裂けたような線が入る

169ページ

18

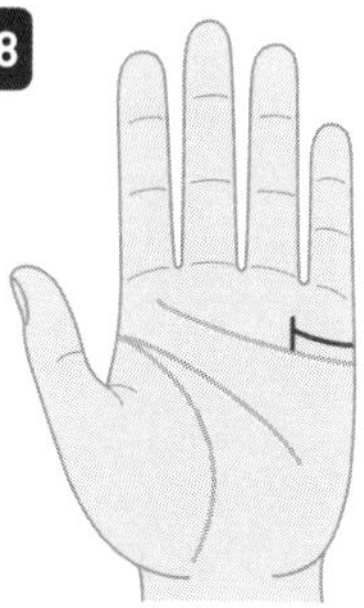

先端に短い縦線

170ページ

19

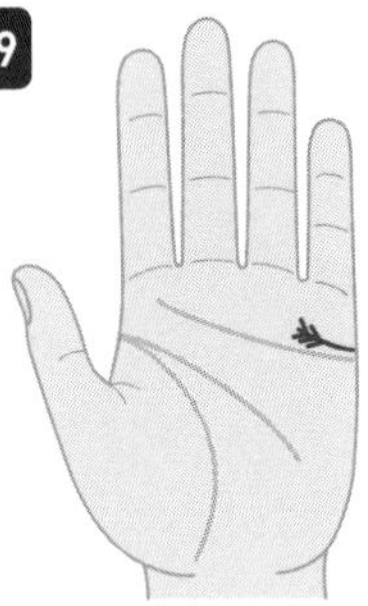

先端が房状《ぼうじょう》

170ページ

20

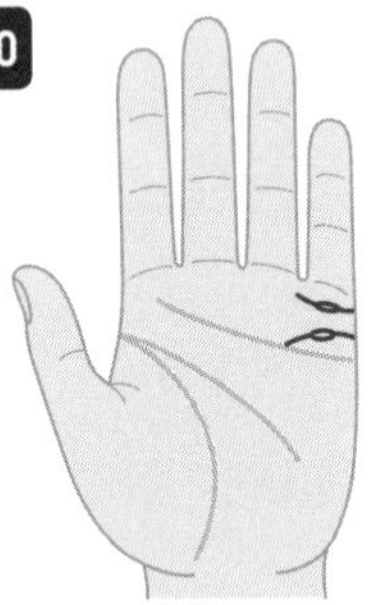

島があり、
感情線に接する

171ページ

21

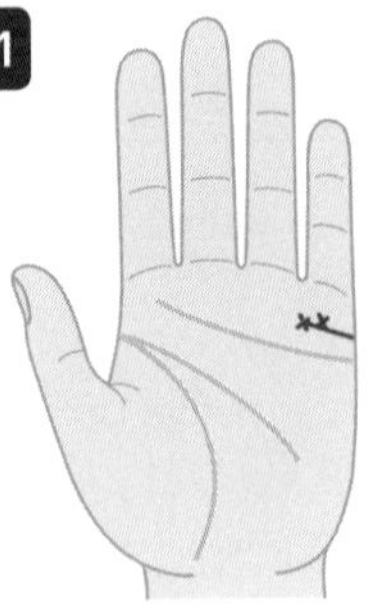

結婚線に
十字が触れる

171ページ

1 線の特徴

2本の線がくっきり出ている

ラブラブな新婚気分を2回経験する手相

小指のつけ根と感情線の間を3等分するような位置に、2本の結婚線がくっきり、しかも両手に出ている場合は、ラブラブの新婚気分を2回味わうことを意味します。ただし必ずしも初婚で離婚し再婚するという意味ではありません。結婚してしばらく経ってから、冷え切っていた関係が再び熱くよみがえるということもあります。

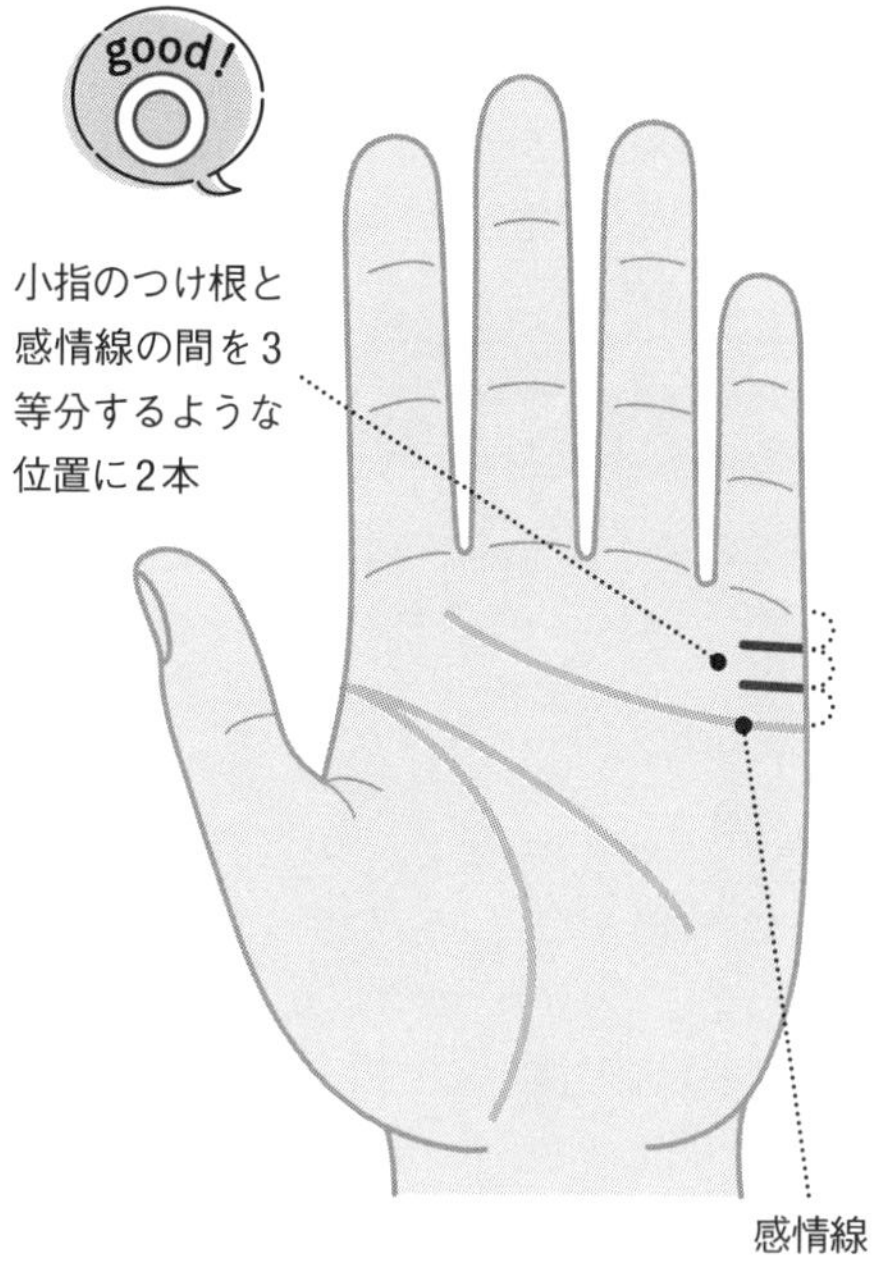
good!
小指のつけ根と感情線の間を3等分するような位置に2本
感情線

2 線の特徴

2本の線が交差

結婚の機会や幸せに恵まれない手相

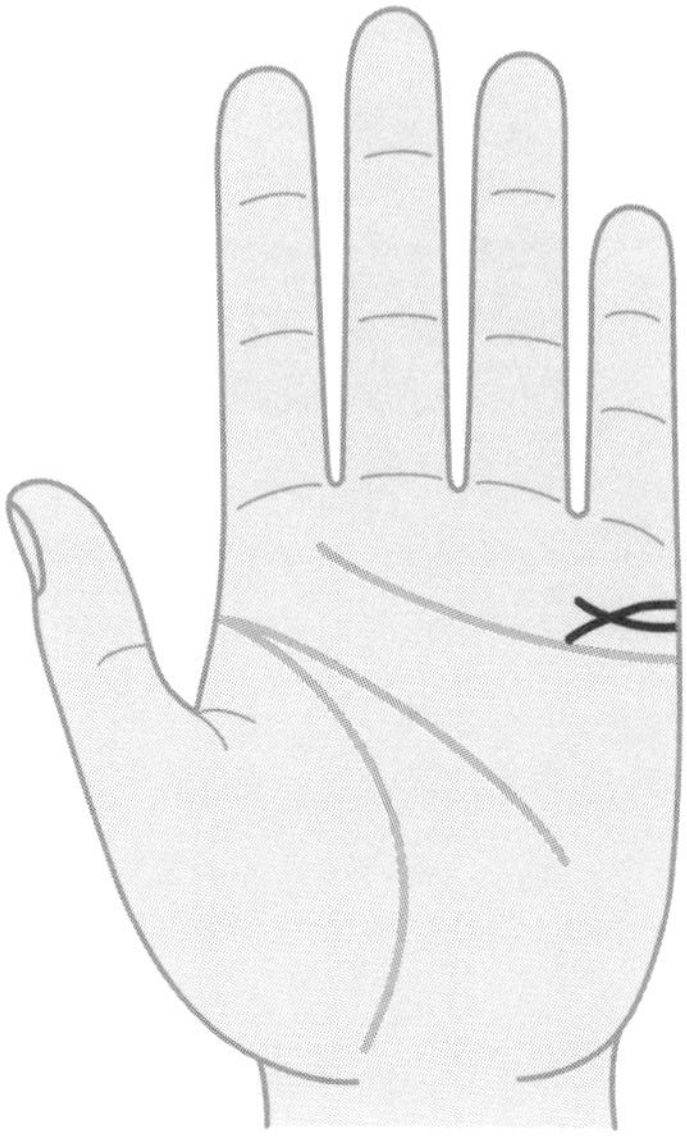

2本の結婚線が上下に交差している手相は、結婚が不幸に終わることを示します。男性の場合は、妻に対して不平不満がつのり、味気ない夫婦生活を送りがち。離婚に至ることもあるでしょう。女性の場合は、なかなか結婚のチャンスに恵まれません。たとえ結婚しても、離婚したり夫に先立たれるなどで自活せざるをえないケースも。

3 線の特徴

結婚線に並行して細く短い線がある

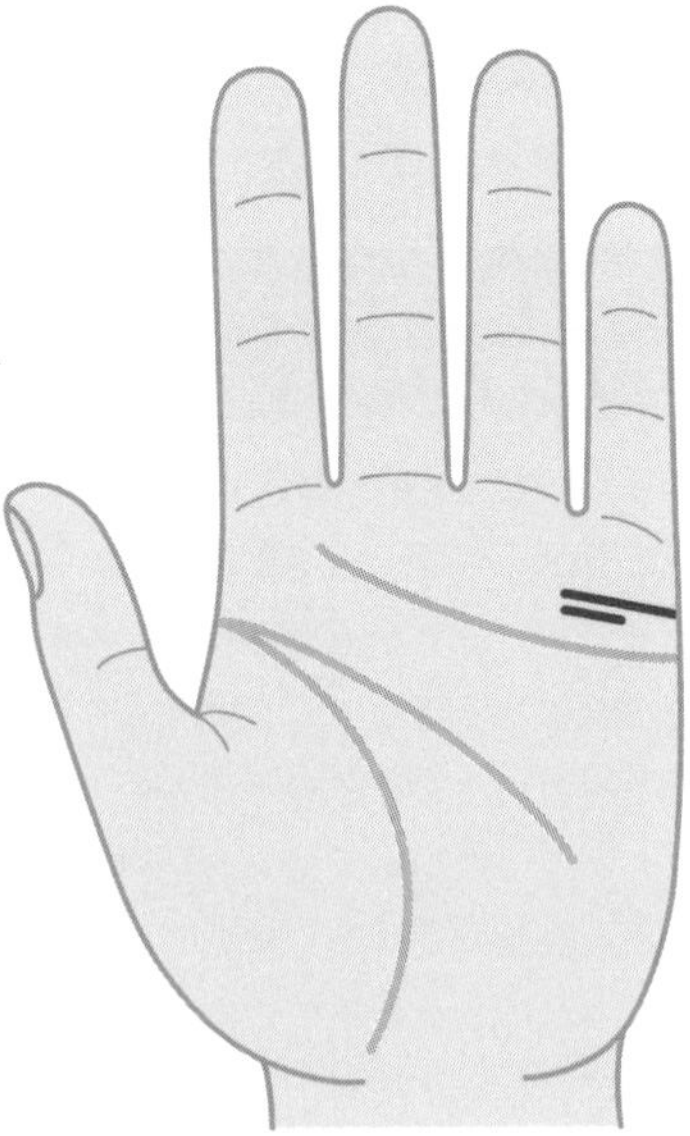

不倫の恋愛をしている人の手相

結婚線のすぐそばに短く細い線があるのは、妻や夫以外の相手を好きになっている人です。結婚していない人にこの線が現れた場合は、不倫中であることを示します。とても細い線なので、注意深く見ないとわかりにくいようです。また、情緒が極端に不安定な状態におちいっているときも、この手相が見られることがあります。

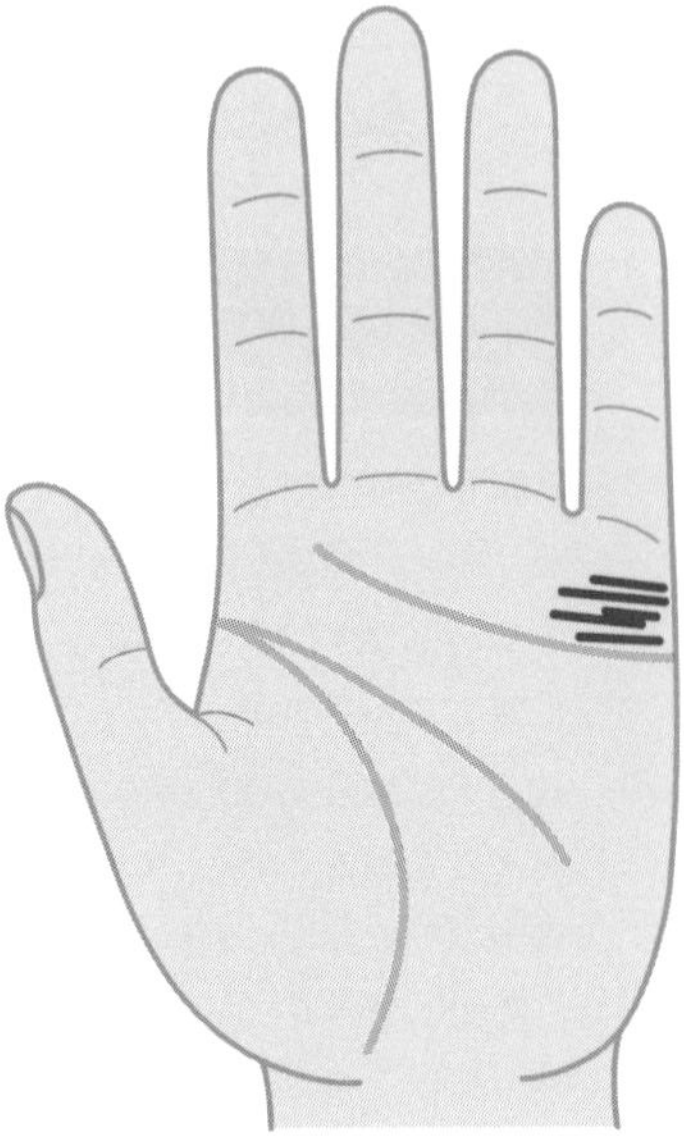

4 線の特徴

短い線が多数ある

異性の友人が多いが注意が必要な手相

結婚線の長さは小指の幅ぐらいが標準。それより短い線が、不規則にいくつも刻まれているのは、異性の友人が多いことを表します。男性の場合は女性にとても親切ですが、深入りして損をしがち。女性は社交的で接客業に向きますが、トラブルを起こす可能性があります。短い線の中に長い線が現れていれば、それが結婚線です。

5 線の特徴

縦横の線が格子《こうし》状になる

まだ運命の人と出会っていない手相

数本の結婚線が、数本の縦線と交差して不規則な格子状になっている場合は、運命の人と出会っていないか、まだ結婚の時期ではないことを示しています。この手相が出ている人は、プロポーズされても決心がつかず、すんなり受けることはできないでしょう。いずれ結婚の時期がくれば、格子は消えてなくなります。

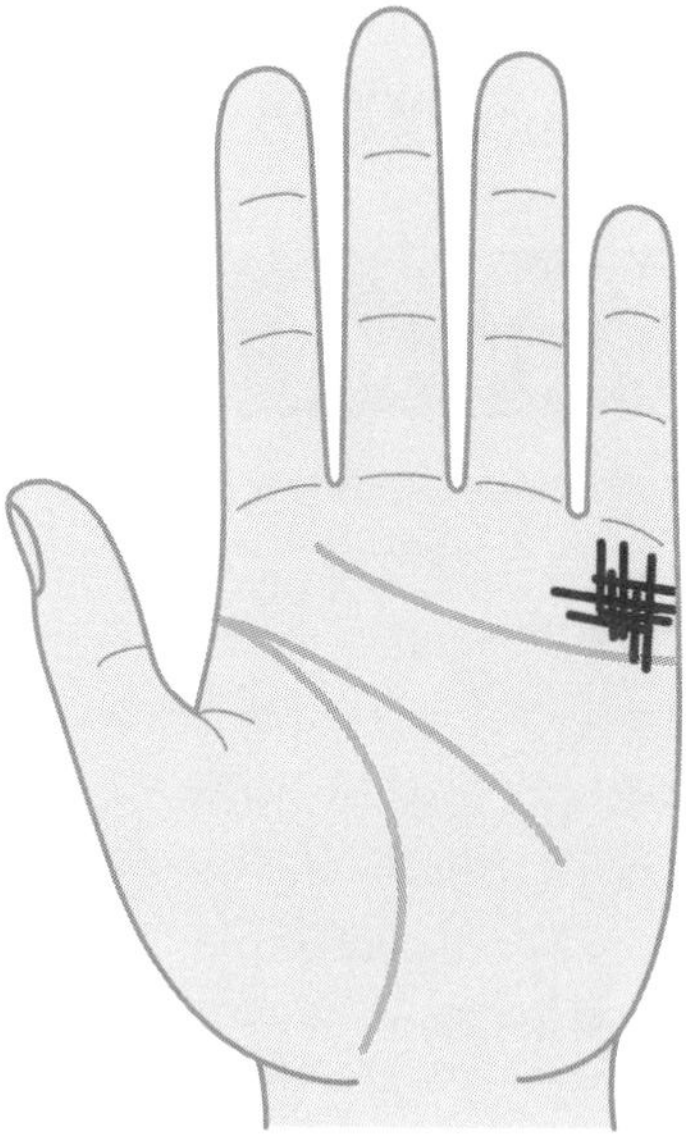

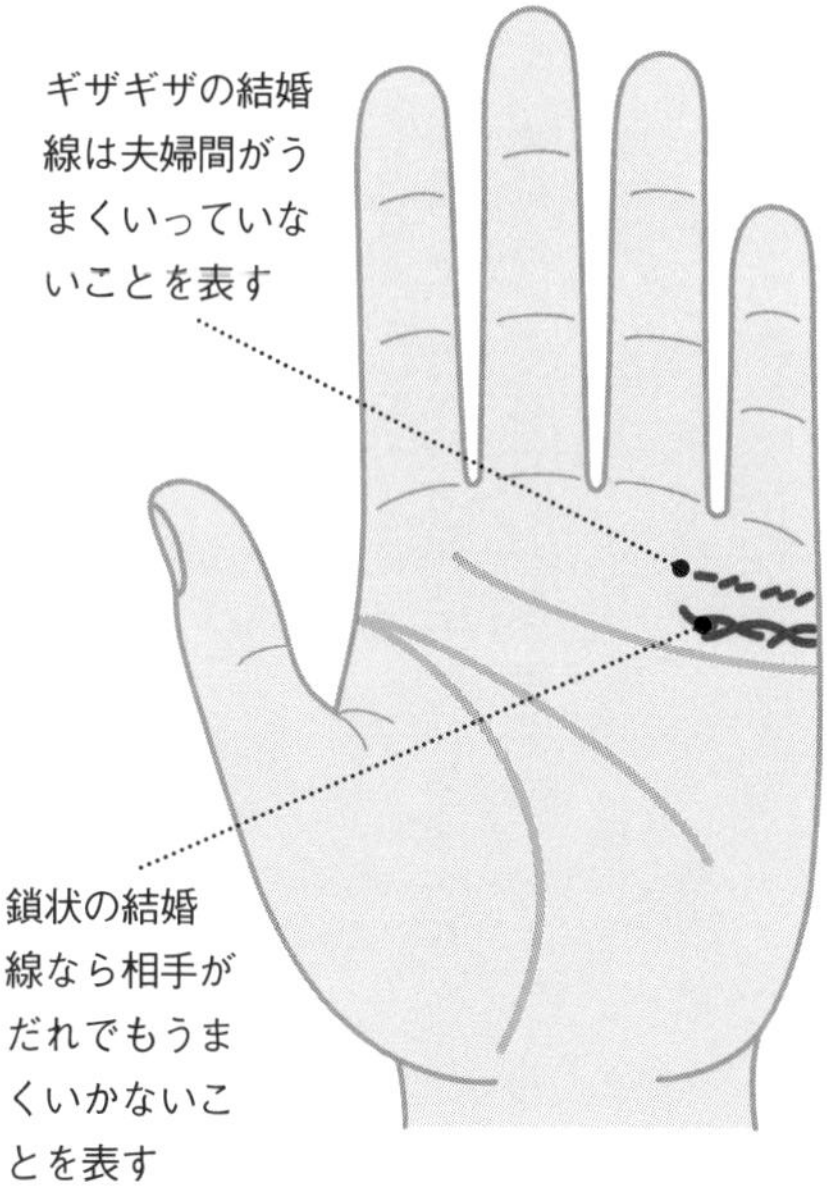
ギザギザの結婚線は夫婦間がうまくいっていないことを表す
鎖状の結婚線なら相手がだれでもうまくいかないことを表す

6 線の特徴

ギザギザまたは鎖《くさり》状になる

夫婦間がギクシャクしている手相

結婚線がノコギリの歯のようにギザギザの手相は、夫婦の考え方の違いから不満がたまり、関係がギクシャクしているサインです。少しクールダウンして相手にやさしく接してみましょう。線が鎖状になっているのも、夫婦仲がうまくいかないことの表れ。この手相の人はどんな相手と結婚しても満足しない傾向にあります。

7 線の特徴

横向きのＹ字形

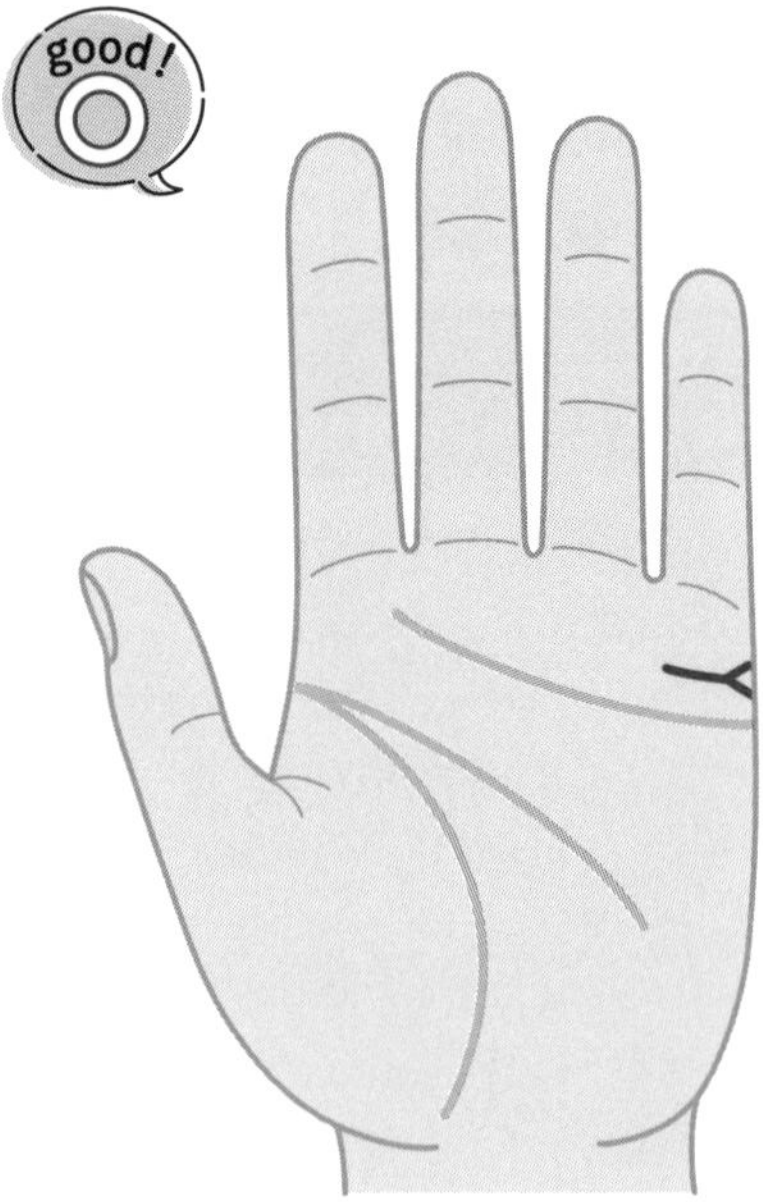

障害を乗り越えた末、恋が結ばれる手相

起点が2つあり、途中で合流して横向きのY字形になっている結婚線は、最終的には好きな相手と結ばれることを示しています。この手相の人は、相思相愛でも親の反対にあったり第三者からジャマされて、なんらかの事情で一時は絶望的な状況に追い込まれます。しかし、さまざまな障害を乗り越え、最後にはハッピーエンドに。

COLUMN

手相の疑問4

手相はどれくらいの期間で変化する？

三大線は生まれつき刻まれているものなので、その位置は、普通はほとんど変化しません。一方、三大線の線の状態やその他の重要な線は、その人を取り巻くさまざまな要因によって現れたり消えたり、刻々と変化します。

どれくらいの期間で変化するかはケース・バイ・ケースです。なかには、恋人ができた途端に結婚線が伸び、別れたら消えかかるなど、急激に線が変化することもあります。

8 線の特徴

下にカーブし太陽丘で終わる

パートナーの欠点で運気が下がる手相

下向きにカーブした結婚線の先端が太陽丘で終わっているのは、パートナーに苦労させられることを意味しています。パートナーの欠点によって経済状況が悪くなったり、介護に追われ疲れてしまったりと、大変な思いをします。この手相の人はつねに相手に不満を抱いているのですが、すぐに離婚するケースは少ないようです。

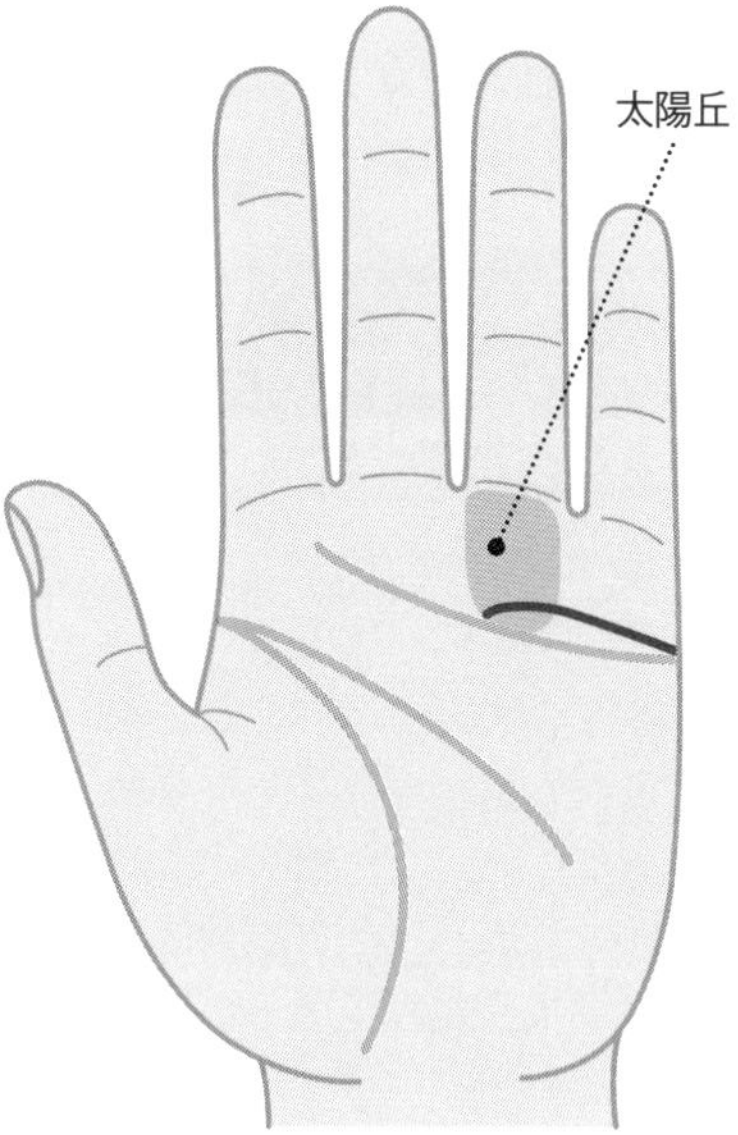

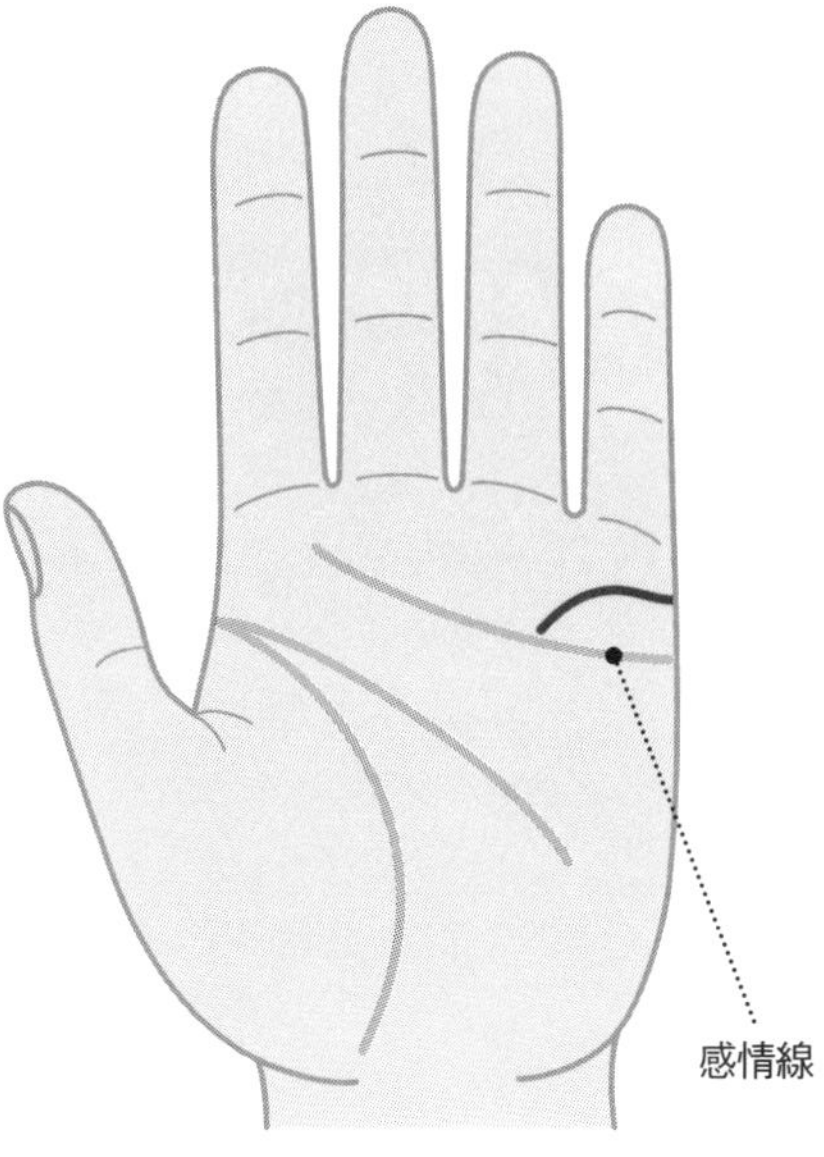

9 線の特徴

下にカーブし感情線に接する

幸せな結婚に結びつかない手相

下向きにカーブした結婚線の先端が感情線に接しているのは、結婚の縁が薄いことを示します。既婚者は、表面的には円満に見えますがパートナーとのきずなが弱く、倦怠《けんたい》期《き》を迎えて別居や離婚に至ることが多いようです。未婚者は恋人がいても結婚に発展しなかったり、強引な相手に押し切られて結婚するハメになることもあります。

10 線の特徴

先端の線が生命線の内側へ。線上に島

重大な危機が夫婦に訪れる手相

結婚線の先端から伸びた別の線が生命線の内側まで入り込むのは、夫婦の間に離婚などの重大な危機が訪れることを示します。長い線のどこかが多少かすれていても意味は同じです。また、線のどこかに島ができていたら、三角関係のもつれからトラブルとなり、重大な問題にまで発展することを意味します。

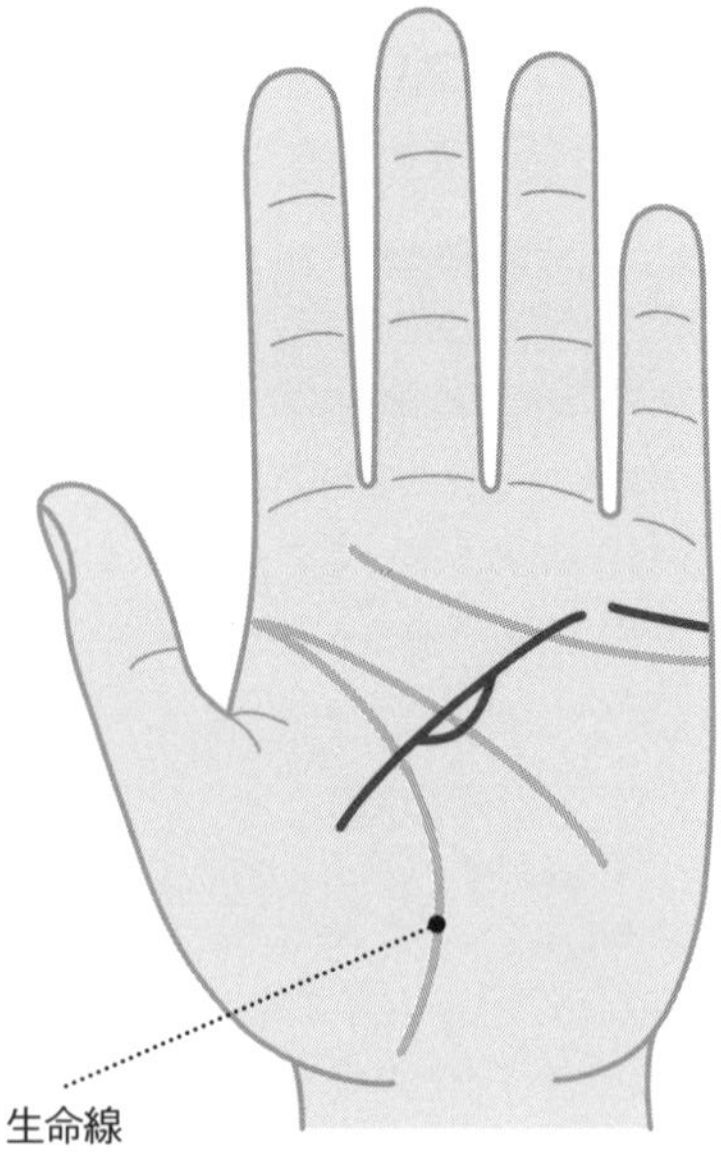

11 線の特徴

小指の下で急に上を向く

夫運・妻運に恵まれない手相

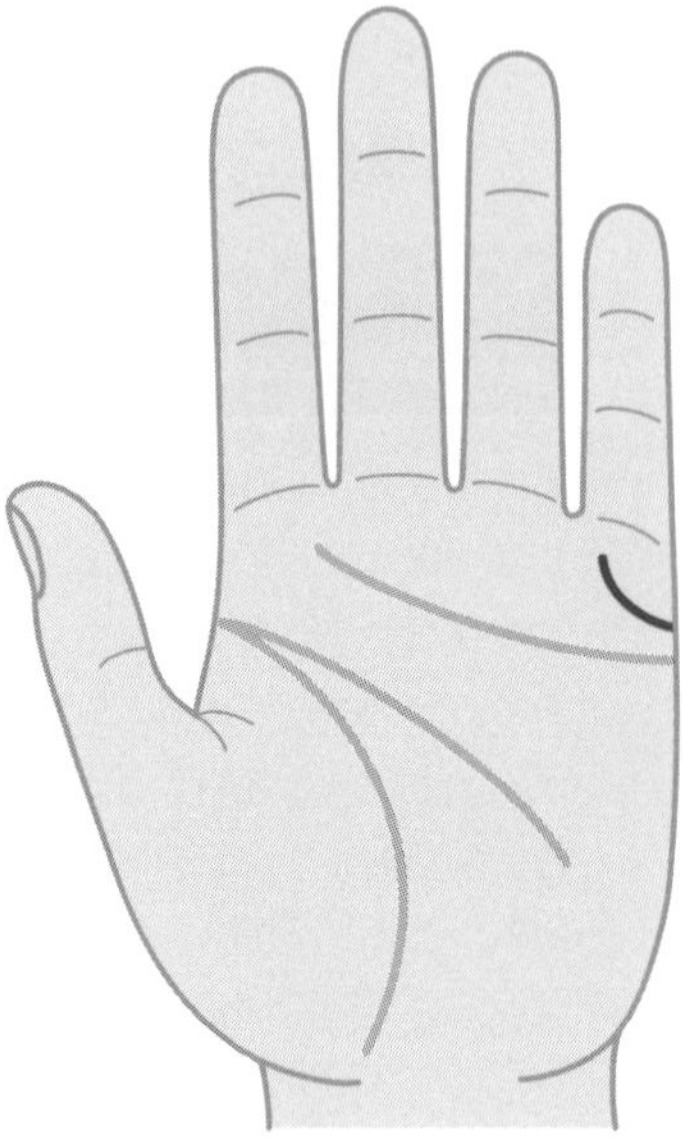

先端が小指の下ではね上がるように急に上を向いているのは、家庭運が薄く、パートナーに苦労させられることを表しています。この手相の女性は、なかなかいい縁に恵まれず、結婚したとしても家計のやりくりなどで苦労が絶えないでしょう。この手相の男性も妻で苦労します。別居生活を送ることになる人も多くいます。

12 線の特徴 金星帯《きんせいたい》の内側に入り込む

嫉妬や不満にとらわれる手相

感情線の上部に現れる弓形の線を金星帯と呼び、金星帯の内側まで結婚線が入り込んでいるのは、感情に支配されやすい人。嫉妬《しっと》してヒステリーを起こしたり、つねに相手に不満を感じがちです。ストレートに感情を表現する傾向にあり、不満を爆発させることも。離婚に至るかは、知能線や感情線の状態で判断します。

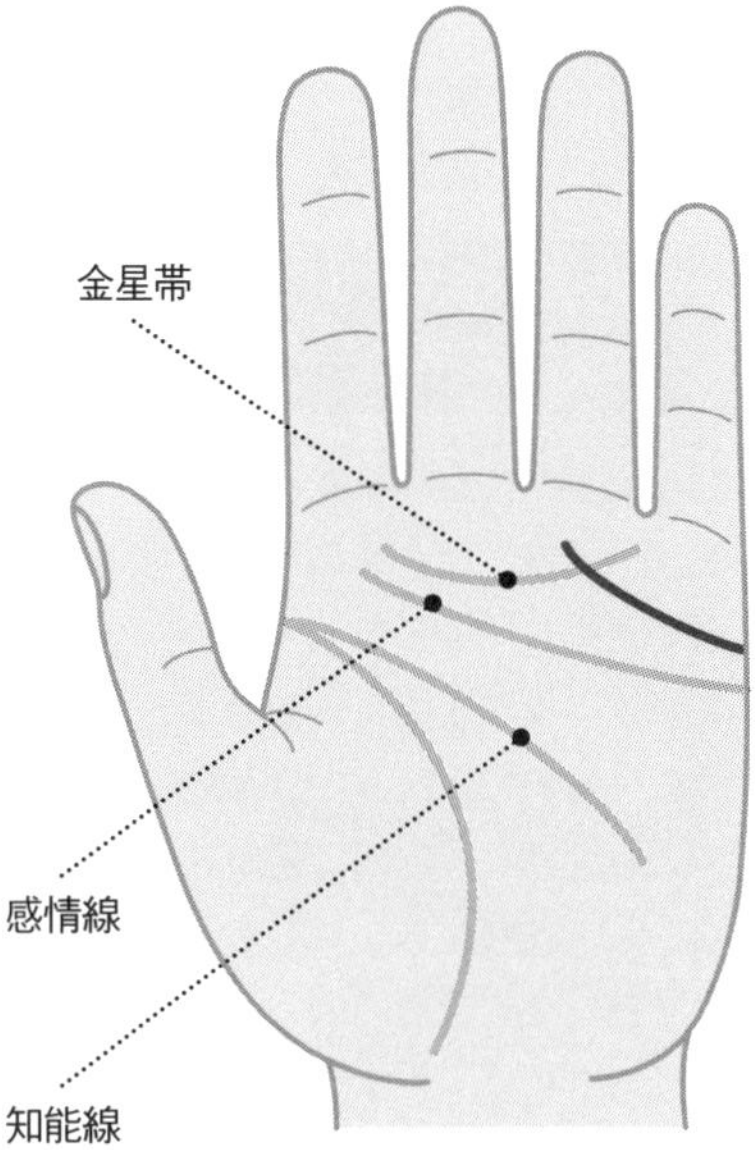

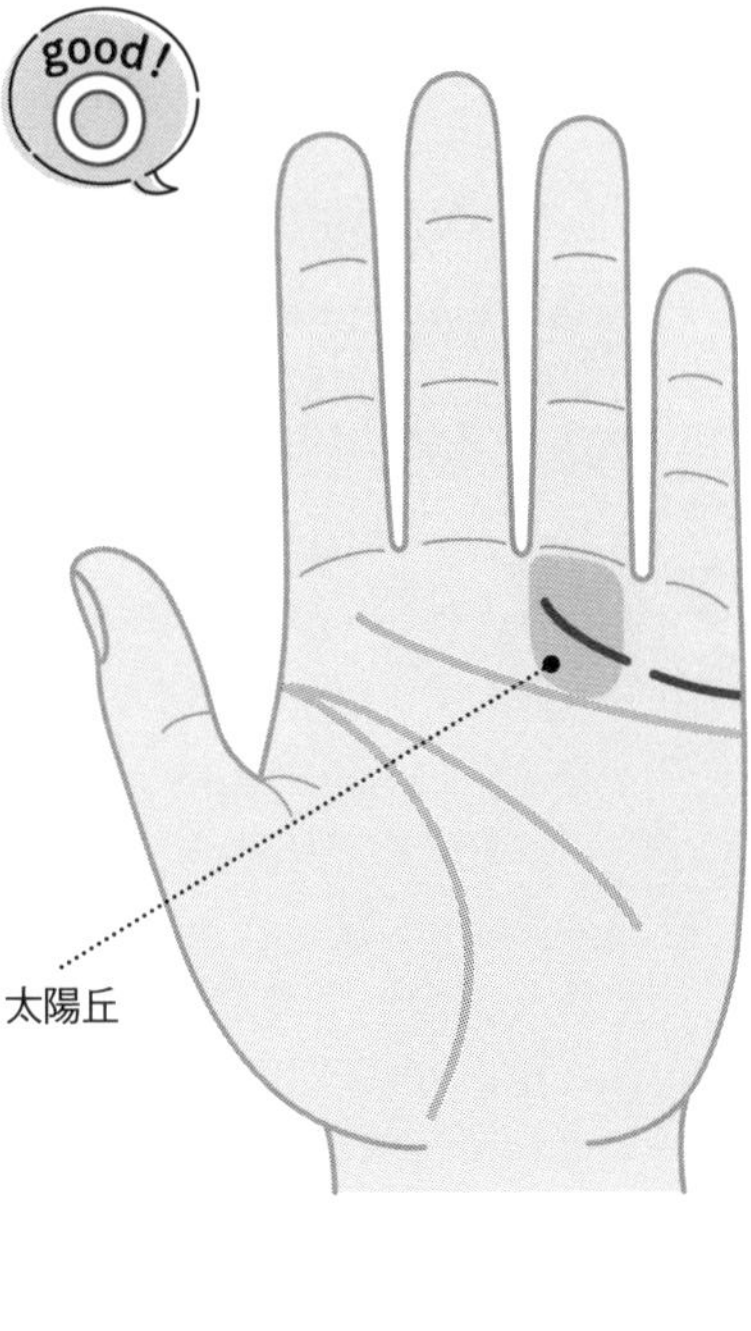

13 線の特徴 先端から出る細い線が太陽丘へ入る

玉の輿など幸福な結婚をする手相

結婚線の先端から出る細い線が、上向きになって太陽丘に入っている場合は、幸福な結婚をすることを表しています。女性なら、資産家や有名人と結婚し、いわゆる玉の輿《こし》に乗れるでしょう。男性も、心の支えとなるような良妻に恵まれます。いずれにしても、愛情にあふれる家庭を築き、満ち足りた生活を送れます。

14 線の特徴

先端が二股《ふたまた》に分かれる

夫婦間に溝があり セックスレスの手相

結婚線の先端が二股に分かれている手相は、結婚生活がうまくいかず別居や離婚をすることや、セックスレスであることを示します。分かれた先端の幅が大きいほど夫婦間の溝も大きく、離婚に至ることも。3ミリ以内なら、パートナーの単身赴任《ふにん》や入院などによる一時的な別居を意味します。この場合はまだ修復可能な関係です。

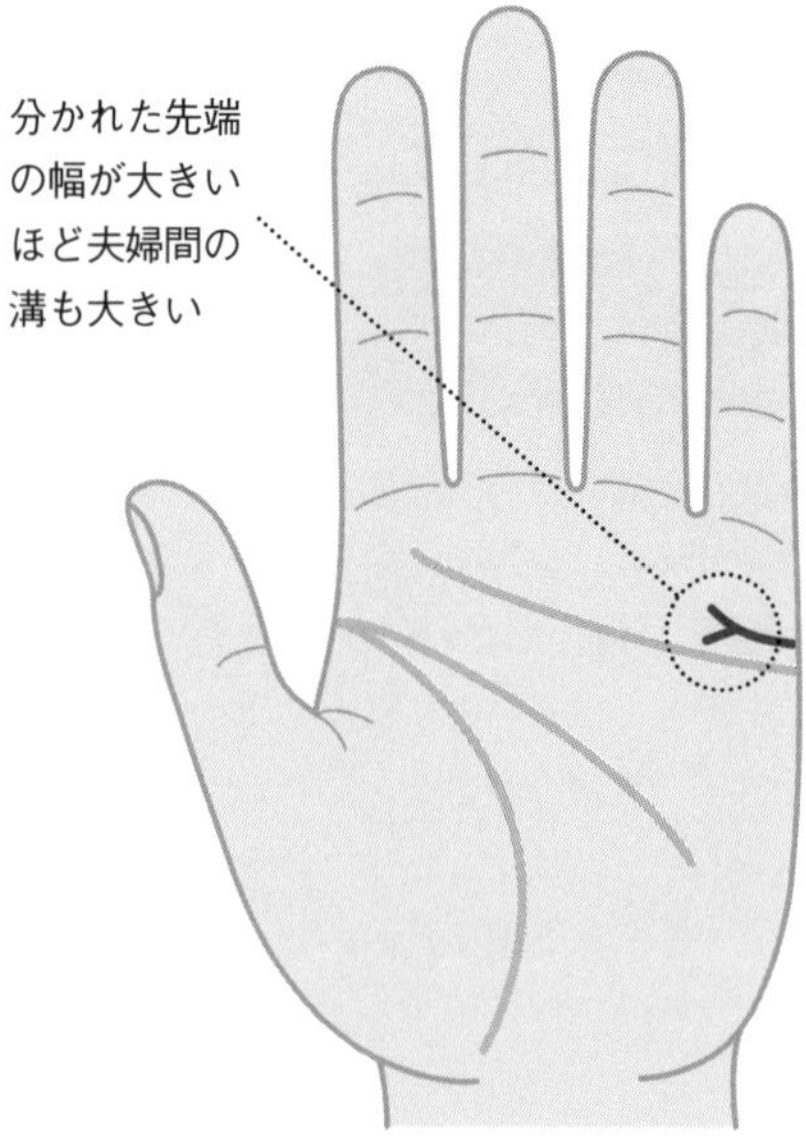
分かれた先端の幅が大きいほど夫婦間の溝も大きい

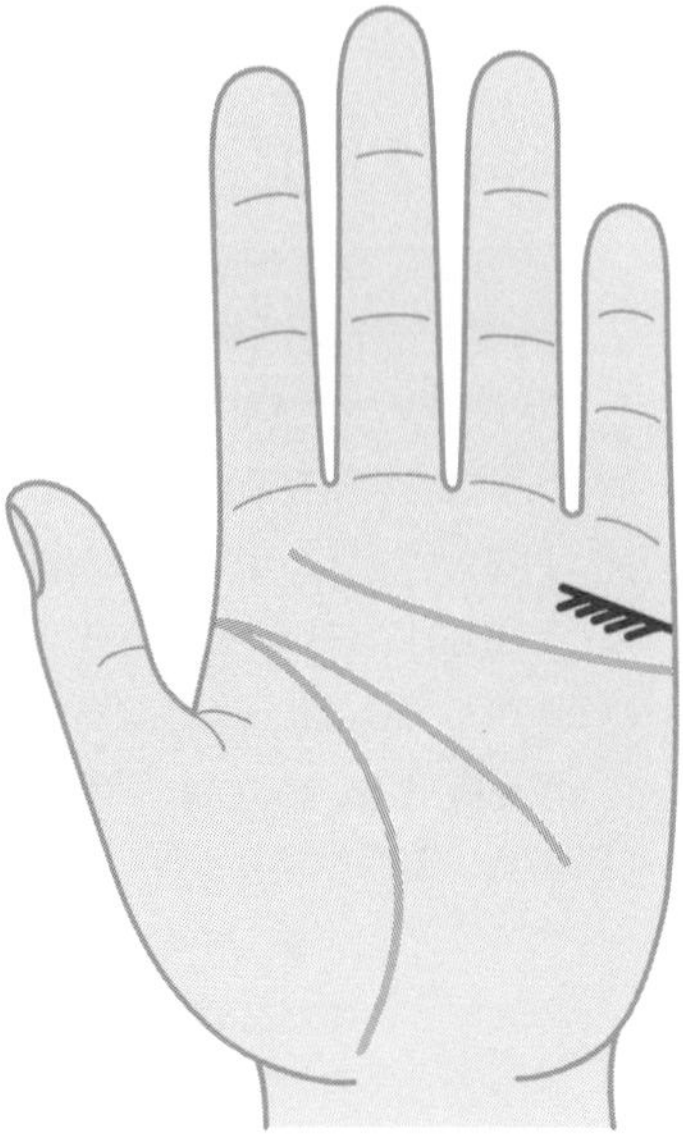

15 線の特徴

下向きに数本の細い線

パートナーが病弱で苦労する人の手相

結婚線から下に向けて数本の細い線が刻まれているのは、パートナーが病気がちで苦労することを表しています。下向きの線は、たいていは曲がったり切れたりしている結婚線から出ています。元々病弱な人と結婚する場合もあれば、結婚してから相手の体が弱くなる場合もあります。しっかり健康管理をするようにしましょう。

16 線の特徴
上向きに数本の細い線

パートナーの運気を下げてしまう手相

結婚線から上に向けて数本の細い線が刻まれている人は、パートナーの運勢を悪くします。この手相が出ているときは、結婚は見合わせたほうが無難です。もし強引にことを進めると、あとで相手に大きな迷惑をかけることになるでしょう。相手にこの手相が出ているときも同様。断り切れずに結婚すると、後悔することになります。

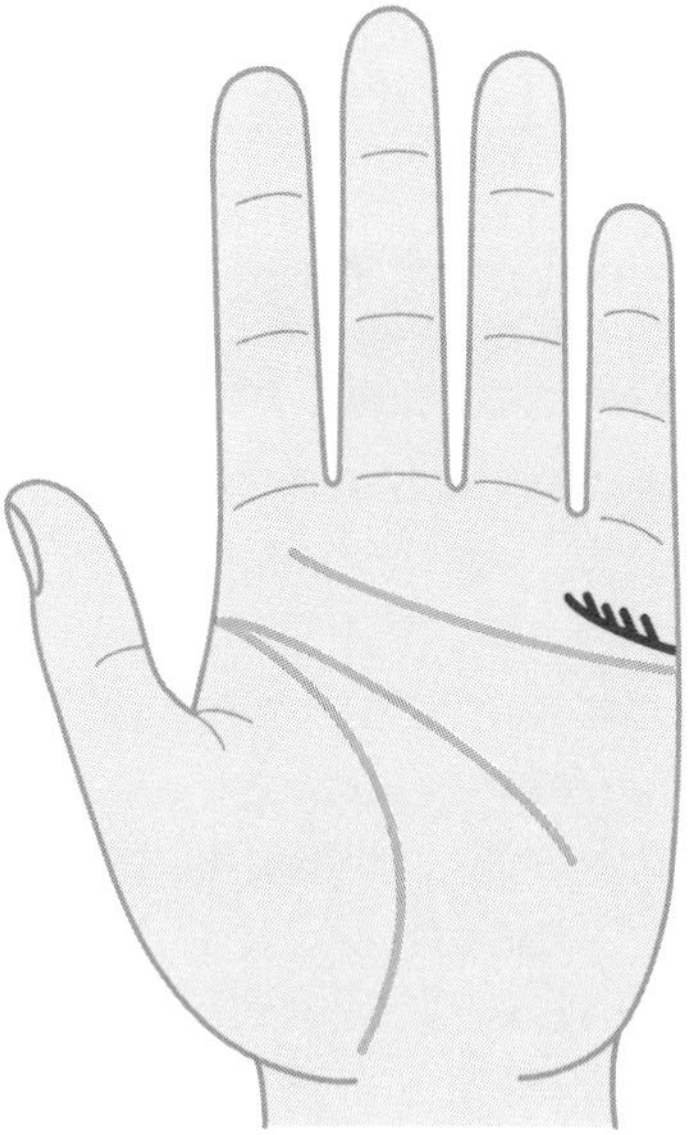

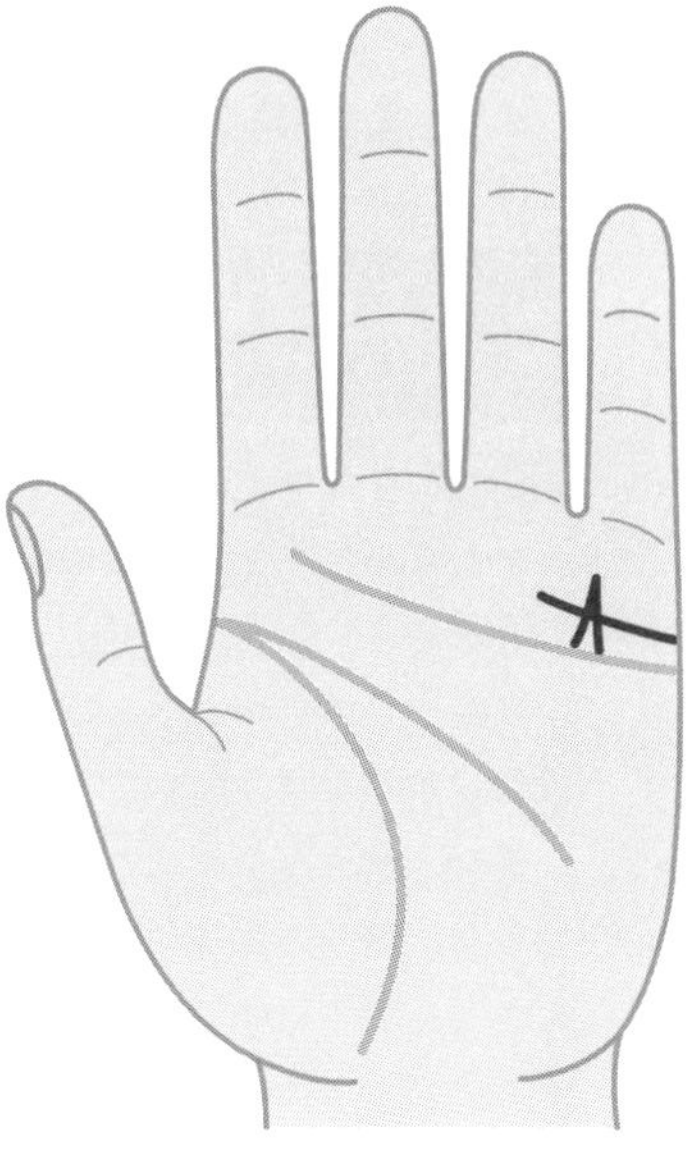

17 線の特徴
縦に裂けたような線が入る

結婚運が悪く夫婦仲が冷える手相

結婚線に亀《き》裂《れつ》が入るように縦線が出ているのは、結婚運が悪いことを示しています。一時の気の迷いで性格が合わない人と結婚してしまったり、結婚後に夫婦仲が冷えきったりするなど、つねにけんかが絶えず、トラブルの多い家庭になるでしょう。離婚に至るかどうかは、感情線や運命線と合わせて判断します。

18 線の特徴

先端に短い縦線

結婚の時期が
まだ来ていない手相

結婚線の先端が短い縦線で止まっているのは、まだ結婚の時期ではないことを表しています。結婚を考える相手がいても、親の反対など何らかの障害で結婚できない状態です。ただし、結婚線に勢いがあって、縦線を貫いていれば、障害を乗り越えて結婚できます。また、縦線が消えれば、結婚は順調に進みます。

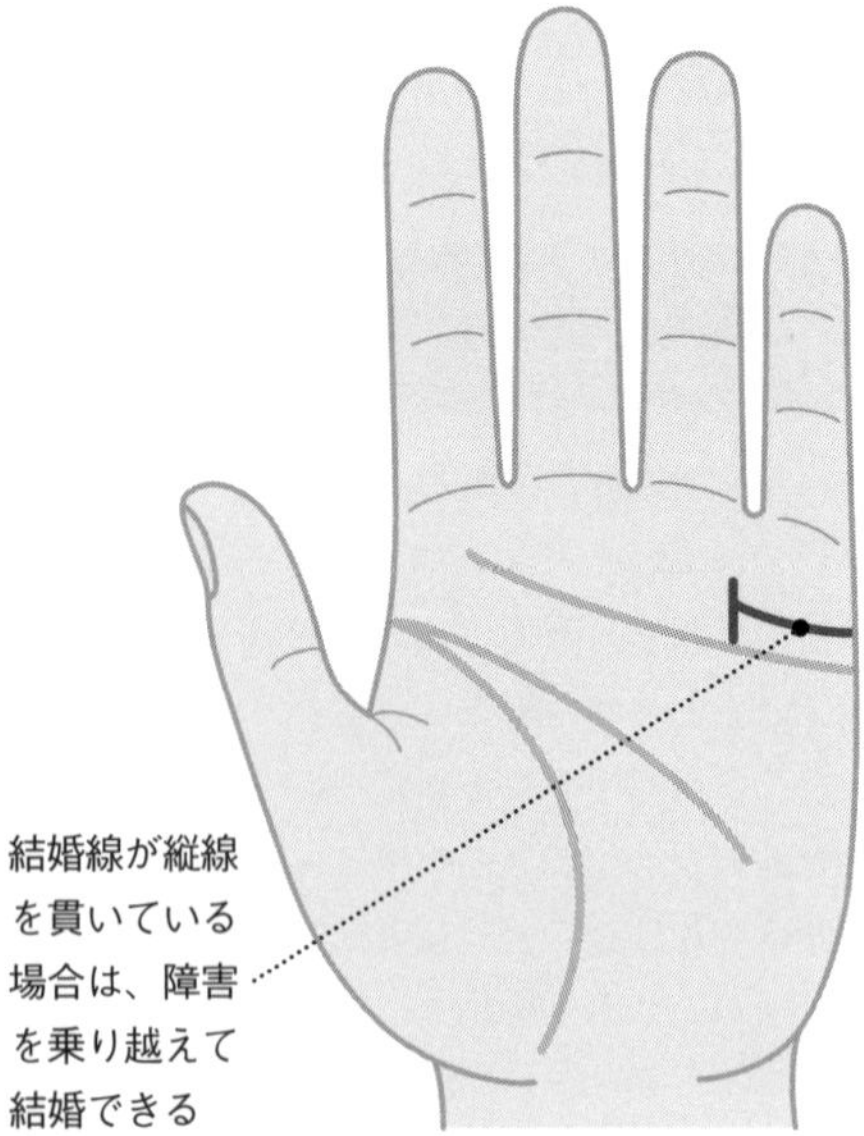
結婚線が縦線を貫いている場合は、障害を乗り越えて結婚できる

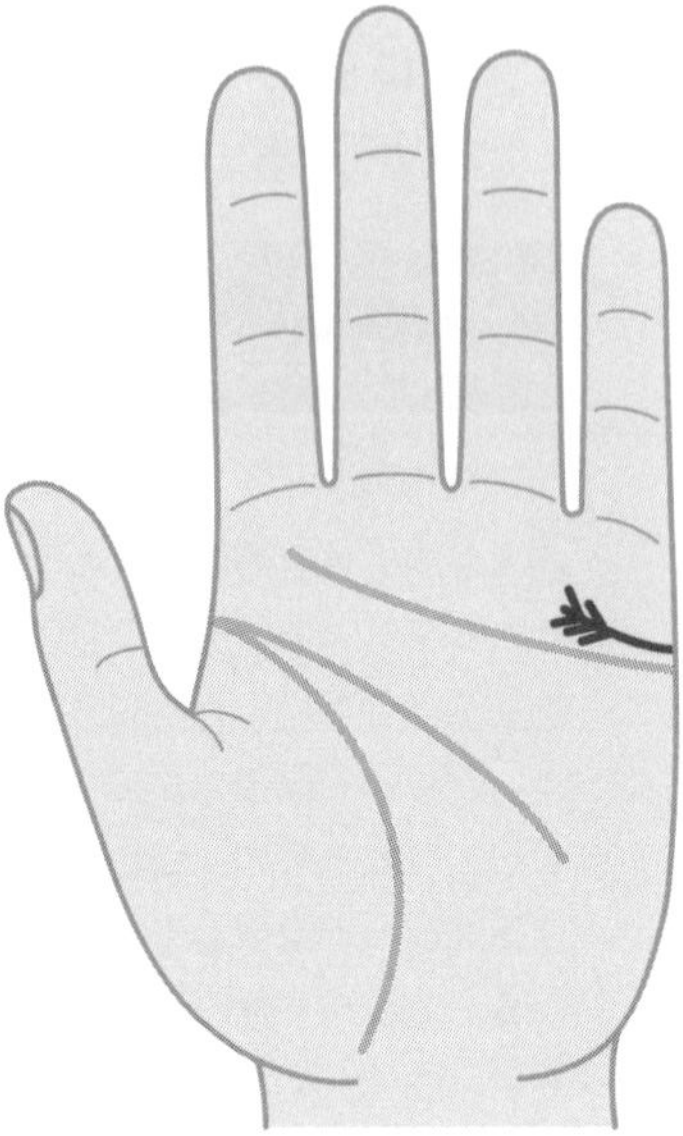

19 線の特徴

先端が房状《ぼうじょう》

カップルに倦怠期が
訪れている手相

結婚線の先端で細い線が房状になっているのは、夫婦や恋人の倦怠《けんたい》期《き》を意味します。愛情で結ばれていたはずなのに、お互いの言動が次第に鼻につき、2人でいることに喜びを感じなくなっています。しかし、何かのきっかけで相手のことを見直したり、あるいは別の人に心がときめいたりすると、この線は消えます。

20 線の特徴
島があり、感情線に接する

心が離れ夫婦関係の危機を迎える手相

結婚線に島が現れている手相は、夫婦の心が離れていることを示しています。お互いに主張をゆずらず、冷戦状態が続きます。さらに、結婚線が下向きになって感情線に接していたら、事態はかなり深刻です。積もり積もった不満が爆発して大げんかとなり、離婚の危機を迎えることに。離婚を避けるには、相手を認める努力が必要です。

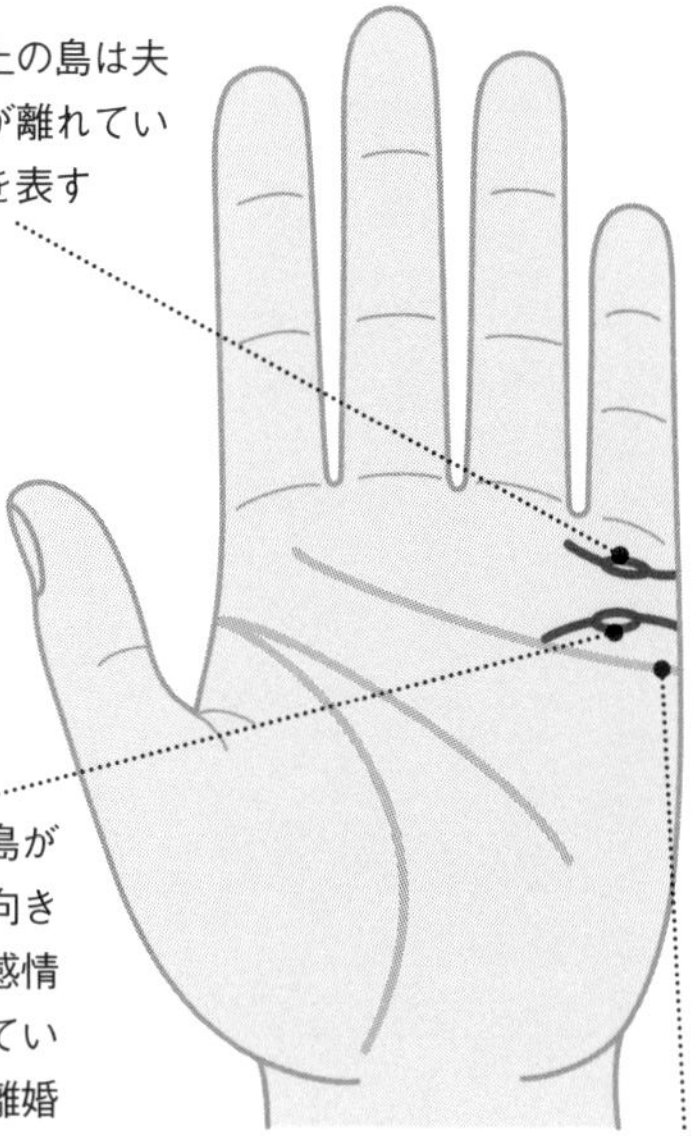
結婚線上の島は夫婦の心が離れていることを表す
結婚線に島があり、下向きになって感情線に接している場合は離婚の危機がある
感情線

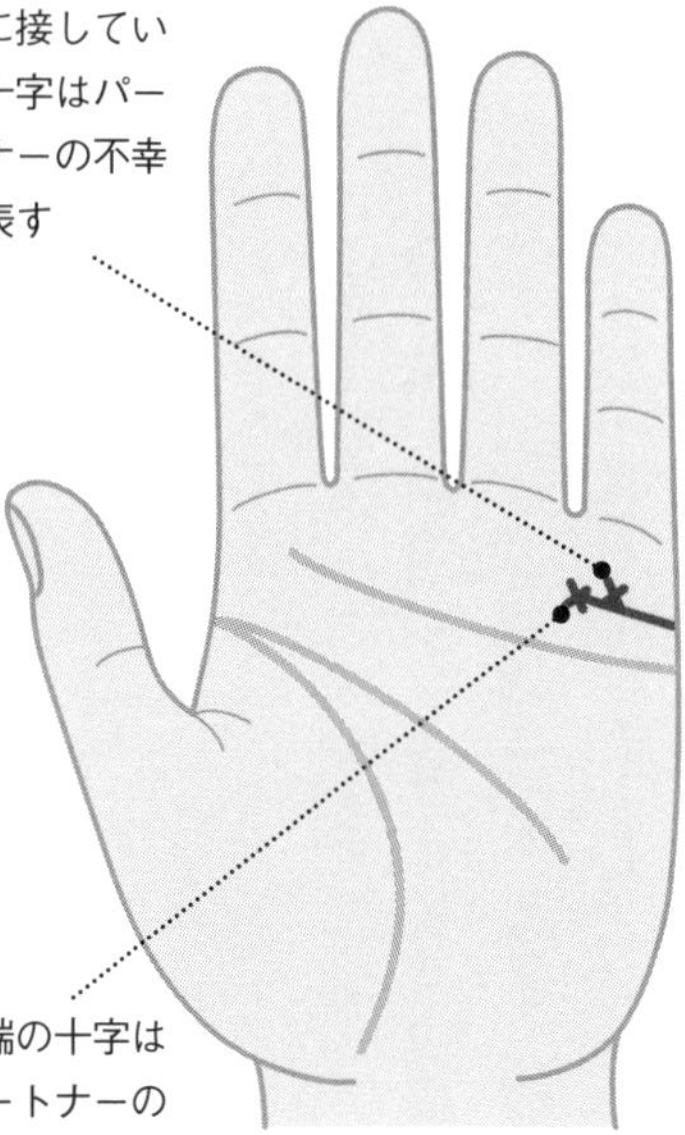
線に接している十字はパートナーの不幸を表す
先端の十字はパートナーの急死を表す

21 線の特徴
結婚線に十字が触れる

パートナーが事故や病気になる人の手相

十字の線が結婚線に触れているのは、パートナーに不幸が起こることを表す手相。とくに線の先端が十字で止まっていたら、不慮《ふりょ》の事故や急病による死を意味します。急激に下がっている結婚線に、十字が接している場合も同様です。日ごろからパートナーの健康を支え、事故には注意するよう伝えておくとよいでしょう。

その他の重要な線 4

影響線

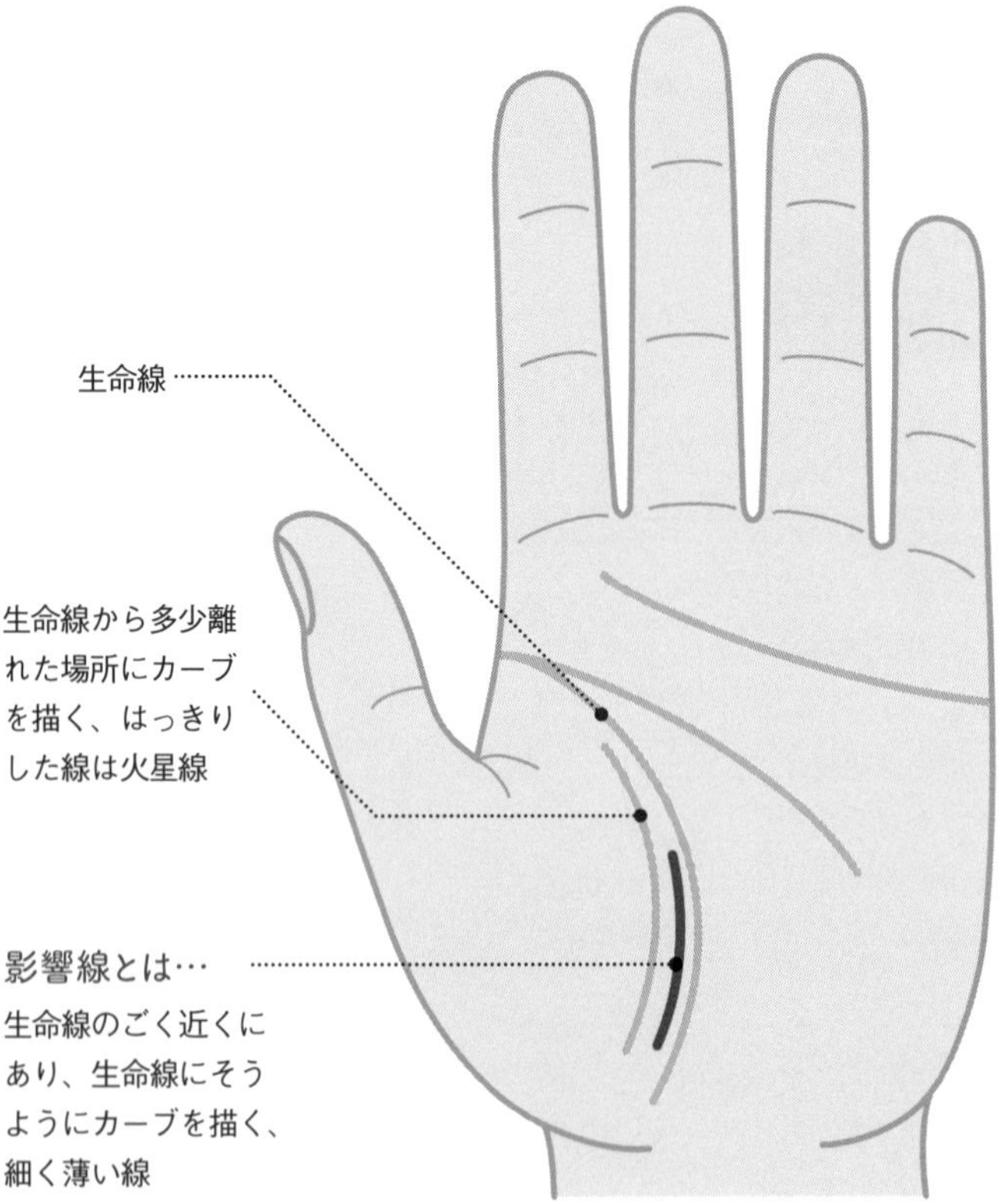

生命線
生命線から多少離れた場所にカーブを描く、はっきりした線は火星線
影響線とは…
生命線のごく近くにあり、生命線にそうようにカーブを描く、細く薄い線

親しい人の状況や自分への愛情がわかる

生命線の内側5ミリ以内の場所に、生命線にそって刻まれるのが影響線です。細く薄い線で、**すぐ近くにある火星線（⬇189ページ）と間違えやすいので注意し**て観察しましょう。とくに手のひらの皮が厚い人は線が見えにくい傾向にあります。

親子、夫婦、恋人など親しい間柄の人が、自分のことをどう思っているか、今の関係が続くかといったことなどを示していて、とくに恋愛状況が現れやすい線です。「よい影響線」という決まった形はなく、本数、勢い、方向、線の状況、記号から、その人の人柄や性格、恋人との別れの前触れ、パートナーの状況などを判断します。

線の状態を見る

1

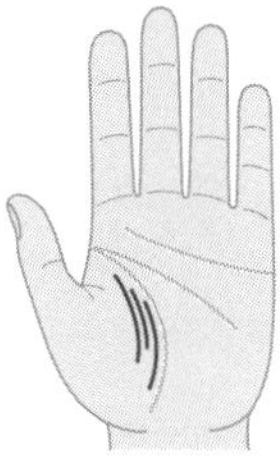

生命線に並行して
2〜3本の線がある
174ページ

2

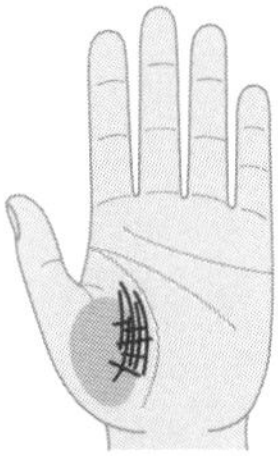

金星丘に縦横の
細い線が多数ある
174ページ

3

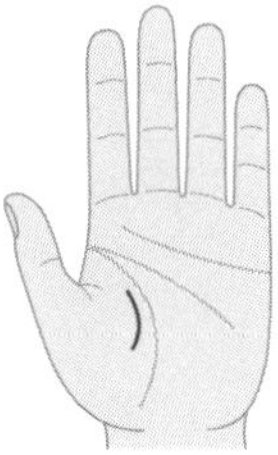

下に行くほど
生命線から離れる
175ページ

4

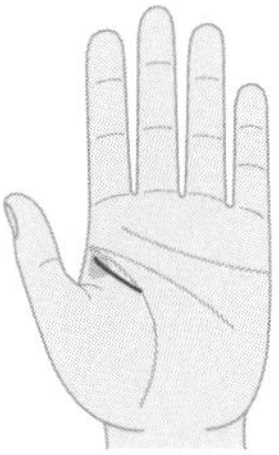

第一火星丘から出て
生命線と合流する
175ページ

5

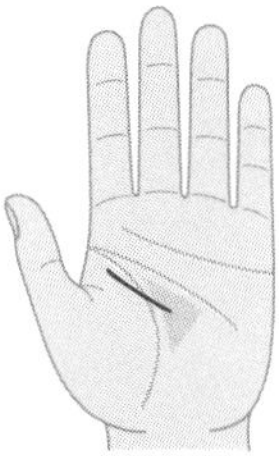

生命線を横切り、
火星原へ伸びる
176ページ

6

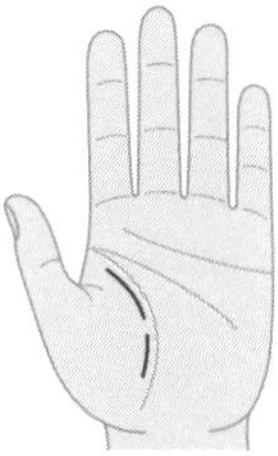

切れ目の先に
もう1本線がある
176ページ

7

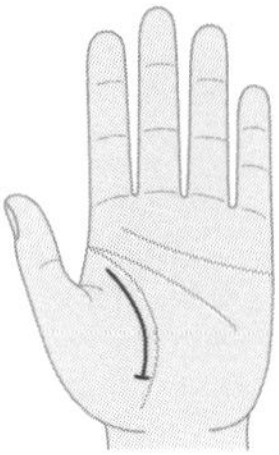

線の終わりに
横線がある
177ページ

記号を見る

8

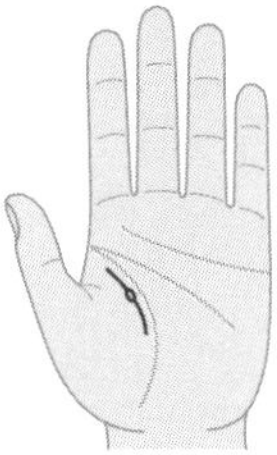

線の途中に
島がある
178ページ

9

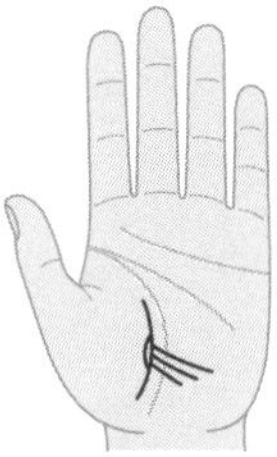

線の途中の島から
複数の横線
178ページ

10

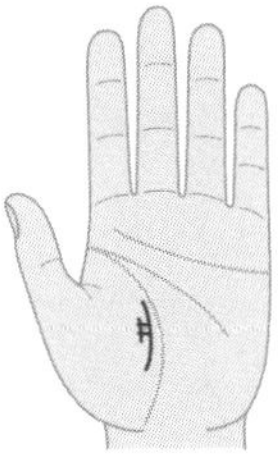

線の途中に
四角が接している
179ページ

11

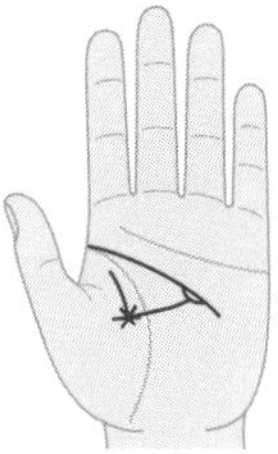

先端に星や
十字がある
179ページ

1 線の特徴

生命線に並行して2～3本の線がある

多くの人に好かれるタレント向きの手相

生命線に並行して影響線が2～3本現れている人は、男女ともに魅力的で、異性にモテモテ。とくに女性でこの手相の場合は美人が多いようです。年齢性別を問わず好感を持たれるため、タレントや歌手などに向いています。ちなみに線が1本くっきり刻まれている場合は、最愛の人と良好な関係を築いていることを表します。

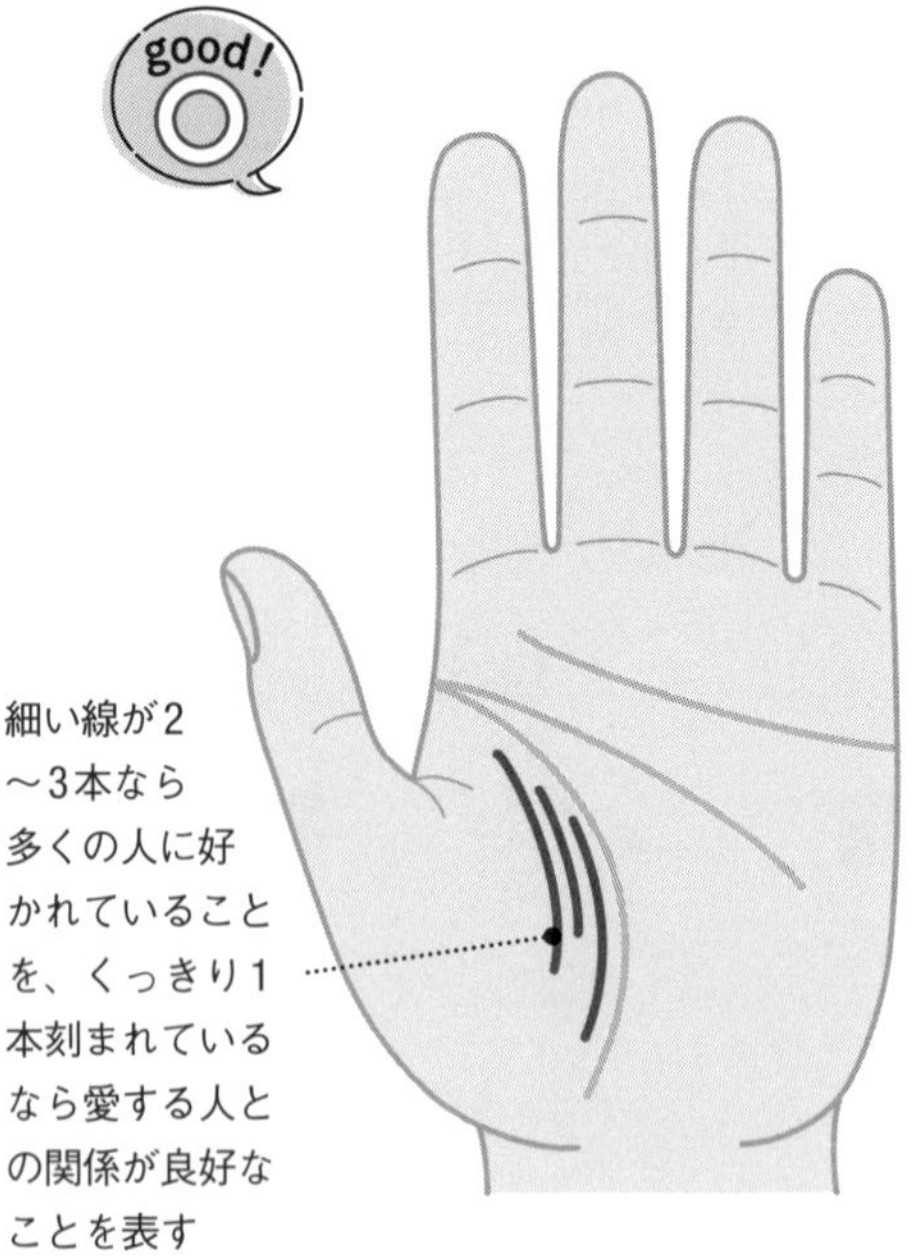
good!
細い線が2～3本なら多くの人に好かれていることを、くっきり1本刻まれているなら愛する人との関係が良好なことを表す

2 線の特徴

金星丘に縦横の細い線が多数ある

恋愛は深入りせず、上手に楽しむ手相

影響線が生命線から離れて金星丘に刻まれている場合、愛情が薄いことを表します。金星丘に縦線・横線がたくさんある手相は、恋愛にのめり込むことはありませんが異性の友人は多い人。異性と上手に遊び、相手が自分に対してどのような感情を持っているかを敏感に察するので、異性と接する機会が多い仕事が向いています。

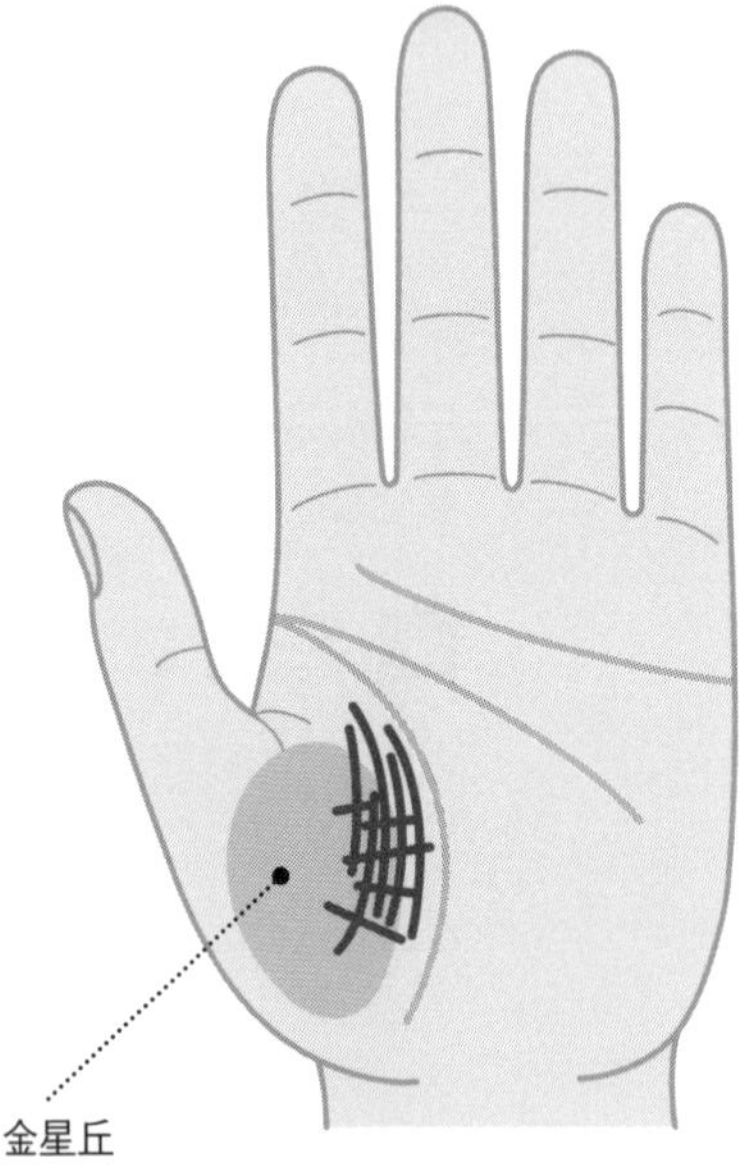
金星丘

3 線の特徴

下に行くほど生命線から離れる

相手の愛情が徐々に冷めていく手相

生命線近くから出た影響線が、下に行くほど生命線から離れていくのは、恋人や夫・妻の気持ちが遠ざかっていくことの表れ。線が短いほど別れが近く、反対に、線が長く伸びる場合は、愛情が冷めているのにずるずると関係を続けることを示しています。関係を修復したい場合は、相手の気持ちが冷める前に打開策を考えましょう。

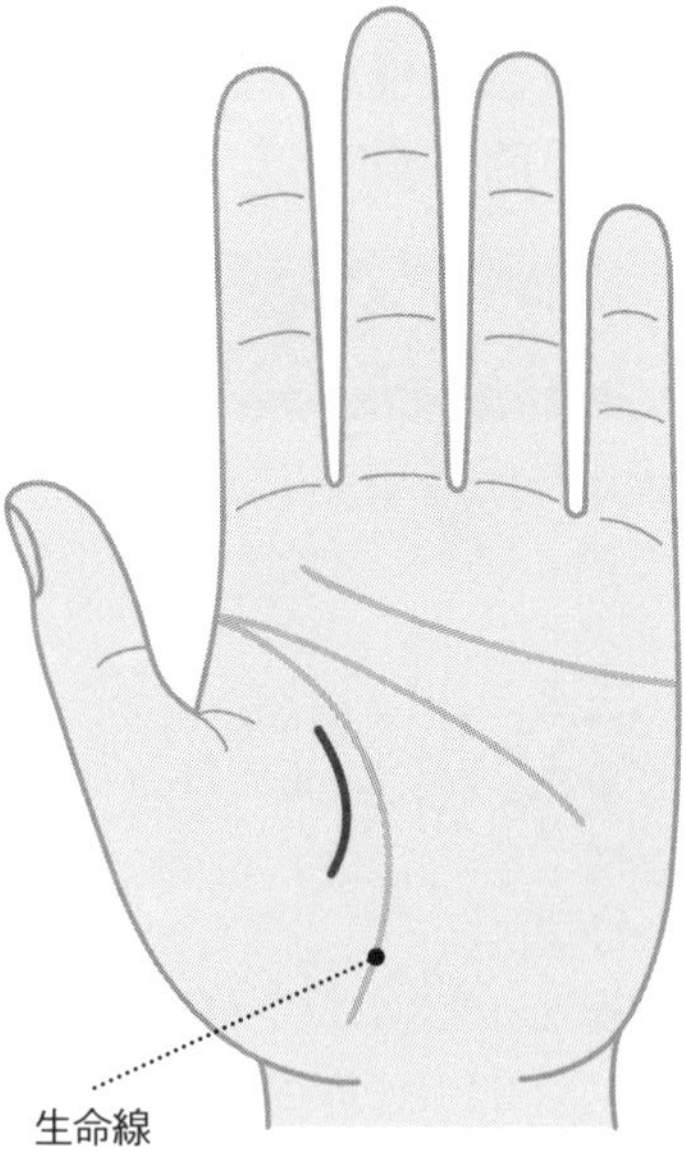

4 線の特徴

第一火星丘から出て生命線と合流する

開放的なあまり男にだまされる手相

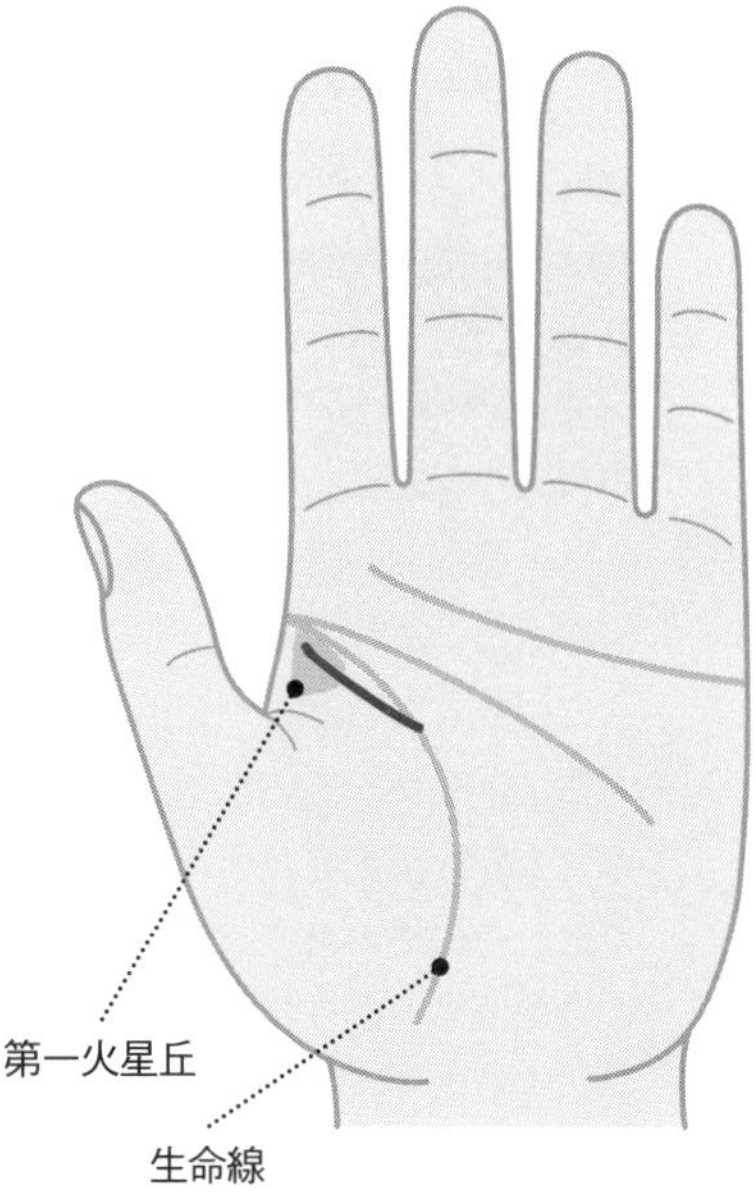

影響線が第一火星丘から始まり、先端が生命線に触れている場合、女性なら、男性にだまされたあげく、不幸になることを意味します。開放的な性格のためすぐにだれとでも打ち解けますが、近づいてきたダメ男に心を許してしまい、気づいたときには何もかも奪われ男は失踪《しっそう》……という状態に。男性に対して警戒心を持ちましょう。

5 線の特徴
生命線を横切り、火星原へ伸びる

悪習を止められず不健康な状態の手相

生命線の内側から始まった影響線が生命線を横切り、火星原まで伸びているのは、悪い習慣が抜けない人の手相。その場限りの肉体関係や、薬物やアルコールなどへの依存が断ちきれず、いずれ心身へ悪影響を及ぼします。とくに青年期以降にこの手相が現れた場合は、自らその習慣を止めるのは困難。周囲のサポートが必要です。

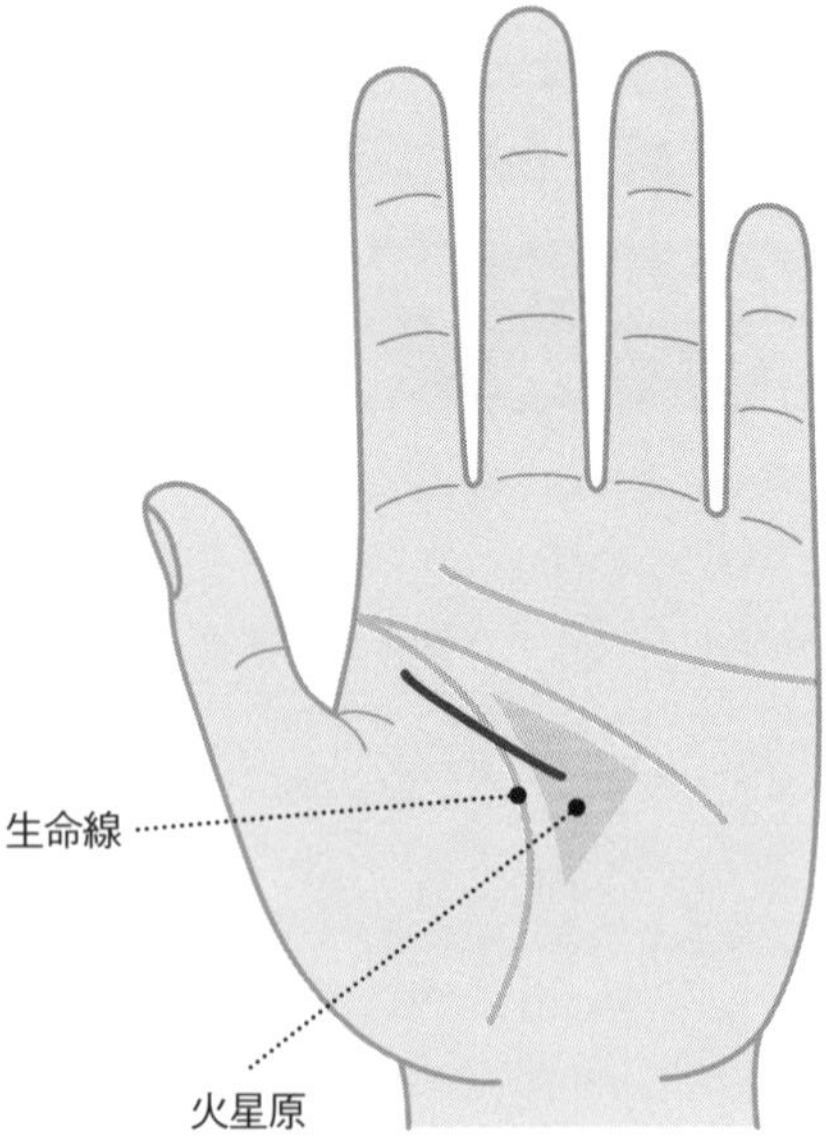

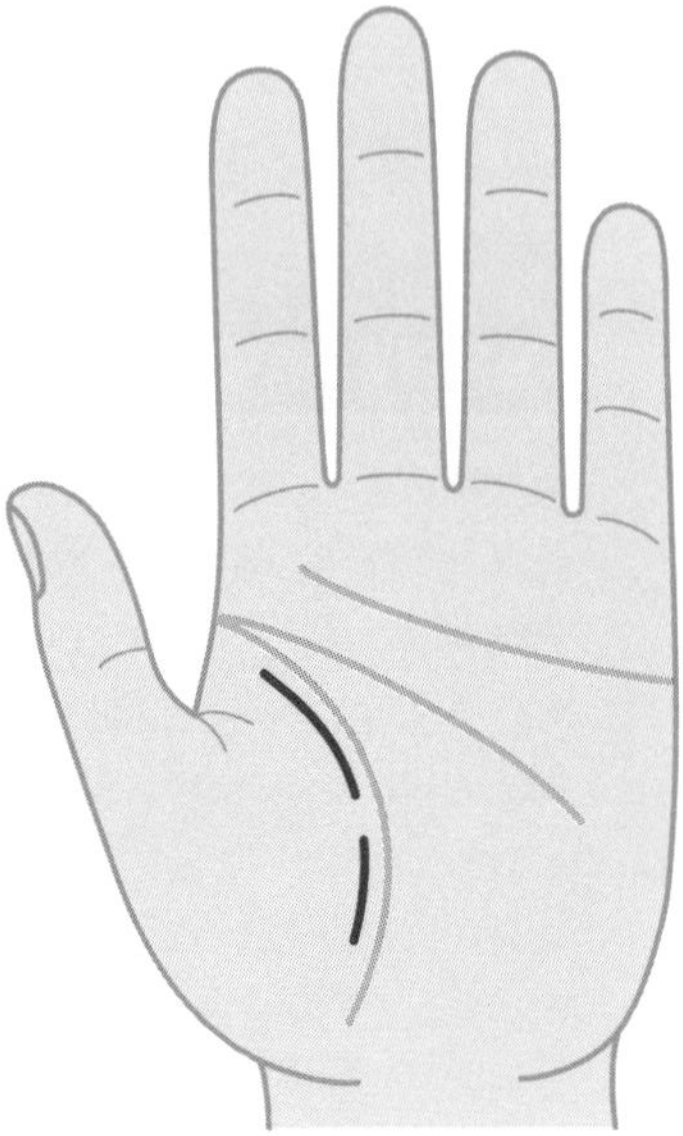

6 線の特徴
切れ目の先にもう1本線がある

パートナーと別れたあと出会いがある手相

影響線が急に途切れるのはパートナーとの別れの暗示ですが、その先にもう1本影響線が出ている場合は、別れたあと新たな出会いがあることを示しています。でも、別れの原因はささいな行き違いなどで、その場の勢いで別れてしまうことが多いようです。新しい出会いを取るか、今の相手との縁を大切にするかはよく考えましょう。

7 線の特徴

線の終わりに横線がある

ジャマが入りパートナーと引き裂かれる手相

影響線の先端が横線で止められたようになっている手相は、突然、パートナーとの別れがやってくることを示しています。浮気やけんかなど当人同士の問題ではなく、第三者がジャマをしたり、転勤で会えなくなるなど、急に引き裂かれることになります。障害に負けず愛を貫くことができれば、横線はやがて消えていきます。

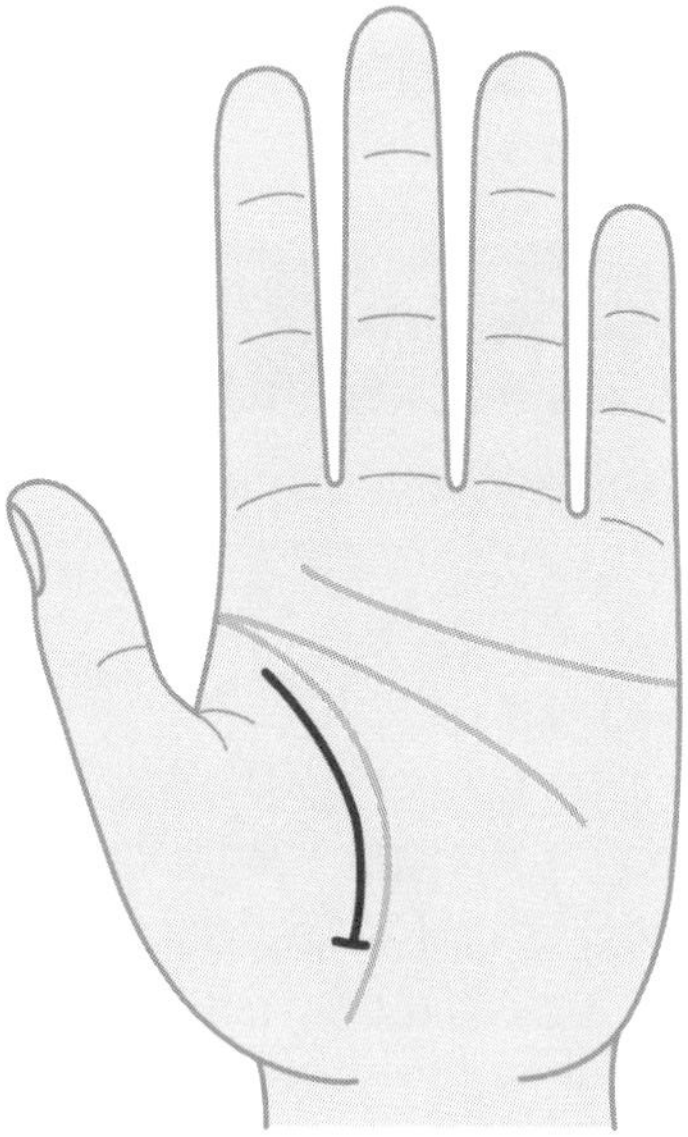

COLUMN

手相の疑問5

火星線？ 影響線？

火星線と影響線はとても近い位置にあるので、区別が難しいことがあります。そんなときは位置と太さに注目しましょう。影響線は生命線から5ミリ以内にあり、線は細くて薄いので、見落としてしまうことも多い線です。一方、火星線は生命線から5ミリ以上離れた場所にあり、線は太くしっかり刻まれます。ちなみに、どちらか一方しか刻まれていない、あるいは両方ない場合もあります。

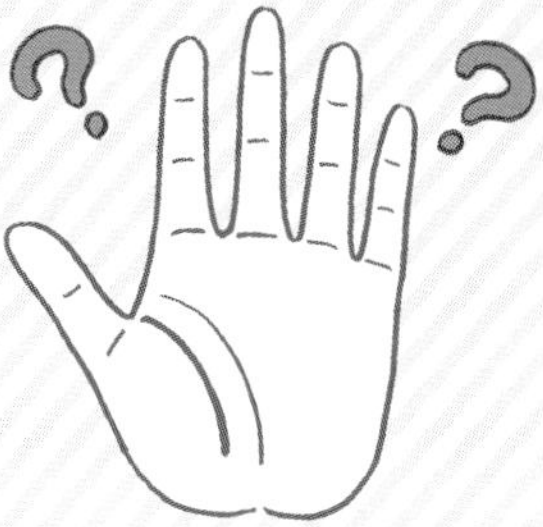

8 線の特徴

線の途中に島がある

パートナーの問題に巻き込まれる手相

影響線の途中に島があるのは、パートナーが何らかの問題を起こしてそのために迷惑を受けることを示しています。たとえば仕事で大失敗する、けんかや事故に巻き込まれる、事業に失敗して多額の借金を負うなどですが、大きな病気にかかることも考えられます。そのトラブルが原因で、別れることになる場合もあります。

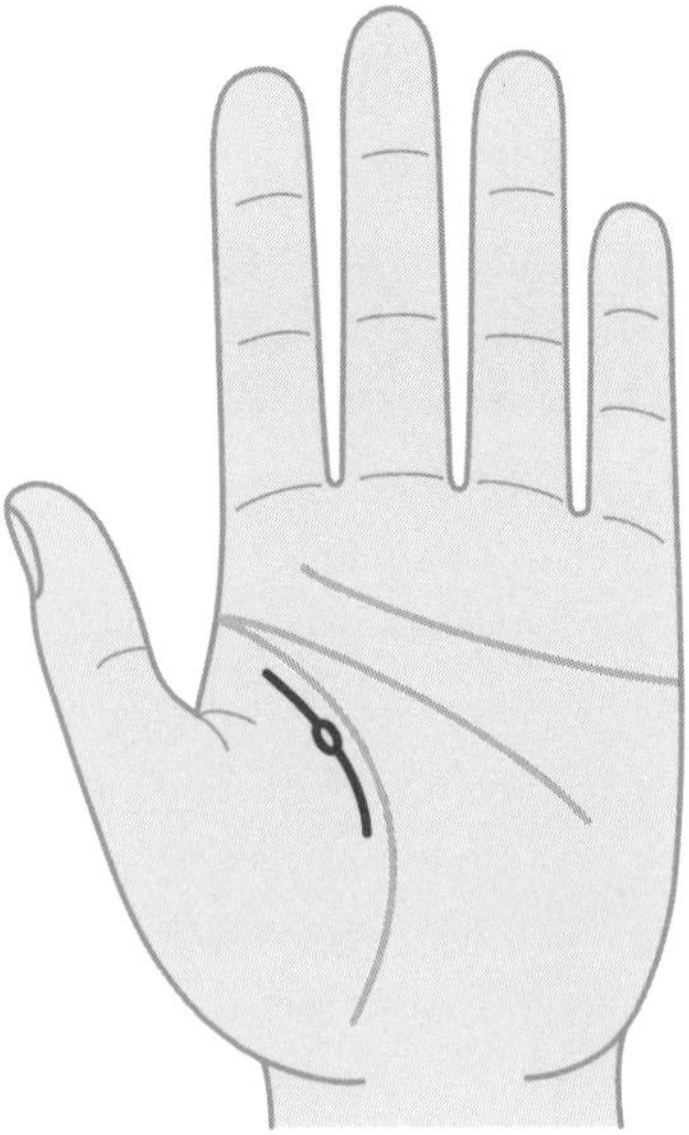

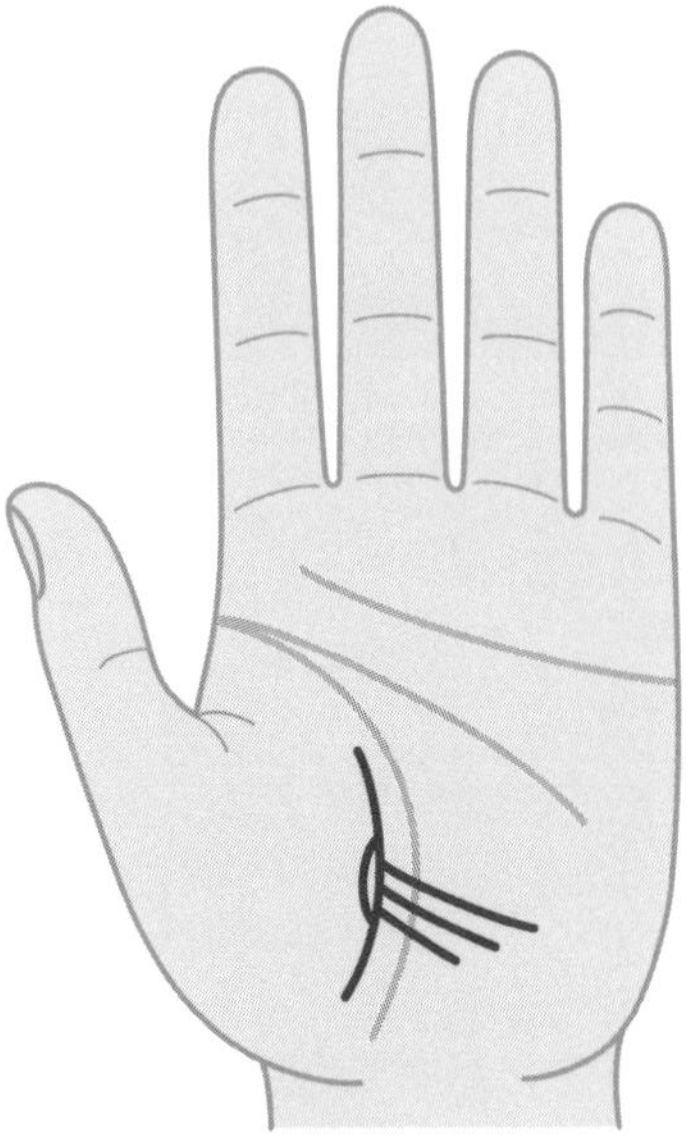

9 線の特徴

線の途中の島から複数の横線

パートナーのために苦労している手相

影響線の途中にある島から複数の横線が出ている人は、恋人や夫・妻のために苦労しています。長い間病気の看護をしていたり、パートナーの後始末に走り回ったりして、心身ともに疲労がピークに達した状態です。このままだと、パートナーへの愛情もなくなってしまいます。まず、自分の心身をいやすことを考えましょう。

10 線の特徴

線の途中に四角が接している

恋人の自由が奪われ会えなくなる手相

影響線の途中に四角が接している手相は、パートナーが何らかの事情で自由に行動できなくなることを示しています。病気で入院したり、海外勤務など長期の単身赴任《ふにん》をすることになったり、家族問題に巻き込まれるなどのケースがあります。四角の中に十字があったら、恋人が事故や病気などで亡くなることを意味します。

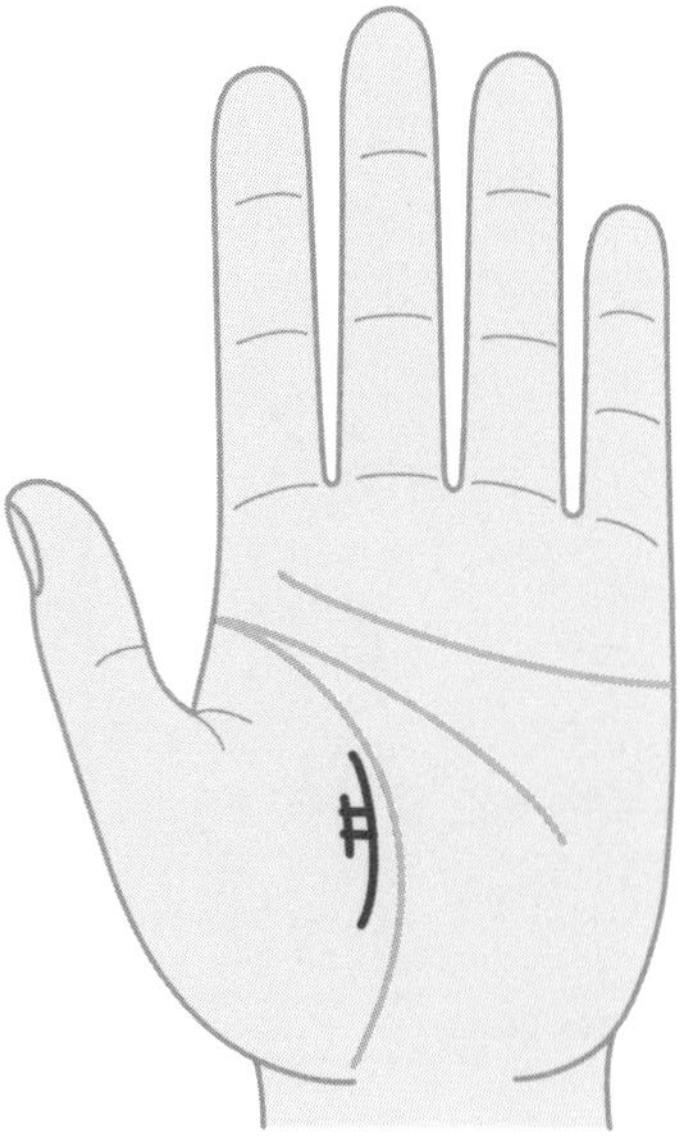

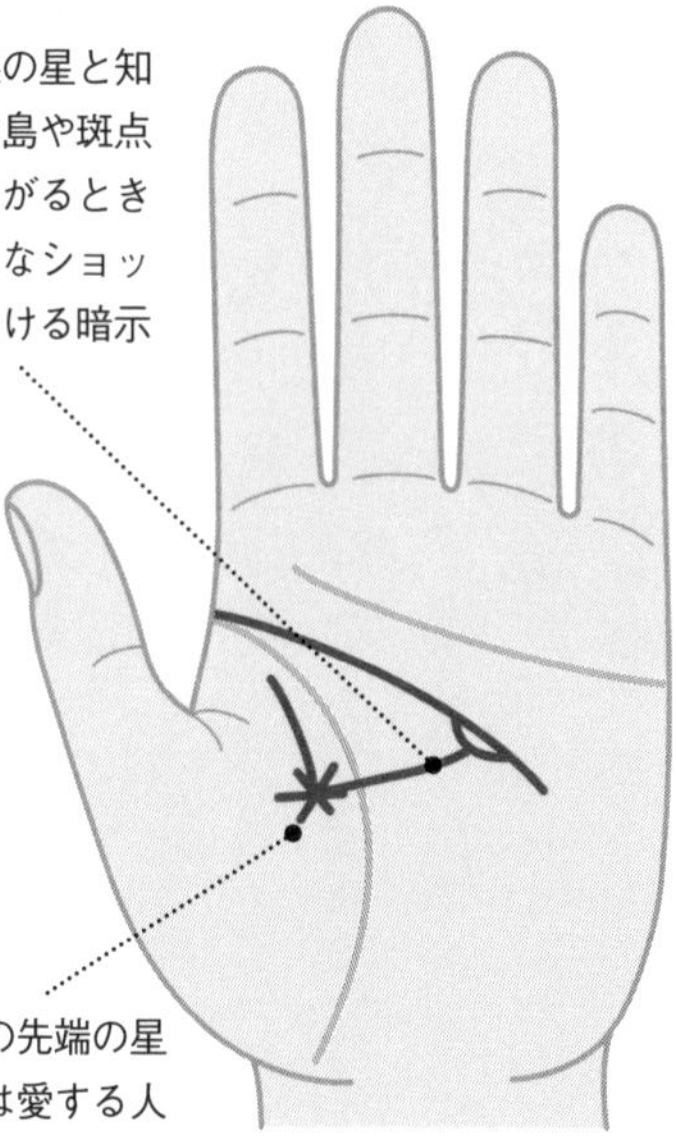
影響線の星と知能線の島や斑点がつながるときは大きなショックを受ける暗示
影響線の先端の星や十字は愛する人の死を表す

11 線の特徴

先端に星や十字がある

愛する人の死や大病に直面する手相

影響線の先端に現れる星や十字は「死の星」「死の十字」と呼ばれるもの。愛する人が亡くなったり、生死が危ぶまれるような大ケガ・大病になることのサインです。一方、星から出た線が知能線の途中にある島や斑点《はんてん》につながっている場合は、愛する人を亡くしたショックが大きく、しばらく何もできなくなるでしょう。

その他の重要な線 5
健康線

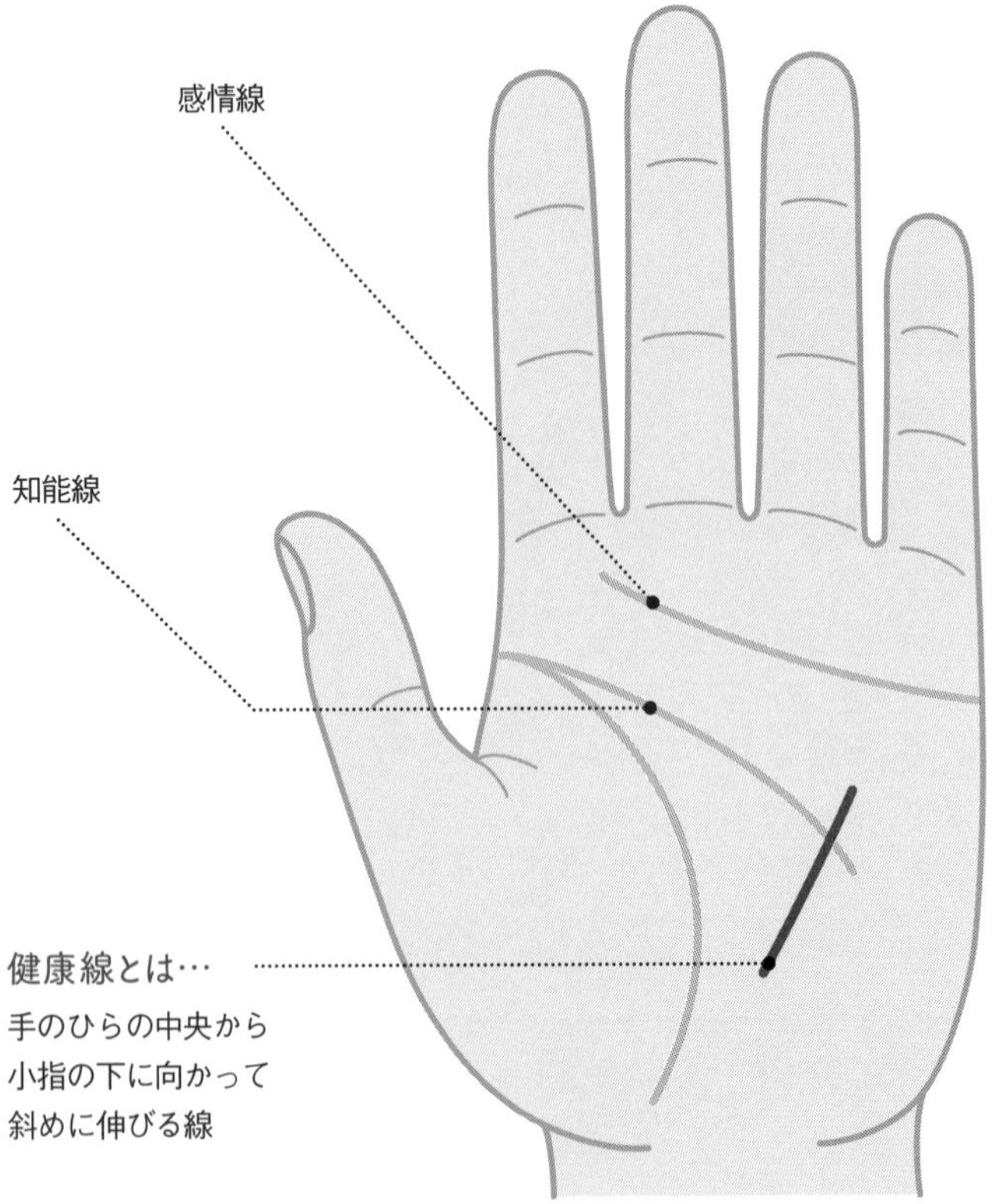

感情線
知能線
健康線とは…
手のひらの中央から
小指の下に向かって
斜めに伸びる線

健康状態に加え、その人の魅力も表す

健康線は、手のひらの真ん中を起点にし、小指の下に向かって斜めに伸びる線。知能線を横切り、先端は感情線に接するあたりにあることが多い線です。その名の通り健康状態を示すのはもちろん、その人の身体的な魅力についても表します。

　線に勢いがあり、しっかりしているほど健康に恵まれています。反対に、線の状態がよくなかったり、何らかの記号が現れるのは病気のサインです。なお、健康線がない人もいますが、これは不健康という意味ではなく、**線がある場合のみ、状態を見て判断します。**健康線は短期間で変化しやすいので、ときどきチェックするようにしましょう。

健康線一覧

1

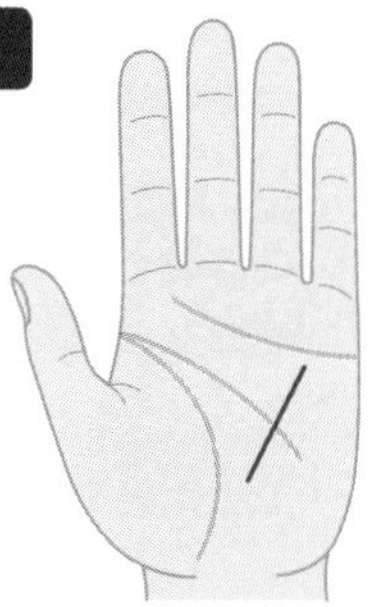

手のひら中央から
小指へ鮮明な線

182 ページ

2

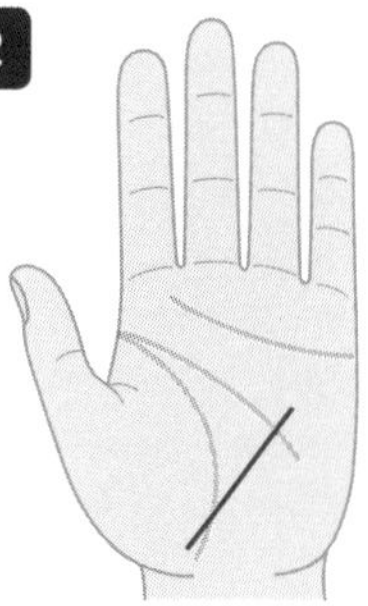

生命線の
内側から伸びる

182 ページ

3

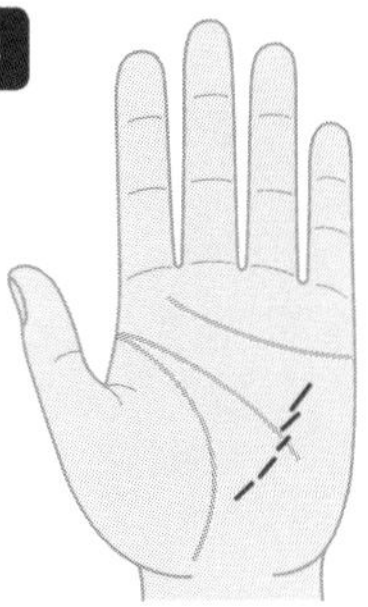

線が切れ切れに
なっている

183 ページ

4

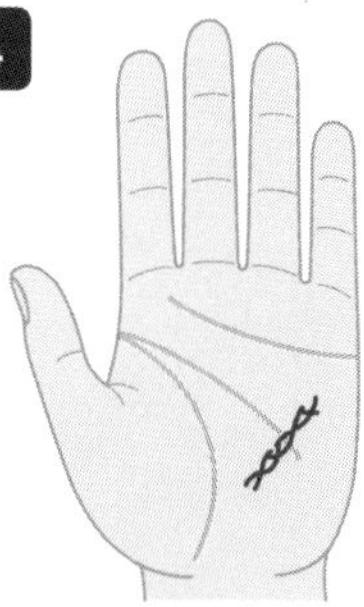

線に複数の島が
あり鎖《くさり》状になる

183 ページ

5

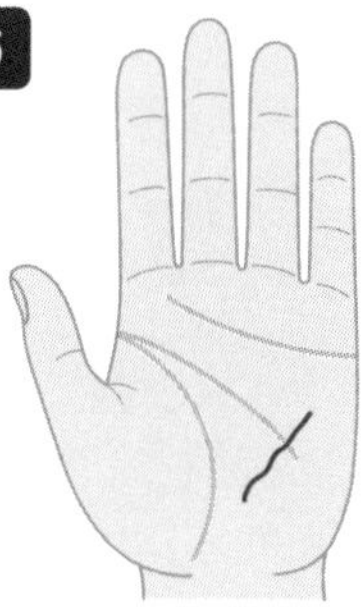

線が波打っている

184 ページ

6

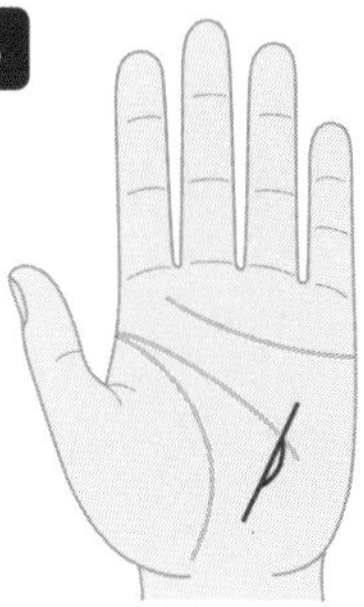

線上に島がある

184 ページ

7

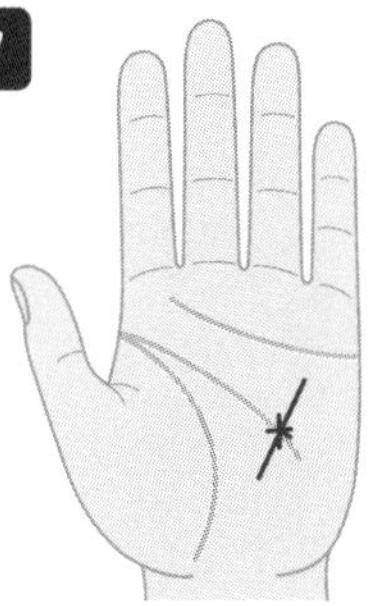

知能線と接する
部分に星がある

185 ページ

8

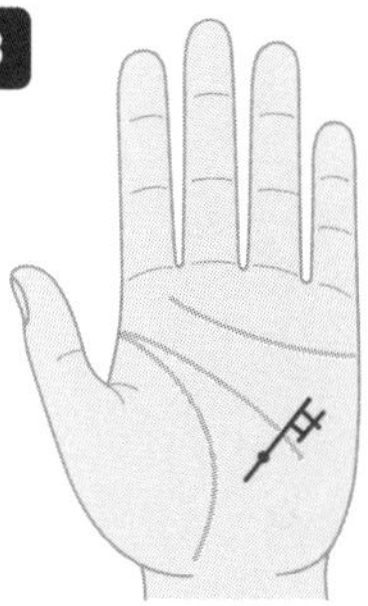

線に四角が接する。
線上に斑《はん》点《てん》がある

185 ページ

1 線の特徴
手のひら中央から小指へ鮮明な線

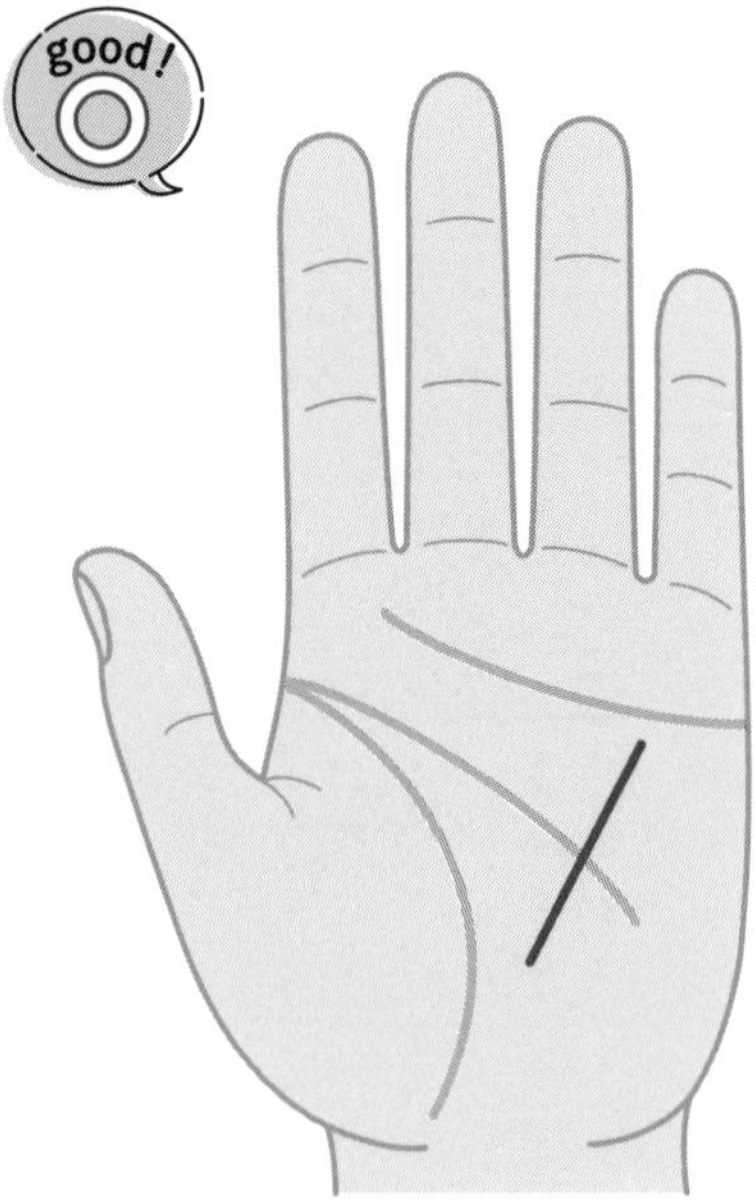

健康や財力に恵まれ、人に好かれる手相

手のひらの真ん中から小指方向に向かって、はっきりとした健康線が伸びている人は、体力に恵まれており、豊かな生活力や経済力も兼ね備えています。そのうえ、多くの人に好かれる人気者で、とくに異性からの人気が高くモテモテです。過信せず、恵まれた健康を生かせば充実した人生を送ることができるでしょう。

2 線の特徴
生命線の内側から伸びる

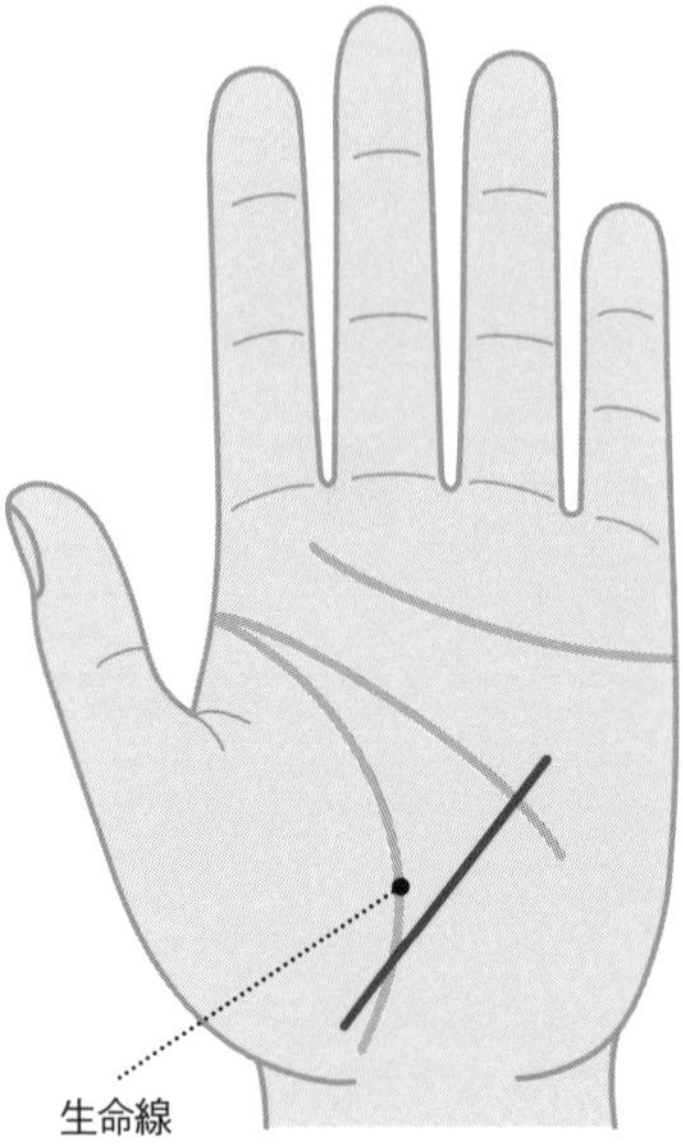

心臓に関する病気が心配な人の手相

健康線の起点が生命線の内側にある人は、心臓が弱っています。起点が生命線上にある人も同様です。とくに線の色が浅黒い場合は要注意。禁煙など心臓に負担をかけない生活を心がけましょう。なお、健康線が生命線を横切ると、生命線と健康線の交差点で生命線の流《りゅう》年《ねん》に当たる時期に死を迎えるというのは俗説です。

3 線の特徴
線が切れ切れになっている

消化器系の病気になりやすい手相

健康線が切れ切れになっている手相は、胃腸が弱っていることを示しています。とくに、切れ切れの線がはしごのようになっている人は、消化器系の病気にかかりやすい状態です。胃腸に負担をかけない生活を意識しましょう。切れ切れの線は、消化器の機能が回復するにつれて、徐々に1本のきれいな線に変わっていきます。

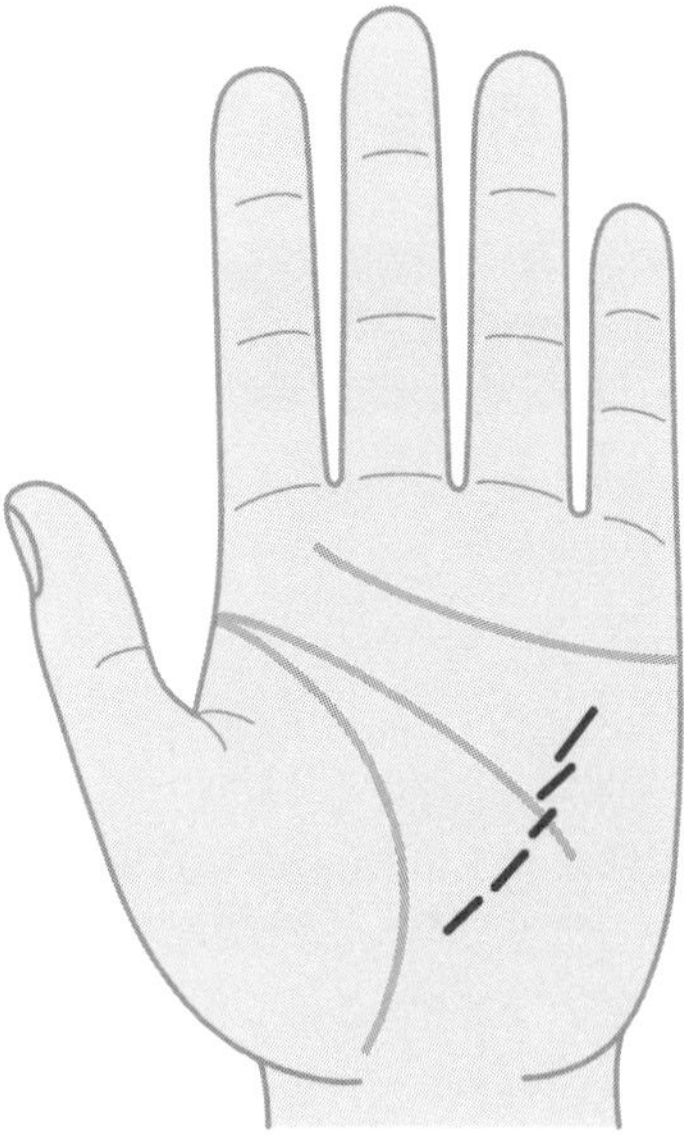

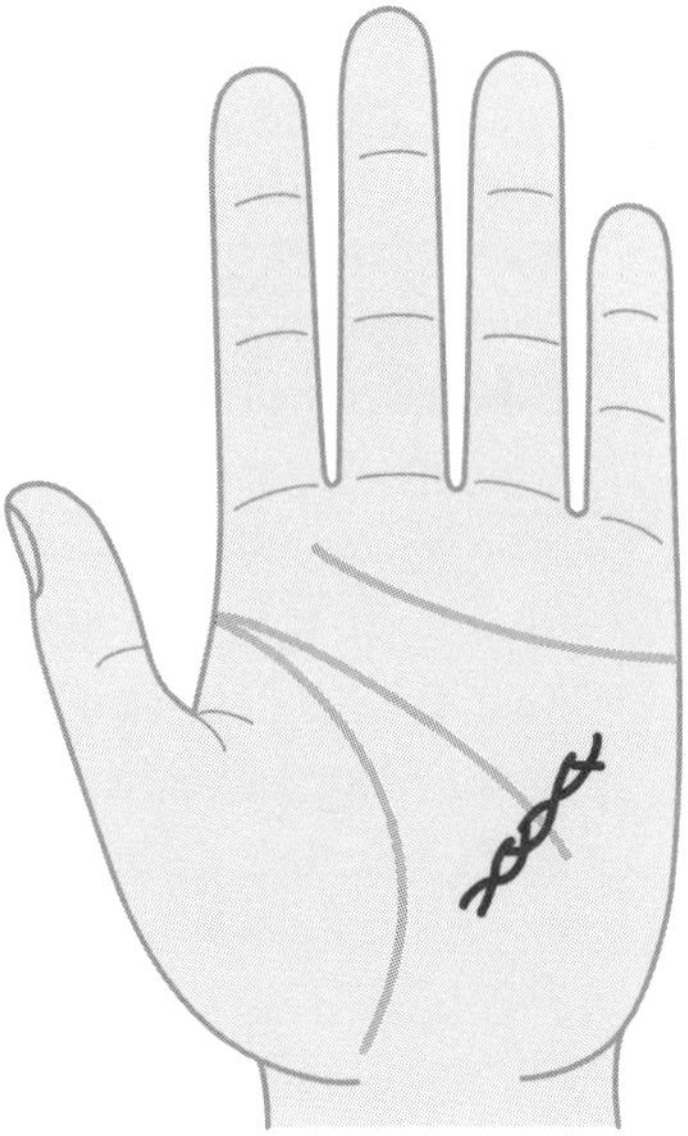

4 線の特徴
線に複数の島があり鎖《くさり》状になる

長期間、呼吸器疾患に悩まされる手相

健康線の上に島がたくさんあり、さらに線が鎖状になっている人は、呼吸器が弱っています。気管支や肺など呼吸器のトラブルに長期間悩まされ、公私ともにダメージを受けます。無理をすると病状が悪化し、一度回復しても再発することもあります。この手相が出ている間は医師の指示に従い、健康の回復に努めてください。

5 線の特徴

線が波打っている

肝臓・胆のうが
弱っている人の手相

健康線がうねうねとカーブし、波形になっている人は肝臓や胆のうの機能が弱っています。飲酒や疲労、ストレスなどが原因なので、健康な生活を心がけてください。この状態が続くと消化器系にも悪影響が出ます。なお、波形の健康線はリウマチを表すこともあります。関節の痛みなど、思い当たる症状がある人は要注意です。

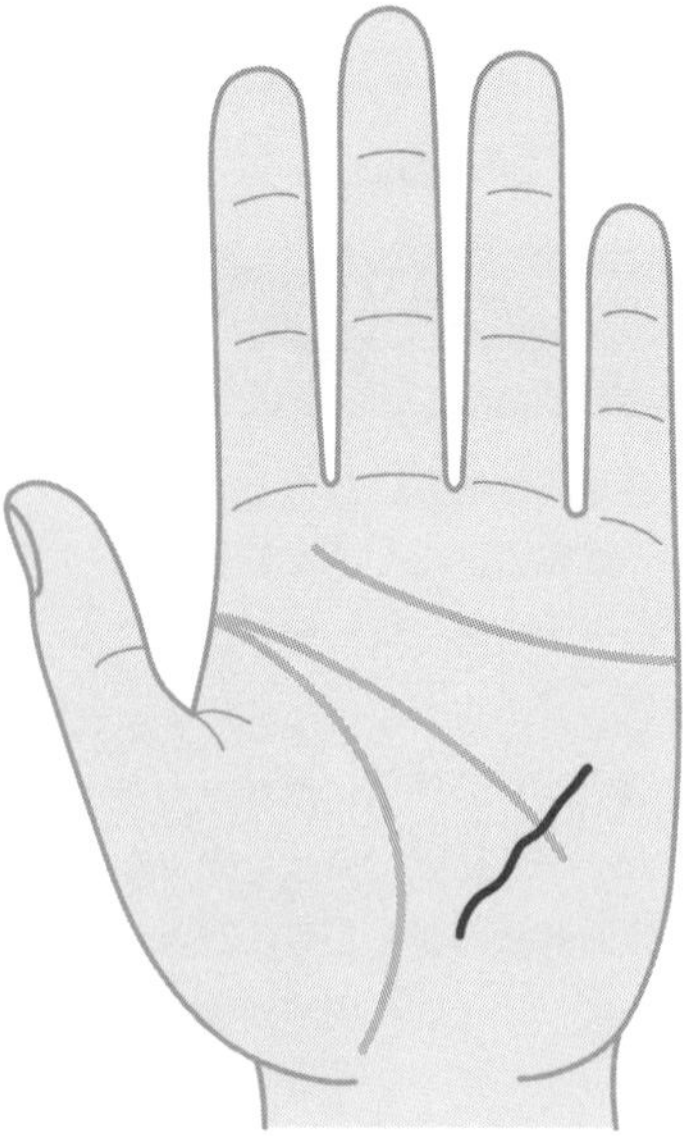

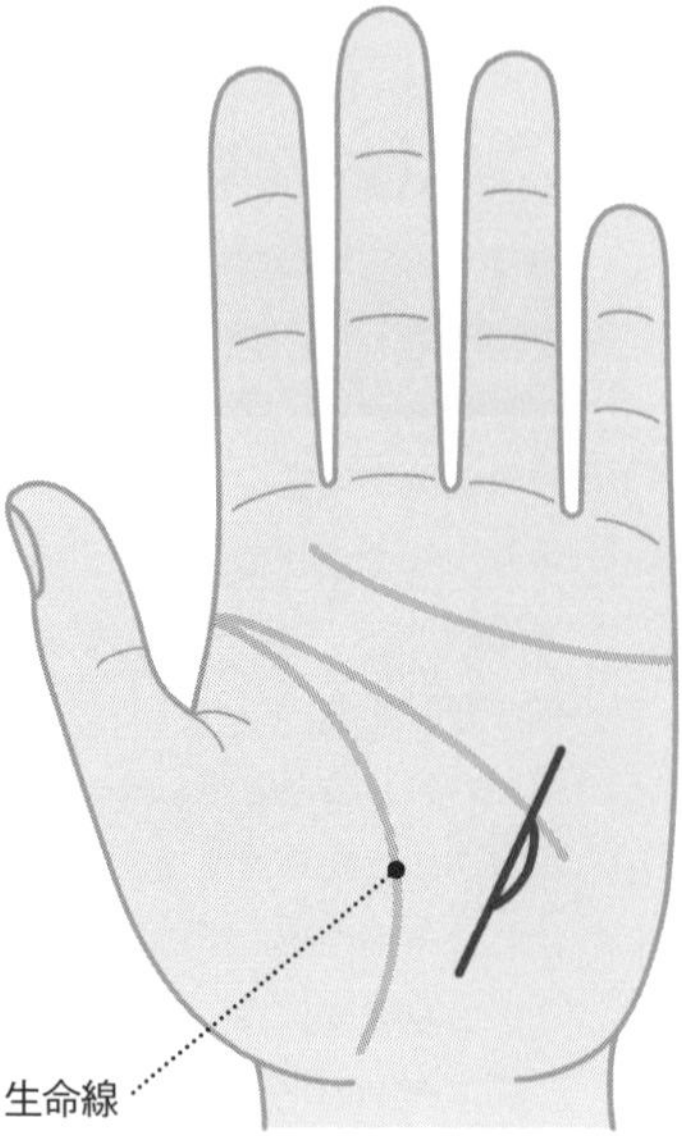

6 線の特徴

線上に島がある

体のどこかに
不調を抱える手相

健康線上にある島は、呼吸器や胃腸、肝臓が弱まっているサインです。とくに、島の内側に線があったり、島の形がいびつな場合は、肺やのどの病気が心配です。健康線と生命線が接する部分に島があるときは確実に呼吸器の病気です。いずれにせよ、栄養バランスと睡眠に気をつけた健康的な生活と、早めの受診が大切です。

7 線の特徴

知能線と接する部分に星がある

性機能が弱っている状態の手相

健康線と知能線もしくはその支線が交差する部分に星がある手相は、男女ともに性機能が弱っていて、なかなか子宝に恵まれないことを示しています。女性の場合は、妊娠しても難産になることも考えられます。また、星の色が褐色になっている場合は、出産前後に感情が不安定になりやすくなる心配があります。

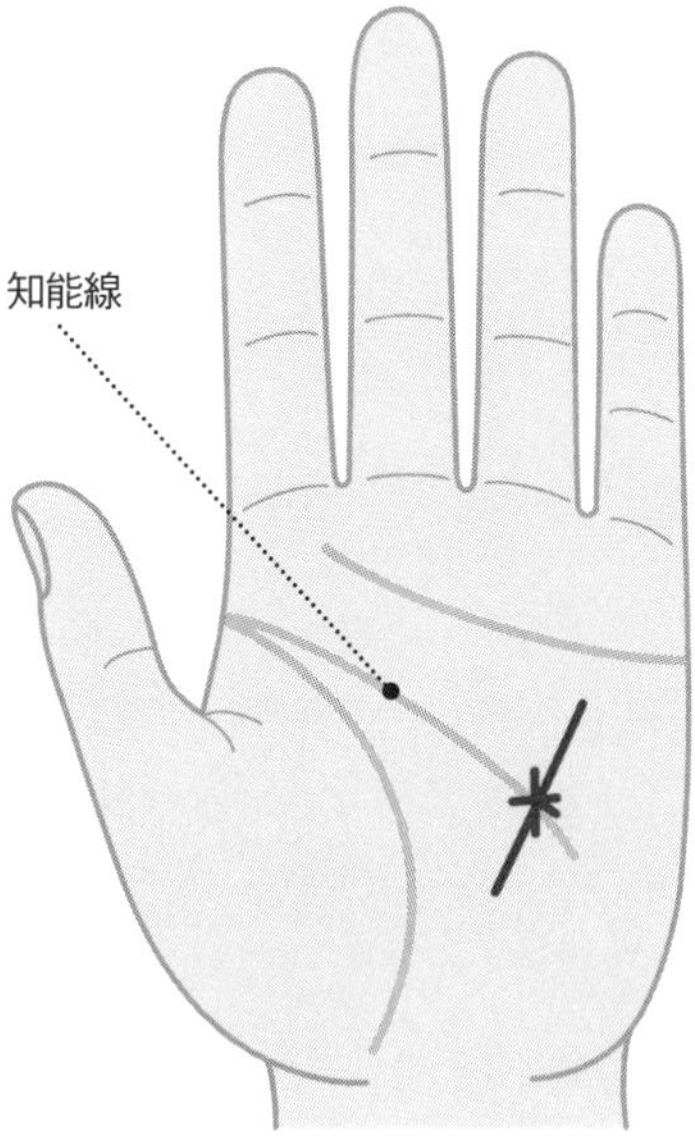
知能線

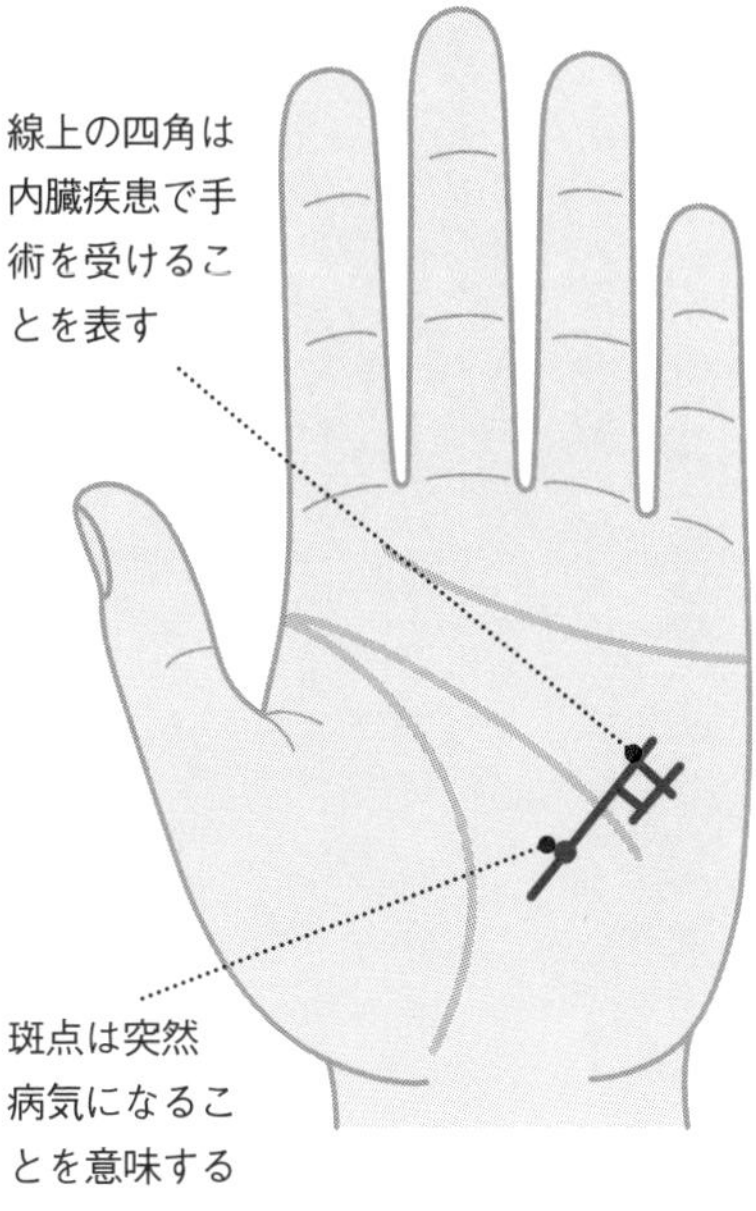
線上の四角は内臓疾患で手術を受けることを表す
斑点は突然病気になることを意味する

8 線の特徴

線に四角が接する。線上に斑点《はんてん》がある

手術を受けたり、急病に倒れる手相

健康線に接する四角は、内臓疾患で手術を受けることを表します。また、健康線上に現れる斑点は急病のサイン。斑点はひとつだけのこともあれば、複数現れることもありますが、いずれも急病になることを意味しています。これらの手相を見つけたら、自覚症状がなくても健康診断を受け、病気の早期発見に努めましょう。

その他の重要な線 6

放縦線

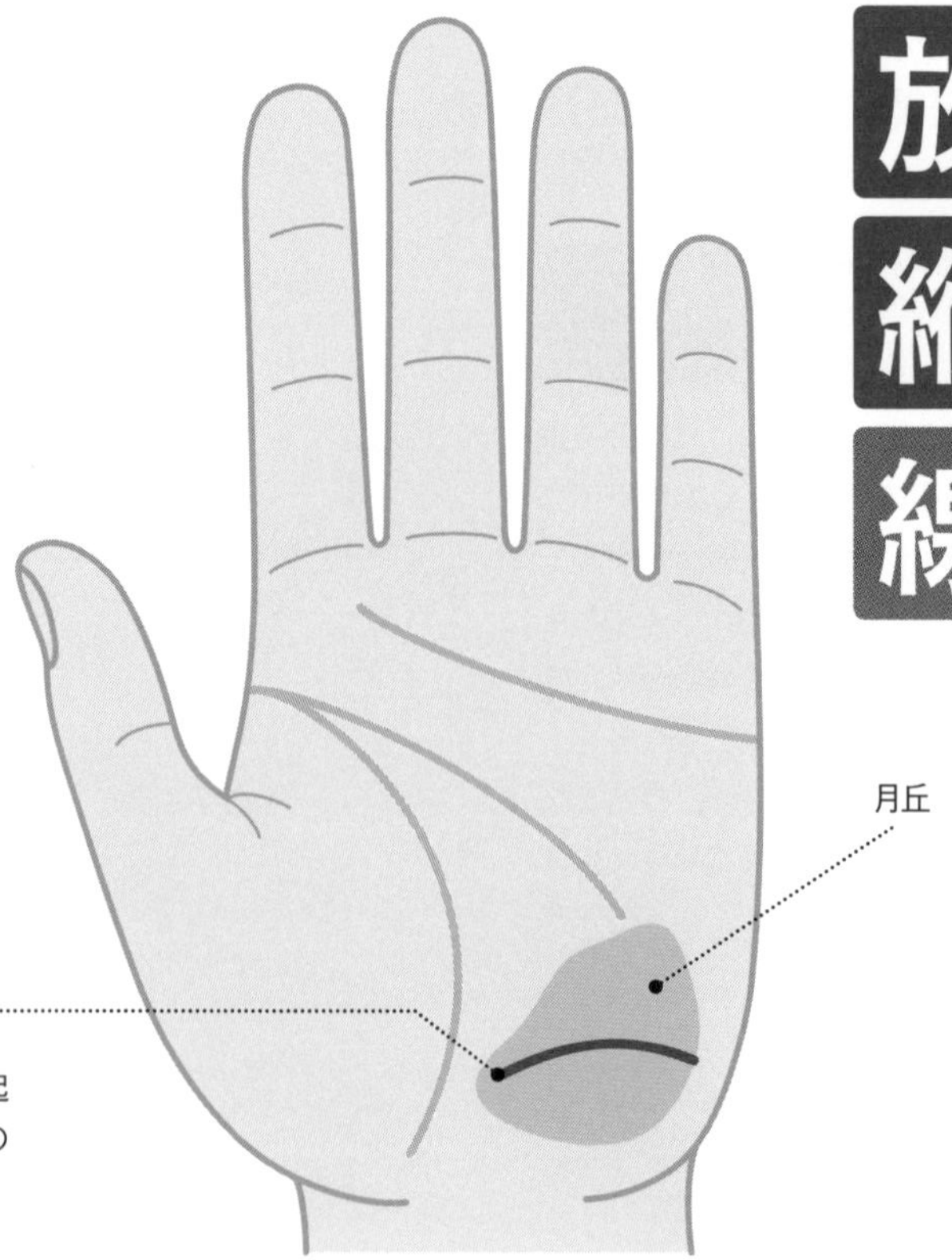
放縦線とは…
手首の中央部分を起点として、小指側の側面に刻まれる線

不健康な生活による心身の衰えを表す「副健康線」

放縦《ほうじゅう》線は月丘にカーブを描く線で、健康線（⬇180ページ）にそっている場合と、起点が健康線にあり、そこから離れるように弓型になる場合があります。正式な名称は「副健康線」ですが、不摂生《ふせっせい》をしたときに現れることから、放縦（勝手気ままに生きる）線と呼ばれます。

仕事などによる過労、精神的な疲れ、不規則な生活や暴飲暴食による内臓の疲れなどで、心身が衰えていることを表し、**放縦線がはっきり出ているほど、ダメージが大きくなります。**線の本数や状態からは生活の乱れや性格がわかり、四角や星などの記号からは、アルコールや薬物などへの依存がわかります。

放縦線

1 線の特徴

月丘の下部を横切り生命線に触れる

不健康な生活を送り衰弱している手相

月丘の下部を横切るようにカーブを描く放縦線は、不健康な生活がもとで、心身ともに衰えていることを意味しています。放縦線の一方の端が生命線に触れている場合は、勉強や仕事のしすぎ、遊びすぎなど、体を酷使《こくし》したことが原因で、パワーダウンしています。栄養状態もよくないでしょう。生活の乱れを改善しましょう。

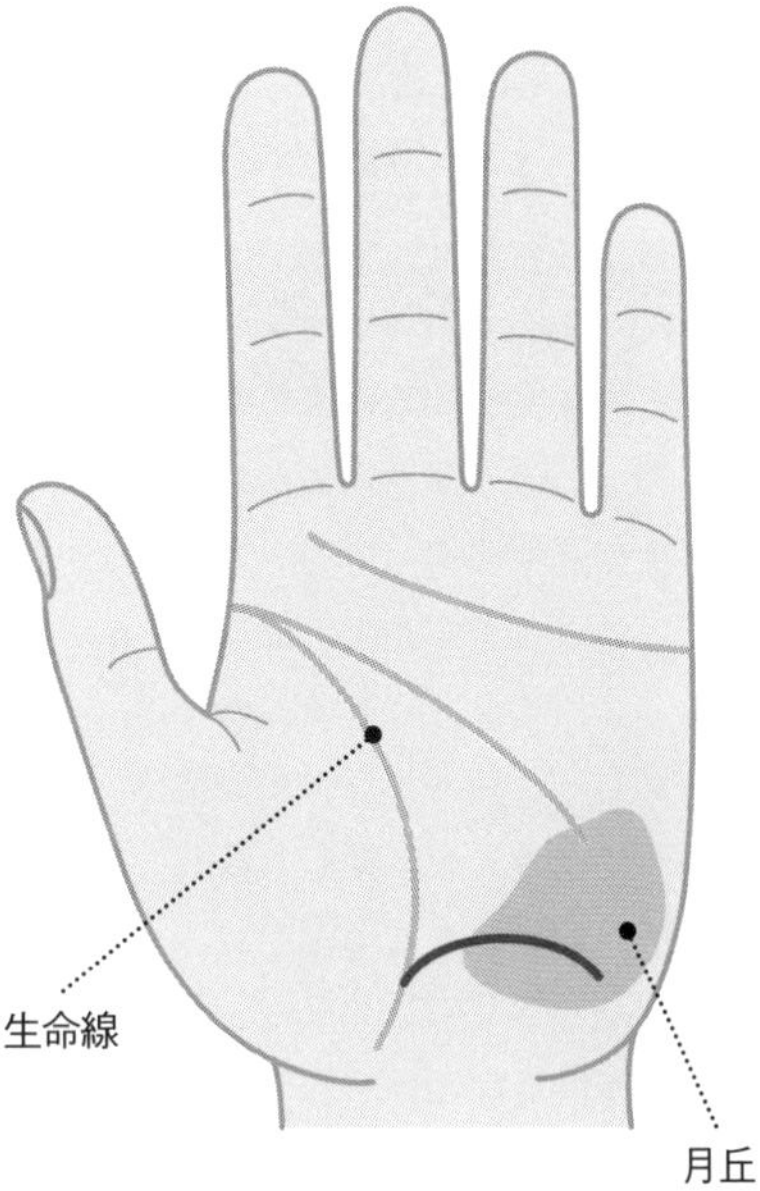

2 線の特徴

第二火星丘や月丘に向け不規則な線

ささいなことも心配で精神が疲労する手相

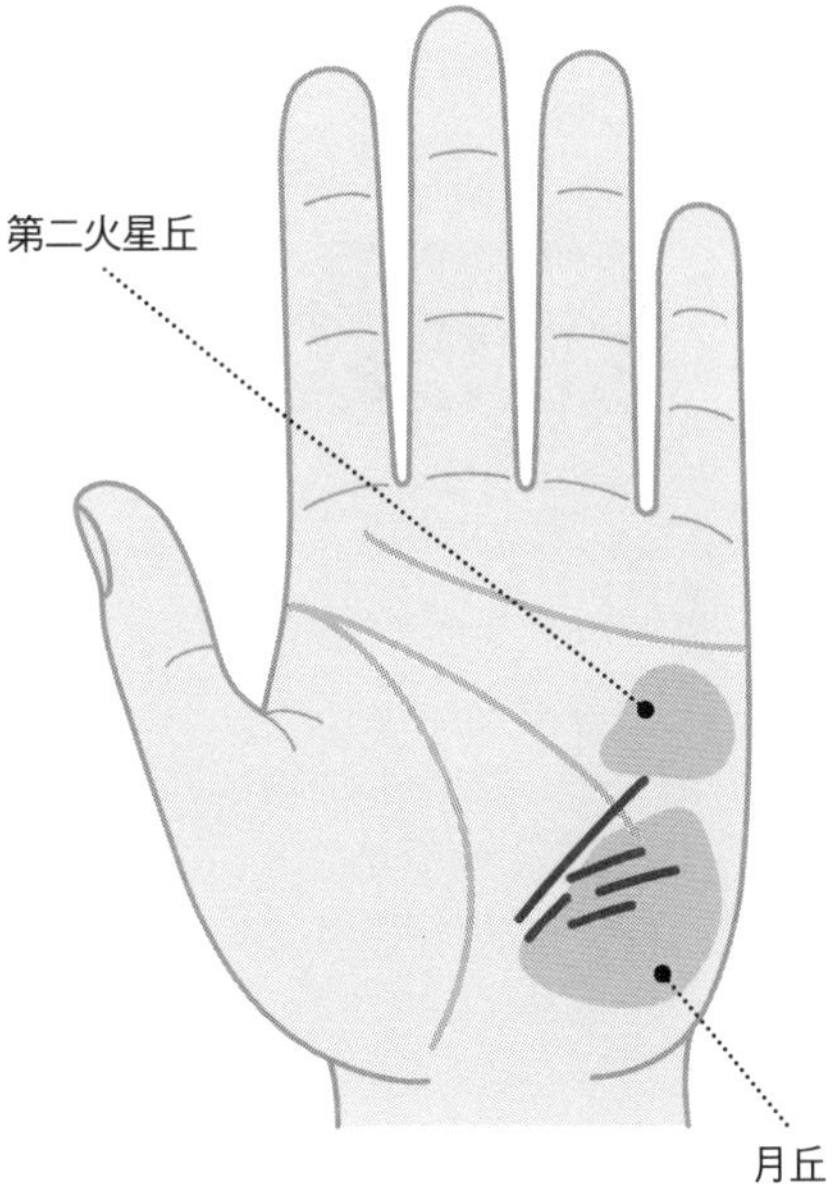

第二火星丘や月丘に向かって、長さがばらばらで不規則な線が放射状に複数刻まれているのは、神経が過敏な状態。この手相の人は周囲の目を気にしすぎたり、取り越し苦労をするなど、つねに心配事を抱えていて気が休まりません。その影響で仕事が終わる前に疲れ切ってしまい、損をすることも多いでしょう。

3 線の特徴
月丘の下部に
2～3本の線がある

生活に影響するほど
心身が衰弱した手相

月丘の下のほうを横切る放縦線は、不《ふ》摂生《せっせい》や過労によって心も体も疲れていることを示していますが、この放縦線が2～3本あったら、事態はもっと深刻。疲労度が極限に達し、心身ともに著しく衰えています。働けなくなったり、家事や育児ができなくなるなど、生活に支障が出るほど極端にパワーが落ちた状態です。

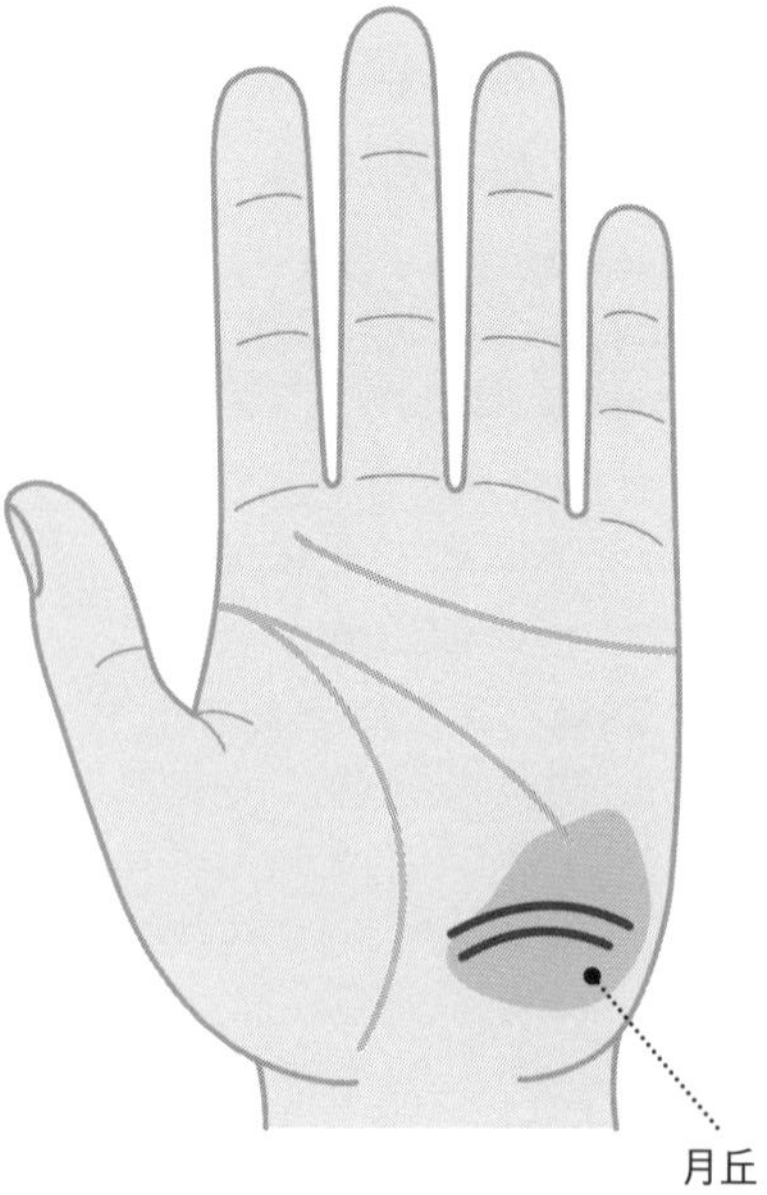
月丘

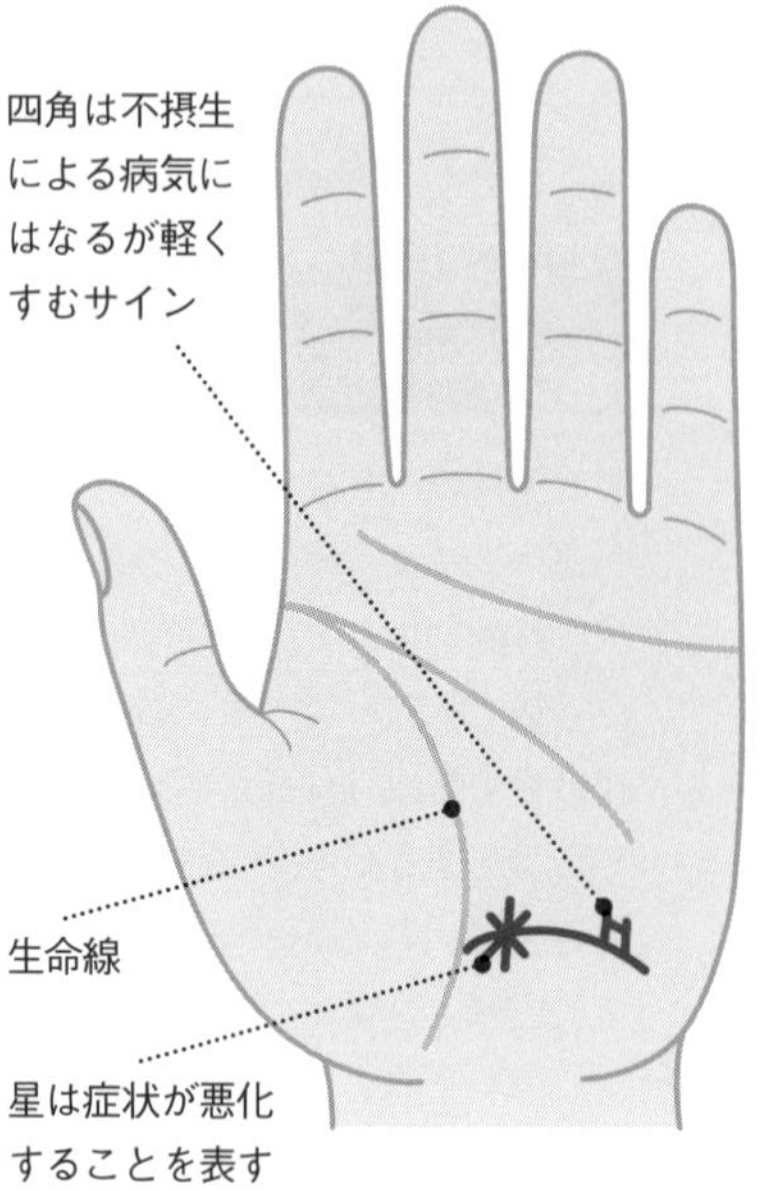
四角は不摂生
による病気に
はなるが軽く
すむサイン
生命線
星は症状が悪化
することを表す

4 線の特徴
生命線に接する線上
に四角や星がある

薬物依存などで、
健康を損なう手相

生命線に接する弓型の放縦線の上にある四角は、タバコや薬物などの依存症や不摂生による病気にかかるものの、軽くすむことの暗示。一方、星が現れた場合は、同じく依存症や不摂生で病気になり、かなり症状が悪化することを示しています。依存していることを自覚している場合は、すぐに原因から離れる努力を。

その他の重要な線 7

火星線

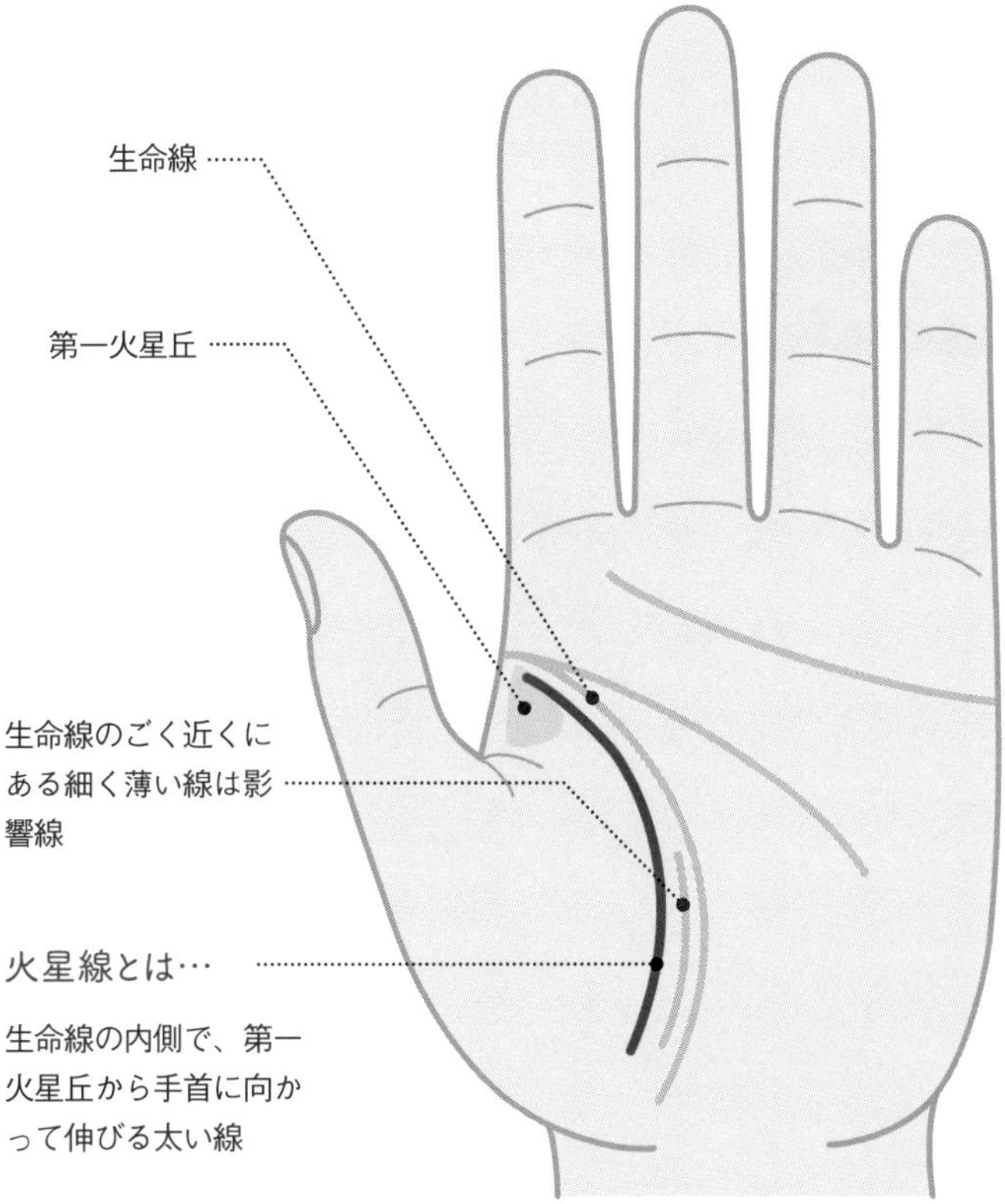
生命線
第一火星丘
生命線のごく近くにある細く薄い線は影響線
火星線とは…
生命線の内側で、第一火星丘から手首に向かって伸びる太い線

基礎体力や活動力を表し「副生命線」ともいう

火星線は、第一火星丘を起点とし、生命線にそうようにカーブを描いて手首へ向かう線。基礎体力やバイタリティ、活動力といった、その人のエネルギーについて示しています。

生命線にそって、はっきりとした線があるのが理想的。勢いがあるほど活力にあふれており、生命線などほかの線が弱くても、火星線に勢いがあれば運気を補うことから「副生命線」ともいわれます。また、線の状態や支線は、健康や恋愛の状況を示しています。

なお、火星線がない人もいますが、ないから体力がないというわけではありません。**線がある場合のみ判断します。**

1 線の特徴

生命線にそった鮮明な線

困難に負けない力を持っている人の手相

生命線が2本あるように見えるほど、生命線にそってしっかりと刻まれた火星線がある人は、生命力が強く、陽気で活発。どんな困難にも負けない忍耐力と勇気を持っているので、大変な仕事もやりとげることができます。病気に対する抵抗力も強く、健康です。ただし、男女ともに負けん気が強く、向こう見ずなところがあります。

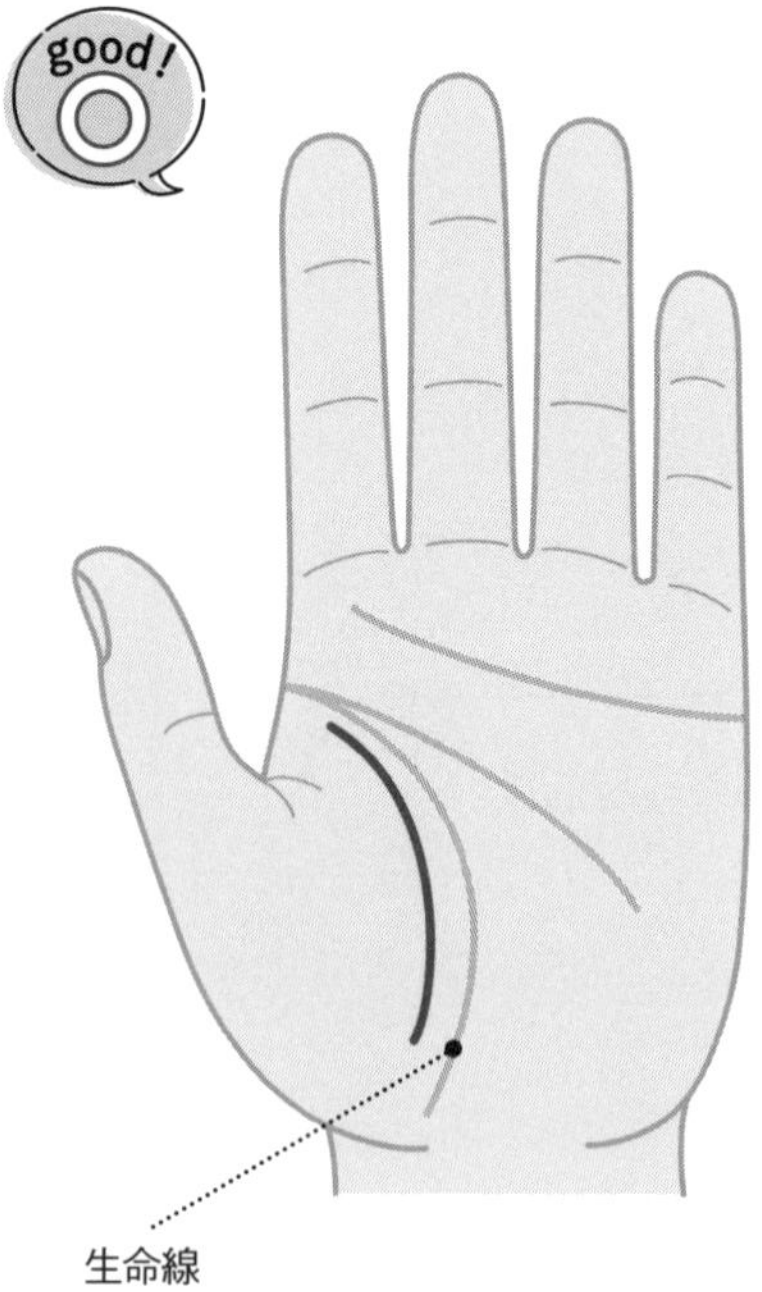

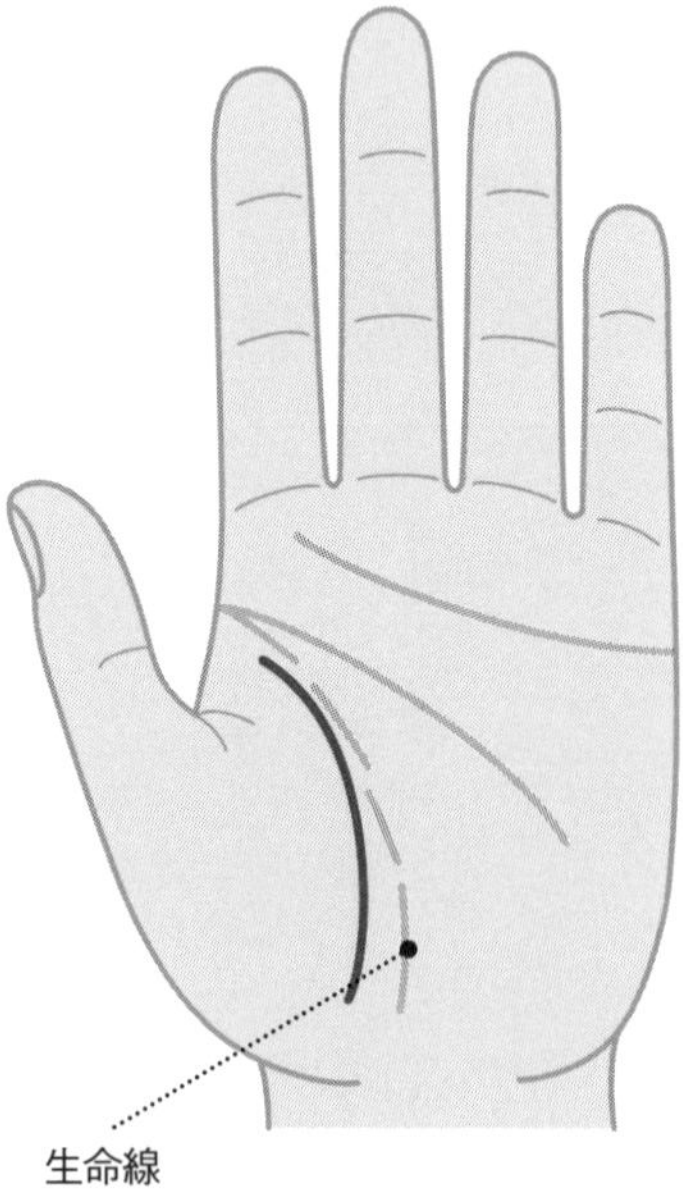

2 線の特徴

切れ切れの生命線のそばに鮮明な線

生命線の悪さを補い、健康でいられる手相

切れ切れの生命線は病気になりやすいことを表す、あまりよくない手相ですが、その近くに火星線がくっきりと刻まれていたら、生命線の弱点を火星線が補ってくれるため、健康で生き生きとした日々を送ることができます。また、生命線が短くても、火星線が長くしっかりとしていたら、同じく健康面の心配はありません。

3 線の特徴
支線が生命線を横切り月丘へ

不《ふ》摂生《せっせい》から病気になりやすい手相

火星線から出た支線が生命線を横断し、月丘まで伸びている人は、睡眠不足、過労、暴飲暴食、喫煙習慣などの不摂生がたたり、健康を害しています。また、強い薬を常用することで起こる、中毒症状の場合もあります。支線が1本のはっきりした線でも、複数の細い線でも意味するところは同じ。今すぐ健康な生活に改めましょう。

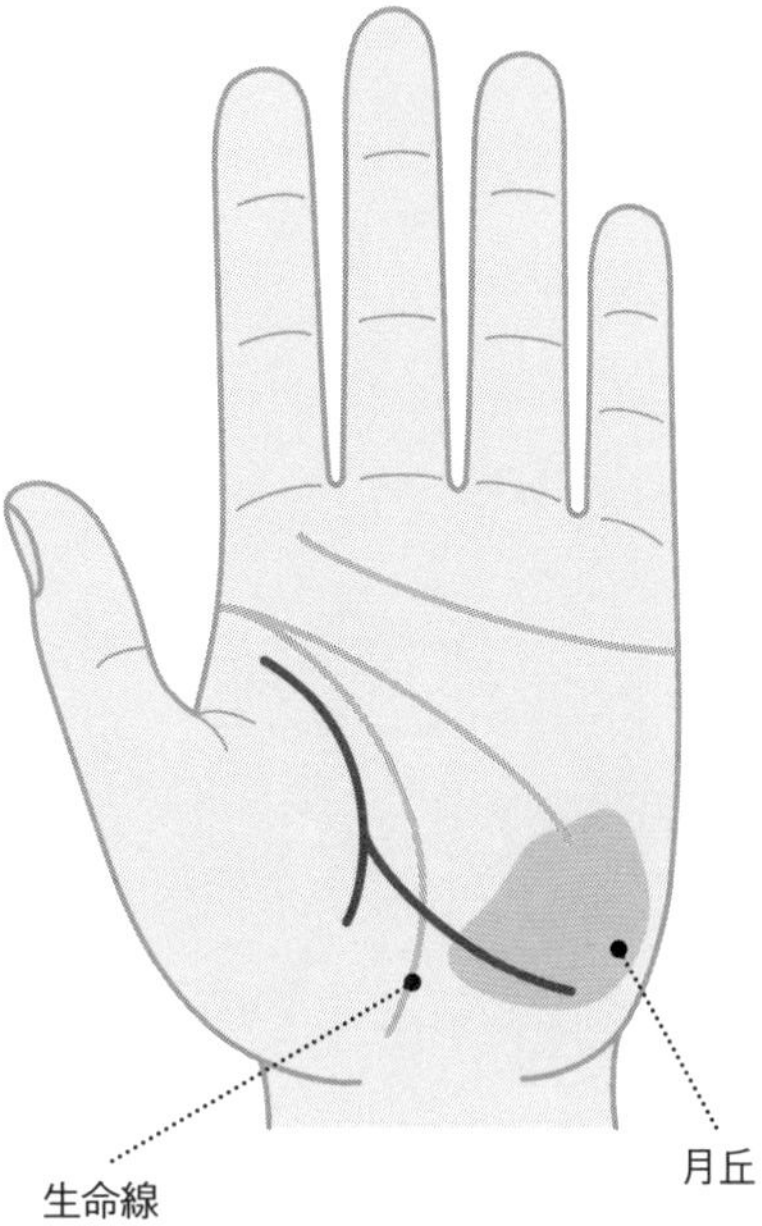

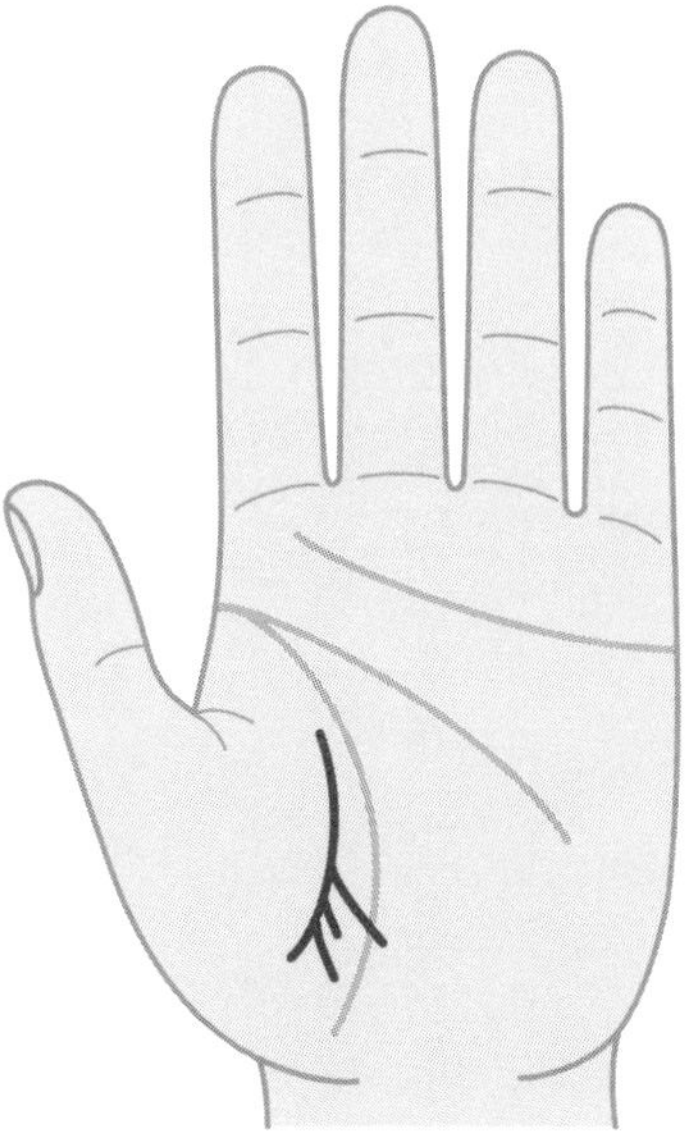

4 線の特徴
先端に不規則で多数の線がある

次々と恋愛トラブルに巻き込まれる手相

火星線の先端近くに、不ぞろいな線が多数出ている手相は、恋愛トラブルが絶えないことを意味しています。異性にモテモテというタイプではないのですが、人がよく気が弱いので、誘われると断れなかったり、優柔不断な態度をとったりして三角関係や不倫関係に。そのくり返しで、いつもトラブルに巻き込まれるハメになります。

その他の重要な線 8

金運線

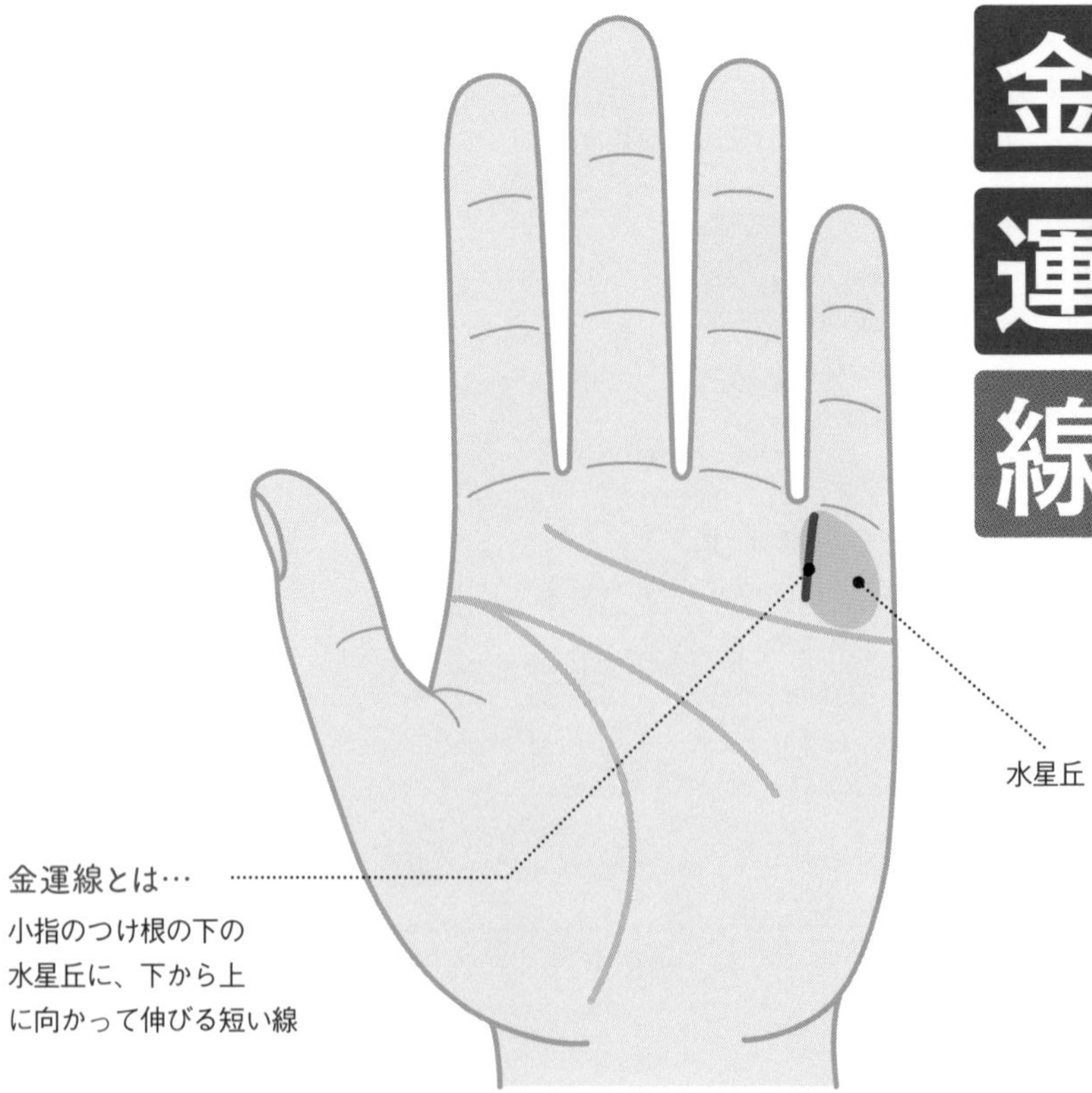
水星丘
金運線とは…
小指のつけ根の下の
水星丘に、下から上
に向かって伸びる短い線

金銭運や財産運の良し悪しがわかる

金運線は、水星丘に縦に伸びる3センチ以内の短い線。小指の中央の位置に伸びるのが一般的ですが、少し左右にずれることもあります。その名の通り、金運全般を表します。

下から上に向かって、針金のようにまっすぐ勢いよく伸びる線が理想的。この手相の人は貯金や資産が順調に増え、生活は安泰です。線の勢いが強いほど金運が強くなり、**金運線をジャマする障害線があると金運は低下します。**また、切れたりよれたりする線は、生活苦を表します。なお、「金運がいい＝ギャンブル運がいい」ではないので、宝くじや賭け事での一《いっ》攫《かく》千金は望めません。

1 線の特徴
3センチ以内の はっきりした線

金運がよく、お金に困ることはない手相

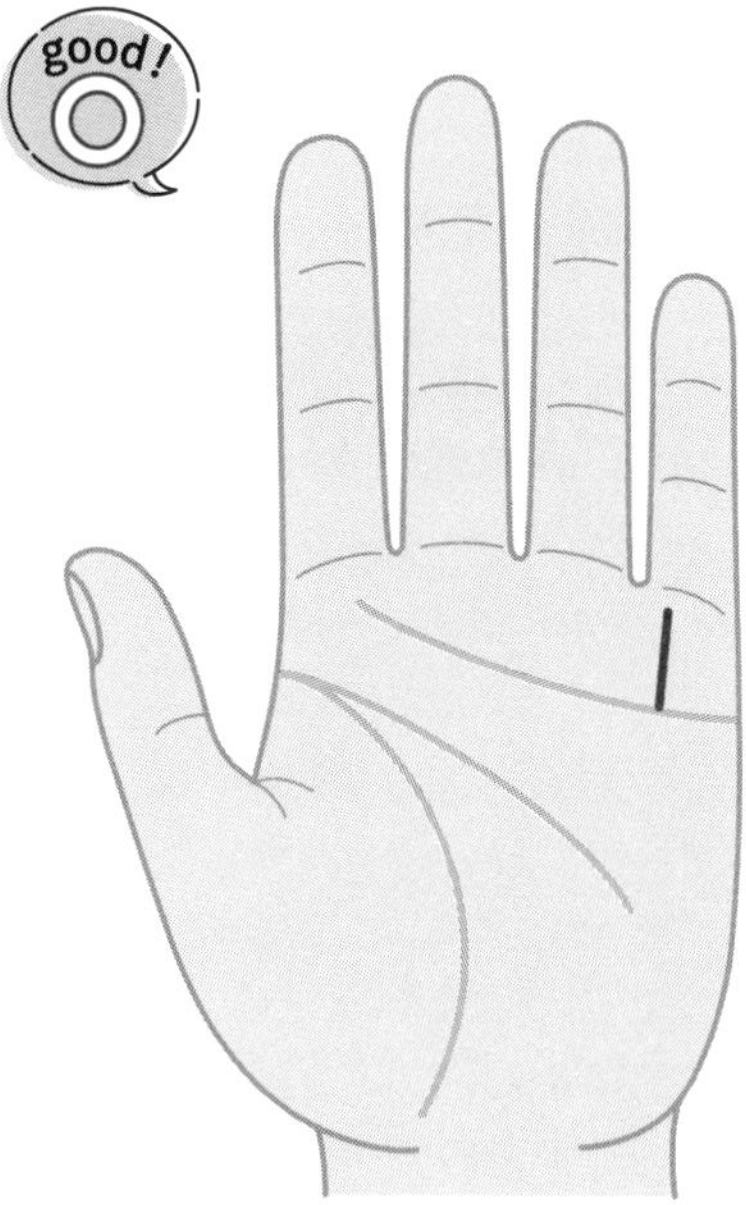

小指のつけ根に3センチ以内で、はっきりした強い金運線が刻まれている人は、金運に恵まれています。貯金も順調に増えていき、一生お金に困ることはないでしょう。しかし、ギャンブル運が強いわけではないので、ギャンブルでさらに増やそうとしても無理です。持っているお金は、地道に賢く使うようにしましょう。

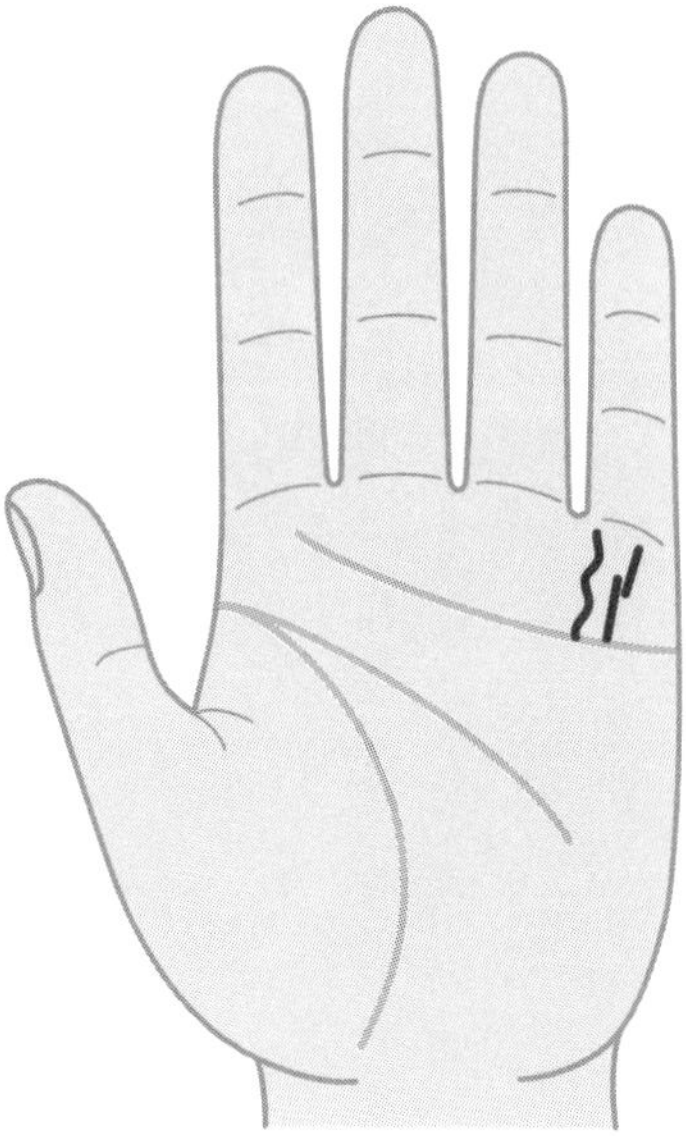

2 線の特徴
切れ切れ、あるいは くねくね曲がる

収入が減り経済的に苦しくなる手相

金運線が切れ切れだったり、くねくね曲がっているのは、金運が下降する暗示。収入が低下したり、事業がうまくいかなくなったりします。とくに、金運線の先端に十字があったら、近いうちに大損害を受けることを意味しています。この線が出ている間は新しいことに手を出さず、なるべくおとなしくしているほうが賢明です。

3 線の特徴

横線が先端をさえぎる

リストラや損害など金運が悪くなる手相

はっきりとした強い金運線でも、先端をさえぎる横線が出ていたら、金運が悪くなることを示します。数本の線が横切る場合も同様です。収入が減る、リストラされる、思わぬ損害を受けるなどして生活が苦しくなります。ただし、横切る線が金星帯《きんせいたい》（➡195ページ）の場合や、結婚線（➡156ページ）の場合は金運に影響はありません。

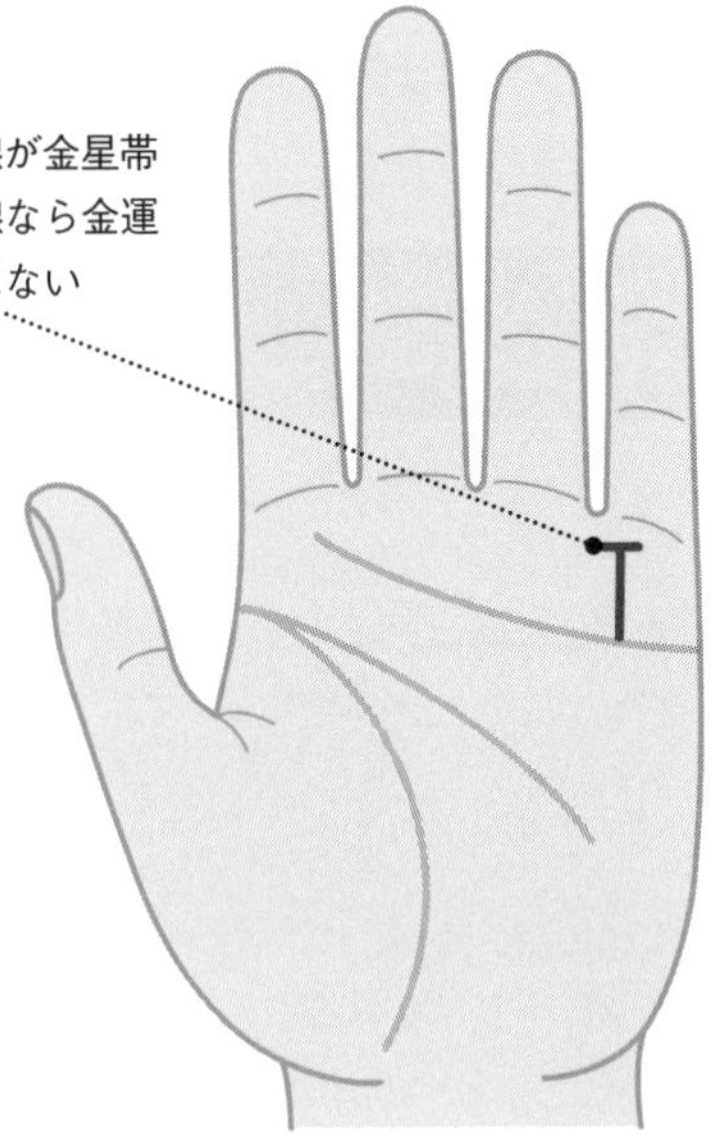
横切る線が金星帯や結婚線なら金運に影響はない

COLUMN

手相の疑問6

どこまでが線でどこからがシワ?

手のひらには縦横無尽に無数の線とシワがあるので、どれが線でどれがシワかわかりづらいことが多々あります。線とシワの判別がつかないときは、手のひらを精いっぱい開き、もう一方の手でさらに押し広げ、くっきりと出るのが線、薄くなるのがシワと考えます。

でも、知能線、感情線、生命線の三大線と、その他の重要な線以外は、線かシワか判別できなくても問題ありません。

その他の重要な線 9 金星帯

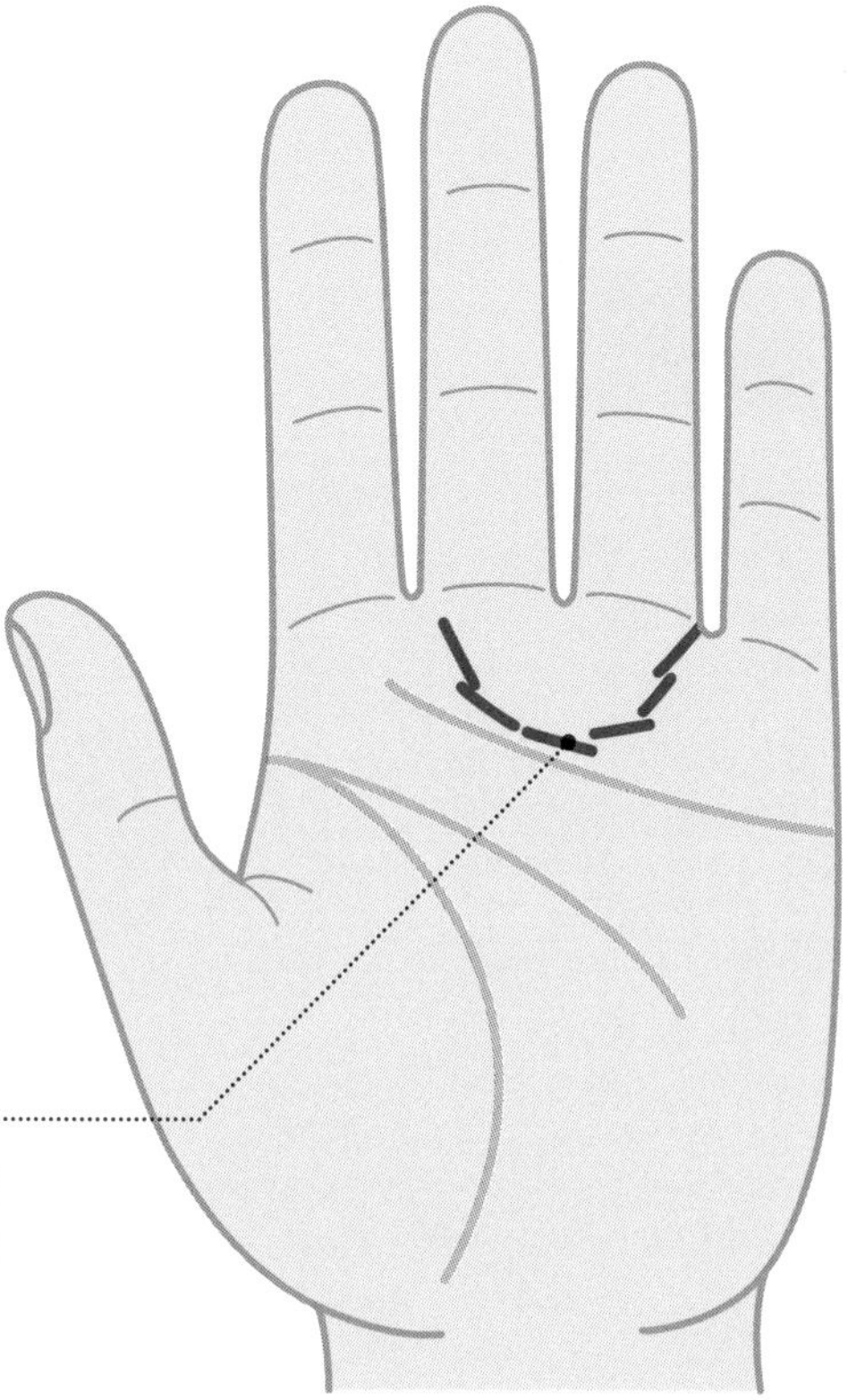

金星帯とは…
人差し指と中指の間から薬指と小指の間を半円形に結ぶ線

異性への本能的な情感を示し、性機能などもわかる

金星帯は、人差し指と中指の間から薬指と小指の間を結ぶようにカーブを描く線。切れ目のないきれいな線はめったになく、不規則な短い線が連なって半円形を形作っています。

異性に対する本能的な情感を表しており、恋愛や性的関係、性機能もわかります。線の状態や記号はセックスの傾向や性格を表し、**線が乱れ気味のほうが異性への情が深くなります**。切れ切れの線は情の厚さを表し、「エロスの線」という別名もあります。また、感情をストレートに相手にぶつけるタイプなのか、やさしく表現するタイプなのかは、知能線や感情線の状態を見て判断します。

1 線の特徴

線が切れ切れ

繊細でほれっぽい恋愛体質の手相

切れ切れに刻まれた金星帯《きんせいたい》は「エロスの線」とも呼ばれるもの。繊細で相手の雰囲気や喜怒哀楽に敏感なうえ、ほれっぽい人に現れます。この手相で知能線の状態がいい場合は、情感を芸術で表現する画家や音楽家に向いています。知能線が貧弱な場合は感情をストレートにぶつけがちなため、異性に敬遠されることがあります。

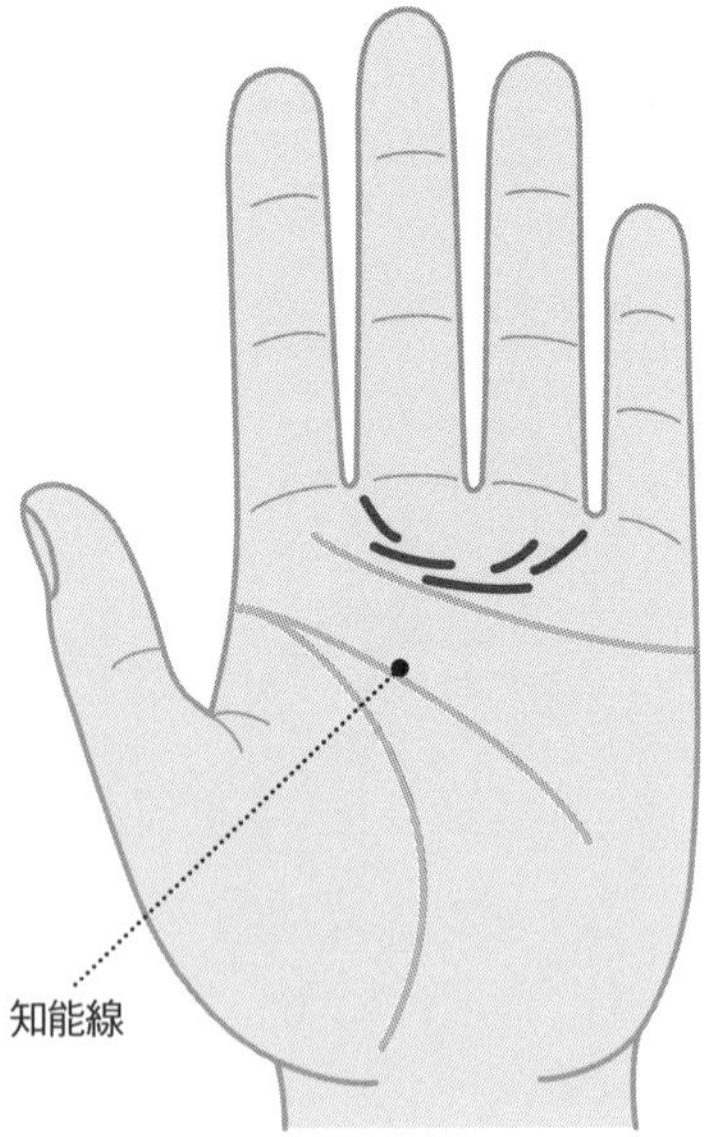

2 線の特徴

切れ切れの線の下に鎖《くさり》状の感情線

快楽を求めて性におぼれる手相

切れ切れの金星帯の下に鎖状の感情線が刻まれているのは、異性に関する情感が強く、官能的な快楽を求める気持ちが強いことを表します。セックスを開放的にとらえる、いわゆる好色な人。この手相で知能線が貧弱だと、本能的な欲求を制御できないため、性欲におぼれがち。なかにはマニアックな傾向を持つケースも見られます。

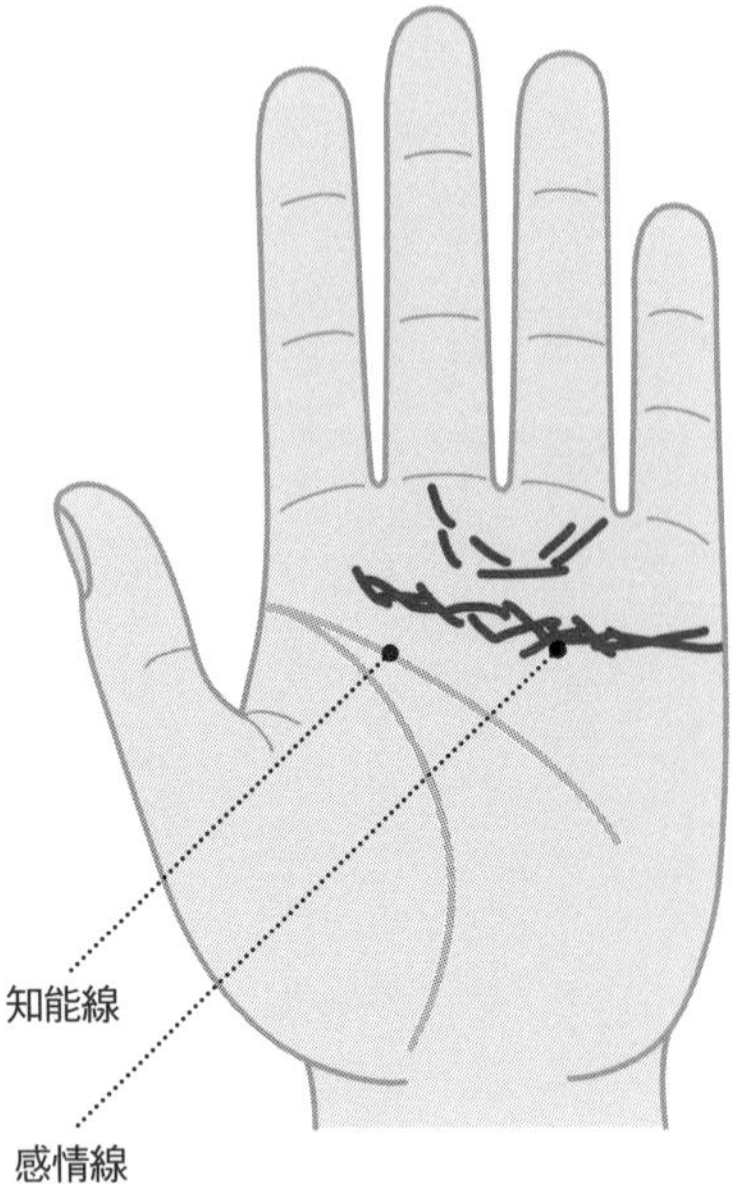

3 線の特徴

切れ切れの線が結婚線とつながる

異性への注文がうるさい人の手相

切れ切れになった金星帯の一部が結婚線につながっているのは、神経が過敏で気難しいことを示しています。愛情がこまやかで、デザインセンスや味覚など芸術的な感覚に優れているのですが、それだけにパートナーへの注文も多くなり、いろいろな面で口出しするでしょう。初婚がうまくいかない人が多い手相です。

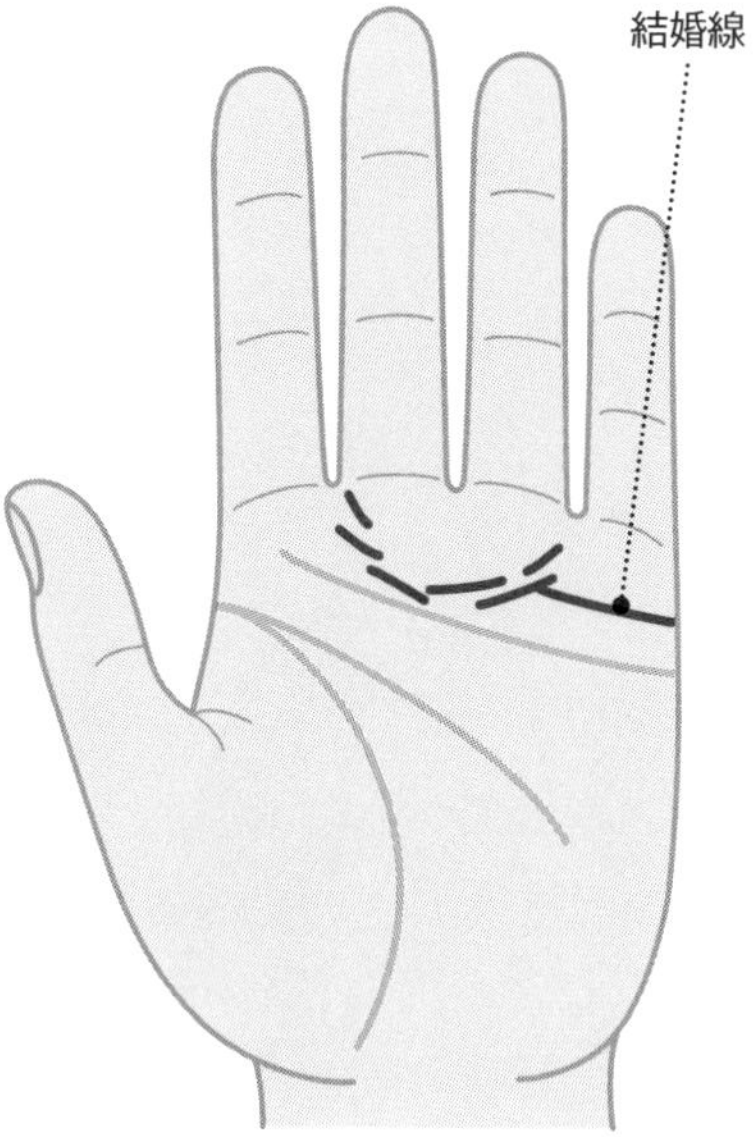

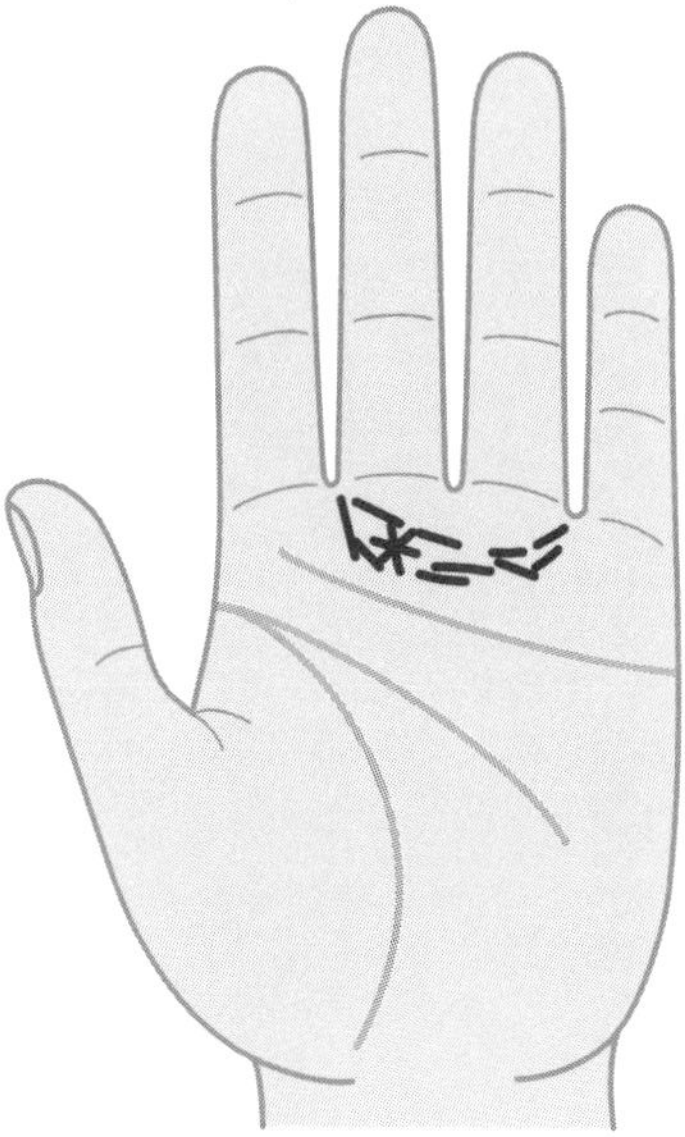

4 線の特徴

乱雑な金星帯の中に星

セックス過多で衰弱をきたす手相

散らばるように刻まれた金星帯の中に星が現れているのは、セックス過多によって性器の機能が衰弱していることの表れ。この手相の人は手のひら全体がしわだらけで、乱れて切れ切れの線が二重三重になって金星帯を形成し、その中に星が現れていることが多いようです。セックス依存や性感染症に注意する必要があります。

その他の重要な線 10

性愛線

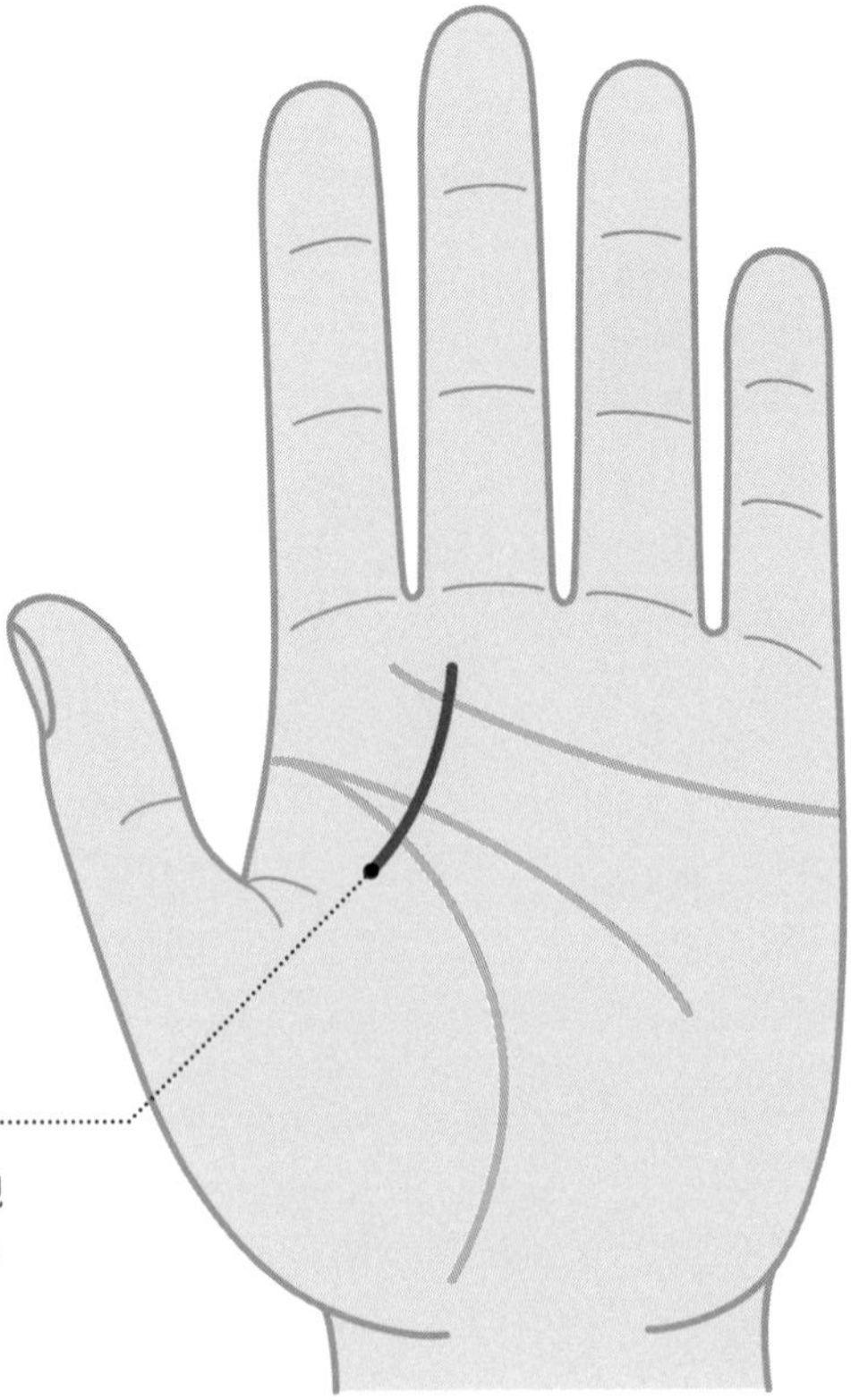

性愛線とは…

中指のつけ根から親指のつけ根に向かって弓型を描く線

性生活の乱れやダメージを示す

性愛線は、中指のつけ根の下から親指のつけ根に向かって弓型に伸びる線で、セックスに関することを表します。性愛線はすべての人にあるものではなく、**性生活が乱れている、性機能が衰えている、性に関する病気にかかっている場合などに現れます。**

線に勢いがありくっきり鮮やかに刻まれていたり、逆に弱々しい線が出ているときは性生活の乱れを表し、セックスに関する病気も暗示します。また、切れ切れの線はセックスに関連したトラブルで精神的に弱っていることを、線上に現れる島は、異性に誘惑されやすいことを意味します。

1 線の特徴

くっきりとカーブを描く

性機能の低下や性感染症を表す手相

中指のつけ根の下から親指のつけ根にかけて、針金を曲げたように刻まれた性愛線は、性機能の低下を表しています。くっきり鮮やかに出ている場合は、セックスに関連する病気にかかっていることを意味し、具体的にはクラミジアなどの性感染症が疑われます。早いうちに医師の診察を受けるとともに、遊びすぎに注意しましょう。

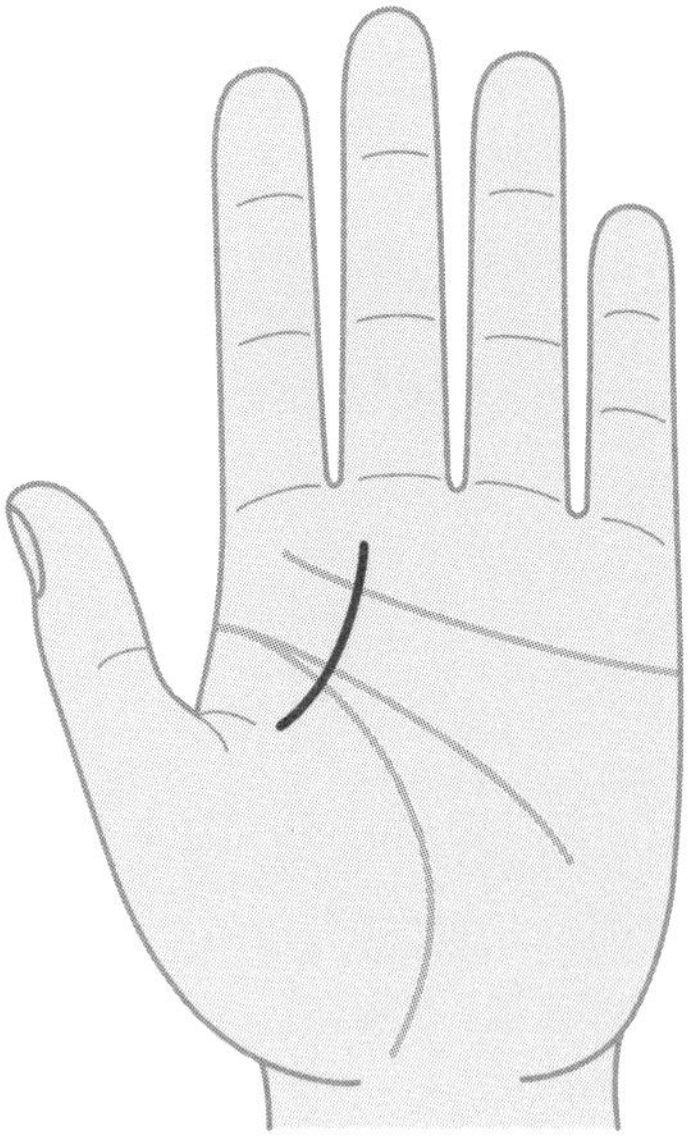

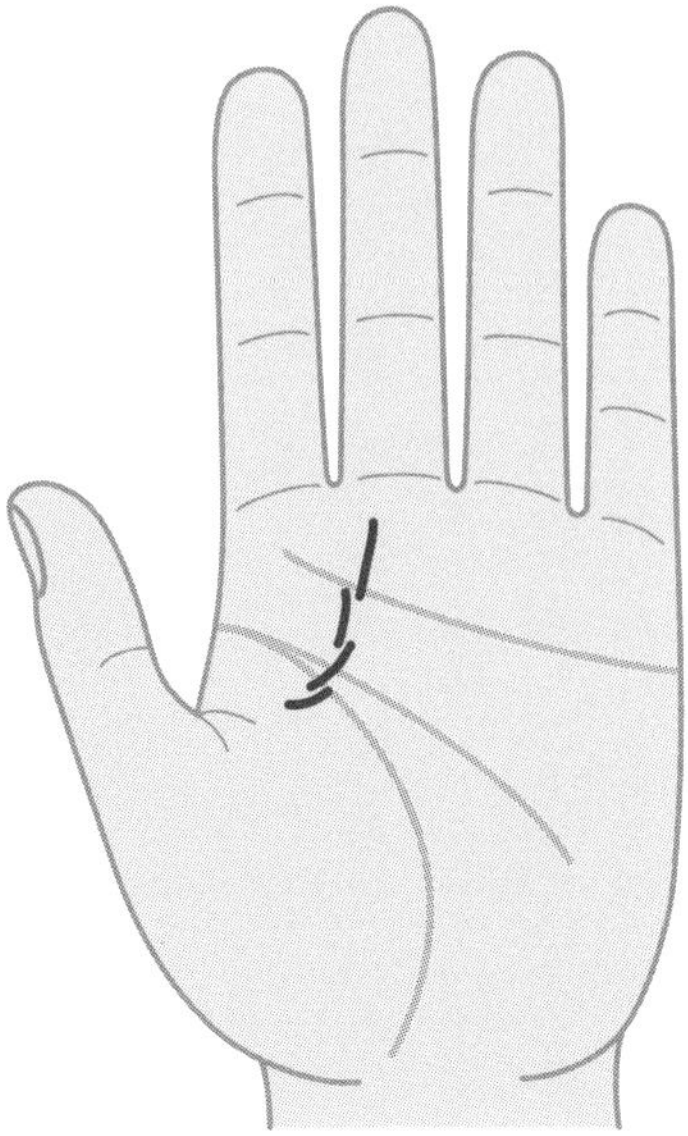

2 線の特徴

切れ切れの線が連なる

セックス依存でケアが必要な手相

切れ切れの短い線が連なり、性愛線を形成している手相は、セックス依存症になっていることを意味します。また、マスターベーションのしすぎの可能性もあります。もし少年期の人にこの手相を見つけたら、心身の発達や学業に悪影響を及ぼしてしまう心配も考えられます。生活を改善するか早めに心のケアを。

3 線の特徴 弓形に立ち上がり島がある

異性の誘惑に乗りやすい手相

くっきりと弓形にカーブを描き、下から立ち上がる性愛線に島がある場合は、異性の誘惑に乗りやすい人。女性の場合、体目当ての男性に引っかかりやすいです。さらに、知能線が鎖《くさり》状になっていたら、異性問題のトラブルが起こりやすいので要注意。なお、この線は1本だけ鮮やかに刻まれることも、切れ切れに現れることもあります。

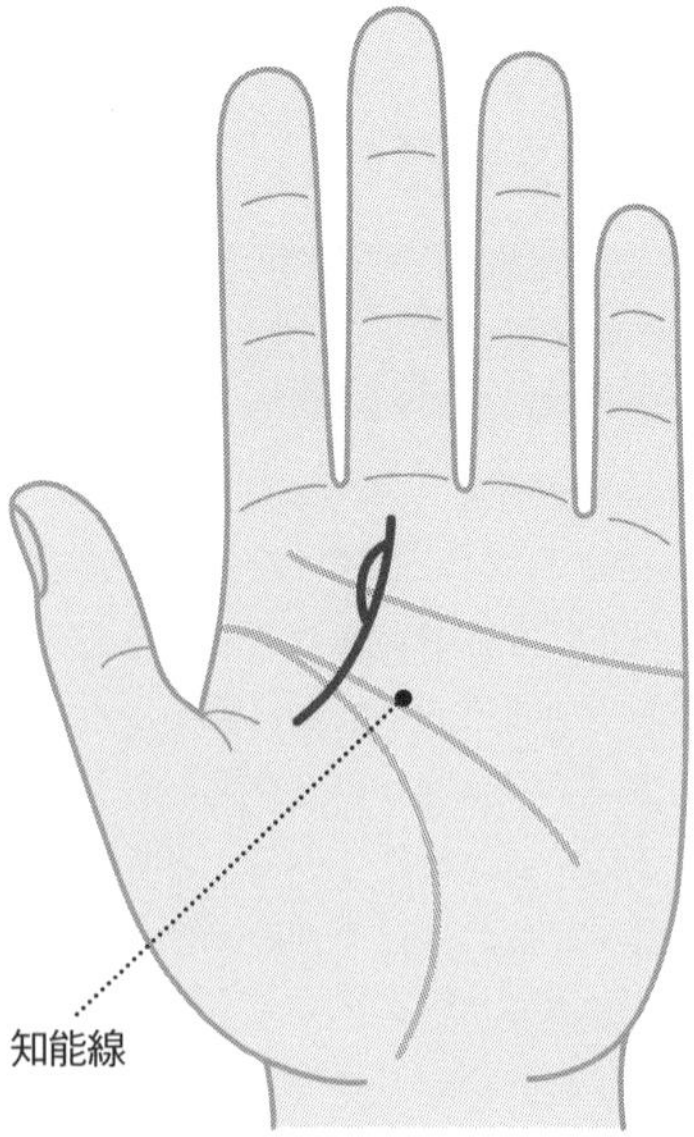

COLUMN

手相の疑問 7

記号の大きさは？

手相を見るときは、線の状態を見るだけでなく、手のひらに現れる記号にも注目しましょう。十字や四角、三角や星など、線が交わることで現れることが多いですが、線から独立していることもあります。四角の大きさはだいたい1〜2ミリ程度。マッチ棒の軸の切り口程度の大きさで、ごく小さいので見逃さないようじっくり観察しましょう。三角は大きくても1センチ以下です。

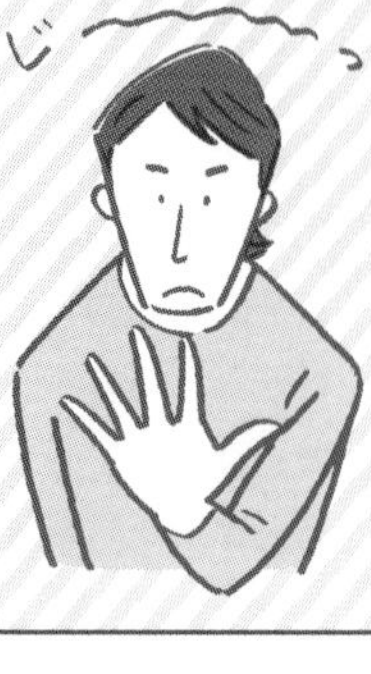

その他の重要な線 11 希望線

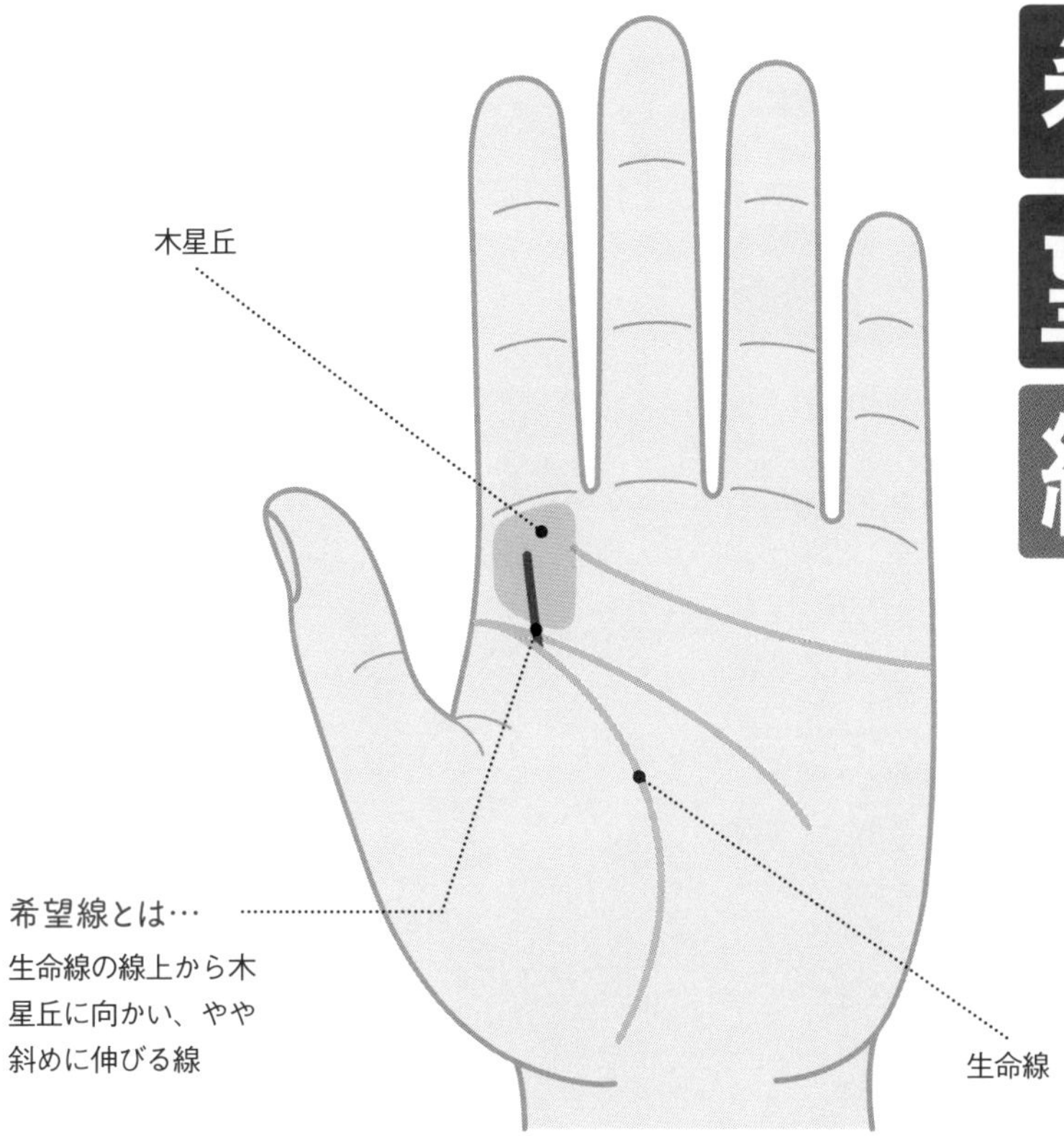
木星丘
希望線とは…
生命線の線上から木星丘に向かい、やや斜めに伸びる線
生命線

その人の向上心の程度や希望がかなうかがわかる

希望線は、生命線の線上を起点として、木星丘に向かってやや斜めに伸びる線。その名が示す通り、希望や目標がかなうか、生活が向上するかなどを知ることができます。生命線や知能線の支線と間違えやすいですが、支線は線が細く、枝分かれのようになっており、希望線ははっきりした線を刻んでいます。

線がくっきりとしていて、希望線の進路をさえぎるものがなければ吉。何事にも積極的に取り組み、充実した生活が送れます。線の本数や状態は、向上心の程度や性格を表します。もし希望線が出ていない場合は向上心が弱く、現状に満足していることを示します。

1 線の特徴

人差し指のつけ根に向けて一直線

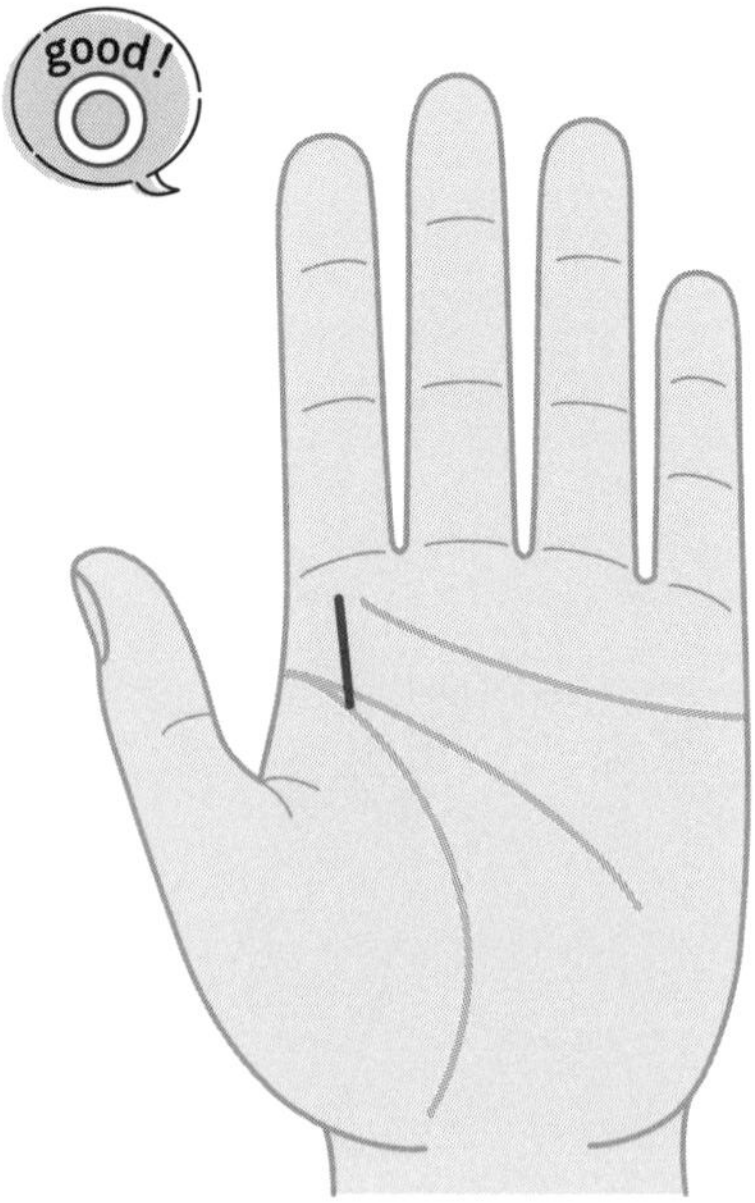
good!

上昇志向が強く、何事も頑張る手相

生命線上から始まる希望線が、人差し指のつけ根に向かってまっすぐ刻まれている人は向上心が強く、つねに上を目指します。何事にも一生懸命なので、充実した日々を過ごせるでしょう。とくに女性は負けず嫌いの性格で、出世街道をひた走るタイプ。周囲との競争に勝とうとしたり、より高収入を得ようとして頑張ります。

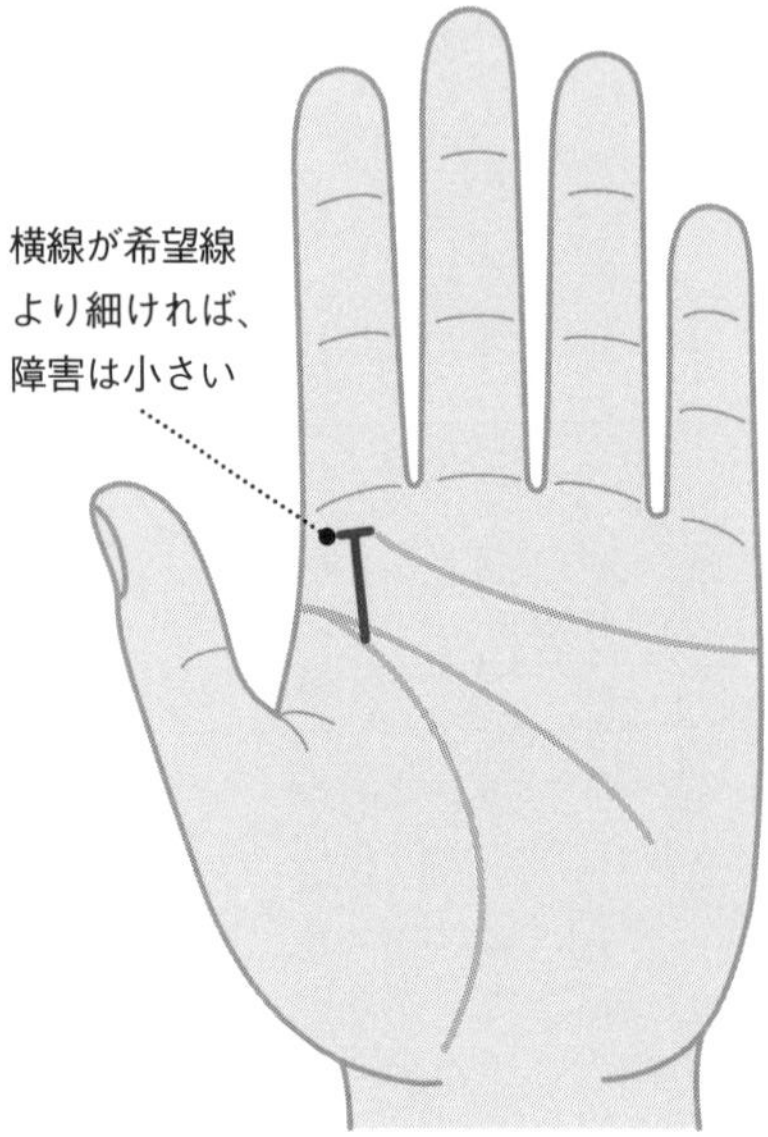
横線が希望線
より細ければ、
障害は小さい

2 線の特徴

横線でさえぎられる

夢や目標に対してジャマが入る手相

希望線の先端が横線でさえぎられるのは、夢や目標にジャマが入ったり、障害ができることを示しています。横線が希望線より細い場合は、ジャマや障害がたいしたことではなく、克服できそうですが、横線が太くなるほどジャマや障害も強力になり克服が困難に。ひとりでは行き詰まってしまうので、周囲に援助を求めましょう。

希望線

3 線の特徴
細い線が何本もある

あれこれ手を出し、全部中途半端な手相

細い希望線が何本も刻まれているのは、あれこれ手を出した結果、どれも中途半端になっている状態を示しています。この手相の人は気が散りやすいので、何事も最後まで達成できず、時間やお金のムダづかいになることが多いです。まず目標をしっかり定め、ひとつのことに全力で取り組む姿勢を身につけるようにしましょう。

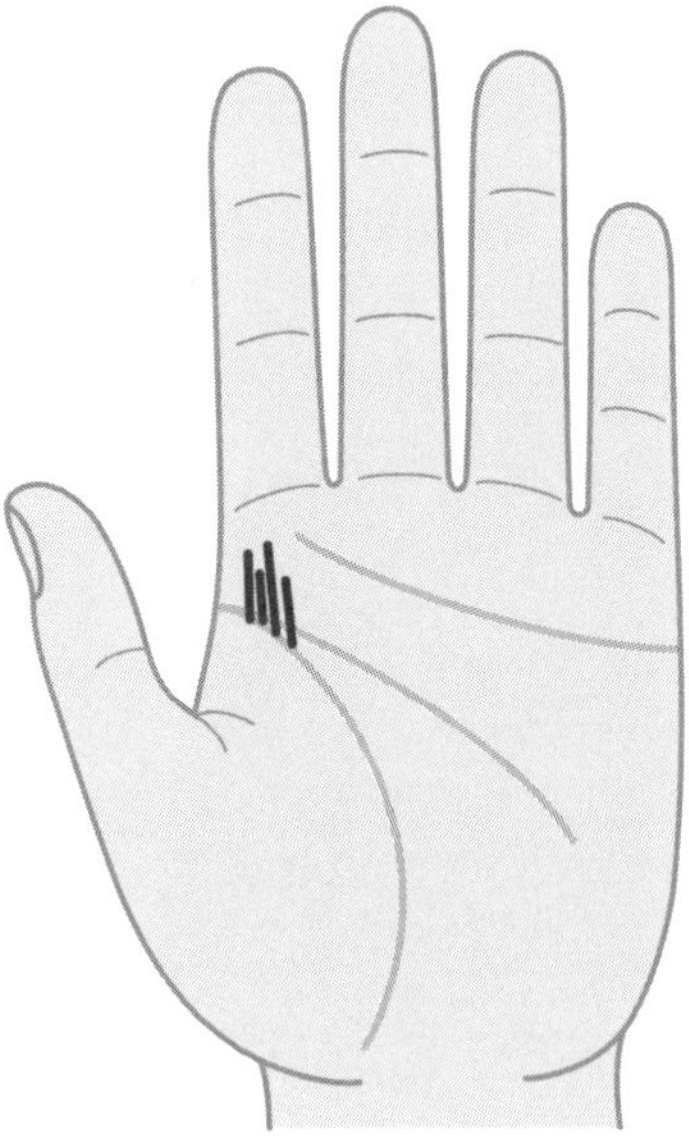

COLUMN

手相の疑問8

希望線？ 努力線？

希望線と努力線（➡204ページ）は、区別に迷ってしまうことがあります。見分けるポイントは、起点と向かう方向。希望線は生命線の起点の近くから出て人差し指のつけ根に向かう、1〜1.5センチの短い線です。一方、努力線は、生命線の中ほどから出て中指のほうに向かいます。

また、これらは生命線の支線と違い独立した線なので、しっかり線が刻まれているのも特徴です。

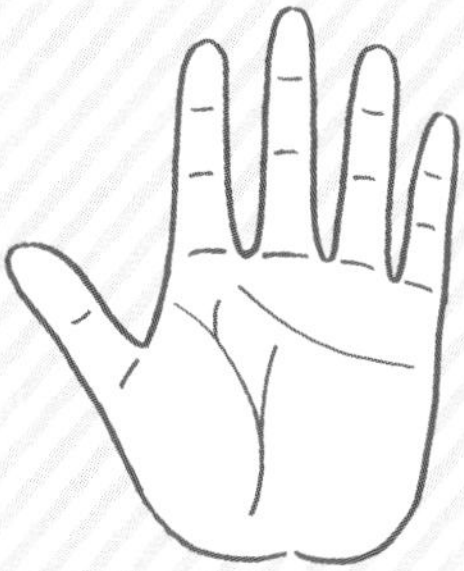

その他の重要な線 12

努力線

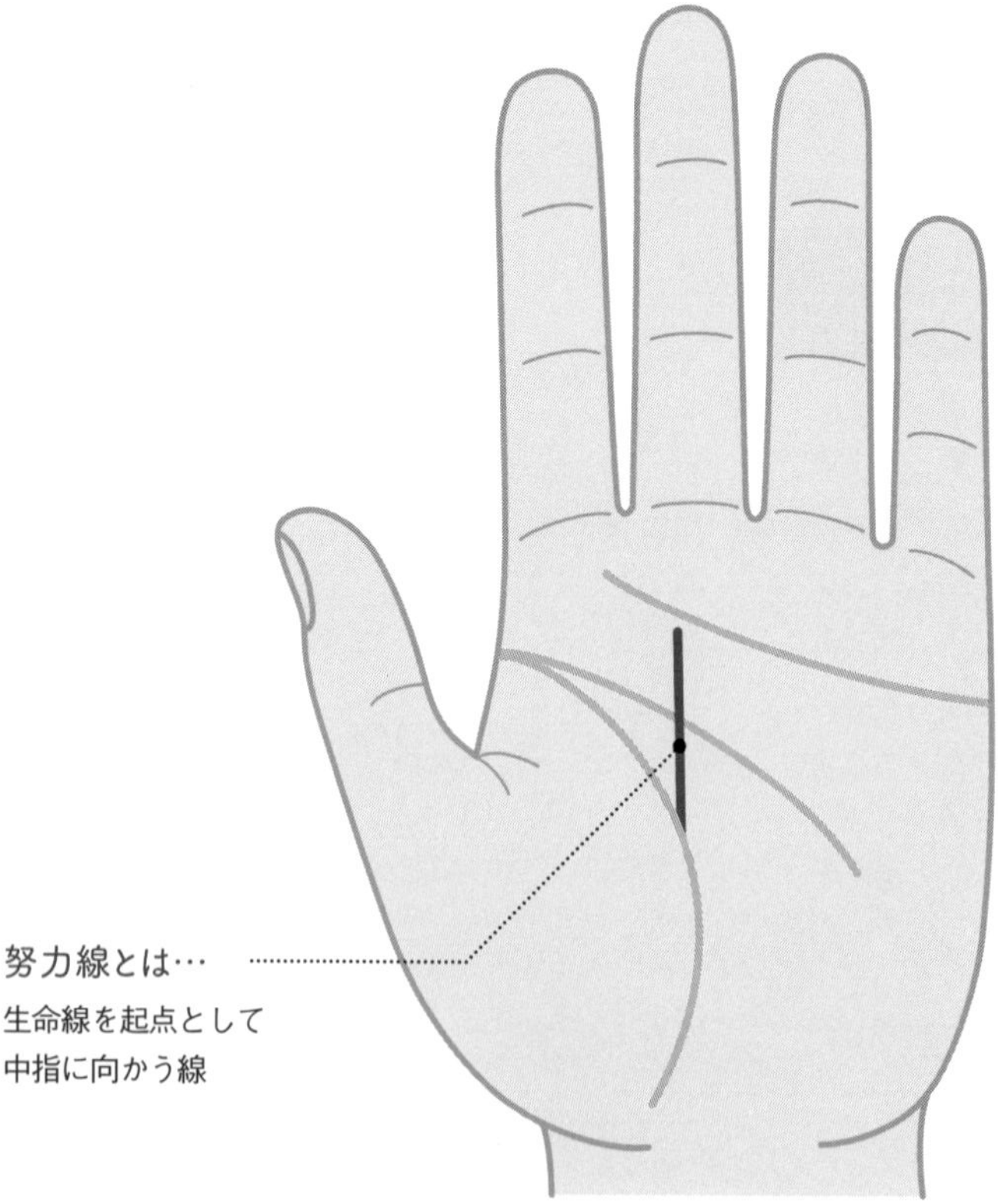
努力線とは…
生命線を起点として
中指に向かう線

線が出ている人は困難に負けない努力家

生命線から出る支線は下に向かうことが多いのですが、まれに上に向かう線があります。その中でもとくに、生命線の途中から中指に向かって上に伸び、支線よりもはっきり刻まれている線を努力線といいます。

努力線がある人は、困難に負けない強い意志を持つ努力家で、つねに目標に向かって努力します。そのため、仕事でもプライベートでも、責任ある立場に置かれます。ただし、努力がそのまま結果に結びつくとは限らず、目標の達成や社会的な成功を見るときは、知能線や運命線など、さまざまな線と合わせて総合的に判断します。

その他の重要な線 13

引き立て線

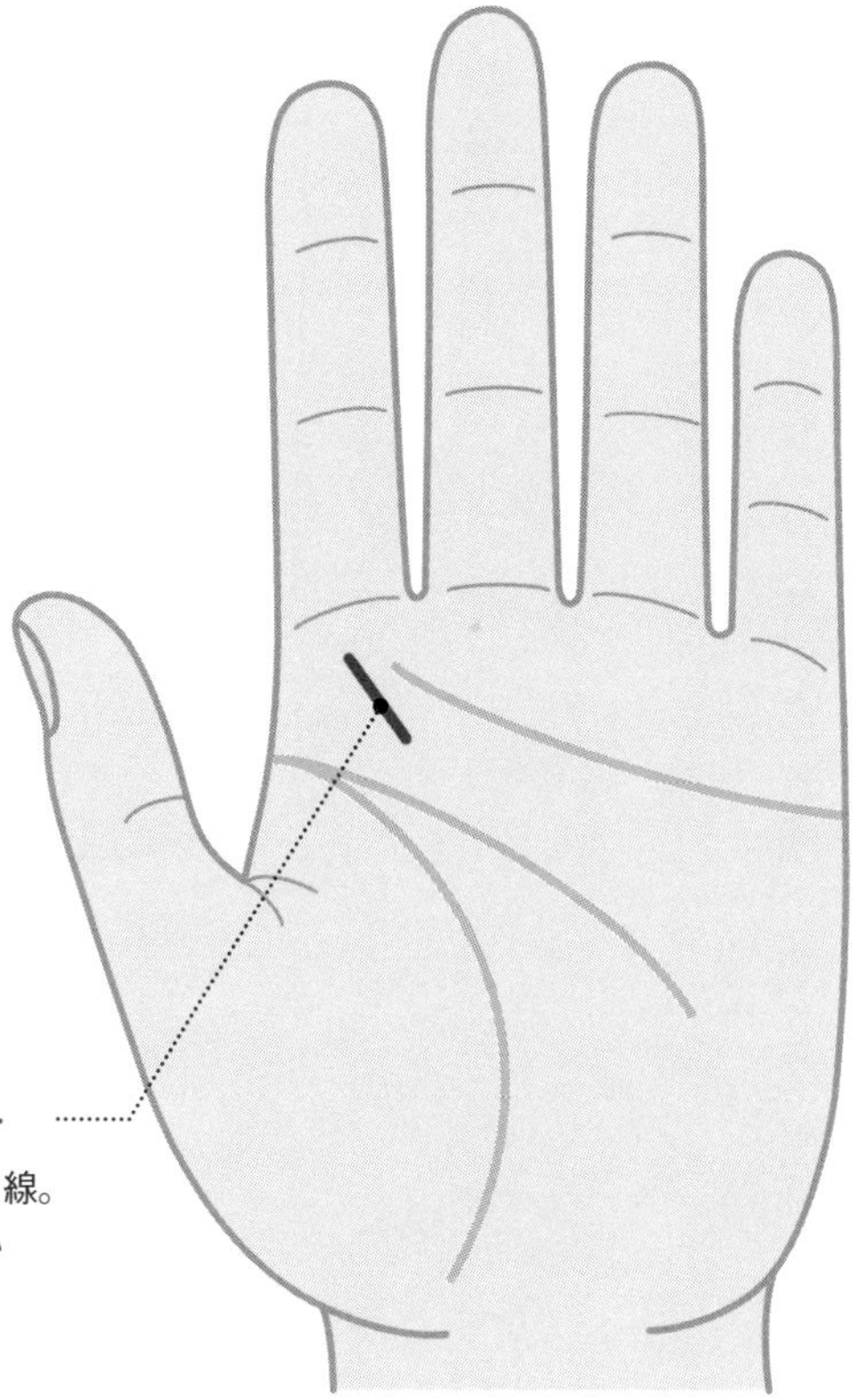

引き立て線とは…
希望線より上にある線。
ほかの線に触れない

引き立て線があると目上の人にかわいがられる

希望線（⬇201ページ）よりやや上のほうに刻まれているのが、引き立て線です。希望線と間違えやすいのですが、**希望線は生命線を起点にしているのに対し、引き立て線はほかの線に触れずに伸びているのが特徴です。**また、支線とは異なり、しっかり刻まれている線であることも判断のポイントになります。

　この手相を持つ人は、先輩や上司、有力者など目上の人にかわいがられ、引き立ててもらえます。それにより運気も上昇します。しかし、**引き立て線に横線が入っていたら、抜擢《ばってき》されそうな状況でジャマが入り、実現しないことを暗示しています。**

その他の重要な線 14

職業線

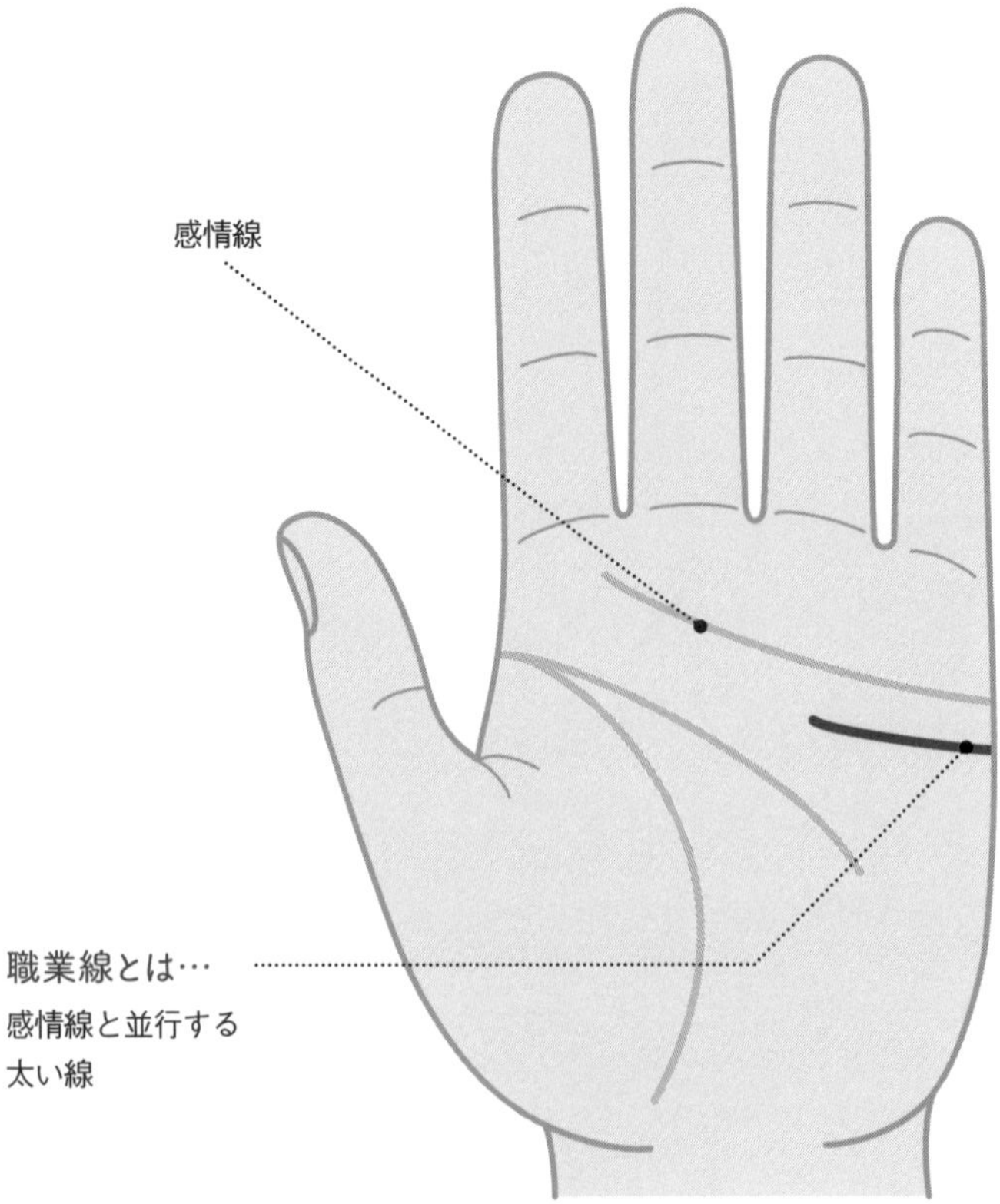

感情線
職業線とは…
感情線と並行する
太い線

職業線がある人は仕事に強い情熱を持つ

感情線の下に刻まれて、感情線と並行して走る太い線が職業線です。この線がある人は、仕事をしているときがいちばん楽しく、生き生きとしています。仕事に対して強い情熱を燃やし、順調に成果も上げるでしょう。**線が強くはっきり出ているほど、エネルギッシュで根性があり、困難にもめげずに仕事を成し遂げることができます。**

女性の場合も仕事が大好きで、仕事を生きがいとして働きます。結婚後は、専業主婦になることは少なく、共働きで家事と仕事を両立させることができるでしょう。また、夫より収入が多くなることもあります。

その他の重要な線 15 人気線

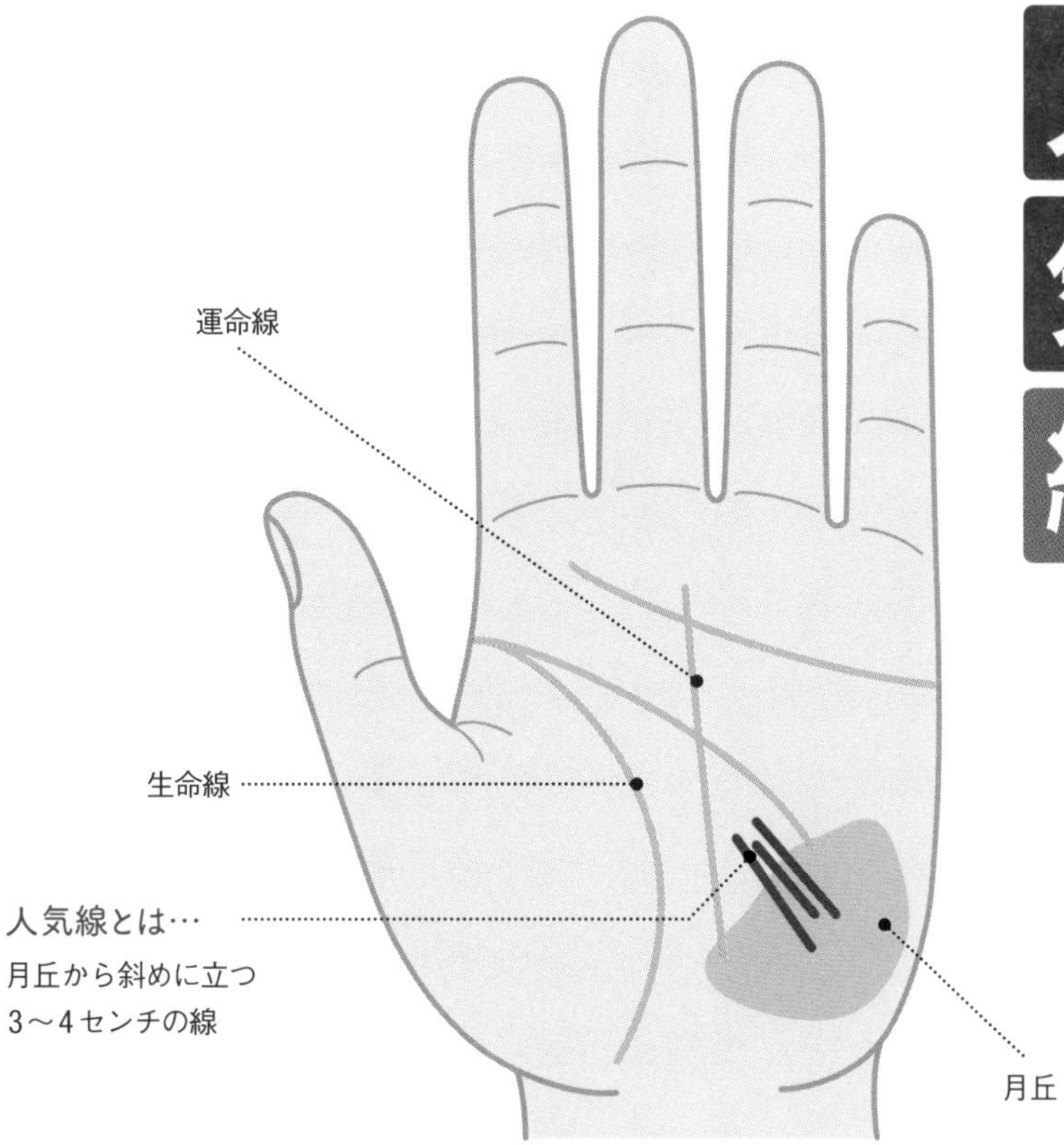
運命線
生命線
人気線とは…
月丘から斜めに立つ
3～4センチの線
月丘

周囲の人気を集める幸運の手相

月丘を起点にして、生命線の方向に斜めに立ち上がる3～4センチの線が人気線です。幸せになれることを意味する「幸運の線」で、この線が出ている人は、大勢の人にかわいがられます。

人気タレントの手を見ると、たいていこの線があります。人気線は、1本だけ現れていても2～3本刻まれていても、同様に人気を集めます。この線が出ている間は、人気や運勢が衰えることはないでしょう。

なお、**月丘から出た数本の不規則な人気線が、運命線に向かうこともあります。この手相は、大スターになれる可能性を**秘めています。

その他の重要な線 16

直感線

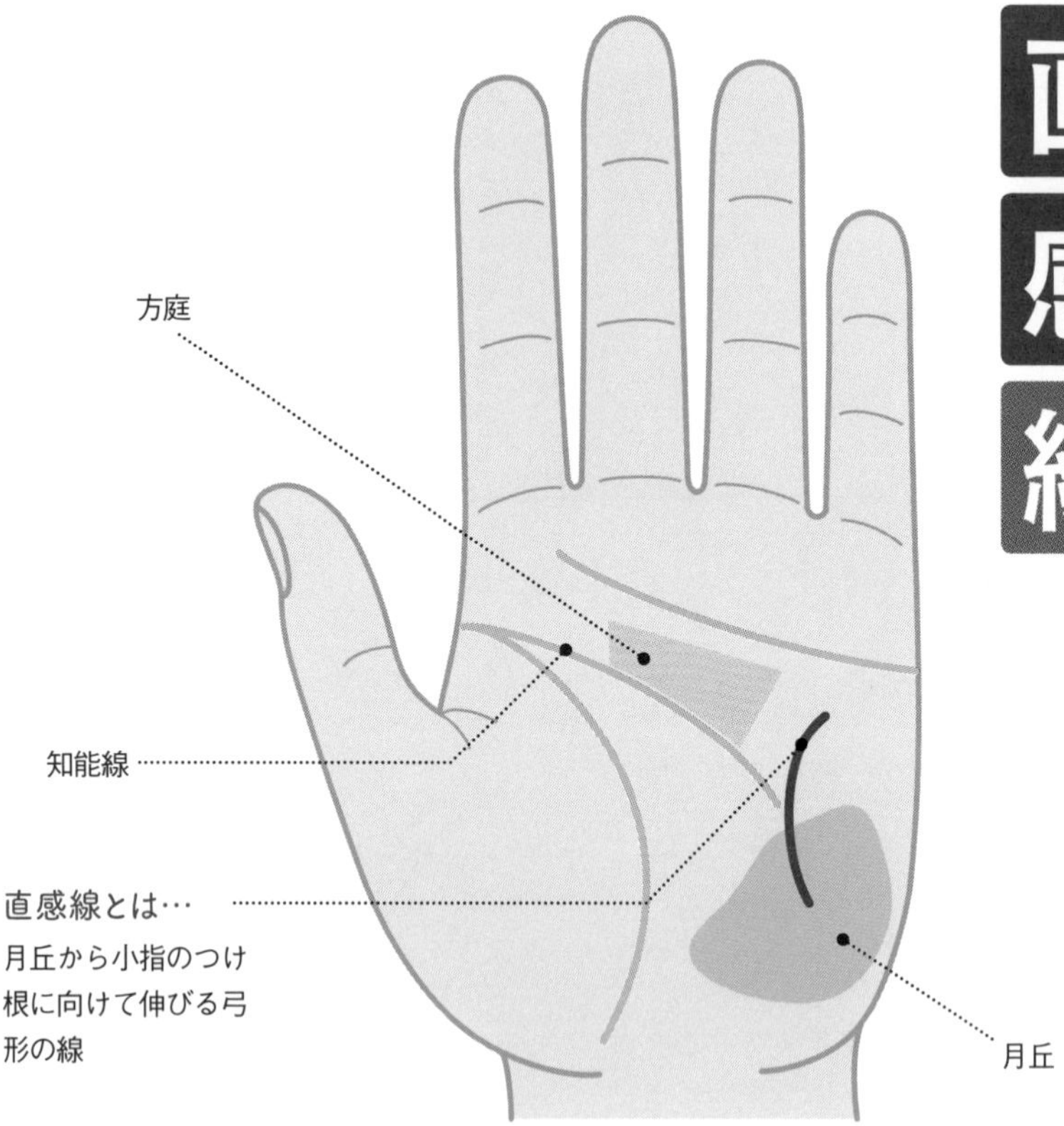
方庭
知能線
直感線とは…
月丘から小指のつけ根に向けて伸びる弓形の線
月丘

ひらめきが冴え 第六感が働く手相

月丘から小指のつけ根に向けて弓形に現れる直感線は、その名の通り直感に優れ、霊感や第六感が鋭いことを示す手相です。この線がきれいに刻まれることはまれで、珍しい手相です。

この手相の人は、直感で物事を理解します。事業や政治を行う際も、直感が強烈に働きます。

この手相に加え、同時に方庭内に、感情線の支線と運命線が十字を作る**「神秘十字形」**(⬇138ページ下)**があれば、直感力はいっそう強くなります。**

また直感線とともに**月丘に垂れ下がる知能線があれば、占術家や芸術家などで**活躍できるでしょう。

その他の重要な線 17 医療線

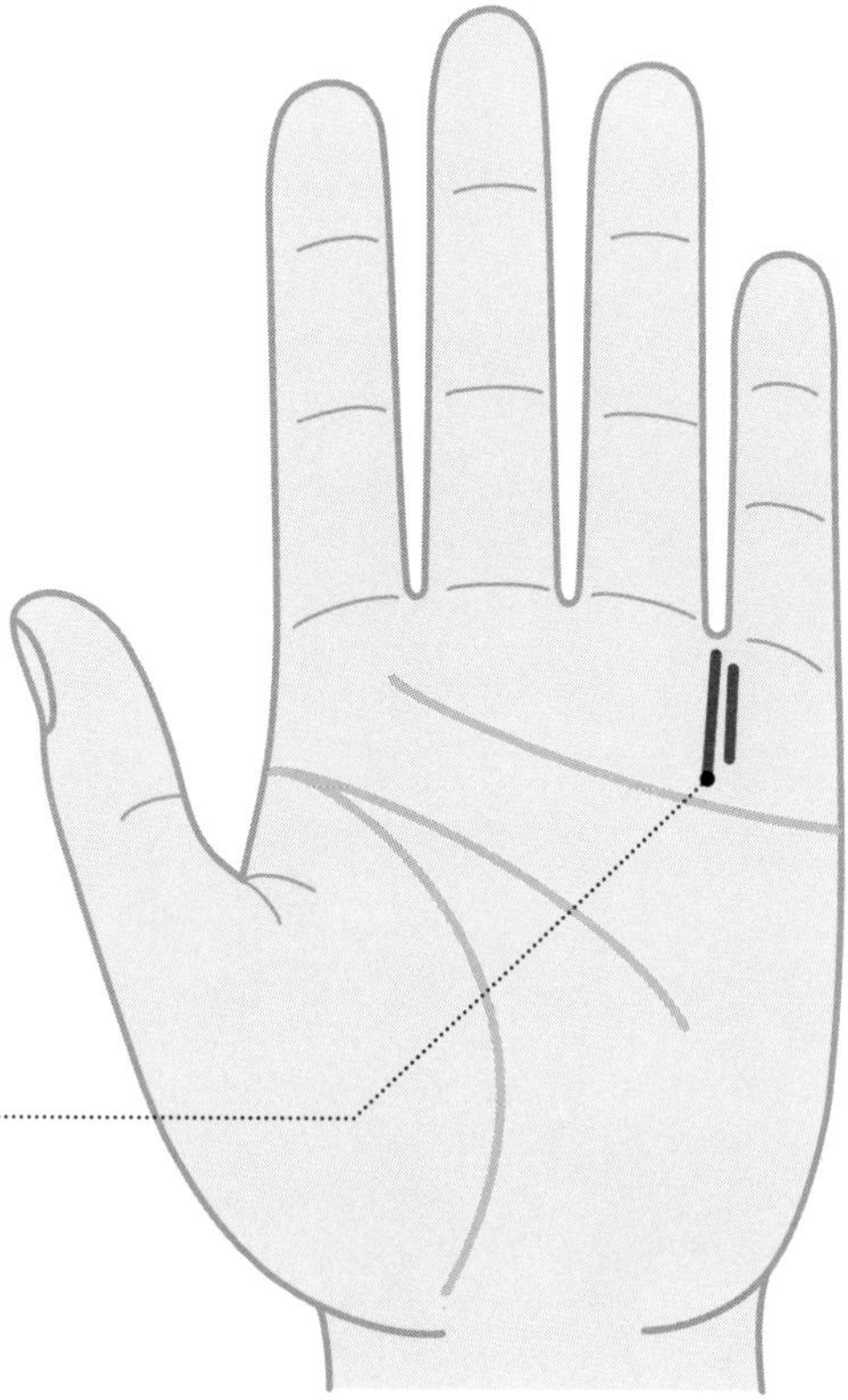
医療線とは…
薬指と小指の間に平行に刻まれる2本の縦線

顔色や体調の変化に敏感で医師・看護師は天職

薬指と小指の間に刻まれた、平行な2本の短い線を医療線と呼びます。

この手相を持つ人は、**人の顔色や体調の変化を敏感に察知**できるので、実際に患者と接する臨床の医師や看護師などに向いています。

また、**民間療法にも詳しく**、**応急処置も的確**に行えます。科学的な医療の基礎研究などにたずさわっても才能を発揮できるでしょう。

金運線と迷ってしまうこともあるかもしれませんが、金運線が小指のつけ根の下に刻まれるのに対し、医療線は薬指と小指のつけ根に2本並行して伸びます。それを判断のポイントにしてください。

COLUMN

「手相アルバム」をつけよう！

手相は、生活環境やその人の行動によって、日々変化しています。そこで、定期的に手相を記録して、「手相アルバム」を作ってみましょう。過去と現在の手相を比べることができ、線の変化が確認できるので、幸運やトラブルのサインに気づくことができます。

手相アルバムの作り方

①スタンプインクと紙を用意します。
②手に軽くスタンプインクをつけます。
③紙に手を押しつけて手形を取ります。
　静かに手を置き、反対の手で上から押さえます。
④ファイルなどに保存します。
　手形を取るのは1～2カ月に一度が目安です。

Part2

手相を知って幸せになろう！目的別診断

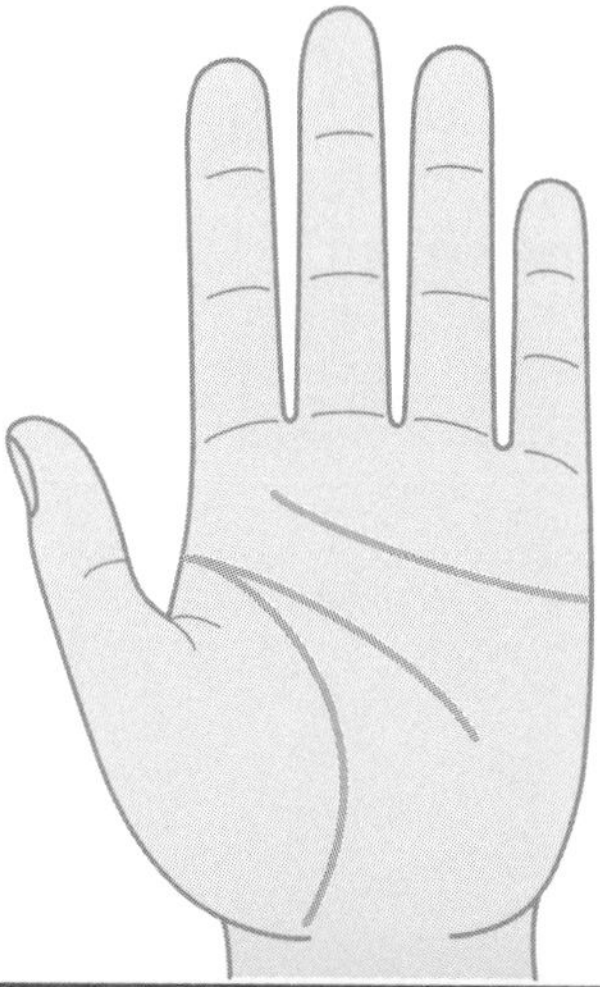

金運を知りたいときはここをチェック！

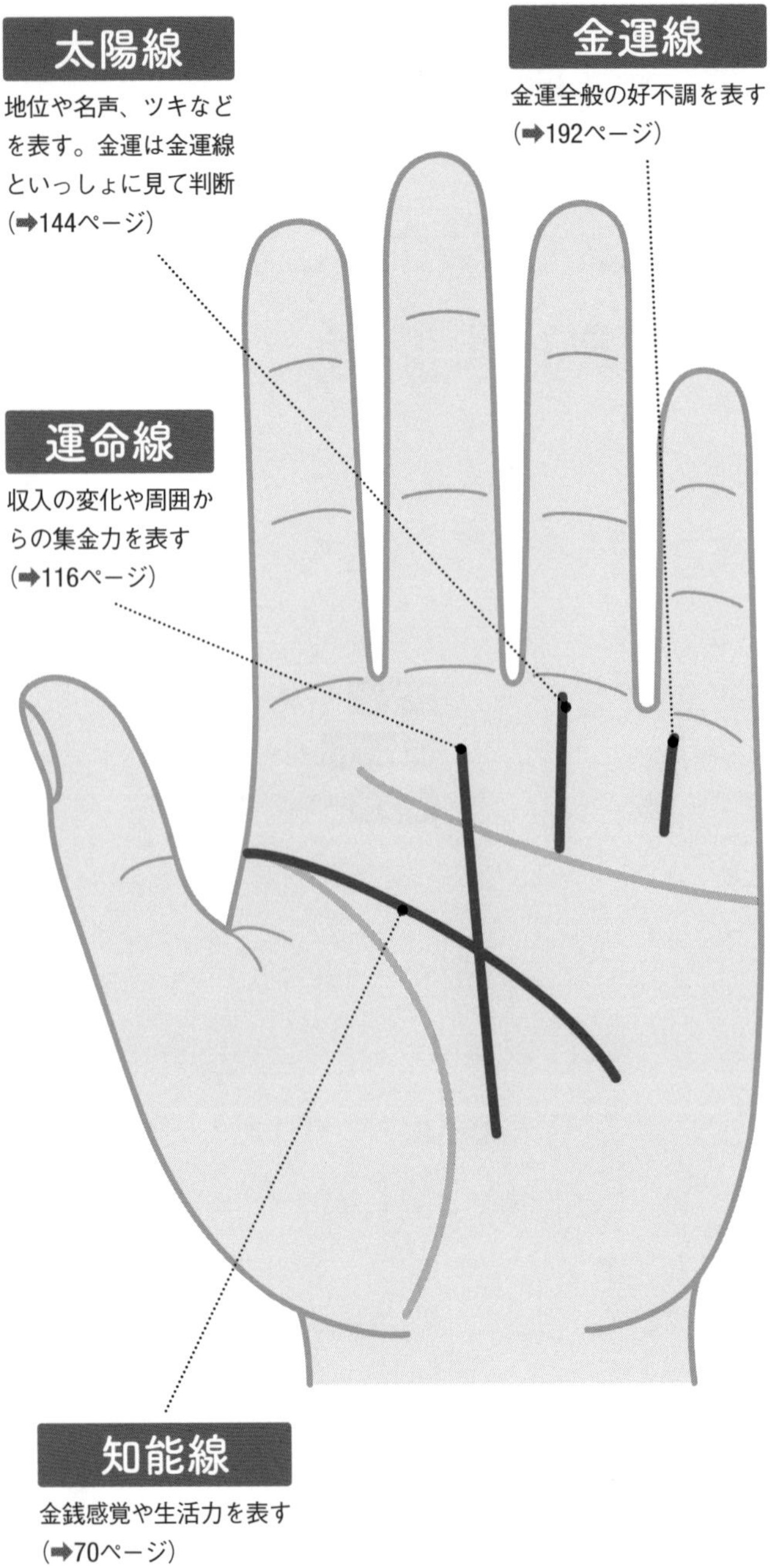

太陽線
地位や名声、ツキなどを表す。金運は金運線といっしょに見て判断
(➡144ページ)
金運線
金運全般の好不調を表す
(➡192ページ)
運命線
収入の変化や周囲からの集金力を表す
(➡116ページ)
知能線
金銭感覚や生活力を表す
(➡70ページ)

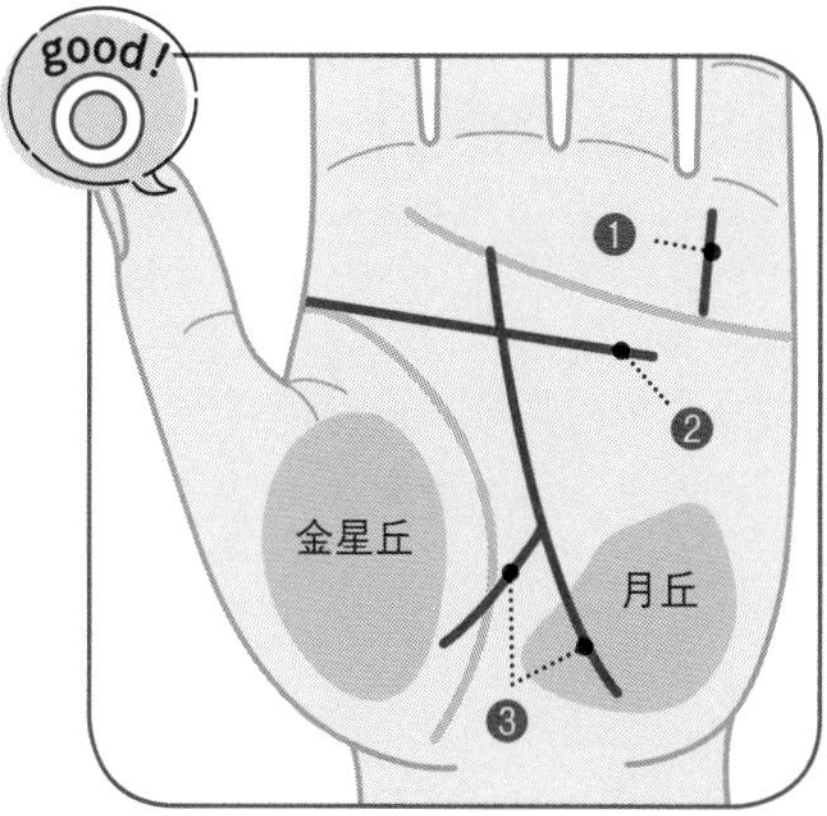

金運がよい手相はこれ！

❶まっすぐで勢いのある金運線が出ている
❷知能線が横に勢いよく伸びる
❸月丘と金星丘から線が出て合流し、運命線になっている

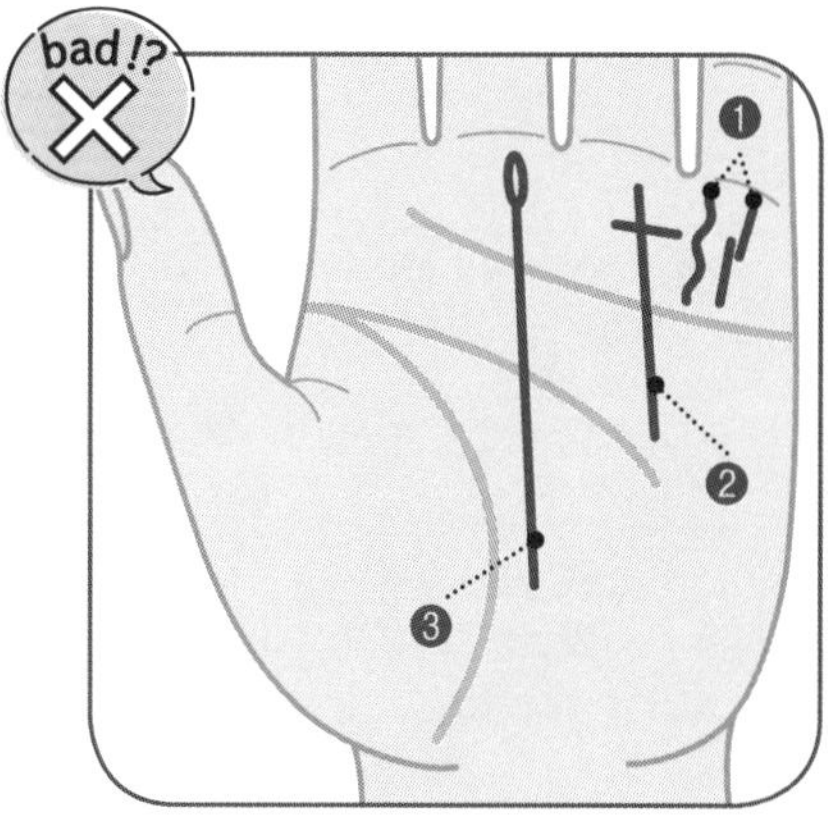

金運が不調な手相はこれ！

❶金運線が曲がっていたり、切れ切れ
❷短い横線が太陽線をさえぎる
❸運命線の先端に島がある

金運線のほかに知能線や運命線も要チェック

生きていくうえで、お金は必要不可欠です。金運があるかないかはとても気になるところ。**金運線を見て、まっすぐで勢いがあれば、お金には困りません。**

知能線からは、お金を稼ぐセンスがわかります。また、お金を得るためには自分の努力はもちろん、ほかの人から援助が受けられるかどうかもポイント。**運命線が金星丘や月丘から出ているのが、身内や他人の援助に恵まれる手相です。**

太陽線は社会的地位を表しますが、金運を知りたいときは金運線といっしょに見ます。両方とも勢いよく伸びて、横線などでさえぎられていなければ、地位や名誉を得て財産を築くでしょう。

将来はお金持ち？ 貧乏？

今後どのようにお金を得るか、金銭トラブルにあうかどうか、手相を見るとわかります。

仕事や商売で成功してお金が入ってくる手相

❶「希望線」が出ている

生命線から人差し指のつけ根に向かう「希望線」がまっすぐ伸びて、横切る障害線がない人は、**向上心が強いタイプ**。出世して多くの収入を得るでしょう。

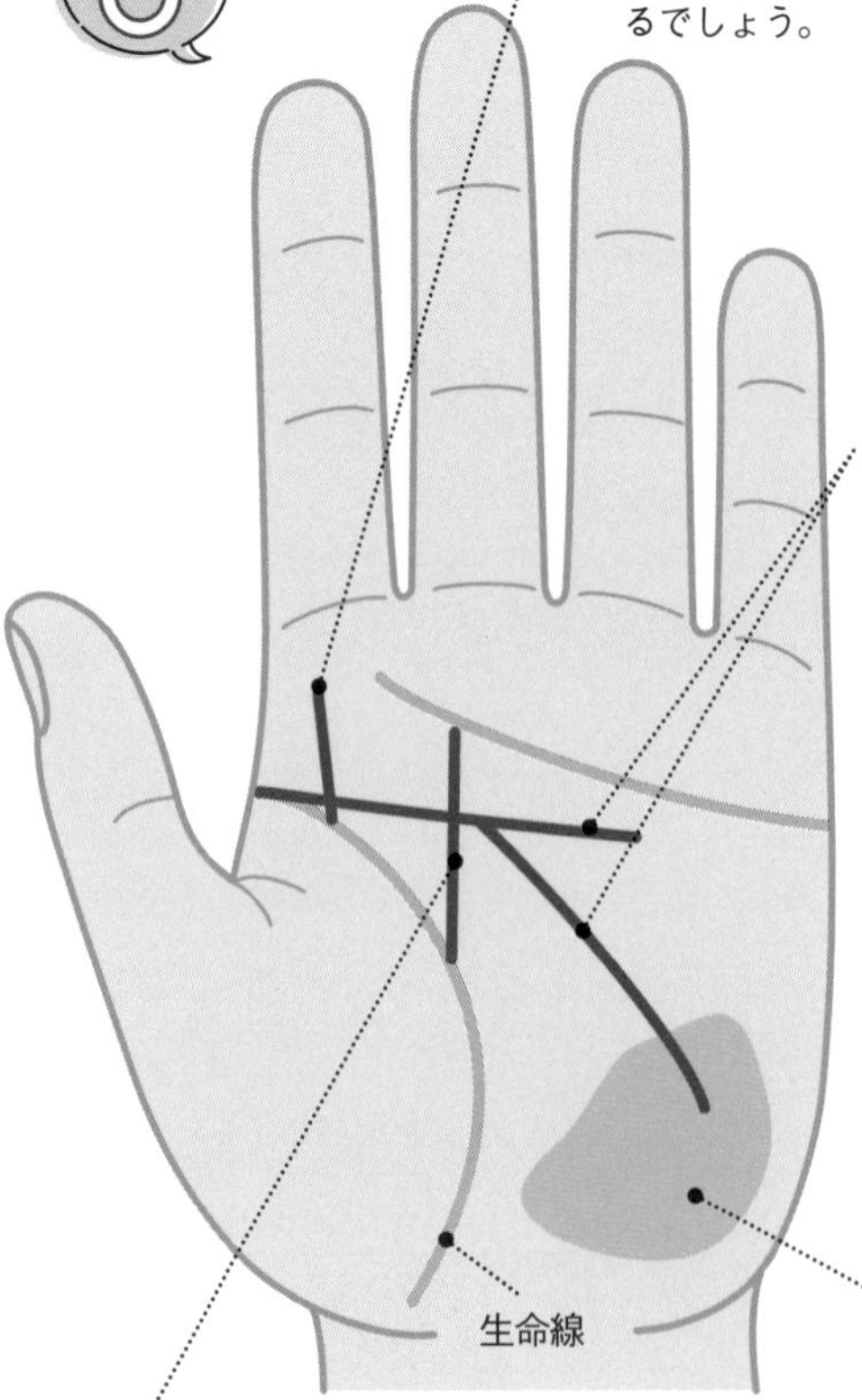

❷知能線が中指の下で分かれ、1本は横に、もう1本は月丘に伸びる

とても商売上手な手相。自分で事業を始めれば、商売繁盛。たくさんのお金をもうけることができるでしょう。

❸「努力線」が出ている

生命線の中央あたりから中指のつけ根に向かって「努力線」が伸びている人は**働き者**。努力が実って、しっかり財産を築くことができるでしょう。

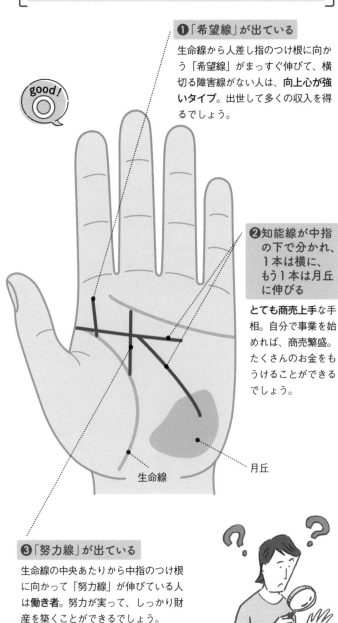

周囲の援助で金運がよくなる手相

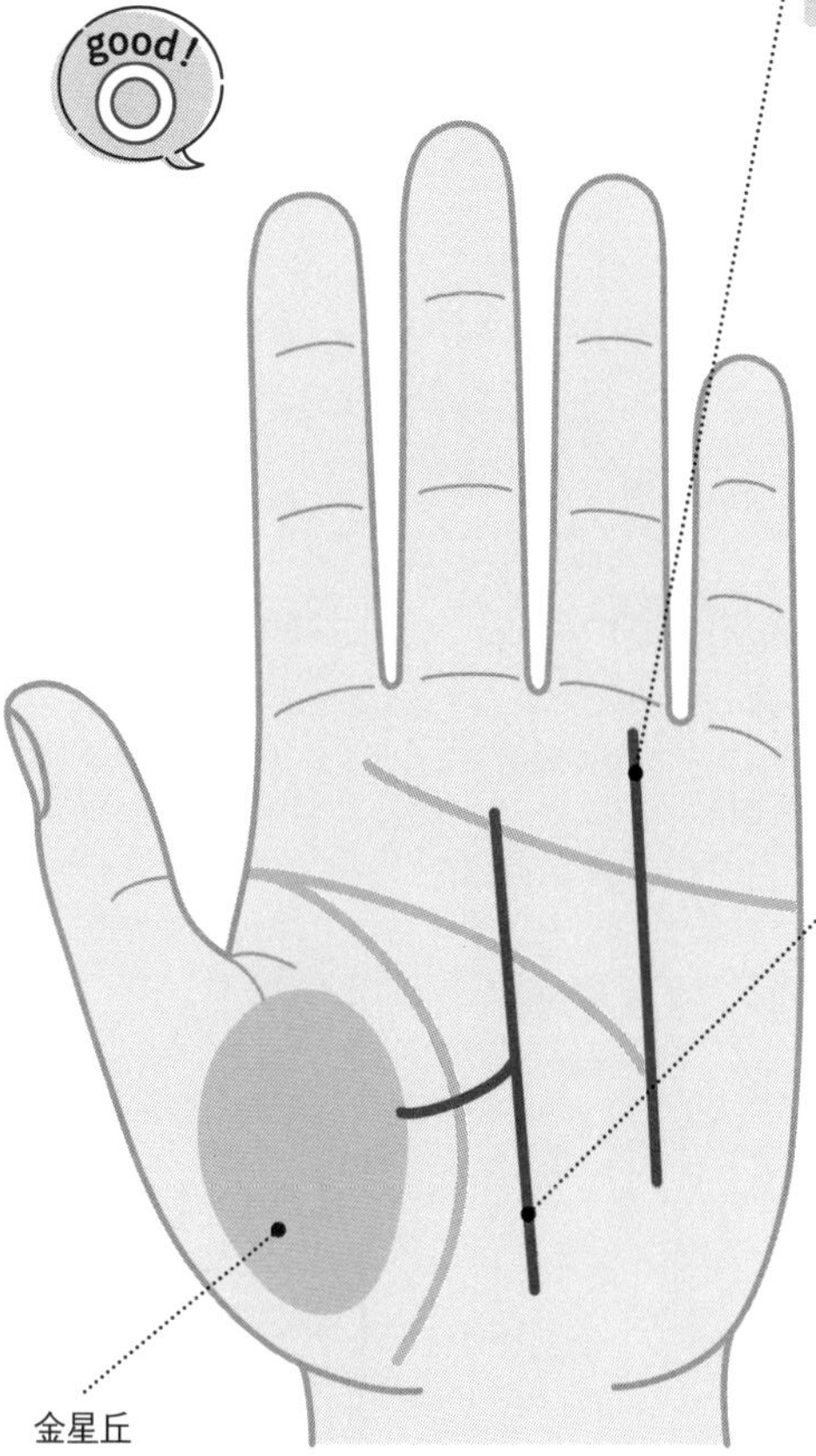

❶太陽線が薬指のつけ根まで長く刻まれる

周囲から認められる人の手相です。**会社員なら早く昇進したり、タレントなどの人気商売**をするとお金に恵まれます。

❷運命線が手首中央から始まり、金星丘に支線がある

親の遺産や仕事を受け継ぎ、生活が向上することを表しています。

金銭トラブルに注意したい手相

金運線がこの状態なら要注意！

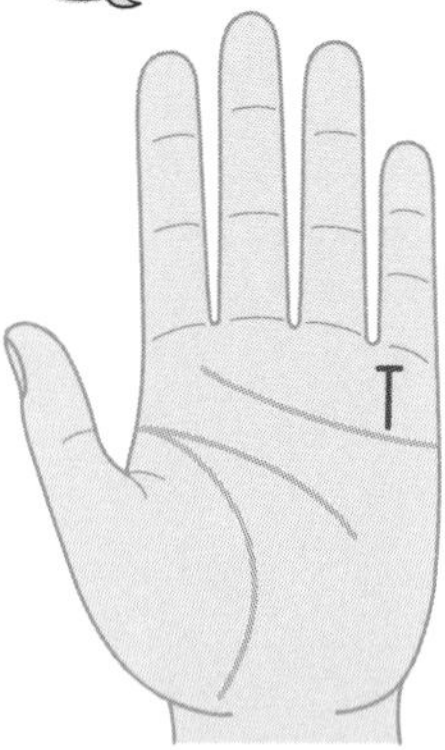

❶横線が先端をさえぎる

減収入・無収入の可能性あり。結婚線が伸びたものであれば障害になりません。

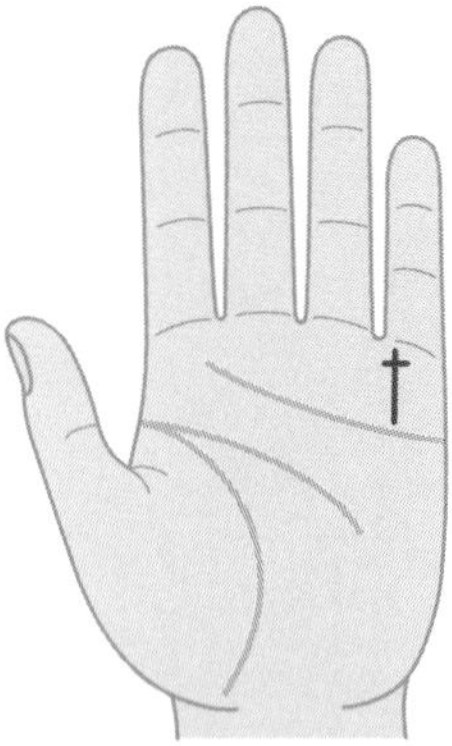

❷先端に十字がある

大損害を受けるサインです。しばらくは行動に移さず、時期を待ちましょう。

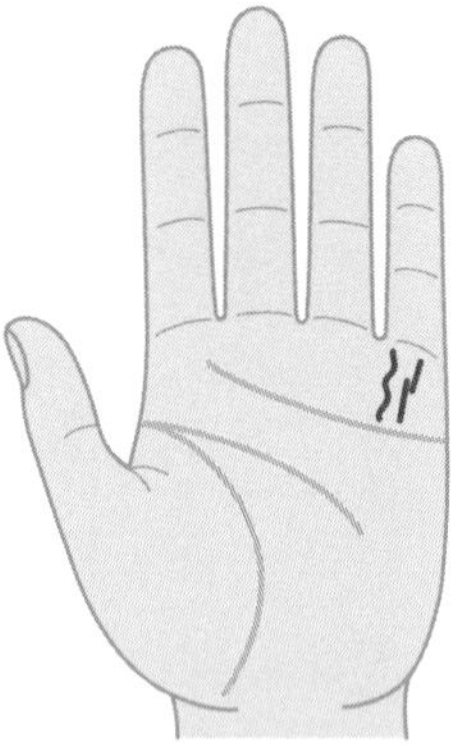

❸線がくねくね、あるいは切れ切れ

生活費を切り詰めざるを得ないような状況になります。

運命線がこの状態なら要注意！

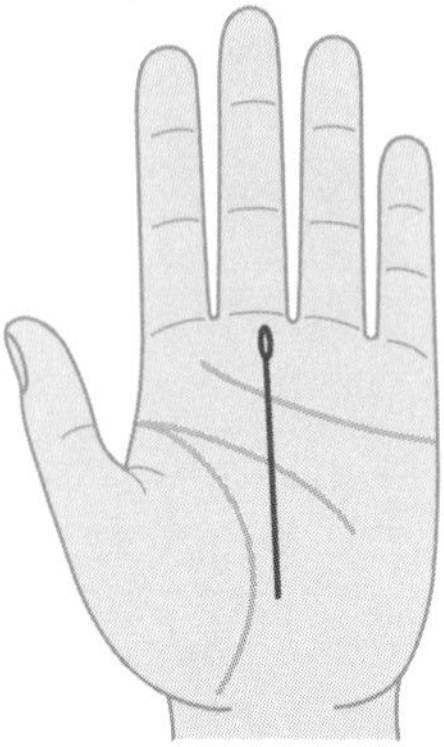

❶運命線の先端に島

突然のトラブルで一文無しになる手相です。**ギャンブルなどに要注意。**

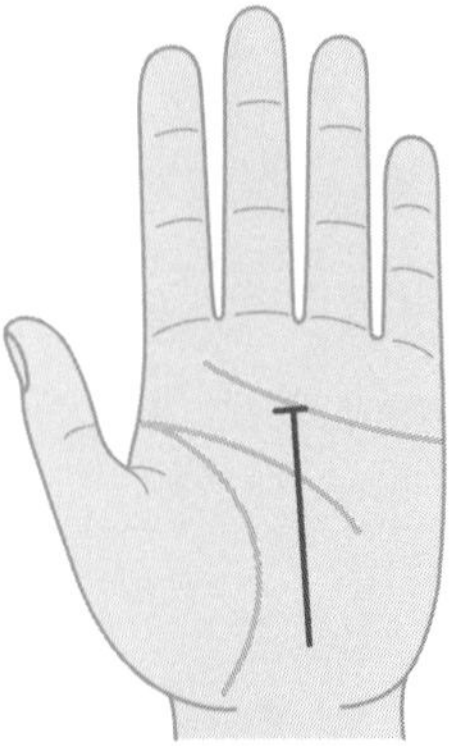

❷横切る線で運命線が止まる

会社の倒産など、**深刻な金銭トラブルのサイン**です。

開運アドバイス

金運が不調なときは気持ちを引き締め、大きな買い物などは避けたほうがよいでしょう。何事も慎重に進めるよう心がけましょう。

手の形を見ると金運がわかる

金運は、手の形や状態からも読み取ることができます。

金運に恵まれるのは、目立って小さい手や幅の広い手。しっかりとお金を作れます。手の幅が広い人は活動的、手の小さい人は大胆な性格で事業を展開し、成功する場合も多いでしょう。

骨ばってがっちりとした手も、地道に働いて財産を作るタイプ。

また、**つやのある手のひら、とくに年をとっても色つやがあせず弾力がある場合、金運は良好です。**

もしも自分の手が金運に恵まれる形をしていたら、自分に合ったお金の稼ぎ方で、さらに金運アップを目指しましょう。

金運がよい手の形

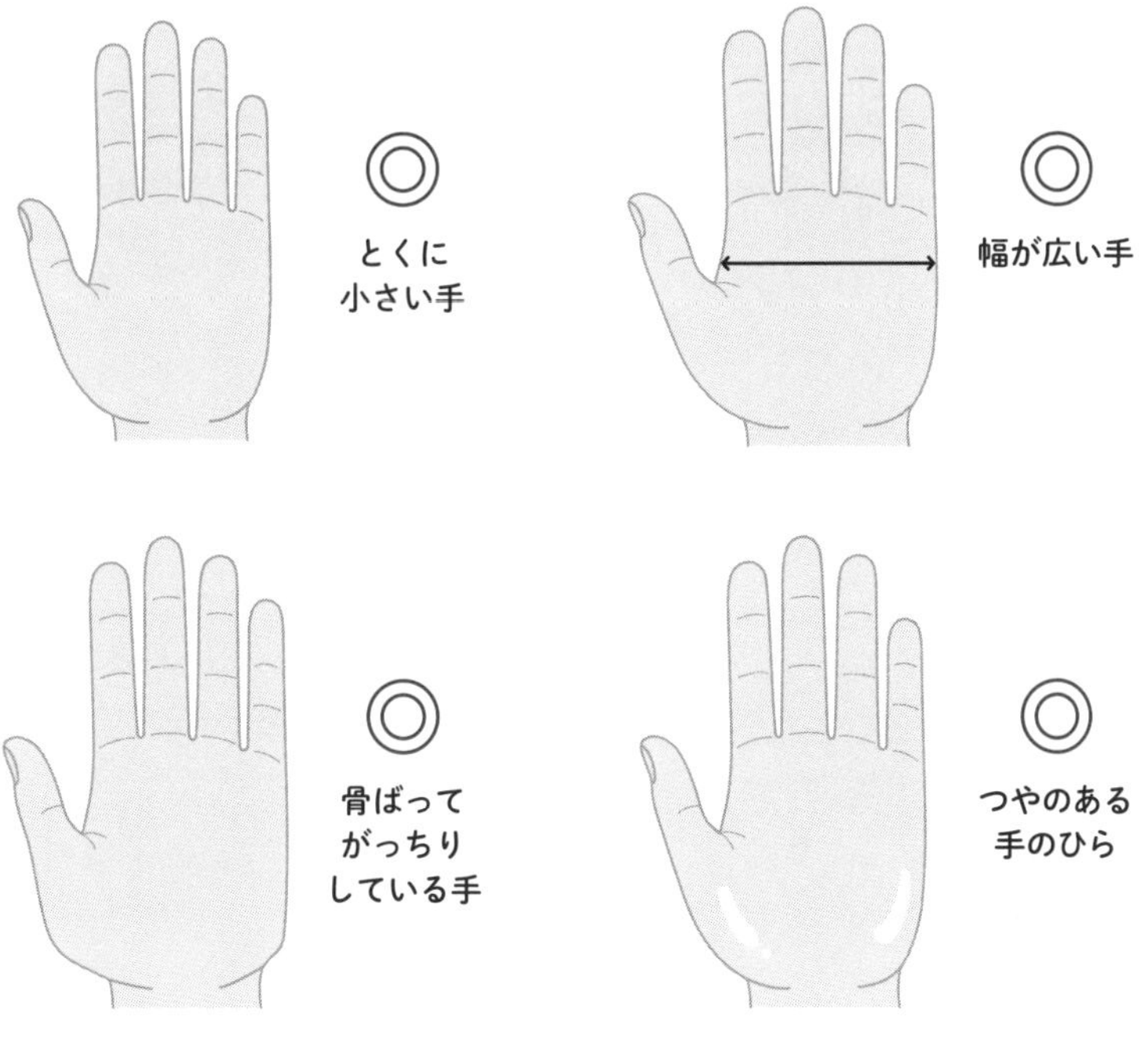

手相であなたの金銭感覚をチェック！

上手なお金の使い方は、人生を豊かにします。手相であなたの傾向をチェックしてみましょう。

1

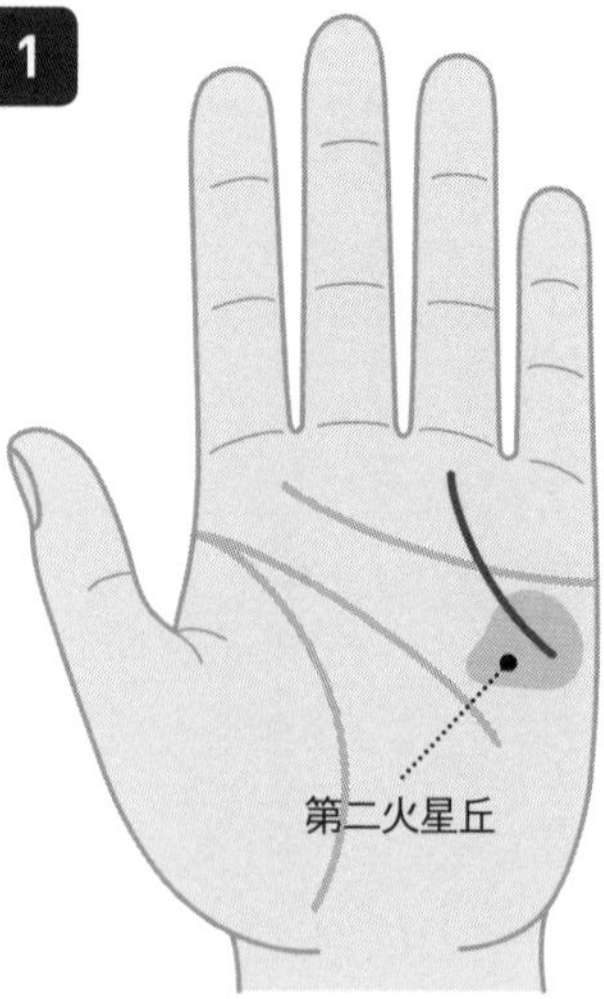

太陽線が第二火星丘から
出て、薬指に向かう弓型

2

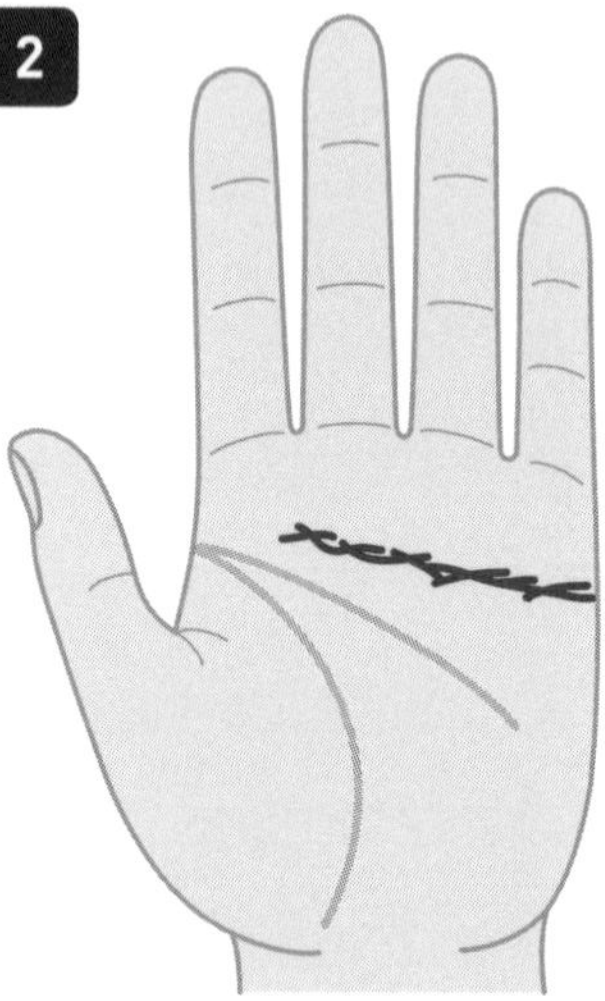

感情線が全体的に鎖《くさり》状

3

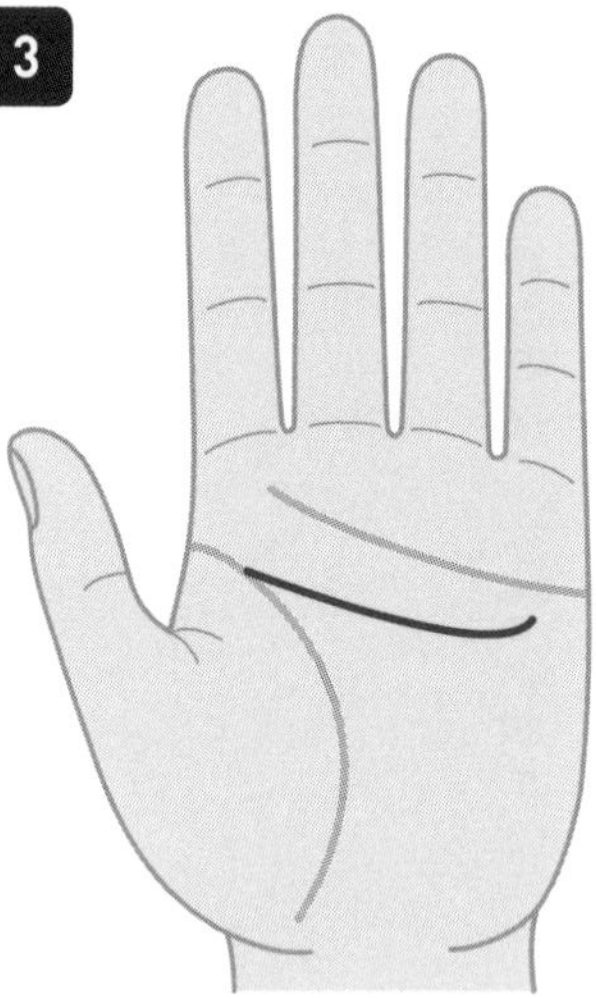

知能線が横に伸びて、
先端がはね上がる

4

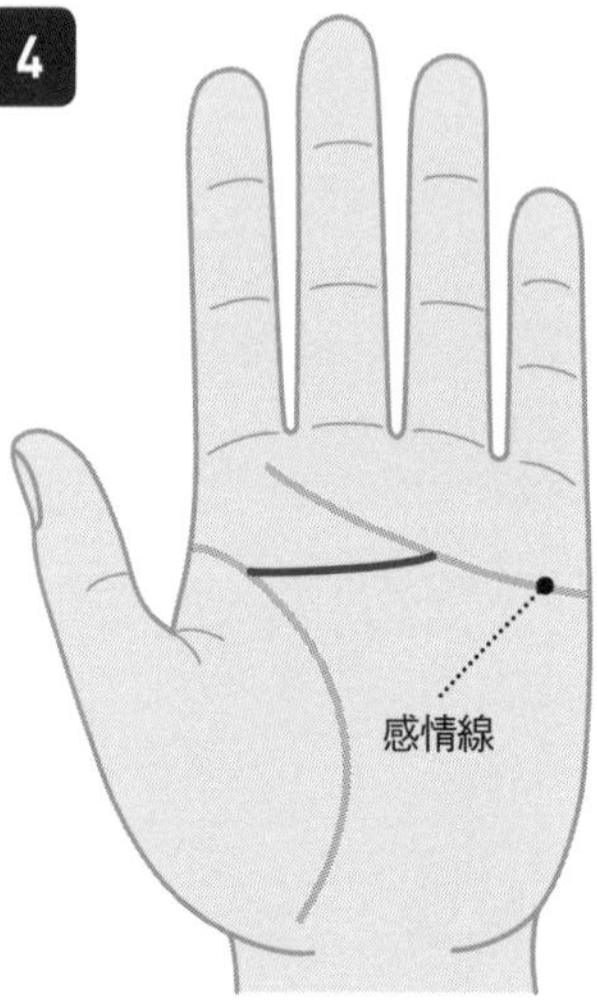

知能線がやや上向きで、
薬指の下で感情線と接する

7

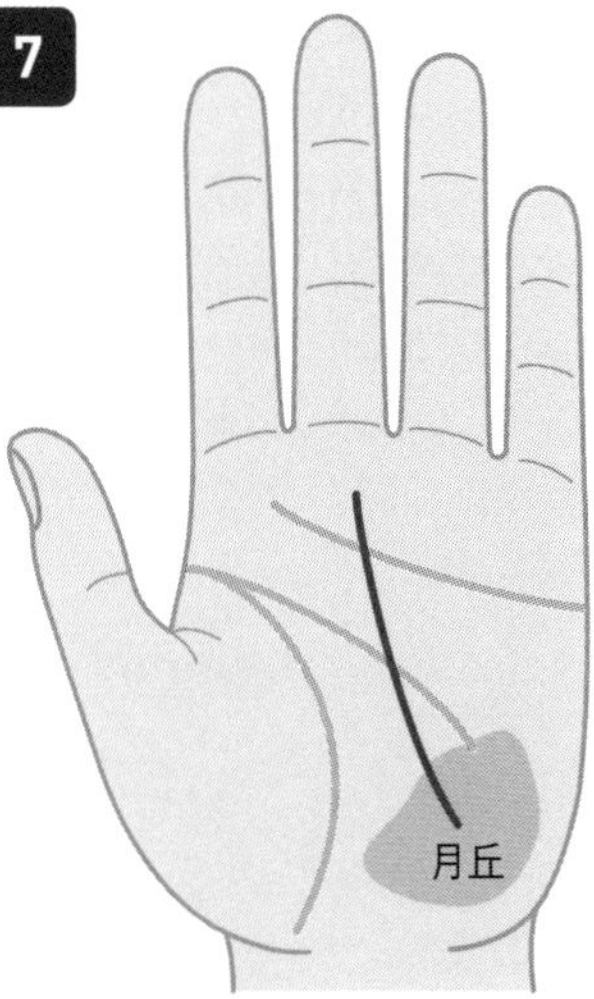

運命線が
月丘の中から出ている

5

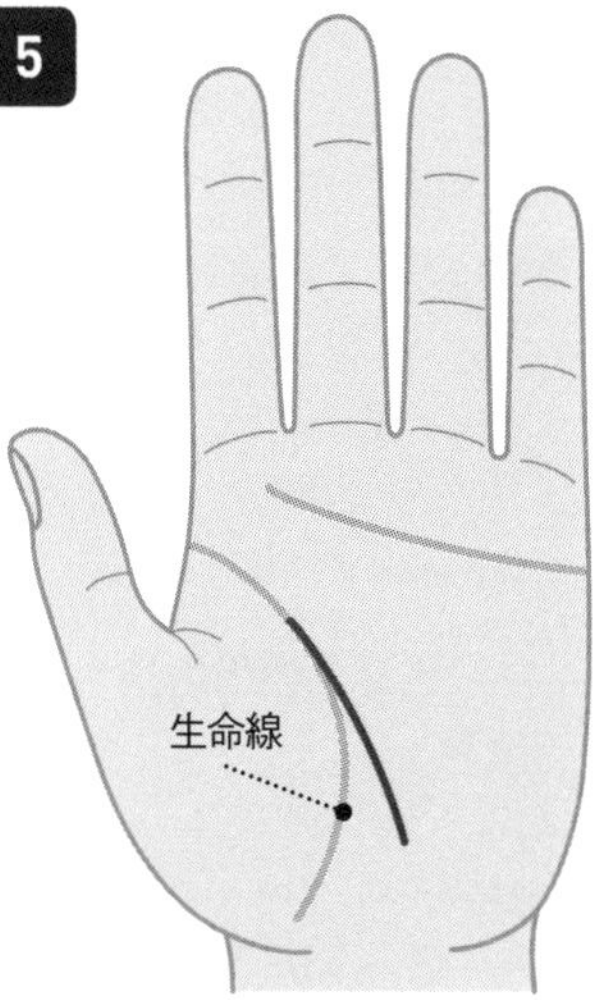

知能線が生命線に並行して
急カーブを描く

8

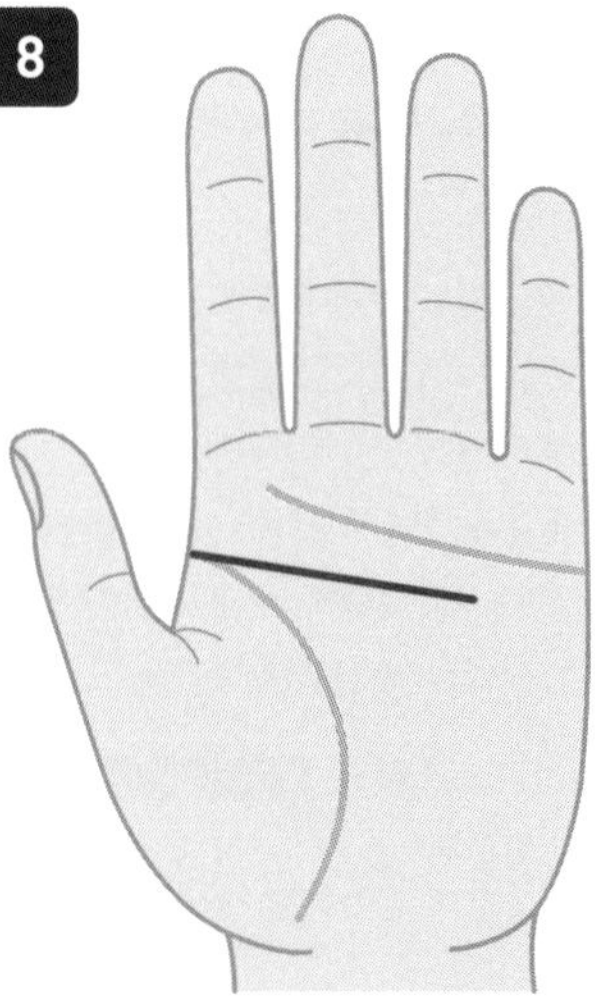

知能線がほぼ水平で一直線

6

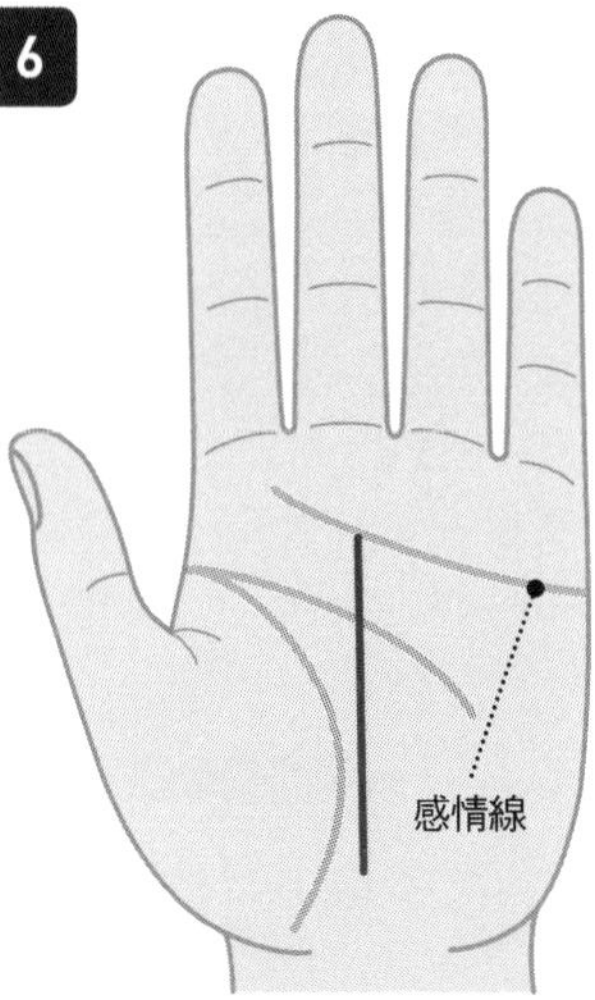

運命線の先端が
感情線で止まる

＼ **鑑定結果は次のページをチェック！** ／

1 コツコツ財産を築く努力家タイプ

第二火星丘から出て、薬指に向かう弓型の太陽線がある手相は、「手に職」タイプ。技術系の仕事や、実業界で運勢がよくなります。華やかな表舞台で活躍するというより、地道な努力を積み重ねることで確かな基盤を固め、やがて財産を築くでしょう。

開運アドバイス

この手相の持ち主は、粘り強く、しっかりとした信念を持った人。コツコツ仕事に励むことで、周囲から信頼を得ます。苦労も多いかもしれませんが、のちの大成を信じて、地道に頑張りましょう。

2 ハデな遊びが大好きな浪費家タイプ

感情線が鎖《くさり》状になっているのは、ハデに遊ぶのが大好きな人。とくに、異性とのおつき合いで浪費が激しくなる傾向があります。感情線が中指の下で下向きに曲がる手相も、雰囲気に流されやすく、ムダ遣いが多めなので注意しましょう（➡102ページ下）。

開運アドバイス

考えるより先に直感で動いてしまうこのタイプは、後先考えずにお金を使ってしまいがち。まずは「何にどれくらい使っているか」を把握することから始め、少しずつお金の使い方を見直しましょう。

3 ソロバン勘定が得意な几帳面タイプ

知能線の先端が小指か薬指に向かってはね上がるのは、瞬時にお金の計算ができる頭のよさと、財産を築く才能に恵まれている人です。ただし、自分の意見を理屈で押し通そうとしたり、自分の損得勘定で物事を進め、まわりの人からひんしゅくを買うことも。

開運アドバイス

どんな場面でも自分の得しか考えないと、まわりから「ケチ」と思われることも。ときには人間関係を豊かにするために財布のひもをゆるめるなど、もう少し、お金に対して大らかな心を持ちましょう。

4 愛よりお金を選ぶタイプ

知能線がやや上向きに伸び、薬指の下で感情線に届いているのは、お金への強い執着を表します。お金持ちになれるなら、好きでもない人との結婚にも踏み切れてしまいます。お金のひとり占めもいとわないので、敵を作りやすいタイプです。

開運アドバイス

お金への執着も、度を越すと周囲から嫌われてしまいます。自分だけ得をすればいい、という打算的な心を持ち続けていては、いつか孤立することに……。ときには人と分かち合う心を育てましょう。

5 お金に興味がない浮世離れタイプ

知能線が生命線に並行して急カーブを描く手相は、お金にあまり関心がない人。現実的・物質的なことより、精神的なことを大切にするロマンチストです。会社や人間関係に適応するのが苦手で、なかなかお金がたまらなかったり、生活に困ることも。

開運アドバイス

この手相の人は、まれに職人や詩人など、個人の技術や能力で成功する人もいます。得意分野を磨き、仕事に生かす努力を重ねれば、世の中の事情を知ることも大切であるということが実感できます。

6 いい人だけど損するタイプ

運命線の先端が感情線で止まっている手相は、気が弱く、情にもろい人に多く見られます。自分のことは後まわし、人にはこまめにつくす「いい人」ですが、金銭的に恵まれず、その結果苦労をすることも。自分ばかり損をすることが多くなってしまいます。

開運アドバイス

人間関係だけでなく、社会的な場面でも尽くす人です。人情に厚いものの、少し気が弱すぎるところも。簡単にお金を貸したり、保証人を引き受けて自分の首をしめることのないように注意しましょう。

7 何かと得する、おごられ上手なタイプ

運命線が月丘の中から出ている手相は、まわりの人から食事をごちそうになるなど、協力や援助を受けられることを表します。なお、運命線が金星丘からも伸びて合流している場合は、身内からも大きな恩恵を受けることを表します（➡137ページ下）。

開運アドバイス

年上の人にかわいがられることが多く、まわりの人の力で得るものが多いので、つい他人をあてにしがち。「お金は払ってもらって当然」などと考えず、感謝の気持ちと、謙虚さを忘れずに。

8 お金をしっかりコントロールするタイプ

知能線がほぼ水平でまっすぐに伸びている人は、お金に振り回されることなく、冷静にお金とつき合える人。感情より理性で判断するので、衝動買いとも無縁です。知能線が短く勢いがある場合も同様で、買い物は予算内に抑える堅実なタイプです（➡83ページ下）。

開運アドバイス

月々のやりくりに困ることなく堅実に貯蓄できるでしょう。ただし、理屈を重視するドライなタイプでもあるので、周囲と摩擦が生まれることもあります。ほかの人のことを思いやる余裕を持ちましょう。

健康運を知りたいときはここをチェック！

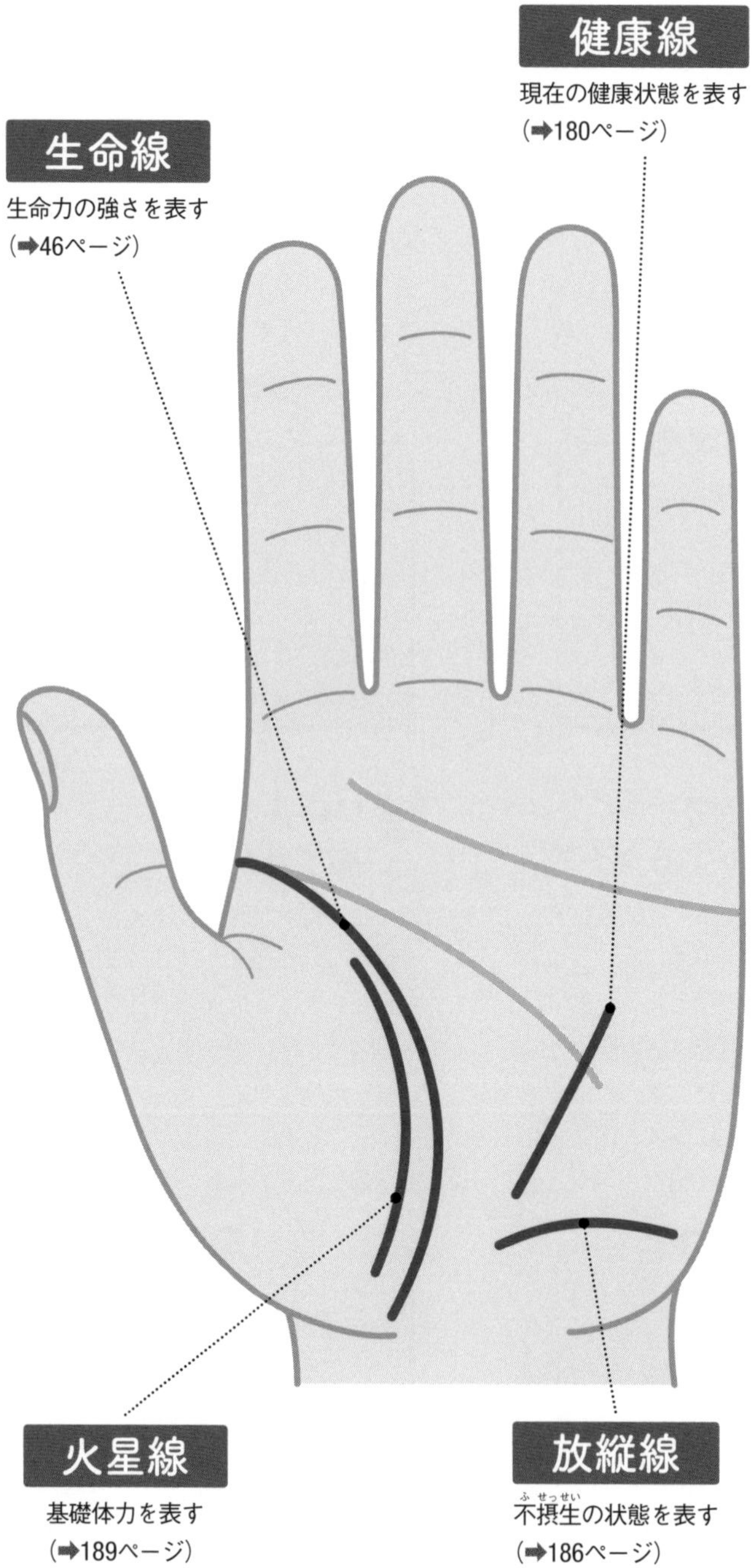
健康線
現在の健康状態を表す
(➡180ページ)
生命線
生命力の強さを表す
(➡46ページ)
火星線
基礎体力を表す
(➡189ページ)
放縦線
不摂生《ふせっせい》の状態を表す
(➡186ページ)

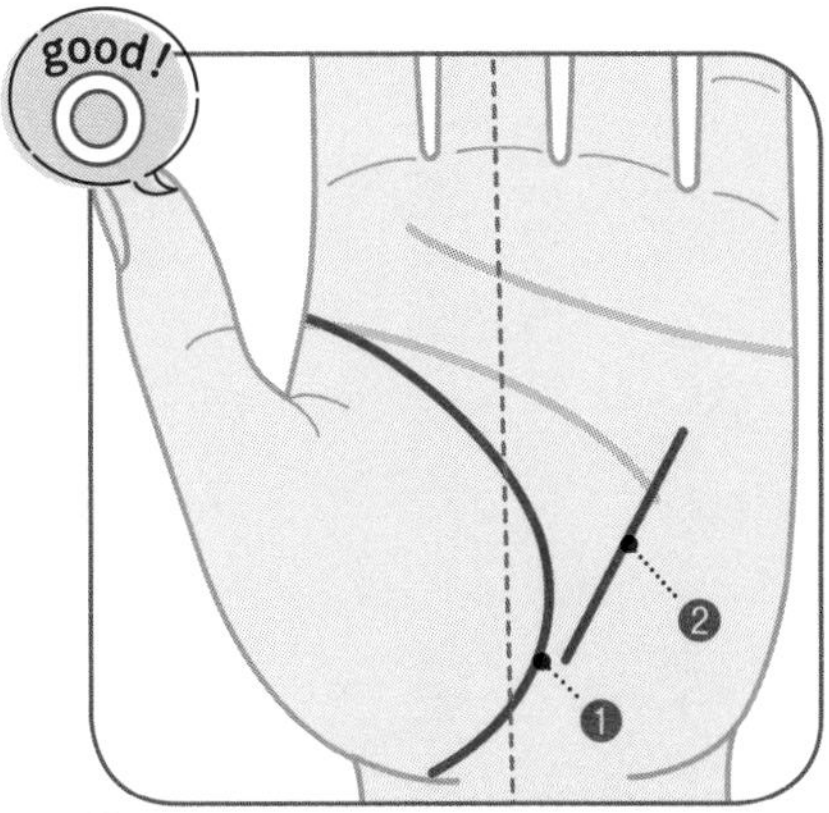

**健康運が
よい手相はこれ！**

❶生命線が長くしっかりしたカーブを描く
❷健康線がまっすぐ伸びる

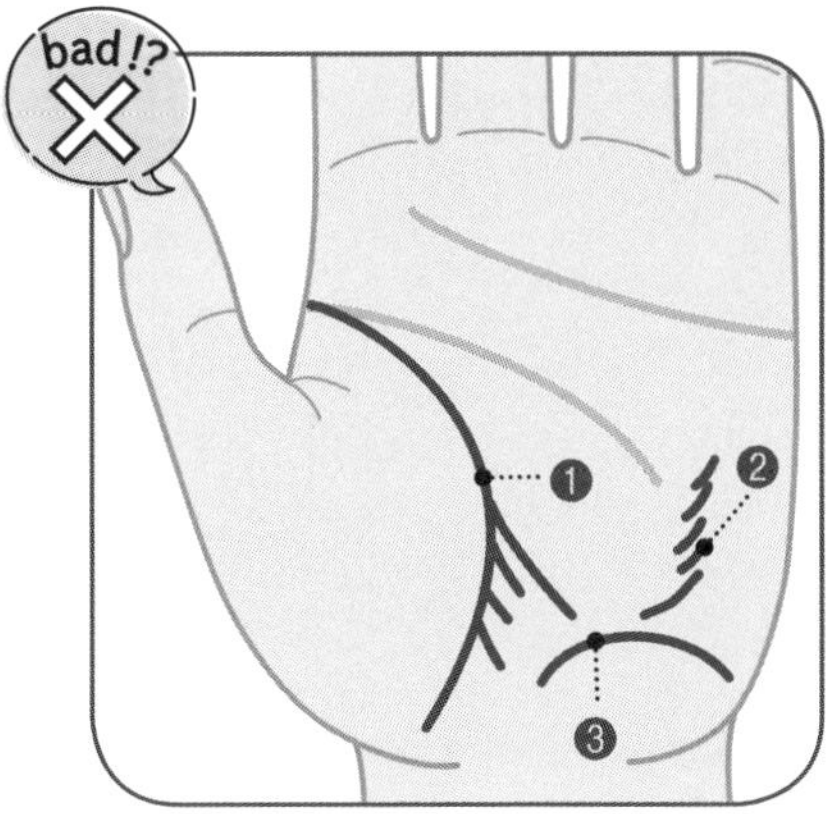

**健康運が
不調な手相はこれ！**

❶生命線の中央から、下にたくさん支線がある
❷健康線が切れ切れ
❸弓形の放縦線が刻まれている

健康運を見るポイントは 生命線と健康線

健康運を見るときは、生命線と健康線を中心にチェックします。とくに、生命線からは寿命や体力、健康状態がわかります。**生命線が手首まできれいな線を描いているなら、体力があり、生命力も強**い証拠。さらに、**健康線もきれいにまっすぐ伸びているようであれば、健康状態は万全**です。でも、健康線が切れ切れなど状態が悪いときは、体力の低下や病気のサインと知っておきましょう。

また、健康運は、火星線や放縦線からも読み取ることができます。火星線がしっかり刻まれていれば基礎体力はバッチリ。逆に、放縦線が出ていたら、心身の疲れがたまっているサインです。

手相で寿命がわかる？

よく、「生命線が短いと寿命が短い」などといわれますが、本当はどうなのでしょうか？

「生命線の長さ＝寿命」ではない

生命線が長いのは、**生命力に恵まれてい**ることの表れ。ただし、生命線が長いからといって寿命が長いとは限りません。

健康な人ほど、無理をしたり暴飲暴食しがち。不《ふ》摂生《せっせい》な生活を重ねれば、それが病気の原因にもなります。

反対に生命線が短く、細い人はどうでしょう。**体は弱くても日ごろから健康に気を遣うので**、**長生きする人も多い**のです。線の長短は、そのまま寿命を表すわけではないのです。

こまめに手相を見て健康管理に役立てよう

生命線が短い人は体力が弱いのですが、だからといってがっかりすることはありません。下のイラストのように、**ほかの線が生命線の弱さをフォローしてくれることもあります。**

前のページでもお伝えしましたが、生命線の長短はそのまま寿命につながるわけではありません。**大切なのは、手相で自分の体力や健康状態を把握し、自分に合った生活を心がけること**なのです。

次のページから掲載している手相を見ると、ストレスの度合いや体の不調を知ることができます。こまめにチェックして、ぜひ、毎日の健康管理に役立ててください。

短い生命線を補ってくれる手相

❶ 生命線が**運命線**と合流している

❷ **知能線**に勢いがあり、しっかり刻まれている

❸ **火星線**がしっかり刻まれている

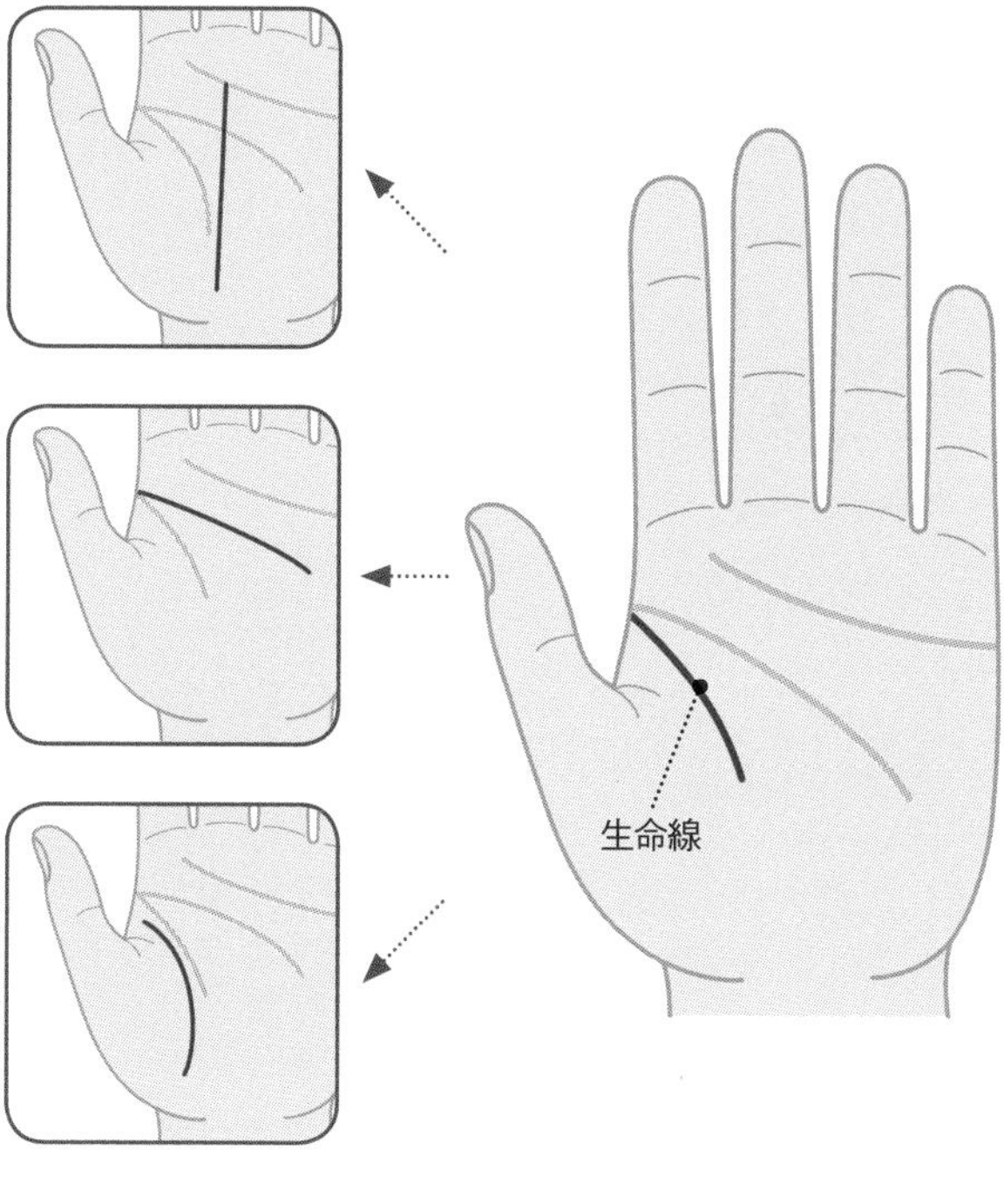

見逃さないで！ 休息が必要なサイン

健康を保つには、休息も必要。サインが現れたら心身のリフレッシュを心がけましょう。

ストレス疲れを表す手相

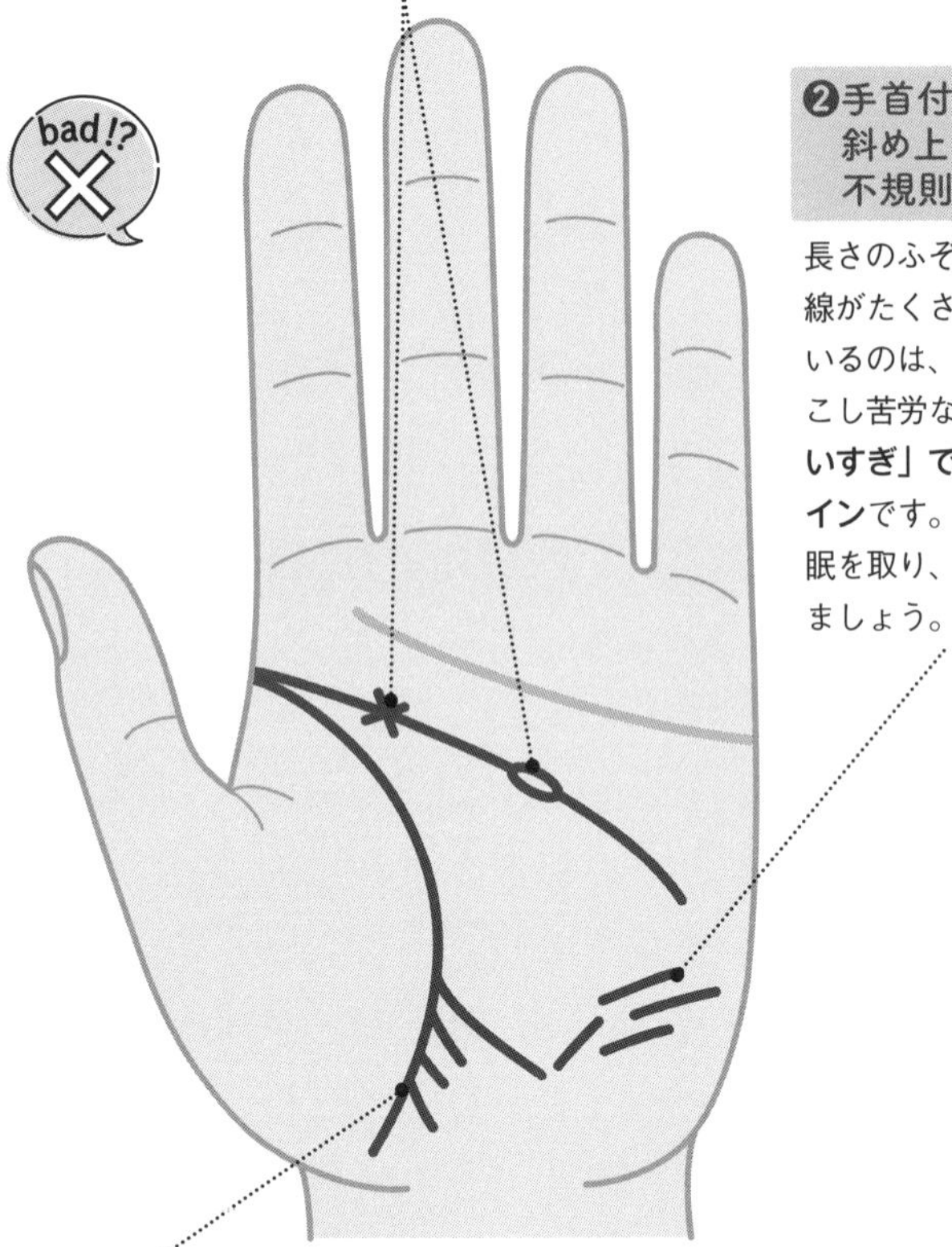

❶知能線上に記号

知能線の途中や先端に島や十字などの記号がある人は、**プレッシャーに弱く、ストレスをためやすい**人。こまめなストレス発散を心がけましょう。

❷手首付近から斜め上に向かう不規則な放縦線

長さのふぞろいな放縦線がたくさん刻まれているのは、遠慮や取りこし苦労など**「気の遣いすぎ」でお疲れのサイン**です。しっかり睡眠を取り、疲れを癒しましょう。

❸生命線の中央から下にたくさん支線がある

体が疲れやすく、何をしてもはかどらないのに、神経は過敏な状態。疲れもより大きく感じられるでしょう。「気持ちいい」と感じる程度の軽い運動で、リフレッシュするのがオススメです。

開運アドバイス

ストレスは心と体に大きな負担をかけます。食生活や適度な運動で体力を回復させるための努力をしましょう。また、おおらかな気持ちを持てる環境を作ることが大切です。

生活習慣の見直しが必要な手相

❶火星線の支線が月丘に伸びる

お酒の飲みすぎ、タバコの吸いすぎなどで、体にダメージを与えているサインです。ほどほどにしましょう。

❷健康線が波打っている

肝機能が低下しているため、お酒を控えたりストレスを発散するなど、肝臓をいたわりましょう。

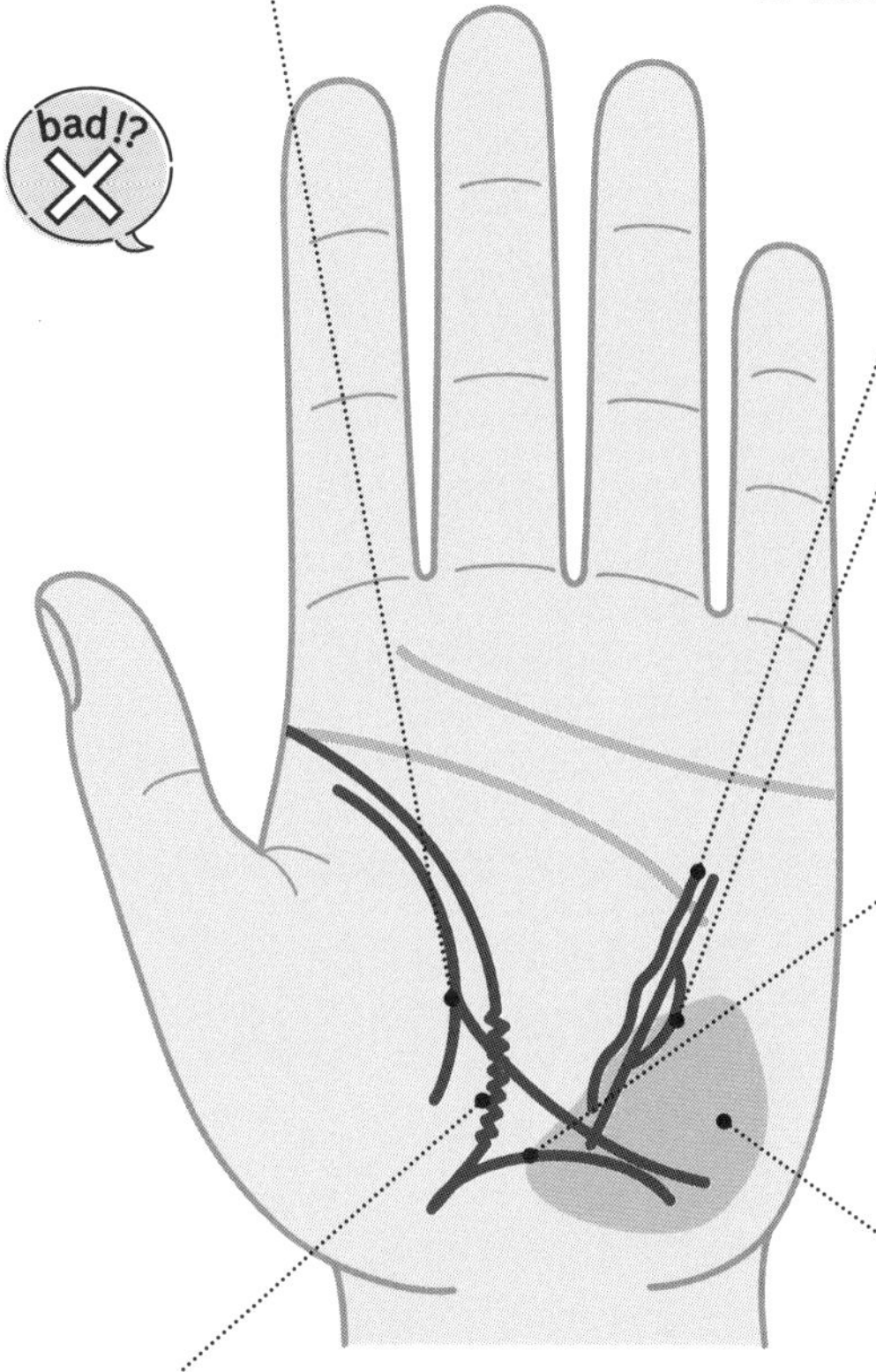

❸健康線上に島がある

❷の健康線が波打っている手相と同様、**肝機能低下**のサイン。どちらも、生まれつきの疾患ではなく、生活習慣による後天的なダメージが原因です。

❹弓形の放縦線が生命線に触れている

心身のパワーダウンの表れ。しっかり栄養をとり、睡眠時間を確保して健康ダメージの回復をはかりましょう。

❺生命線がギザギザ

生命線の一部がノコギリの歯のようにギザギザなのは、性的なパワーがダウンしている手相。異性との**セックスも思うようにいかない**状況です。

開運アドバイス

飲酒・喫煙・食生活など、これまでの生活習慣を見直し、改善していく必要があります。健康線は比較的変化しやすいので、定期的に観察し、健康状態をチェックしましょう。

今後の健康管理にとくに注意したい手相

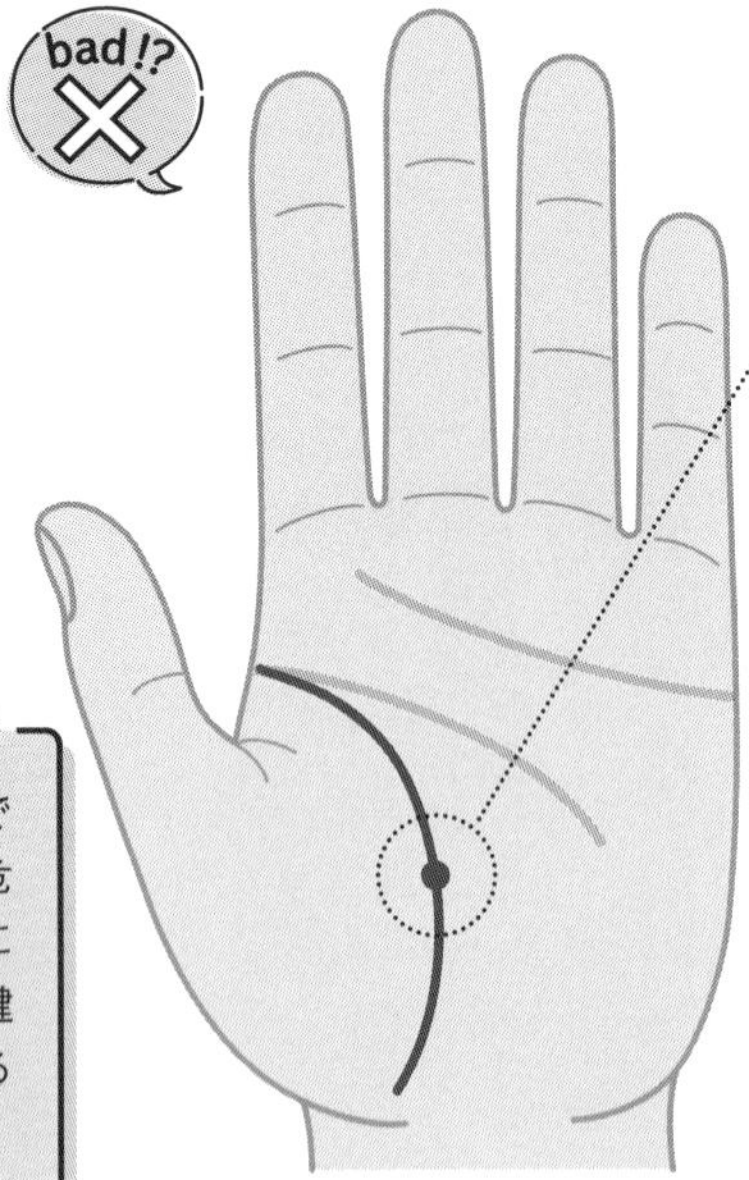

❶生命線上に斑点《はんてん》

生命線上に突然、斑点が現れたら、**病気やケガの注意信号**です。茶褐色の斑点なら病気、青黒いものはケガ、浅黒いなら大病や大ケガに要注意！　色が示すトラブルに注意して行動すれば、災難から逃れることもできます。

開運アドバイス

斑点は事前のサインです。色から判断して危険が予測できる場所には近づかず、また、健康管理をしっかりするなど慎重な行動を。

流年《りゅうねん》法で健康トラブルの時期を知る

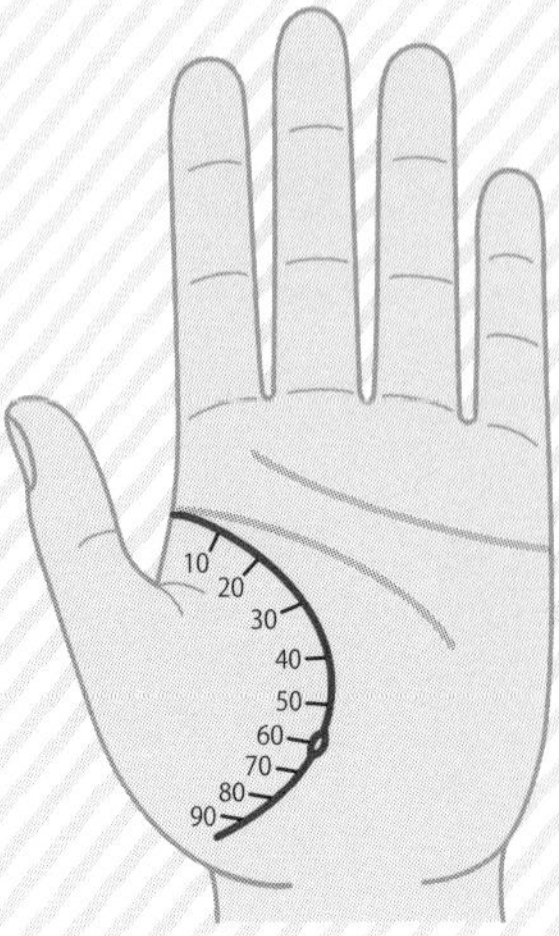

流年法とは、手相の線上から年齢を割り出す方法（➡16ページ）。たとえば、左図のように60歳頃に当たる時期に島があったら、その時期に健康トラブルに見舞われることがわかります。

生命線の途中にある島は、完治しにくく、長期の治療が必要な消耗性の慢性疾患（たとえば糖尿病やがんなど）にかかる可能性が高いようです。初期段階では自覚症状がないことがほとんどなので、この記号がある人はこまめに健診を受けるとよいでしょう。

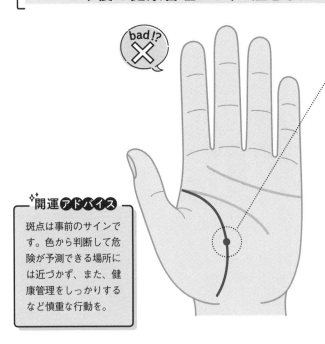

小爪は健康のバロメーター

爪の下のほうにある白い半月状の「小爪」が、**爪の5分の1程度の高さまではっきりと出ていたら、健康状態は良好です。**小爪は親指に最も現れやすいのですが、親指にも小爪が見られない場合は、もともと病弱な場合か、とても疲れている様子を表します。反対に、小爪が爪の3分の1以上あるときは、心臓が弱っている可能性があります。

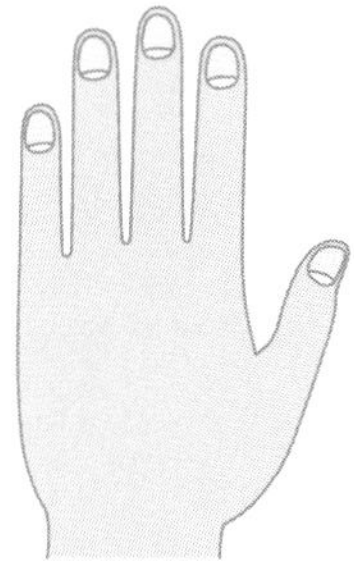

◎

爪の5分の1程度の高さまで、小爪がはっきりと出ていたら、健康状態は良好です

✕

小爪が出ていない、あるいは爪の3分の1以上あるときは、心臓が弱っている可能性があります

「手のひら」にも健康状態が現れる

血色がよく、つやがあり、さらっと乾いた手のひらは、体調が万全で運勢も安定している状態を示します。反対に、血色が悪いときは、体調や運勢が不調気味。脂ぎっているときは、過労で神経が弱っている心配があります。気になったら体調管理に気をつけ、しっかり休息を取るなど、健康的な生活を心がけましょう。

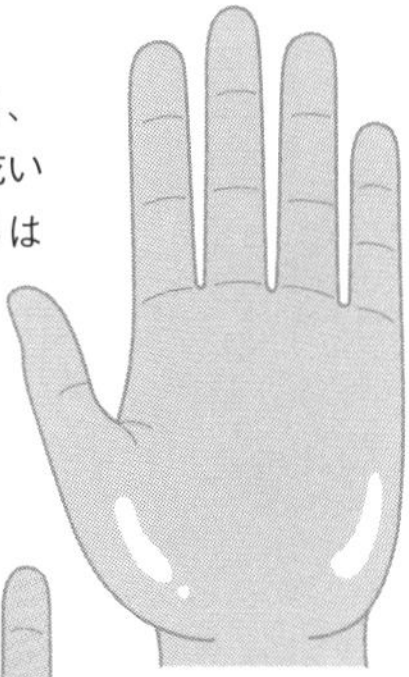

◎

つやがあり、さらっと乾いた手のひらは健康

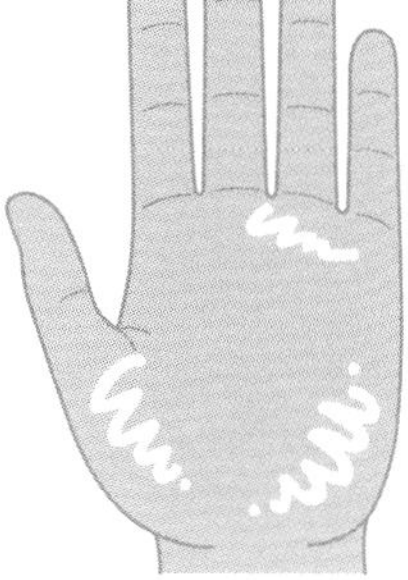

✕

血色が悪い、脂っぽい手のひらは病気が心配

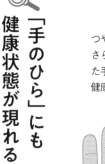

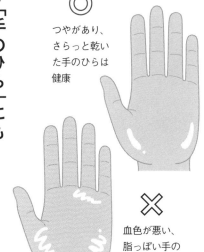

かかりやすい病気を知っておこう

自分はどんな病気になりやすい？　その傾向も、手相でチェックすることができます。

脳や**神経**の病気に注意しよう

知能線の途中で、ほかの線が交差して星が現れているなら、脳溢血《のういっけつ》など、神経に損傷を受けるようなケガや病気の心配が。また、知能線上に現れる黒い斑点《はんてん》も、脳にかかわる病気の暗示です。

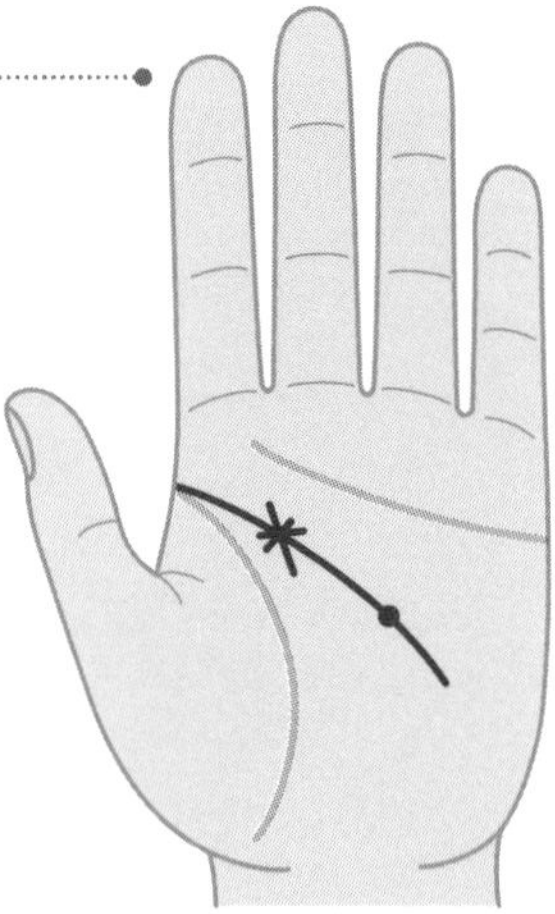

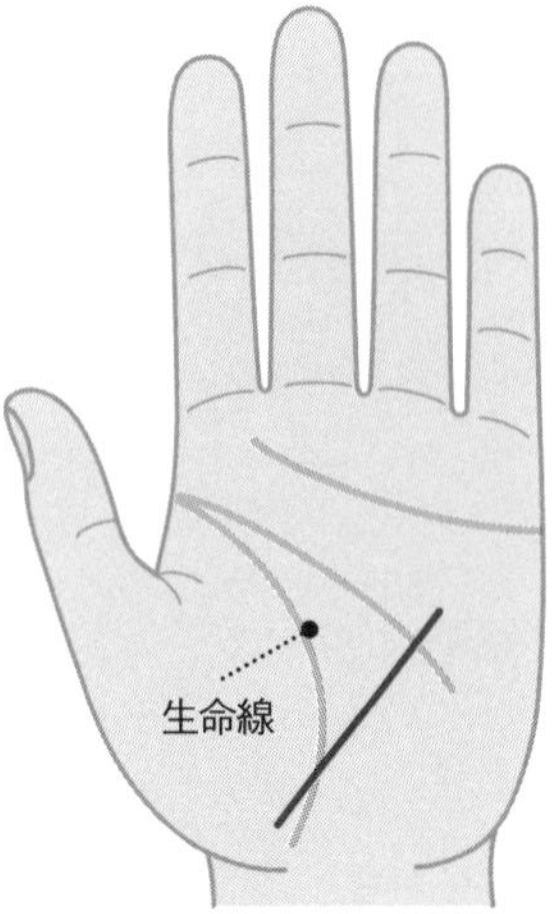

心臓の病気に注意しよう

健康線が生命線の内側や生命線の上から出ているときは、心臓の弱まりを示します。とくに、線の色が黒ずんでいたり青みがかっているときは、心臓の病気に要注意。十分に休養をとり、規則正しい生活を送りましょう。

胃腸の病気に注意しよう

健康線が切れ切れになっているときは、消化器系の機能低下のサイン。とくに、右の図のようにはしご状につらなっているときは、胃腸の病気に注意が必要です。この健康線は、胃腸の調子が回復すれば、だんだん一直線に戻ります。

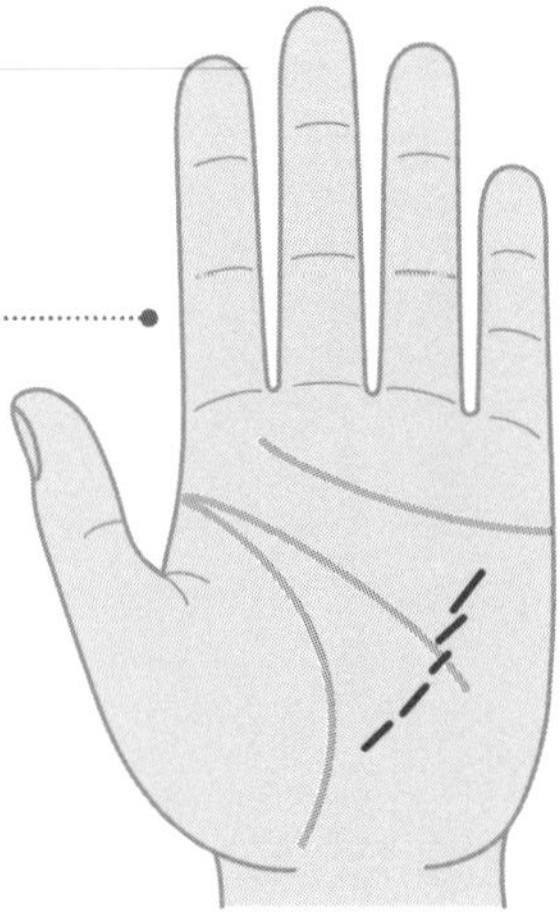

呼吸器の病気に注意しよう

健康線にたくさん島があり、鎖《くさり》状になっている手相は、呼吸器系の弱まりの表れ。この場合、長期にわたる病気の心配があるので、早めの受診が大切です。また、健康線と生命線の接する部分の島も、呼吸器系の病気を意味します。

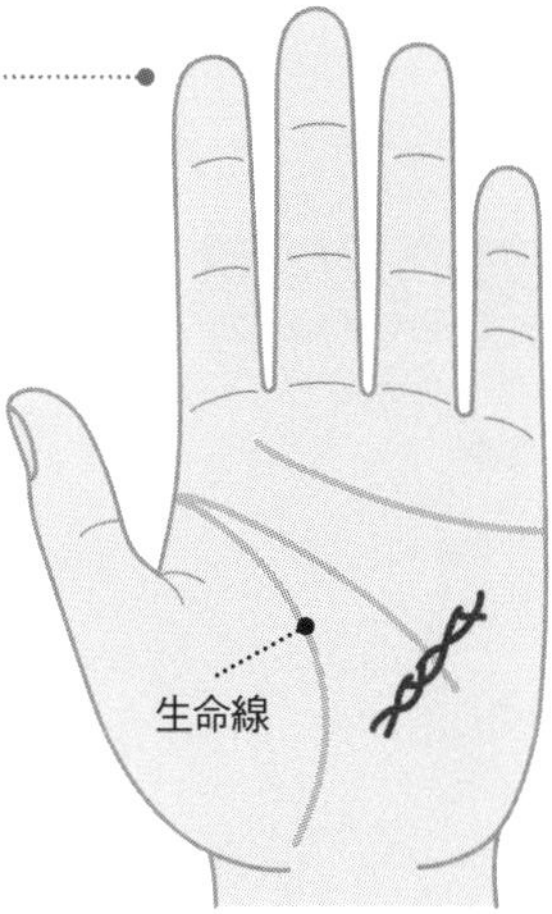

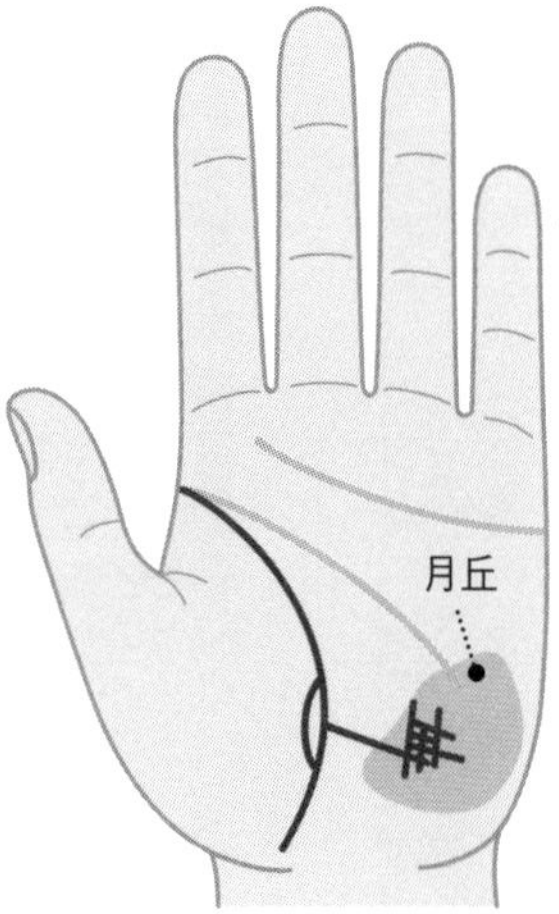

婦人科系の病気に注意しよう

生命線上の島から出ている線が月丘にある格子《こうし》につながっている手相が女性に現れていたら、子宮や卵巣など、婦人科系の病気にかかりやすいサイン。定期的に婦人科検診を受けたり、月経の気がかりがある場合は早めに受診を。

性に関する病気に注意しよう

性愛線がくっきりとカーブを描き、鮮やかに出ているのは、性感染症などセックスにまつわる病気にかかっているサイン。この場合、医師の診察が必要です。

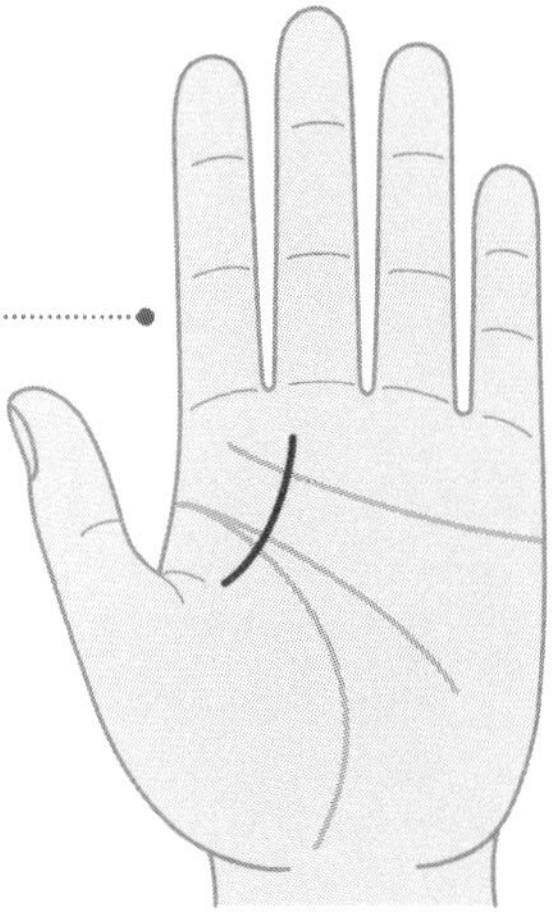

恋愛・結婚運を知りたいときはここをチェック！

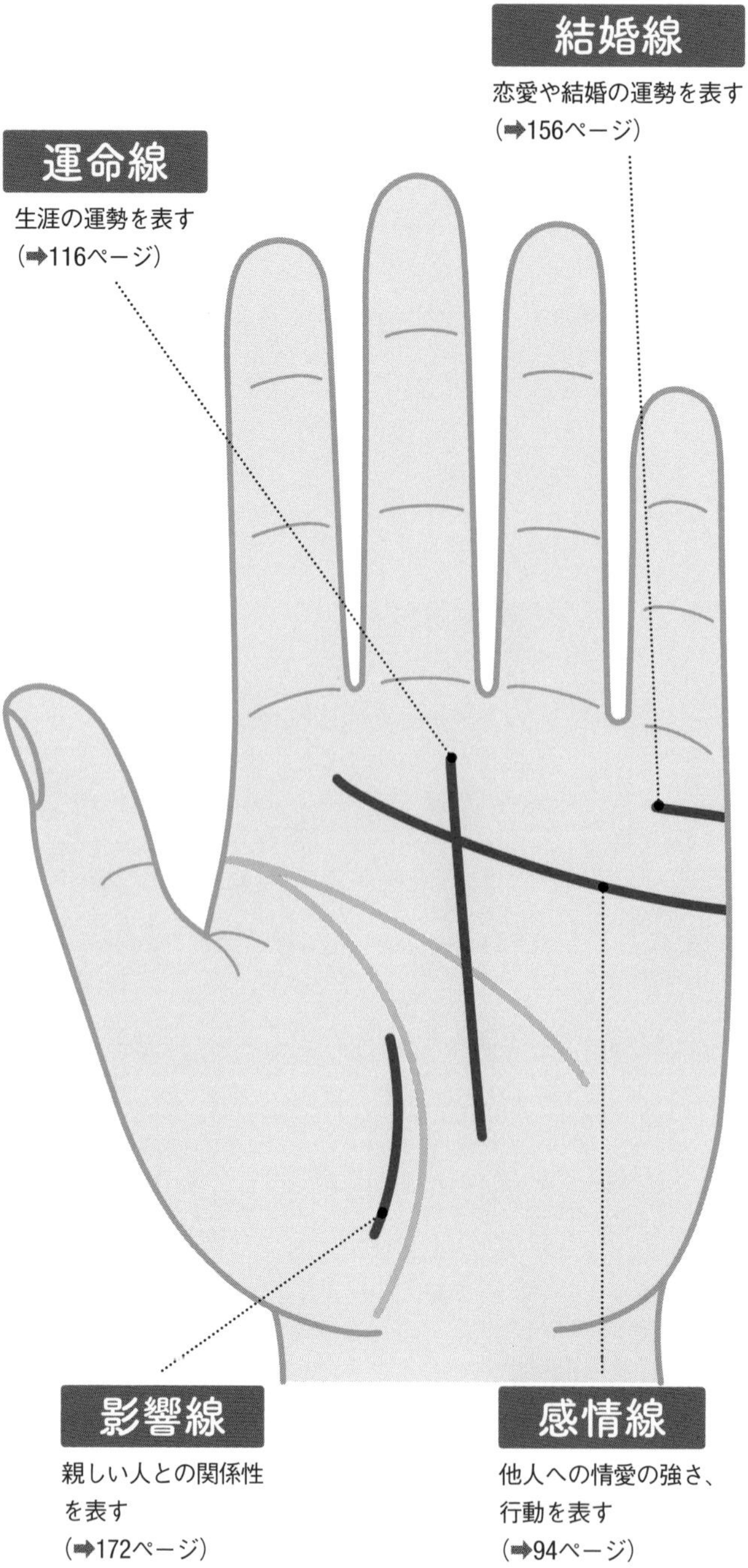
結婚線
恋愛や結婚の運勢を表す
（➡156ページ）
運命線
生涯の運勢を表す
（➡116ページ）
影響線
親しい人との関係性
を表す
（➡172ページ）
感情線
他人への情愛の強さ、
行動を表す
（➡94ページ）

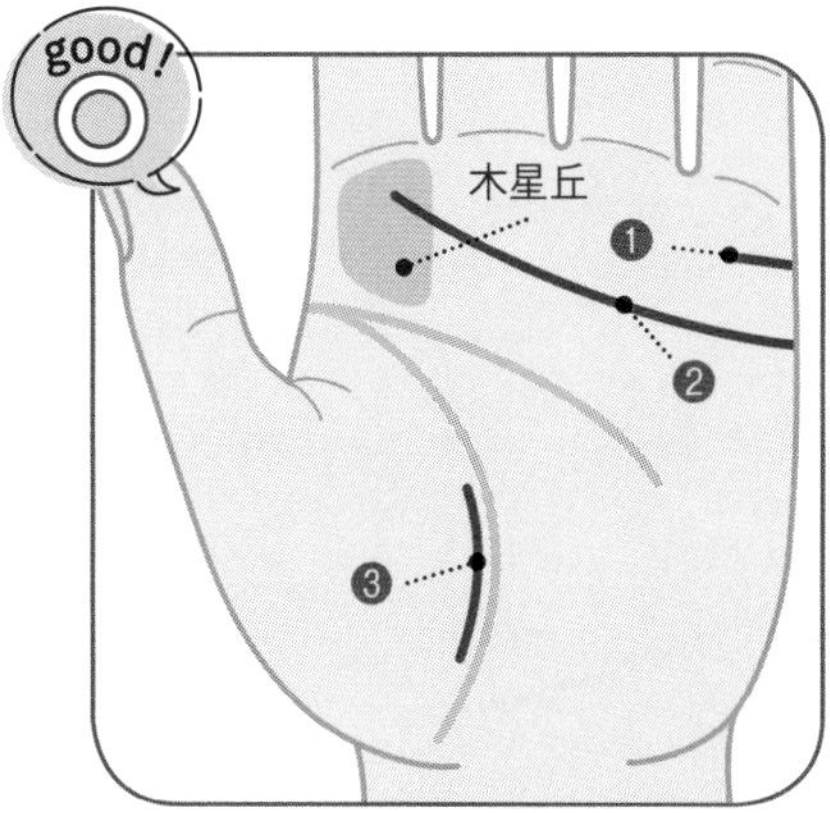

**恋愛・結婚が
よい手相はこれ！**

❶結婚線がくっきりと鮮やかに刻まれている
❷感情線が木星丘で終わる
❸影響線がくっきり1本刻まれている

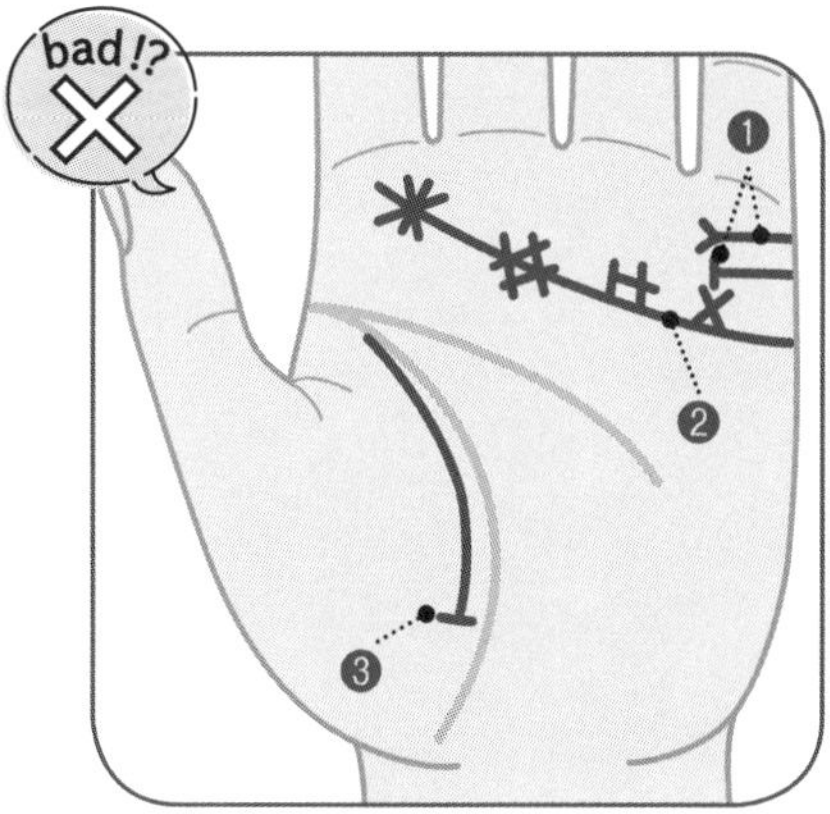

**恋愛・結婚が
不調な手相はこれ！**

❶結婚線の先がY字形または縦線でさえぎられている
❷感情線に星、四角、十字の記号が現れている
❸影響線の先端が横線でさえぎられる

恋愛・結婚運を見るポイントは感情線と結婚線

感情線は〝愛情線〟ともいわれ、この線が長いほど情が深く、短いほどクール。その人の愛情の傾向が見えます。また、感情線上の記号は恋愛トラブルを暗示します。

　恋愛や結婚にまつわる運勢を表す結婚線は、感情線とのかかわりが深いため、必ず感情線と合わせて見ます。運命線からは、主に結婚後の運勢がわかります。また、影響線からは、親しい人との関係性がわかります。

　そのほかには、金星帯《きんせいたい》（➡195ページ）や性愛線（➡198ページ）からも、その人のセックスにまつわる情報を読み取ることができます。

手相で恋愛・セックスの傾向をチェック！

手相から、その人の恋愛傾向がわかります。気になる人の手相をチェックしてアプローチ法を探りましょう。

1

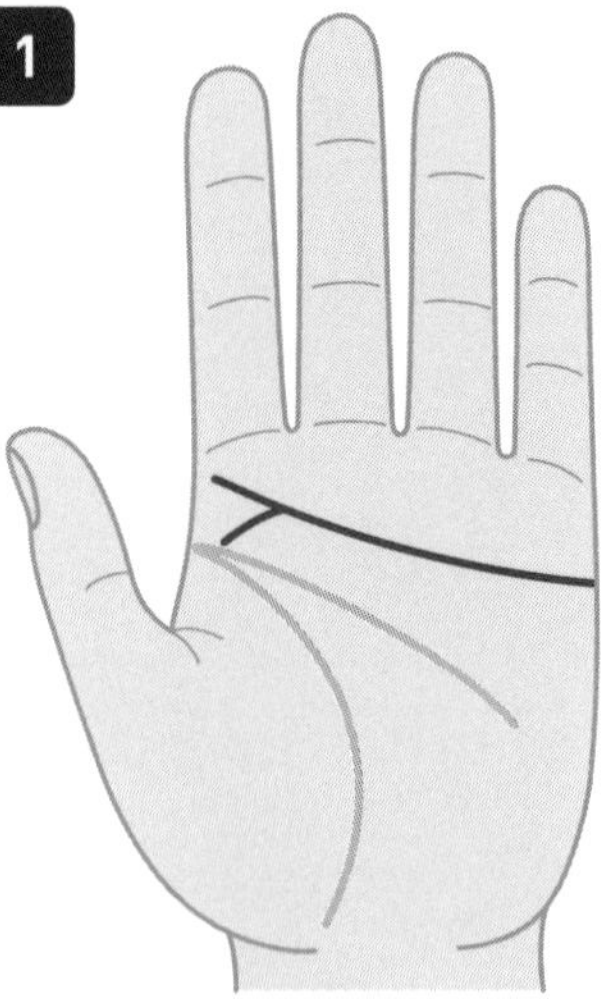

感情線の先端が二股《ふたまた》

2

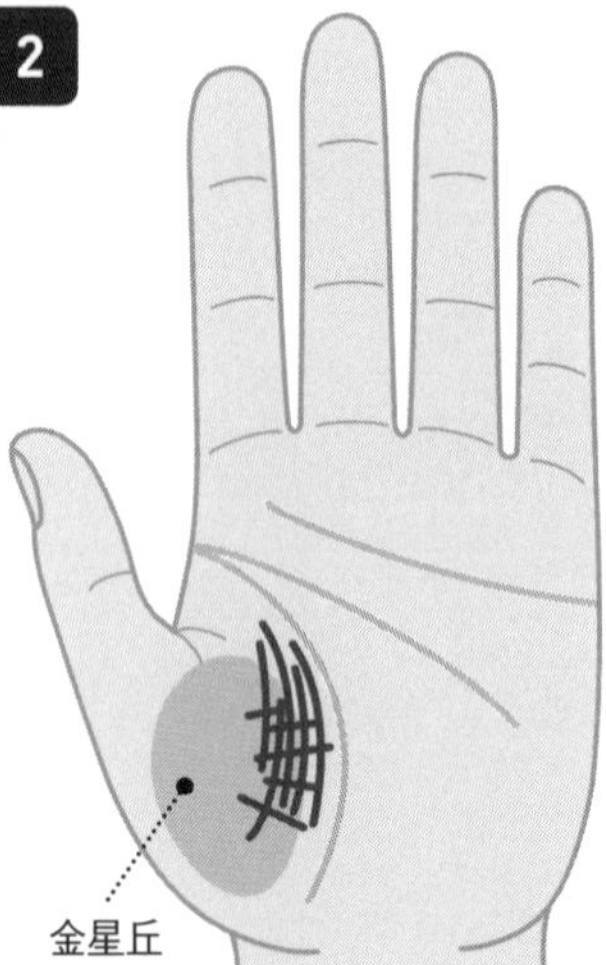

金星丘に縦横の細い**影響線**が多数ある

3

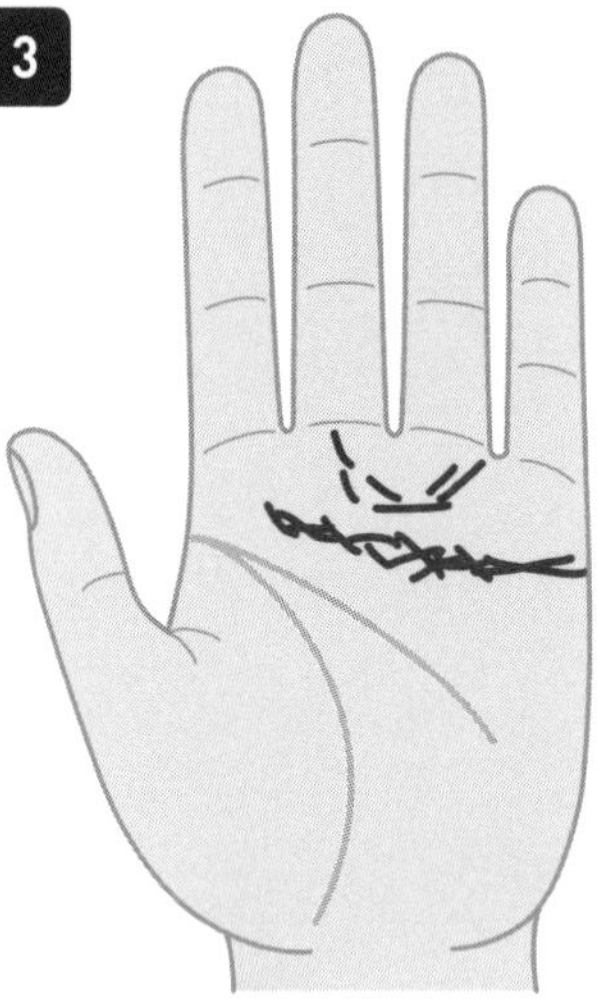

金星帯《きんせいたい》が切れ切れで
感情線が鎖《くさり》状

4

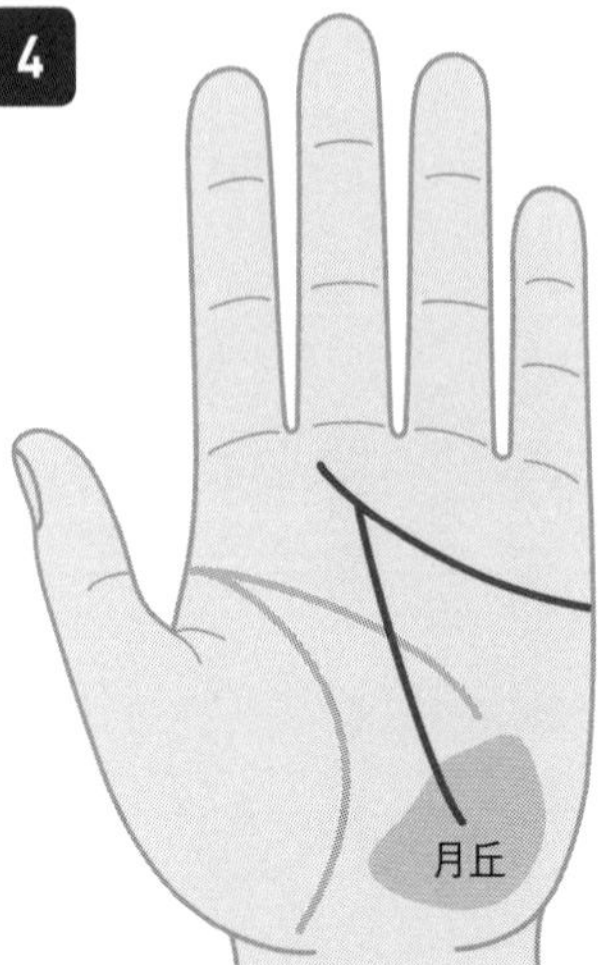

運命線と**感情線**が合流して、
中指へ向かう

7

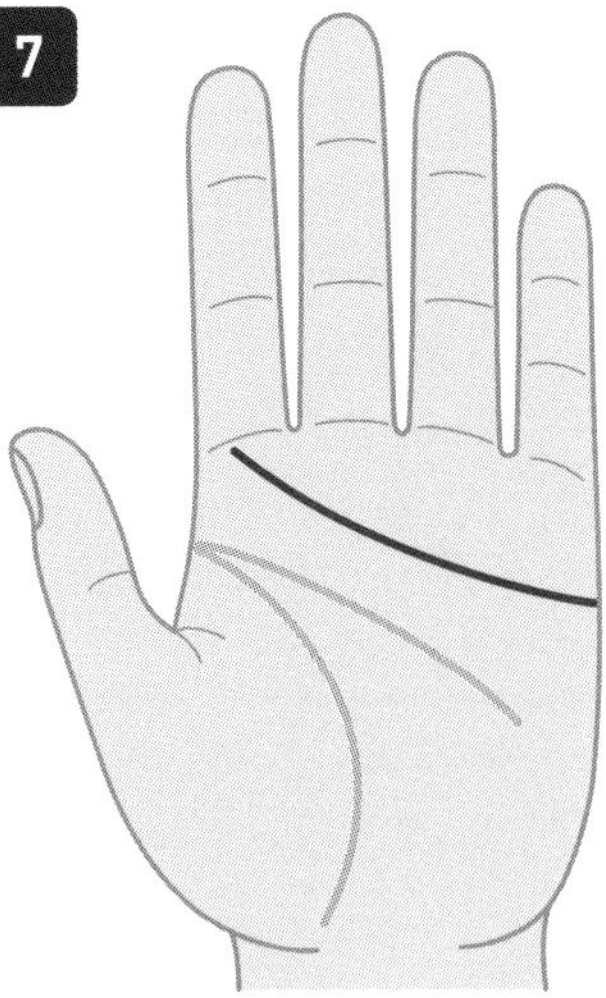

感情線の先端が
人差し指のつけ根に届く

5

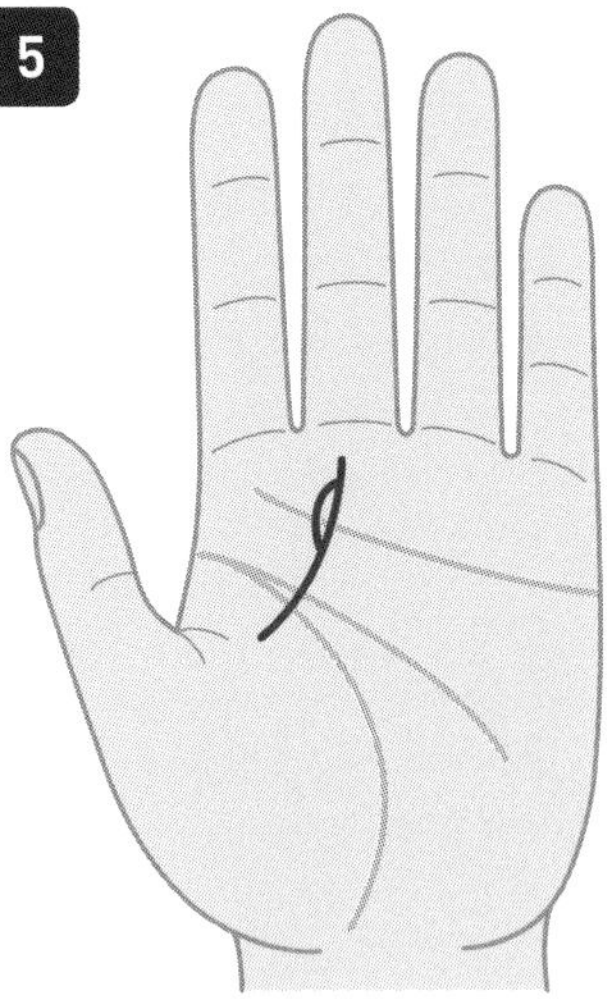

性愛線に島がある

8

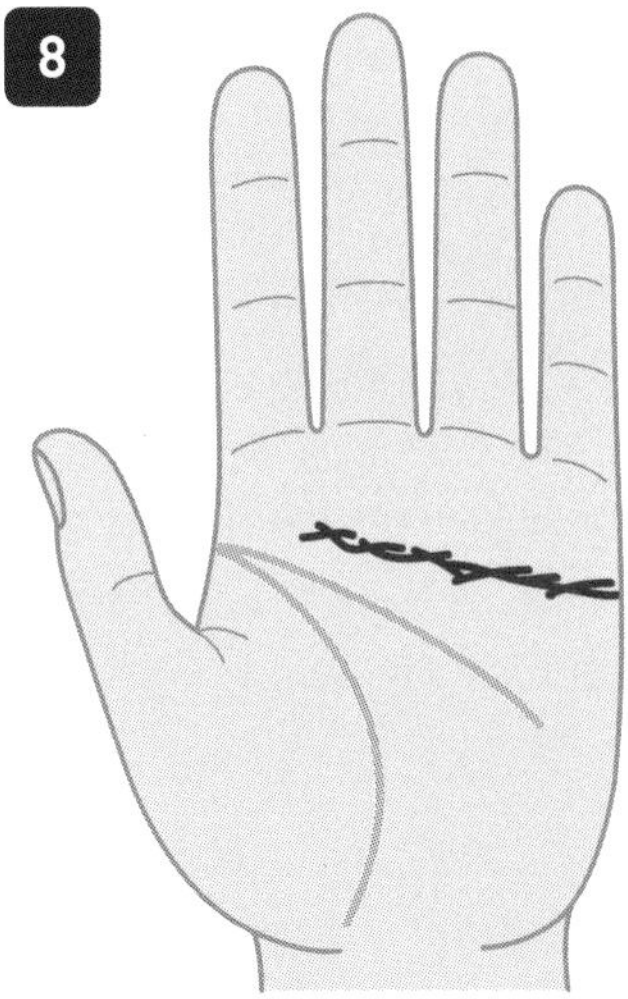

感情線が全体的に鎖状

6

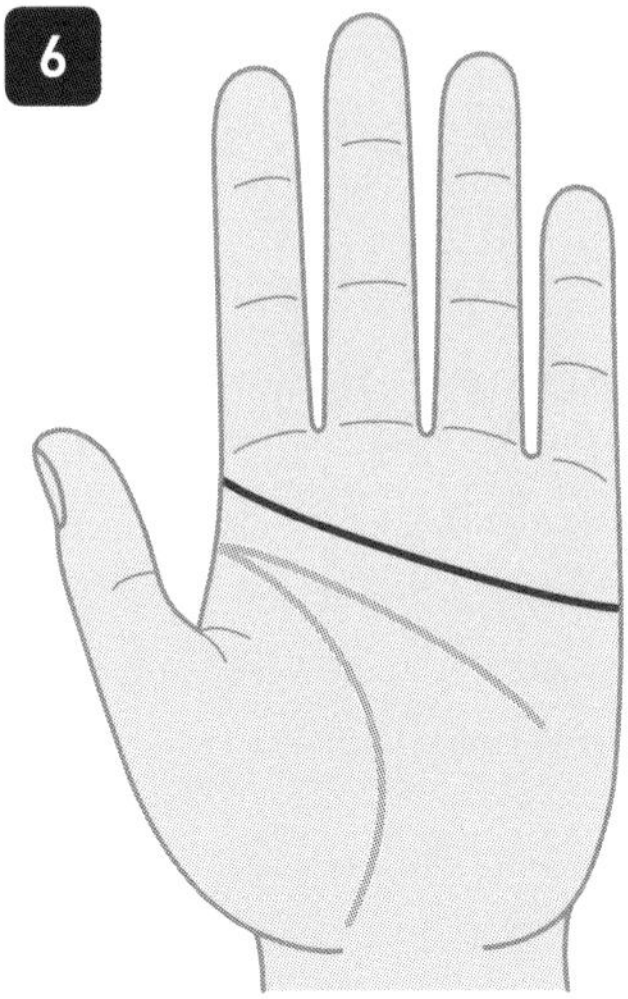

感情線が、手のひらの
端まで伸びている

＼ 鑑定結果は次のページをチェック！ ／

1 硬派で真面目な「カタブツ」タイプ

感情線の先端が二股《ふたまた》に分かれているのは、いわゆるカタブツな人。とても真面目なうえに、何事にも慎重に取り組む人。なかなか恋愛モードにならないうえ、つき合う気持ちのない相手と、気軽にデートを楽しむなんてもってのほか。交際も、結婚前提と考える硬いタイプです。

この手相の人を落とすには

この手相の人は、浮気とは無縁。さらに相手の浮気も許せません。それを心しておきましょう。愛情表現が苦手なので、「察しのよさ」も、良好な関係を築くポイントです。

2 恋愛にクールで遊び上手なタイプ

生命線の内側に、縦横の細い影響線が多数出ているのは「遊び上手」な人。複数の異性とうまくおつき合いをするタイプです。ちなみに感情線が中指の下で終わっている（➡102ページ上）人も、情に流されずに割り切った交際をする人。この手相には、「恋より仕事」という人も多く見られます。

この手相の人を落とすには

本気で好きになってしまうと、ちょっぴりやっかいな相手です。「相手も遊びのつもりかも」くらいに気持ちの余裕を持ちながら、こちらも、ほどよい距離を保ちましょう。

3 情が深くて惚れっぽいタイプ

金星帯《きんせいたい》が切れ切れになっていると同時に感情線が鎖《くさり》状の場合は、異性に情が深く、のめり込んでしまうタイプです。Hが大好きな一面も。感情表現がストレートすぎて、相手を困惑させることもあります。しかし、繊細な面を持つので、相手のちょっとした言動や行動に一喜一憂します。

この手相の人を落とすには

よくいえば「一途」、悪くいえば「うっとうしい」タイプ。軽い気持ちでいったつもりが、相手は重大なことに感じている場面も少なくありません。ことばや態度は慎重さを心がけて。

4 気まぐれで恋が長続きしないタイプ

運命線と感情線が合流して中指へ向かう手相は、惚れっぽく、冷めやすい人。運命線の起点が月丘なら、よりこの傾向が強いでしょう。異性の魅力を見つけるのが得意なので、あっという間に恋に落ちて、すぐに冷めます。金星帯（➡195ページ）が切れ切れな場合も、同様の傾向があります。

この手相の人を落とすには

結婚をしても、夫や妻以外の人を好きになることが。このタイプとつき合うなら、自分はどっしり構えて、熱したら冷めるまで待てるかどうかを、よく考えてみる必要があります。

7 相手に徹底的に尽くすタイプ

感情線の先が人差し指のつけ根まで届くのは、献身的な愛情を注ぐ人。線全体が太かったり鎖状なら、この傾向はより強まります。男性なら、女性を崇拝したり、知能線の勢いがないと相手の言いなりになることも。女性なら、徹底的に尽くすあまり、お金やものを貢ぐケースもあります。

この手相の人を落とすには

お互い、本来の純粋な気持ちを大切にした対等なつき合いができるかどうかが、よい関係を続けるコツ。反対に、この手相を持つ人は、悪い相手にひっかからないよう注意して。

8 なぜか恋人が途切れないタイプ

感情線が全体にわたって鎖状になっている手相は、多感で惚れっぽいタイプ。とくに女性に多く見かけます。この手相の女性は、とくに美人というわけでなくてもなぜか男性の心をくすぐる、つまりモテるのです。本人も新しい恋には貪欲なので、たくさん恋を経験する傾向にあります。

この手相の人を落とすには

惚れっぽく気分が変わりやすいので、辛抱強く愛を育てる努力を重ねましょう。とくに男性でこの手相の場合、情熱が長続きせず、ついほかの異性に目が行ってしまうことも。

5 Hが大好きな浮気者タイプ

性愛線が出ている人は、セックス過多の傾向が見られます。なかでも、性愛線に島があるのは、「誘惑に弱い」タイプ。とくに、セックスの面で乱れやすい傾向にあります。ちなみに、金星帯が切れ切れで感情線が鎖状（➡196ページ下）の人も、快楽を求めてセックスにおぼれるタイプです。

この手相の人を落とすには

誘惑されると、断れずに一線を越えてしまうことがあります。雰囲気に流されて、浮気を重ねてしまうタイプなので、ライバルに誘惑されないよう、しっかり見張っておきましょう。

6 嫉妬深い束縛タイプ

感情線が手のひらを端から端まで横切るように伸びているのは、束縛が強い人。つまり、「やきもち焼き」です。恋人の行動は、自分がすべて把握していないと安心できないタイプです。思い込みが激しく、ありもしないことを想像して嫉妬の炎を燃やしたり、恋人の話を疑うこともあります。

この手相の人を落とすには

嫉妬は愛情表現のひとつでもありますが、つき合いが進むにつれて、携帯電話・スマホのチェックや行動の監視など、ストーカーまがいの行動に出る人もいるので、注意しましょう。

チャンスを見逃さない！ 恋愛運UPのサイン

手相から、その人の恋愛傾向がわかります。気になる人の手相をチェックしてアプローチ法を探りましょう。

手相で「モテ度」がわかる

手相には、あなた自身の恋愛の傾向だけでなく、あなたが周囲にどう思われているかも現れます。**手相には、見た目ではなくその人の持って生まれた魅力や運勢が現れるため、**そこからモテ度が判断できるのです。

下で紹介するのは、周囲を引きつける魅力あふれた手相。ただし、恋愛のチャンスが多い分、トラブルの危険度も高め。せっかくのモテ相を台無しにしないよう、恋のチャンスを生かしたいですね。

異性にモテる手相

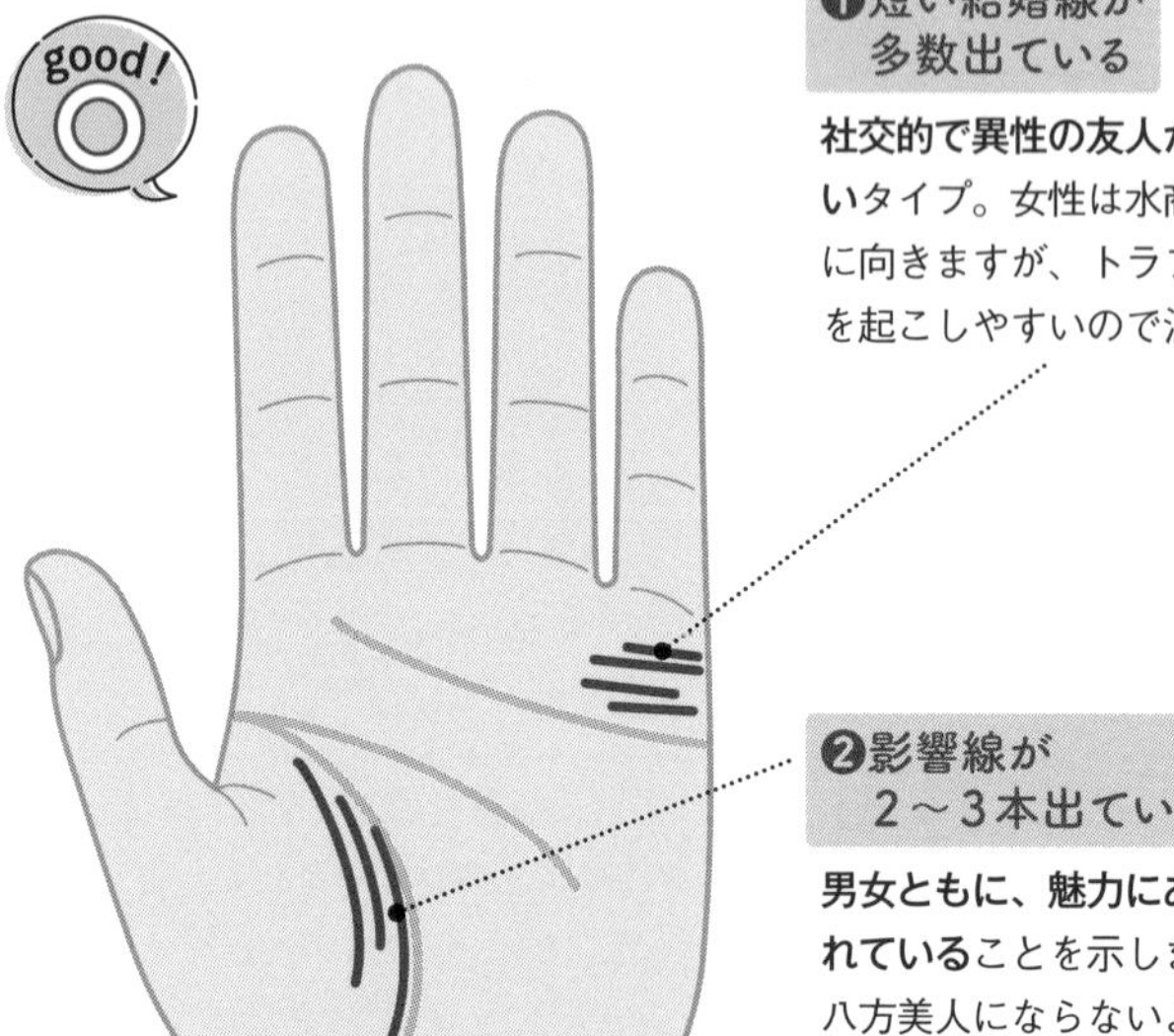

❶短い結婚線が多数出ている

社交的で異性の友人が多いタイプ。女性は水商売に向きますが、トラブルを起こしやすいので注意。

❷影響線が2～3本出ている

男女ともに、魅力にあふれていることを示します。八方美人にならないよう気をつけて。

手の形からもわかる恋愛傾向

手相の線だけでなく、手の形からもその人の恋愛傾向がわかります。さっそくチェックしてみましょう。

親指が長く、後ろに反る人は、相手の気持ちを見抜くのが早いので、恋愛のチャンスを逃しません。**小指が薬指の第1指節の筋よりも長い女性は**、おしゃべりや手紙などで人の心を動かすのが上手。すぐに恋人を作れるタイプです。

また、**金星丘の肉づきがよい人は**、とくに性的な魅力が豊富な人。大胆な行動で相手を魅了します。

手のひらの肉がとくに厚い人は若々しくセックスアピールがあり、長期にわたって相手を引きつけます。

恋愛上手な手の形

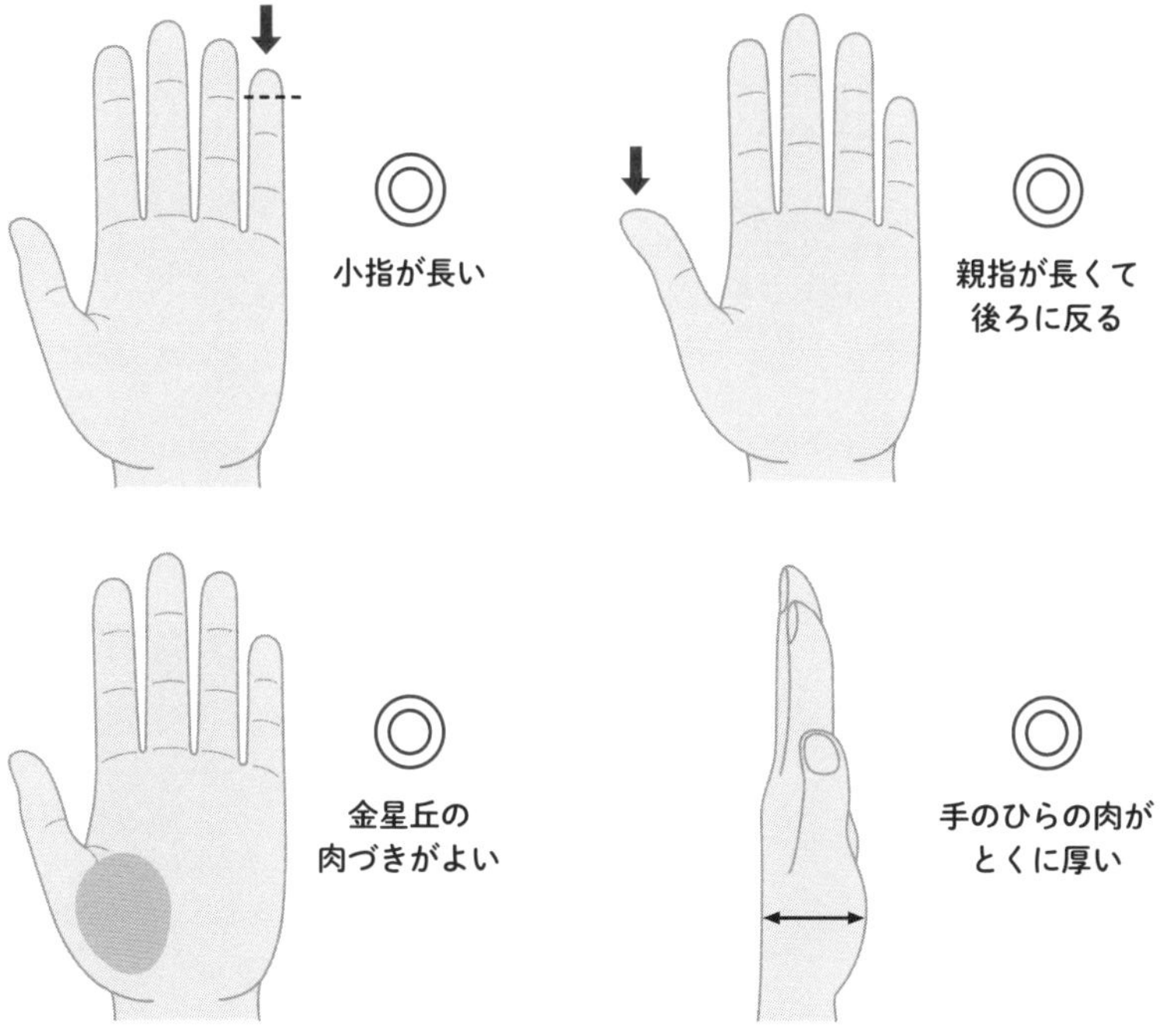

出会い運UPの手相

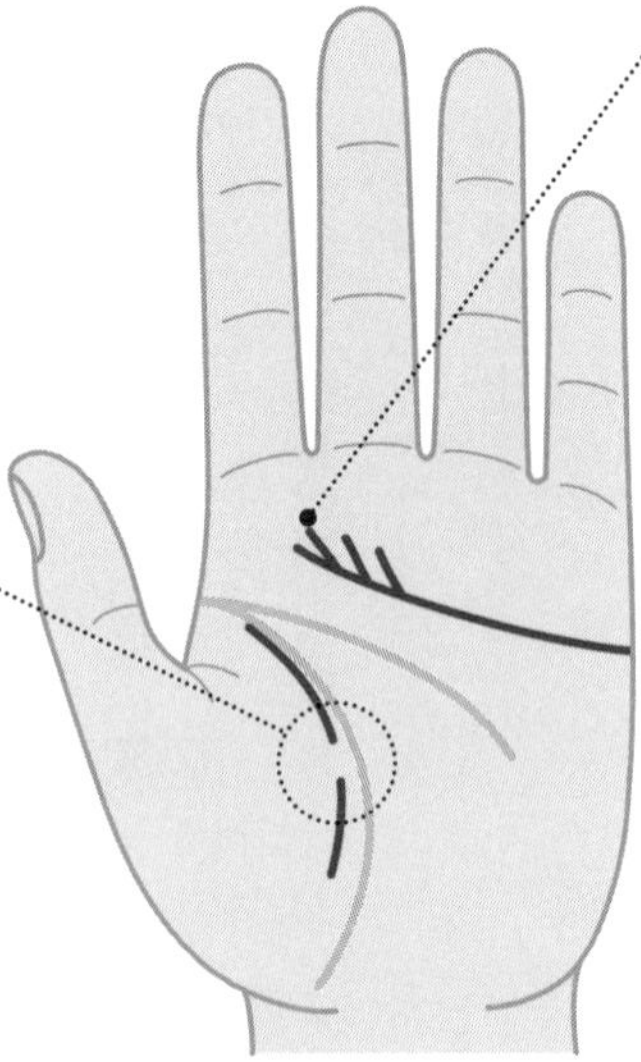

❶感情線に上向きの支線

だれかを好きになったり、新しい恋人ができたときに現れるのが、感情線から出る上向きの支線。**積極的に行動するうちに、結婚線もしっかり出てきます。**

❷影響線が途中で切れている

ことばの行き違いや、ささいな感情のもつれなどが原因で、**今の恋人との別れを暗示しますが、同時に新しい出会いがある**ことを示しています。

恋の終わりを表す手相

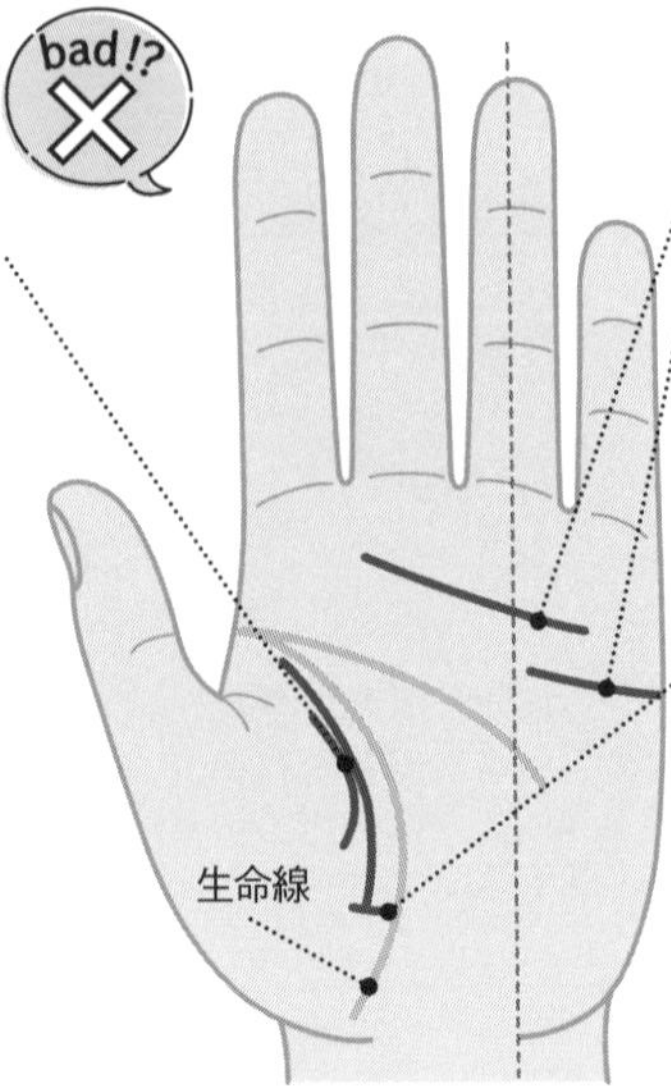

❶感情線が薬指や小指の下で切れている

自分のわがままが原因で、恋が終わる暗示。中指の下で切れている場合は、やむを得ない別れです。自分が原因の場合は努力次第で修正が可能です。

❷影響線が横線で止まる

転勤などやむを得ない理由で引き離され、そのまま別れるサイン。お互いを思いやる強い心が2人にあれば、別れを避けられるでしょう。

❸影響線が、下へいくほど生命線から離れる

恋人の気持ちがだんだん遠のくことを表します。線が長ければ、冷めた関係をずるずるひきずることに。改めて自分の気持ちを整理してみましょう。

恋愛トラブルを暗示する手相

❶感情線に星、四角、十字

星は憎しみや嫉妬による争い、四角は恋人とのトラブル、十字は幻滅や怒りの暗示です。2人の信頼関係がしっかりしていれば、乗り越えられます。

❹生命線の先端近くに三角形がある

2人から同時に愛され、三**角関係に悩む**サインです。

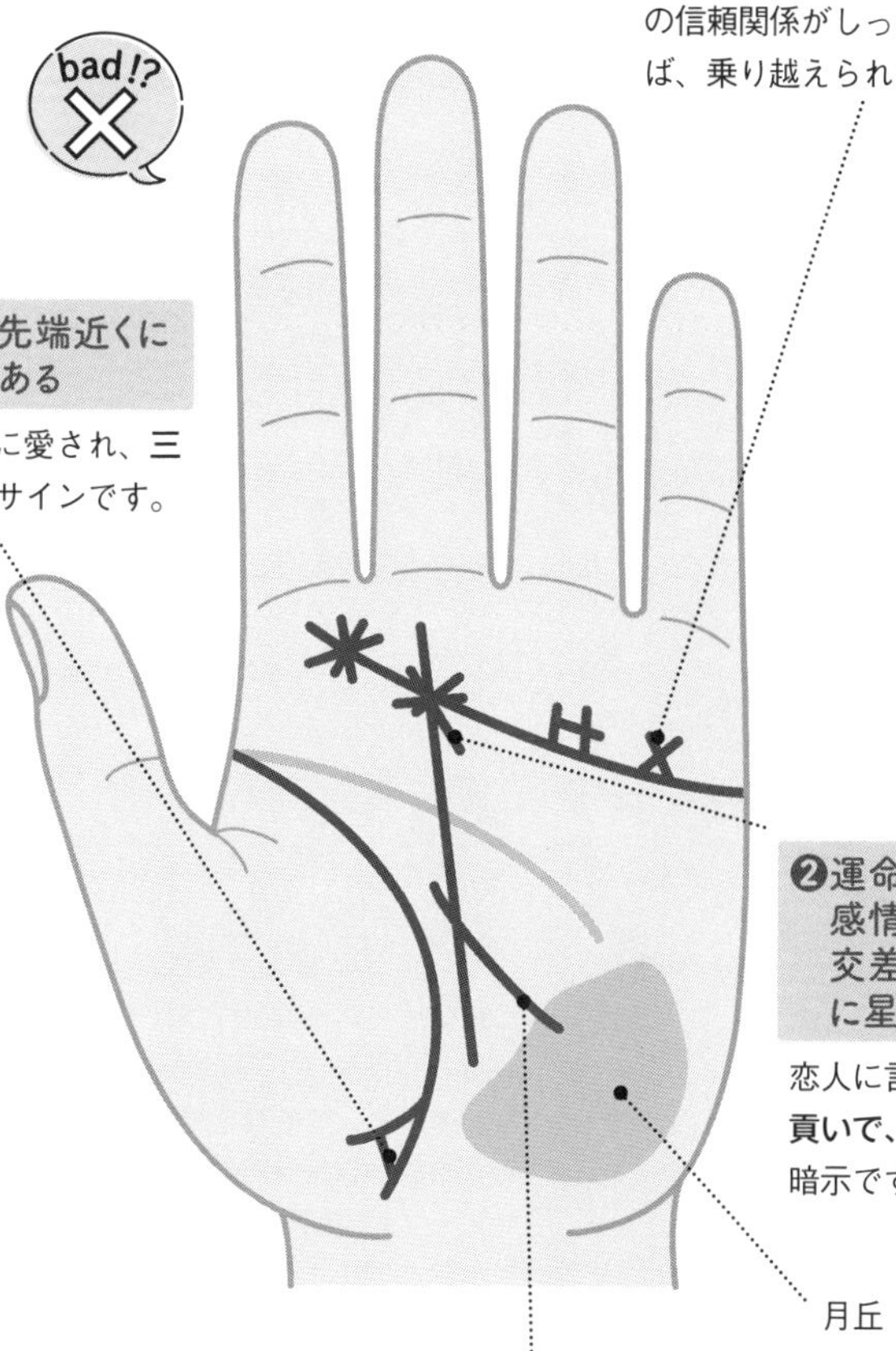

❷運命線と感情線が交差するところに星

恋人に言われるまま**貢いで、大金を失う**暗示です。

❸月丘からの線が運命線を横切る

男性なら、女性関係がもつれてトラブルに。女性なら、相手の浮気などで恋人との関係が悪化します。

開運アドバイス

トラブルに巻き込まれそうなときこそ一度冷静になり、問題の原因と自身の行動についてよく考えてみましょう。また、相手の気持ちを思いやることも大切です。

いつ結婚する？ どんな家庭を築く？

結婚の時期や、その後に築く家庭の様子も気になります。手相で占ってみましょう。

玉の輿(こし)・逆玉の輿にのる手相

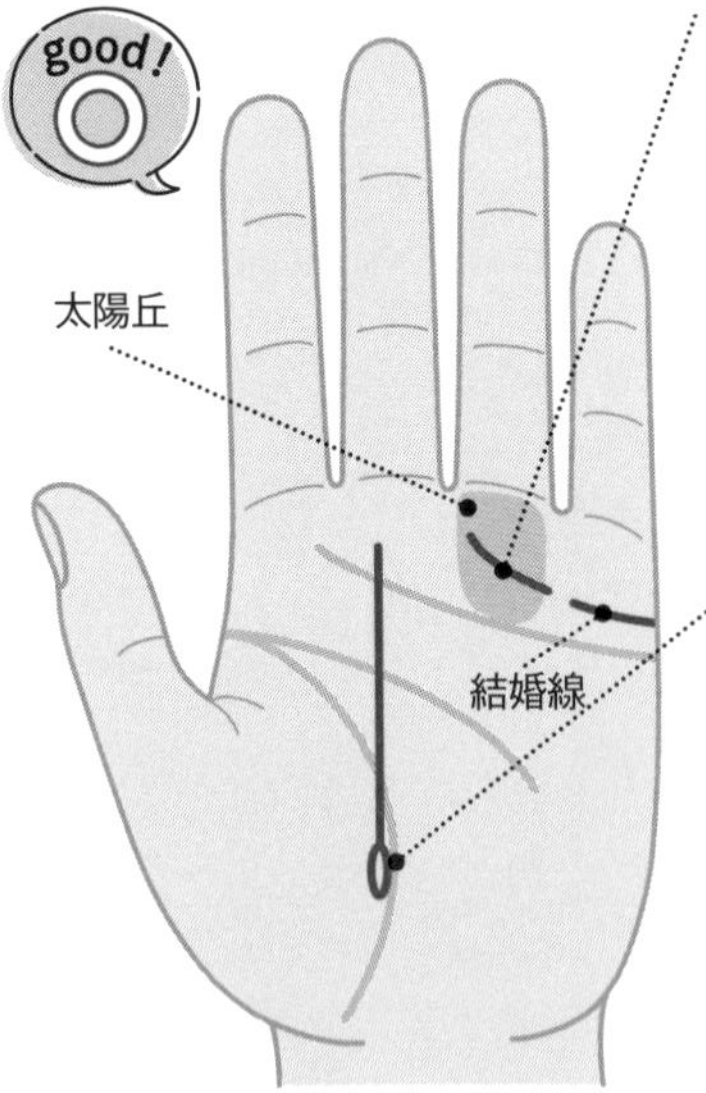

❶結婚線の先端から細い線が出て、太陽丘に入る

女性なら、**資産家や有名人との結婚**を表します。男性なら、結婚相手からパワーをもらえます。幸せな結婚が期待できる手相です。

❷運命線が生命線の内側から起こり、その下のほうに島

経済力や社会的地位のある相手と結ばれます。物質的にも恵まれた生活を送りますが、**夫婦というより、たとえば、愛人関係**のようになるでしょう。

結婚のタイミングはまだ先の手相

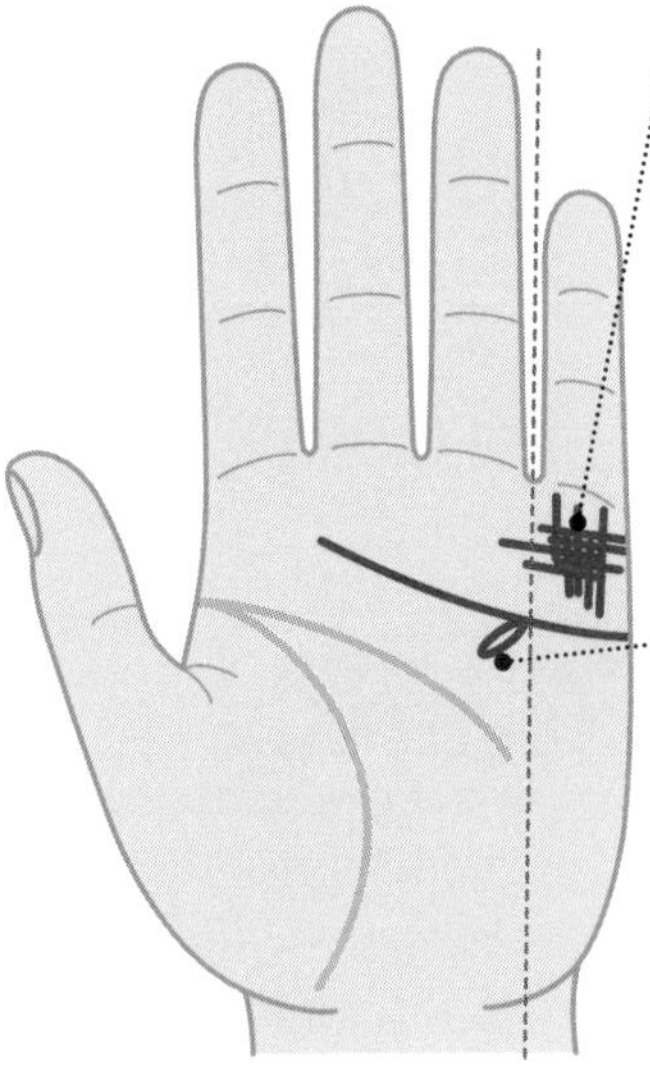

❶結婚線が格子《こうし》状

結婚線の出る場所に、細かい線がたくさん出て格子状になっているのは、**なかなか結婚につながらない**ことを暗示。結婚までもう少し時間がかかりそうです。

❷感情線に、斜めに島が出ている

感情線の下、小指と薬指の間に斜めに島があるのは、**恵まれない結婚**を意味します。早々の別離や、ときには不倫のケースも考えられます。

手相で結婚のタイミングを見極めよう

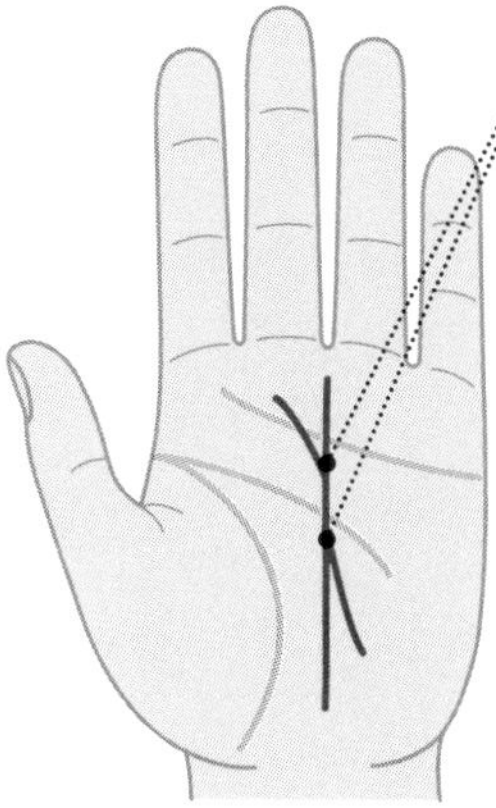

❶運命線から読み取る

運命線の流年《りゅうねん》を取り（➡17ページ）、下から斜めに上がる線と運命線との合流点、もしくは運命線から短い支線が出たその分かれ目が、結婚によい時期です。

❷生命線から読み取る

生命線から運命線が出ているなら、その起点が結婚のチャンス。また、影響線の起点（第一火星丘に近いほう）を生命線の流年に当てはめると、恋人ができる時期を知ることができます。

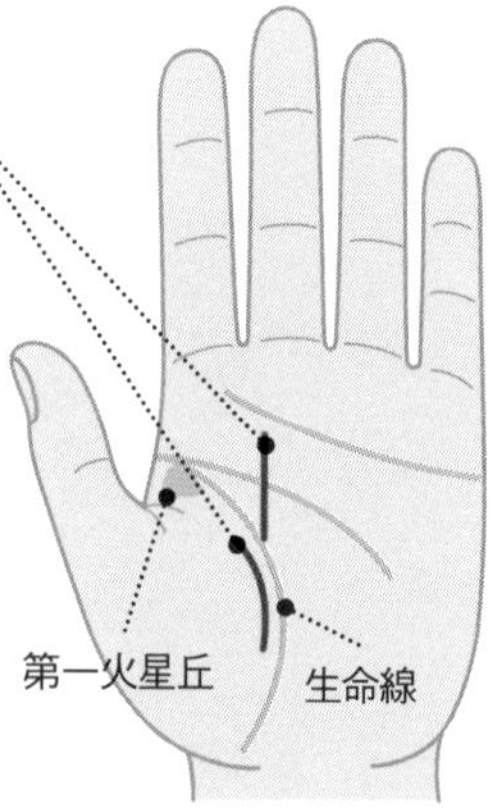

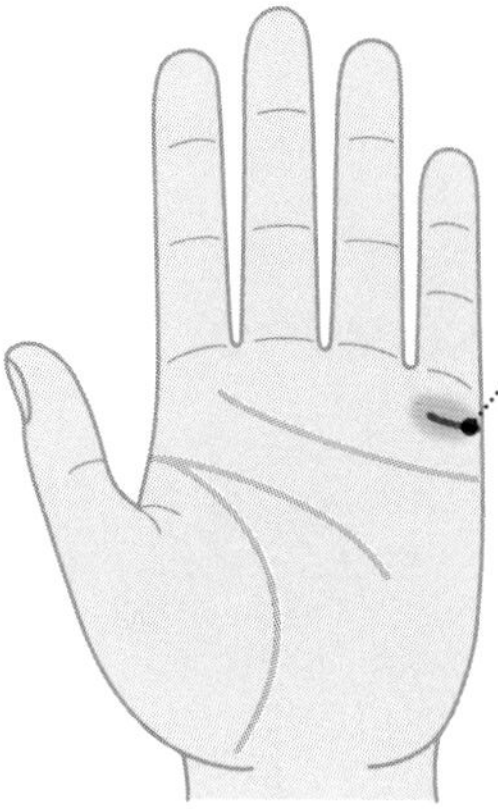

❸結婚線から読み取る

結婚線の周囲が、ほんのり赤く色づいてきたら、結婚の時期が近づいているサイン。ただし、結婚線の先端（薬指に近いほう）が縦線でさえぎられている場合は、今すぐには結婚に至らないでしょう。

幸せな結婚生活を送る手相

❶結婚線から出た上向きの線が太陽線と合流

有名な人との結婚を暗示します。幸せな結婚生活が送れるでしょう。

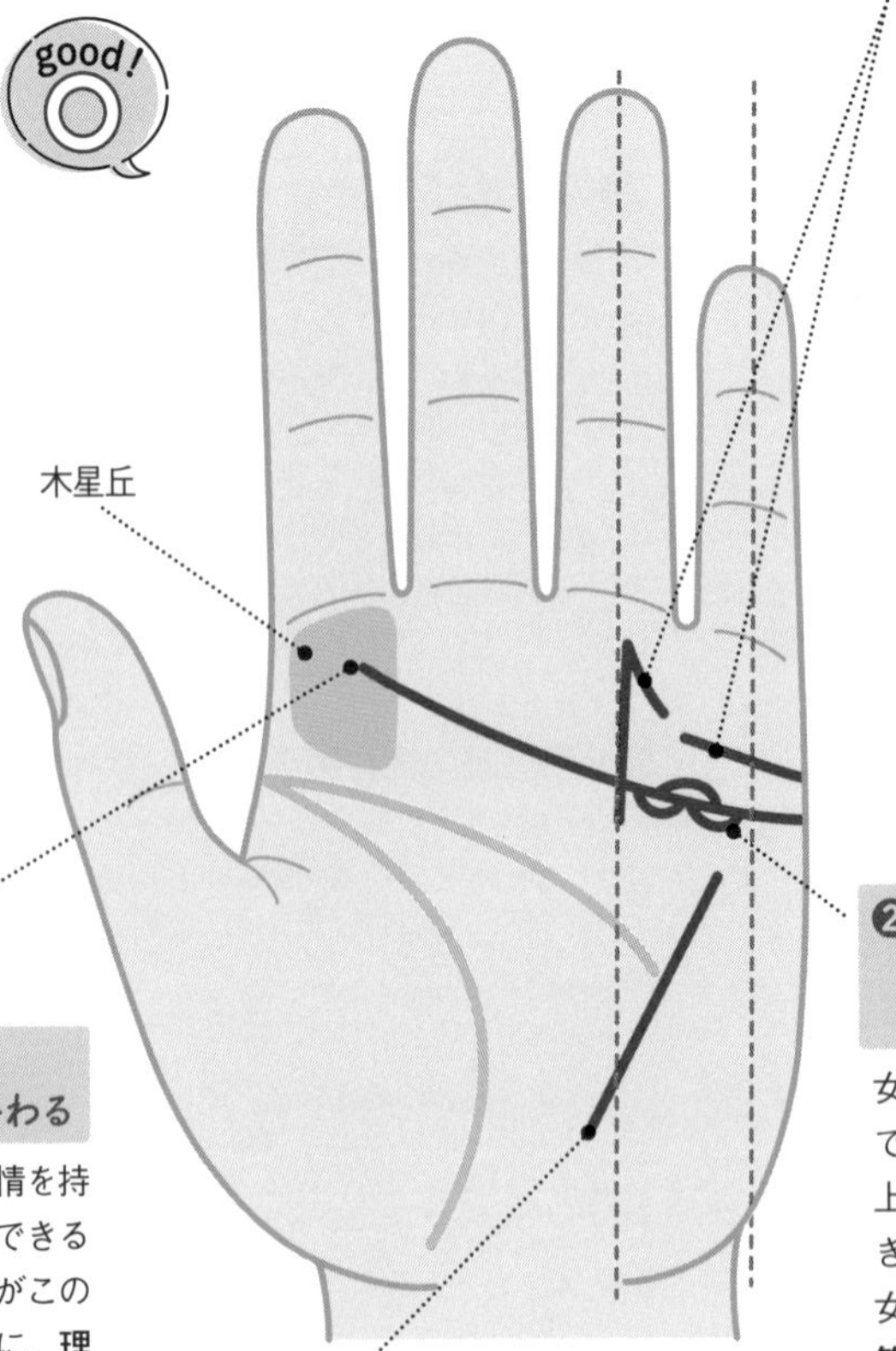

❷感情線の小指と薬指の間に3つの島がある

女性なら、気配りができ、人との関係を上手に築くことができます。この手相の女性と結婚したら、**笑顔の絶えない明るい家庭**が築けます。

❸健康線が一直線

一直線にはっきり刻まれた健康線は、健康的な魅力があることを示します。**人当たりのよさ**が幸運を呼び寄せるタイプ。**収入も安定**して、生活面での苦労はないでしょう。

❹感情線が木星丘で終わる

相手に純粋な愛情を持ち続けることができる手相です。恋人がこの手相なら、まさに、**理想の結婚相手**といえます。

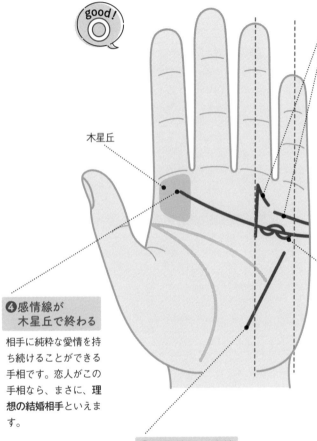

パートナー運を表す手相

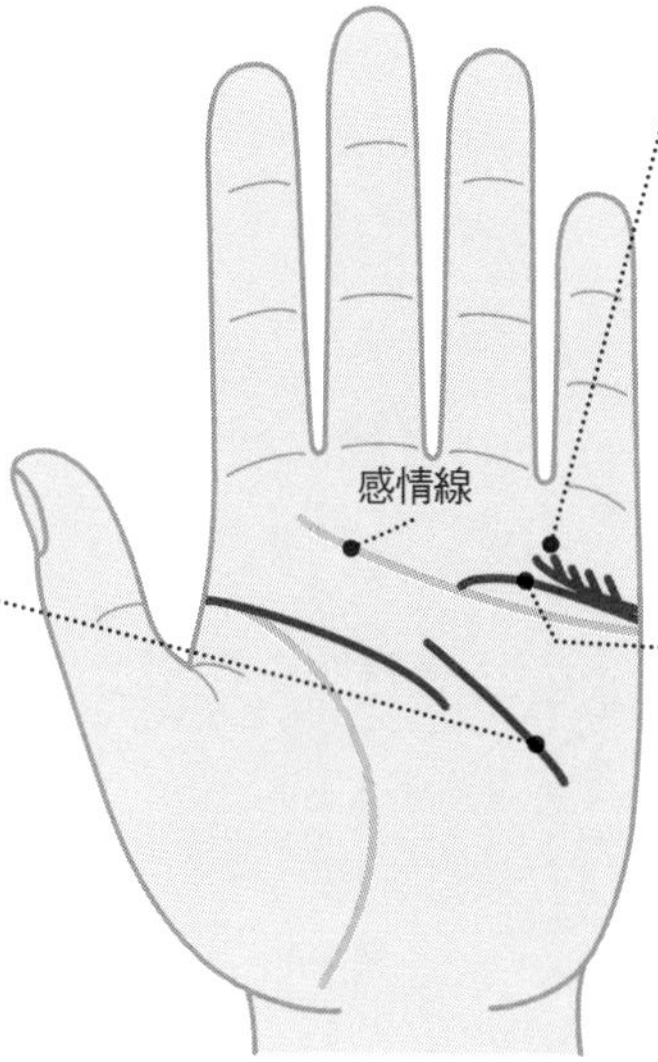

❶結婚線から上向きの細かい線

パートナーの運気を下げてしまう手相。もし自分の婚約者にこの手相が出ていたら、結婚は見合わせたほうが無難です。

❷結婚線がたれ下がり、感情線に接する

相手の欠点で、あなたの運勢まで下がる暗示。相手に不満はたくさんあるのですが、なぜか別れないケースが多い手相です。

❸知能線と感情線の間に斜めの線がある

最初の結婚は、不幸な結末に終わる手相。勢いに任せず、よく考えてからの行動を心がけて。

夫婦の危機を表す手相

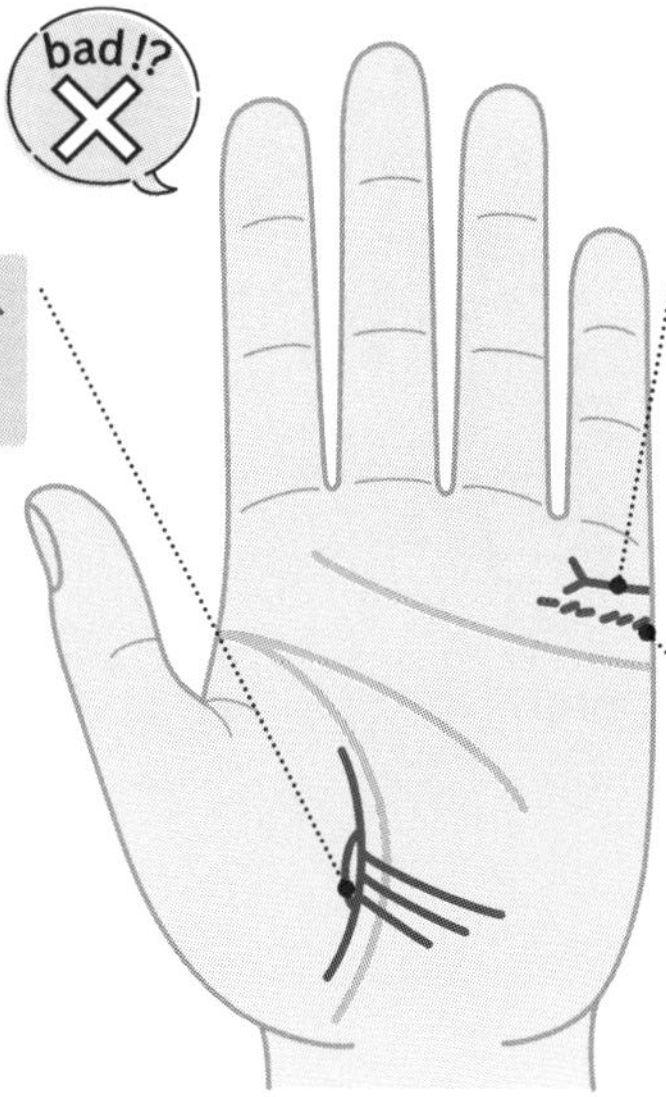

❶結婚線の先が二股《ふたまた》

別居や離婚、または夫婦間がセックスレスの状態であることを表します。一時的な危機であれば努力すべきですが、離婚に至るようなら心機一転、前へと進みましょう。

❷結婚線がギザギザ

夫婦仲がぎくしゃくすることを示します。鎖《くさり》状の結婚線も**夫婦の不仲**を暗示。謙虚な気持ちで自分に原因がないか考えてみましょう。

❸影響線に島があり、そこから横線が出ている

パートナーとの関係に疲れを感じているサインです。いつ破局を迎えてもおかしくない手相ですが、夫婦の関係を見直し、改善することで、線は変化します。

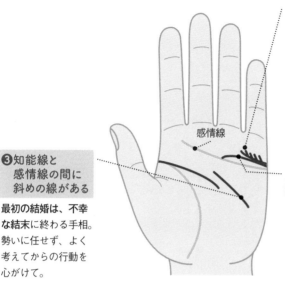

仕事運を知りたいときはここをチェック!

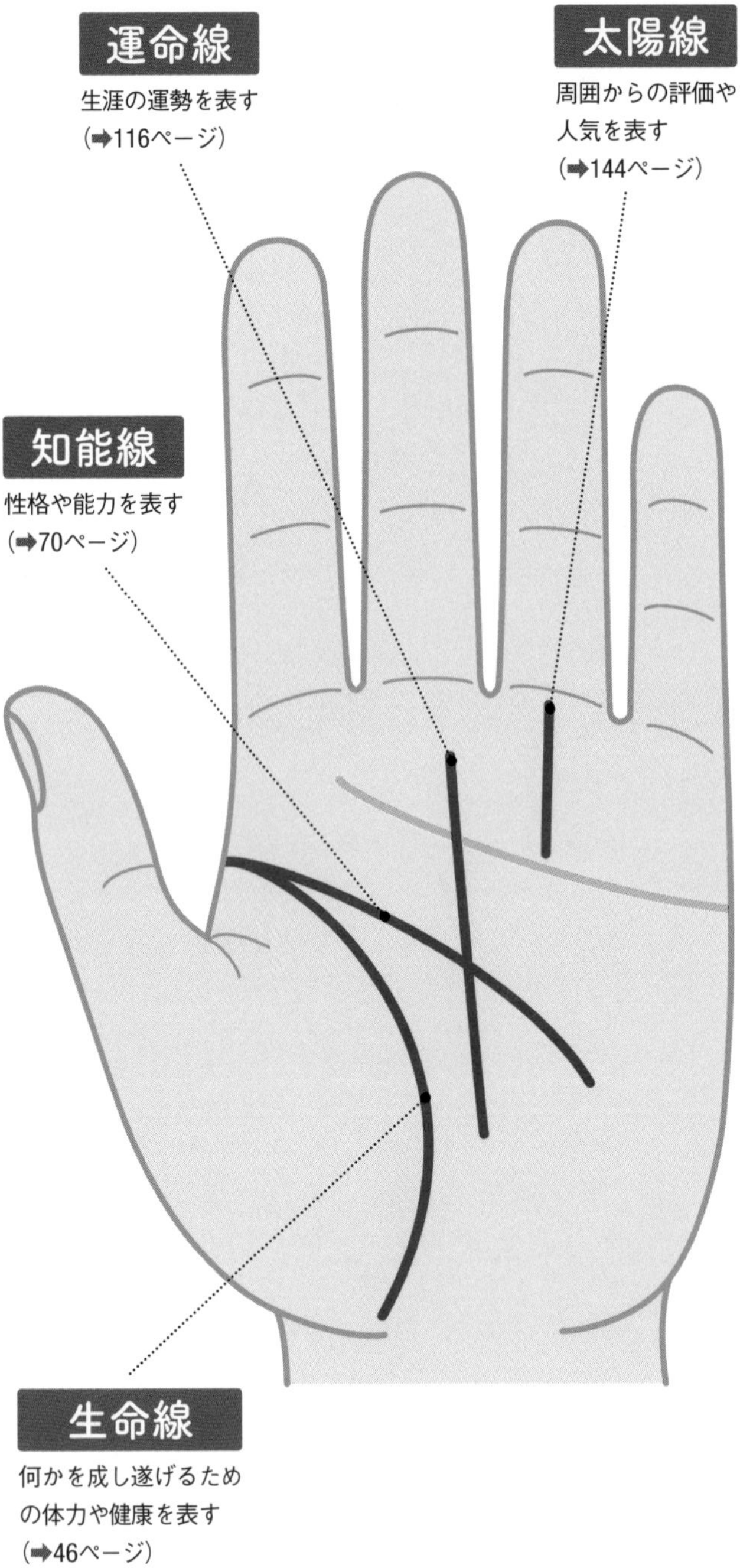
運命線
生涯の運勢を表す
(➡116ページ)
太陽線
周囲からの評価や人気を表す
(➡144ページ)
知能線
性格や能力を表す
(➡70ページ)
生命線
何かを成し遂げるための体力や健康を表す
(➡46ページ)

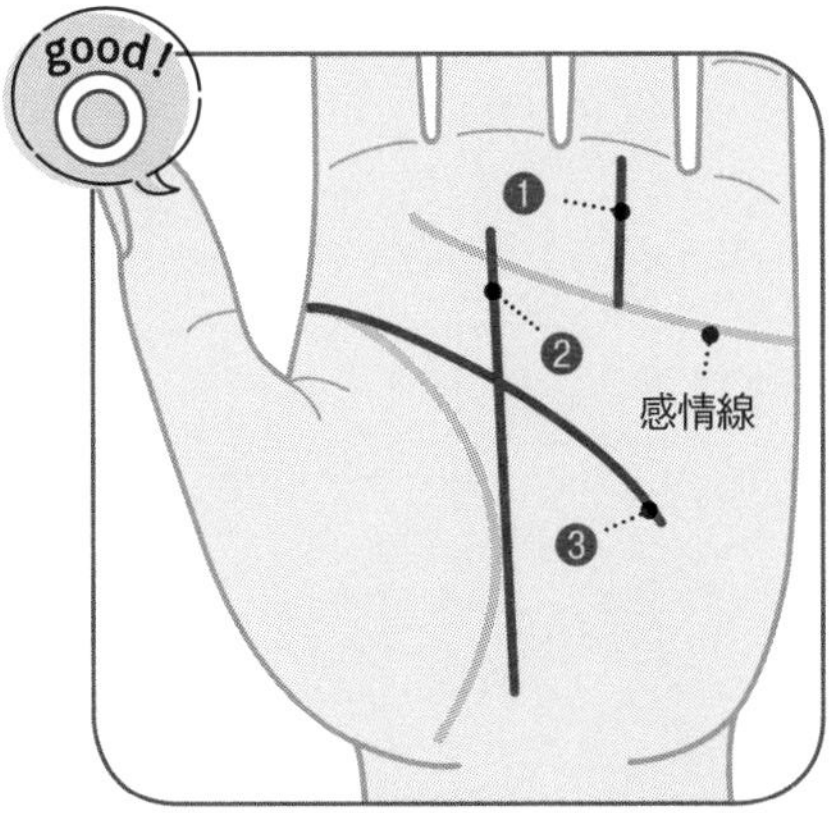

仕事運がよい手相はこれ！

❶太陽線が感情線の上に短く刻まれ、さえぎる横線がない

❷運命線が手首から中指のつけ根まで一直線に伸びる

❸知能線に勢いがあり、しっかり刻まれている

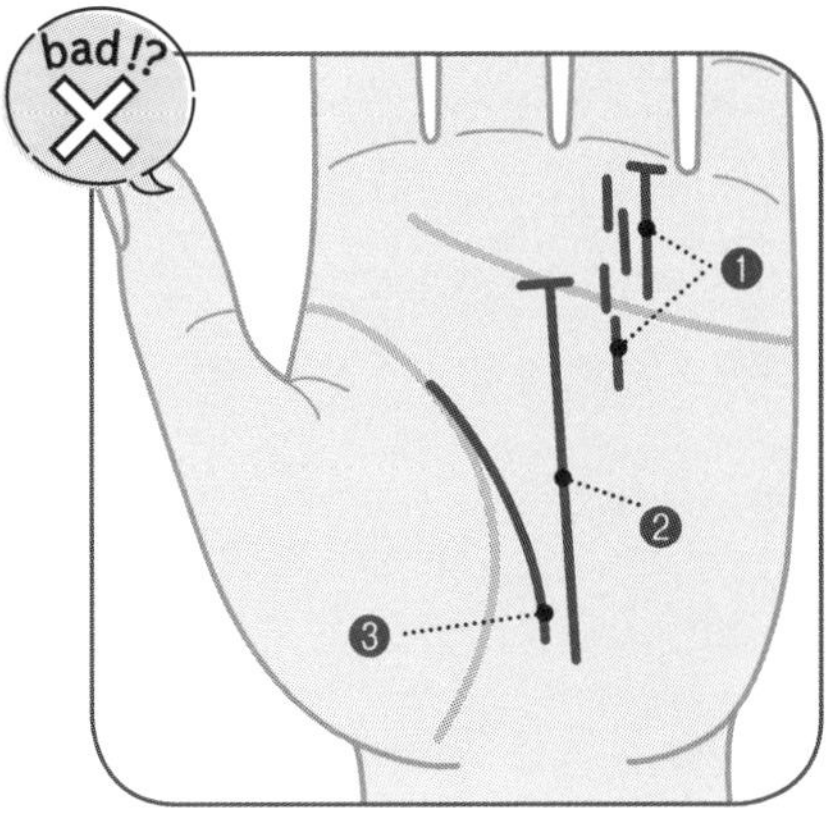

仕事運が不調な手相はこれ！

❶太陽線が切れ切れだったり、さえぎる横線がある

❷運命線の先端が横線にさえぎられている

❸知能線に勢いがない

仕事の向き・不向きとそのときの運勢をチェック

仕事をどんなに一所懸命がんばっても、そのときの運勢が悪かったり、自分に合わない方向に向かっているのでは、なかなか思うようにいきません。

まずは**知能線を見て、自分の性格や能力を知っておく**ことが必要です。次に、目標に向かって進むためには、体力があるかどうかも大切なポイント。こちらは、生命線でチェックしましょう。

さらに、**運命線を見ることで、現在やこれからの自分の運勢がわかります。**

また、**自分の才能や努力が周囲の人に認められるか、注目されるかどうかは、太陽線で読み取れます。**仕事が成功するかどうかを見る重要なポイントです。

手相で天職を見つけよう

知能線を調べることで、自分の能力を発揮できる仕事が見つかります。

マスコミ・ファッション関係に向く手相

知能線の起点が生命線から1〜2ミリ離れている手相は、流行にとても敏感な人。マスコミやファッション、広告業などがぴったりでしょう。だれからも好かれる明るい性格は、タレントにも向きます。

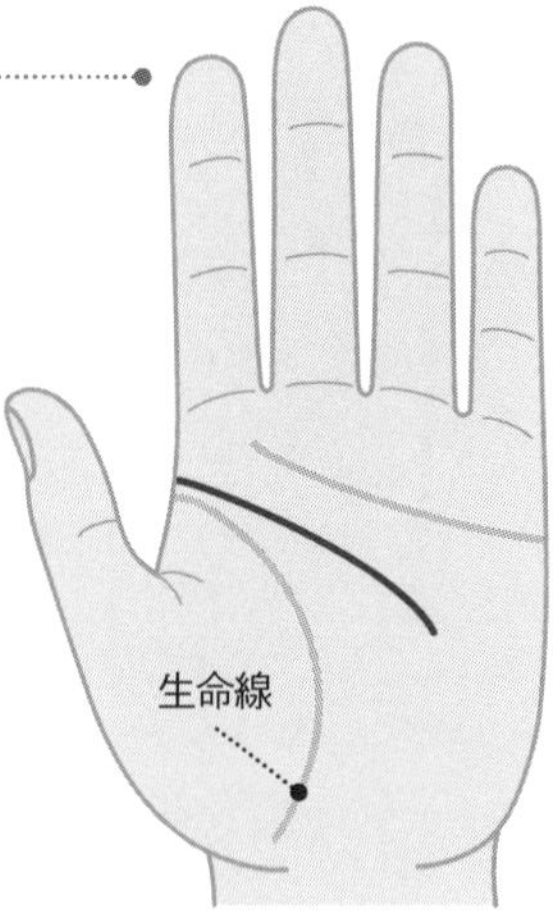

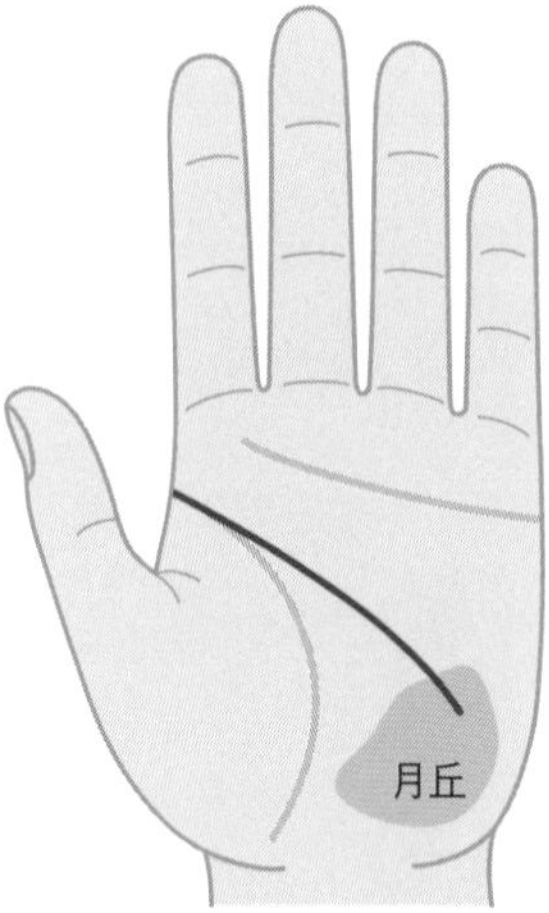

クリエイターに向く手相

知能線が標準よりやや下にあり、月丘まで伸びている人は、人生を楽しく過ごせる明るい性格の持ち主。好奇心が旺盛で、次々に新しいアイデアを生み出します。会社なら「企画部」など、創造性が求められる部署がぴったりです。

この手相もcheck!

知能線が中指の下で終わり、別の知能線が月丘まで伸びているのは、学術・芸術にくわしく、シャープな頭脳を持つ人。批評家や、キュレーターなどの仕事がぴったり。

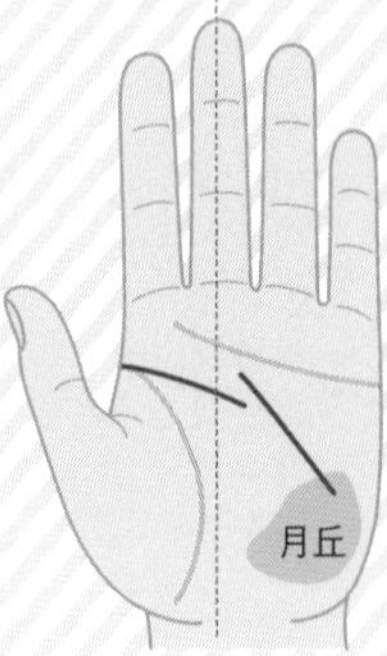

研究・技術職に向く手相

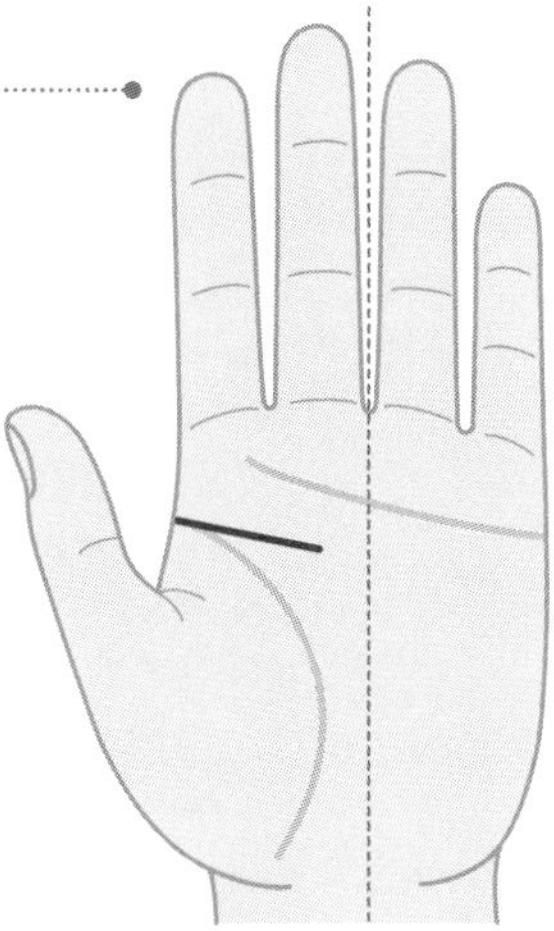

短くても勢いのある**知能線**は、緻密な作業や計算が得意なことを示します。仕事の細部もおろそかにしない几帳面な性格のため、じっくり研究を続けたり、正確さが求められる技術的な職業を選ぶのがおすすめ。細かいことによく気がつくため、周囲から信頼されます。サービス業にも向いています。

この手相もcheck!

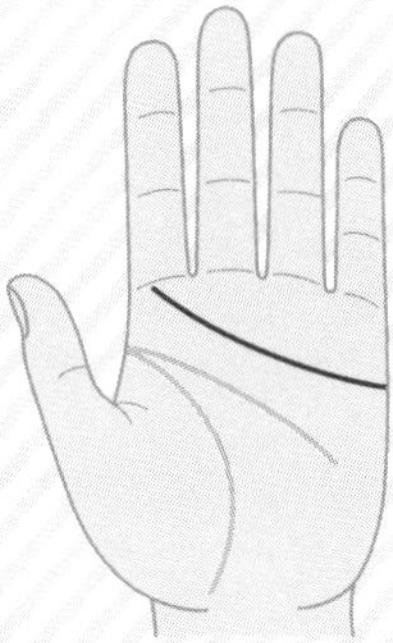

感情線が人さし指のつけ根まである人は、とても献身的な性格の持ち主。サービス業や医療関係など、人に尽くす職業に就くと、いきいきと能力を発揮できるタイプです。

金融関係の仕事に向く手相

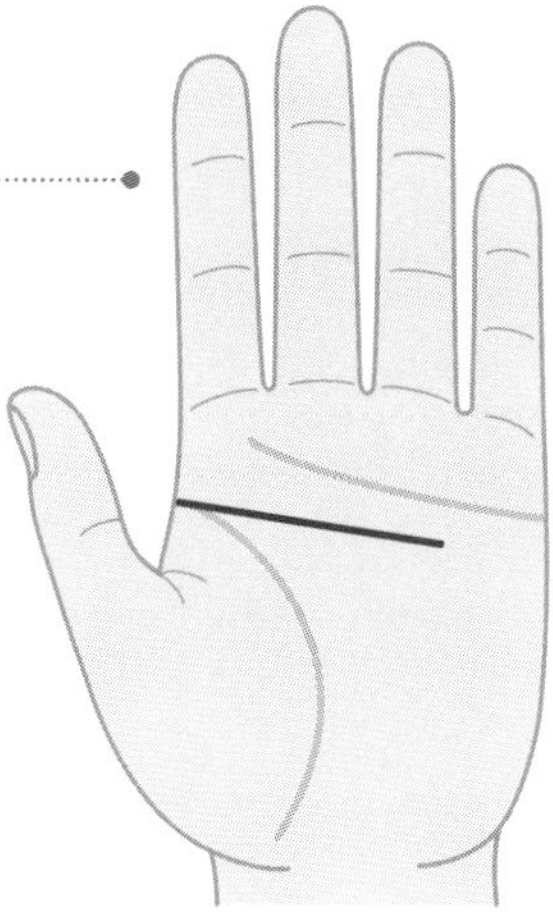

知能線がほぼ水平に伸びているのは、実利をいちばんに考える、合理的なタイプ。細やかな気づかいに欠ける難点はありますが、冷静に利益を追求するため、商売上手でもあります。抜群の実務能力を生かして会計士や税理士、会社なら経理部など、数字やお金を扱う仕事に就くと、十分に能力を発揮できるでしょう。

ベンチャー企業家 に向く手相

知能線が中指の下で2つに分かれ、一方が横に走り、もう一方が月丘のほうに伸びているのは、商売上手の手相。横線は世の中の事情に通じ損得勘定が得意なことを、月丘に伸びる線は発想力があることを意味します。センスと商才を生かしてベンチャー企業などを立ち上げたり、新たな事業を興せば、商売は繁盛するでしょう。

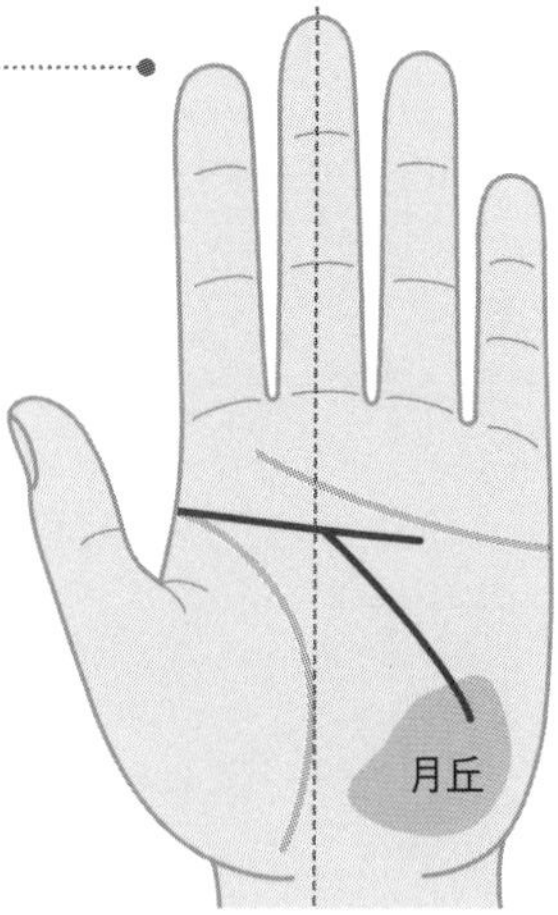

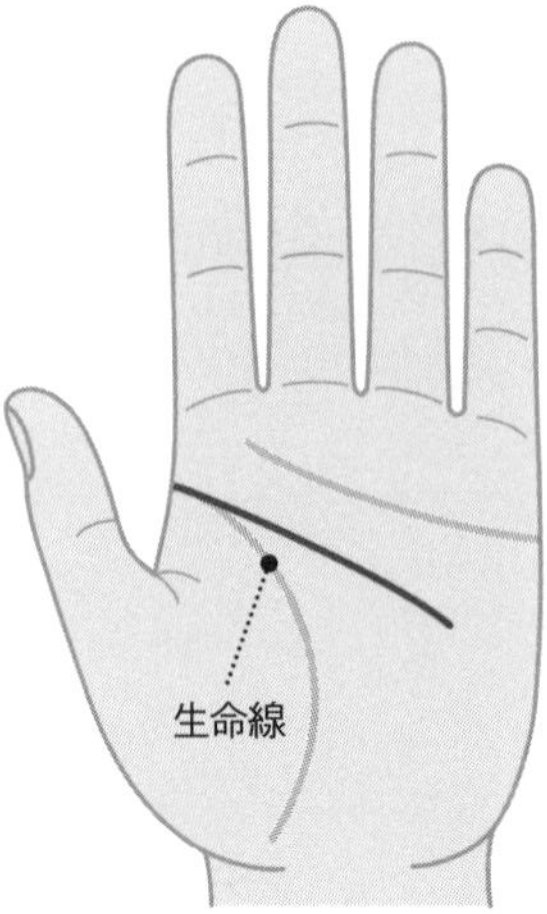

事務職 に向く手相

知能線と生命線の起点がくっついている人は、地に足のついたタイプ。几帳面にそつなく仕事をこなすので、組織にとっては欠かせない存在です。会社なら事務や総務部などの仕事を中心に活躍できるでしょう。派手さはありませんが周囲への気配りを忘れないタイプでもあるので、主婦（夫）なら家事や家計管理も上手にこなします。

この手相もcheck!

生命線に、第一火星丘から短い横線が出ている人も、とても几帳面な性格。事務処理能力の高さを生かせる仕事や洋裁など、手先の器用さが求められる仕事が向くでしょう。

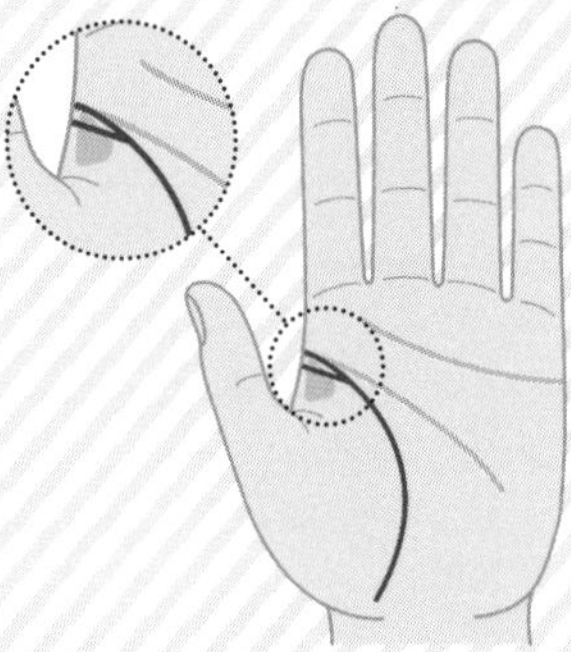

秘書に向く手相

知能線の起点が人差し指と中指の間から伸ばした線上、あるいは中指の下あたりの生命線上にある手相は、鋭い勘の持ち主で物事を効率よくこなせます。周囲への気配りも忘れない「気が利く」タイプなので、秘書などが適職です。人前で派手に活躍するのは苦手ですが、コツコツ仕上げる仕事が得意なので、裏方として活躍します。

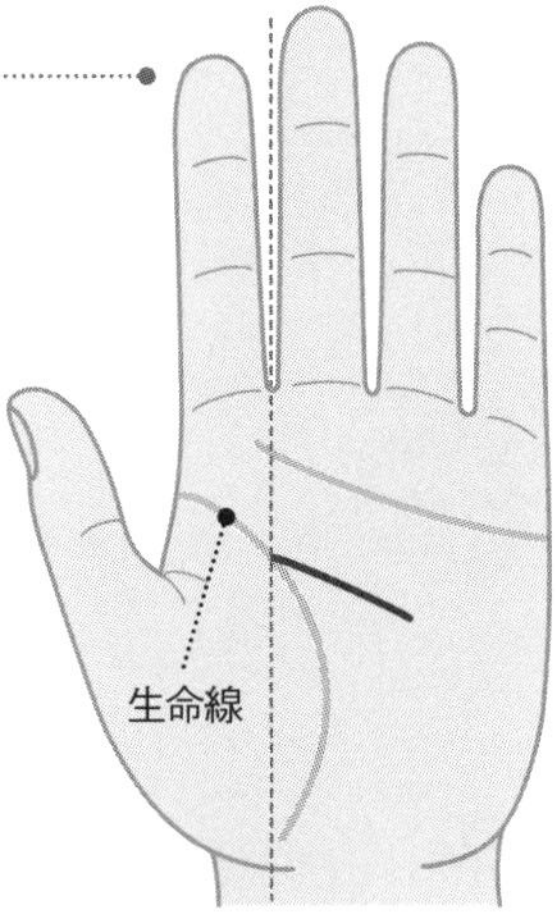

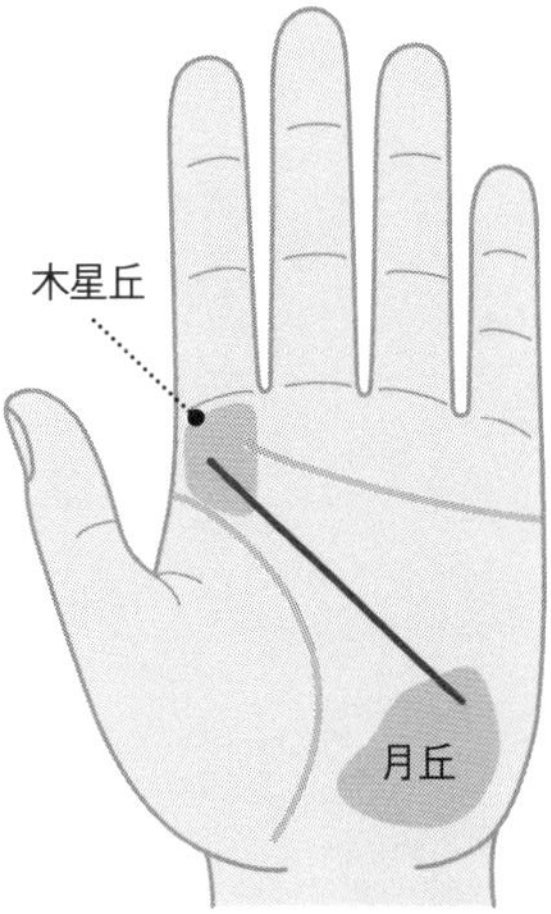

管理職に向く手相

知能線が、木星丘の中心から月丘までまっすぐに伸びているのは、政治力や、人を支配する力があることを表します。組織のリーダーなど、周囲を引っ張っていくような仕事に向いています。また、知能線が月丘に向かっているのは、センスにも恵まれていることを表すので、芸能や服飾関係の仕事でも成功するでしょう。

この手相もcheck！

運命線から木星丘に向かう支線がある場合も、すぐれたリーダー性を示します。向上心が強く、若いころから実力を発揮するタイプでしょう。リーダーに抜擢されるなど、先頭に立って働きます。

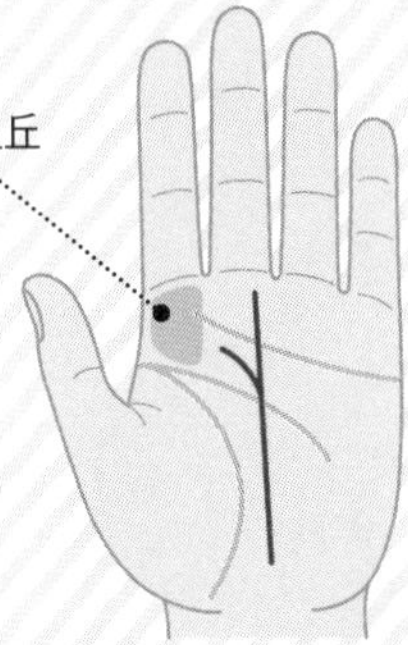

転職は？ 出世は？ 今と未来の仕事運が知りたい

自分の仕事は、これからどのような方向に進むのでしょう。さっそくチェック！

出世の可能性大！ の手相

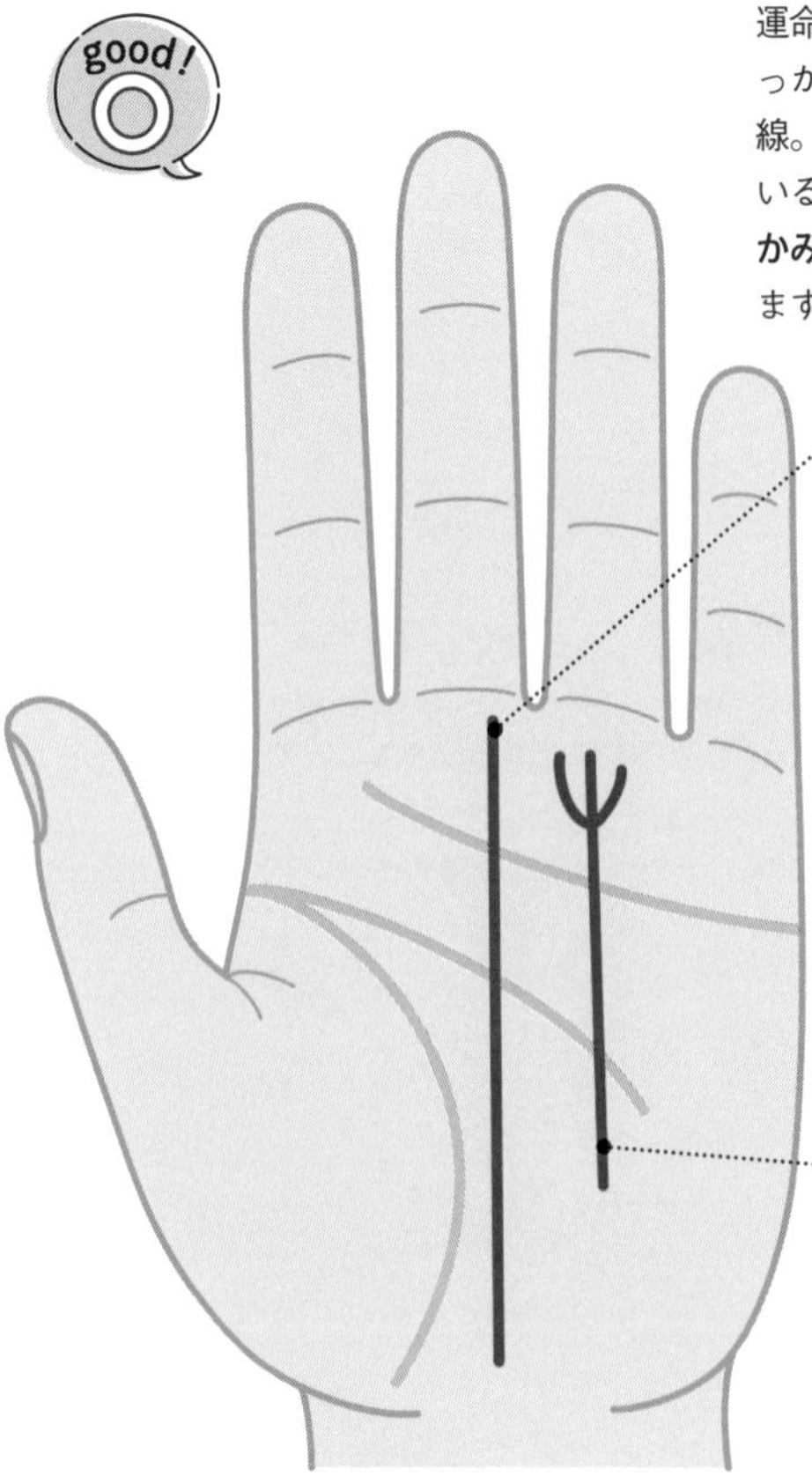

❶運命線が手首から中指つけ根まで一直線に刻まれる

運命線は、自分の進路がしっかり定まった人に現れる線。長くまっすぐに伸びている人は、**努力で成功をつかみ取る**強さと勢いを持ちます。

❷太陽線の先端がフォーク状

成功が目の前にあるサインです。今までツイていなかった人も、努力が報われ、運がどんどん開けていきます。高い地位や大きな名声を手に入れることができるでしょう。

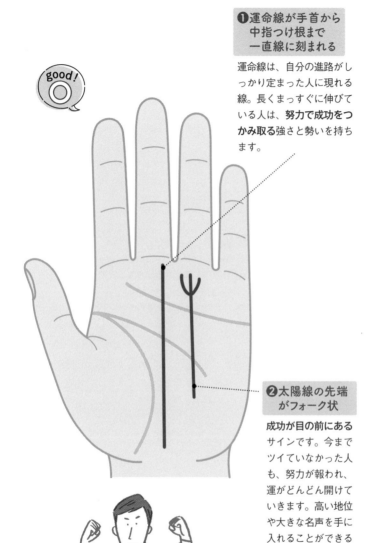

周囲の引き立てで成功する手相

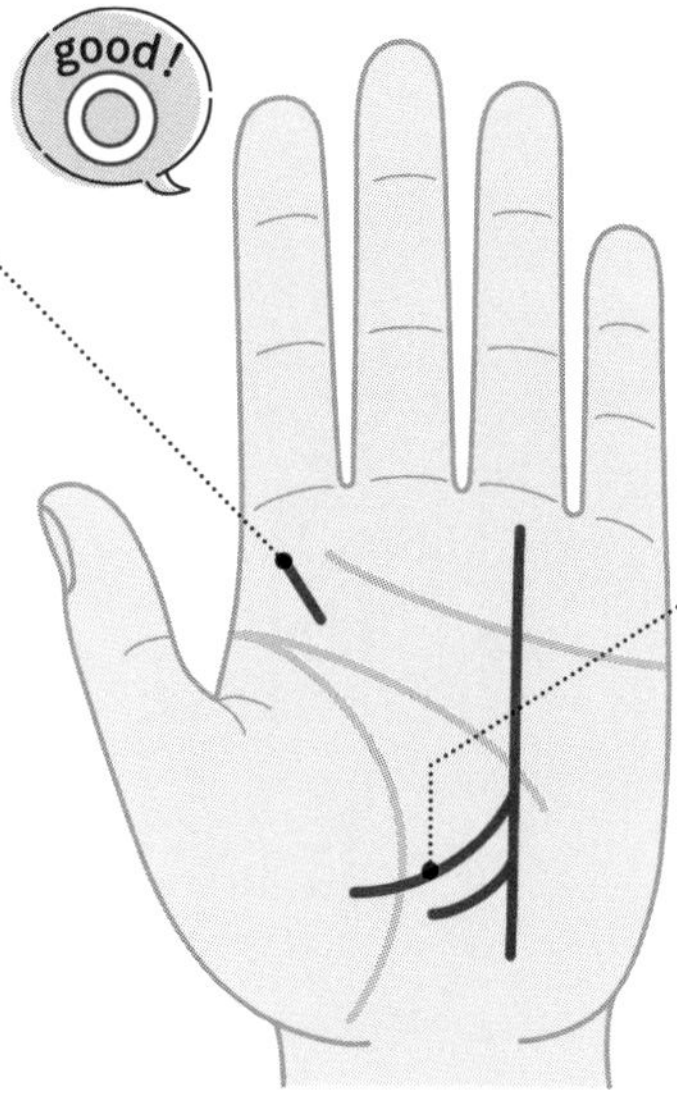

❶引き立て線が出ている

人差し指の下に斜めに伸びる引き立て線がある人は、**上司や先輩など、年上の人から引き立てられて、運が開けていきます。**

❷太陽線の支線が下から斜め上に伸びて合流

あなたの仕事を応援し、力を貸してくれる**有力者が現れる**サインです。このまま努力を続ければ、さらに幸運に恵まれるでしょう。

人生後半で成功する手相

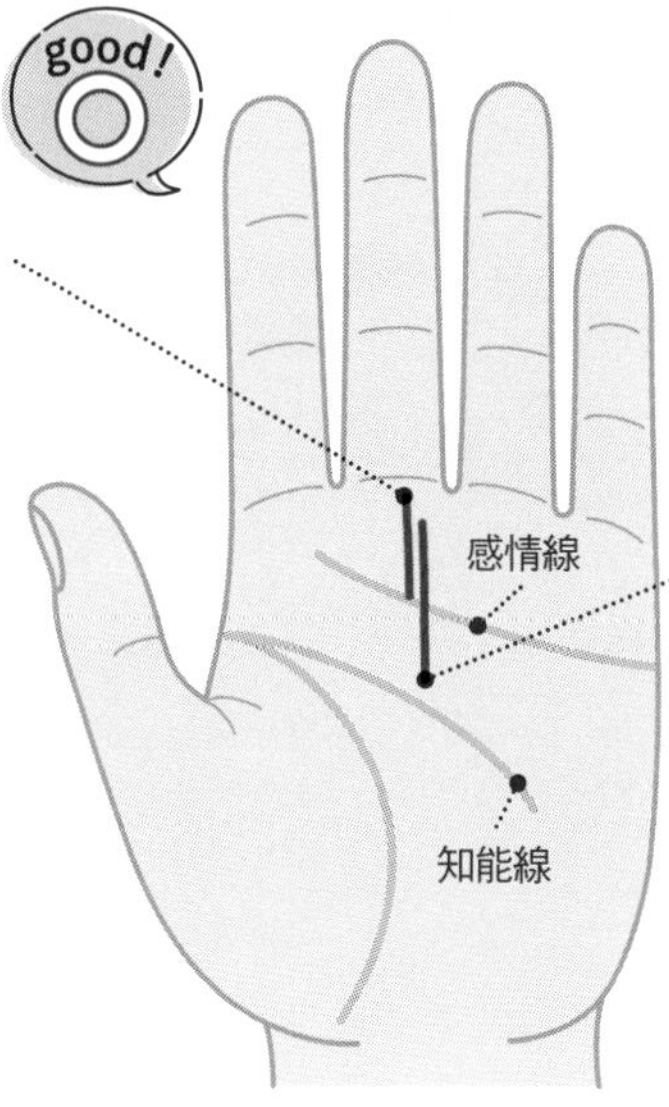

❶運命線が感情線の上部に深く刻まれる

感情線よりも上に運命線が深く刻まれているのは、**50歳くらいから忙しくなる**サインです。健康管理をしっかりして、その時期に備えましょう。

❷運命線の起点が手のひらの中央

予想外の展開で生活がガラリと変わる暗示。知能線がしっかりしていれば、努力が報われ、中年以降に責任の重い地位に就くといったケースが考えられます。

手相で転職や起業のタイミングを見極める

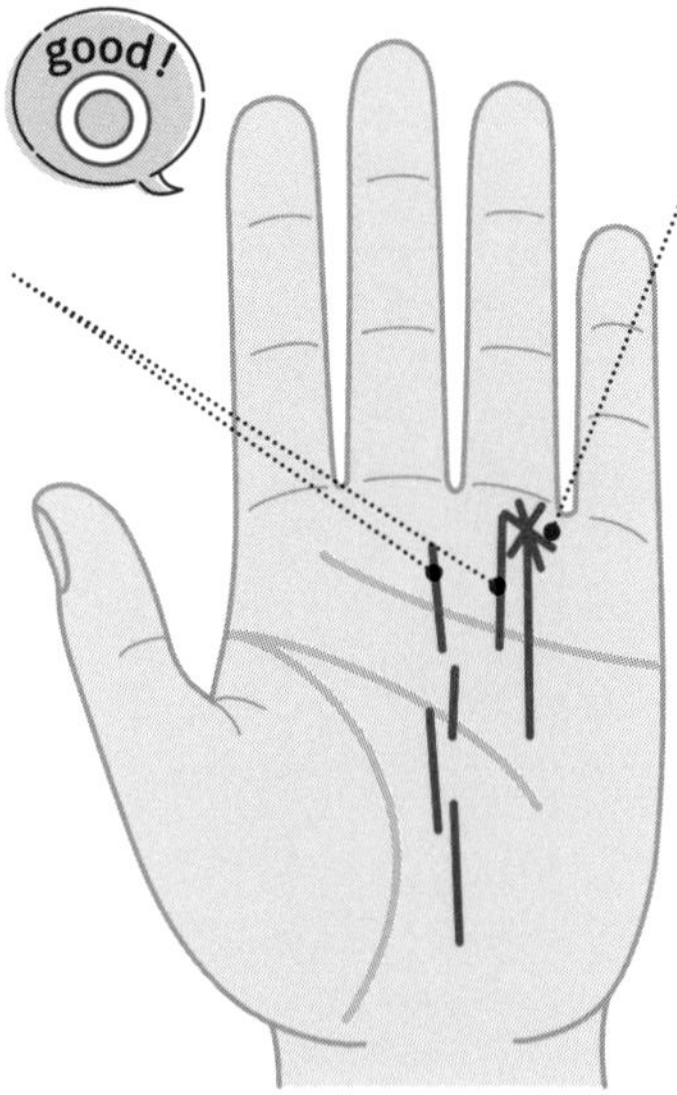

❶太陽線が薬指の下まで伸び、先端に星がある

薬指の下の太陽丘にある星は「幸運の星」。仕事運が急に好転し、運勢もグンとアップ。**転職のチャンス**です。

❷切れ切れの運命線&鮮やかな太陽線

切れ切れの運命線（左）は仕事や生活が安定しない表れですが、同時に鮮明な太陽線（右）が現れていれば大丈夫。周囲の人が盛り上げてくれて、**転機のたびに運気が上がります**。転職も心配ないでしょう。

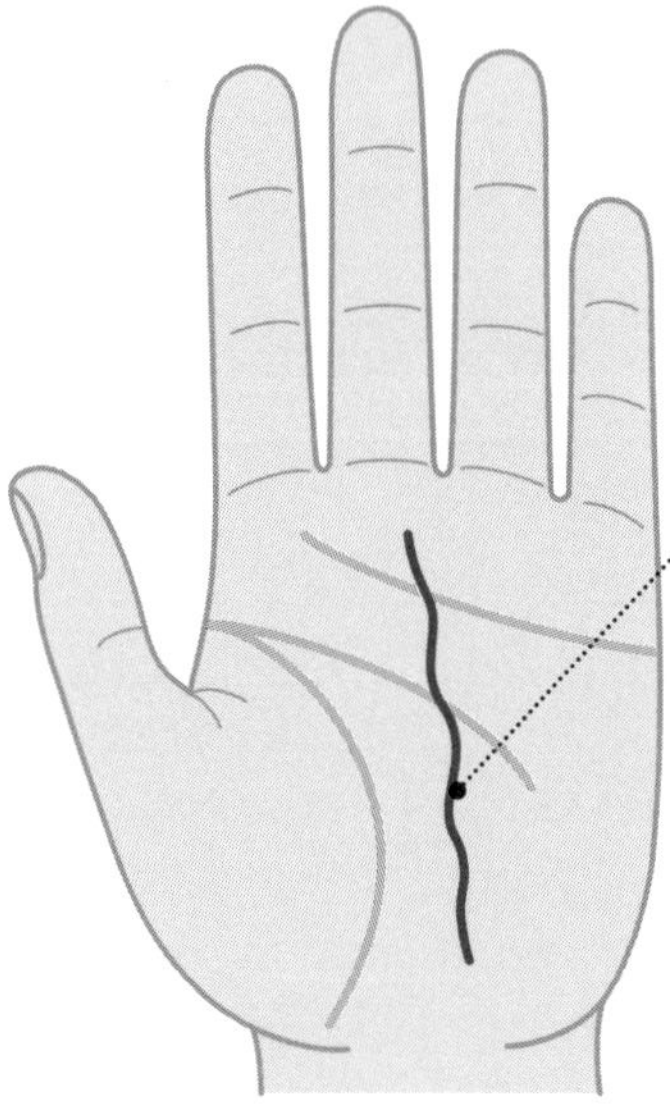

❸運命線が波型

波型に刻まれた運命線は、ふらふらと不安定な人生を表します。もともと生活力があまりなく、努力も苦手。**個人で事業を始めると、借金や失敗が重なりそう**です。会社員など、バックアップが得られて安定した仕事を選びましょう。

仕事運の不調を表す手相

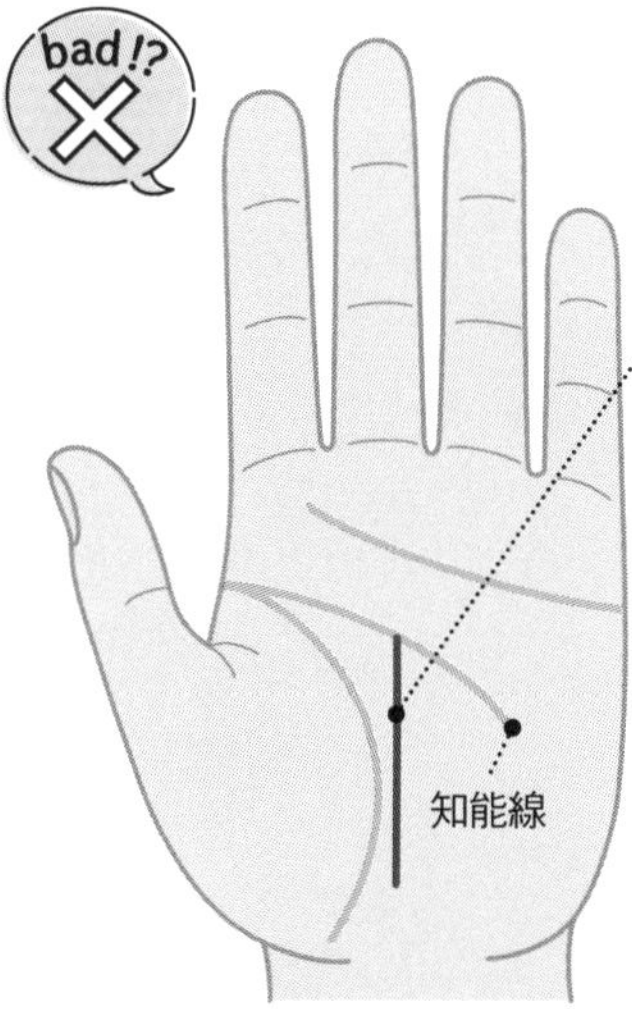

❶運命線が知能線とぶつかって止まる

30代半ばで仕事の失敗を経験しそう。なにごとにも謙虚な気持ちを忘れず努力することで、運命線は知能線を越えて伸びていくでしょう。

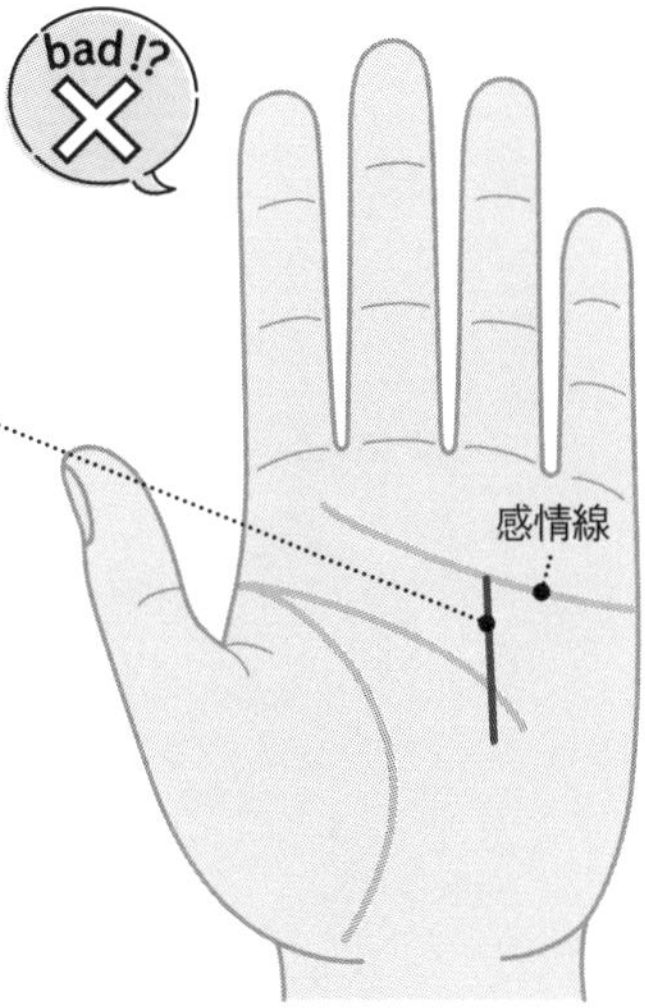

❷太陽線が感情線で止まる

今までの努力が裏目に出るサイン。また、太陽線の先端が短い横線にさえぎられている場合も、仕事での今の立場が危うくなる暗示です。あせりは禁物。運が開けることを信じて慎重に問題に取り組んで。

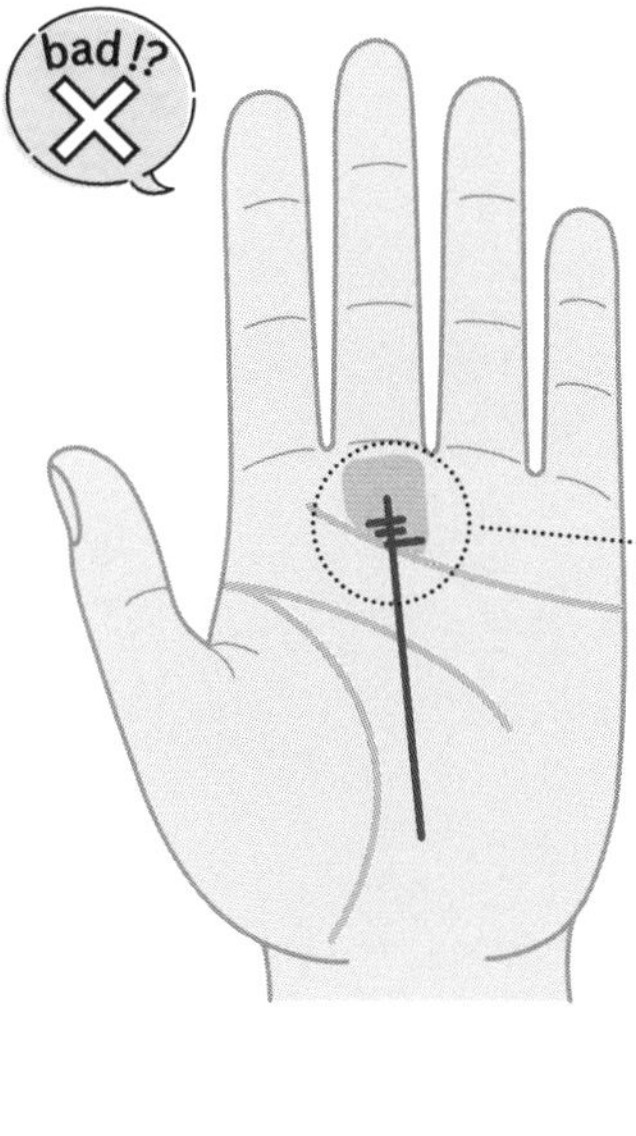

❸土星丘にある運命線の先端近くに数本の横線

運気の停滞を意味します。もがけばもがくほど事態は悪化の予感。おとなしく、嵐が過ぎ去るのを待ちましょう。この横線が消えれば順調に動き始めます。

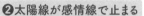

人間関係を知りたいときはここをチェック！

手を見れば、相性のいい人がわかる

手相からわかるのは、自分のことだけではありません。相手の手相を見て、相性を知ることもできます。恋人はもちろん、友人や仕事仲間との相性もわかるので、人間関係をスムーズにするために、どんどん活用しましょう。

手の大きさや指の長さに注目するほかに、線の向きや起点からも相性を読み取ることができます。基本的には、お互いの性格を補い合えるような組み合わせが理想です。

手や指の形から相性を見る

手が大きな人は、用意周到なタイプ。反対に小さい人は、おおざっぱな性格です。ですから、手が大きい人どうしでは、お互い細かいことにこだわってイライラがつのったり、逆に小さい人どうしは、気は楽でも仕事や生活がルーズになりそう。**手が大きい人と小さい人との組み合わせなら、お互いの長所と短所を補い合い、いい関係が築けるでしょう。**

人差し指が長い人は相手を引っ張っていくタイプ、短い人はおとなしいタイプなので、これも相性がいい組み合わせです。また、小指が長い人は計画性があるので、小指の長い人と短い人がペアの場合、長い人の判断に従うとよいでしょう。

相性のいい手の形

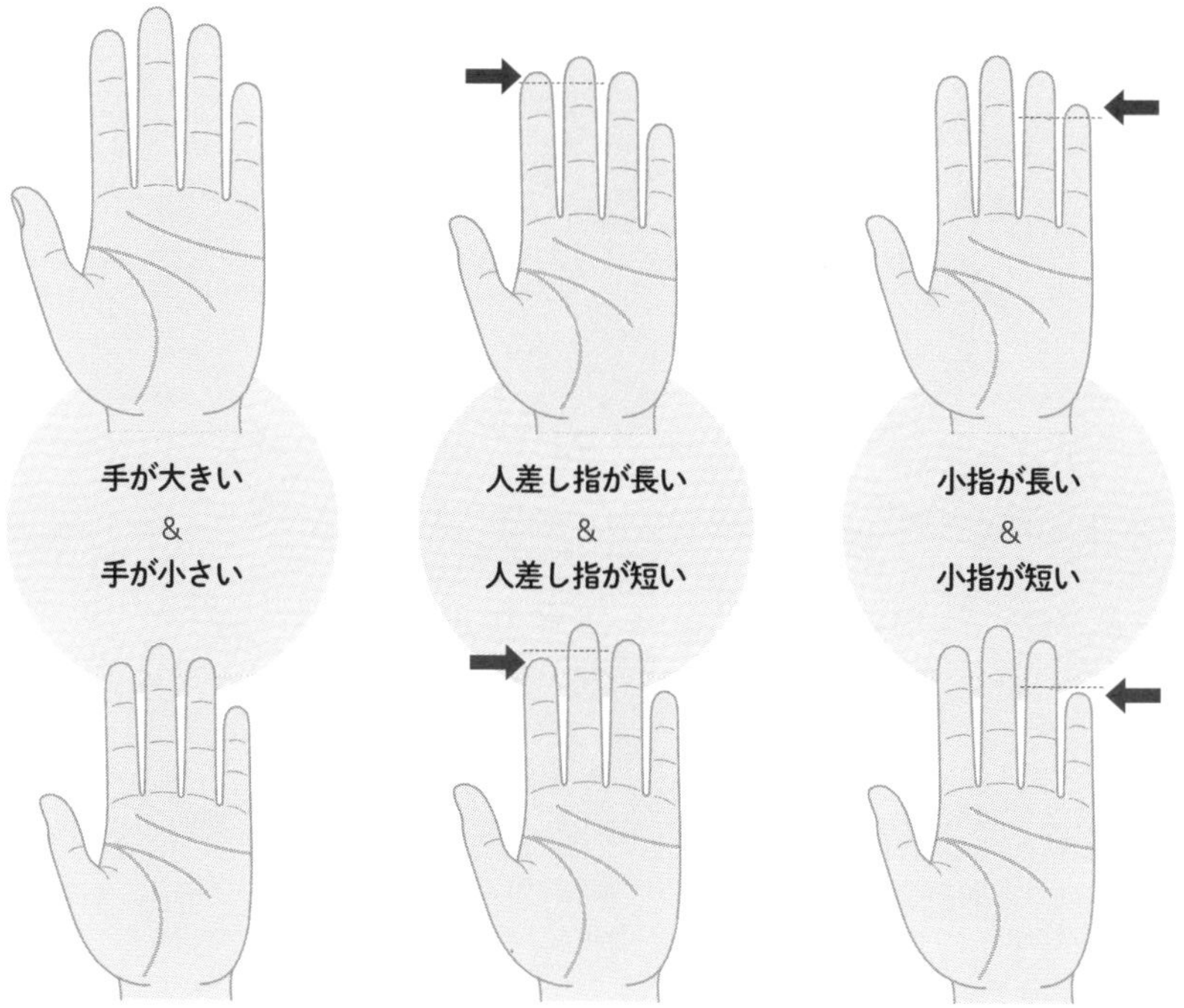

相性のいい手相の線

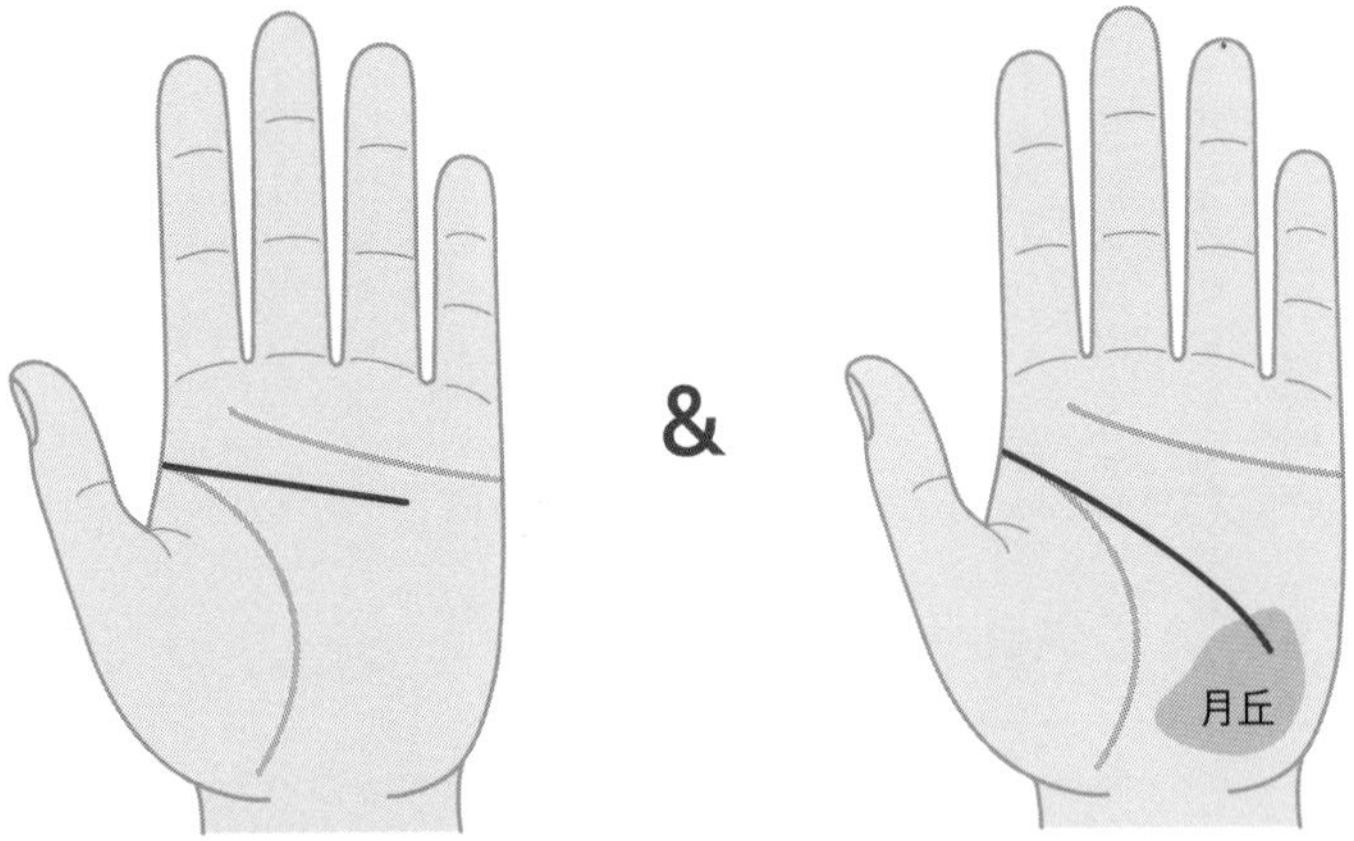

❶知能線が水平で一直線 & 知能線がゆるいカーブを描く

知能線が、ほぼ水平に一直線に伸びる人は、**徹底した現実主義者**。クールな割り切りタイプです。反対に、知能線が月丘に向かってゆるやかにカーブを描く人は、**明るくほがらかな性格**。この2人は、お互い欠けている部分を補い合うことができ、理想的な相性です。

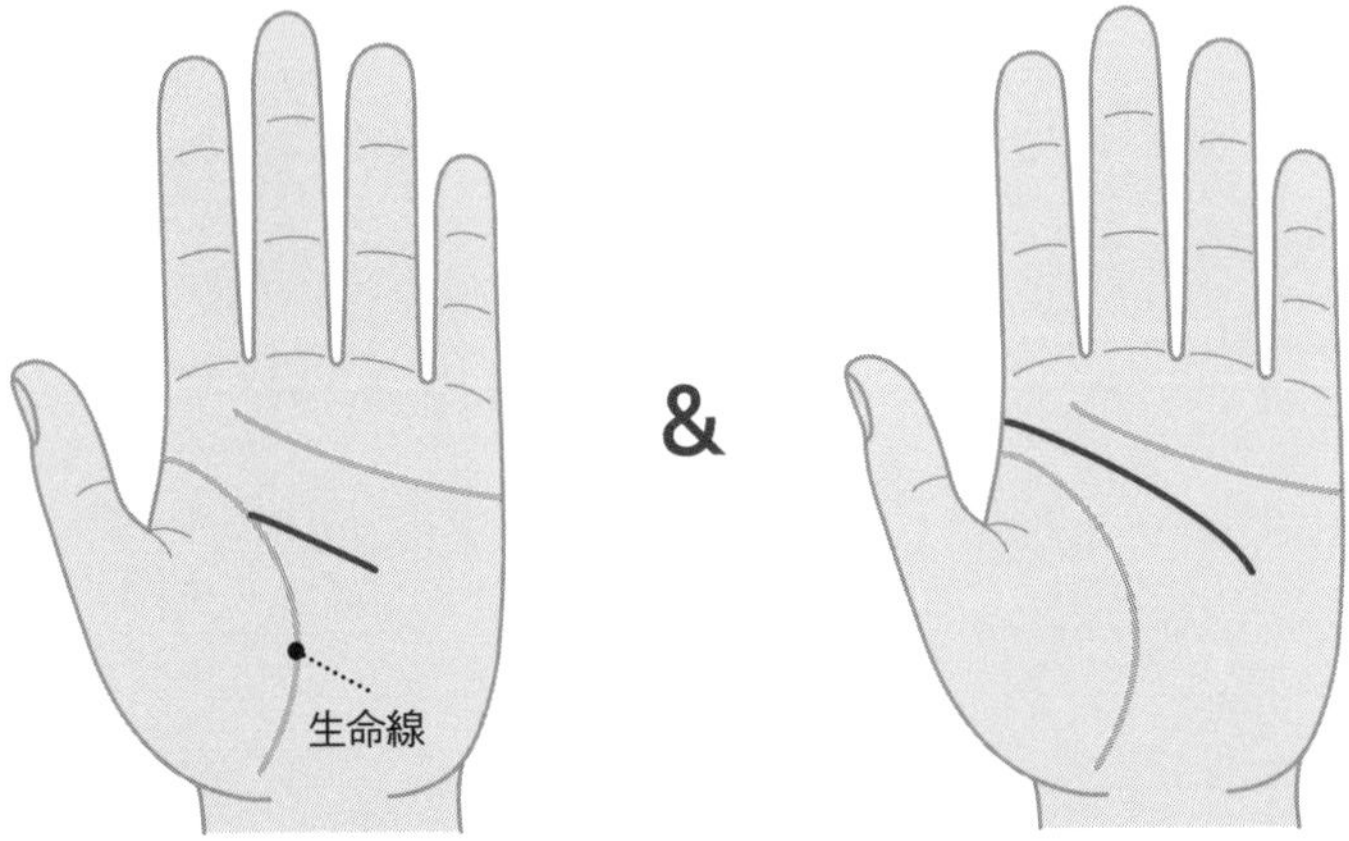

❷知能線の起点が生命線の途中 & 知能線の起点が生命線から離れている

知能線が生命線の途中から出ている人は、**何事にも慎重**なタイプ。つい消極的になりがちです。反対に、知能線の起点が生命線と離れた位置にある人は、**積極的で行動的**。この2人なら、堅実な家庭を築くことができます。

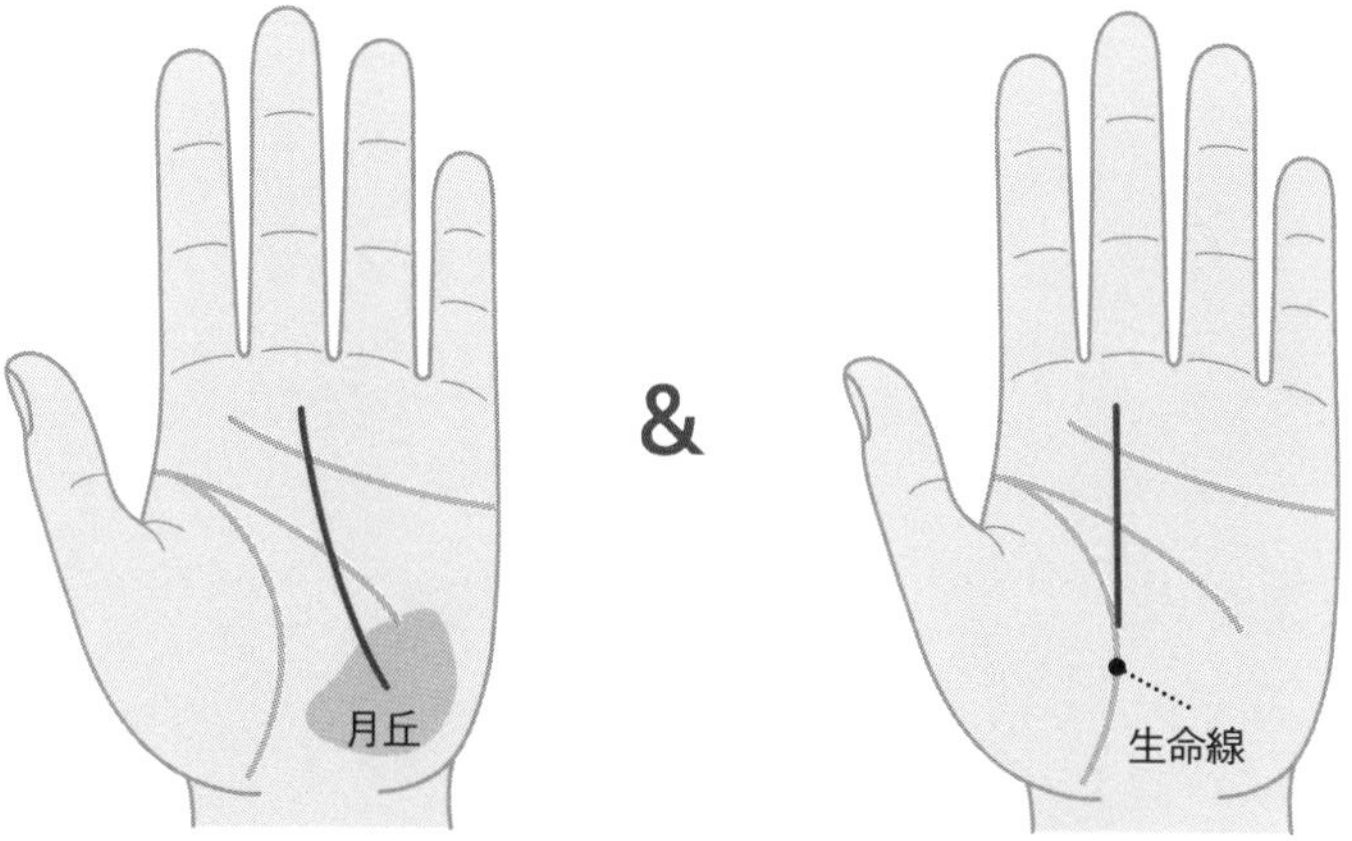

❸運命線が月丘から出ている & 運命線が生命線から出ている

運命線が月丘から伸びる人は、**人気者タイプ**。周囲の人の協力で成功します。しかし、まわりの人に甘えがちな傾向も。運命線が生命線から出る、**まじめで堅実**な手相を持つ人となら、生活を安定させることができます。

COLUMN

2人で手相を見てもらうときは

パートナーといっしょに手相を見てもらうときは、年齢や家族構成、職業、2人を取り巻く環境など、なるべく詳しく占術家に伝えましょう。挙式や入籍の予定があるなら、その日程も伝えます。

また、「聞きたいこと」を明確にすることもポイント。「私たちの相性はどうですか？」「結婚後の仕事運はどうでしょうか？」など、できるだけ具体的な質問をするといいでしょう。

仕事の人間関係をスムーズにする手相の見方

チャンスがあったら、上司や部下の手相もチェック！　仕事の人間関係がスムーズになります。

安心してついていけるリーダータイプの手相

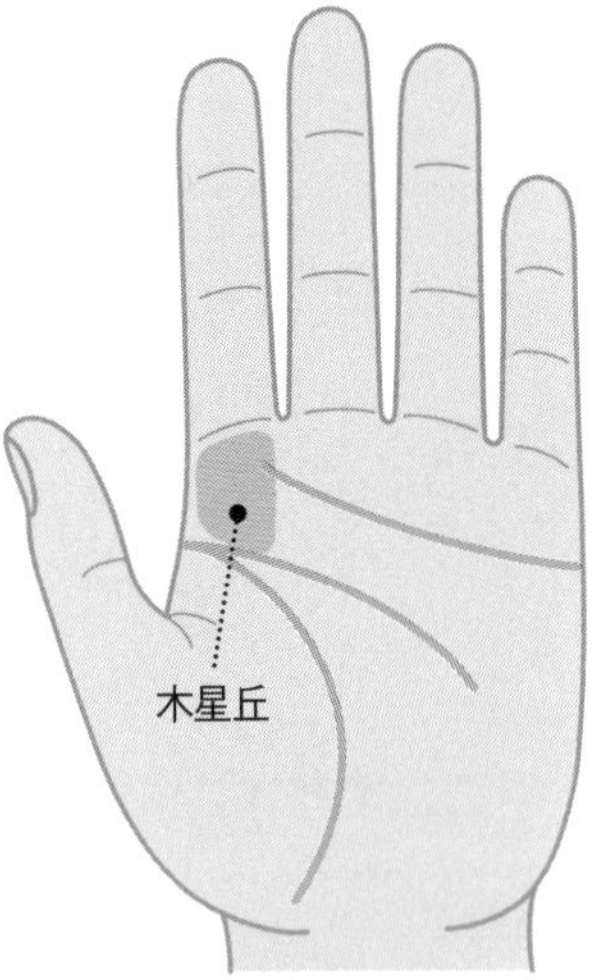

❶木星丘の肉づきがいい

木星丘の肉づきがいい人は、**仕事熱心で意欲旺盛**。向上心にあふれ、早いうちから実力を発揮します。リーダーとして人の上に立ったり、経済的に成功することができる人です。

❷生命線と木星丘から2本の知能線が出ている

上の知能線は**全体を把握する力**を持ち、下は**細やかな気配りができる**証拠。これは二重知能線で、頭の回転の速さを示します。相手の気持ちを察することができる、頼れる存在です。

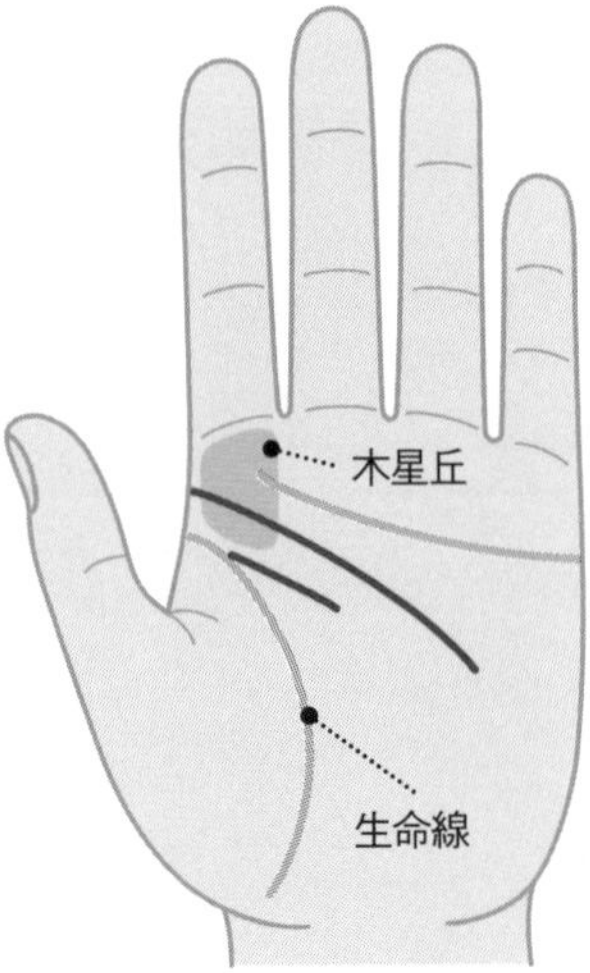

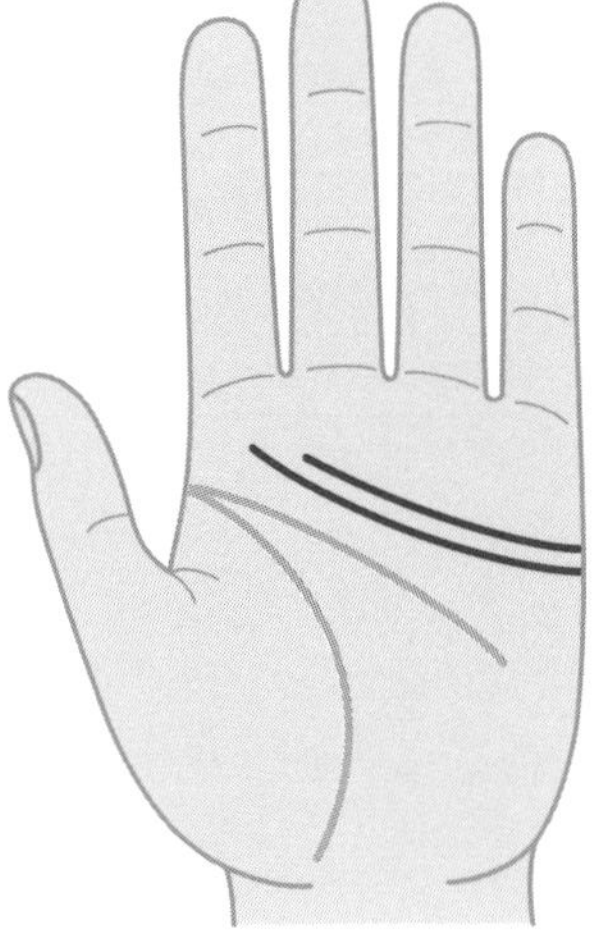

❸2本の感情線が並行して伸びる

バイタリティにあふれる人。**壁にぶつかっても、持ち前の明るさと積極性で、ヒーローのように難なく乗り越えてしまいます**。そばにいるとこちらまで元気になれそうな、人気者タイプです。

手相で部下への接し方を見極める

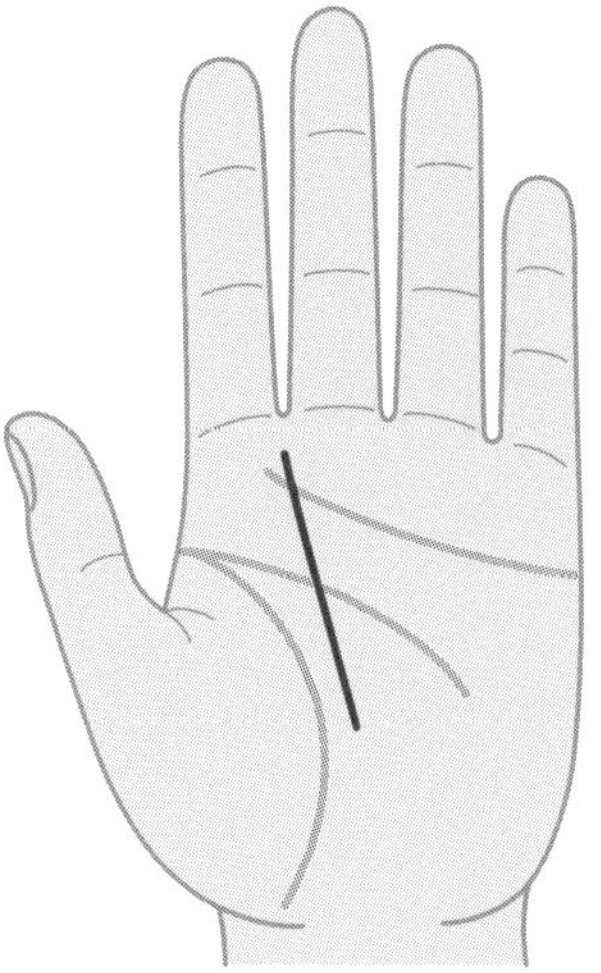

❶運命線が人差し指と中指の間に向かう

手のひらの中央から人差し指と中指の間に向かって伸びる運命線がある人は、名誉欲の強いタイプ。**みんなの前でほめれば、やる気満々に！**

❷知能線の起点から半分までが鎖《くさり》状

この手相の人は、集中力や注意力に欠けるタイプ。勘違いや聞き間違いが多いので、**まめに確認を取るなど、ミスを防ぐ工夫を**。ちなみに知能線の途中から先端までが鎖状の人は、込み入った事態になると、よく考えず楽なほうを選ぶ傾向が（➡85ページ下）。

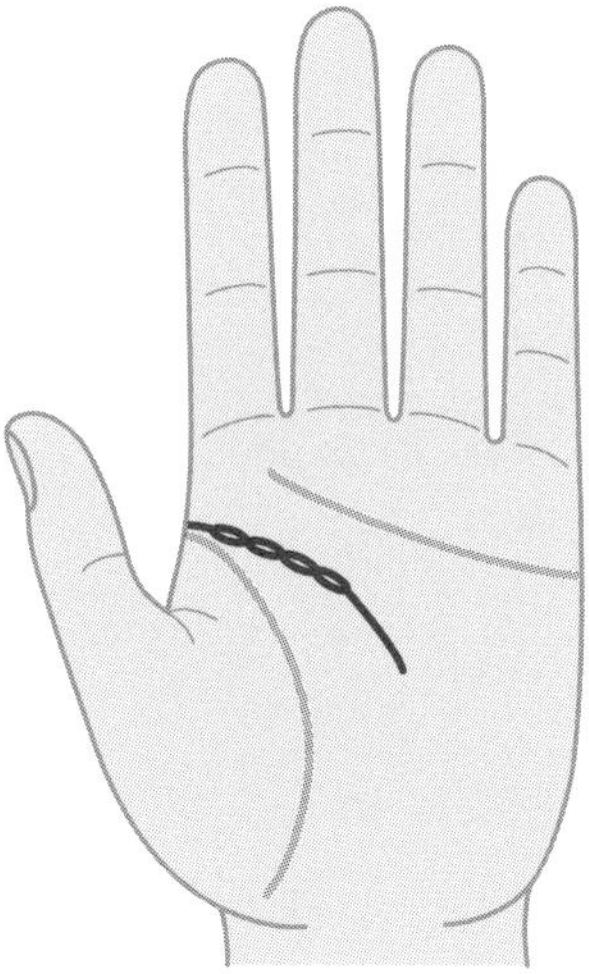

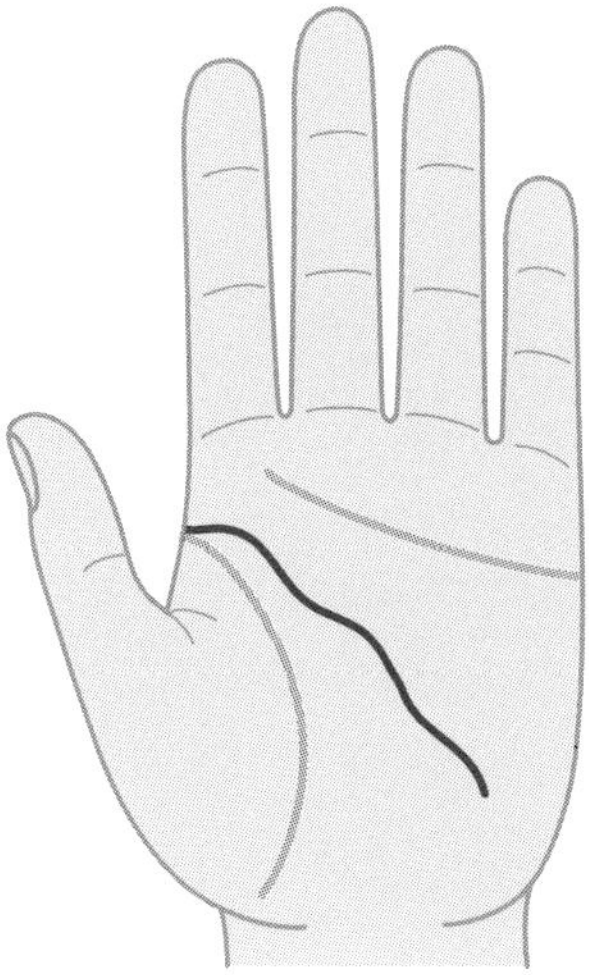

❸知能線全体が波打っている

知能線全体がくねくねの手相は、世渡りが苦手なタイプですが、物事に根気よく取り組む辛抱強さは抜群です。コツコツと地道な努力がやがて実を結ぶので、**焦らず見守りましょう**。

友達のウラの顔がわかる手相の見方

口ではごまかせても、手相はうそをつきません。手相から、相手の本音を読み取って。

本音は違うかも!?
裏表があるタイプ

知能線から水星丘に向かって支線が伸びているのは、ちょっぴり打算的で、損得の計算が得意な人。人当たりはいいので一見「いい人」なのですが、じつは、あなたの知らないところで「裏表」があるかもしれません。そのことを心に留めておきましょう。

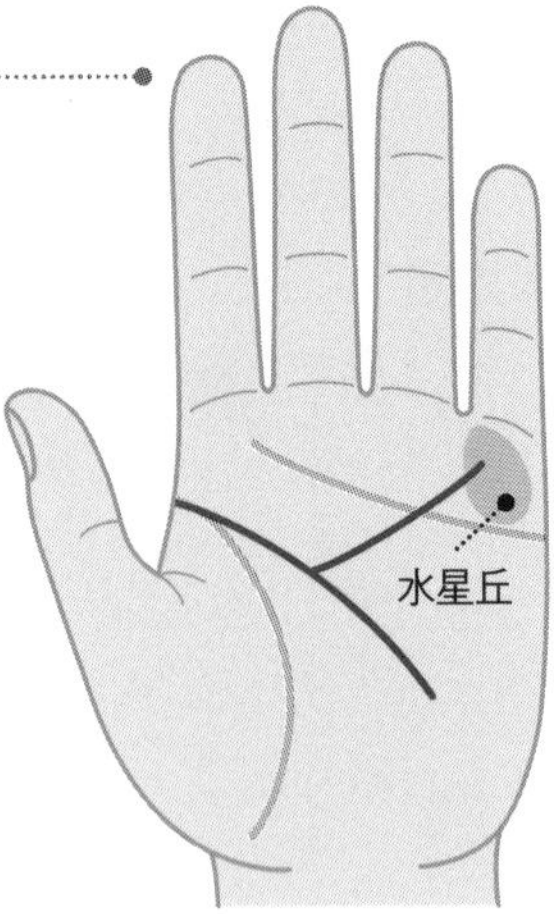

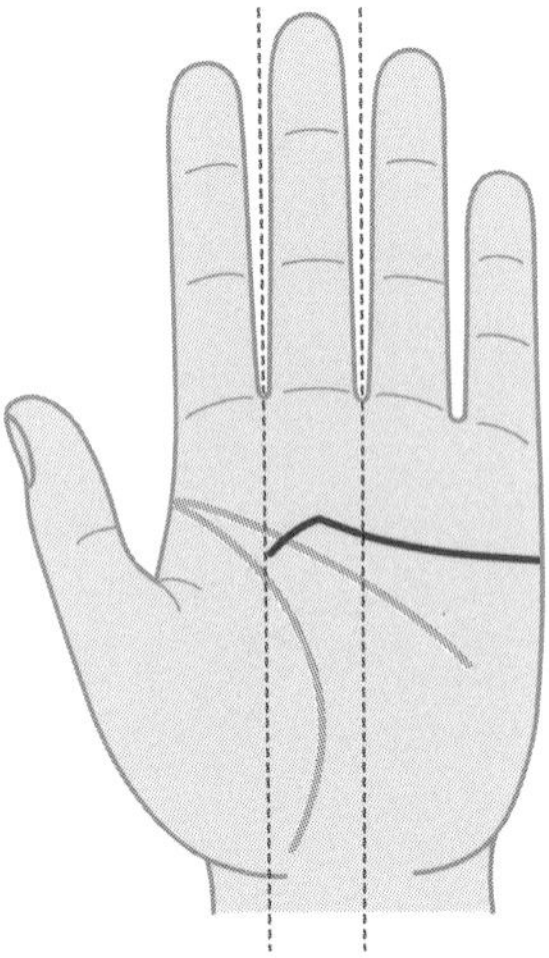

雰囲気重視の
ロマンチストタイプ

感情線が中指の下で折れているのは、雰囲気重視のロマンチスト。裏表のない素直な性格ですが、現実的な話が苦手で、強引な押しに弱い面も。つき合うあなた自身も相手のペースに流されないよう、注意が必要かも。

時間をかけて
仲良くなるタイプ

感情線がくねくねとカーブを描いている手相の持ち主は、静かでおとなしく、感情をあまり表に出さない人。何を考えているのかわかりにくいこともありますが、時間をかけてコミュニケーションを取ることで、打ち解けて仲良くなることができます。

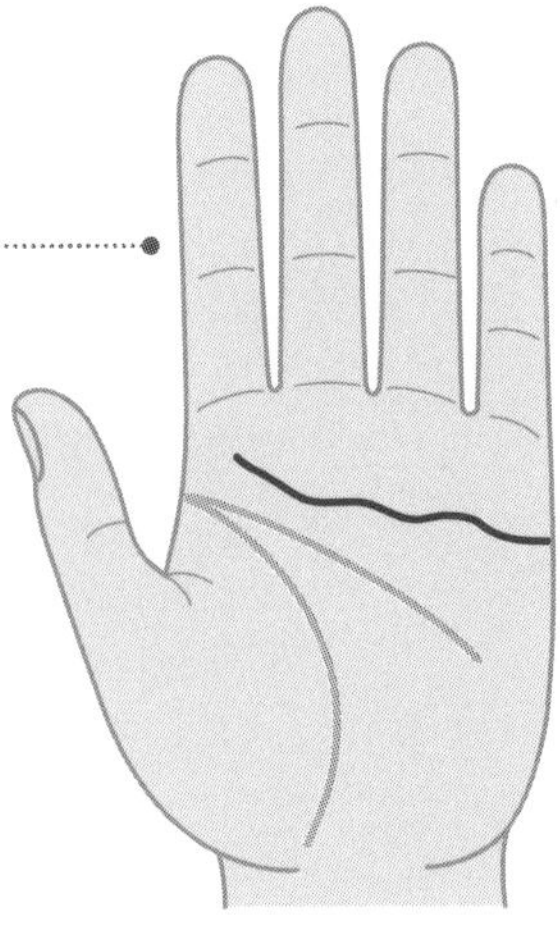

発言に注意!
デリケートなタイプ

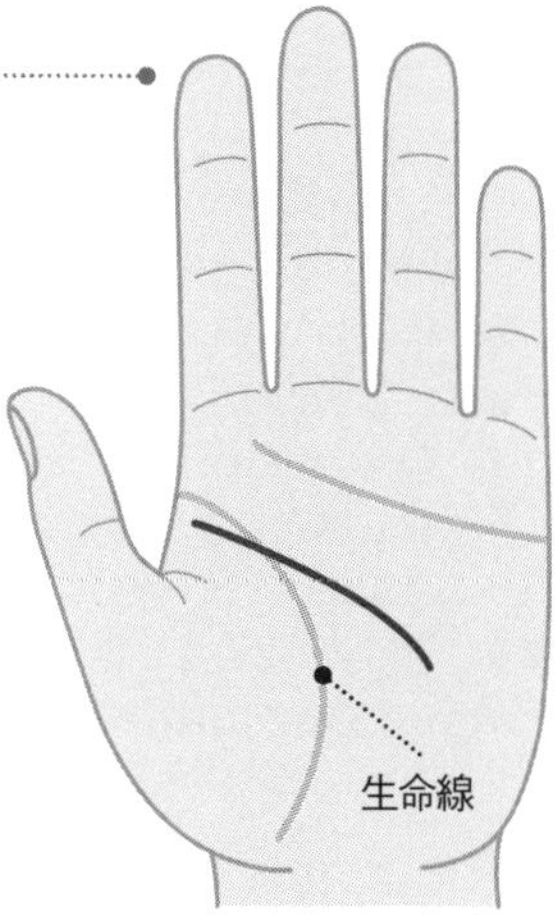

知能線の起点が生命線の内側にある人は、とてもデリケート。傷つきやすく、細かいことをいつまでもひきずってしまうようなタイプです。知能線上に島がある人は、より繊細。ささいなことでもショックを受けるので、ずけずけと本音を言うのはNGです。

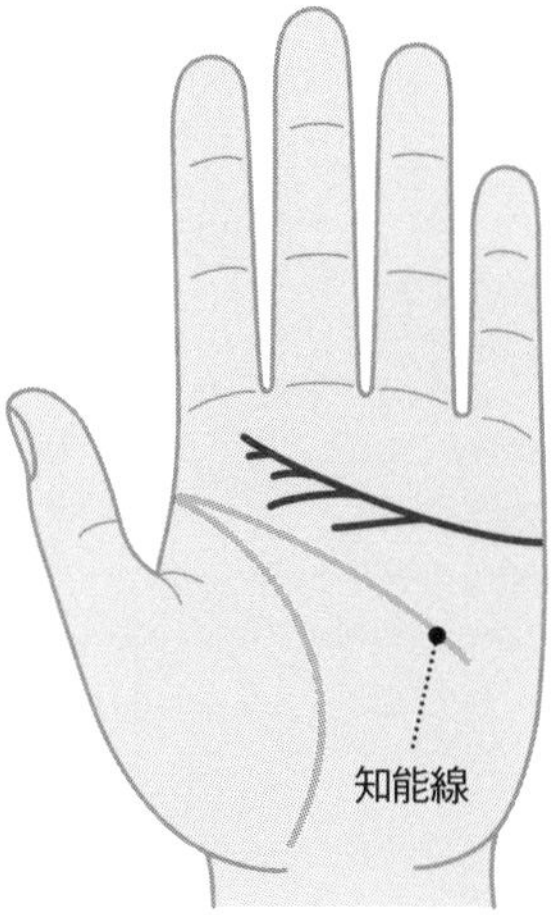

恋の話は慎重に!?
恋愛で傷ついているタイプ

感情線に下向きに細かい支線が出ているのは、過去に本気の恋愛と失恋をした人。支線が知能線まで届いていたら、失恋で強いショックを受けています。もし、この手相を持つ人と恋愛にまつわる話をするときは、ちょっと気づかってあげるといいですね。

イベントに誘うと吉!
人気者タイプ

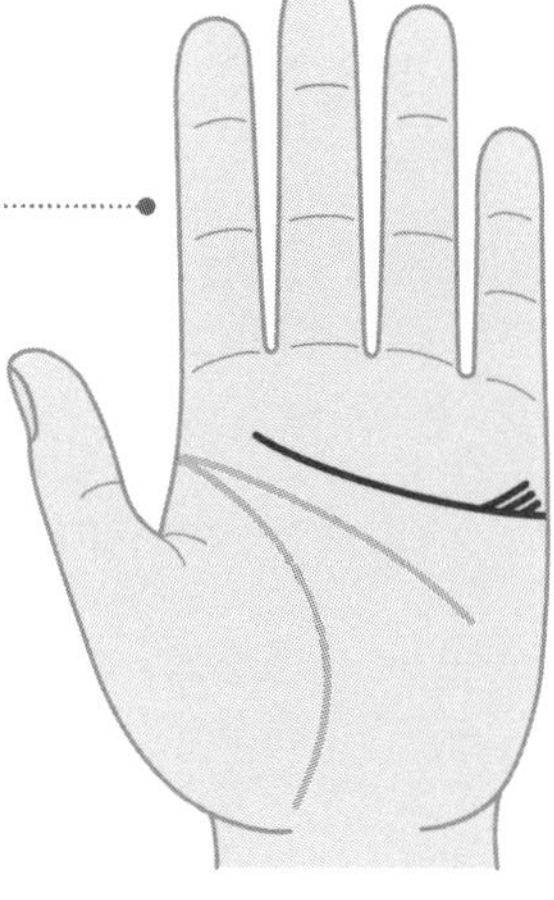

感情線の起点付近に、2～3本の上向きの支線が出ている人は、盛り上げ上手。話題が豊富でだれとでも親しくでき、ユーモアのセンスもあるので、飲み会などの場を、より楽しくしてくれます。このタイプがグループに1人いると、その場にいる人みんなが楽しく過ごせるでしょう。

家族運がわかる手相の見方

家族の応援や引き立てによって、運が開ける場合もあります。さっそく見てみましょう。

親の恩恵を受ける手相

❶金星丘の星から出た線が運命線に流れ込む

この手相（A）は**親の遺産や仕事を受け継ぎ、生活が向上する**ことを意味します。しかし、金星丘から出た斜めの線が、運命線上にある星に合流する（B）の手相は要注意。慣れない大金で身をほろぼすなど、受け継いだものがあだとなることを意味します。

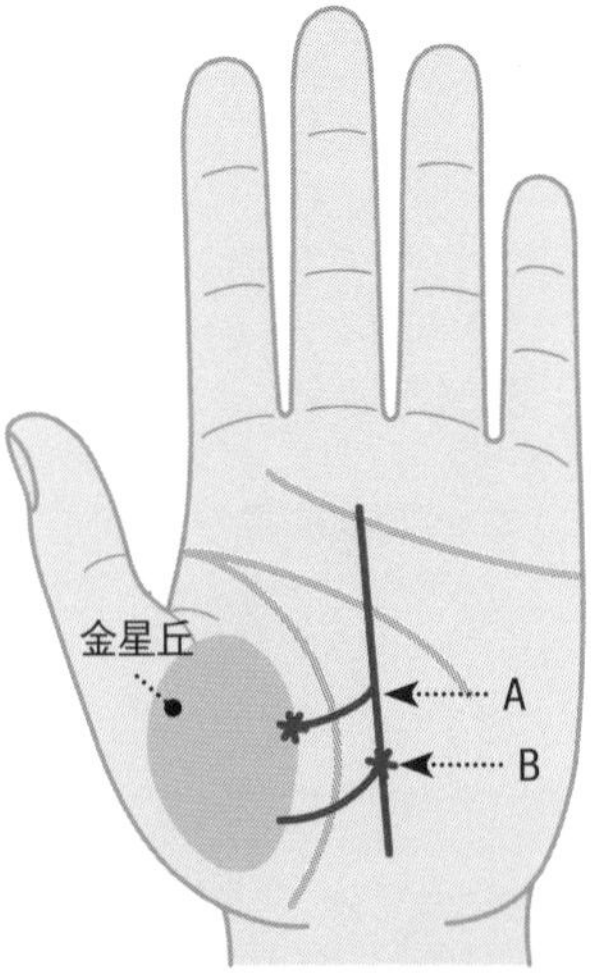

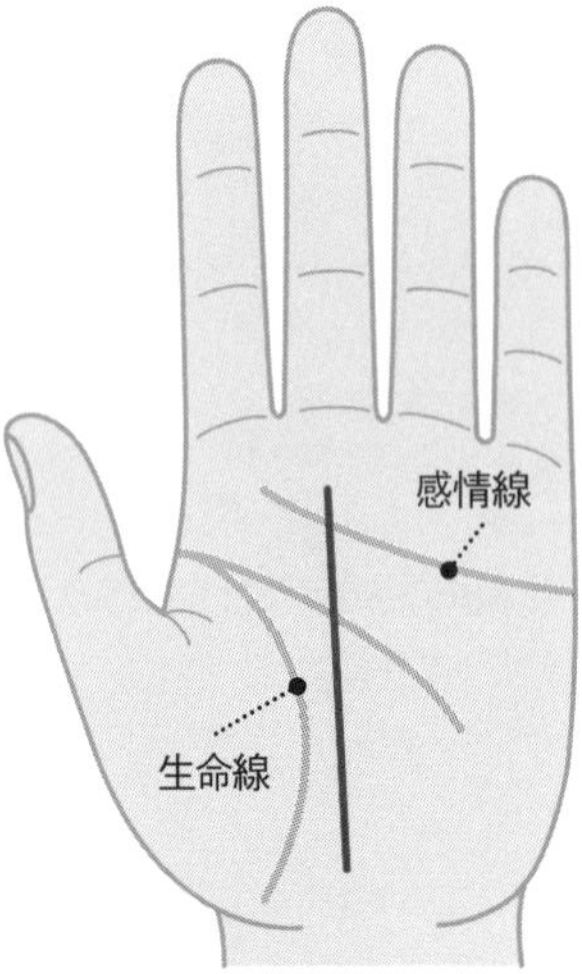

❷運命線が手首の中央から出て生命線に触れない

親に愛され、恵まれた生活を送ってきたことを示します。同時に強い自立心を持ち、**恵まれた生まれや育ちに甘えない強さ**があります。この線が感情線を越えて中指の下まで達していれば、親の恩恵をもとに、順調な発展を遂げます。

❸運命線の起点が生命線の内側にある

身内の恩恵により、社会で活躍できる暗示です。コネでいい会社に就職したり、大きな遺産を受け継ぐことも。右図のように、生命線の中央を通る場合はパートナーから恩恵を受けるでしょう。もしこの運命線が手首の近くから出て、生命線の下部を通過する場合は、親の恩恵を受けます。

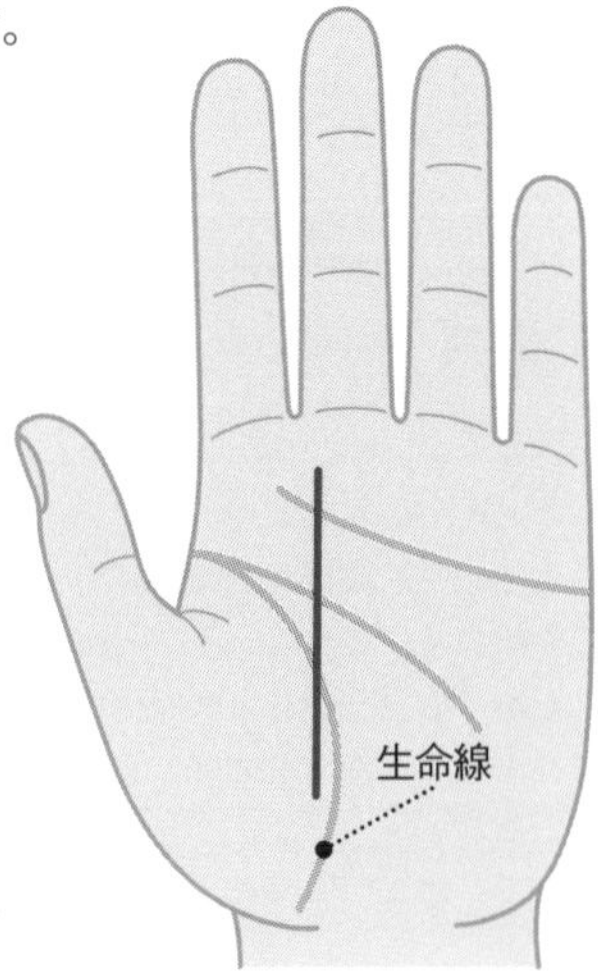

COLUMN

手相鑑定のためのアドバイス

ほかの人の手相を見るときは？

人の手相を見るときに大切なのは、まず相手の年齢や職業、家庭環境や仕事の状況などを聞くことです。

相手のことがわかったうえで、その人のためになるアドバイスをするようにします。流れとしては、まず相手が手を出したら、手の出し方や指の長さなどから性格を判断します。何を占ってもらいたいか聞いて、三大線や、その他の重要な線を見ます。

子どもの手相は見ることができる？

生まれたばかりの赤ちゃんの手はシワシワですが、成長にしたがって多くのシワが消えていき、手相も変化します。三大線の形は生まれつきのものなので、知能線の起点や向きを見れば、その子に向くものもわかります。たとえば、下向きにゆるいカーブを描く（⬇81ページ上）芸術家タイプの子には、お絵かきや音楽をすすめるなど、手相でわかるよい部分を伸ばしてあげましょう。

その他の幸運の手相&トラブルの手相

幸運な時期や、災難のサインを読み取ろう

手相は、その人の心や健康状態、そのときの運勢をダイレクトに反映します。

もし**開運のサインが出ていたら、時期を逃さず、チャンスを成功につなげましょう。**

また、手相には、事故やケガなど災難のサインも現れます。日常よくある程度の災難が手相に現れることはありませんが、**仕事や生活に大きな影響を与えるほどの大きなトラブルは、事前にそのサインが手に現れるのです。**

事故や災難のサインが現れていたらどうしよう!?

手相に事故や災難のサインが現れていたら、だれでも気持ちが沈むもの。でも、そんなときこそ、本人の心の持ち方や行動が大切です。手相は、その人を映し出す「鏡」。悪い相が現れたからと何もしないのでは、状況は変わりません。**事故や災難のサインは、ずっと手に出ているわけではありませんから、注意深く行動したり、物事を前向きにとらえて行動すれば、手相も変わっていきます。**

反対に、よい相でも、それに安心して努力をしないのでは、せっかくのよい運勢を逃すことに。大切なのは、手相を見た後の本人の意識。心がけしだいで、運勢は変わっていきます。

悪い手相が現れていたら…

◎手相全体からよいところを見つけ、それを生かす努力をする
◎事故や災難のサインが出たら注意深く行動し、危険な場所に近づかない
◎病気の手相が出たら、こまめに検査を受けるなど早期発見を心がける

チャンスを生かしたい！　開運のサイン

これまでの努力が結果につながるチャンス！　サインを見逃さずに、機会を生かしましょう。

幸運が訪れる手相

❶運命線に支線がある

運命線から支線が出ている場合は、運勢がアップすることを意味します。支線と運命線の接点を流年《りゅうねん》に当てはめることで、その時期を知ることができます。

開運アドバイス

右図の場合、月丘から出た支線が運命線に合流する25〜26歳頃や、運命線から上向きの支線が伸びている50歳頃が、運がよくなる時期だと読み取れます。

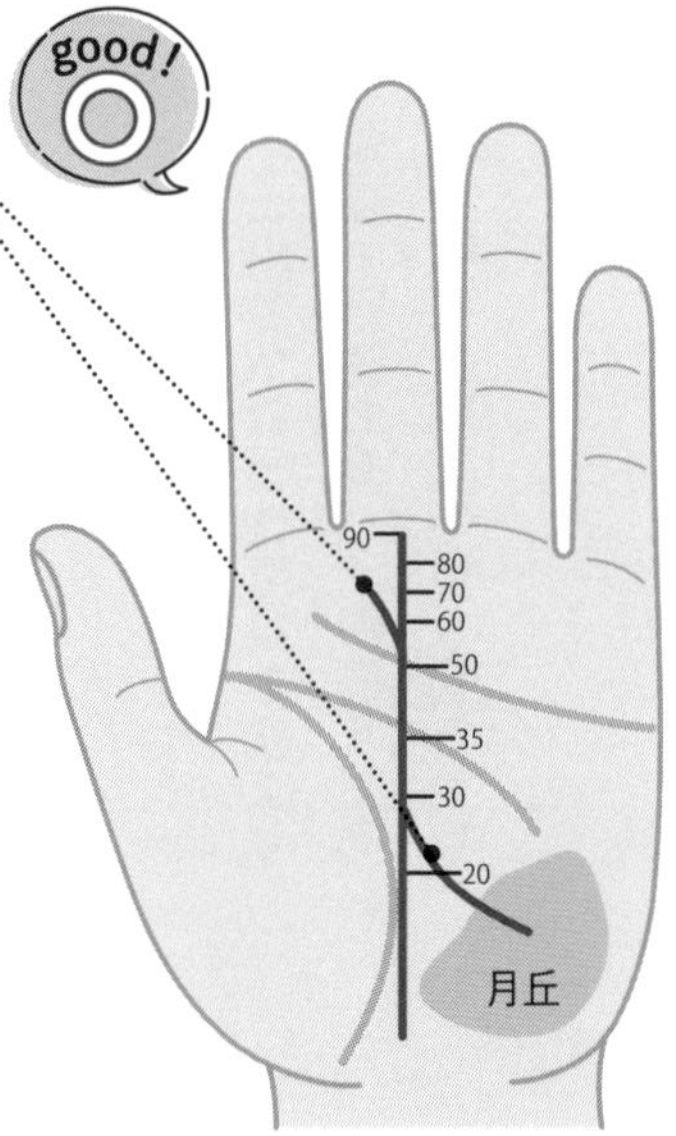

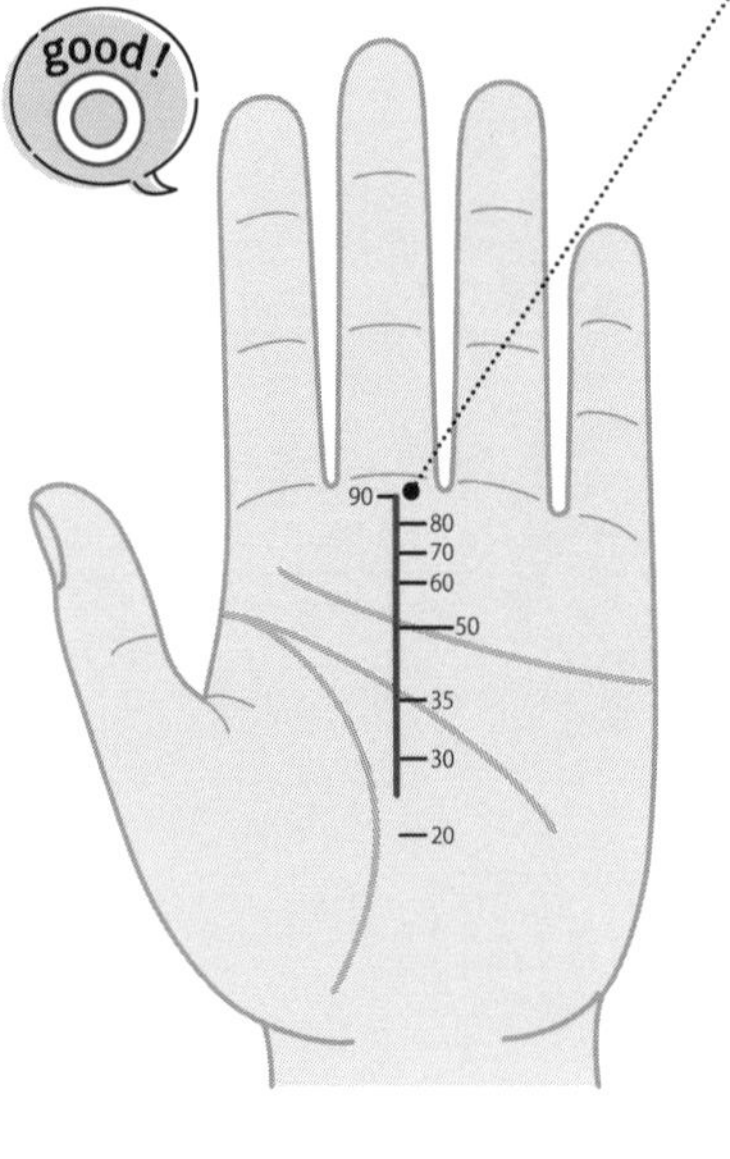

❷運命線の起点で開運の時期を見極める

運命線の起点は、「ここから運気が上がる」という意味を持ちます。そこで、流年から年齢を割り出せば、何歳ごろから運が開けるのかを読み取れます。結婚など人生の転機となるイベントは、開運の時期に重ねると吉です。

開運アドバイス

この図の場合、運勢が変わるのが20代半ば頃。成功を信じて勉強と努力を続けましょう。

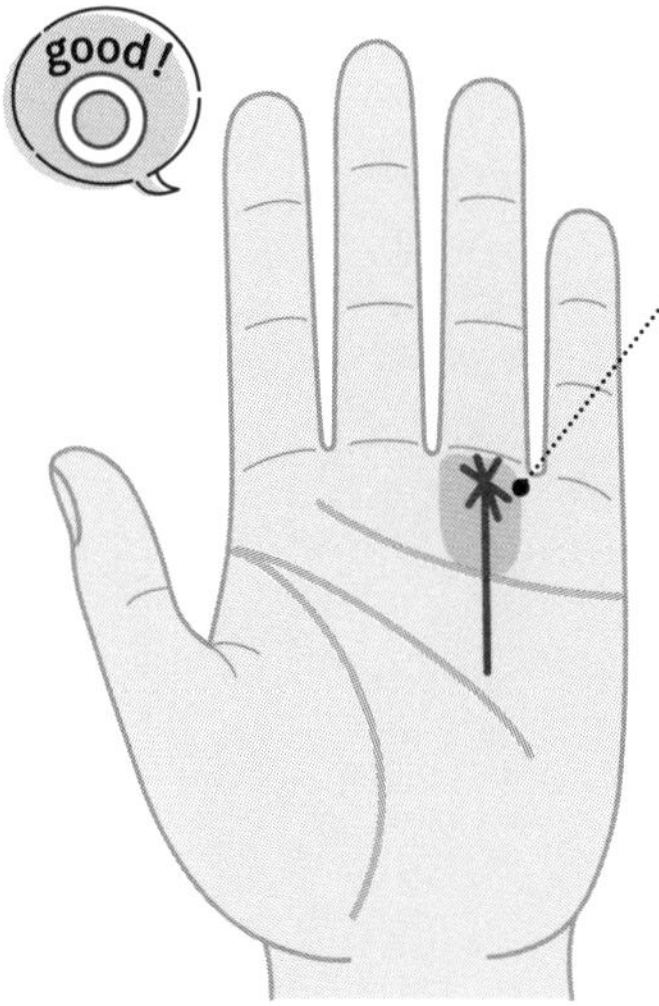

❸太陽線の先端に星

太陽線の先端に星が出ていれば、最大級のハッピーが舞い込むことを示します。

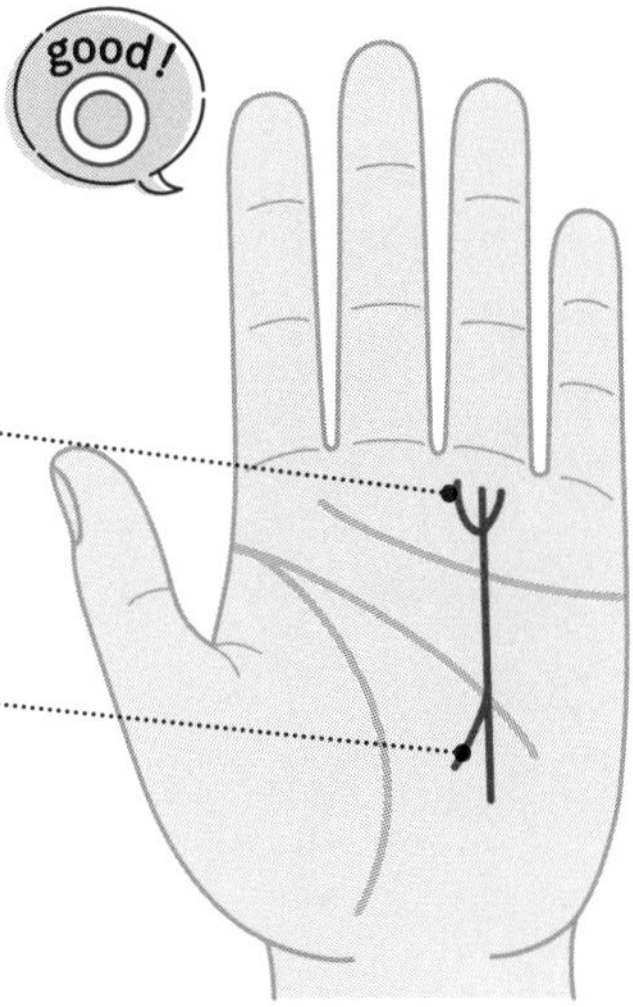

❹太陽線の先端がフォーク状

太陽線から支線が出てフォーク状の手相は、周囲の評価を得て運が開ける暗示。

❺太陽線に流れ込む支線がある

太陽線に流れ込む支線は、力のある人のバックアップが得られ、前途洋々です。

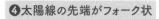

事故や災難のサインに注意しよう

手相は、その人に迫る危険も教えてくれます。これらの手相が現れたら、注意してください！

急な病気や事故に注意したい手相

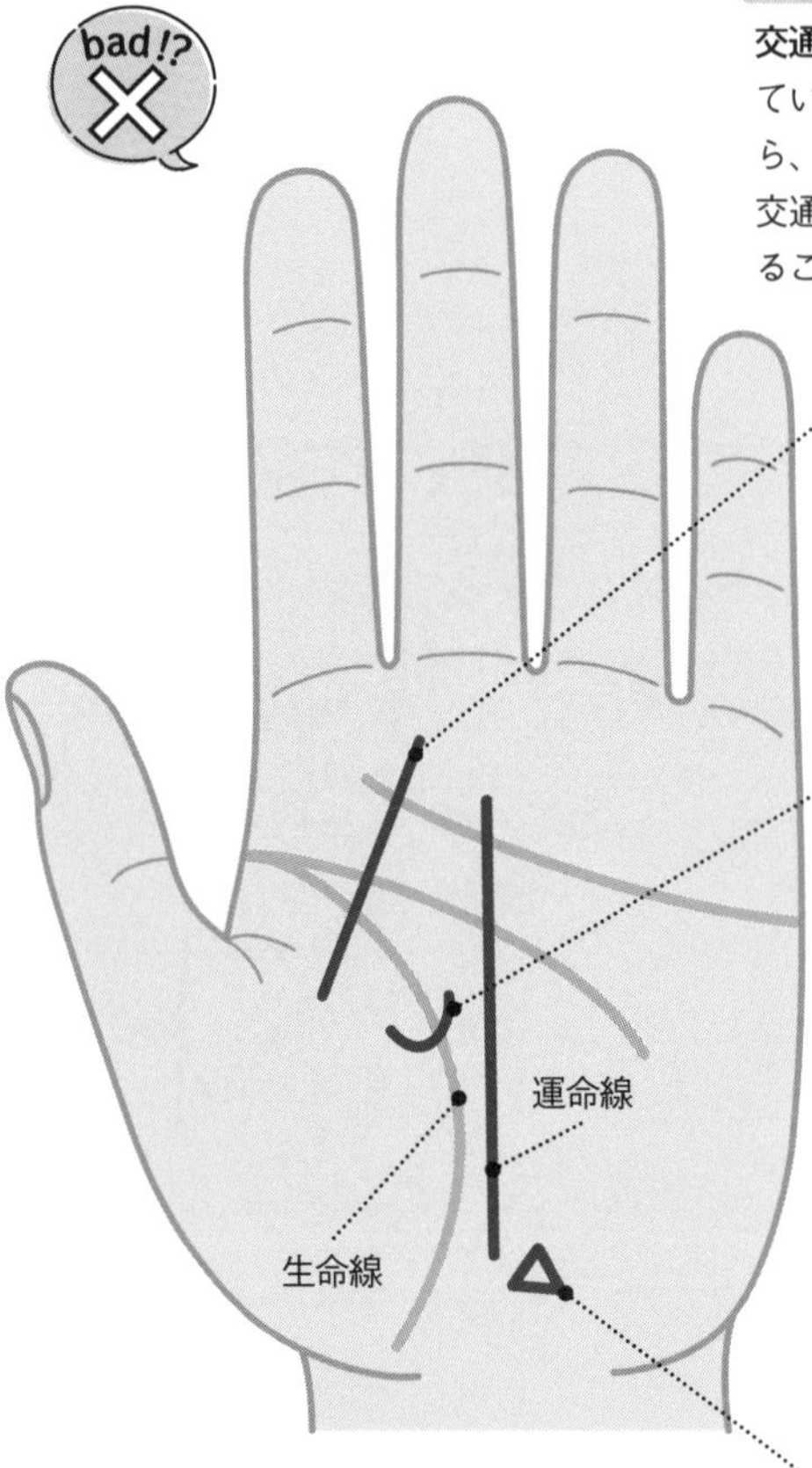

❶生命線を、比較的長い障害線が横切っている

交通事故にあう危険を表しています。この手相が出たら、車の運転を控えるなど、交通の面で十分な注意をすることが大切です。

❷短いU字形の障害線が生命線をさえぎる

命にかかわる急病、場合によっては急死を意味します。

❸手のひらの下のほうで、運命線に接するくらい近くに三角

旅先でなんらかの災難にあうことを示しています。しばらく遠出は見合わせたほうがよいでしょう。

開運アドバイス

いずれの場合も不足の事態に対する注意を怠らないようにしましょう。❷の場合は、食生活・運動などの生活習慣を見直すことも大切です。

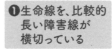

仕事や生活のトラブルを表す手相

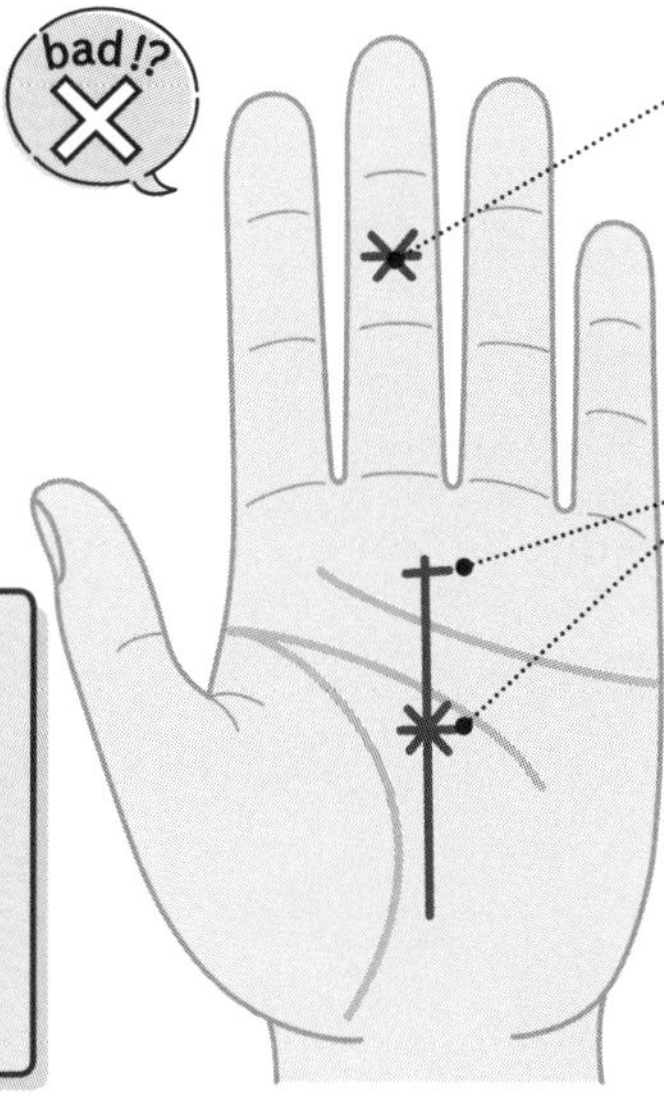

❶中指の第２指節に星が現れる

❷運命線上に星が現れたり、横線でさえぎられる

❶❷のいずれも大きな失敗や生活の破たん、夫婦の離別など、**人生に影を落とすような打撃を受け**るサイン。日常生活を振り返り、心がけと行動を改善して危機を乗り越えましょう。

開運アドバイス

トラブルに遭遇してもパニックや悲観的にならないことが大切。信頼できる方のアドバイスを受けるなど前向きに行動しましょう。

災難から救われる手相

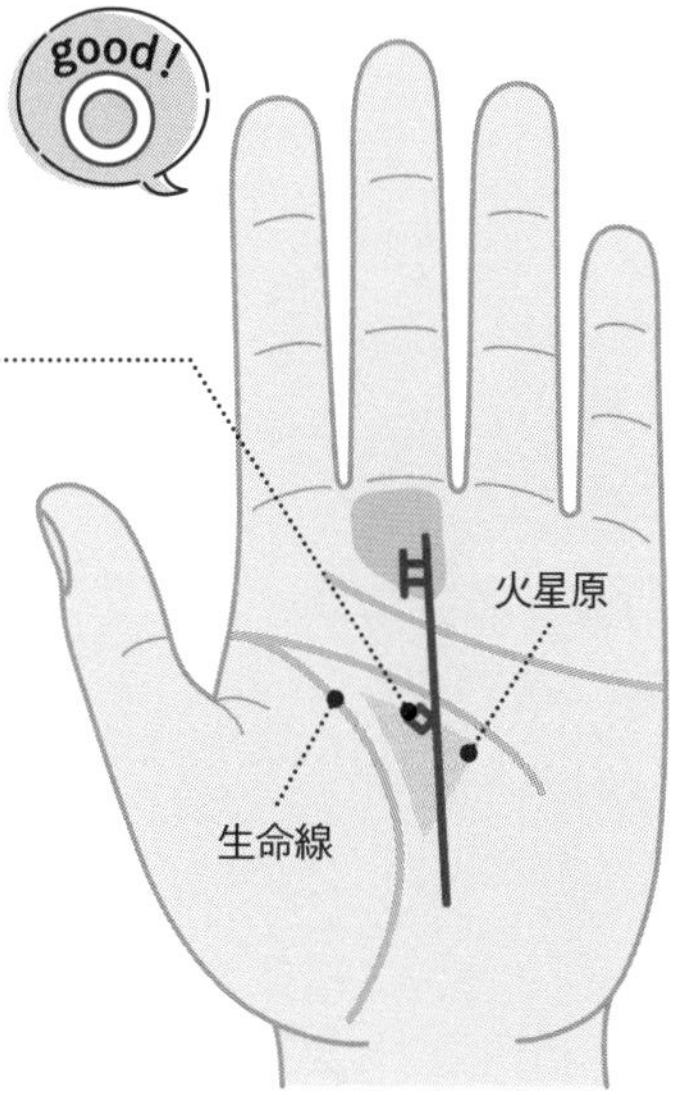

❶運命線に接する四角

生命に大きな影響を与える打撃から救われることを意味します。四角が、火星原の生命線側に出ている場合は、その人を不幸にする出来事が起こっても、最悪の事態は免れることができます。

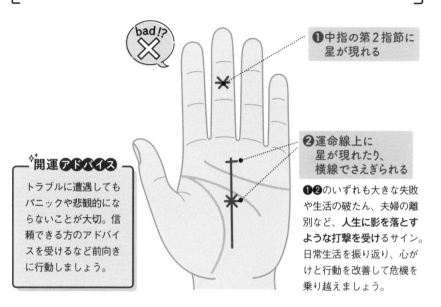

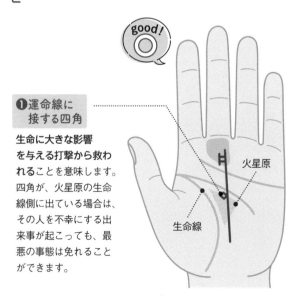

ケガに注意したい手相

❶土星丘に黒い斑点《はんてん》がある

❷木星丘にほうきのような筋が現れる

❸知能線に切れ目がある

これらの手相は、すべて**頭部のケガ**を暗示します。命に別状はありませんが、日頃から注意を怠らないようにしましょう。

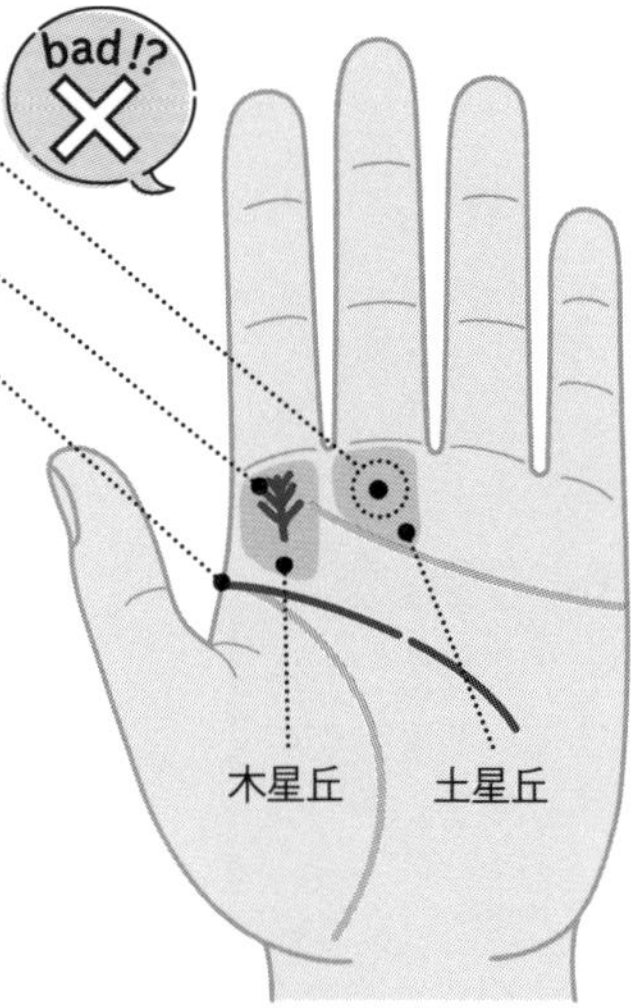

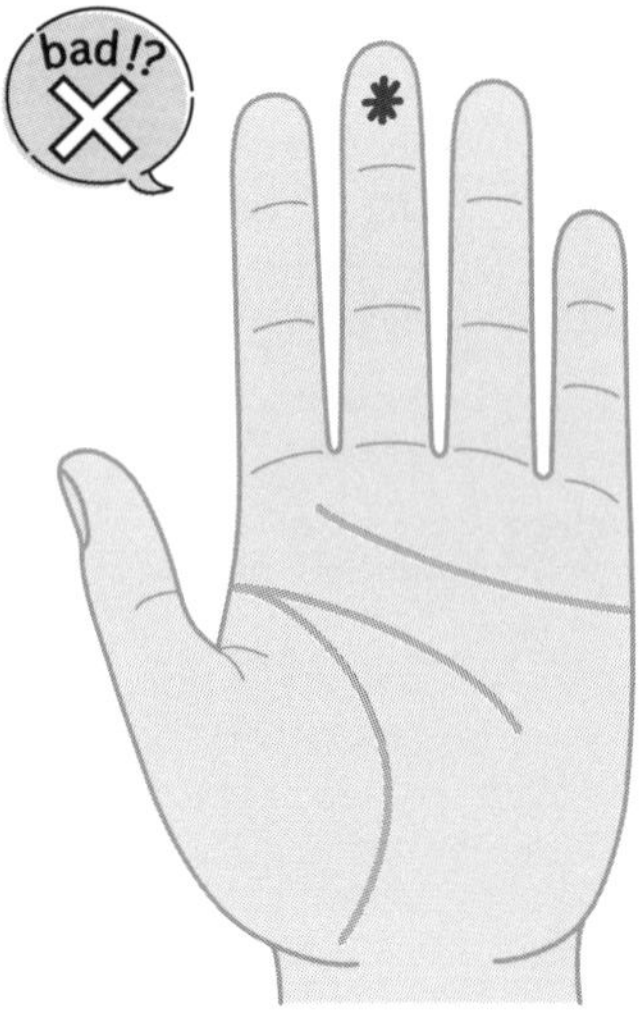

❹中指の第１指節より上に星

高いところでの事故やケガのサインです。死に直接つながる事故の可能性もあるので、十分な警戒が必要です。

❺第二火星丘に十字や黒い斑点

けんかなど争いごとでケガをする前触れ。とくに、第二火星丘が大きすぎる場合は、自分の過失やけんか好きな態度が争いの原因です。行動を起こす前に一度冷静になって考えてみましょう。

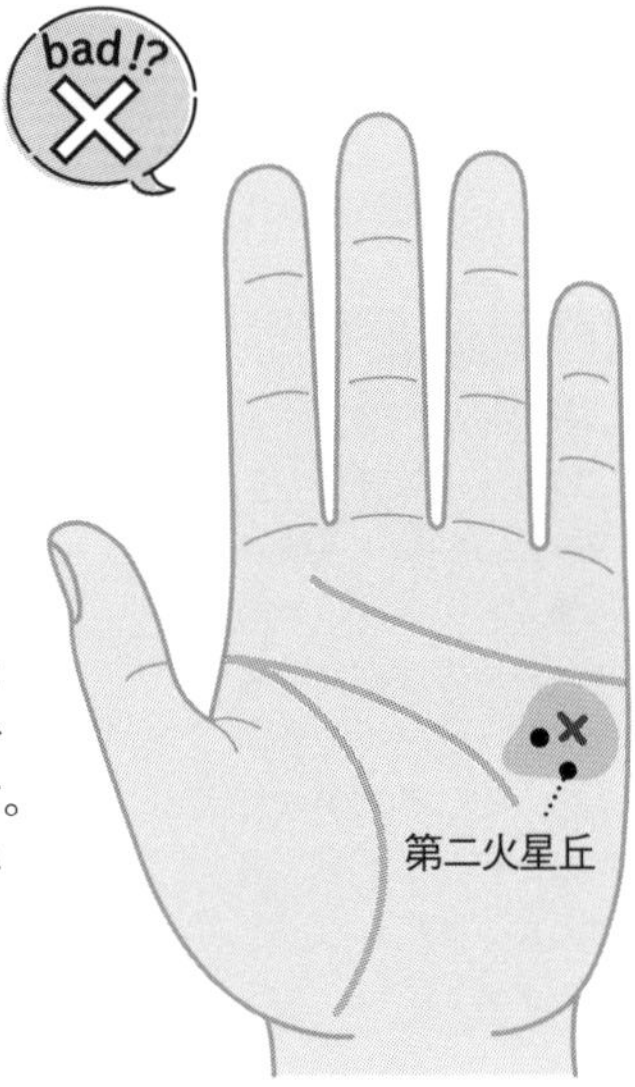

bad!? ✕ 水のトラブルに注意したい手相

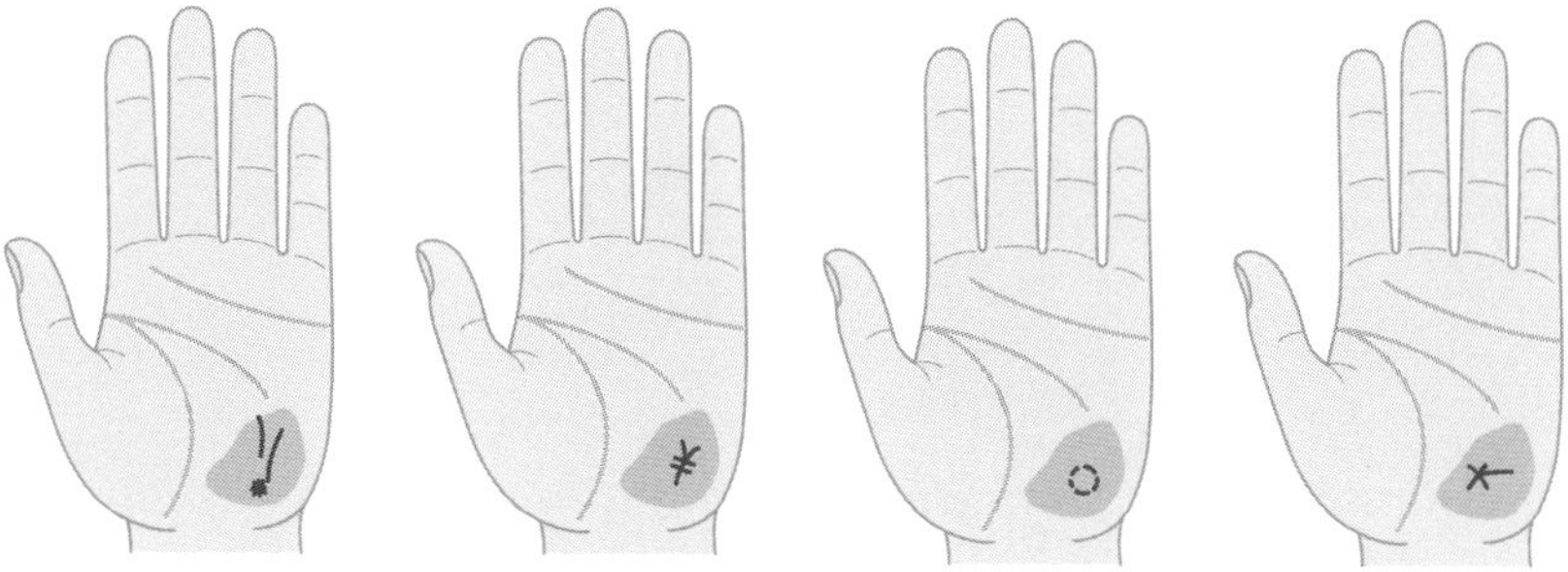

❶月丘に星などの記号が現れている

命にかかわる水の事故から、大切な洋服に水をかけられるなど、**すべての水難**を意味します。海やプールに出掛けるなど、楽しいときほど気を引き締めて行動しましょう。

bad!? ✕ 火のトラブルに注意したい手相

❶土星丘に赤い斑点が現れる

❷赤い斑点が四角を作る

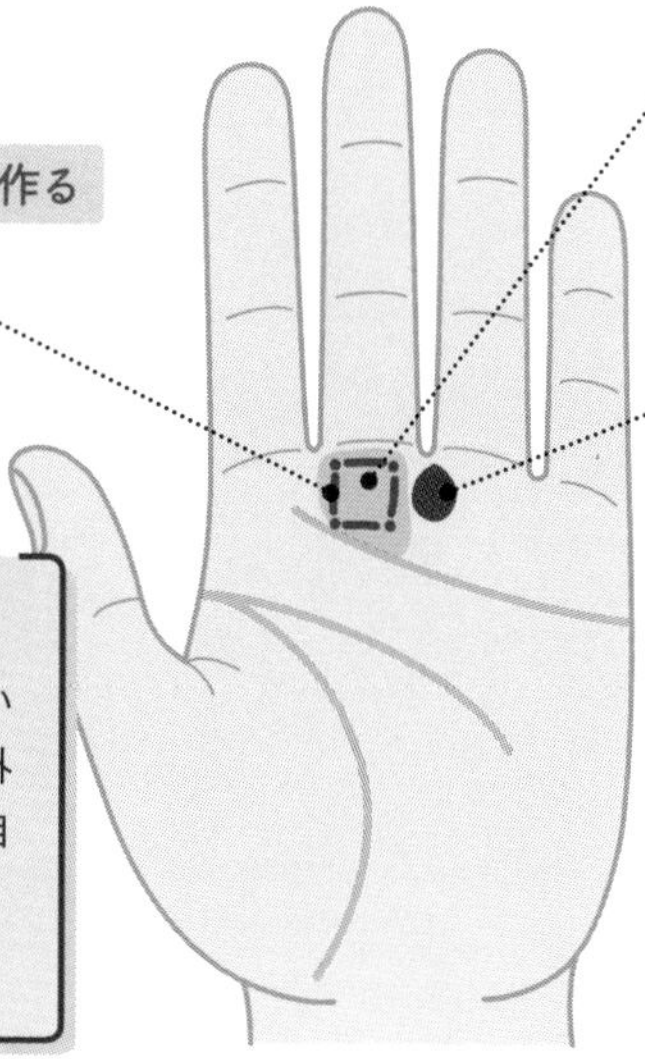

❸土星丘と太陽丘との中間に、赤黒い色が現れる

火事といった大きな災害から、ヤケド、なにかを焦がしてしまうなど、**火にまつわる災難**を暗示します。土星丘にある赤い斑点が四角を作っていたら、火事にあっても命拾いできるサイン。

開運アドバイス

このサインが出たら、いつも以上に火の扱いにご注意ください。外出中でのサインはご自宅の火難も心配です。早めに適切な行動を。

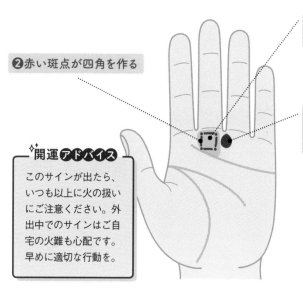

テーマ別さくいん

この本で紹介した手相について、「お金・仕事」「健康・病気」「恋愛・性愛」「結婚・家庭」「性格・才能」「トラブル・災難」のテーマ別にまとめました。

占いたい内容や気になる手相について、該当するページを探すことができます。

お金・仕事

健康・病気

恋愛・性愛

結婚・家庭

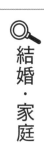

性格・才能

トラブル・災難

私の手相メモ

あなたの手相を実際に書き込んでみましょう。三大線の該当するページや、目立つ線など気づいたことを自由に記入して、占いに役立ててください。

また、友だちや家族の手相を書いて、お互いに鑑定してみるのもよいでしょう。

右手

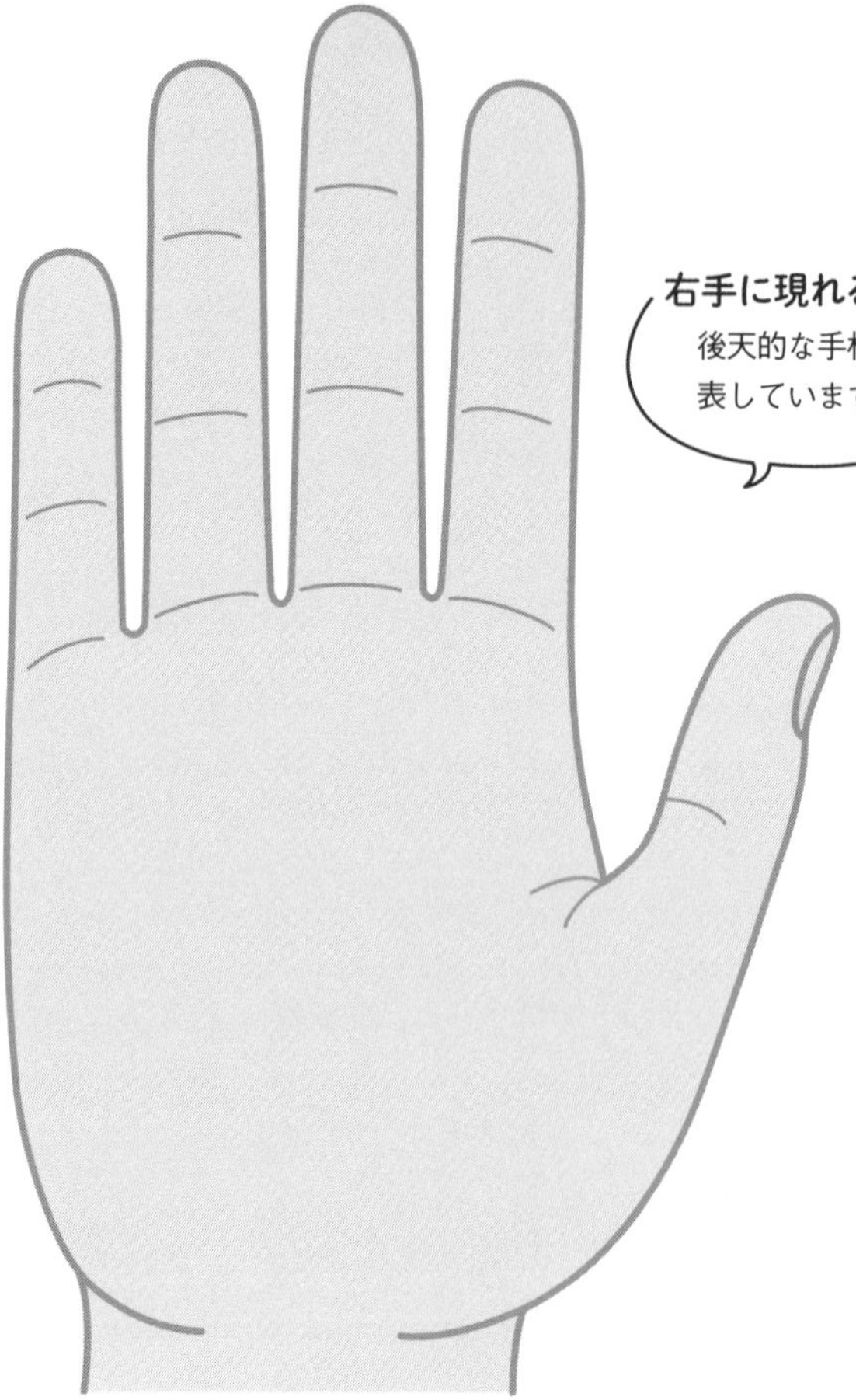

右手に現れること
後天的な手相を表しています

私の三大線

手相を書き込んだら、三大線がどのページのものに当たるのかを書いてみましょう。

生命線	知能線	感情線
P.	P.	P.

左　手

左手に現れること
持って生まれた
手相を表しています

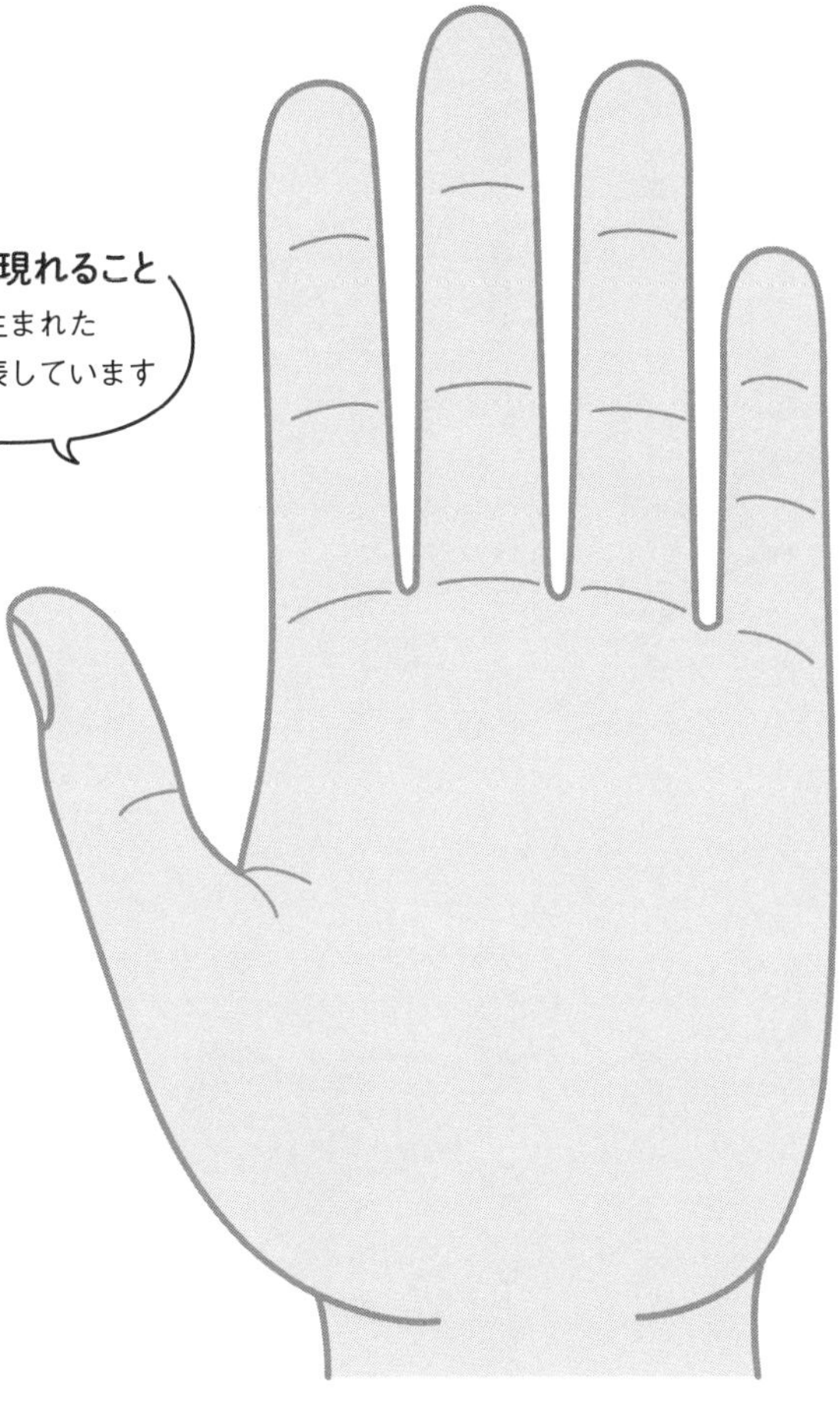

MEMO

＼コピーを取ると何度でも使用できます。／

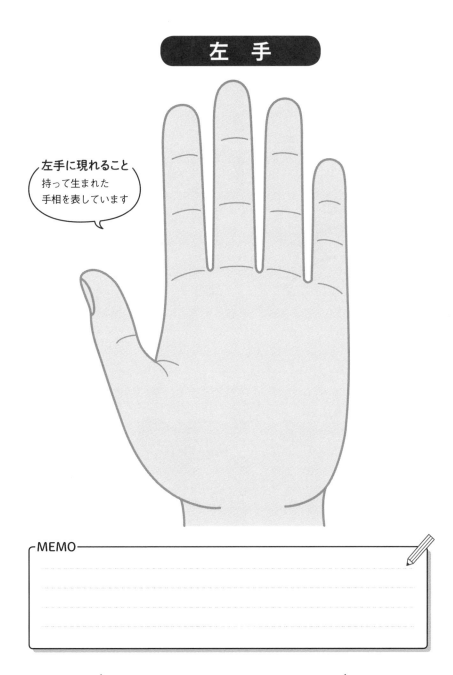

手相の歴史

1 始まりはインド

手相に関する文献で最も古いものとされているのは、紀元前２０００年ごろにインドに住んでいたアーリア人が書いた書物です。バラモン教徒の秘宝であるこの書物には手のひらの線やその意味の解説が100以上も収められています。インドで研究された手相学は、その後、中国、朝鮮半島、中東、ヨーロッパ、アフリカと広く伝えられました。

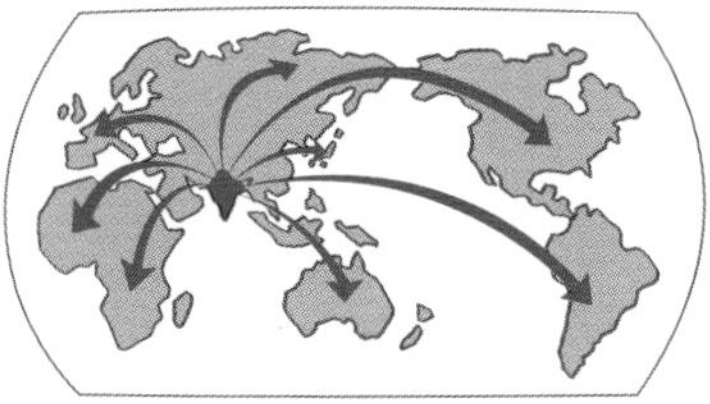

2 ギリシャで発展

学問から芸術に至るまで、西洋文明の基礎を築いたギリシャ文明では、手相学も目覚ましい発展をとげました。しかし、ローマ教会の力が強大になると、手相学は魔術、邪教と見なされ、迫害されるようになりました。そのため研究する者がいなくなり、細々と受け継がれるのみとなってしまいました。

3 日本では江戸時代まで東洋手相が主流

日本の手相学は、平安時代に易学《えきがく》とともに中国から伝わりました。江戸時代にはまとまった研究が行われるようになりますが、その中心は古代中国の東洋式の手相でした。その後、ヨーロッパで大成した西洋式手相が伝来。東洋式と比べて西洋式は明解なため、以後、日本の手相学は西洋式に移っていきました。

4 手相学の復活

ヨーロッパで一度途絶えた手相学は19世紀に復活し、20世紀になると、イギリスやアメリカに、キロやベンハムという手相学の大家が登場。著書がベストセラーになるなど、手相学が盛んに研究されるようになりました。日本でも昭和になると永《なが》鳥眞雄《とりさなお》、大和田《おおわだ》斉眼《さいがん》らの研究によって手相の信頼性が高まり、学術としての地位を確立しました。

田口二州（たぐち・にしゅう）

純正運命学会会長。数々の伝統的な東洋の運命学を修めた占術家。現在プロの門下生だけでも全国に約70名を擁し、占術界「的中の父」として活躍を続ける。各カルチャー教室にて手相教室を主宰。一人でも多くの人を幸福に導くべく、日夜研究・鑑定に邁進し、老若男女問わず多くのファンに親しまれている。

おもな著書・監修書は『いちばんよくわかる九星方位気学』『最新版 男の子 女の子 赤ちゃんのしあわせ名前大事典』（学研プラス）、『古代オリエント占術でわかる［誕生日別］開運大事典』（PHP研究所）、『年度版 純正運命学会 開運本暦』『年度版 純正運命学会 九星暦』（永岡書店）ほか800冊を超える。明治学院大学経済学科卒。池袋コミュニティカレッジ手相・人相教室講師。

純正運命学会ホームページ　https://junsei-unmei.com

カバー・本文デザイン・DTP ………大悟法淳一、大山真葵、神山章乃（ごぼうデザイン事務所）
本文イラスト……………………………関上絵美（手相）・中村知史（挿絵）
制作協力 ………………………………有限会社ヴュー企画
校正 ……………………………………アルタープレス合同会社

決定版　いちばんよくわかる手相

2020年4月28日　第1刷発行
2023年2月22日　第4刷発行

著　者　　田口二州
発行人　　土屋　徹
編集人　　滝口勝弘
編集担当　池内宏昭
発行所　　株式会社Gakken
　　　　　〒141-8416　東京都品川区西五反田2-11-8
印刷所　　中央精版印刷株式会社

この本に関する各種お問い合わせ先
本の内容については、下記サイトのお問い合わせフォームよりお願いします。
https://gakken-plus.co.jp/contact/
在庫については　Tel 03-6431-1250（販売部）
不良品（落丁、乱丁）については　Tel 0570-000577
学研業務センター　〒354-0045 埼玉県入間郡三芳町上富279-1
上記以外のお問い合わせは　Tel 0570-056-710（学研グループ総合案内）

学研の書籍・雑誌についての新刊情報・詳細情報は、下記をご覧ください。
学研出版サイト　https://hon.gakken.jp/

本書は、2014年発行『最新版 いちばんよくわかる手相』（小社刊）を再編集し、書名・判型等を変更したものです。